Vertiefen und vernetzen mit den Sonderseiten:

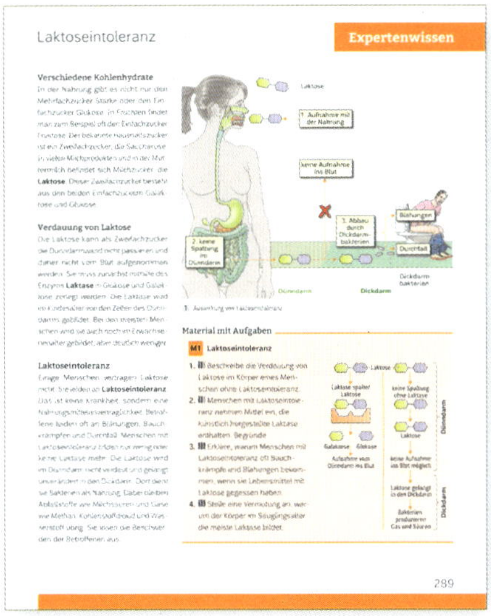

Expertenwissen: Auf diesen Seiten werden bestimmte Themen des Kapitels vertieft. Hier wirst du zur Expertin oder zum Experten.

Methode: Auf diesen Seiten werden dir naturwissenschaftliche Methoden vorgestellt. Du lernst auch, diese selber anzuwenden.

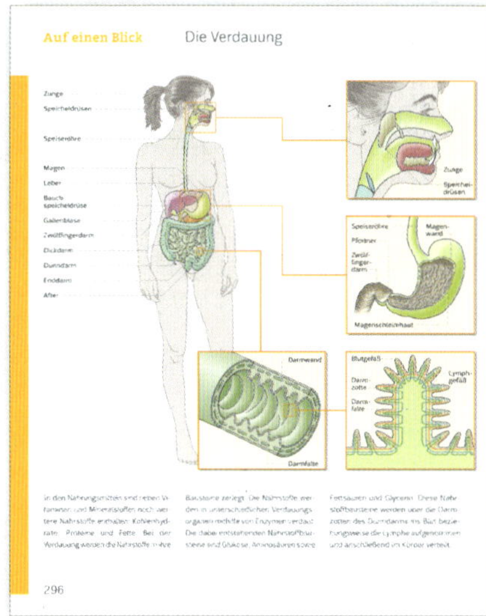

Auf einen Blick: Auf diesen Seiten werden verschiedene Themen des Kapitels miteinander vernetzt.

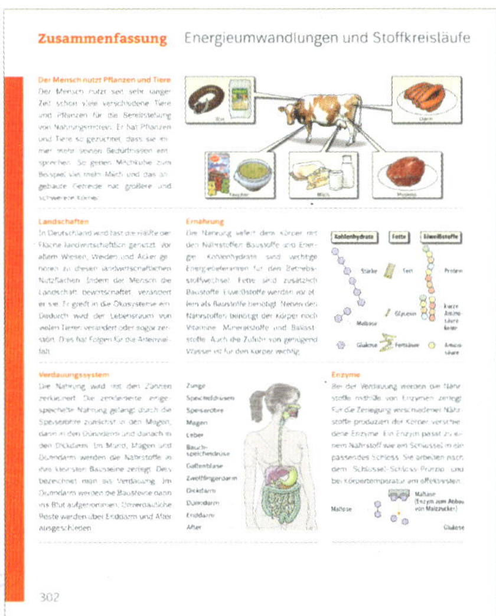

Zusammenfassung: Auf diesen Seiten sind die wichtigsten Inhalte des Kapitels noch einmal für dich zusammengefasst.

Trainer: Auf diesen Seiten findest du viele Aufgaben, mit denen du dein Wissen trainieren kannst.

A+F

Zu vielen Aufgaben und Grafiken steht dir das **GIDA-Medienpaket** mit Filmen und interaktiven Animationen zur Verfügung. Di... du dir ... hema ... .de/ ... ein:

Online-Schlüssel
4XWY-MZR8-F5UC

westermann

blickpunkt.

NATURWISSENSCHAFTEN

2

blickpunkt.
NATURWISSENSCHAFTEN

erarbeitet von:
Dr. Petra Hoppe, Tobias Hoppe, Jennifer Jakobsen, Dr. Katharina Moschner-Rahe

unter Mitarbeit der Verlagsredaktion

in Teilen eine Bearbeitung von: 978-3-14-102000-7, erarbeitet von: Sandra Adamitzki, Horst Groth, Jennifer Jakobsen, Daniel Kroll, Uwe Leiding, Dr. Katharina Moschner-Rahe, Thomas Sudeik

in Teilen eine Bearbeitung von: 978-3-14-102001-4, erarbeitet von: Sandra Adamitzki, Horst Groth, Uwe Leiding, Daniela Mittler, Thomas Sudeik, Julia Volkmer, Petra Wolthaus

in Teilen eine Bearbeitung von: 978-3-14-188055-7, erarbeitet von: Dr. Petra Hoppe, Tobias Hoppe, Imke Sanders-Seidler

Beraterinnen und Berater: Johanna Behrens, Dr. Markus Otto, Benjamin Rode

westermann GRUPPE

Druck A[2] / Jahr 2021
Alle Drucke der Serie A sind im Unterricht parallel verwendbar.

Grafikkonzept: Atelier tigercolor Tom Menzel
Illustrationen: Atelier Tigercolor Tom Menzel, Birgitt Biermann-Schickling, Eike Gall, Thorsten Hardel/www.39punkt.de, Angelika Kramer, newVISION! GmbH, Michal Rössler, Birgit und Olaf Schlierf, Frithjof Spangenberg, Hannes von Goessel, Werner Wildermuth, Michael Wojczak
Umschlaggestaltung: LIO Design GmbH, Braunschweig
Layout: LIO Design GmbH, Braunschweig
Druck und Bindung: Westermann Druck GmbH, Georg-Westermann-Allee 66, 38104 Braunschweig

ISBN 978-3-14-**188007**-6

1

Energieflüsse in unserer Umwelt

2

Projekt: Ökosysteme Gewässer und Stadt

3 Menschen verändern die Umwelt

Licht und Bildentstehung

Nachhaltiger Umgang mit Energie

6

Elektrische Energie

7

Mobilität

Energieumwandlungen und Stoffkreisläufe

Ressourcen über und unter der Erde

Anhang

Basiskonzept Struktur und Funktion

Lebewesen sind mit ihrem Bau, ihrer Struktur, an bestimmte Aufgaben angepasst. Es besteht ein Zusammenhang von Struktur und Funktion. Zum Basiskonzept Struktur und Funktion gehören Prinzipien wie das Schlüssel-Schloss Prinzip: Bei der Verdauung werden die Nährstoffe mithilfe von Enzymen in ihre kleinsten Bausteine zerlegt. Jedes Enzym ist auf einen bestimmten Nährstoff spezialisiert. Das Enzym passt zum Stoff wie ein Schlüssel in sein Schloss. Es kann nur die Stoffe zerlegen, wenn sie zu seiner Struktur passen.

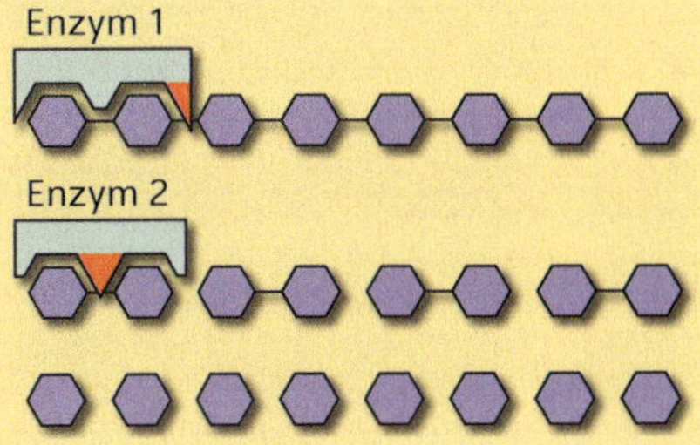

Basiskonzept Entwicklung

Pflanzen, Menschen und Tiere haben einen Lebenszyklus. Sie entwickeln sich. Auch ganze Lebensräume können sich entwickeln. So kann zum Beispiel aus einem See ein Moor entstehen.

Basiskonzept System

Ökosysteme zählen zu biologischen Systemen. Pflanzen bilden bei der Fotosynthese Sauerstoff, den Tiere zum Leben benötigen. Alle Ökosysteme bilden die Biosphäre. Die Ökosysteme beeinflussen sich durch abiotische Faktoren wie den Kohlenstoffkreislauf gegenseitig. Innerhalb der Biosphäre ist der Mensch als Organismus Teil eines Systems.

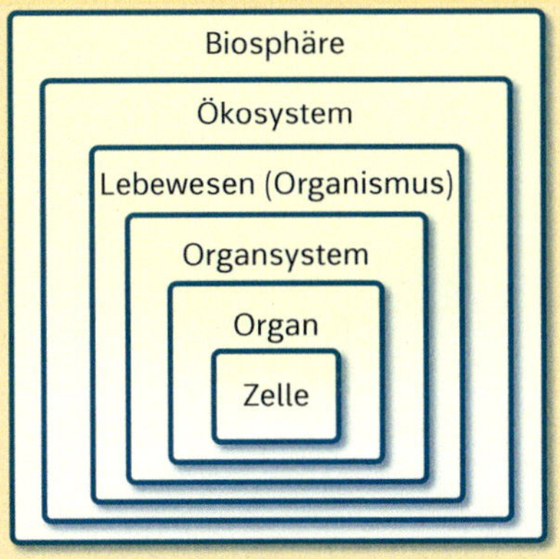

Basiskonzept Energie

Verschiedene Energieformen wie chemische Energie, elektrische Energie oder Bewegungsenergie können ineinander umgewandelt werden. Der Mensch nutzt beispielsweise die Energie des Sonnenlichts. Mithilfe von Solarzellen wird die Strahlungsenergie in elektrische Energie umgewandelt.

Basiskonzept Struktur der Materie

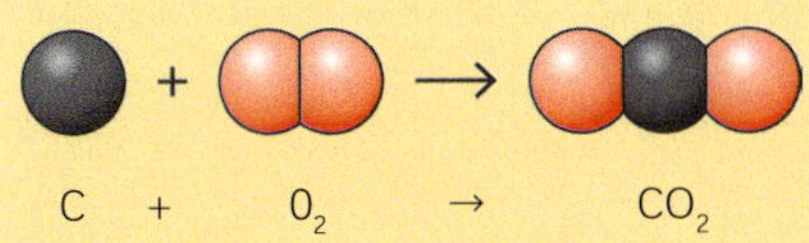

Materie besteht in ihrer Struktur aus kleinen Atomen. Um den Aufbau der Materie zu veranschaulichen, benutzt man Atommodelle.

Basiskonzept chemische Reaktion

Vorgänge, bei denen aus Ausgangsstoffen neue Stoffe mit anderen Eigenschaften entstehen, nennt man chemische Reaktionen. Verbrennungen sind chemische Reaktionen. Zum Beispiel entsteht bei der Verbrennung von Kohle der gasförmige Stoff Kohlenstoffdioxid.

Basiskonzept Wechselwirkung

Hängt ein Gewicht an einer Feder, dehnt sie sich aus. Das Gewicht zieht die Feder nach unten und die Feder zieht das Gewicht nach oben. Man spricht vom Prinzip der Wechselwirkung.

Energieflüsse in unserer Umwelt

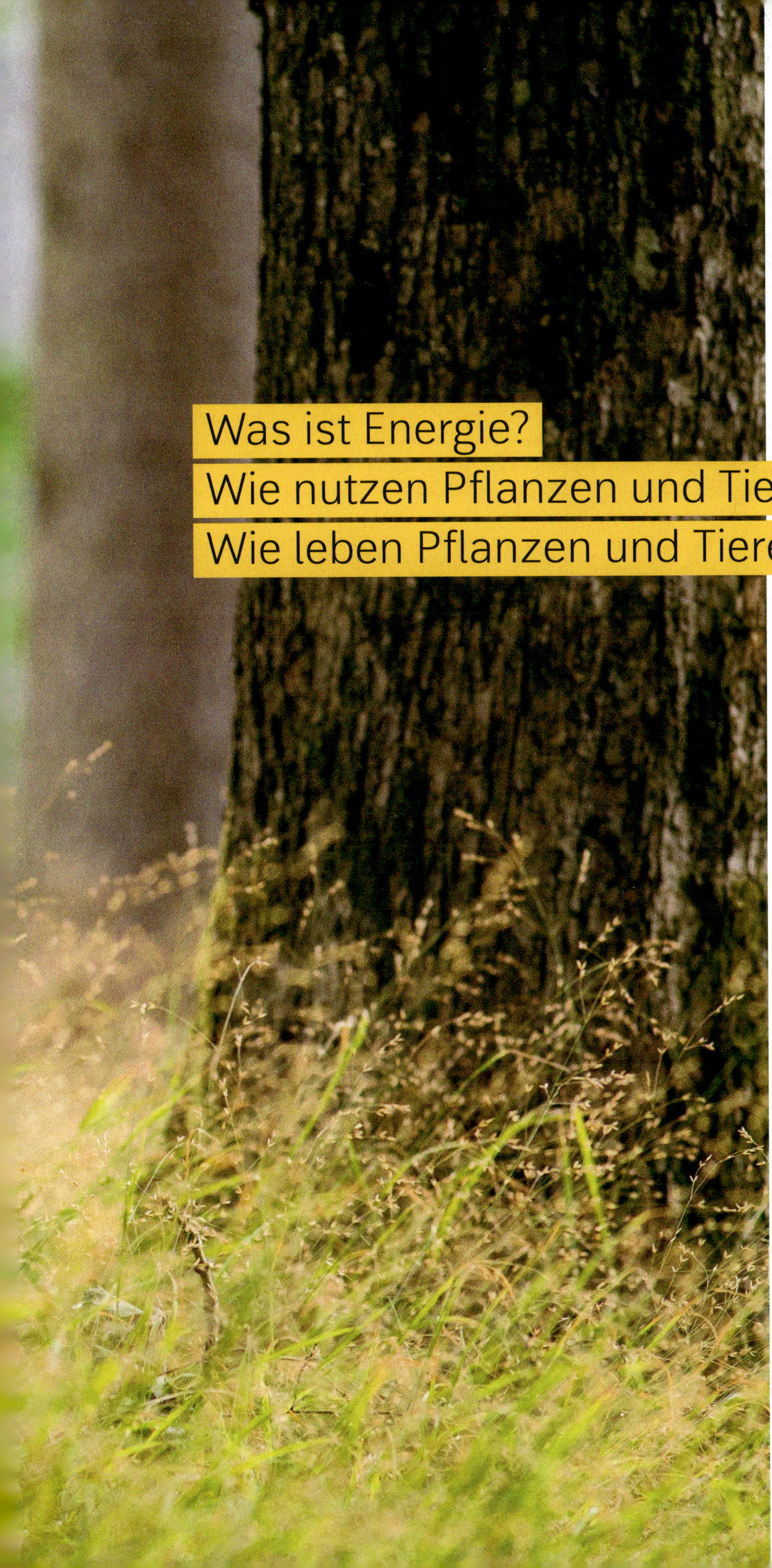

1

Was ist Energie?
Wie nutzen Pflanzen und Tiere Energie?
Wie leben Pflanzen und Tiere zusammen?

Die Energie der Sonne ermöglicht das Leben auf der Erde. Ohne sie würden Pflanzen nicht wachsen und Tiere hätten dadurch keine Nahrungsquelle. Pflanzen und Tiere leben zusammen.

1 Ein Bogenschütze

Energieformen

Energieformen

Damit Vorgänge ablaufen, muss Energie zur Verfügung stehen. So kann man zum Beispiel nur einen Bogen spannen, wenn man die Bogensehne mit der Kraft seines Armes spannt. Energie kann auf unterschiedlichste Weisen zur Verfügung stehen. Man spricht von verschiedenen **Energieformen**.

Strahlungsenergie

Licht und andere Strahlungsarten besitzen Energie. Diese Energieform wird **Strahlungsenergie** genannt. Ein Großteil der Strahlungsenergie auf der Erde stammt von der Sonne. Sie wird deutlich, wenn beispielsweise in einem Sonnenkollektor die Energie genutzt wird, um das Wasser in den Rohren zu erwärmen. Das warme Wasser wird für die Erwärmung des Hauses genutzt.

Thermische Energie

Wird einem Körper oder Stoff viel Energie zugeführt, dann erwärmt er sich. Er besitzt dann mehr **thermische Energie**. Je höher die Temperatur eines Körpers oder Stoffes ist, desto größer ist seine thermische Energie. Einige Stoffe fangen bei einer hohen thermischen Energie auch an zu Glühen.

Spannenergie

Zieht man zum Beispiel eine Feder oder ein Gummiband auseinander, dann besitzen sie anschließend Energie. Diese Form der Energie bezeichnet man als **Spannenergie**. Spannt man die Sehne eines Bogens, dann verbiegt sich der Bogen. Er hat Spannenergie. Auch zusammengedrückte Federn aus Metall oder Gummibälle besitzen Spannenergie.

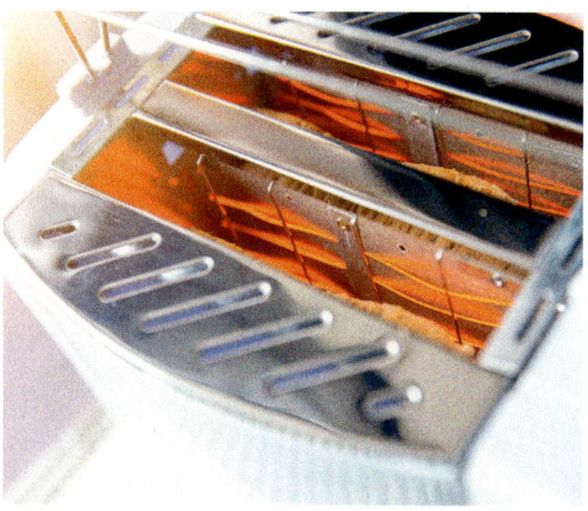

2 Thermische Energie bei einem Toaster

Höhenenergie

Beim Start einer Achterbahn werden die Wagen mit den Sitzen nach oben gezogen. Wegen ihrer erhöhten Lage, besitzen sie nun mehr Energie. Diese Form der Energie nennt man **Höhenenergie** oder auch Lageenergie. Je höher und schwerer ein Körper ist, desto mehr Höhenenergie besitzt er. Auch ein Bungeespringer hat mehr Höhenenergie je höher sein Absprungsort ist.

Bewegungsenergie

Beim Bowling wirft man eine Kugel in Richtung der Pins. Die Kugel rollt auf der Bahn und stößt die Pins um. In der Bewegung der Kugel steckt Energie. Diese Energieform bezeichnet man daher als **Bewegungsenergie**. Je schneller und schwerer ein Körper ist, desto mehr Bewegungsenergie besitzt er.

Elektrische Energie

Immer wenn elektrischer Strom in einem Stromkreis fließt, wird auch Energie übertragen. Ohne diese **elektrische Energie** funktioniert kein elektrisches Gerät, wie zum Beispiel ein Computer oder ein Smartphone.

Chemische Energie

Brennstoffe wie Kohle haben **chemische Energie**. Bei ihrer Verbrennung wird die Energie als Strahlungsenergie und thermische Energie nutzbar. Auch Nahrungsmittel haben chemische Energie. Durch Vorgänge im Körper wird sie beispielsweise für Bewegungen nutzbar.

A Erstelle eine Mind-Map zu den verschiedenen Energieformen.

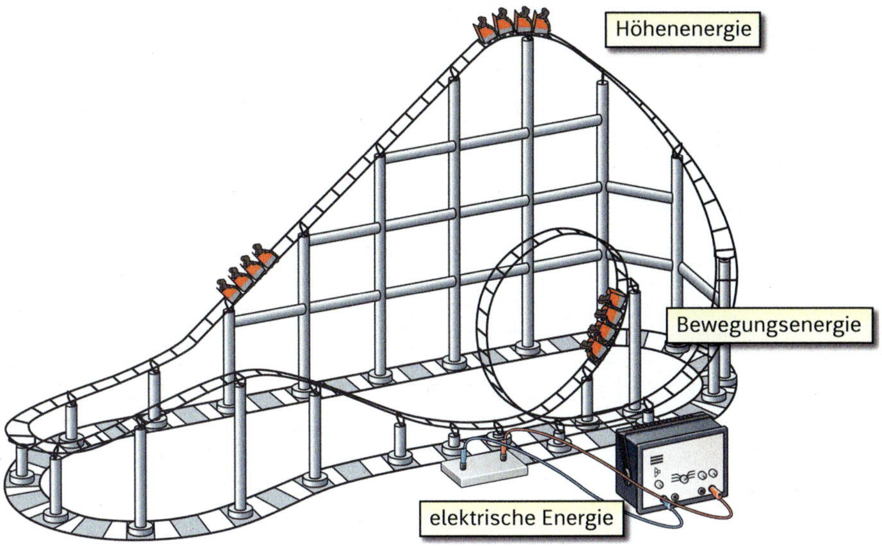

3 Verschiedene Energieformen einer Modellachterbahn

Material mit Aufgaben

M1 Sonnenkollektor und Solarzelle

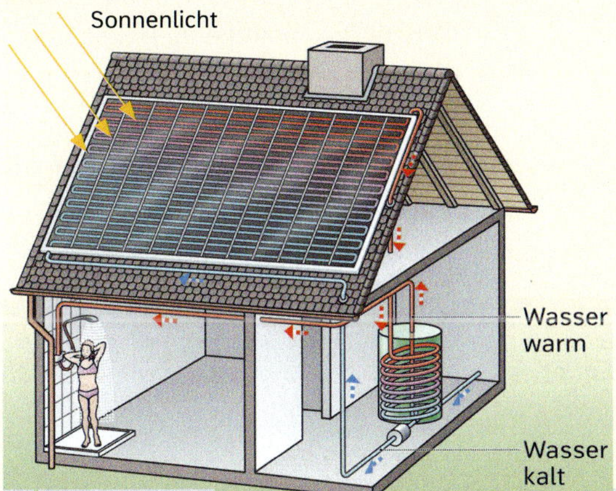

A Sonnenkollektor

B Solarzelle

C Bungeespung

1. Beschreibe die Vorgänge in den Bildern A bis C.
2. Nenne die Energieformen, die in den Bildern auftreten.
3. Erläutere Einsatzmöglichkeiten von Sonnenkollektoren und Solarzellen.

1 Ein Freefall-Tower

Energieumwandlungen

Energie geht nicht verloren

Im Freizeitpark bieten Freefall-Tower für Mutige einen aufregenden Nervenkitzel. Wenn die Gondel an der Spitze des Turms stehen bleibt, blickt man in den Abgrund. Befindet sich die Gondel eines Freefall-Towers immer weiter über den Boden, dann besitzt sie immer mehr Höhenenergie. Wird die Gondel gelöst, fällt sie immer schneller nach unten. Sie hat nun immer mehr Bewegungsenergie. Die Höhenenergie der Gondel des Freefall-Tower wird in Bewegungsenergie **umgewandelt.** Energie kann nicht verloren gehen, sie wird immer nur in andere Energieformen umgewandelt.

Energiewandler

Ein Toaster wandelt elektrische Energie in thermische Energie und in Strahlungsenergie um. Man erkennt die Energieformen an den glühenden Drähten im Toaster und an der Bräunung des Toastbrotes.

Die Kerze ist dagegen ein Beispiel, dass auch chemische Energie in Strahlungsenergie und thermische Energie umgewandelt werden kann.

Material mit Aufgaben

M1 Stabhochsprung

1. Nenne die zu den Bildern A bis C passenden Energieformen.
2. Beschreibe die Energieumwandlungen, die während eines Stabhochsprungs stattfinden.
3. Niklas behauptet: „Wird die Latte noch höher gelegt, dann muss mehr Energie umgewandelt werden." Nimm Stellung zu seiner Aussage.

Auch Smartphones wandeln Energie um. In ihnen wird zunächst die chemische Energie, die in dem Akkumulator gespeichert ist, in elektrische Energie umgewandelt. Anschließend wird ein Teil der elektrischen Energie in Strahlungsenergie umgewandelt, sodass das Display leuchtet. Ein anderer Teil der Energie wird in thermische Energie umgewandelt. Man merkt das daran, dass Smartphones bei langem Betrieb warm werden.
Beim Bogenschießen spannt man die Sehne des Bogens. Dadurch biegt sich der Bogen. Er hat dann Spannenergie. Lässt man die Sehne los, fliegt der Pfeil. Die Spannenergie der Sehne wurde in die Bewegungsenergie des Pfeils umgewandelt. Alle Geräte, Körper oder auch Lebewesen, die eine Energieform in andere Energieformen umwandeln, bezeichnet man in den Naturwissenschaften als **Energiewandler**.

Energiespeicher

Energie kann in verschiedenen Formen gespeichert werden. Solche Energiespeicher können beispielsweise Treibstoffe wie Benzin sein oder technische Geräte wie Akkumulatoren. Energiespeicher dienen der Speicherung von verschiedenen Energieformen.

A Beschreibe die Energieumwandlung bei einem Toaster.

B Beschreibe mögliche Energieumwandlungen bei einer Fahrt mit einer Achterbahn.

C Beschreibe den Unterschied zwischen einem Energiewandler und einem Energiespeicher.

Material mit Aufgaben

F

M2 Energieumwandlungen

abgegebene Energieform / zugeführte Energieform	Bewegungsenergie	elektrische Energie	thermische Energie	Strahlungsenergie	chemische Energie
Bewegungsenergie	 Wasserrad	?	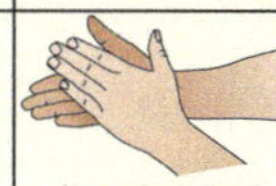 reibende Hände		
elektrische Energie	?	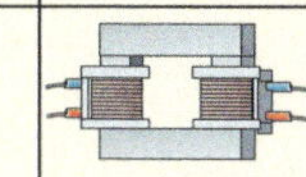 Transformator	 Tauchsieder	 Leuchtdiode	 Akkuladegerät
thermische Energie	 Dampflokomotive	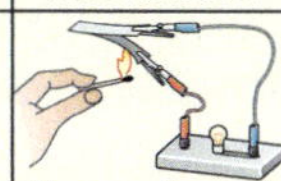 Thermoelement	?	 glühende Bremsen	
Strahlungsenergie	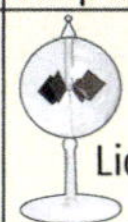 Lichtmühle	?	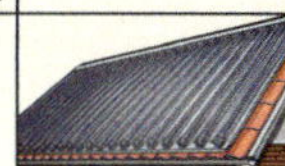 Sonnenkollektor		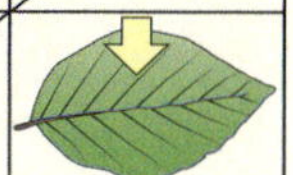 Fotosynthese
chemische Energie	 Bewegung	 Batterie	?	 Knicklicht	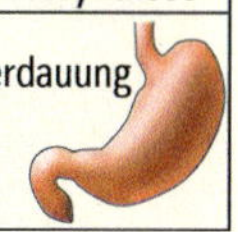 Verdauung

1. Beschreibe auf folgende Weise drei Energieumwandlungen in der Tabelle: Ein Wasserrad wandelt die Bewegungsenergie des Wassers in die Bewegungsenergie des Wasserrads um.
2. Ordne folgende Energiewandler den Fragezeichen zu: Ventilator, Gasbrenner, Heizung, Solarzelle und Fahrraddynamo
Begründe deine Zuordnungen.
3. Die thermische Energie bei der Dampflok stammt von verbrannter Kohle. Beschreibe alle Energieumwandlungen.
4. Stelle Vermutungen an, warum die Höhenenergie und die Spannenergie in der Tabelle fehlen.

P3 Energieumwandlung im Versuch

Material: Flummi

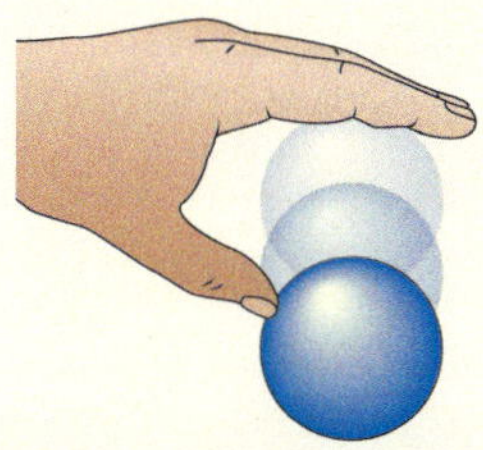

Durchführung: Nimm den Flummi hoch und lasse ihn fallen.

1. Beschreibe die Energieumwandlungen, die beim Fallenlassen des Flummis ablaufen.

1 Fahrradfahrer auf einem Berg.

Energiefluss

Energie wird abgegeben

Bei einer Glühlampe wird elektrische Energie in Strahlungsenergie und thermische Energie umgewandelt. Die Glühlampe wird warm und leuchtet. Die Energien werden als Licht und Wärme an die Umgebung abgegeben. Die Weitergabe von Energie an einen anderen Gegenstand oder an die Umgebung bezeichnet man als **Energiefluss**.

2 Energieformen bei einer Abfahrt

Energieentwertung

Steht ein Fahrradfahrer auf einem Berg, besitzt er Höhenenergie. Er kann den Berg herunterfahren, ohne in die Pedale zu treten. Seine Höhenenergie wird in Bewegungsenergie umgewandelt. Irgendwann muss er bremsen, damit es nicht zu einem Unfall kommt. Durch den Bremsvorgang wird die Bewegungsenergie geringer, der Fahrradfahrer wird langsamer. Trotzdem verliert der Fahrer weiterhin an Höhe und besitzt damit auch weniger Höhenenergie. Diese Energie kann nicht einfach verloren gehen. Untersucht man unten im Tal das Fahrrad, stellt man fest, dass sich die Bremsen erwärmt haben. Die Höhenenergie wurde also nicht nur in Bewegungsenergie umgewandelt. Ein Teil ist als thermische Energie an die Umgebung abgegeben worden. Da dieser Teil für das Fahren nicht nutzbar ist, spricht man von **entwerteter Energie**.

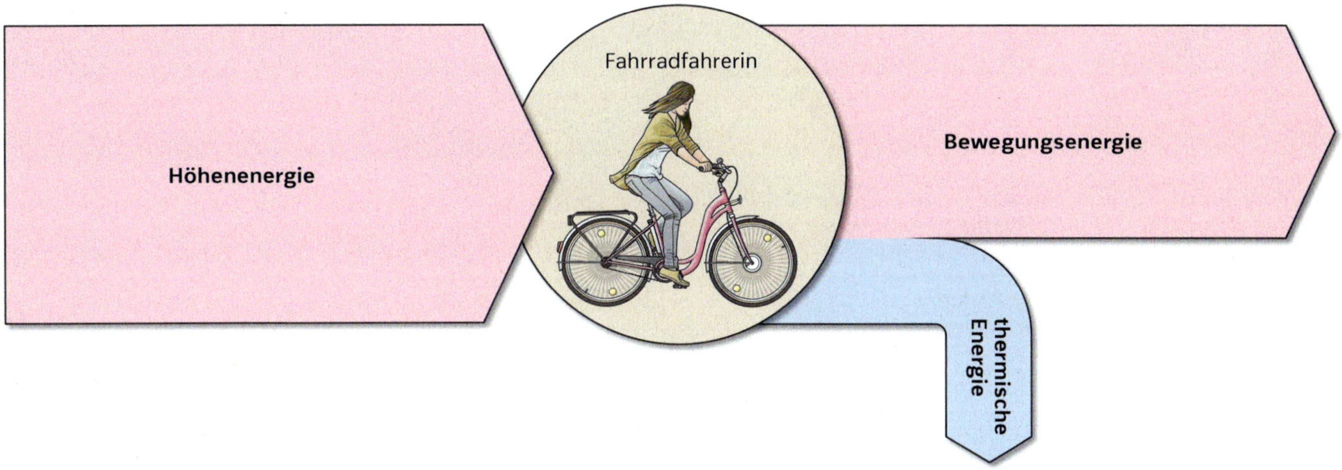

3 Energieflussdiagramm

Energieflussdiagramm

Um Energieumwandlungen übersichtlich und in der richtigen Reihenfolge darzustellen, kann man **Energieflussdiagramme** benutzen. Dabei werden für die Energieformen und Energiewandler unterschiedliche Symbole verwendet. Energiewandler werden als Kreise dargestellt, in die Energie hinein- und wieder herausgeht. Der Energiefluss wird mit Pfeilen dargestellt. Die Breite eines Pfeils steht für die Menge der Energie, die in dem Vorgang zur Verfügung steht. Wird eine Energieform in verschiedene Energieformen umgewandelt, muss die Gesamtbreite des Pfeils, der in den Wandler hineinführt, genauso breit sein wie die Breite aller Pfeile die hinausgehen. Ein Teil der Energie wird bei den Umwandlungsprozessen immer an die Umgebung abgegeben. Diese entwertete Energie ist für den Menschen nicht weiter nutzbar. Daher zeigt der Pfeil in diesem Fall nicht in Richtung des nächsten Energiewandlers, sondern nach unten.

Material mit Aufgaben

F

M1 Energieflussdiagramm

A

B

1. Nenne die in den Bildern A und B auftretenden Energieformen und Energiewandler.
2. Erstelle für den Aufbau in Bild A ein Energieflussdiagramm.
3. Erstelle für den Aufbau in Bild B ein Energieflussdiagramm.
4. Stelle Vermutungen an, warum sich die dargestellte Lampe in Bild C auf Dauer nicht selber betreiben kann.

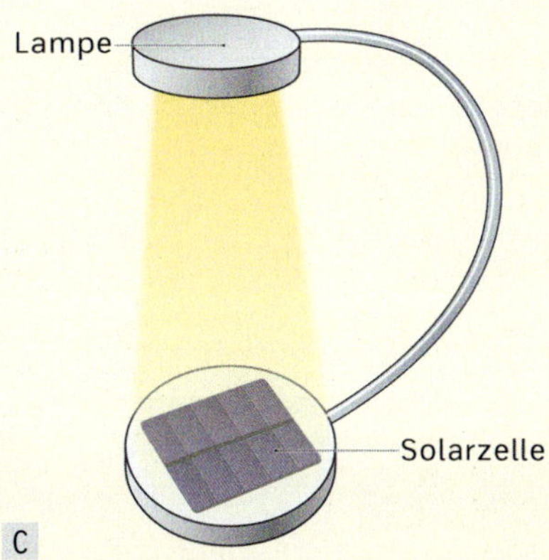

C

1 Skateboardfahrer in einer Halfpipe

Energiebilanz

Skateboard fahren

Steht man auf einem Skateboard oben auf einer Halfpipe, besitzt man Höhenenergie. Fährt man die Halfpipe herunter, wird die Höhenenergie in Bewegungsenergie umgewandelt. Fährt man die Halfpipe auf der anderen Seite wieder hoch, wird die Bewegungsenergie wieder in Höhenenergie umgewandelt.

Am tiefsten Punkt der Halfpipe ist man sehr schnell, man besitzt sehr viel Bewegungsenergie. Trotzdem kann man ohne Anschwung nicht höher fahren als der Startpunkt. Während der Fahrt erwärmen sich die Rollen. Ein Teil der Energie wird in thermische Energie umgewandelt.

2 Verschiedene Energieformen in einer Halfpipe

Energiebilanzen

Wandelt ein Körper verschiedene Energieformen um, so besitzt er zu unterschiedlichen Zeitpunkten des Vorgangs verschiedene Mengen der jeweiligen Energieform. Die Betrachtung der Energiemengen zu unterschiedlichen Zeitpunkten nennt man **Energiebilanz**. Die Gesamtmenge der Energie ist während den Umwandlungen immer gleich groß. Man spricht von **Energieerhaltung**. Die entwertete Energie muss in der Energiebilanz mit betrachtet werden.

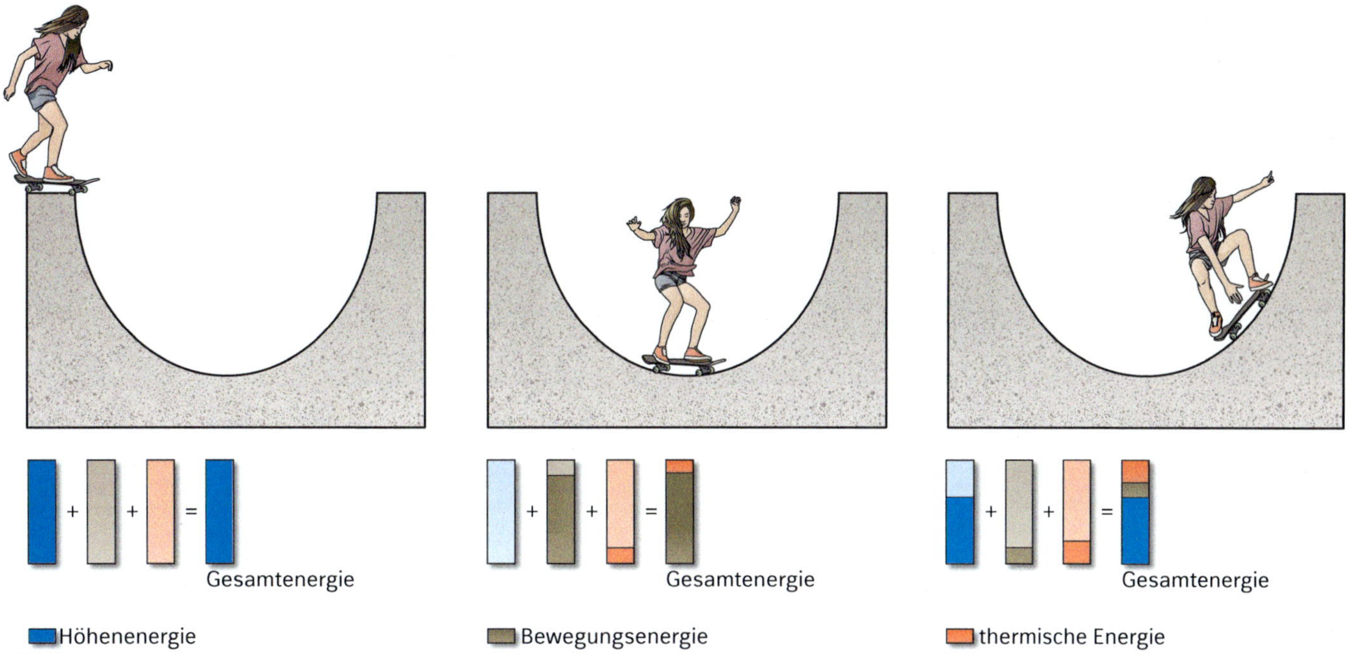

3 Energiekontomodell

Energiekontomodell

Ein Energieflussdiagramm stellt die Energieumwandlungsprozesse und den Energiefluss in den Mittelpunkt. Im Gegensatz zum Energieflussdiagramm wird im **Energiekontomodell** die Energiebilanz grafisch dargestellt. Es wird die Menge der aktuell vorhandenen Energieformen zu verschiedenen Zeitpunkten für einen einzelnen Energiewandler angegeben. Dazu werden für jeden betrachteten Zeitpunkt des Vorgangs alle auftretenden Energieformen als einzelne Balken dargestellt. Je nach betrachtetem Zeitpunkt sind die Balken unterschiedlich hoch gefüllt. Die Gesamtenergie wird als ein gesonderter Balken dargestellt, der sich aus allen anderen Balken zusammensetzt. Dieser Balken bleibt immer gleich hoch.

A Erkläre, was man unter einer Energiebilanz versteht.

B Beschreibe den Unterschied zwischen Energieflussdiagrammen und Energiekonten.

Material mit Aufgaben

M1 Energiekontomodell

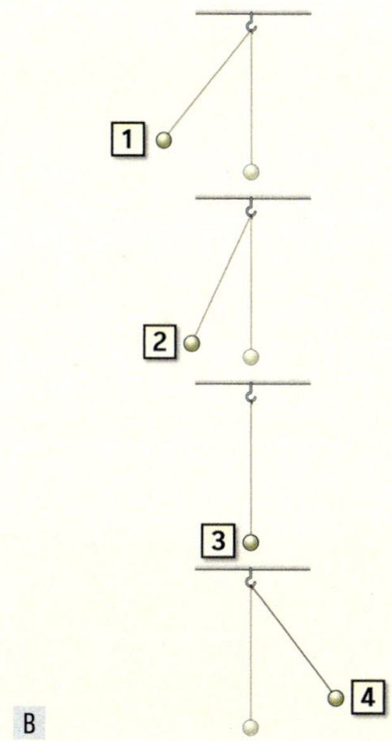

1. Nenne die in den Bildern A und B auftretenden Energieformen.
2. Beschreibe, welche Energieform zu jedem Zeitpunkt in den Bilder A und B am meisten vertreten ist.
3. Stelle den Vorgang in Bild A in Energiekonten dar, in welchen der Energiefluss an die Umgebung vernachlässigt wird.
4. Erstelle jeweils ein Energiekontomodell für die Bilder A und B.

1 Wasserpflanzen geben Gasbläschen ab

Die Fotosynthese

Wasser

Grüne Pflanzen stellen in ihren Blättern während der Fotosynthese Glukose her. Dafür benötigen sie unter anderem Wasser. Dieses nehmen Landpflanzen mit den Wurzeln aus dem Boden auf. Es gelangt über Wasserleitungsbahnen bis in die Blätter. Auf der Unterseite der Blätter der meisten Landpflanzen sind kleine Öffnungen, die **Spaltöffnungen**. Sie werden von zwei nierenförmigen **Schließzellen** gebildet. Die Pflanze kann die Form dieser Zellen verändern, sodass sich die Spaltöffnungen öffnen oder schließen. Über die geöffneten Spaltöffnungen wird gasförmiger Wasserdampf abgegeben. Ähnlich wie beim Trinken durch einen Strohhalm, wird so aus den Wurzeln Wasser angesaugt. Bei Trockenheit und hohen Temperaturen sind die Spaltöffnungen geschlossen. So spart die Pflanze Wasser.
Wasserpflanzen wie die Wasserpest nehmen Wasser direkt über ihre dünne Blattoberfläche auf. So können sie auch wieder Wasser abgeben. Wasserpflanzen haben keine Spaltöffnungen.

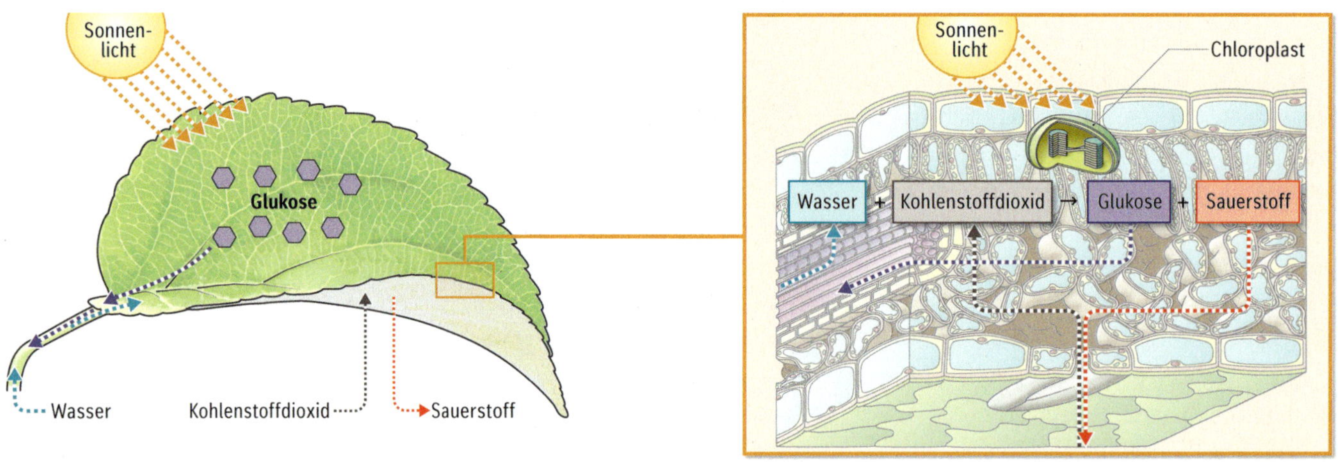

2 Fotosynthese am Beispiel einer Landpflanze

F

Gasaustausch

Für die Fotosynthese benötigen Pflanzen **Kohlenstoffdioxid**. Dieses Gas nehmen Landpflanzen über Spaltöffnungen aus der Luft auf. Bei der Fotosynthese entsteht auch **Sauerstoff**. Dieses Gas geben Landpflanzen über die Spaltöffnungen ab. Wasserpflanzen haben keine Spaltöffnungen. Sie nehmen Wasser und darin gelöstes Kohlenstoffdioxid über ihre gesamte Oberfläche auf und geben so auch Sauerstoff ab.

Aufbau von Glukose

Aus den energiearmen Stoffen Wasser und Kohlenstoffdioxid bauen grüne Pflanzen die energiereiche Glukose auf. Dafür benötigen sie die Energie des **Sonnenlichts**. Die Strahlungsenergie der Sonne wird während der Fotosynthese in chemische Energie umgewandelt. Diese ist in der Glukose gebunden. Der Begriff Fotosynthese bedeutet nichts anderes als „Stoffaufbau bei Licht". Dieser Prozess läuft in den **Chloroplasten** an dem grünen Blattfarbstoff, dem **Chlorophyll**, ab.

Aus den Stoffen Wasser und Kohlenstoffdioxid wird mithilfe der Strahlungsenergie der Sonne der Stoff Glukose hergestellt. Auch der Stoff Sauerstoff entsteht. Die Fotosynthese ist eine Stoff- und Energieumwandlung.

A Beschreibe den Vorgang der Fotosynthese.

B Nenne die Wortgleichung der Fotosynthese.

C Erkläre, warum es sich bei der Fotosynthese um eine Energieumwandlung handelt.

Material mit Aufgaben

M1 Licht und Fotosynthese

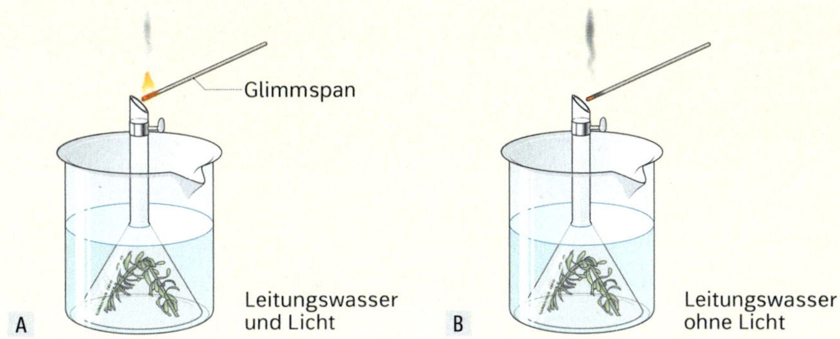

Beachte: Leitungswasser enthält gelöstes Kohlenstoffdioxid. Mit der Glimmspanprobe weist man Sauerstoff nach. Wenn Sauerstoff vorhanden ist, flammt der Glimmspan auf.

1. Beschreibe den Aufbau des Versuches.
2. Erkläre, warum der Glimmspan bei A zu brennen beginnt.
3. Erkläre, warum der Glimmspan in Bild B nicht aufflammt.

M2 Kohlenstoffdioxid und Fotosynthese

Leitungswasser enthält etwas gelöstes Kohlenstoffdioxid, destilliertes Wasser enthält keines. Mineralwasser enthält viel gelöstes Kohlenstoffdioxid.

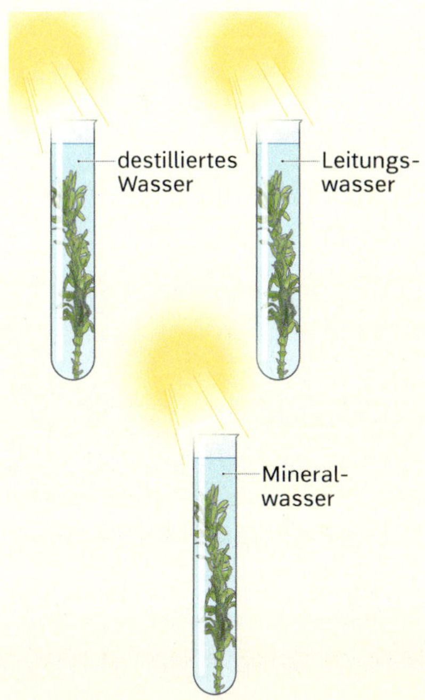

1. Beschreibe den dargestellten Versuchsaufbau.
2. Erkläre, welche Beobachtungen bei dem Versuch zu erwarten sind.
3. Plane einen ähnlichen Versuch, mit dem die Abhängigkeit der Fotosyntheserate vom Faktor Licht nachgewiesen werden könnte.

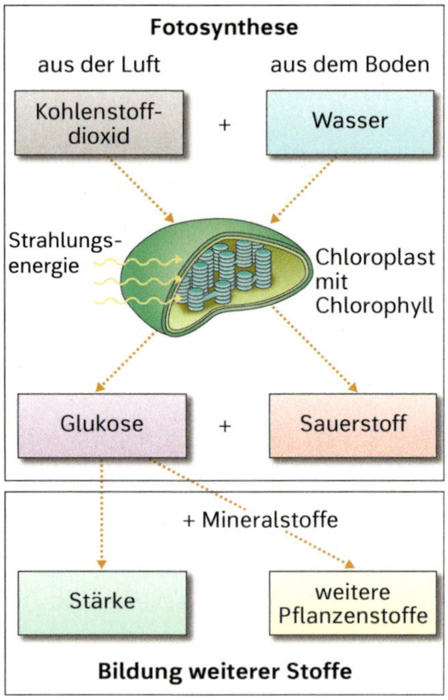

3 Fotosynthese und Bildung weiterer Stoffe

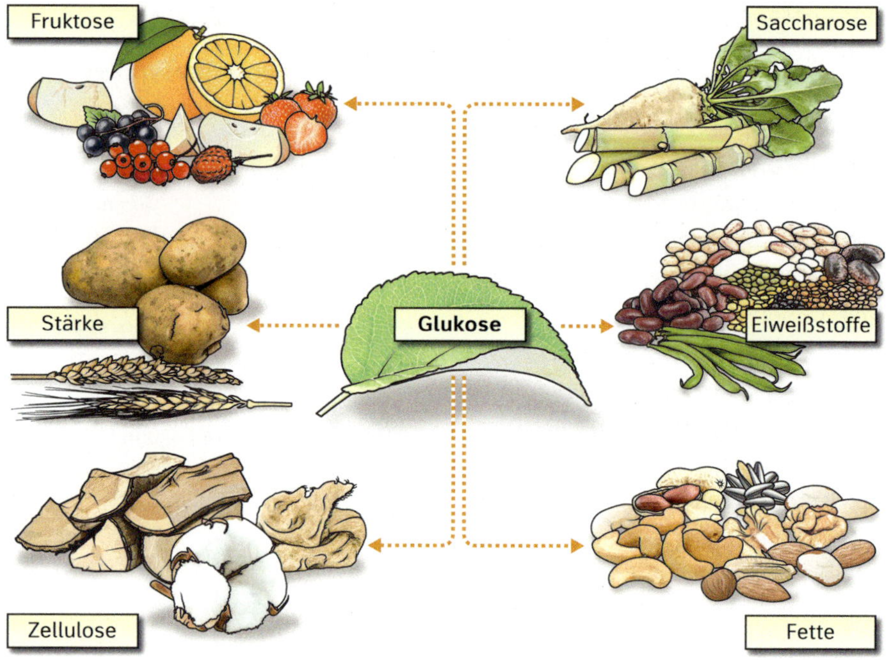

4 Vielfalt der Pflanzenstoffe

Material mit Aufgaben

P3 Stärke nachweisen

GHS02 GHS07

Durchführung: Tauche ein panaschiertes Blatt in kochendes Wasser und dann in heißen Brennspiritus. Dieser entzieht das Chlorophyll. Gib zum Stärkenachweis mit einer Pipette Iod-Kaliumiodid-Lösung auf das Blatt. Ist Stärke vorhanden, verfärbt sich Iod-Kalium-Iodidlösung violett.

1. Fertige ein Versuchsprotokoll an. Beschreibe und erkläre dabei auch die verschiedenen Ergebnisse der unterschiedlichen Bereiche des Blattes.
2. Erkläre den Zusammenhang der Versuchsergebnisse mit der Fotosynthese.

Glukose als Ausgangsstoff

Durch die Fotosynthese bauen grüne Pflanzen Glukose auf, die der Energieversorgung der Pflanze dient. Sie wird über Nährstoffleitungsbahnen in der Pflanze verteilt. So kommt sie auch zu Pflanzenzellen, die keine Fotosynthese betreiben. Diese befinden sich zum Beispiel in Wurzeln, in Stämmen von Bäumen, in Kronblätter von Blüten oder auch in hellen Bereichen von Laubblättern. Glukose ist ein Ausgangsstoff für viele weitere Pflanzenstoffe, wie die **Stärke**. Sie wird auch als **Amylose** bezeichnet. Stärke besteht aus vielen verketteten Glukose-Bausteinen und ist ein wichtiger Speicherstoff für Pflanzen. Sie wird von manchen Pflanzen in Speicherorganen wie etwa der Kartoffel eingelagert. Stärke befindet sich aber auch in allen Zellen, die Fotosynthese betreiben.

Baustoffe

Jeder Baum war zu Beginn seines Lebens ein kleiner Keimling. Im Laufe seines Lebens lagert der Baum immer mehr **Zellulose** in den Zellwänden der Zellen ein. So wächst der Baum. Zellulose besteht aus vielen tausend verketteten Glukose-Bausteinen. Sie ist ein wichtiger Baustoff von Pflanzen.

Für den Aufbau von **Fetten** und Eiweißstoffen, den **Proteinen**, benötigen Pflanzen zusätzliche geringe Mengen von Mineralstoffen. Mineralstoffe nehmen Pflanzen mit dem Wasser aus dem Boden auf. Auch Fette und Proteine werden von einigen Pflanzen gespeichert. So sind in Nüssen und Sonnenblumenkernen viele Fette, in Erbsen und Bohnen viele Eiweißstoffe.

Farbstoffe

Pflanzen bauen auch sehr komplexe Farbstoffe auf. Je nachdem, in welchen Pflanzenorganen die Farbstoffe sind, haben sie verschiedene Aufgaben. So ist das für die Fotosynthese benötigte Chlorophyll in allen grünen Pflanzenzellen. Andere Farbstoffe befinden sich sich nicht in den Blättern, sondern in den Blüten und Früchten. Mit ihnen werden Bestäuber und Verbreiter von Früchten angelockt. Die Farbstoffe werden häufig in speziellen Zellbestandteilen eingelagert. So findet sich Chlorophyll in Chloroplasten, Carotin in Chromoplasten.

D Beschreibe die Bildung von Stärke im Laubblatt.

E Erläutere die Bedeutung von Mineralstoffen für den Stoffaufbau von Pflanzen.

Material mit Aufgaben

M4 Van-Helmont-Versuch

Johan Baptista van Helmont war ein belgischer Naturforscher. In einem Versuch wollte er herausfinden, woher Pflanzen die zum Wachstum benötigten Stoffe nehmen.

1. Beschreibe den Versuchsaufbau.
2. Formuliere eine Fragestellung, die van Helmont mit dem Versuch klären wollte.
3. Erkläre die Versuchsergebnisse von van Helmont. Nutze dazu auch das heutige Wissen zum Stoffaufbau in den Blättern grüner Pflanzen.

P5 Wasserpest mikroskopieren

Material: Wasserpest, Pinzette, Wasser, Pipette, Objektträger, Deckglas

Durchführung: Gib mit der Pipette einen Tropfen Wasser auf den Objektträger. Zupfe mit der Pinzette ein Blatt der Wasserpest ab. Gib es in den Tropfen. Lege ein Deckglas auf.

1. Mikroskopiere die Wasserpest.
2. Fertige eine Fachzeichnung für die Zellen der Wasserpest an.

1 Keimende Bohnensamen

Projekt

Zellatmung bei Tieren und Pflanzen

Aufnahme von Glukose

Tiere und Menschen benötigen zum Leben Energie. Diese gewinnen sie aus energiereichen Stoffen wie Glukose. Der Körper nimmt diese aus der Nahrung über die Dünndarmwand in das Blut auf. Die Glukose löst sich dann im Blut.

Das Blut wird durch die Blutgefäße zu den Geweben transportiert. Die Gewebe sind von vielen verzweigten, feinen Blutgefäßen umschlossen und durchzogen. Durch ihre dünnen Wände gelangt die Glukose in die Zellen des Körpers.

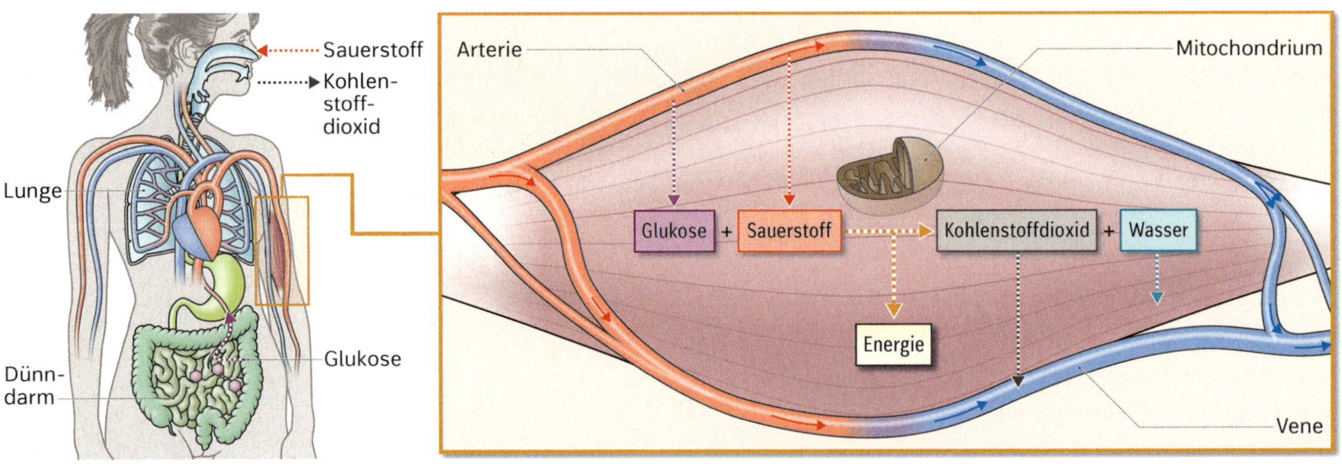

2 Zellatmung

Aufnahme von Sauerstoff

Um die in der Glukose enthaltene Energie zu gewinnen, benötigen die Zellen des Körpers Sauerstoff. Diesen nimmt der Körper bei der Atmung über die Lunge aus der Luft auf. Die Lungen sind mit einer stark durchbluteten Schleimhaut ausgekleidet, über die der Sauerstoff in das Blut aufgenommen wird. Mithilfe der roten Blutzellen wird der Sauerstoff durch die Blutgefäße zu den Geweben transportiert. Dort wird er durch dünne Kapillarwände an die Zellen abgegeben.

Abbau von Glukose

In jeder Zelle wird energiereiche Glukose mithilfe von Sauerstoff in energiearmes Kohlenstoffdioxid und Wasser abgebaut. Dieser Stoffwechselvorgang läuft in den **Mitochondrien** ab und heißt **Zellatmung**. Dabei wird **Energie** frei, die jede Zelle für ihren Stoffwechsel und ihre Lebensvorgänge benötigt. Das bei der Zellatmung entstehende Wasser und Kohlenstoffdioxid gelangen aus den Zellen in das Blut. Kohlenstoffdioxid wird mit dem Blut zu den Lungen transportiert und ausgeatmet.

Energie wird umgewandelt

Die bei der Zellatmung freigesetzte Energie wird von den Zellen des Körpers für ihre jeweiligen Aufgaben verwendet. So wandeln etwa Muskelzellen die **chemische Energie**, die in der Glukose gebunden ist, in **Bewegungsenergie** um. Ein Teil der Energie wird aber auch in thermische Energie umgewandelt. So können auch gleichwarme Lebewesen ihre Körpertemperatur von etwa 37 Grad Celsius aufrecht erhalten.

Wechselbeziehung

Grüne Pflanzen erzeugen bei der Fotosynthese Glukose und Sauerstoff. Sie werden als **Produzenten** bezeichnet. Sie benötigen dafür Wasser und Kohlenstoffdioxid.

Tiere und Menschen gewinnen die Energie für ihre Lebensprozesse bei der Zellatmung aus energiereichen Nährstoffen wie Glukose. Auch den für die Zellatmung benötigten Sauerstoff müssen sie aufnehmen. Tiere und Menschen sind **Konsumenten**.

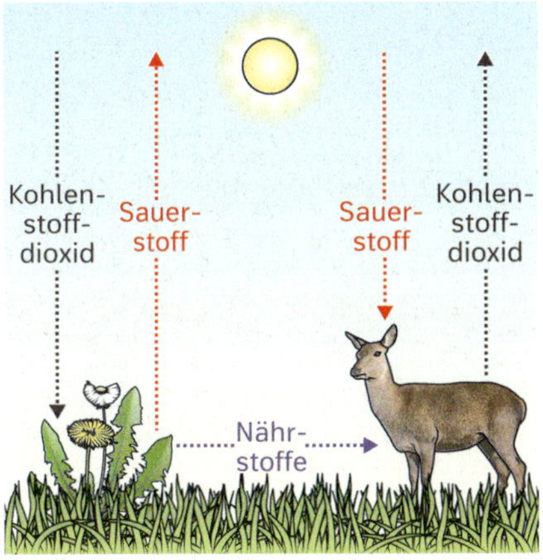

3 Wechselbeziehung

Material mit Aufgaben

M1 Versuche von Priestley

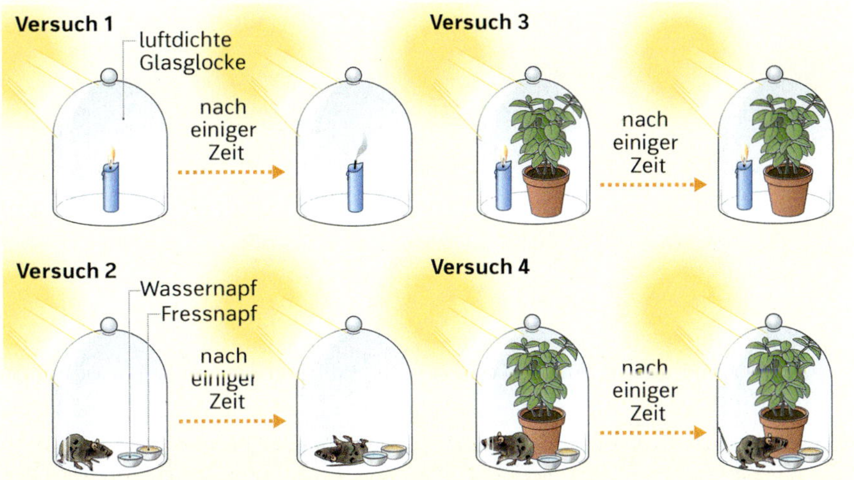

Vor etwa 250 Jahren führte der Naturwissenschaftler Joseph Priestley Versuche zur Zusammensetzung der Luft und zu Wechselbeziehung zwischen Pflanzen und Tieren durch.

1. Beschreibe die Versuchsbeobachtungen.
2. Erkläre die Versuchsbeobachtungen.
3. Wähle eine der Aufgaben aus:

a Erläutere, was passiert, wenn in Versuch 4 zwei Mäuse unter die Glasglocke gesetzt werden.

b Stelle Vermutungen über die Ergebnisse an, wenn die Versuche im Dunkeln durchgeführt werden.

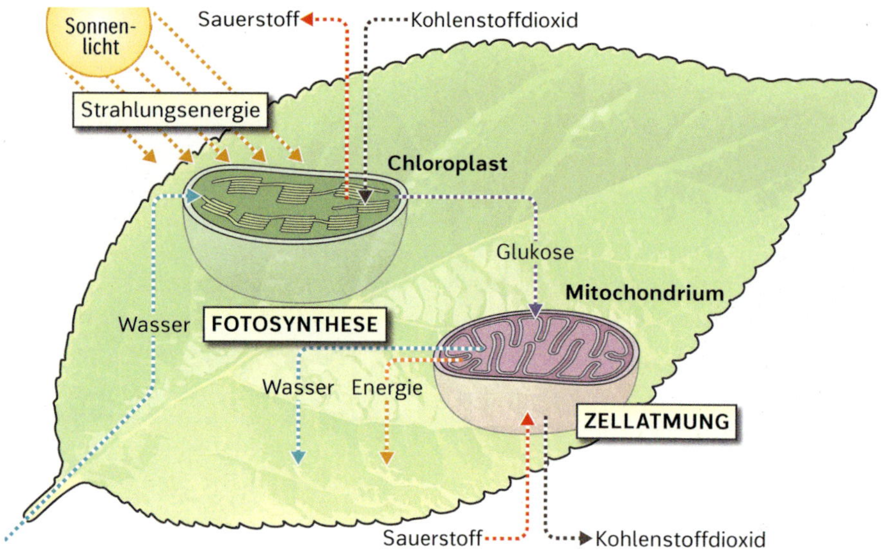

4 Fotosynthese und Zellatmung

Material mit Aufgaben

M2 Zellatmung bei keimenden Bohnen

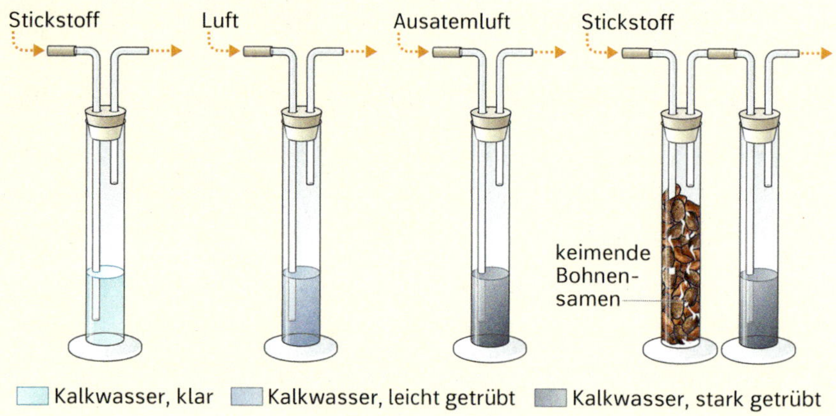

Mit Kalkwasser weist man Kohlenstoffdioxid nach. Bleibt die farblose Flüssigkeit klar, ist kein Kohlenstoffdioxid vorhanden. Wird Kalkwasser trüb, weist das Kohlenstoffdioxid nach.

1. Beschreibe den Aufbau des Versuchs.
2. Beschreibe die Ergebnisse des Versuchs.
3. Erkläre die Ergebnisse des Versuchs.

Zellatmung bei Pflanzen

Grüne Pflanzen nutzen die Energie des Sonnenlichts, um während der Fotosynthese aus den energiearmen Stoffen Wasser und Kohlenstoffdioxid energiereiche Glukose aufzubauen. So ist die Energie des Sonnenlichts in der Glukose gebunden. Wie Tiere und Menschen benötigen auch die Zellen von Pflanzen für ihren Stoffwechsel und ihre Lebensvorgänge Energie. Diese gewinnen Pflanzen wie auch Tiere und Menschen bei der Zellatmung in den Mitochondrien jeder Zelle. Dabei wird die bei der Fotosynthese aufgebaute Glukose unter Verbrauch von Sauerstoff wieder abgebaut. Die Energie des Sonneslichtes wird so zunächst in chemische Energie der Glukose gebunden und anschließend durch deren Abbau verfügbar.

Grüne Pflanzen versorgen sich selbst mit Sauerstoff und Nährstoffen wie Glukose, sie sind selbstversorgend oder **autotroph**.

Tiere und Menschen können zwar die Glukose zur Energiegewinnung abbauen, sie aber nicht zuvor aufbauen. Sie sind zudem auf die Aufnahme von Sauerstoff für ihre Zellatmung angewiesen. Tiere und Menschen sind fremdversorgt oder **heterotroph**.

Grüne Pflanzen produzieren aber viel mehr Sauerstoff und Nährstoffe wie Glukose, als sie für ihre eigene Versorgung benötigen. Durch diesen Überschuss werden heterotrophe Lebewesen wie Tiere und Menschen versorgt.

A Erkläre, welche Lebewesen autotroph und welche Lebewesen heterotroph sind.

Material mit Aufgaben

M3 Wechselbeziehungen

1. Beschreibe den Aufbau der Versuchsreihe.
2. Stelle für jedes Gefäß Vermutungen an, wie sich der Sauerstoffgehalt im Laufe der Zeit verändert.
3. Erläutere für jedes Gefäß, wie sich der Kohlenstoffdioxidgehalt im Laufe der Zeit verändert.

M4 Energieflussdiagramm

1. Ordne den mit Ziffern gekennzeichneten Teile des Energieflussdiagramms die richtigen Begriffe zu.
2. Ordne A und B im Energieflussdiagramm der Zellatmung und der Fotosynthese zu.
3. Beschreibe das Energieflussdiagramm.
4. Erkläre, warum die Sonne Ursprung aller Energie ist.

1 Verschiedene Lebensräume

Ökosysteme

Lebensräume unterscheiden sich

Wiesen, Wälder, Seen, Gebirge, Felder aber auch Städte sind verschiedene Lebensräume oder **Biotope** mit unterschiedlichen Lebensbedingungen. Diese werden durch Umwelteinflüsse wie Temperatur, Bodeneigenschaften, Niederschlag, Licht und Wind beeinflusst. Solche Einflüsse der unbelebten Umwelt heißen **abiotische Umweltfaktoren**.

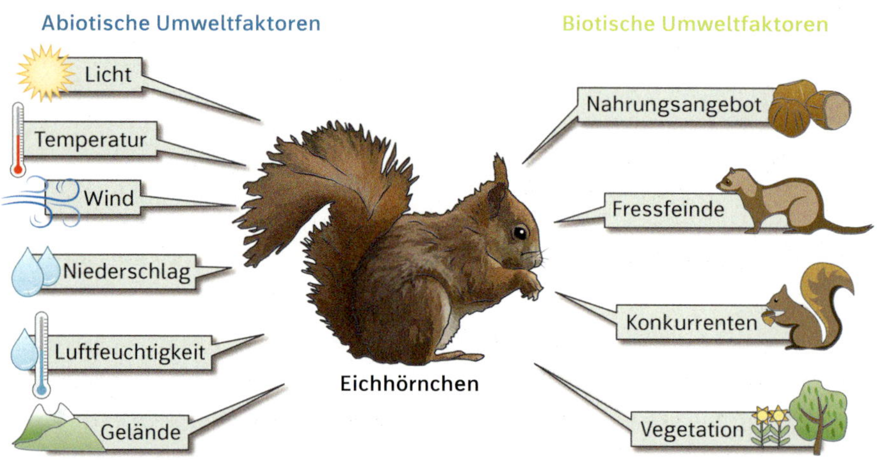

2 Biotische und abiotische Umweltfaktoren

Lebensgemeinschaft

In jedem Biotop sind die dort lebenden Pflanzen und Tiere an die vorhandenen abiotischen Umweltfaktoren des Lebensraumes angepasst. Zwischen den einzelnen Lebewesen bestehen ganz verschiedene Beziehungen: Tiere ernähren sich entweder von Pflanzen oder auch von anderen Tieren. Insekten bestäuben Pflanzen und sorgen so für deren Fortpflanzung. Manche Arten ernähren sich auf sehr ähnliche Weise und sind so Rivalen. Manche Vogelarten bauen an ganz ähnlichen Standorten ihre Nester. Sie sind Konkurrenten.

Alle Lebewesen eines Biotops bilden zusammen eine Lebensgemeinschaft oder **Biozönose**. Die Mitglieder einer Biozönose beeinflussen sich aber auch gegenseitig. Sie stellen also füreinander Umweltfaktoren dar. Weil es sich dabei um Faktoren aus der belebten Umwelt handelt, bezeichnet man diese als **biotische Umweltfaktoren**.

3 Ökosystem

Ökosystem

Biotop und Biozönose bilden zusammen ein **Ökosystem**. Ökosysteme unterscheiden sich durch ihre Größe und die Vielfalt der Tier- und Pflanzenwelt. Ackerflächen oder Hecke sind in der Regel kleine und artenarme Ökosysteme. Der Tropische Regenwald ist dagegen ein großes und artenreiches Ökosystem. Zu Landökosystemen gehören unter anderem Wälder, Wiesen, Felder, Gebirge und Wüsten. Bäche, Flüsse, Teiche, Seen und Meere dagegen sind Wasserökosysteme. Alle Ökosysteme zusammen bilden die **Biosphäre** der Erde.

Ökologische Nischen

Tiere und Pflanzen leben in einem Ökosystem oft auf engem Raum zusammen. So kommen in einem Wald beispielsweise viele verschiedene Vogelarten vor. Dies ist möglich, weil die Tiere auf unterschiedliche Weise verschiedene Nahrung erwerben und beispielsweise auch verschiedene Brutplätze bevorzugen. Man sagt, sie nutzen unterschiedliche **ökologische Nischen**.

A Nenne jeweils drei biotische und drei abiotische Faktoren eines Ökosystems.

B Erkläre die Begriffe Biotop, Biozönose und Ökosystem.

Material mit Aufgaben

M1 Ökosysteme

1. Beschreibe, was in dem Bild dargestellt ist.
2. Erkläre, ob es sich um ein Ökosystem handelt. +
3. Erläutere am Beispiel des Aquariums den Zusammenhang zwischen Biotop, Biozönose und Ökosystem.

1 Laubmischwald

Ökosystem Wald

Der Wald

Wälder sind in mehrere Schichten oder **Stockwerke** untergliedert. In jedem Stockwerk sind die **Umweltfaktoren** verschieden ausgeprägt. Deshalb leben unterschiedliche Tieren und Pflanzen in den unterschiedlichen Stockwerken.

Die Baumschicht

Zu den bis zu 40 Meter hohen Bäumen eines Mischwaldes gehören neben Nadelbäumen wie Kiefer und Fichte auch Laubbäume wie Stieleiche und Rotbuche. Ihre Laub- oder Nadelblätter bilden das Kronendach der **Baumschicht** des Waldes. Das dichte Kronendach lässt nur wenig Sonnenlicht in die darunterliegenden Stockwerke. Zudem fängt das Kronendach Niederschläge wie Regen auf, sodass Wasser nur langsam zum Boden kommt. In der Baumschicht leben neben Insekten auch Spechte, Fledermäuse und Eichhörnchen.

Die Strauchschicht

Bis zu einer Höhe von fünf Metern wachsen Sträucher wie Hasel und Holunder. Aber auch junge Bäume und Kletterpflanzen wie Efeu und Waldrebe sind in der **Strauchschicht** zu finden. Sie bilden eine dichte Schicht, die nur wenig Wind zwischen den Stämmen der Bäume hindurchlässt. Neben Insekten leben und nisten hier Vögel wie die Amsel.

Die Krautschicht

Unter der Strauchschicht wachsen die Pflanzen der **Krautschicht**. Sie werden selten höher als einen Meter. Im Frühjahr findet man hier viele Frühblüher wie das Buschwindröschen. Im Sommer blühen hier nur Pflanzen, die mit wenig Licht zurechtkommen. Auch Gräser und Farne gehören zur Krautschicht. Hier leben Insekten, Spinnen aber auch Waldeidechsen und Vögel wie das Rotkehlchen, die am Boden brüten.

Die Moosschicht

An schattigen Stellen im Wald breiten sich Moose aus. In dieser **Moosschicht** wachsen neben Moosen auch die Fruchtkörper von Pilzen. Moose speichern Wasser und geben es langsam an den Boden ab. Die Moosschicht speichert Wasser und ist für den Wasserhaushalt des Waldes wichtig. Bis in die Moosschicht kommt wenig Sonnenlicht. Insekten, Schnecken und Spinnen finden hier Verstecke und Nahrung.

Wurzelschicht

Die Wurzeln der Pflanzen des Waldes reichen bis in den Waldboden. Sie durchziehen zusammen mit einem Pilzgeflecht den Boden. Über die Wurzeln nehmen die Pflanzen Wasser und Mineralstoffe auf. In dieser **Wurzelschicht** leben Regenwürmer und Kleinstlebewesen wie Tausendfüßer und Milben. Bakterien und Pilze zersetzen heruntergefallene Blätter und geben Mineralstoffe an den Boden ab.

Forst

In einem **Forst** werden auf einer Fläche Bäume einer Art gleichzeitig gepflanzt. Man bezeichnet ihn deshalb auch als **Monokultur**. Meist werden schnellwachsende Nadelbaumarten zur Holzproduktion gepflanzt. Fichten bilden ein dichtes Kronendach. Es lässt kaum Licht in die darunterliegenden Stockwerke. Im Fichtenforst ist es sehr dunkel. Heruntergefallene Nadeln werden nur sehr langsam zersetzt und sammeln sich deshalb an. Auf diesem Boden können kaum Pflanzen leben. Nur an wenigen lichten Stellen leben Kräuter und Moose.

2 Stockwerke des Waldes

A Beschreibe den Aufbau eines Mischwaldes.

B Begründe, warum heute statt Monokulturen Mischwälder gepflanzt werden.

Material mit Aufgaben

M1 Mischwald und Forst

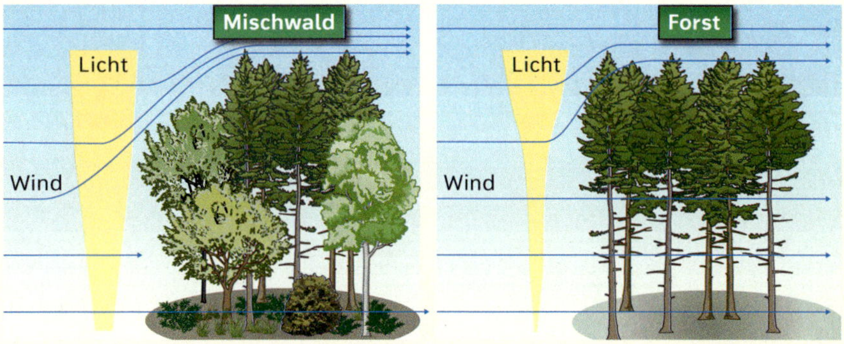

1. Beschreibe den Stockwerkaufbau im Mischwald und im Forst.
2. Vergleiche den Lichteinfall von Mischwald und Forst.
3. Erkläre, warum es im Forst mehr Wind gibt.
4. Erkläre, warum es in einem Forst keine Krautschicht und Strauchschicht gibt.
5. Begründe, warum in einem Mischwald mehr Tierarten leben als in einer Monokultur.

1 Laubwald

Vielfalt von Wäldern

Wald ist nicht gleich Wald

Wälder gibt es im Flachland und im Gebirge. Sie wachsen an Flüssen, auf Hügeln und an steilen Hängen.

Je nach ihrem Standort unterscheiden sich die Wälder sehr stark voneinander. Das liegt daran, dass an jedem Standort andere **abiotische Standortfaktoren** herrschen. So bestimmen Temperatur, Bodeneigenschaften, Niederschlagsmenge, Licht und Wind das Aussehen eines Waldes. Häufig wachsen in einem Wald nur bestimmte Baumarten, die an die jeweiligen abiotischen Umweltfaktoren angepasst sind.

In der Nähe von Gewässern ist es kühl und feucht. Hier wachsen Erlen, Weiden und Pappeln, die mit nassem Boden und Überflutungen zurechtkommen.

Rotbuchen bevorzugen mineralstoffreichen, feuchten Boden. Sie benötigen für ihr schnelles Wachstum wenig Licht und verdrängen so andere Baumarten. Rotbuchen sind **konkurrenzstark**.

Waldkiefern findet man eher auf trockenen, mineralstoffarmen oder feuchteren Böden. Da sie für ihr langsames Wachstum sehr viel Licht benötigen, werden sie oft von anderen Baumarten wie Rotbuchen überwachsen. Waldkiefern sind **konkurrenzschwach**.

Material mit Aufgaben

M1 Rotbuche und Waldkiefer

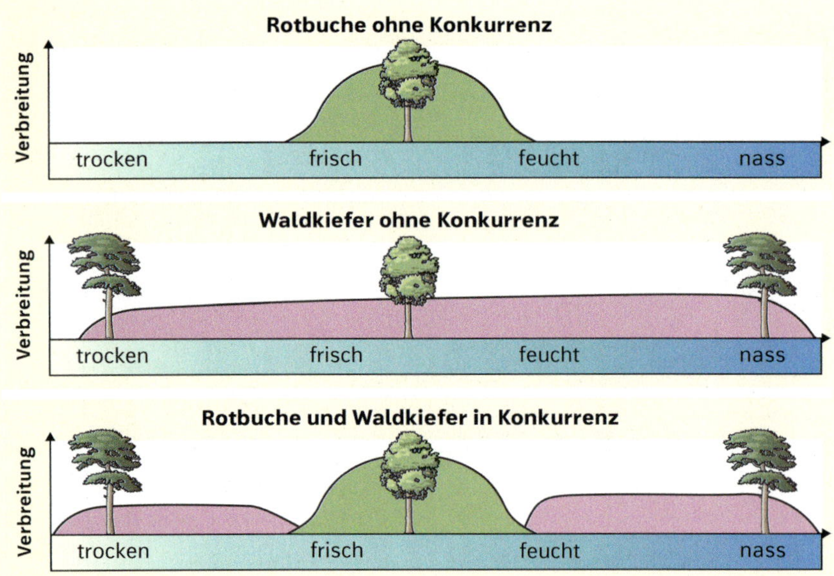

1. Vergleiche die konkurrenzfreie Verbreitungen von Rotbuche und Waldkiefer.
2. Erkläre, was passiert, wenn sich in einem feuchten Kiefernwald die Rotbuche ausbreitet.

2 Nadelwald

3 Gebirgswald

4 Auwald

Waldtypen

Im Flachland Deutschlands ist der **Laubwald** mit Eichen oder Rotbuchen die vorherrschende Waldart.
In höheren und kälteren Lagen des Berglandes bilden Fichten und Tannen zusammen mit Rotbuchen und Bergahorn einen **Mischwald**. Dieser besteht aus Nadel- und Laubbäumen. Mischwälder sind artenreiche Lebensräume mit vielen Pflanzen- und Tierarten.
Auf sandigen Böden wachsen Kiefernwälder, die mit der Trockenheit zurecht kommen. Auch im Gebirge oberhalb einer Höhe von 1000 Metern ist es für Laubbäume zu kalt. Nur Nadelbäume wie die Fichte, deren Nadeln eine dicke Wachsschicht haben, können hier leben. Diese **Nadelwälder** sind artenarm, da kaum Licht auf den Boden fällt.
Mit zunehmender Höhe im Gebirge wird es kälter, windiger und steiler. Bäume wachsen nur bis in eine Höhe von etwa 2400 Meter aufrecht. Darüber ist die **Krummholzzone**, in der Latschenkiefern liegend und verzweigt wachsen. Man spricht von der **Baumgrenze**.
In der Nähe von Flüssen bilden Erlen und Pappeln **Auwälder**. Diese Wälder sind durch den Wechsel von Wasser und Land sehr artenreiche Lebensräume.

Material mit Aufgaben

M2 Waldtypen

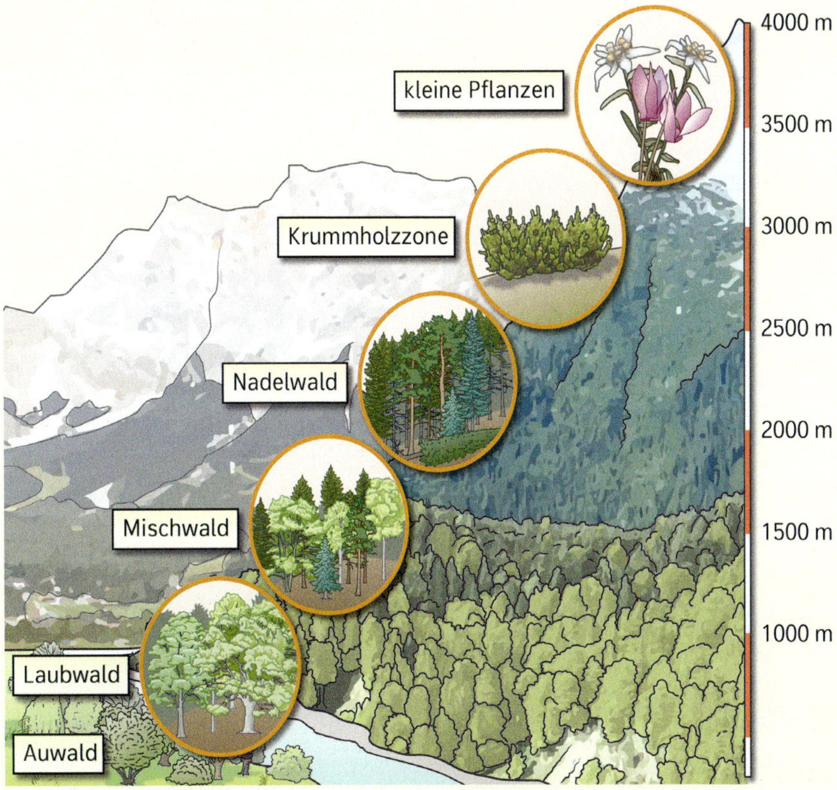

1. Beschreibe die unterschiedlichen Waldarten im Gebirge.
2. Beschreibe Umweltfaktoren, mit denen Baumarten im Gebirge zurechtkommen müssen.
3. Begründe, warum oberhalb von 2500 Metern in den Alpen keine Bäume mehr wachsen können.
4. Erkläre die unterschiedliche Verteilung der Vegetation.

1 Spaziergänger im Wald an einem Holzstapel

Leistungen des Waldes

Nutzung der Wälder

Ohne menschliche Besiedlung wären große Flächen Deutschlands von Wald bedeckt. Der Mensch nutzte in den vergangen Jahrhunderten vor allem das Holz der Wälder zum Bauen und Heizen. Wälder wurden großflächig abgeholzt. Auf den freien Flächen wurden landwirtschaftliche Nutzflächen zur Versorgung der wachsenden Bevölkerung angelegt.

2 Bedeutung des Waldes

Erholungsort

Für viele bietet der Wald Erholung, die Möglichkeit saubere Luft einzuatmen und seine Freizeit mit Wandern oder Mountainbikefahren zu verbringen.

Wasserhaushalt

Die Bäume der Wälder bilden dichte Baumkronen. Ein Teil des Regenwassers wird von den Baumkronen aufgefangen und gelangt nicht bis zum Boden. Auf der Blattoberfläche verdunstet dann das Wasser.

Fällt dennoch Regenwasser bis auf den Waldboden, versickert es langsam. Beim Durchlaufen durch die verschiedenen Bodenschichten wird das Wasser von **Schadstoffen** gereinigt. Es wird gefiltert. Die vielen Wurzeln der Bäume halten den Boden zusammen. Auch bei starken Regenfällen wird so der Boden nicht weggespült. Die Wurzeln schützen vor Bodenverlust, vor **Erosion**.

Klimaverbesserung

Eine 100 Jahre alte Rotbuche gibt bei der **Fotosynthese** jeden Tag etwa 12 kg Sauerstoff ab und versorgt damit etwa 10 Menschen. Für die Fotosynthese nimmt die Rotbuche Kohlenstoffdioxid auf. Dieses Gas wandelt die Pflanze in andere Kohlenstoffverbindungen um. Der Kohlenstoff ist dann etwa in Kohlenhydraten wie Glukose, Stärke oder Zellulose enthalten. Der Kohlenstoff wird in der **Biomasse** der wachsenden Rotbuche gebunden. Den Wald mit seinen Pflanzen bezeichnet man daher als **Kohlenstoffsenke**. Er hilft, das für den Klimawandel mitverantwortliche Kohlenstoffdioxid aus der Luft zu binden.

Kühlen und Reinigen der Luft

An heißen Sommertagen ist es in einem Wald kühler als auf einer Wiese. Da Bäume viel Wasser verdunsten, geben sie viel Wasserdampf an die Luft ab. Sie erhöhen die Luftfeuchtigkeit. Die Verdunstung hat auch einen kühlenden Effekt für die Umgebungsluft.
Durch Bebauung und den Verkehr heizen sich Städte auf. Die warme Luft strömt zu benachbarten Wäldern. Dort kühlt sich die Luft ab. Durch die Wälder wird die Luft angefeuchtet und auch von Staub gereinigt. Die kühlere, feuchte Luft strömt wieder zurück zu den Städten.

A Erkläre den Begriff Kohlenstoffsenke.

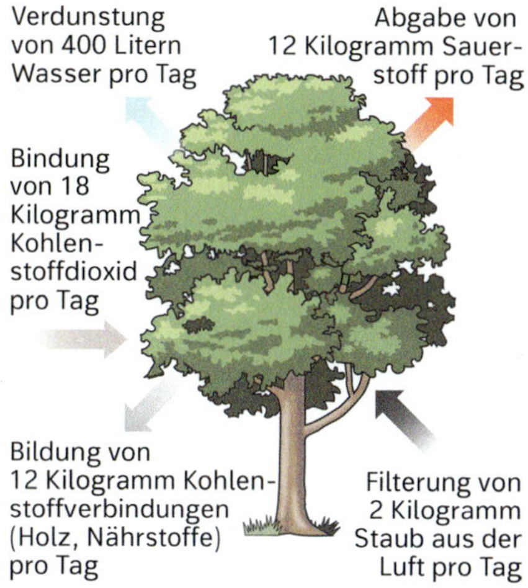

3 Leistungen einer 100-jährigen Rotbuche

Material mit Aufgaben

M1 Wasserhaushalt

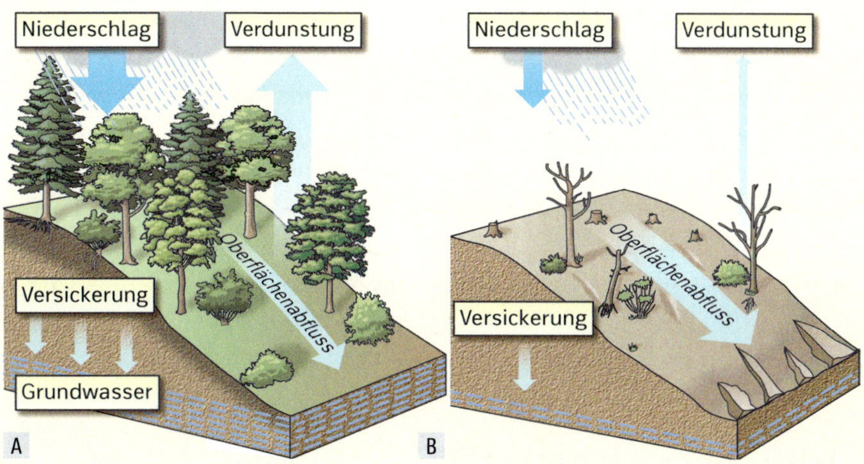

1. Beschreibe den Einfluss von Wäldern auf den Wasserhaushalt.
2. Vergleiche die Grundwasserbildung und den Oberflächenwasserabfluss in A und B.
3. Erkläre, warum Wälder wichtig für unsere Trinkwasserversorgung sind.
4. Erkläre, warum es vor allem bei kahl geschlagenen Berghängen zu Erosion kommen kann.

M2 Kohlenstoffdioxid

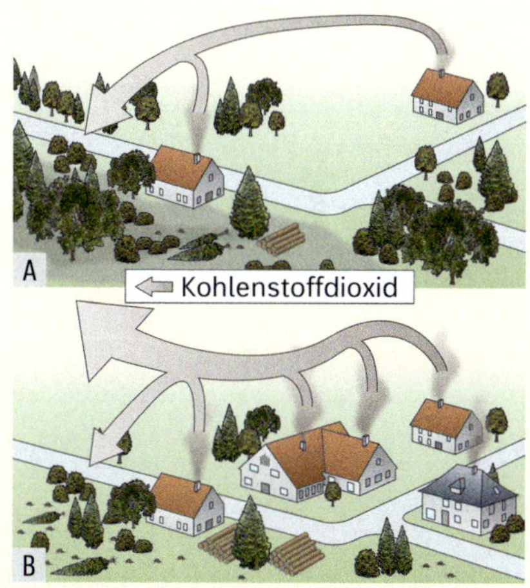

1. Vergleiche Aufnahme und Freisetzung von Kohlenstoffdioxid in A und B.
2. Erkläre, warum das Nutzen von Holz als Brennstoff Auswirkungen auf den Klimawandel hat.

1 Uhu mit erbeutetem Eichhörnchen

Nahrungsbeziehungen

Produzenten und Konsumenten

Alle grünen Pflanzen wandeln während der Fotosynthese die Energie des Sonnenlichts in chemische Energie um. Die dabei entstehenden energiereichen Nährstoffe wie Glukose dienen dem Wachstum der Pflanzen und so dem Aufbau ihrer **Biomasse**. So bauen Pflanzen alle Stoffe auf, die sie zum Leben und Wachstum benötigen. Daher bezeichnet man Pflanzen als Erzeuger oder **Produzenten**.

2 Nahrungskette

Tiere können Nährstoffe nicht selbst herstellen. Sie erhalten sie durch die Aufnahme der Biomasse anderer Lebewesen. Man bezeichnet sie daher als Verbraucher oder **Konsumenten**.

Die Raupe des Eichenwicklers ernährt sich von den Blättern der Eiche. Sie zählen zu den **Pflanzenfressern**. Die Raupe des Eichenwicklers wird von der Kohlmeise gefressen. Kohlmeisen fressen neben Raupen und anderen Larven von Insekten aber auch Früchte und Samen von Pflanzen. Sie sind also keine reinen Insektenfresser. Man bezeichnet sie daher als **Allesfresser**.

Die Kohlmeise wird von dem Uhu gefressen. Der Uhu ist ein Raubvogel, der Jagd auf andere Tiere macht und sich ausschließlich von diesen ernährt. Er wird daher als Tierfresser oder auch **Fleischfresser** bezeichnet.

Nahrungsketten

Pflanzenfresser wie die Raupe des Eichenwicklers sind Konsumenten 1. Ordnung. Die Eichenwicklerraupe wird von der Kohlmeise gefressen. Sie ist ein Konsument 2. Ordnung. Kohlmeisen werden vom Uhu gefressen. Der Uhu ist dann ein Konsument 3. Ordnung.
Diese Nahrungsbeziehungen können als **Nahrungskette** dargestellt werden:
Eiche → Raupe des Eichenwicklers → Kohlmeise → Uhu
Am Anfang einer Nahrungskette steht mit einer Pflanze immer ein Produzent. Danach folgen Konsumenten. Der Konsument am Ende einer Nahrungskette wird von keinem anderen Tier gefressen. Man nennt ihn **Endkonsument**.

Nahrungsnetz

Die meisten Tiere haben nicht nur eine, sondern verschiedene Nahrungsquellen. So fressen Kohlmeisen nicht nur die Raupen der Eichenwicklerraupe, sondern auch Larven anderer Insekten sowie Früchte und Samen. Kohlmeisen werden nicht nur vom Uhu, sondern auch vom Habicht gefressen.
Nahrungsketten stellen also immer nur einen kleinen Ausschnitt der Beziehungen der Lebewesen in Ökosystemen dar. Die meisten Lebewesen sind Glieder in mehreren Nahrungsketten. So sind meist viele Nahrungsketten miteinander verflochten. Die Nahrungsbeziehungen der Lebewesen sind vielfältig verzweigt und vernetzt. Man spricht von einem **Nahrungsnetz**. Dies sorgt dafür, dass die Lebensgemeinschaft beim Ausfall eines Lebewesens nicht so schnell aus dem Gleichgewicht gebracht wird. ▶

Material mit Aufgaben

M1 Nahrungsnetz im Wald

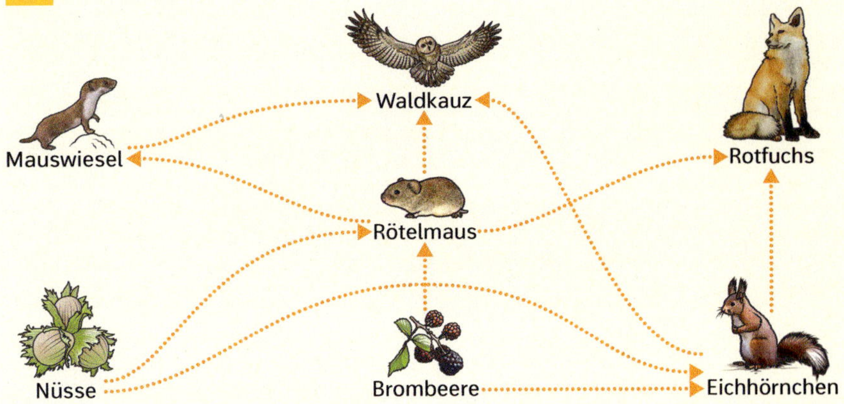

1. Ordne den abgebildeten Tieren die Begriffe Pflanzenfresser und Fleischfresser zu.
2. Erstelle mithilfe des Nahrungsnetzes drei möglichst lange Nahrungsketten.
3. Begründe, warum grüne Pflanzen immer am Anfang einer Nahrungskette stehen. ⊞
4. Erläutere die Aussage: „Auch Fleischfresser sind auf grüne Pflanzen angewiesen."

M2 Nahrungsnetz erstellen

1. Erstelle aus den abgebildeten Lebewesen eine möglichst lange Nahrungskette. ⊞
2. Erstelle aus den abgebildeten Lebewesen ein Nahrungsnetz.
3. Erkläre was passiert, wenn sich plötzlich die Anzahl der Buchen durch vermehrtes Fällen von Bäumen schlagartig verringert.

3 Regulation zwischen Räuber und Beutetieren

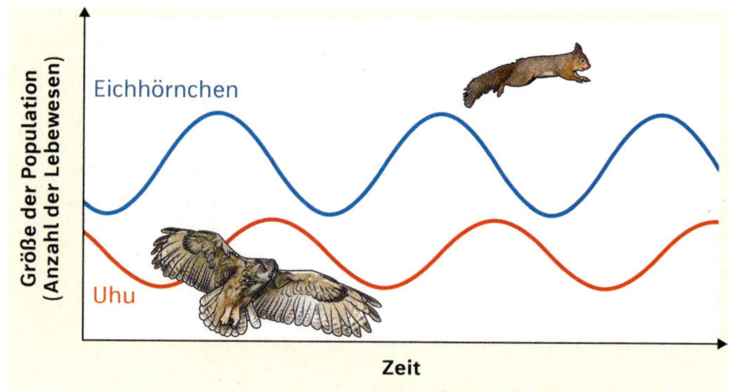

4 Räuber-Beutetier-Beziehung im Laufe der Zeit

Räuber-Beutetier-Beziehung

Alle in einem Gebiet vorkommenden Lebewesen einer Art werden zusammen als **Population** bezeichnet. Zwischen den Populationen zweier Arten bestehen häufig Nahrungsbeziehungen.

So sind Eichhörnchen für Uhus eine wichtige Nahrungsgrundlage. Gibt es in einem Wald viele Eichhörnchen, finden Uhus für sich und ihre Jungtiere genug Nahrung. Die Anzahl der Uhus nimmt im Laufe der Zeit zu. Als Folge sinkt im Laufe der Zeit die Anzahl der Eichhörnchen. Dies bedeutet für die Uhus ein verringertes Nahrungsangebot. Sie können dann weniger Jungtiere aufziehen und die Population der Uhus wird im Laufe der Zeit kleiner. Man spricht von einer **Räuber-Beutetier-Beziehung**. Die Zu- und Abnahme der Räuber- und der Beutetierpopulation verläuft dabei mit zeitlicher Verzögerung.
Die Populationen regulieren sich gegenseitig. Man spricht von **Rückkopplung**. Je mehr Beutetiere es gibt, desto mehr Räuber gibt es auch im Lebensraum. Dies ist eine **positive Rückkopplung**. Je mehr Räuber es gibt, desto weniger Beutetiere gibt es dann auch. Das ist eine **negative Rückkopplung**. ■

A Beschreibe den Zusammenhang zwischen den Populationen von Eichhörnchen und Uhus.

Material mit Aufgaben

M3 Wölfe und Elche

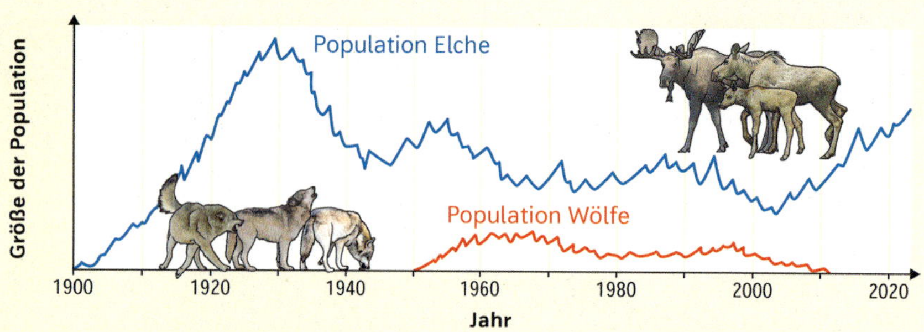

Auf eine abgelegene Insel in Nordamerika kamen vor über 100 Jahren Elche und vermehrten sich. 50 Jahre lang war ihre Populationsgröße nur durch das Nahrungsangebot begrenzt. Dann kamen Wölfe auf die Insel und vermehrten sich.

1. Beschreibe die beiden Kurven.
2. Erkläre, warum die Population der Elche bereits vor Ankunft der Wölfe abnahm. ⊞
3. Erkläre, warum die Population der Elche nach Verschwinden der Wölfe zunimmt. ⊞
4. Stelle Vermutungen an, wie sich die Population der Elche in 20 Jahren entwickeln wird.

Ökologische Nische

Der Habicht

Der Habicht ist ein im Wald lebender, etwa 60 Zentimeter großer Raubvogel. Er ernährt sich von kleinen Säugetieren wie Mäusen und Eichhörnchen sowie von kleinen Vögeln wie Amseln und Buchfinken. Mit seinen scharfen Krallen und seinem kräftigen Hakenschnabel fängt und tötet er seine Beutetiere am Tag. Sein Nest baut er hoch oben in den Baumkronen alter Bäume.

1 Habicht

2 Uhu

Konkurrenz

Wie auch der Habicht ist der Uhu ein im Wald lebender, etwa 60 Zentimeter großer Raubvogel. Beide jagen die gleichen Beutetiere, die für das Überleben der beiden Raubvögel wichtig sind. Man bezeichnet die Verfügbarkeit von Beutetieren daher als **Ressource**. Weil beide Raubvögel im selben Lebensraum vorkommen und dieselbe Ressource zum Überleben benötigen, treten sie in Bezug auf ihre Nahrung in **Konkurrenz**.

Konkurrenzvermeidung

Anders als der Habicht baut der Uhu seine Nester in Felsen oder nutzt alte Nester anderer Raubvögel. Zudem jagt der Uhu anders als der Habicht seine Beutetiere nachts. Man spricht dann von **Konkurrenzvermeidung**.

Ökologische Nische

Uhu und Habicht sind zwar in einigen Bereichen Konkurrenten, in anderen aber nicht. Alle Umweltfaktoren, die zusammen auf eine Art einwirken und an die sie Angepasstheiten hat sowie ihre Beziehungen zu anderen Lebewesen bilden die **ökologische Nische** der Art.

Material mit Aufgaben

M1 Ökologische Nischen von Spechten

1. Beschreibe Gemeinsamkeiten und Unterschiede der dargestellten Spechte.
2. Begründe, warum Bunt-, Grün- und Kleinspecht im selben Lebensraum vorkommen können.

1 Waldkauz auf einem pilzbewachsenen Stamm.

Stoffkreisläufe und Energiefluss im Wald

Pflanzen sind Produzenten

Grüne Pflanzen nutzen das energiereiche Sonnenlicht, um aus den energiearmen Stoffen Kohlenstoffdioxid und Wasser energiereiche Stoffe zu produzieren. Durch die **Fotosynthese** wird die Energie des Sonnenlichts in chemische Energie umgewandelt und als Glukose gespeichert. Dabei wird Sauerstoff als Nebenprodukt frei.

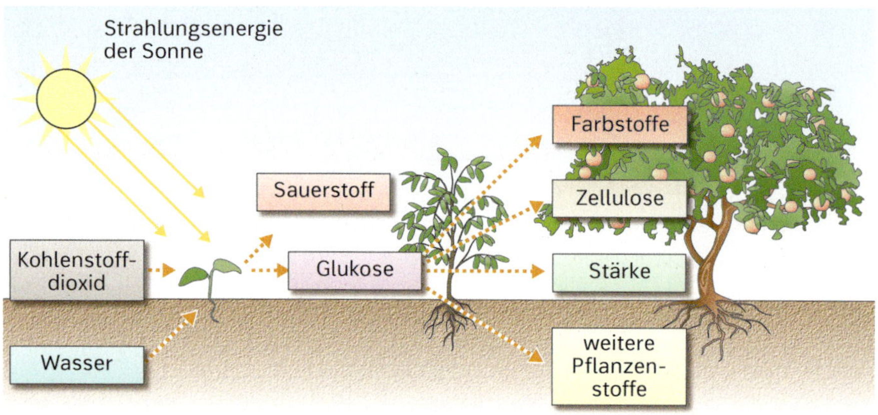

2 Energieumwandlung und Stoffaufbau bei Pflanzen

Aus der Glukose bauen die Pflanzen Stoffe auf, die sie zum Leben benötigen. Dazu gehören auch energiereiche Stoffe wie Fette, Kohlenhydrate und Eiweißstoffe. Ein Teil der Nährstoffe wird von der Pflanze selbst verbraucht. Da Pflanzen alle Stoffe selbst herstellen, bezeichnet man sie als **Produzenten**.

Für den Aufbau vieler Pflanzenstoffe zum Beispiel Holz oder den grünen Blattfarbstoff Chlorophyll benötigen Pflanzen zusätzlich **Mineralstoffe**. Diese sind im Wasser des Bodens gelöst und werden von Pflanzen mit ihren Wurzeln aufgenommen.

Mineralstoffe sorgen für ein kräftiges Wachstum der Pflanzen. Die gesamte Masse eines Lebewesens bezeichnet man als **Biomasse**. Die Produzenten bilden mit ihrer Biomasse die Nahrungsgrundlage für die Konsumenten 1. Ordnung, die Pflanzenfresser.

Tiere sind Konsumenten

Tiere gewinnen Energie aus energiereichen Stoffen, die sie mit der Nahrung aufnehmen. Sie sind **Konsumenten**. Für den Abbau benötigen sie Sauerstoff und geben Kohlenstoffdioxid und Reststoffe ab. Dabei sind Produzenten Nahrung für Konsumenten 1. Ordnung, die von Konsumenten 2. Ordnung gefressen werden. Konsumenten 3. Ordnung sind häufig Endkonsumenten. Die Anzahl der Lebewesen wird von den Produzenten bis zu den Konsumenten immer geringer. Diesen Zusammenhang kann man in einer Nahrungspyramide darstellen. Die Biomasse der Lebewesen einer Nahrungsebene sinkt mit jeder Ebene.

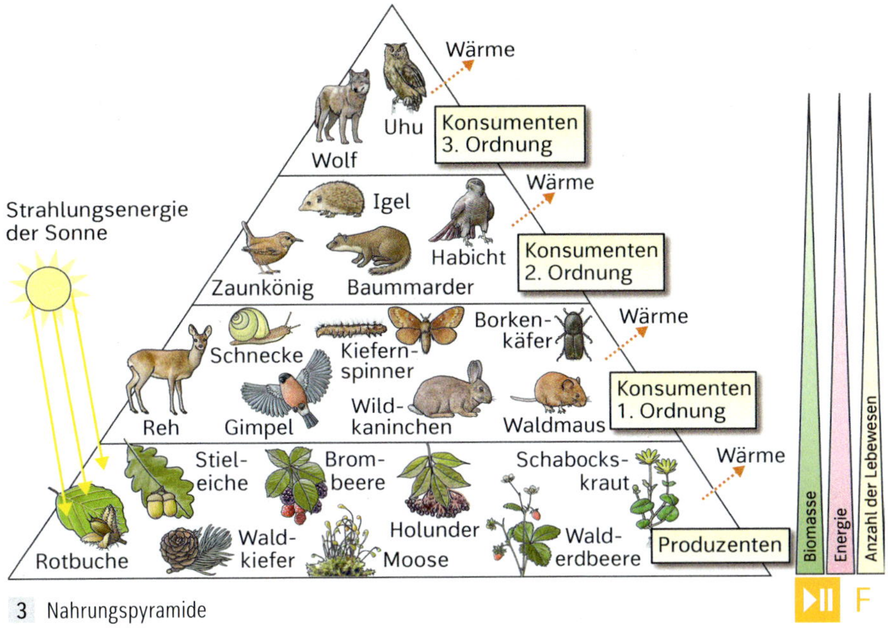

3 Nahrungspyramide

Energiefluss

Konsumenten 1. Ordnung wie die Waldmaus können nur 10 Prozent der in der pflanzlichen Biomasse gespeicherten Energie nutzen. Die übrigen 90 Prozent gehen bei Stoffwechselprozessen als nicht verwertbare thermische Energie oder durch Abgabe von Stoffen verloren. Man sprcht von der **10-Prozent-Regel**. Von den 10 Prozent der ursprünglichen Energie, die die Waldmaus aufgenommen hat, gehen ebenfalls wieder etwa 90 Prozent verloren. Nur 10 Prozent der in der Biomasse der Waldmaus gespeicherten Energie ist für Konsumenten 2. Ordnung nutzbar. Das sind nur noch 1 Prozent der von Pflanzen gespeicherten Energie. So nimmt nicht nur die Biomasse, sondern auch die Energie von Stufe zu Stufe der Pyramide ab.

A Erkläre die Begriffe Produzent und Konsument.

Material mit Aufgaben

M1 Energiefluss

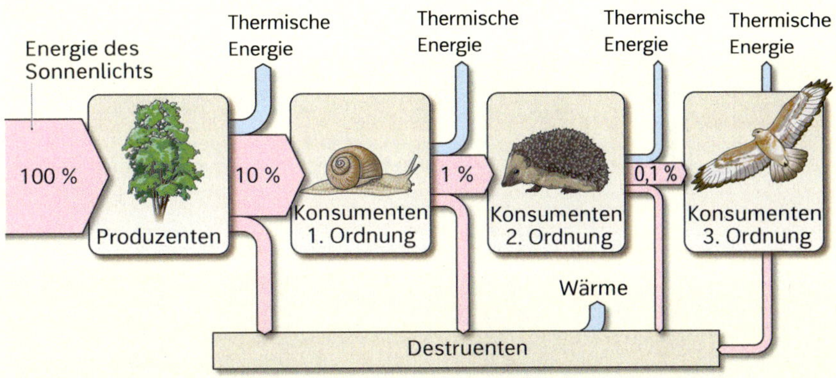

1. Beschreibe den Energiefluss im Ökosystem Wald.
2. Erkläre, warum auch Konsumenten 3. Ordnung von den Produzenten abhängig sind.
3. Erkläre, warum die weitergegebene Energie von Stufe zu Stufe abnimmt.
4. Für die Erzeugung von einem Kilogramm Rindfleisch werden etwa 7 Kilogramm Getreide benötigt. Begründe, warum es unter Energieaspekten sinnvoll ist, sich vermehrt von Pflanzen als von Tieren zu ernähren.

4 Zersetzung abgestorbener Lebewesen

Material mit Aufgaben

M2 Zersetzung eines Laubblattes

A: Asseln fressen die Blattflächen bis auf die Blattadern ab.

B: Springschwänze und Milben fressen erste Schichten des Blattes.

C: Regenwürmer und Insekten haben die letzten Reste des Blattes gefressen.

D: Tausendfüßer und Insektenlarven fressen große Löcher in die Blattfläche.

1. Ordne die Beschreibungen A-D den Blättern zu.
2. Bringe die Blätter in die richtige Reihenfolge ihrer Zersetzung. Begründe.
3. Erkläre, warum die Tätigkeit der Zerkleinerer die Freisetzung der Mineralstoffe beschleunigt.

Destruenten

Abgestorbene Pflanzen, tote Tiere und Ausscheidungen von Tieren werden im Boden durch Kleinstlebewesen zersetzt. Zu den **Zerkleinerern** gehören neben Insekten vor allem Regenwürmer, Asseln und Tausendfüßer. Sie fressen die Überreste anderer Lebewesen, um Energie und Stoffe zum Leben zu gewinnen. Die stark zerkleinerten Reste werden von Pilzen und Bakterien im Boden, den **Mineralisierern**, abgebaut. Je kleiner und zerklüfteter die Reste sind, desto besser können sie zersetzt werden. Dabei werden Mineralstoffe freigesetzt. Zerkleinerer und Zersetzter werden zusammengefasst als **Destruenten** bezeichnet. Wie auch die Konsumenten benötigen sie für ihre Stoffwechselvorgänge Sauerstoff und Nährstoffe und geben dabei Kohlenstoffdioxid ab.

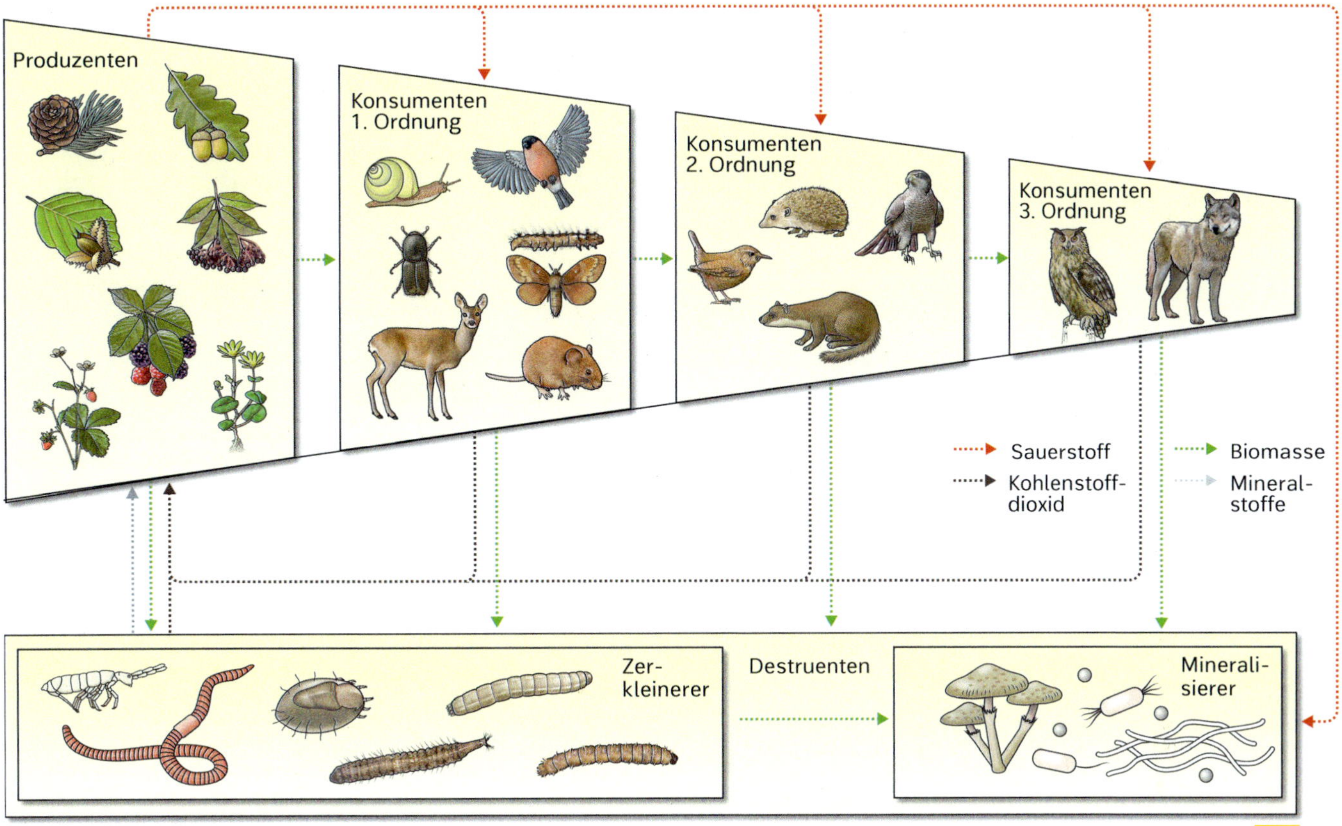

5 Stoffkreisläufe und Energiefluss im Ökosystem Wald

F

Stoffkreisläufe

Am Ende der Zersetzung durch Pilze, Einzeller und Bakterien werden die Mineralstoffe wieder freigesetzt. Es entsteht mineralstoffreiche, fruchtbare Erde, der **Humus**. Produzenten nehmen mit ihren Wurzeln Wasser und darin gelöste Mineralstoffe aus dem Boden auf. Das für die Fotosynthese benötigte Kohlenstoffdioxid nehmen die Produzenten von den Destruenten und den Konsumenten aus der Luft auf. Zwischen Produzenten, Konsumenten und Destruenten eines Ökosystems bestehen für Sauerstoff, Kohlenstoffdioxid und Mineralstoffe **Stoffkreisläufe**.

Angetrieben wird alles durch die Fotosynthese, bei der die Energie des Sonneslichts genutzt wird, um aus energiearmen Stoffen wieder energiereiche Stoffe zu bilden.

Material mit Aufgaben

M3 Mineralstoffkreislauf

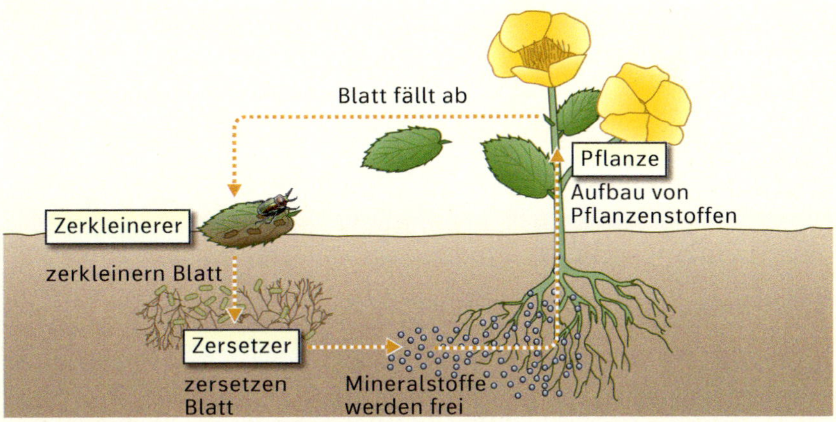

1. Beschreibe die Aufgaben der Zerkleinerer und Zersetzer.
2. Mineralstoffe gehen nicht verloren. Erkläre dies mithilfe des Bildes.
3. Erkläre, weshalb Gärtner Erde vom Kompost einsetzen.
4. Erkläre, warum die Zersetzung ohne die Zerkleinerer langsamer ablaufen würde.

1 Waldschäden im Fichtenforst

Projekt

Gefährdung der Wälder

Waldschäden

Jeder Baum altert und stirbt mit der Zeit ab. Daher findet man in einem natürlichen Wald auch dürre, abgestorbene Bäume. Lange Kälte- und Dürrephasen schädigen Bäume. Oft verfärben sich ihre Nadeln und Blätter. Die vertrockneten Bäume sind nun anfälliger gegenüber starken Winden und können abknicken. Durch Sturmschäden können so größere Kahlflächen entstehen.

Auch durch den **Klimawandel** kommt es heute vermehrt zu starken Stürmen und zu längeren Trockenphasen, bei denen Bäume vertrocknen. Vor allem in Monokulturen wie einem **Fichtenforst** breiten sich Waldschäden großflächig aus, weil Bäume einer einzigen Art dicht zusammenstehen. Schädlinge, die bevorzugt eine Baumart befallen, können sich in Monokulturen schnell ausbreiten.

2 Kronenverlichtung: **A** keine Kronenverlichtung, **B** schwache Kronenverlichtung, **C** deutliche Kronenverlichtung, **D** abgestorben

Borkenkäfer

Der Borkenkäfer ist ein Schädling, der vor allem Nadelbäume wie Fichten befällt. Der männliche Käfer frisst unter der Rinde eine **Rammelkammer**, in der er sich mit dem Weibchen paart. Dieses frisst einen Gang, in den es in bestimmten Abständen Eier legt. Aus den Eiern schlüpfen Larven. Sie fressen sich zu den Nährstoffbahnen des Baumes, über die bei der Fotosynthese produzierte Nährstoffe in der Pflanze verteilt werden. Ist der befallene Baum alt oder vorgeschädigt, kann er durch den Fraß der Larven absterben. Milde Winter begünstigen die Vermehrung des Borkenkäfers. Treten Borkenkäfer massenhaft auf, können auch gesunde Bäume geschädigt werden und so auch schnell immer weitere Bäume befallen werden.

Zustand des Waldes

Jährlich wird der Zustand des Waldes im **Waldzustandsbericht** festgehalten. In ihm wird das Ausmaß der Waldschäden aufgeführt. Wenn bei einer Fichte manche Nadeln gelb verfärbt sind und sich ihre Krone von außen nach innen zu lichten beginnt, zeigt sie eine leichte **Kronenverlichtung**. Die Fichte zeigt Merkmale der Schadstufe 1.

Bei Schadstufe 2 hat eine Fichte bereits eine sehr lichte Baumkrone und sie hat einen Teil ihrer Nadeln verloren.

Mit einer teilweise abgestorbenen Baumkrone kann die Fichte kaum noch wachsen. Sie hat die Schadstufe 3. Es besteht die Gefahr, dass sie abstirbt.

A Beschreibe die Schadstufen einer Fichte in Bild 2.

Material mit Aufgaben

M1 Borkenkäfer

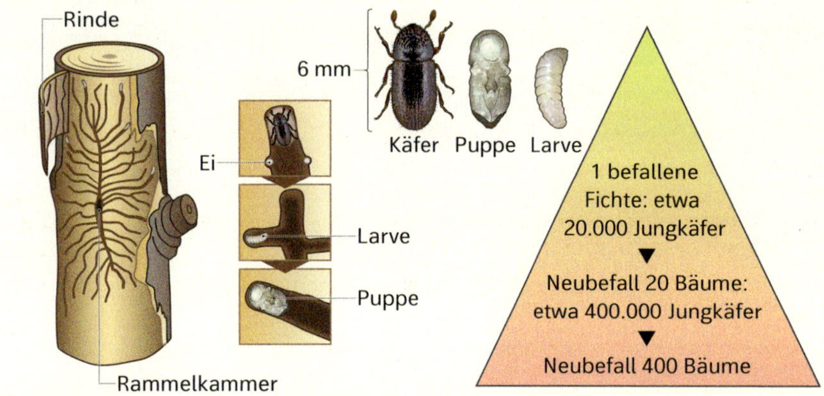

1. **I**II Beschreibe die Entwicklung des Borkenkäfers.
2. **II**I Erkläre, warum Bäume durch den Befall des Borkenkäfers geschädigt werden. ⊞
3. **II**I Erkläre, warum sich der Borkenkäfer vor allem in dichten Forsten schnell ausbreitet. ⊞
4. **III** Bei Borkenkäferbefall entfernen Förster großflächig Bäume. Erläutere diese Maßnahme.

M2 Waldzustand in Deutschland

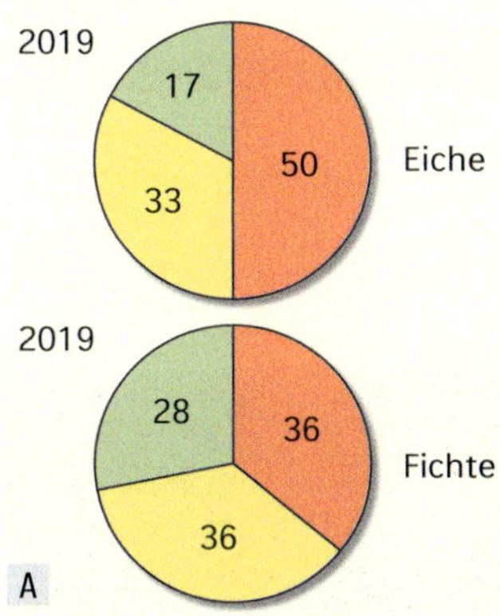

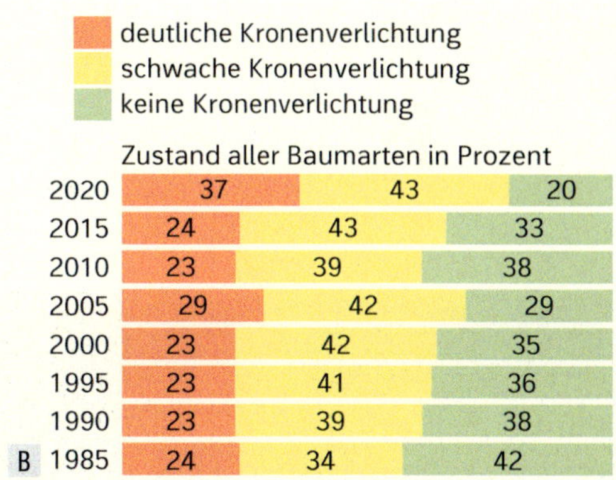

1. **I**II Betrachte die Kreisdiagramme in A. Vergleiche die Schadstufen von Eiche und Fichte im Jahr 2019.
2. **I**II Nenne mögliche Gründe, dass Bäume geschädigt werden.
3. **II**I Beschreibe mithilfe von Diagramm B den Waldzustand in Deutschland. ⊞
4. **III** Erläutere Auswirkungen des Klimawandels auf den Baumbestand in unseren Wäldern.

1 Kolibri auf Nahrungssuche

Projekt

Tropischer Regenwald

Artenreichtum

Tropische Regenwälder befinden sich nördlich und südlich des Äquators und bilden große Flächen in Mittel- und Südamerika, Afrika, Asien und Australien. Häufig werden tropische Regenwälder als „Dschungel" bezeichnet. Sie sind bekannt für ihren großen Artenreichtum. Auf der Fläche eines Fußballfeldes kann man beispielsweise 5000 verschiedene Käferarten finden. Selbst an einem Baum leben bis zu 1000 verschiedene Insektenarten. Etwa 50 Prozent aller auf der Erde lebenden Pflanzen- und Tierarten leben in tropischen Regenwäldern.

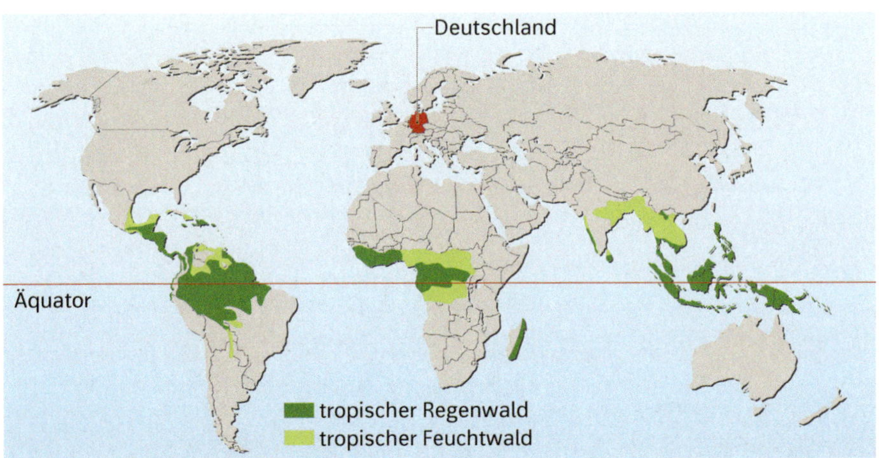

2 Verbreitung der Regenwälder auf der Welt

Klimatische Bedingungen

Tropische Regenwälder liegen in der Klimazone der Tropen. In diesen Regionen gibt es keine Jahreszeiten wie bei uns. Es herrschen hohe Temperaturen von durchschnittlich 25 °C, die nur geringen jahreszeitlichen Schwankungen unterliegen. Es regnet regelmäßiger und durchschnittlich mehr als in Deutschland. Die konstant hohen Temperaturen und die hohe Feuchtigkeit begünstigen ein ausgeprägtes Pflanzenwachstum mit einem großen Artenreichtum.

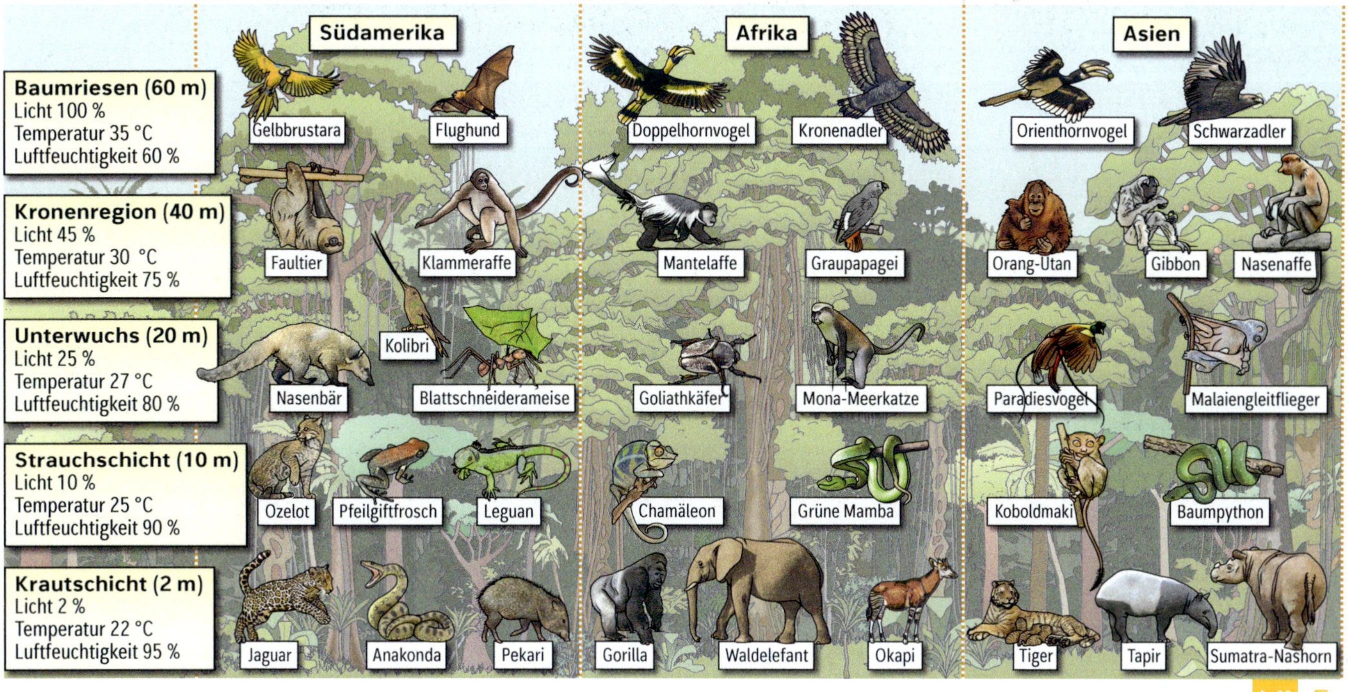

3 Aufbau und Arten im Tropischen Regenwald

F

Aufbau

Einzelne Bäume des tropischen Regenwalds werden bis zu 60 Meter hoch. Diese **Baumriesen** ragen deutlich über die **Kronenregion** hinaus, die von den übrigen Bäumen in 40 Metern Höhe gebildet wird. Durch das dichte Blätterdach kommt nur wenig Licht in die darunterliegenden Stockwerke. Das Blätterdach sorgt dort auch für eine hohe Luftfeuchtigkeit. An den rissigen Stämmen und verzweigten Ästen der Bäume wachsen Aufsitzerpflanzen wie Bromelien und bilden den **Unterwuchs**. In die bis in 10 Meter Höhe reichende **Strauchschicht** kommt kaum Licht. Hier wachsen deshalb Pflanzen mit großen Blättern und Palmen. In die bis in 2 Meter Höhe reichende **Krautschicht** kommt kaum noch Licht. Hier wurzelnde Lianen wachsen bis in die Kronenregion.

A Beschreibe den Stockwerkbau des tropischen Regenwalds. Nimm Bild 3 zu Hilfe.

Material mit Aufgaben

M1 Abiotische Faktoren im Regenwald

1. Vergleiche die abiotischen Faktoren Lichteinfall und Luftfeuchtigkeit in einem Regenwald mithilfe des Diagramms.
2. Erkläre die Veränderung des Lichteinfalls in den einzelnen Stockwerken.
3. Erläutere die Veränderung der Luftfeuchtigkeit im Regenwald in den Stockwerken. Beachte, dass auf der Kronenoberfläche viel Wasser verdunstet.
4. Beschreibe die unterschiedliche Artenvielfalt in den Stockwerken des Regenwaldes.
5. Stelle Vermutungen an, warum sich die Artenvielfalt in den Stockwerken so verteilt.
6. Stelle Vermutungen an, in welchem Stockwerk die meisten Aufsitzerpflanzen wachsen.

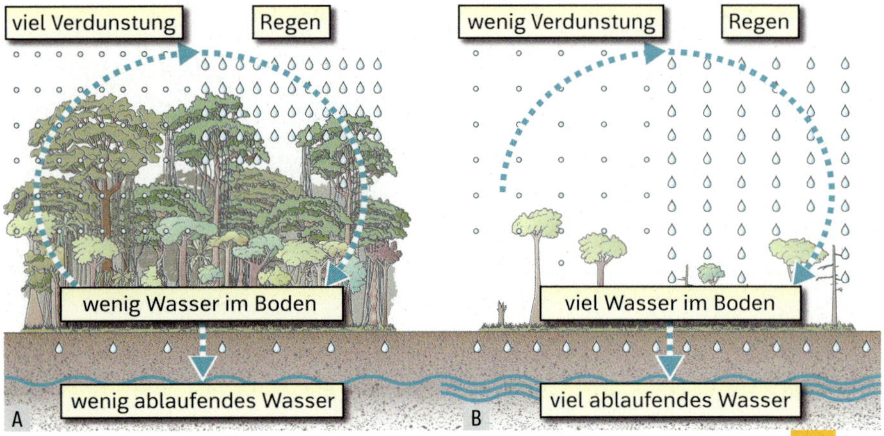

4 Wasserkreislauf: **A** im tropischen Regenwald, **B** im zerstörten tropischen Regenwald F

Mineralstoffe

Im tropischen Regenwald liegt am Waldboden kaum Laub oder totes Holz. Auch die mineralstoffreiche Humusschicht des Bodens ist nur wenige Zentimeter dick. Durch die warmen und feuchten Bedingungen wird tote Biomasse schnell von Destruenten abgebaut.

Die freigesetzten Mineralstoffe werden von den zahlreichen Baumwurzeln mit dem Wasser schnell wieder aufgenommen. Die Mineralstoffe werden nicht im Boden gespeichert, sondern befinden sich in der Biomasse der Pflanzen.

Wasserkreislauf

In einem intakten tropischen Regenwald herrscht eine hohe Luftfeuchtigkeit. Das Regenwasser verdunstet über die Blätter und gelangt als Wasserdampf wieder in die Atmosphäre. Nur ein kleiner Teil des Wassers gelangt in den Boden. Der Grundwasserspiegel ist niedrig. Bei einer entwaldeten Fläche in den Tropen gelangt viel mehr Wasser in den Boden und fließt unterirdisch ab. Deshalb kann eine großflächige Entwaldung dazu führen, dass es in umliegenden Gebieten zu weniger Niederschlägen kommt. So können sich Trockengebiete ausbreiten.

Material mit Aufgaben

F

M2 Mineralstoffe im Regenwald

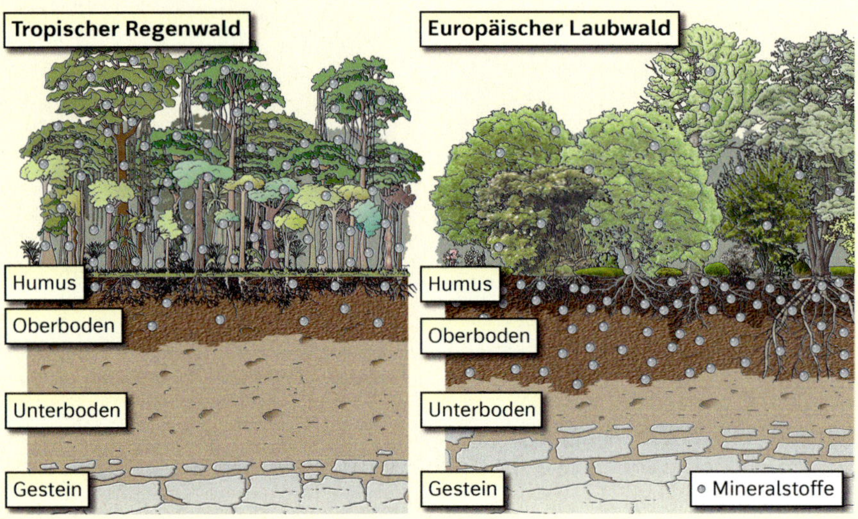

1. Beschreibe die Verteilung der Mineralstoffe im Regenwald.
2. Vergleiche die Verteilung von Mineralstoffen im Mischwald und im Regenwald.
3. Erkläre, warum die Humusschichten in beiden Wäldern unterschiedlich dick sind.
4. Erläutere, warum der Boden im tropischen Regenwald für die Landwirtschaft eher ungeeignet ist.

5 Brandrodung im tropischen Regenwald

6 Palmölplantage

Gefährdung des Regenwaldes

Große Flächen der tropischen Regenwälder sind heute bereits verloren. Durch **Brandrodungen** werden große Flächen zerstört und anschließend riesige Plantagen oder Weideflächen für die Viehhaltung angelegt. In manchen Gegenden des tropischen Regenwalds lagern seltene Minerale im Untergrund, die oft durch giftige Chemikalien aus dem Boden gewonnen werden. Durch **Kahlschlag** werden alle Bäume eines Gebiets gefällt, um Holz als Rohstoff zu gewinnen. Das führt zum Aussterben vieler Pflanzen- und Tierarten und damit zu einem Verlust an **Biodiversität**. Die Zerstörung hat weltweite ökologische Folgen. Durch das Verbrennen werden große Mengen Kohlenstoffdioxid frei und weniger Kohlenstoffdioxid wird in der Biomasse wachsender Pflanzen gebunden. Das verstärkt den Treibhauseffekt und beschleunigt den Klimawandel. ■

B Erläutere Auswirkungen des Kahlschlags auf den Wasserkreislauf im Regenwald. Nimm Bild 4 zu Hilfe.

Material mit Aufgaben

F

M3 Bedeutung und Gefährdung

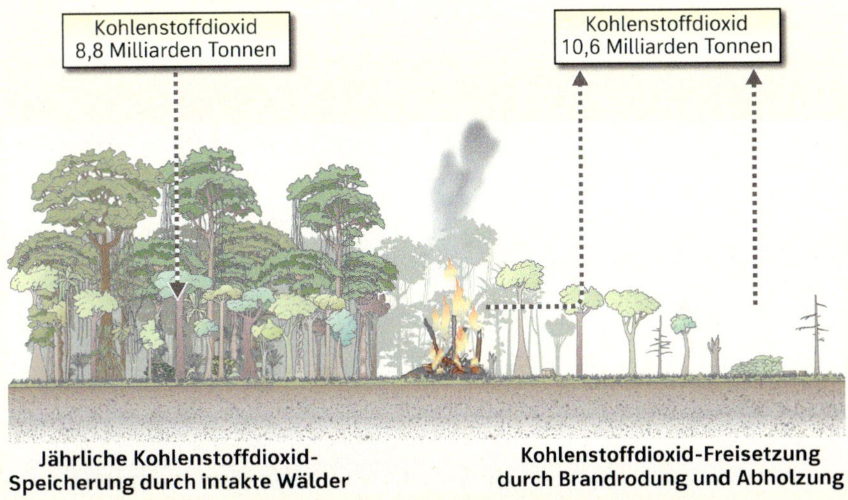

1. Erläutere die Bedeutung des Regenwalds als weltweit bedeutende Kohlenstoffsenke. +
2. Beschreibe, wie der Mensch den Regenwald zerstört und nenne Folgen. +
3. Erkläre, warum die Zerstörung des Regenwaldes den Klimawandel verstärkt. +
4. Erläutere, warum der Verlust der Regenwälder Auswirkungen auf den globalen Wasserkreislauf hat.
5. Recherchiere Maßnahmen zur nachhaltigen Bewirtschaftung von Regenwäldern. Entwirf einen Maßnahmenkatalog zum Schutz der Wälder.

Energieflüsse in unserer Umwelt

Energie

Damit Vorgänge ablaufen, muss Energie zur Verfügung stehen. So kann man zum Beispiel nur einen Bogen spannen, wenn man die Bogensehne mit der Kraft seines Armes spannt. Energie kann auf unterschiedlichste Weisen zur Verfügung stehen. Es gibt verschiedene Formen von Energie: Strahlungsenergie, thermische Energie, Spannenergie, Höhenenergie, Bewegungsenergie, elektrische Energie und chemische Energie. Energie wird immer umgewandelt. Sie geht nie verloren. Man bezeichnet dies als Energieerhaltung. Energieumwandlungen für einen Vorgang kann man mithilfe von Energieflussdiagrammen veranschaulichen.

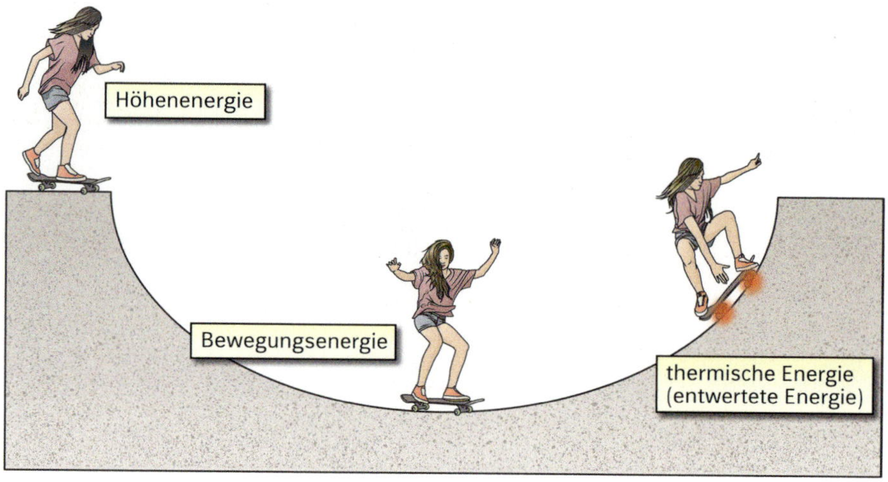

Ökosystem Wald

In einem Biotop herrschen unterschiedliche abiotischen Umweltfaktoren wie Temperatur, Wind und Niederschlag. Alle Lebewesen eines Biotops bilden zusammen eine Lebensgemeinschaft oder Biozönose und stellen füreinander biotische Faktoren dar. Die jeweiligen Umweltfaktoren eine Ökosystems begünstigen das Vorkommen bestimmter Baumarten. Deshalb unterscheiden sich Wälder voneinander.So findet man Nadelwälder, die aus kältebeständigen Nadelbäumem bestehen vor allem in größeren Höhen. Weiter in Richtung Tal findet man Mischwälder und Laubwälder. Laubwälder und Mischwälder sind in Stockwerke aus Boden-, Kraut- Strauch- und Baumschicht gegliedert. Sie verändern durch den herbstlichen Laubfall ihr Aussehen stark.

Nahrungsbeziehungen

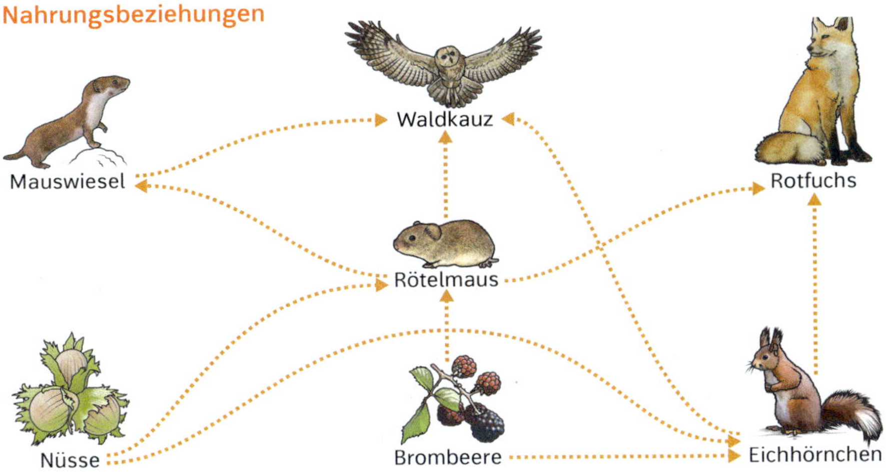

Pflanzen bilden während der Fotosynthese energiereiche Nährstoffe. Sie sind Produzenten. Tiere können Nährstoffe nicht selbst herstellen. Sie erhalten sie durch die Aufnahme der Biomasse anderer Lebewesen. Tiere sind Konsumenten. Pflanzenfresser sind Konsumenten 1. Ordnung. Diese werden von kleinen Fleischfresser erbeutet, den Konsumenten 2. Ordnung. Große Raubtiere bilden die Konsumenten 3. Ordnung. Diese Nahrungsbeziehungen können als Nahrungskette oder Nahrungsnetz dargestellt werden.

Gefährdung von Wäldern

Wälder dienen neben der Erholung unter anderem auch der Holzgewinnung. Dafür oft angelegten Forste sind Monokulturen. Da sie aus einer Baumart bestehen, sind sie sehr anfällig für Schäden durch Sturm, Hitze- und Trockenperioden. Diese werden durch den Klimwandel verstärkt.

Schädlinge wie der Borkenkäfer können sich in einer Monokultur schnell ausbreiten und vermehren. So können durch seinen Fraß unter der Rinde viele Bäume geschädigt werden. Das Ausmaß von Waldschäden wird unter anderem anhand der Kronenverlichtung im Waldzustandsbericht erfasst.

Fotosynthese und Zellatmung

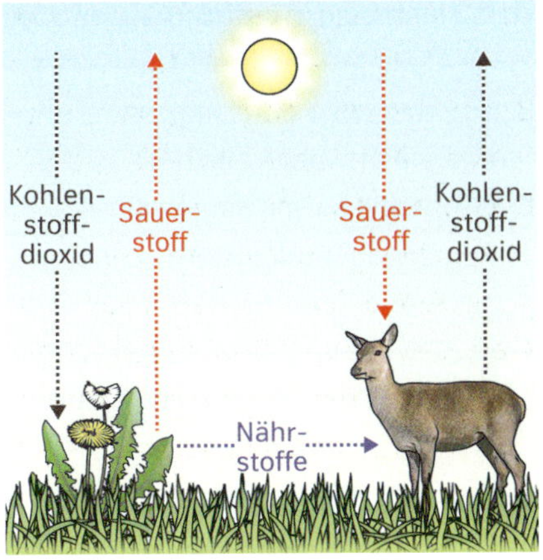

Mithilfe der Energie des Sonnenlichts bauen grüne Pflanzen in den Chloroplasten aus den energiearmen Stoffen Wasser und Kohlenstoffdioxid energiereiche Glukose auf. Auch der Stoff Sauerstoff entsteht. Die Strahlungsenergie der Sonne wird während der Fotosynthese in chemische Energie umgewandelt. Die Fotosynthese ist eine Stoff- und Energieumwandlung.

Glukose ist ein Baustoff und Ausgangsstoff für viele weitere Pflanzenstoffe wie Stärke, Zellulose, Farbstoffe, Fette und Eiweißstoffe.

In jeder pflanzlichen und tierischen Zelle wird energiereiche Glukose mithilfe von Sauerstoff in energiearmes Kohlenstoffdioxid und Wasser abgebaut. Dieser Stoffwechselvorgang läuft in den Mitochondrien ab und heißt Zellatmung. Dabei wird Energie frei, die jede Zelle für ihren Stoffwechsel und ihre Lebensvorgänge benötigt. So wandeln etwa Muskelzellen die chemische Energie, die in der Glukose gebunden ist, in Bewegungsenergie um. Die Zellatmung ist eine Stoff- und Energieumwandlung.

Energieflüsse in unserer Umwelt

1 Energieumwandlungen

A Nenne die in den Vorgängen A ud B beteiligten Energieformen.

B Beschreibe die dargestellten Energieumwandlungen.

C Erstelle für die dargestellten Vorgänge A und B jeweils ein Energieflussdiagramm.

D Beschreibe den Unterschied zwische einem Energieflussdiagramm und einem Energiekontomodell.

E Erstelle für Vorgang A ein Energiekontomodell.

2 Ökosysteme

A Nenne drei abiotische und drei biotische Umweltfaktoren eines Ökosystems.

B Erkläre, woraus sich ein Ökosystem zusammensetzt.

C Begründe, ob es sich jeweils um ein Ökosystem handelt.

3 Fotosynthese

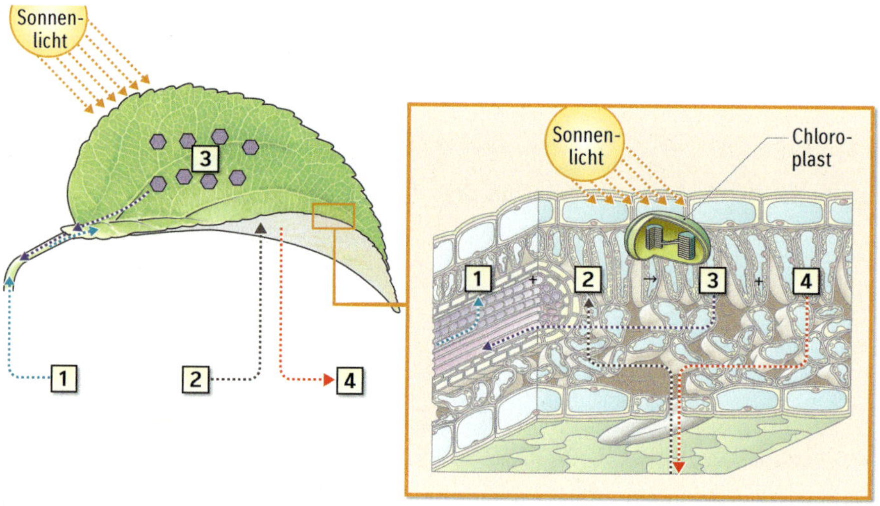

A Benenne die mit Ziffern gekennzeichneten Stoffe der Fotosynthese.

B Beschreibe den Vorgang der Fotosynthese.

C Erkläre, warum man Pflanzen als Energiewandler bezeichnet.

D Beschreibe die Bildung von weiterer Pflanzenstoffen wie beispielsweise Stärke.

4 Bedeutung des Waldes

A Beschreibe die Leistung einer 100 Jahre alten Buche.

B Beschreibe, welche Bedeutung der Wald für Menschen und Tiere hat.

C Erkläre, warum man einen Wald als Kohlenstoffsenke bezeichnet.

5 Stoffkreisläufe und Energiefluss im Wald

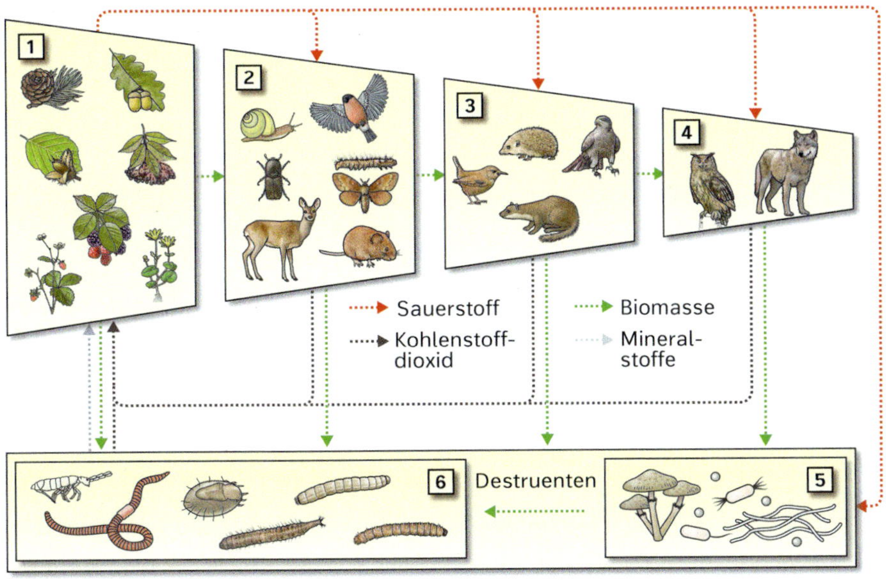

A Benenne die mit Ziffern gekennzeichneten Teile.

B Erkläre, warum man grüne Pflanzen als Produzenten bezeichnet.

C Erläutere, warum die Lebewesen eines Ökosystems in einem Nahrungsnetz miteinander in Verbindung stehen.

D Beschreibe den Stoffkreislauf im Ökosystem Wald.

E Erkläre, warum auch Konsumenten 3. Ordnung von den Produzenten abhängig sind.

F Erkläre, warum die Zersetzung durch Destruenten für die Produzenten wichtig ist.

6 Mineralstoffe

A Nenne Lebewesen, die bei der Zersetzung von toter Biomasse im Wald beteiligt sind.

B Erkläre den Unterschied zwischen Zerkleinerern und Zersetzern.

C Erkläre, warum auf einen Komposthaufen unter anderem kein Glas und kein Kunststoff darf.

D Erkläre, warum ein sich ein frisch angelegter Komposthaufen erwärmt.

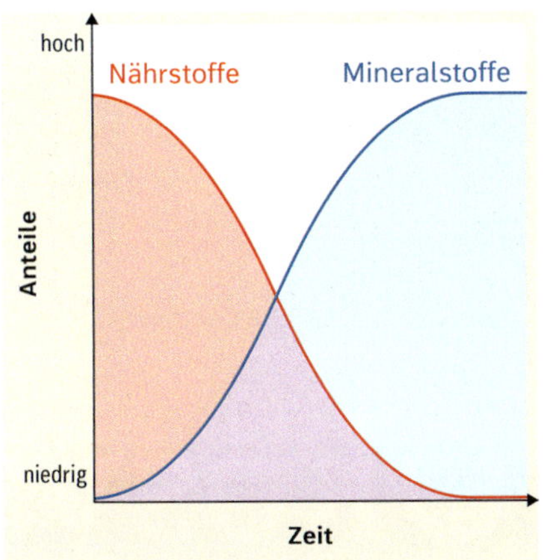

Ökosysteme Gewässer und Stadt

2 Projekt

Welche Umweltbedingungen herrschen im See?
Für welche Lebewesen ist die Stadt ein Lebensraum?
Wie verändert der Mensch Ökosysteme?

Uns umgibt neben dem Wald auch eine Vielzahl anderer Ökosysteme. Dazu gehören nicht nur Ökosysteme an Land, wie Wiesen, sondern auch viele unterschiedliche Gewässer. Hier gibt es ganz eigene Lebensbedingungen. Der Mensch hat viele dieser Ökosysteme verändert. Trotzdem leben viele Tiere und Pflanzen sogar in dicht bebauten Städten.

1 Stausee mit Staumauer

Vielfalt von Gewässern

Gewässer sind verschieden

Der größte Teil des Wassers auf der Erde befindet sich in den **Ozeanen**. Im Meerwasser ist Salz gelöst, weshalb es auch **Salzwasser** genannt wird. In Abgrenzung dazu wird das Wasser von Flüssen und Seen als **Süßwasser** bezeichnet. Auf der Landfläche gibt es verschiedene **Binnengewässer**.

Meist entspringt Wasser einem Gletscher oder dringt aus einer **Quelle** im Gebirge an die Oberfläche. Von dort bahnt es sich erst als **Rinnsal**, dann als schnell fließender, kalter **Bach** seinen Weg einen Hang hinab. Mehrere Bäche vereinen sich oft zu einem **Fluss**. Bei besonders großen und breiten Flüssen mit langsamer Fließgeschwindigkeit, bezeichnet man dies oft als **Strom**. Bewegt sich Wasser von einem Ort zu einem anderen Ort, spricht man von einem **Fließgewässer**.

Manchmal sammelt sich Wasser an. Es bewegt sich dann kaum. Je nach Fläche spricht man von **Tümpeln**, **Weihern** oder **Seen**. Diese Gewässer nennt man **Stehgewässer**.

Vor allem kleine Gewässer wie **Pfützen** können auch schnell wieder vertrocknen. Es gibt sie nur zeitweise.

Material mit Aufgaben

M1 Vielfalt von Gewässern

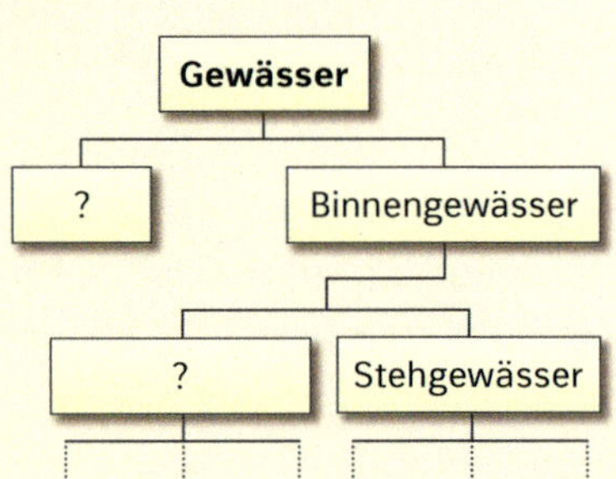

1. Übertrage das Schema in dein Heft und ergänze es. Ordne die verschiedenen Gewässer der Welt in das Schema ein.
2. Ordne die verschiedenen Binnengewässer natürlichen und künstlichen Gewässern zu. Erstelle eine Tabelle.

2 Ozean

3 Weiher

4 Kanal

Nutzung von Gewässern

Der Mensch verändert Gewässer, um sie besser nutzen zu können.

Um leichter Waren transportieren zu können, hat der Mensch Flüsse, Seen und Meere mit künstlichen Wasserwegen verbunden. Solche Wasserwege bezeichnet man als **Kanal**.

Manche Flüsse werden aber auch mit riesigen Dämmen angestaut. Zum einen dienen solche **Stauseen** als Trinkwasserspeicher, zum anderen kann der Abfluss des Wassers auch Turbinen antreiben und so der Bereitstellung von Strom dienen. Solche Seen sind oft ein beliebtes Ausflugsziel.

Häufig laufen Stellen, an denen von der Oberfläche Lehm, Sand oder Kies abgebaut wurde, mit Wasser voll. Man bezeichnet dies als **Baggerseen**.

Manchmal werden Gewässer durch zu starke Nutzung durch den Menschen geschädigt. Wird beispielsweise Stehgewässern mehr Wasser entnommen, als nachfließt, können sie austrocknen.

Material mit Aufgaben

M2 Aralsee

Aralsee 1960

Aralsee 2018

Der Aralsee war 1960 der viertgrößte See der Welt. Er liegt in einem Trockengebiet in Zentralasien. Seit Jahren werden die einzigen beiden Zuflüsse des Sees umgeleitet, damit riesige Baumwollfelder sowie wachsende Städte und die Industrie mit Wasser versorgt werden können.

1. Vergleiche die Luftaufnahmen vom Aralsee. Beschreibe die Auswirkungen der Landwirtschaft.
2. Erläutere mögliche Folgen für die Umwelt durch die Veränderung des Aralsees.

1 Ein See

Ökosystem See

Leben im und am See

Ein See bietet vielen Tier- und Pflanzenarten einen **Lebensraum**. Neben dem Freiwasser gehört zum Lebensraum See auch das Ufer mit verschiedenen Zonen und der Seegrund. Tiere wie Fischotter und Enten leben am oder nur zeitweise im See. Die Mitglieder der Lebensgemeinschaft See beeinflussen sich gegenseitig und stellen so füreinander **biotische Umweltfaktoren** dar.

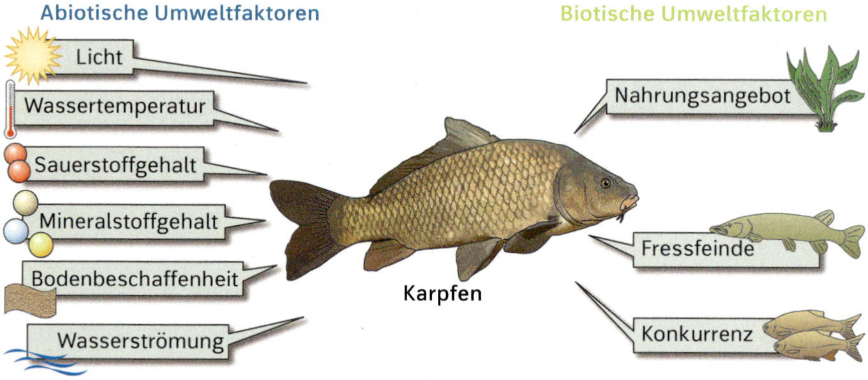

2 Umweltfaktoren in einem See

Abiotische Umweltfaktoren

Die abiotischen Umweltfaktoren sind in den verschiedenen Bereichen eines Sees sehr unterschiedlich:

Der **Wind** bewegt oft nur die oberste Wasserschicht und sorgt so für kleine Verwirbelungen. Das **Licht** der Sonne durchdringt nur die oberen Bereiche des Sees. Am Seegrund ist es daher meist völlig dunkel. Auch die **Temperatur** nimmt mit zunehmender Tiefe ab. Da Pflanzen und pflanzliches Plankton für die Fotosynthese Licht benötigen, können sie ab einer bestimmten Tiefe nicht mehr überleben. Deshalb ist auch der **Sauerstoffgehalt** am Seegrund niedriger als an der lichtdurchfluteten Wasseroberfläche. Vor allem die Bakterien am Grund des Sees zersetzen totes Tier- und Pflanzenmaterial zu Mineralstoffen. So ist der **Mineralstoffgehalt** am Boden des Sees viel höher als an der Oberfläche des Sees.

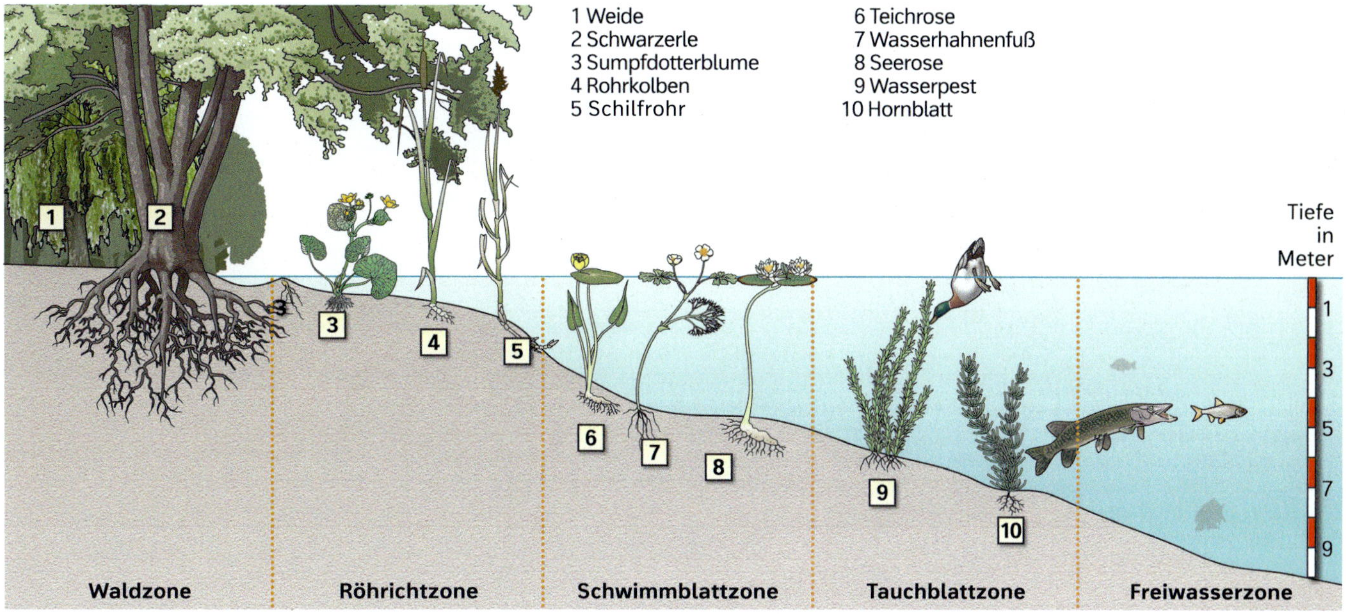

3 Pflanzenzonen eines Sees

Pflanzenzonen

In der Nähe von Seen finden sich nur Bäume, die auf feuchtem Untergrund wachsen können. In dieser **Waldzone** wachsen Erlen und Weiden. In der anschließenden **Röhrichtzone** wachsen Sumpfdotterblumen, Schilfrohr und Rohrkolben. Die Pflanzen stehen meist unter Wasser. Sie sind oft biegsam und stabil gebaut, da sie sonst durch Wind und Wellen beschädigt werden. Die **Schwimmblattzone** hat eine größere Wassertiefe. Dennoch reichen die Blätter der am Grund verankerten Teich- und Seerosen bis zur Wasseroberfläche. Durch ihre langen und biegsamen Stiele befinden sich die Blüten und Blätter an der Wasseroberfläche. Die Blätter besitzen mit Luft gefüllte Hohlräume. Sie schwimmen damit wie Bojen auf dem Wasser. In der noch tiefer gelegenen **Tauchblattzone** erreicht keine Pflanze mehr die Wasseroberfläche. Hier wächst zum Beispiel die Wasserpest. In der **Freiwasserzone** wachsen keine Pflanzen. Hier ist es zu dunkel.

Material mit Aufgaben

M1 Wasserhahnenfuß

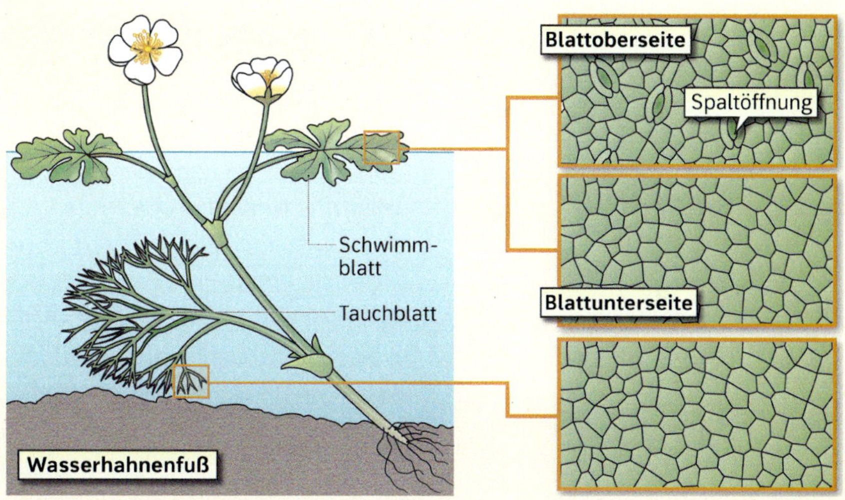

Der Wasserhahnenfuß bildet zwei unterschiedliche Blatttypen aus: Tauchblätter und Schwimmblätter. Die Tauchblätter sind verästelt und sind unter Wasser. Mit ihnen nimmt die Pflanze gelöste Stoffe wie Kohlenstoffdioxid über die gesamte Blattoberfläche aus dem Wasser auf.

1. Beschreibe beiden Blattformen des Wasserhahnenfußes.
2. Erkläre die unterschiedliche Verteilung der Spaltöffnungen am Schwimmblatt.
3. Erläutere, wie der Wasserhahnenfuß an seinen Lebensraum angepasst ist.

1 Hecht mit erbeutetem Karpfen

Nahrungsbeziehungen im See

Produzenten

Wasserpflanzen und kleine Algen, das **pflanzliche Plankton**, betreiben im See **Fotosynthese**. Dabei bauen sie alle Stoffe selbst auf, die sie zum Leben und Wachstum benötigen. Man bezeichnet sie daher als **Produzenten**. Bei guten Lebensbedingungen wachsen und vermehren sich die Produzenten immer weiter. So nimmt auch ihre **Biomasse** im Ökosystem zu. **Sauerstoff** wird bei der Fotosynthese als Nebenprodukt an das Wasser abgegeben.

Konsumenten

Fische, Insekten aber auch einzellige Lebewesen wie **tierisches Plankton** müssen zum Leben Nährstoffe aufnehmen. Man bezeichnet sie daher als Konsumenten. Konsumenten 1. Ordnung erhalten diese Nährstoffe von Pflanzen, sie sind **Pflanzenfresser**. Konsumenten 2. Ordnung ernähren sich von Pflanzenfressern, sie sind **Fleischfresser**. Es gibt aber auch Tiere, die sich von Pflanzen und Tieren ernähren. Man bezeichnet sie als **Allesfresser**.

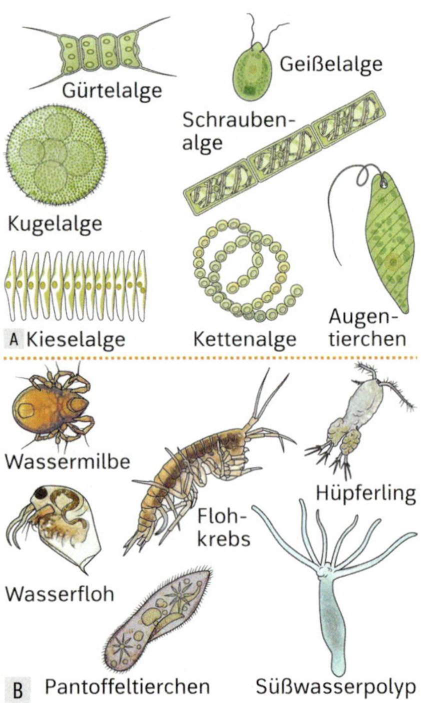

2 Plankton: **A** pflanzlich, **B** tierisch

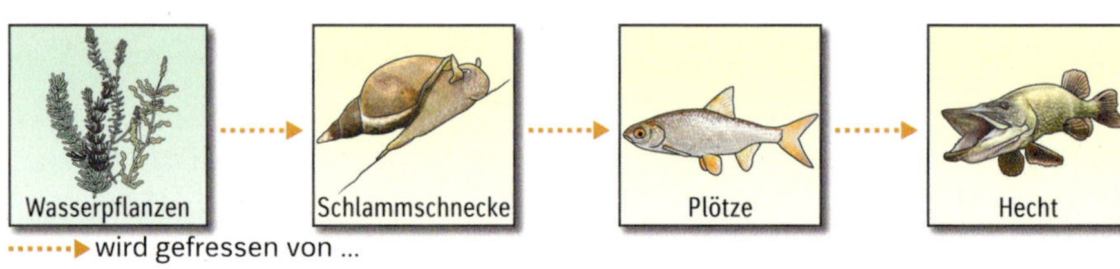

3 Nahrungskette in einem See

Nahrungsbeziehungen

Wasserpflanzen sind Nahrung für Pflanzenfresser wie der Schlammschnecke. Diese werden von Fischen wie Plötzen erbeutet, die wiederum von anderen Fischen wie dem Hecht gefressen werden. Lebewesen, die nach ihrer Nahrungsbeziehung in eine Reihenfolge geordnet werden können, bilden eine **Nahrungskette**. Plötzen ernähren sich nicht nur von Schlammschnecken, sondern fressen als Allesfresser auch Pflanzen. Plötzen werden auch nicht nur von Hechten gefressen, sondern auch von Barschen erbeutet. Die einzelnen Nahrungsketten sind miteinander also verbunden und bilden ein **Nahrungsnetz**.

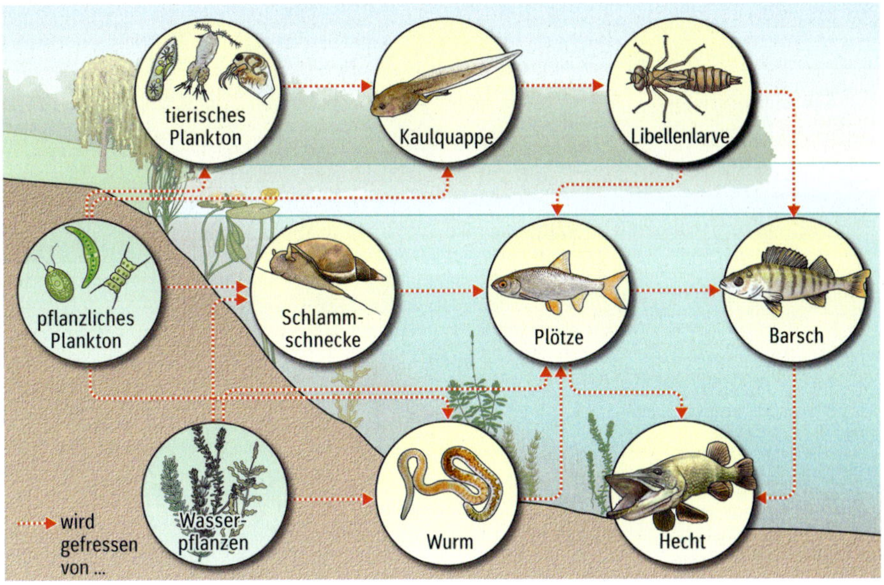

4 Nahrungsnetz in einem See

Ökologische Nische

Jedes Lebewesen eines Ökosystems benötigt bestimmte **Umweltfaktoren**, um leben zu können. So brauchen beispielsweise Wasserpflanzen viel Licht. Wachsen im Uferbereich viele Seerosen, verdunkeln sie mit ihren Schwimmblättern den Bereich darunter. Dort können wegen des Mangels an Licht kaum andere Pflanzen wachsen. Pflanzen stehen miteinander in **Konkurrenz** um den Umweltfaktor Licht. Weitere Faktoren sind Strömung, Nahrungsangebot, Wassertemperatur sowie Fressfeinde. Alle Umweltfaktoren, die zusammen auf ein Lebewesen in einem Ökosystem einwirken und die es zum Leben braucht, bilden seine **ökologische Nische**.

A Erstelle mithilfe von Bild 4 zwei Nahrungsketten.

B Erkläre, warum Hecht und Barsch im See in Konkurrenz stehen.

Material mit Aufgaben

M1 Ökologische Nische

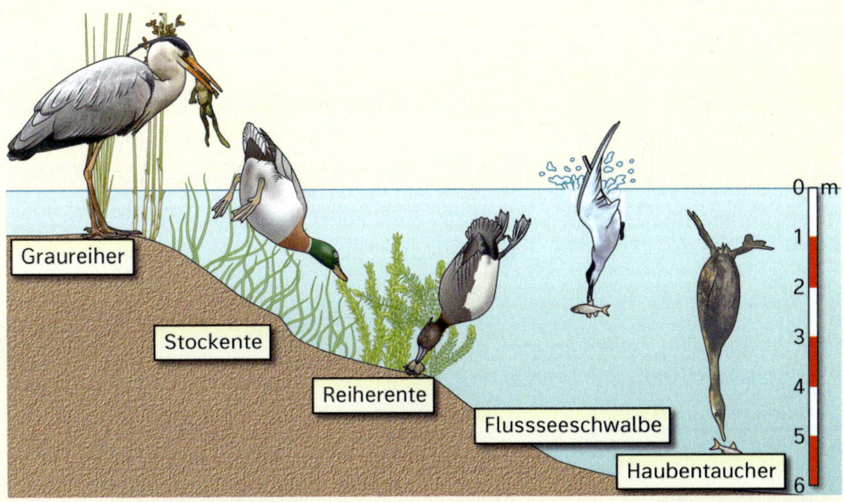

1. Nenne Beispiele für die Nahrung der einzelnen Vogelarten.
2. Beschreibe, in welchen Bereichen eines Sees die Wasservögel nach Nahrung suchen.
3. Erkläre, warum die Vögel nicht miteinander konkurrieren. ⊞
4. Erkläre am Beispiel von Stockente und Haubentaucher den Begriff der ökologischen Nische.

1 Uhu im Flug

Die Angepasstheiten der Vögel

Der Uhu

Mit seinen großen, nach vorn gerichteten Augen kann der Uhu auch nachts gut sehen. Der Uhu ist wie alle Eulen ein **Nachtjäger**. Zur Jagd sucht der Uhu einen erhöhten Sitzplatz. Von dort aus beobachtet er seine Umgebung. Dabei kann er seinen Kopf fast vollständig drehen. Hat er ein Beutetier erspäht, fliegt er lautlos darauf zu. Dies wird ihm durch weiche, ausgefranste Federn ermöglicht. Schließlich streckt er seine Beine nach vorn, spreizt seine Krallen und packt sein Beutetier. An den Füßen hat er eine **Wendezehe**, die nach vorn und hinten zeigen kann. So kann er auch kleine Beutetiere festhalten. Der Uhu ist ein Greifvogel. Seine Beute tötet der Uhu mit dem scharfkantigen **Hakenschnabel**.

Material mit Aufgaben

M1 Vogelschnäbel

1. Beschreibe die abgebildeten Vogelschnäbel vom Habicht, Flamingo und Schwarzspecht.
2. Erkläre, wie der Schnabel des Habichts an seine Ernährung angepasst ist.
3. Erkläre an allen drei Vögeln, wie die Schnäbel an die Ernährung angepasst sind.

Der Buntspecht

Mit ihrem kräftigen **Meißelschnabel** hacken Spechte an Bäumen. Ihre lange Zunge ist am Ende wie ein Pfeil geformt. Mit dieser **Schleuderzunge** erbeuten sie Insekten unter der Rinde. Dabei stützen sie sich mit den steifen Federn ihres **Stützschwanzes** am Stamm ab. Ihre Füße haben zwei nach vorn und zwei nach hinten gerichtete Zehen mit langen Krallen. Mit diesem **Kletterfuß** halten sich Spechte am Stamm fest.

Die Stockente

Die Zehen der Enten sind mit **Schwimmhäuten** verbunden. So können sie sich paddelnd durch das Wasser bewegen. Die meisten Enten haben Lamellen in ihrem **Seihschnabel**, mit dem sie ihre pflanzliche Nahrung wie mit einem Sieb aus dem Wasser filtern.

A Erkläre, wie der Uhu nachts erfolgreich jagen kann.

B Beschreibe die Angepasstheiten des Buntspechtes.

2 Angepasstheiten des Buntspechts

Material mit Aufgaben

M2 Vogelfüße

1. Beschreibe die drei abgebildeten Füße.
2. Wähle eine der Aufgaben aus:
   a Erkläre, wie der Fuß der Stockente an ihre Fortbewegung und an ihren Lebensraum angepasst ist.
   b Erkläre die jeweiligen Angepasstheiten der abgebildeten Füße.

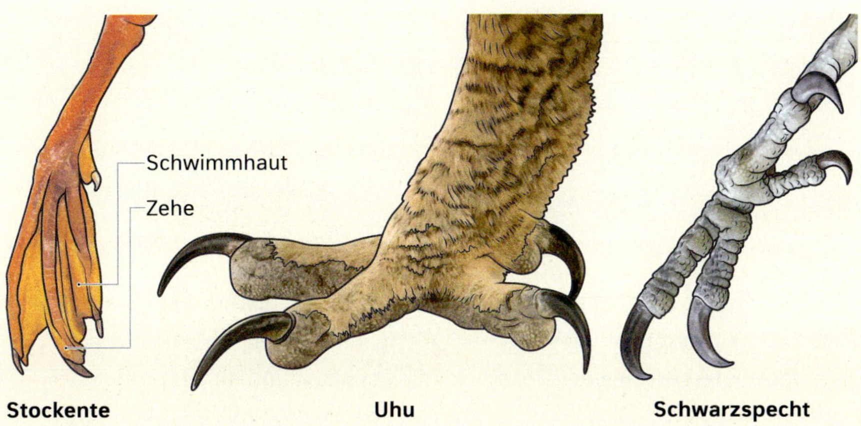

1 Fische in einem lichtdurchfluteten See.

Stoffkreisläufe und Energiefluss im See

Produzenten und Konsumenten

Pflanzen und Algen stellen mithilfe des Sonnenlichts aus Wasser und Kohlenstoffdioxid energiereiche Glukose her. Sie sind **Produzenten**. Bei diesem Stoffaufbau mithilfe des Sonnenlichts, der **Fotosynthese**, wird Sauerstoff als Nebenprodukt frei. Aus der Glukose bilden die Produzenten alle pflanzlichen Stoffe. Für ein gutes Wachstum benötigen Produzenten außerdem Mineralstoffe. Die gesamte Masse eines Lebewesens bezeichnet man als **Biomasse**. Die Produzenten bilden die Nahrungsgrundlage für die nachfolgenden **Konsumenten**.

Destruenten

Tote Lebewesen und abgestorbene Pflanzenteile sinken auf den Grund des Sees. Dort leben Tiere wie Schnecken, Würmer und kleine Krebse, die sich von der toten Biomasse ernähren und diese zerkleinern. Man bezeichnet sie daher als **Zerkleinerer**. Die stark zerkleinerte Biomasse ist nun für mikroskopisch kleine Lebewesen zugänglich. Bakterien und einzellige Lebewesen wandeln die Nährstoffe nun in Mineralstoffe um. Man nennt sie deshalb **Mineralisierer**.

Material mit Aufgaben

M1 Stoffkreisläufe im See

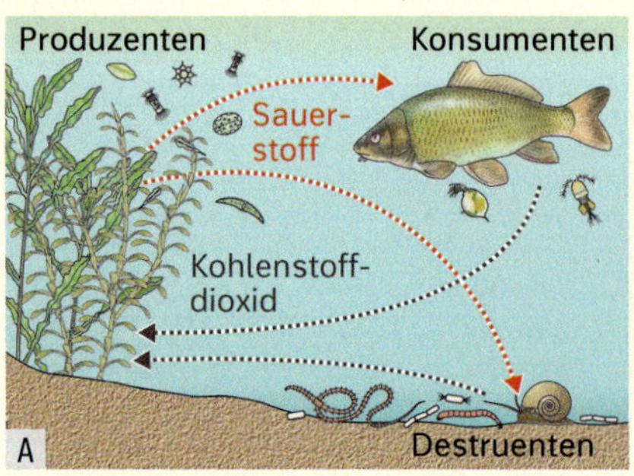

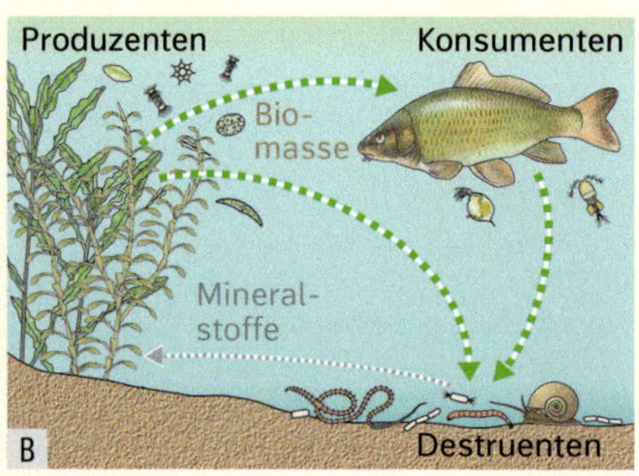

1. Beschreibe die Stoffkreisläufe.
2. Erkläre, warum für die Wasserpflanzen die Leistung der Destruenten wichtig ist. ⊞
3. Erkläre, warum Sauerstoff eher in den oberen Wasserschichten zu finden ist und Kohlenstoffdioxid eher in den unteren Schichten.

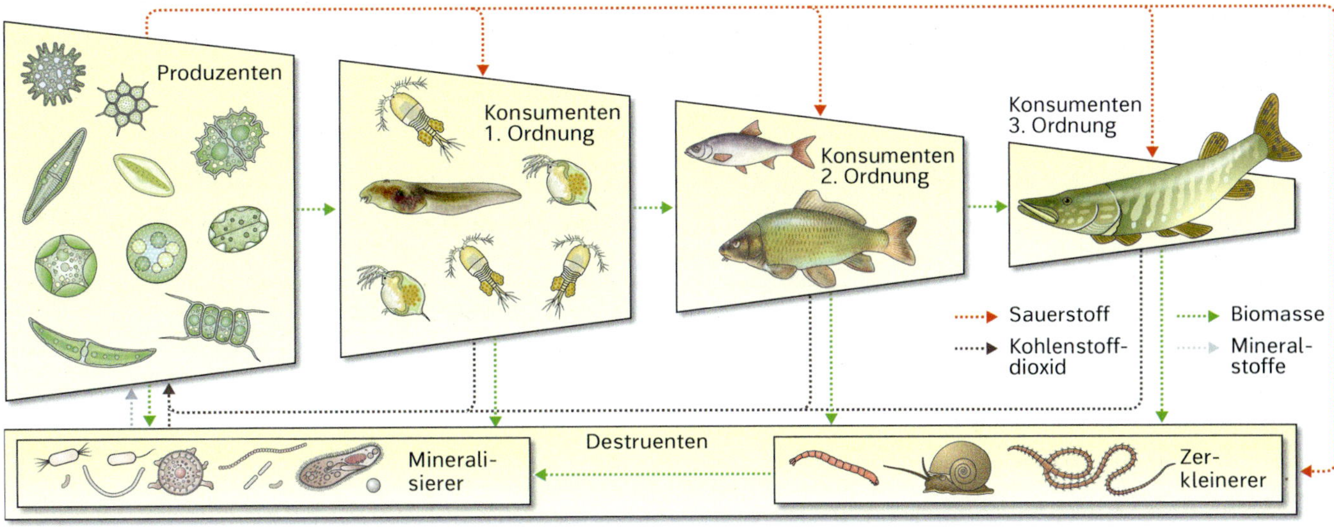

2 Stoffkreisläufe im See

Die Mineralstoffe stehen den Produzenten für ihr Wachstum wieder zur Verfügung. Der Kreislauf ist geschlossen. Zerkleinerer und Mineralisierer werden als Zersetzer oder **Destruenten** bezeichnet. Wie auch die Konsumenten benötigen sie für ihre Stoffwechselvorgänge Sauerstoff und Nährstoffe aus der Biomasse. Sie geben Kohlenstoffdioxid an das Wasser ab. Die Mineralisierer geben zusätzlich Mineralstoffe ans Wasser ab. Produzenten nehmen die Mineralstoffe der Mineralisierer und Kohlenstoffdioxid von Destruenten und Konsumenten auf. Zwischen Produzenten, Konsumenten und Destruenten bestehen für Sauerstoff, Kohlenstoffdioxid und Mineralstoffe **Stoffkreisläufe**.

Biomasse

Die Anzahl der Lebewesen wird von den Produzenten über die Konsumenten 1. Ordnung bis zu den Konsumenten höherer Ordnung immer geringer. Damit sinkt auch die gesamte Biomasse aller Lebewesen einer Nahrungsebene. Stellt man die Anzahl der Lebewesen und die Biomasse für jede einzelne Nahrungsebene dar, ergibt sich so eine Pyramide.

Sind Schadstoffe im Wasser, werden sie von den Produzenten aufgenommen. Von Nahrungsstufe zu Nahrungsstufe reichern sich die Schadstoffe im Körper der Konsumenten immer stärker an. Lebewesen am Ende einer Nahrungskette nehmen darum eine besonders hohe Schadstoffkonzentration auf.

A Erkläre die Begriffe Produzent, Konsument und Destruent.

Material mit Aufgaben

M2 Schadstoffe im See

1. Ordne den Ziffern folgende Begriffe zu. Es können mehrere Begriffe zugeordnet werden: Konsument 1. Ordnung, Konsument 2. Ordnung, Konsument 3. Ordnung, Produzent, Fleischfresser, Pflanzenfresser.
2. Erkläre, warum sich Schadstoffe in einem Ökosystem bei Fleischfressern anreichern.
3. Erläutere, warum man Fisch aus einem schadstoffbelasteten See nicht essen sollte.

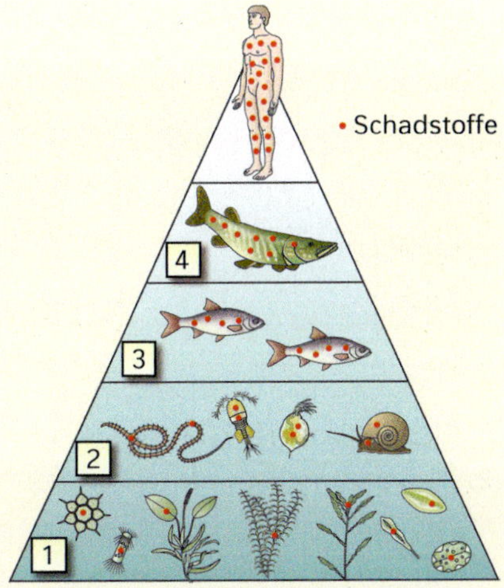

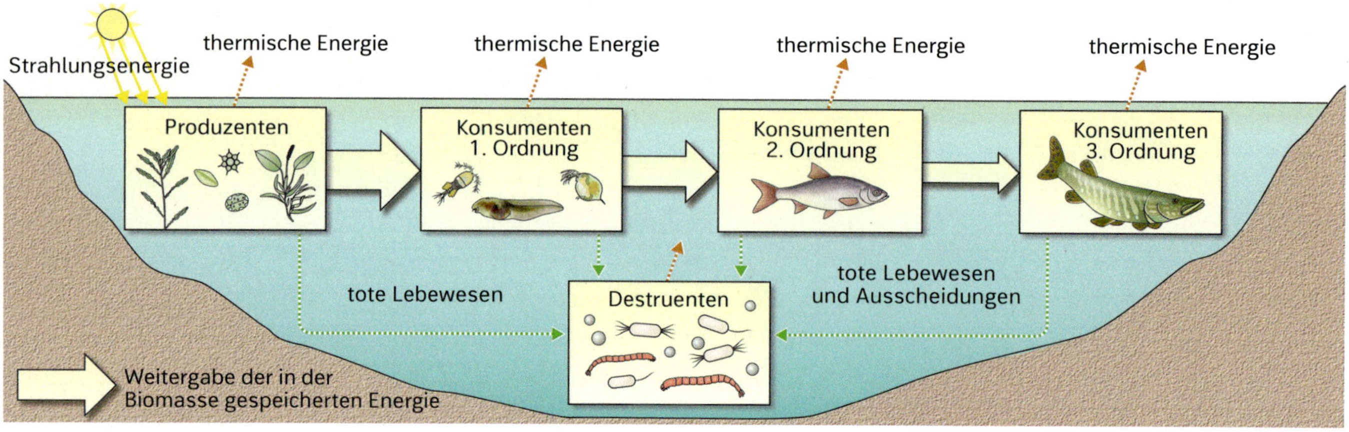

3 Energiefluss im Ökosystem See

Material mit Aufgaben

M3 Energiefluss

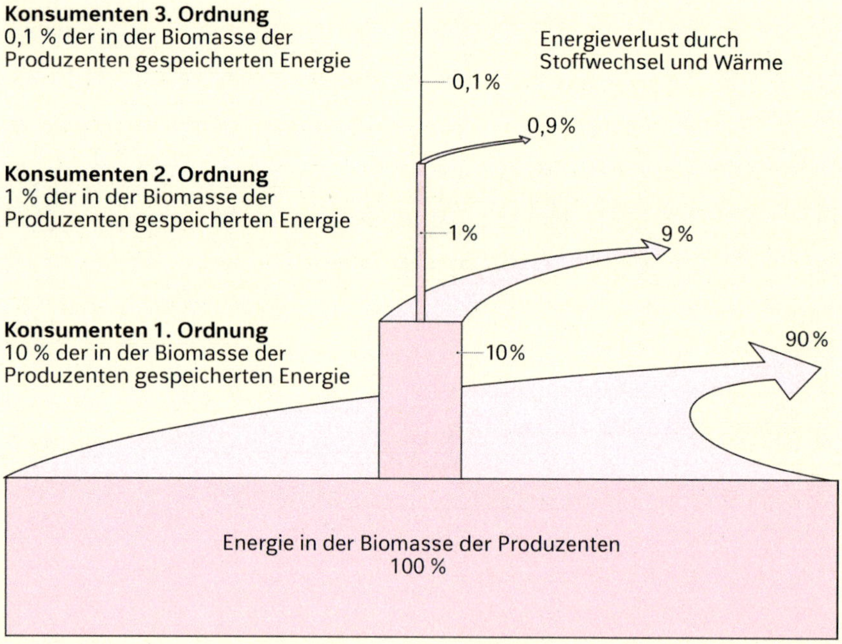

1. Beschreibe das dargestellte Bild.
2. Nenne für jede Stufe des Energieflusses im See ein Lebewesen.
3. Erkläre, was man unter der 10-Prozent-Regel versteht.
4. Erkläre, warum von Stufe zu Stufe immer nur 10 % der Energie genutzt werden.

Energiefluss

Pflanzen und Algen bauen bei der Fotosynthese aus den energiearmen Stoffen Wasser und Kohlenstoffdioxid die energiereiche Glukose auf. Dabei wird die Energie des Sonnenlichts in chemische Energie der Glukose umgewandelt und so gespeichert. Die Glukose wird zum Aufbau der Biomasse oder für Lebensprozesse genutzt. Konsumenten 1. Ordnung wie der Wasserfloh, können nur 10 Prozent der in der pflanzlichen Biomasse gespeicherten Energie nutzen. Man spricht von der **10-Prozent-Regel**. Die übrigen 90 Prozent gehen beim Stoffwechsel als thermische Energie und durch Abgabe von Stoffen verloren. Von den 10 Prozent der ursprünglichen Energie, die der Wasserfloh aufgenommen hat, gehen wieder 90 Prozent verloren. Nur 10 Prozent der in der Biomasse der Wasserflöhe gespeicherten Energie ist für Konsumenten 2. Ordnung nutzbar. Das sind nur noch 1 Prozent der von Pflanzen gespeicherten Energie. Destruenten zersetzen die ganze Biomasse in energiearme Mineralstoffe.

Oligotropher und eutropher See

Nährstoffarme Seen

In natürlichen Seen sind Stoffaufbau durch Produzenten, Stoffumbau durch Konsumenten und Stoffabbau durch Destruenten im Gleichgewicht. Die Mineralstoffe begrenzen das Wachstum von Pflanzen und Algen. Das Wasser ist klar. Da Licht tief in den See dringt, können einige Algen auch in tiefen Schichten Fotosynthese betreiben. Da Konsumenten wenig Nahrung zur Verfügung haben, gibt es wenige Tiere im Wasser. Solche Seen nennt man **oligotroph**.

Nährstoffreiche Seen

Werden durch landwirtschaftliche Düngung oder industrielle Abwässer Mineralstoffe in einen See gespült, wird das empfindliche Gleichgewicht im See gestört. Algen und Pflanzen können nun besser wachsen. Das Wasser ist voller Algen und wird dadurch grün. Es kommt zu einer „**Algenblüte**“. Licht kann nur in oberflächennahe Bereiche eindringen. Die Produzenten erzeugen viel Sauerstoff. Ihre Biomasse ernährt eine große Zahl von Konsumenten. Im Laufe der Zeit fallen große Mengen tierischer Ausscheidungen und toter Lebewesen an. Das führt zur starken Vermehrung von Destruenten am Seeboden. Diese benötigen große Mengen Sauerstoff, der dadurch im gesamten See knapp wird. Nun vermehren sich **Fäulnisbakterien**, da sie auch ohne Sauerstoff leben können. Sie zersetzen die Biomasse aber nicht vollständig. Es entstehen Faulschlamm und giftige Gase, die Faulgase. Diese steigen auf und machen den See für die meisten Lebewesen unbewohnbar. Man sagt, der See ist „umgekippt“.

Man spricht von einem **eutrophen** See. Die Umwandlung eines eutrophen Sees in einen oligotrophen See ist sehr aufwändig. Es wird versucht, den Eintrag von Mineralstoffen und die Sauerstoffproduktion im See zu verringern oder Algen und Fäulnisbakterien zu entfernen. Solche Maßnahmen nennt man **Seerestaurierung**.

A Erstelle ein Fließschema zur Entstehung eines eutrophen Sees.

1 „Algenblüte“ in einem See

Material mit Aufgaben

M1 Oligotropher und eutropher See

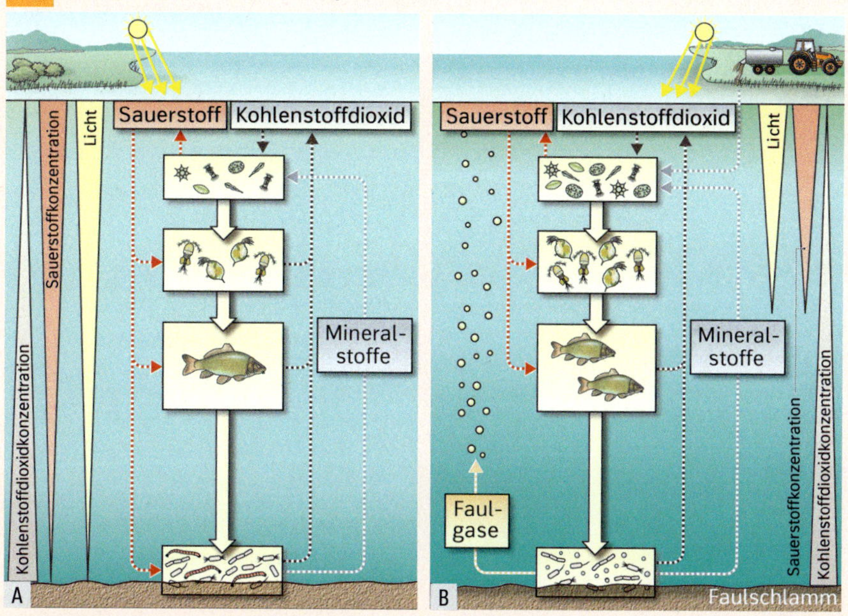

1. **III** Vergleiche das Licht, die Kohlenstoffdioxid- und Sauerstoffkonzentration in den Wassertiefen der Seen A und B.
2. **III** Ordne den Seen die Begriffe oligotroph und eutroph zu. Begründe.
3. **III** Erkläre, warum Licht in einem oligotrophen See in tiefe Wasserschichten vordringen kann.
4. **III** Erläutere, warum die Zahl von Produzenten, Konsumenten und Destruenten zunimmt, wenn der Mineralstoffgehalt steigt.

1 Hecht am Seegrund im Winter

Ein See im Jahresverlauf

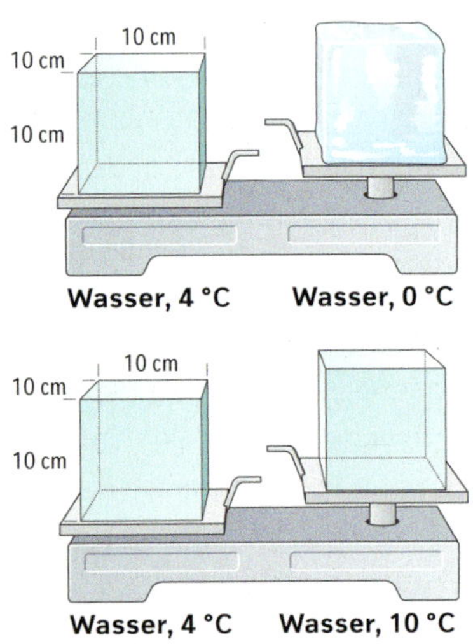

2 Dichteanomalie des Wassers (Waagenmodell)

Winterschichtung

Im Winter kühlt das Wasser im See ab. Dabei verringern sich bis zu einer Temperatur von 4°C die Abstände zwischen den Wasserteilchen. Die Wasserteilchen sind bei dieser Temperatur am dichtesten gepackt. Daher ist Wasser bei 4°C am „schwersten" und sinkt nach unten ab. Es sammelt sich in der Tiefe am Grund des Sees. Beim Gefrieren dehnt sich Wasser wieder aus. Diese besondere Eigenschaft des Wassers nennt man **Anomalie** des Wassers.
Bei 0°C gefriert das Wasser an der Wasseroberfläche und bildet eine Eisschicht. Die Temperaturen zwischen Eisschicht und Wasser des Seegrundes sind zwischen 0°C und 4°C abgestuft. Es hat sich die **Winterschichtung** eingestellt. Lebewesen wie Fische und Frösche können so den Winter im flüssigen Wasser am Seegrund überleben.

Frühjahrsdurchmischung

Steigen die Lufttemperaturen im Frühjahr immer weiter an, erwärmt sich auch das Wasser an der Oberfläche des Sees. Erreicht das Wasser an dieser oberen Wasserschicht eine Temperatur von etwa 4°C, herrscht im gesamten See die gleiche Wassertemperatur. Winde, Wasserströmungen und absinkendes Wasser sorgen für eine **Durchmischung** des gesamten Seewassers.

Sommerschichtung

Im Sommer wird die obere Wasserschicht nahe der Oberfläche des Sees durch höhere Lufttemperaturen weiter erwärmt. Mit zunehmender Tiefe nimmt die Wassertemperatur im See bis auf 4°C am Seeboden ab. Wind und Wasserströmungen sorgen nur in der oberen Wasserschicht für eine Durchmischung des Wassers.

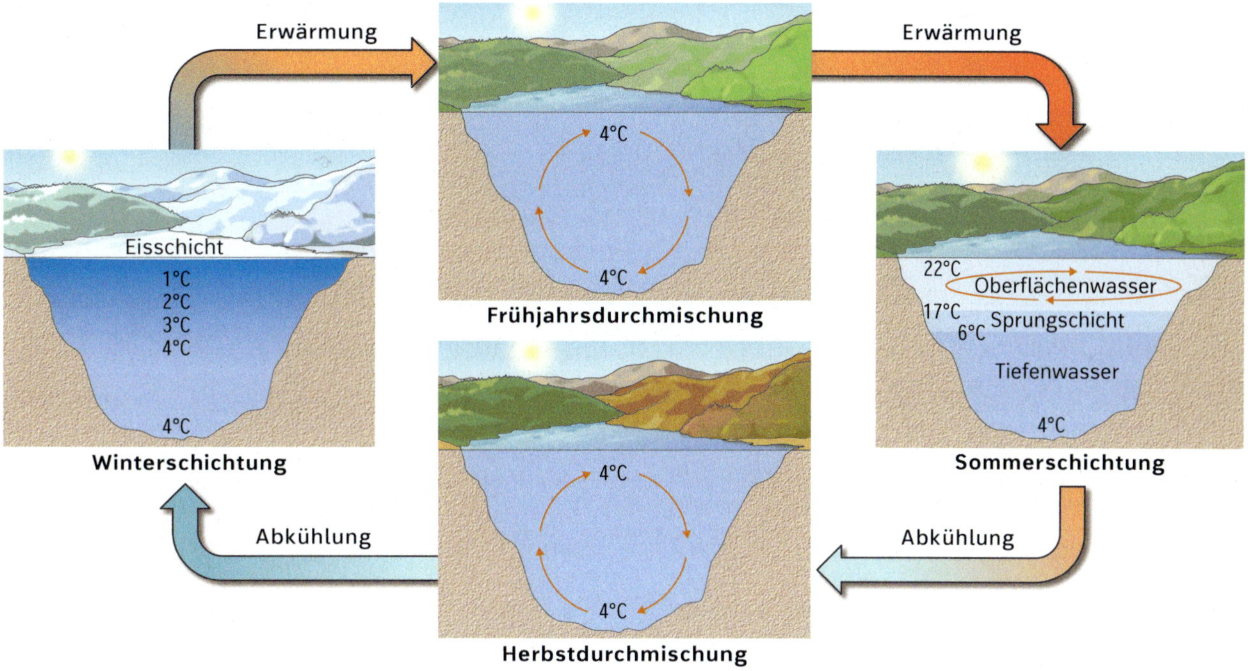

3 Der See im Jahresverlauf

Die obere Wasserschicht ist von der unteren Wasserschicht durch eine schmale Schicht getrennt, in der die Wassertemperatur und die Lichtmenge von oben nach unten sprunghaft abnimmt. Sie wird daher als **Sprungschicht** bezeichnet. Unterhalb der Sprungschicht findet keine Durchmischung des Wassers statt. Die Ausbildung dieser Wasserschichten wird **Sommerschichtung** eines Sees genannt.

Herbstdurchmischung

Wenn die Lufttemperatur im Herbst sinkt, nimmt auch die Temperatur der oberen Wasserschicht im See ab. Hat sich das oberflächliche Wasser auf 4°C abgekühlt, herrscht im gesamten See dieselbe Temperatur. Das gesamte Seewasser wird wie schon im Frühjahr durchmischt.

Austausch von Stoffen

In den warmen Monaten betreiben Pflanzen und Algen in den oberen, lichtdurchfluteten Schichten Fotosynthese. Dabei produzieren sie sehr viel Sauerstoff und viele Nährstoffe. Man bezeichnet diese Schicht deshalb auch als **Nährschicht**.

Bakterien am Seeboden zersetzen von oben herabsinkende Tier- und Pflanzenreste. Dabei entstehen Mineralstoffe. Da die Bakterien für die Zersetzung Sauerstoff benötigen, am dunklen Seeboden aber keine Fotosynthese möglich ist, herrscht hier im Sommer und Winter Sauerstoffmangel. Man bezeichnet diese Schicht daher als **Zehrschicht**.

Die Durchmischungen im Frühjahr und im Herbst sorgen für einen Stoffaustausch im See. So gelangt Sauerstoff in die Tiefe des Sees. Mineralstoffe, die für das Wachstum von Pflanzen und Algen wichtig sind, werden vom Seeboden zur Oberfläche transportiert.

A Erkläre, warum Wasser mit einer Temperatur von 4°C immer am Grund des Sees zu finden ist.

Material mit Aufgaben

M1 Sauerstoffgehalt des Sees

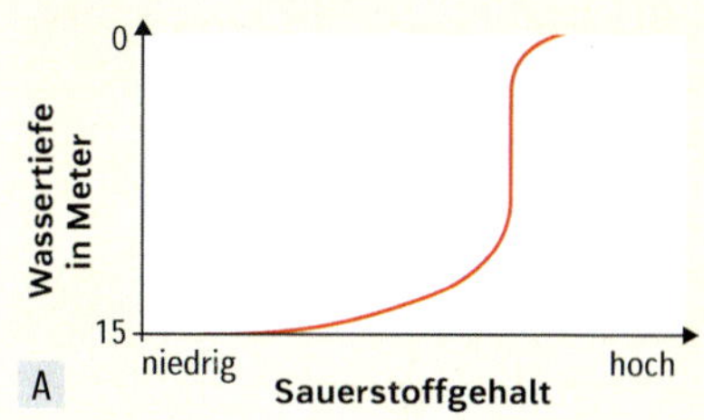

A

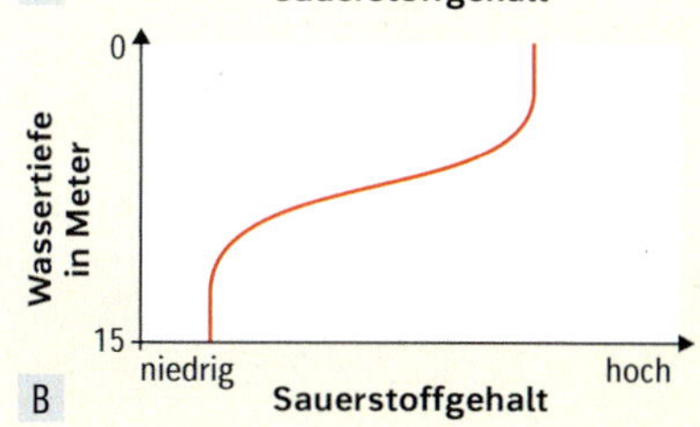

B

1. Beschreibe die Diagramme und die Kurvenverläufe.
2. Ordne den Diagrammen je eine Jahreszeit zu. Begründe deine Zuordnungen.
3. Erkläre, warum sich Fische im Winter am Boden von Seen aufhalten.

1 Hochmoor

Ökosystem Moor

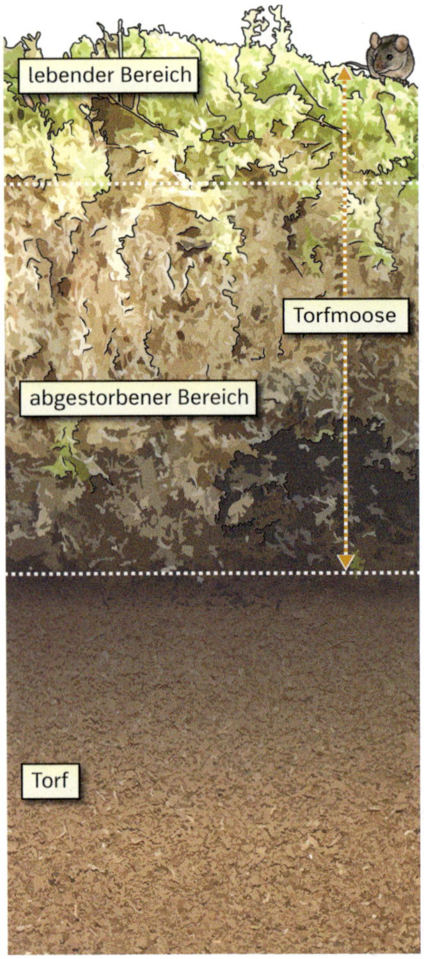

2 Querschnitt des oberen Bereichs eines Moors

Ein See verlandet

Dort, wo heute Moore sind, gab es vor etwa 10.000 Jahren mineralstoffreiche Seen. Produzenten wie Algen und grüne Pflanzen konnten sich stark vermehren. Ihre Biomasse ernährte eine große Zahl von Konsumenten. Im Laufe der Zeit fielen große Mengen tierischer Ausscheidungen und toter Lebewesen an. Das führte zu einer starken Vermehrung der Destruenten am Seeboden. Diese benötigen große Mengen Sauerstoff, der dadurch im gesamten See knapp wurde.

Die große Biomasse konnte nicht mehr vollständig abgebaut werden. Sie lagerte sich als **Mudde** am Untergrund ab. Schilf und Seggen wuchsen vom Ufer aus Richtung Seemitte. Immer neue Biomasse lagerte sich ab und machte den See flacher. Sie schloss die darunter liegenden Schichten von Sauerstoff ab und presste sie zusammen. So bildete sich **Torf**. Im Laufe der zeit lagerte sich immer mehr Torf ab. Es entstand ein **Niedermoor**.

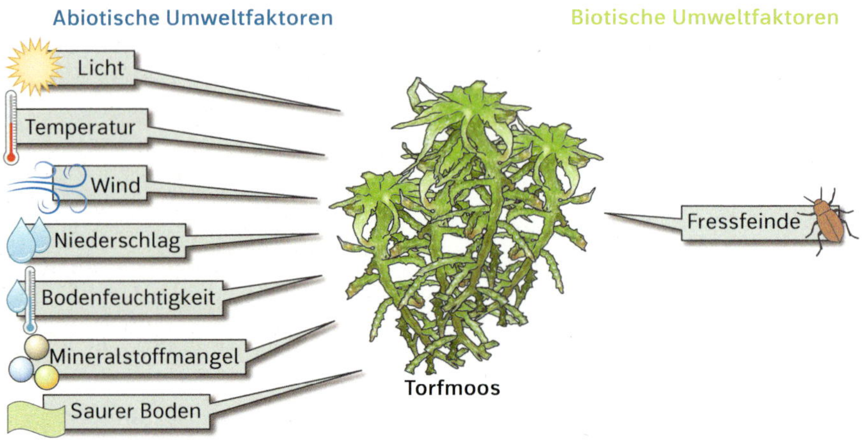

3 Lebensbedingungen im Moor

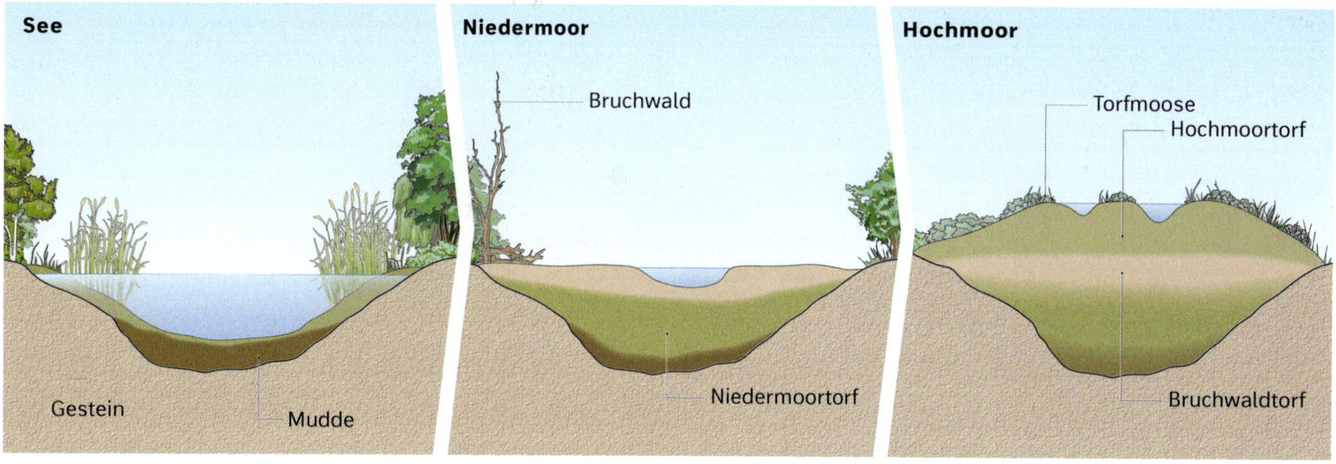

4 Entstehung eines Moors

Ein Hochmoor entsteht

In kühleren und sehr niederschlagsreichen Gebieten verbreiten sich auf den Flächen des aufwachsenden Niedermoores Torfmoose. Diese entzogen dem Moor einen Großteil der Mineralstoffe und machten es sauer. Auf dem Moor wachsende Bäume starben ab und bildeten den **Bruchwaldtorf**. Torfmoose können sehr viel Wasser speichern, wodurch es im Moor immer feucht ist. Sie sterben im unteren Bereich ab und wachsen oben immer weiter nach. Die weiter wachsende Torfmoose heben das Moor über die umgebende Landschaft. Ein **Hochmoor** ist entstanden.

Pflanzen und Tiere

Moore sind einzigartige Lebensräume für seltene Tier- und Pflanzenarten. Manche von ihnen kommen nur in Mooren vor, wie die Hochmoor-Mosaikjungfer, eine Libellenart. Nur spezialisierte Pflanzenarten können dort überleben. So kommt die Besenheide auch mit dem sehr mineralstoffarmen Boden zurecht. Die Blätter des Sonnentaus sind mit einer klebrigen Flüssigkeit besetzt. Damit fängt und verdaut die Pflanze Insekten, um Mineralstoffe zu bekommen, die es im Boden des Moores nicht gibt.

Gefährdung der Moore

Um Flächen für die Landwirtschaft zu gewinnen, wurde Moore durch Gräben entwässert. Auch die Entnahme von Grundwasser in der Umgebung von Mooren führte zu ihrer Austrocknung. Früher wurde Torf abgebaut und als Blumenerde oder getrocknet als Brennstoff genutzt. Heute stehen die Moore meist unter Naturschutz.

A Beschreibe die Entstehung von Niedermooren und Hochmooren.

Material mit Aufgaben

M1 Gefährdung von Mooren

A

B

1. Beschreibe die dargestellten Gefährdungen von Mooren.

2. Erkläre, wie die beiden Eingriffe das Moor schädigen.

1 Lachse auf Wanderung

Ökosystem Fluss

Junglachse jagen an der Quelle

Lachse leben in Flüssen und im Meer. Sie paaren sich in der Nähe der Quellen von Flüssen. Nach dem Schlüpfen ernähren sich die **Larven** zunächst von ihrem Dottersack. Nach wenigen Tagen gehen sie als **Junglachse** auf die Jagd nach kleinen Insekten und deren Larven.

Lachse wandern

Nach einigen Jahren beginnen die Junglachse, flussabwärts in Richtung Meer zu schwimmen. Dort leben sie im offenen Wasser und wachsen schnell. Nach einigen Jahren kehren sie als erwachsene Lachse in die Nähe der Quelle zurück. Dazu schwimmen sie denselben Fluss hinauf, aus dem sie zuvor ins Meer gewandert sind. Sie schwimmen bis in die Nähe der Quelle, wo sie sich paaren. Nach ihrer **Wanderung** und der Paarung sterben sie.

Regionen eines Fließgewässers

Die Umweltbedingungen eines Flusses ändern sich von seiner Quelle bis zur Mündung ins Meer. Die Temperatur, die Fließgeschwindigkeit und der Sauerstoffgehalt des Wassers sind unterschiedlich. Fließgewässer sind in Regionen unterteilt.

Quellregion

An der Quelle tritt das Grundwasser an die Erdoberfläche. Das Wasser ist kalt, klar und hat einen niedrigen Sauerstoffgehalt. Etwas entfernt von der Quelle fließt das Wasser sehr schnell und wird an den Felsen des Untergrunds aufgewirbelt. Dadurch wird das Wasser in der Quellregion mit viel Sauerstoff angereichert. Im Uferbereich wachsen kleine Pflanzen. Zwischen den Steinen verstecken sich Insekten und ihre Larven. Hier leben auch Bachforellen und Lachse.

Oberlauf

Weiter abwärts ist die Wassertemperatur immer noch niedrig und der Sauerstoffgehalt hoch. Das Wasser im Bach fließt schnell. Es schmirgelt Steine ab und transportiert sie mit. So besteht der Untergrund aus großen, runden Steinen, dem **Kies**. Im Oberlauf wachsen wenige Pflanzen. Hier lebt die Äsche.

Mittellauf

Immer mehr Bäche vereinen sich zu einem Fluss. Dieser wird wärmer, breiter und tiefer. Die Fließgeschwindigkeit nimmt ab. Der Sauerstoffgehalt verringert sich. Es wachsen Wasserpflanzen. Im Mittellauf lebt die Flussbarbe. Sie frisst Algen vom feinen Kies des Bodens.

Unterlauf

Im breiten Unterlauf fließt der Fluss nur noch langsam. Das Wasser ist wärmer als im Mittellauf. Der Untergrund besteht vor allem aus Sand und Schlamm. Der Sauerstoffgehalt nimmt weiter ab. Hier lebt die Brachse. Sie ernährt sich von Insektenlarven und Schnecken.

Mündung

Im Übergang zum Meer fließt der Fluss sehr langsam. Das Wasser ist warm. Es gibt nur noch wenig Sauerstoff im Wasser. Hier leben auf schlammigen und sandigen Böden die Flunder und der Kaulbarsch. Das Wasser kann durch den Einfluss des Meeres ein wenig salzhaltig sein.

A Beschreibe, welche Flussregionen die Lachse bei Ihrer Wanderung ins Meer durchqueren.

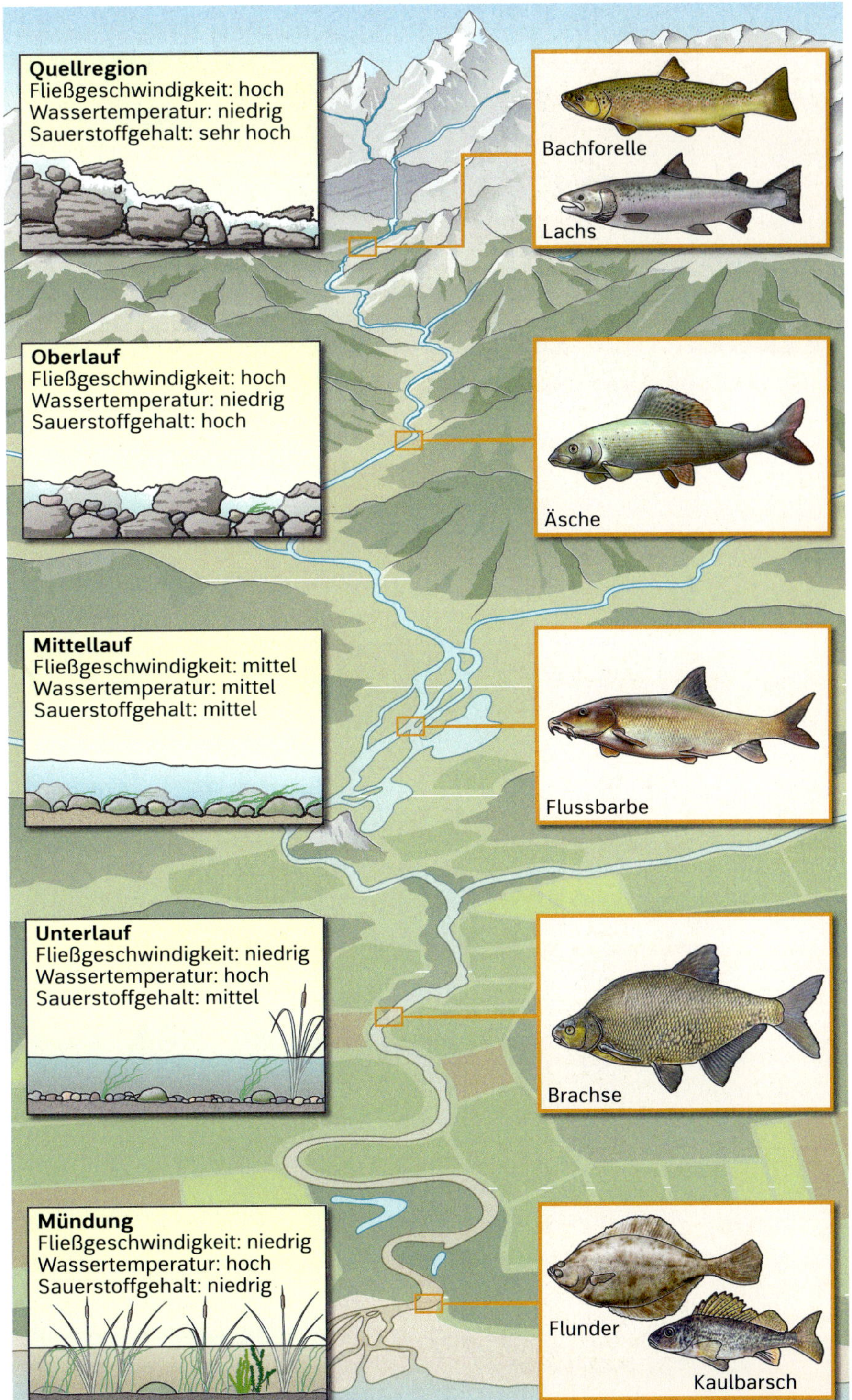

2 Gewässerregionen mit typischen Fischarten

F

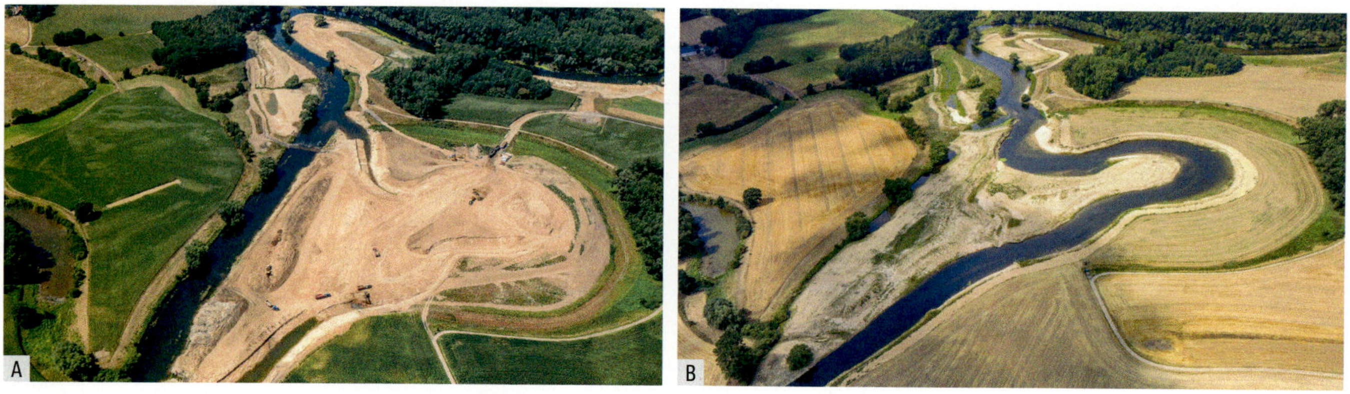

3 Fluss: **A** vor der Renaturierung, **B** nach der Renaturierung

Veränderung von Gewässern

Einige Flussläufe hat der Mensch verändert, sodass sie gerade durch die Landschaft verlaufen. Dadurch nimmt der Fluss nur wenig Platz ein und es werden neue Flächen für Siedlungen und Felder gewonnen. Oft haben solche Flüsse hohe Dämme auf beiden Seiten. Durch solche **Begradigungen** wird der Fluss besser für den Schiffsverkehr nutzbar. Zur Trinkwasserspeicherung oder zur Stromgewinnung werden Staudämme gebaut, die Wasser anstauen.

Gefahren durch Veränderungen

Schmilzt im Frühjahr in den Bergen der Schnee, führen die Flüsse mehr Wasser. Schlängeln sie sich natürlich durch die Landschaft, gibt es genügend Überschwemmungsgebiete entlang der Flüsse. Bei begradigten Flüssen kann das Wasser nicht entweichen. Deshalb ist die Fließgeschwindigkeit sehr hoch. Bricht an einer Stelle ein Damm, werden oft riesige Flächen überflutet. Ein solches **Hochwasser** kann Straßen, Gebäude und ganze Städte zerstören.

Renaturierungen

Manchmal wird versucht, begradigte Flüsse wieder in einen natürlichen Flusslauf zurückzuversetzen. Dazu gräbt man ein sich schlängelndes Flussbett und bringt Steine und Pflanzen aus. Man achtet auf genügend Überschwemmungsflächen in Flussnähe. Solche Maßnahmen nennt man **Renaturierung**.

Material mit Aufgaben

M1 Renaturierung

1. Vergleiche beide Flussläufe.
2. Erkläre, warum begradigte Flüsse in heutiger Zeit wieder renaturiert werden.
3. Stelle Vermutungen an, warum es oft viele Jahre dauert, bis aus einem renaturierten Fluss ein annähernd natürlicher Fluss wird.

Wasserqualität bestimmen

Zeigerorganismen

In Fließgewässern leben verschiedene Kleinstlebewesen wie Insektenlarven oder Wasserasseln. Manche dieser Tiere benötigen sauerstoffreiches und klares Wasser. Andere Tiere leben auch in Gewässerbereichen mit trübem und sauerstoffarmem Wasser. Je nachdem, welche Tiere sich im Wasser befinden, kann man Rückschlüsse auf die Qualität des Wassers ziehen. Solche Tiere nennt man **Zeigerorganismen**. Um die Wasserqualität zu bestimmen, müssen Zeigerorganismen gefangen und bestimmt werden.

Material mit Aufgaben

F

P1 Wasserqualität

Material:
Kescher, weiße Plastikschale, Pinzette, Glasgefäße, Pinsel, Lupe, Bestimmungsbuch oder Bestimmungs-App

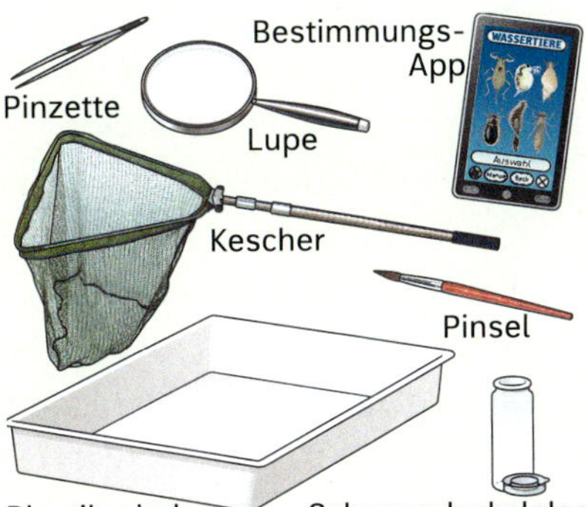

Durchführung:
Suche Steine im Bachbett. Sammle die Tiere von der Unterseite ab. Streiche sie vorsichtig mit dem Pinsel ab. Du kannst auch den Kescher vorsichtig über den Grund des Wassers ziehen. Achte darauf, nicht zu viele Äste und Steine aufzunehmen. Entleere den Inhalt des Keschers in die Plastikschale. Nimm alle Lebewesen mit der Pinzette oder dem Pinsel und setze sie einzeln in durchsichtige Gefäße. Jetzt kannst du sie mithilfe von Bestimmungsbüchern oder Bestimmungsapps bestimmen.

1. Betrachte die gefundenen Tiere mit einer Lupe und bestimme sie. Protokolliere die Anzahl.
2. Erläutere mit den gefundenen Zeigerorganismen, welche Gewässergüte der Bach hat.
3. Erkläre, warum jedes Tier in ein eigenes Gefäß soll.
4. Ordne der Eintagsfliegenlarve und dem Schlammröhrenwurm eine Region des Fließgewässers zu, in der sie vorkommen. Begründe deine Zuordnungen.

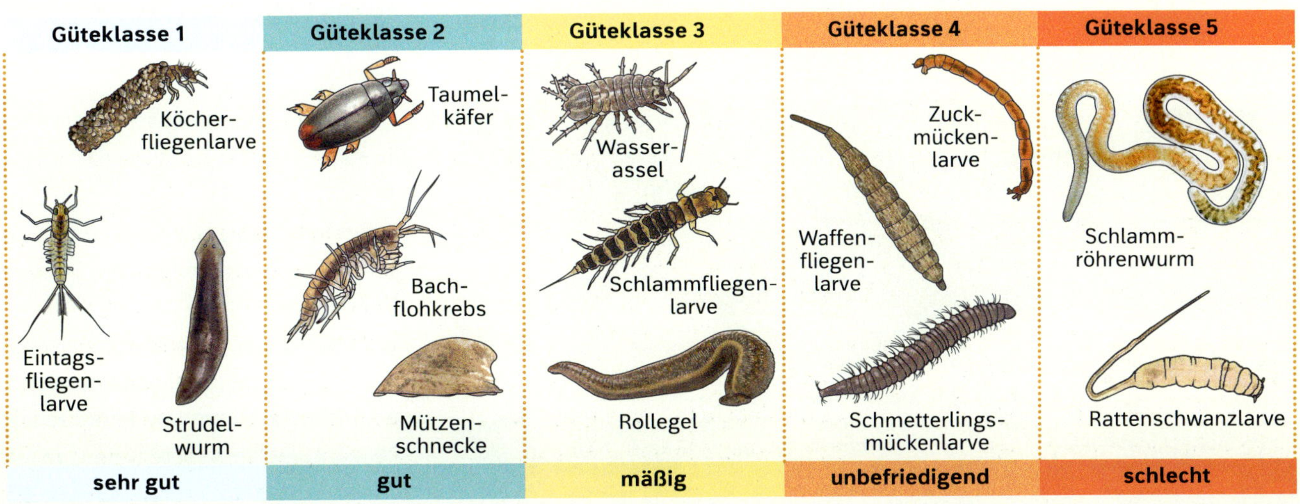

1 Anglerfisch

Ökosystem Tiefsee

Die Tiefsee

Zwei Drittel der Erdoberfläche sind mit Meeren bedeckt. In die oberen 200 Meter des Meeres gelangt Sonnenlicht. Dort produzieren vor allem einzellige Algen Nährstoffe und Sauerstoff. Sie sind Produzenten. Mehr als die 80 Prozent der Meere sind tiefer als 200 Meter und gehören damit zur **Tiefsee**. Die tiefste Stelle liegt in 11000 Meter unter der Wasseroberfläche.

Abiotische Umweltfaktoren

Wasser hat wie jeder andere Stoff auch eine Masse. In der Tiefsee drückt auf alle Lebewesen das gesamte Wasser, das sich über ihnen befindet. So entsteht ein großer **Druck**. In 4000 Meter Tiefe ist der Druck 400 mal so hoch wie an der Oberfläche. Weil kein Sonnenlicht bis in diese Tiefe vordringt, ist es dunkel. Das Wasser hat einen hohen **Salzgehalt** und eine **Temperatur** von -4 °C.

Vielfalt in der Tiefsee

Die Anzahl der Lebewesen nimmt mit zunehmender Wassertiefe ab. Trotzdem findet man in der Tiefsee eine große Artenvielfalt von Fischen, Würmern, Muscheln, Krebsen, Seegurken, Schwämmen und Bakterien.

Einige Tiere der Tiefsee werden besonders groß. So können Riesenkalmare bis zu 14 Meter Länge erreichen. Riesenkalmare werden von Pottwalen erbeutet, die für die Jagd bis in eine Tiefe von 1200 Metern tauchen.

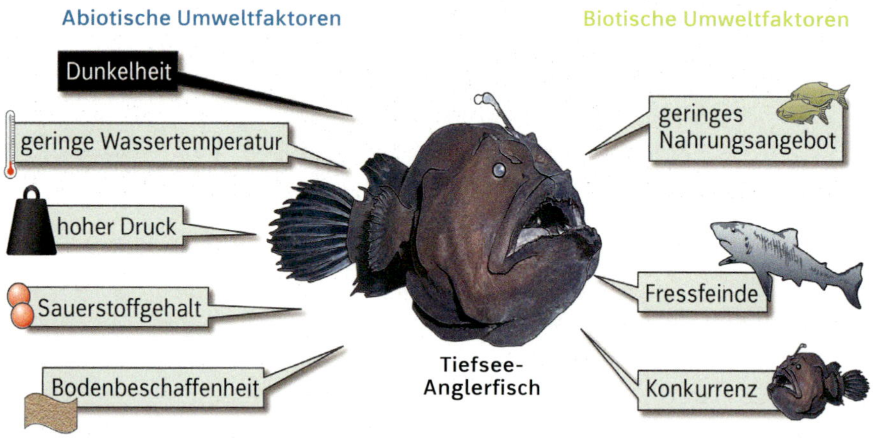

2 Umweltfaktoren in der Tiefsee

3 Tiefsee

Ernährung in der Tiefsee

Einige Lebewesen der Tiefsee schwimmen nachts nach oben, um dort nach Nahrung zu suchen. Die meisten Lebewesen der Tiefsee ernähren sich aber von toter Biomasse, die aus oberen Meeresschichten herabsinkt.

Viele Fische der Tiefsee jagen aber auch andere Tiere. Oft haben sie ein riesiges Maul und große Augen. Tiefsee-Anglerfische besitzen ein Leuchtorgan, in dem sich lichterzeugende Bakterien befinden. Durch diese **Biolumineszenz** locken Tiefsee-Anglerfische ihre Beutetiere an.

Schwarze Raucher

An einigen Stellen wird Meerwasser durch den heißen Erdmantel erhitzt. Bis zu 400 °C heißes Wasser mit gelösten Schwefelverbindungen und Mineralstoffen tritt durch Schlote als schwarze Rauchwolken aus. Deshalb nennt man diese Bereiche **schwarze Raucher**. Bestimmte Bakterien können die Schwefelverbindungen zur Energiegewinnung nutzen. Würmer, Muscheln und andere Organismen nutzen diese Bakterien als Nahrung.

A Beschreibe die abiotischen Faktoren in der Tiefsee.

B Beschreibe, wie sich die Tiere der Tiefsee ernähren.

Material mit Aufgaben

M1 Biolumineszenz

1. Erkläre, was man unter Biolumineszenz versteht.
2. Beschreibe, wie und wozu der Tiefsee-Anglerfisch Biolumineszenz einsetzt.
3. Beschreibe verschiedene Einsatzmöglichkeiten von Biolumineszenz in der Tiefsee.
4. Begründe, warum der Einsatz von Biolumineszenz in der Tiefsee eine gute Jagdstrategie sein kann.

1 Ein Fuchs in einer Stadt

Ökosystem Stadt

Abiotische Umweltfaktoren

In Städten sind große Flächen des Lebensraums mit Straßen, Häusern und Plätzen bebaut. Durch diese Bebauung heizen sich vor allem Innenstädte stark auf, weil dunkle Asphaltflächen viel Wärme aufnehmen und langsam abgeben. Die **Temperatur** ist dadurch in der Stadt höher als im Umland. Durch die Bebauung kann die Wärme durch den **Wind** nicht gut abtransportiert werden.

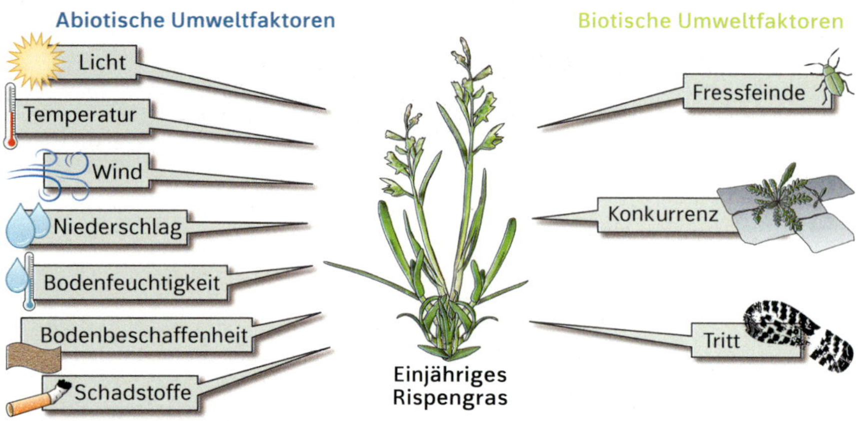

2 Abiotische und biotische Umweltfaktoren in der Stadt

Auf bebauten Flächen kann kaum Regen im Boden versickern. Im Vergleich zum Umland ist die **Bodenfeuchte** geringer. Je nach Bebauung unterscheiden sich auch die **Lichtverhältnisse** stark. All diese Bedingungen in einer Stadt sind **abiotische Umweltfaktoren**.

Städte sind geprägt vom Verkehr und sind so stärker von Staub, Abgasen und Lärm belastet. Täglich fallen riesige Mengen Abfallstoffe wie Abwasser, Müll oder Schutt an. Diese Abfälle werden aus der Stadt heraustransportiert. Vor allem Abfälle aus Kunststoff, Glas oder Metall unterliegen nicht den natürlichen Stoffkreisläufen. Lebewesen müssen nachts mit ständiger Beleuchtung etwa durch Straßenlaternen zurechtkommen. Die abiotischen Umweltfaktoren sind in der Stadt jedoch sehr unterschiedlich: Im Park, im Wohngebiet oder in Industriegebieten wirken die Faktoren unterschiedlich zusammen.

Biotische Umweltfaktoren

In einer Stadt gibt es viele einzelne, kleine Lebensräume. Es kommen daher viele verschiedene Tier- und Pflanzenarten vor. Menschen, Tiere und Pflanzen beeinflussen sich gegenseitig. Solche Einflüsse auf ein Lebewesen werden **biotische Umweltfaktoren** genannt.
Alle Lebewesen eines Lebensraums bilden zusammen eine Lebensgemeinschaft. Der Lebensraum und die Lebensgemeinschaft bilden zusammen das **Ökosystem** Stadt.

Tiere in der Stadt

In der Stadt leben ursprünglich scheue Wildtiere wie die Amsel. Auch Haussperlinge, Haustauben oder Wasservögel wie Stockenten und Blässhühner finden in der Nähe des Menschen Nahrung. Viele Gebäude in der Stadt bieten Vögeln Nistmöglichkeiten. Vor allem Felsenbewohner wie Mehlschwalben oder Mauersegler bauen in Vorsprüngen und Nischen an Gebäuden ihre Nester. Turmfalken brüten häufig in Kirchtürmen.In Abwasserkanälen leben Ratten und suchen im Abfall nach Nahrung. Wildkaninchen bevölkern Parks und vermehren sich rasch, weil wenig natürliche Feinde vorkommen. Füchse und Wildschweine kommen nachts in Städte, um nach Nahrung zu suchen.
Lebewesen, die sich in der Nähe vom Menschen ansiedeln, bezeichnet man als **Kulturfolger**. Sie sind meist nicht auf einen speziellen Lebensraum festgelegt, können sich der Veränderung der Landschaft schnell anpassen und lassen sich nicht von der Anwesenheit des Menschen stören.

Pflanzen in der Stadt

Manche Pflanzen wie Gräser oder Brennnessel wachsen auch in Parks, an Gleisanlagen und am Fuß gepflanzter Bäume. Der Löwenzahn wächst sogar zwischen Pflasterritzen. Er verträgt starke Sonneneinstrahlung, hohe Temperaturen und den hohem Eintrag von Mineralstoffen. Der Löwenzahn ist widerstandsfähig und kommt gut mit dem Zusammenpressen durch Fußgänger und Autos zurecht. Diese Umwelteinflüsse bezeichnet man als **Tritt**. ▶

3 Löwenzahn

Material mit Aufgaben

M1 Nistplätze von Vögeln

1. Beschreibe mit dem Bild Nistplätze von Vögeln in der Stadt.
2. Erkläre, warum die dargestellten Vögel Kulturfolger sind. ⊞
3. Beschreibe Umwelteinflüsse, denen die dargestellten Vögel ausgesetzt sind. ⊞
4. Viele Städte leiden unter einer Taubenplage. Mit ihrem Kot werden Denkmäler und Bauten beschädigt. Stelle Vermutungen an, warum sich Tauben in der Stadt schnell und unkontrolliert vermehren können.

4 Dunstglocke über der Stadt

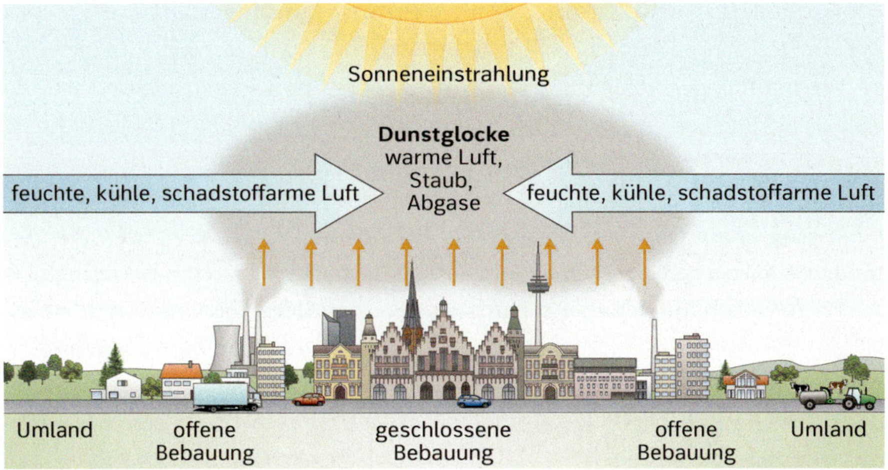

5 Klima in der Stadt

Klima in der Stadt

In der Stadt sind große Flächen wie etwa Parkplätze und Straßen mit Asphalt und Stein bedeckt. Zudem gibt es in Städten durch Gebäude riesige Flächen aus Stein und Beton. Die Flächen wie auch die Parkplätze und Straßen erwärmen sich durch die Sonneneinstrahlung stärker als Grünflächen oder Parks. Die Luft über dem Boden erwärmt sich und steigt nach oben. Dadurch strömt kühlere Luft vom Umland nach. Es entsteht eine für Städte typische Luftströmung. Mit dieser Luftströmung werden Staub und Abgase in höhere Luftschichten transportiert. So entsteht über der Stadt eine Dunstglocke, die die vom Boden abstrahlende Wärme wieder zurückwirft. Die Stadt heizt sich am Tag so schneller auf als das Umland.
Zudem fehlt den Städten frische, abgekühlte Luft, die durch die Verdunstung von Wasser von Pflanzen entsteht. Städte kühlen nachts nur langsam ab. Die am Tag von den Flächen aufgenommene Wärme wird nachts nur langsam wieder an die Umgebung abgegeben. Im Winter sind Städte meist einige Grad Celsius wärmer als das Umland. Durch die Abwärme von Autos und beheizten Gebäuden wird die Stadtluft erwärmt.

Material mit Aufgaben

M2 Temperaturverhältnisse einer Stadt

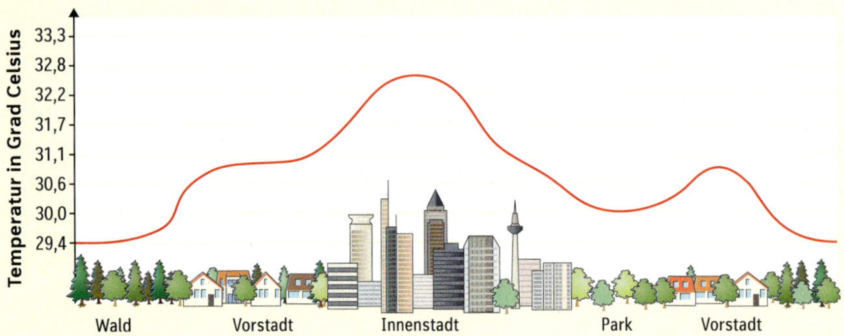

1. Beschreibe die Temperaturunterschiede innerhalb eines Stadtgebietes.
2. Erkläre, wie es zu diesen Temperaturunterschieden kommt.
3. Erkläre, warum auch nachts und im Winter ein ähnlicher Kurvenverlauf zu sehen ist.

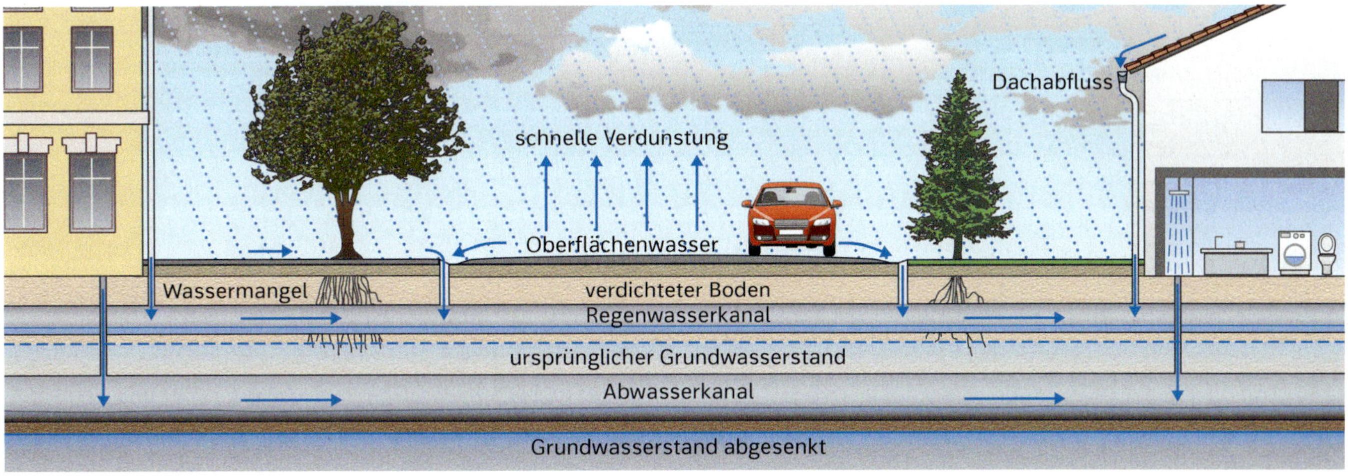

6 Wasserhaushalt in der Stadt

Wasserhaushalt

Durch die Bebauung in Städten sind große Flächen verdichtet und versiegelt. Regenwasser kann daher kaum in den Boden versickern. Straßenbäume und krautige Pflanzen müssen mit Wassermangel zurechtkommen. Das Oberflächenwasser wird hauptsächlich über die Kanalisation abtransportiert. Da sehr wenig Wasser in den Boden einsickert und auch viel Wasser von der Oberfläche schnell verdunstet, ist der Grundwasserspiegel unter der Stadt niedrig.

Bedeutung von Grünanlagen

In der heutigen Stadtplanung werden großzügige Grünanlagen wie Parks aber auch kleinere Grünflächen wie Mittelstreifen von Straßen geplant. Bäume schirmen durch ihre Baumkronen einfallende Sonnenstrahlung ab und verhindern so, dass sich die Umgebung stark aufheizt. Pflanzen verdunsten Wasser stetig und sorgen so zusätzlich für Abkühlung. Grünanlagen beeinflussen das Klima in der Stadt.

Material mit Aufgaben

M3 Bedeutung von Grünanlagen

1. Beschreibe mithilfe des Bildes klimaverbessernde Wirkungen von Grünanlagen in Städten.
2. Erkläre, wie Pflanzen die Luft in Städten verbessern.
3. „Grünanlagen erhöhen die Artenvielfalt in den Städten." Erkläre diese Aussage.
4. Erkläre, warum sich eine Straße ohne Grünanlage schneller aufwärmt, als die hier dargestellte.

1 Chinesische Wollhandkrabbe

Neobiota

Die Wollhandkrabbe

Die chinesische Wollhandkrabbe verdankt ihren Namen dem Haarpelz auf den Scheren der Männchen. Sie pflanzt sich im Meer fort. Die Eltern sterben nach der Paarung. Die Jungkrabben gehen nach dem Schlupf zurück in die Flüsse, wo sie heranwachsen.

Die chinesische Wollhandkrabbe lebt normalerweise in den großen Flüssen Chinas. Sie gelangte in den 1930er Jahren nach Europa. Sie wurde in den mit Wasser gefüllten Ballasttanks von Schiffen verschleppt. Heute kommt sie auch in der Nord- und Ostsee und deren Zulaufflüssen vor. Wollhandkrabben sind Allesfresser. Sie fressen Aas, Pflanzenreste und Muscheln. Sie machen aber auch Jagd nach verletzten Fischen. Viele Fischer hatten die Befürchtung, die Wollhandkrabbe könnte heimische Fischbestände gefährden.

Diese Befürchtungen haben sich nicht bestätigt. Jedoch konkurriert sie mit dem Europäischen Flusskrebs nach Nahrung und verdrängt ihn. Die Wollhandkrabbe hat aber dennoch Auswirkungen auf die Fischerei, weil sie gerne Köder fressen. Außerdem baut die Wollhandkrabbe unterirdische Höhlen und beschädigt so Deiche und Uferbefestigungen.

Die Wollhandkrabbe ist mittlerweile so weit verbreitet, dass es nahezu unmöglich ist, sie aus den Ökosystemen zu entfernen. Viele andere heimische Tiere wie der Zander haben sie bereits als Beutetier angenommen. Sie ist in die Nahrungsnetze des Ökosystems eingebunden. Die chinesische Wollhandkrabbe ist ein Neubürger in Europa, der vom Menschen eingeschleppt wurde. Man bezeichnet solche Tiere und Pflanzen als **Neobiota**.

2 Verbreitung der Wollhandkrabbe in Europa

Einschleppung von Arten

Pflanzen und Tiere werden auf unterschiedliche Weise in Ökosysteme eingeschleppt. Viele Pflanzen wurden in Gärten und Parks als Zier- und Nutzpflanzen gepflanzt. Sie vermehrten sich und verwilderten zum Teil. Tiere wie der Nerz wurden in Pelztierfarmen gehalten. Einige konnten flüchten oder wurden freigelassen. Auch durch den Klimawandel konnten manche Tier- und Pflanzenarten ihr Verbreitungsgebiet vergrößern. So brüten immer mehr aus dem Mittelmeerraum stammende Bienenfresser in Deutschland.

Wenn eine Art in einen Lebensraum einwandert oder vom Menschen eingeschleppt wird, muss sie sich in einer stabilen Lebensgemeinschaft behaupten. Sie muss sich schnell vermehren, in verschiedenen Ökosystemen verbreiten und mit verschiedenen Umweltbedingungen zurechtkommen.

Beabsichtigte Einschleppung

Einige Arten wurden gezielt eingeführt. Ein Beispiel ist die Aga-Kröte. Sie sollte Schädlinge in Zuckerrohrplantagen in Australien bekämpfen. Allerdings vermehrte sie sich stark, da sie kaum Fressfeinde im neuen Ökosystem hatte. Die Aga-Kröte wurde selbst zur Plage und gefährdet den Bestand von Insekten. Auch in Deutschland wurden gezielt Arten eingeführt. So wurden Bäume wie die aus Nordamerika stammende Douglasie für die Holzgewinnung gepflanzt.

A Recherchiere zu drei Arten in Bild 3 Informationen. Beschreibe, wie sie nach Deutschland kamen.

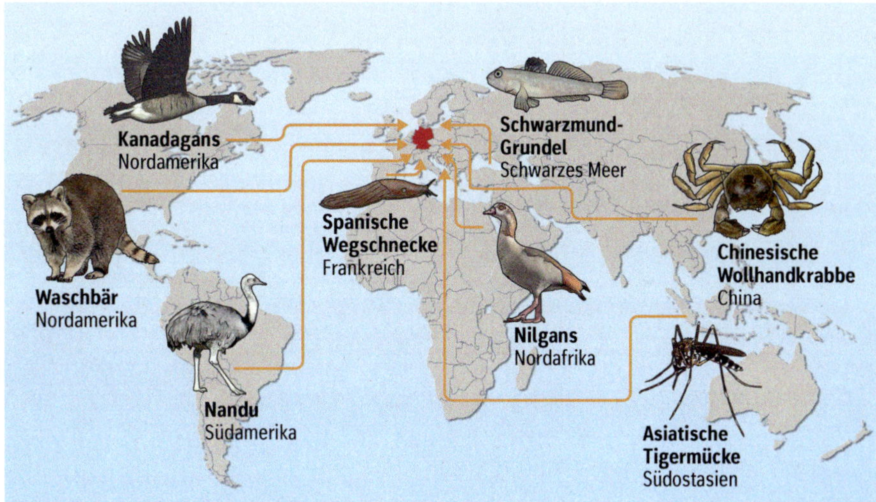

3 Beispiele eingeschleppter Tierarten nach Deutschland

Material mit Aufgaben

M1 Echsen auf den Bahamas

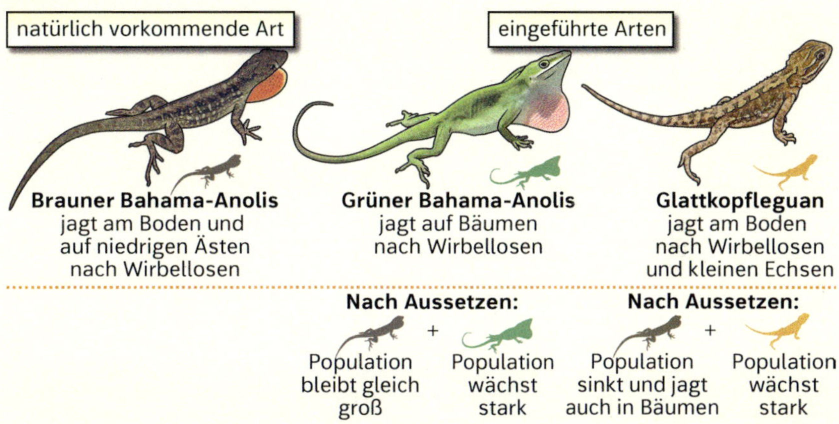

Forscher haben auf einigen Inseln der Bahamas gezielt andere, fremde Arten eingeführt und die Auswirkungen auf die Population der braunen Bahama-Anolis zu untersuchen.

1. Beschreibe die Versuchsdurchführung der Forscher und entwickle eine Forscherfrage.
2. Beschreibe, wie sich die Populationen nach dem Aussetzen der Tiere verändert haben.
3. Erkläre die Veränderungen der Populationen nach dem Aussetzen der beiden Arten.
4. Begründe, warum sich gerade eine Insel als „Versuchslabor" anbietet.

1 Jungtiere der Zwergmaus verlassen das Nest

Fortpflanzungs-strategien

Population

Die Zwergmaus ist ein in ganz Deutschland heimisches Säugetier. Diese nur etwa 7 Gramm schwere und 7 Zentimeter lange Maus lebt zwischen Schilfhalmen und im hohen Gras. Alle Zwergmäuse zählen zur gleichen Art. Sie kommt auf dem europäischen Festland und Asien vor, aber auch auf den britischen Inseln. Leben die Zwergmäuse zur gleichen Zeit im gleichen Gebiet und bilden zusammen eine Fortpflanzungsgemeinschaft, spricht man von einer **Population**. Populationen können auch voneinander getrennt sein. So bilden die Zwergmäuse auf den britischen Inseln keine Fortpflanzungsgemeinschaft mit Mäusen auf dem Festland. Die Gesamtzahl aller Individuen einer Art, die in einem bestimmten Gebiet vorkommen, bezeichnet man als **Populationsgröße**.

r-Stratege

Die weibliche Zwergmaus bringt zwei- bis fünfmal im Jahr Jungtiere zur Welt. In einem Wurf können bis zu acht Jungtiere geboren werden. Die Jungtiere sind innerhalb eines Monats selbst geschlechtsreif und können selbst Nachwuchs bekommen. Die Zwergmaus bekommt viele Nachkommen, vermehrt sich schnell in kurzen Zeitabständen und entwickelt schnell die Geschlechtsreife. Die Zwergmaus hat eine besondere **Fortpflanzungsstrategie**:
Sie zählt zu den **r-Strategen**. Diese zeichnet sich durch eine hohe Vermehrungsrate, kurze Geburtenabstände und kurze Entwicklungszeit aus. Oft haben r-Strategen eine kurze Lebensdauer. Ein r-Stratege wie die Zwergmaus kann in kurzer Zeit neue Lebensräume besiedeln und sich rasch ausbreiten.

	r-Strategen	K-Strategen
Lebensdauer	kurz	lang
Anzahl der Nachkommen	sehr viele	wenige
Pflege der Nachkommen	keine oder nur wenig	sehr viel
Zeit bis zur ersten Fortpflanzung	kurz	lang

2 Vergleich r-Stratege und K-Stratege

Die Zahl der Nachkommen pro Wurf ist unterschiedlich und Jungtiere können früh sterben. Die Populationsgröße in einem Gebiet kann dadurch stark schwanken. Sie kann schlagartig zunehmen oder abnehmen.

K-Stratege

Der afrikanische Elefant ist das größte Landsäugetier der Welt. Ausgewachsene männliche Tiere, die Bullen, können bis zu 6 Tonnen schwer werden und bis zu 60 Jahre alt werden. Die weiblichen Tiere, die Kühe, leben mit ihrem Nachwuchs in einer Herde zusammen. Die Bullen verlassen im Alter von etwa 9 Jahren die Herde und leben allein oder in Junggesellengruppen zusammen. Zur Paarung suchen sie die weiblichen Herden auf.
Die Kühe bringen etwa alle 4,5 Jahre in der Regel ein Jungtier zur Welt. Die Tragzeit beträgt rund 660 Tage. Die Kühe bringen im Schnitt etwa ab dem 15. Lebensjahr ihr erstes Jungtier zur Welt. Sie sind recht spät geschlechtsreif. Lebewesen wie der afrikanische Elefant, die nur wenige Nachkommen haben, zählen zu den **K-Strategen**. Eine langsame Entwicklung, eine lange Lebenszeit und eine geringe Vermehrungsrate zeichnen K-Strategen aus. Die Kälber des Elefanten verbleiben lange bei der Herde, werden lange gesäugt und gegenüber Feinden verteidigt. K-Strategen betreiben meist intensive **Brutpflege**. Die Sterblichkeit der Nachkommen ist meist gering. Die Geburtenabstände sind lang. Die Populationsgröße schwankt daher kaum und verändert sich nur langsam über einen längeren Zeitraum.

3 Elefantenkuh mit Kalb

Material mit Aufgaben

M1 r-Stratege oder K-Stratege

Die Blaumeise
Lebensdauer: 8 Jahre
Anzahl der Nachkommen: etwa 8 Eier
Brutdauer: 15 Tage
Pflege der Jungtiere nach Schlupf: 20 Tage
Zeit bis zur ersten Fortpflanzung: 1 Jahr

Der Steinadler
Lebensdauer: 40 Jahre
Anzahl der Nachkommen: etwa 2 Eier
Brutdauer: 40 Tage
Pflege der Jungtiere nach Schlupf: 80 Tage
Zeit bis zur ersten Fortpflanzung: 8 Jahre

1. Vergleiche die Angaben in der Steckbriefen.
2. Ordne den Beispielen die Begriffe r-Stratege oder K-Stratege zu. Begründe.
3. Erkläre, warum die Populationen von r-Strategen oft nicht konstant sind.
4. Das Spitzmaulnashorn ist in Afrika stark durch Wilderei gefährdet. In Afrika leben noch knapp 5000 Individuen, die streng geschützt werden. Stelle Vermutungen an, warum sich die Populationen nur langsam erholen und wieder wachsen.

1 Haselmaus

Naturschutz

Lebensweise der Haselmaus

Die Haselmaus ist nicht mit den Mäusen, sondern mit anderen Nagetieren wie dem Siebenschläfer verwandt. Sie lebt sehr versteckt und wird oft übersehen.

Die Haselmaus lebt in **naturnahen** Waldrändern mit einer dichten Strauchschicht. Auch in abgelegenen Hecken mit vielen verschiedenen Pflanzenarten findet sie einen Lebensraum. Die Haselmaus bevorzugt abgelegene, ungestörte und naturnahe Lebensräume. Sie ernährt sich von Nüssen, Beeren, Samen und Knospen. Aus Gräsern, Laub und Moos bauen Haselmäuse ihre Nester. In diesen schlafen sie und ziehen ihre Jungtiere auf. Im Herbst fressen sie sich Fettreserven an, von denen sie während des Winterschlafs zehren. Nur von April bis Oktober sind Haselmäuse regelmäßig aktiv. Die Tiere bewegen sich nur in einen sehr kleinen Bereich um ihr Nest, sie sind sehr **standorttreu**. Nur zur Paarungszeit zweimal im Jahr verlassen Haselmäuse ihre Reviere und suchen Artgenossen. Haselmäuse sind meist selten und reagieren **empfindlich** auf Störungen im Lebensraum. Durch Veränderung der Landschaft ist die Art in Deutschland immer seltener geworden.

Material mit Aufgaben

M1 Vorkommen der Haselmaus

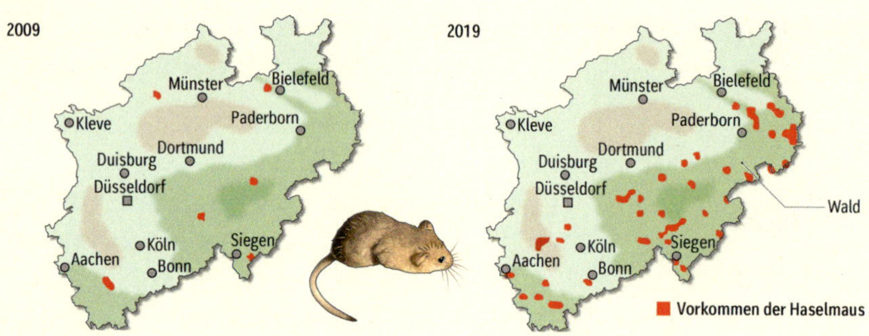

1. Vergleiche das Vorkommen der Haselmaus im Jahr 2009 und 2019.
2. Erkläre, warum die Haselmaus heute vor allem im Süden und Westen Nordrhein-Westfalens anzutreffen ist. ⊞
3. Erkläre, warum ein zusammenhängendes Verbreitungsgebiet für den Bestand der Haselmaus wichtig ist.
4. Stelle Vermutungen an, mit welchen Maßnahmen die Haselmaus geschützt werden kann.

Die Rote Liste

Viele Tier- und Pflanzenarten auf der Welt sind selten. Es besteht die Gefahr, dass die Arten aussterben. Gefährdete Arten werden in die **Rote Liste** eingetragen. Diese gibt Auskunft darüber, wie stark eine Pflanzen- oder Tierart gefährdet ist. Es gibt in Deutschland 478 Wirbeltierarten. Davon stehen 207 Arten auf der Roten Liste.

Artenschutz

Ist eine Tier- oder Pflanzenart in Deutschland auf der Roten Liste, werden Maßnahmen für ihren Schutz getroffen. Durch **Artenschutzprogramme** soll das Vorkommen der Art in einem bestimmten Bereich und so auch die gesamte **Artenvielfalt** in Deutschland gesichert werden.

Biotopschutz

Manche Lebensräume sind von Verschmutzung oder Zerstörung bedroht. Auch die intensive Nutzung durch den Menschen etwa als Wintersportgebiet oder als Forst zur Holzgewinnung können einen Lebensraum nachhaltig verändern. Häufig werden beispielsweise durch Straßenbau Lebensräume von Tier-und Pflanzenarten zerschnitten. Man versucht, die getrennten Gebiete wieder zu verbinden. Damit eine Art in einem Gebiet überleben kann, muss also auch ihr Lebensraum geschützt werden. Beim **Biotopschutz** wird geregelt, wie der Erhalt eines Lebensraumes sichergestellt wird. Ist eine Art aus einem geeigneten Gebiet verschwunden, gibt es oftmals für die betroffenen Arten **Wiederansiedelungsprogramme**.

Schutzgebiete für die Natur

Um die Arten- und Biotopvielfalt sicherzustellen, weisen viele Länder Schutzgebiete aus. Gefährdete Lebewesen können sich in diesen Gebieten ungestörter aufhalten und sich so besser vermehren. Wegen der dichten Besiedelung in Deutschland sind viele Schutzgebiete eher klein und oft weit voneinander entfernt. Es wird versucht, diese Gebiete zu vergrößern und zu verbinden. **Naturschutzgebiete** sind naturnahe Gebiete, die kaum wirtschaftlich genutzt und häufig sogar nicht betreten werden dürfen. **Nationalparks** sind große Gebiete, die viele Lebensräume beinhalten. Sie bieten so einer Vielzahl von Arten Schutz und sind darum besonders wertvoll. Geringe wirtschaftliche Nutzung und Zutritt sind im Nationalpark möglich.

2 Nationalparks in Deutschland

Material mit Aufgaben

M2 Umweltschutz und Artenschutz

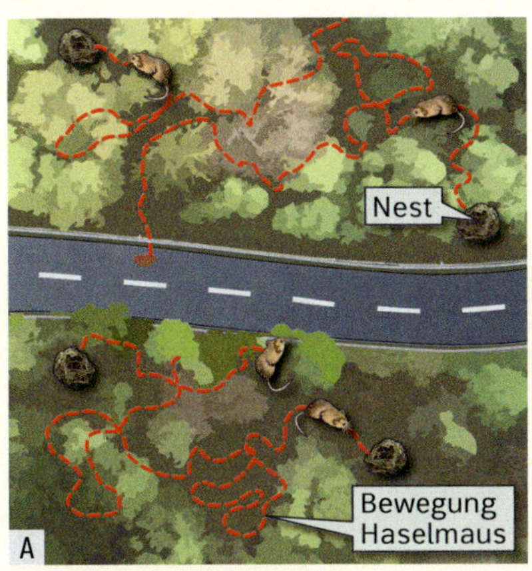

1. Beschreibe Bild A.
2. Erkläre, welche Folgen der Bau der Straße in Bild A auf die Gemeinschaft der Haselmäuse hat.
3. Über einige Autobahnen werden Wildbrücken wie in Bild B gebaut, die nur für Wildtiere begehbar sind. Erläutere die Maßnahme.

1 Angepflanzte Bäume

Nachhaltigkeit

Ressourcen

Menschen benötigt zum Leben unter anderem eine Unterkunft, Nahrung, Wasser, Kleidung und Energie. Alle Dinge, die wirtschaftlich genutzt werden, bezeichnet man als **Ressource**. Einige Ressourcen wie Holz wachsen mit der Zeit nach. Sie sind **regenerativ**.

Viele Ressourcen wie Kupfer und Kohle sind jedoch nicht in unendlicher Menge auf der Welt verfügbar. Sie sind **endlich**. Da es immer mehr Menschen auf der Welt gibt, steigt auch der Bedarf an Ressourcen. Wir verbrauchen inzwischen mehr Ressourcen als die Erde hergibt.

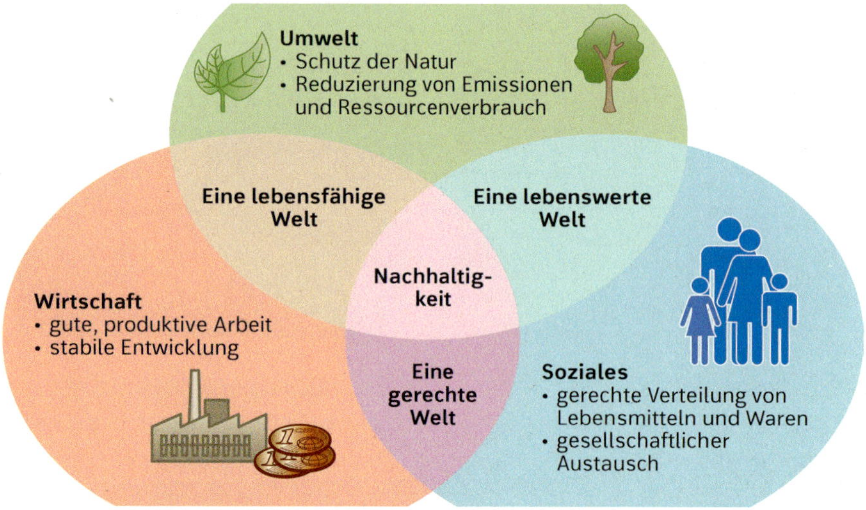

2 Modell zur Nachhaltigkeit

Das Prinzip der Nachhaltigkeit

Die sparsame, wirtschaftliche Nutzung einer Ressource auf lange Sicht nennt man **Nachhaltigkeit**. Nachhaltiges Handeln schont Ressourcen und sichert langfristig deren Verfügbarkeit. Dabei müssen aber die Interessen der Wirtschaft, der Umwelt und der Menschen vereinbart werden. Das Prinzip der Nachhaltigkeit beruht auf drei Säulen: der **Wirtschaft**, der **Ökologie** und dem **Sozialen**. Nachhaltig zu handeln bedeutet, nicht mehr zu verbrauchen, als für die Zukunft wieder nachwachsen oder wiederhergestellt werden kann.

Wasser als Ressource

Menschen entnehmen Wasser aus Flüssen, Seen und dem Boden, um es zu nutzen. Dabei wird das Wasser oft verschmutzt. Man spricht deshalb vom **Wasserverbrauch**. Das Wasser geht jedoch nicht verloren.

Wir benötigen das Wasser aber nicht nur zum Trinken oder Putzen. Das meiste Wasser verbrauchen in Deutschland Kraftwerke und Industriebetriebe etwa als Kühlmittel. Dort fallen genauso wie im Haushalt und in der Landwirtschaft oft giftige Stoffe an. Dazu zählen Reinigungsmittel, Benzin, Dünger oder auch Pflanzenschutzmittel. Diese Stoffe können in das Abwasser gelangen. Sie gefährden dann nicht nur die Versorgung mit Trinkwasser, sondern auch das Leben in Flüssen, Bächen und Seen.

Virtuelles Wasser

Jedes Produkt benötigt für seine Herstellung und Transport Wasser. Dieses bezeichnet man als **virtuelles Wasser**. Uns ist dieses Wasser oft nicht bewusst, weil es in Lebensmitteln, Kleidung oder auch in Smartphones versteckt ist.

So befindet sich in einem Kilogramm Rindfleisch 15 500 Liter virtuelles Wasser: Ein Rind benötigt etwa drei Jahre, bis es schlachtreif ist. In dieser Zeit frisst es 1300 Kilogramm Getreide und 7200 Kilogramm Heu. All diese Pflanzen mussten auf Feldern angebaut werden. Für die Produktion des Futters wurden so tausende Liter Wasser verwendet. Auch das Trinkwasser für das Rind und Wasser für die Reinigung des Stalls fließen in die Berechnung des virtuellen Wassers ein.

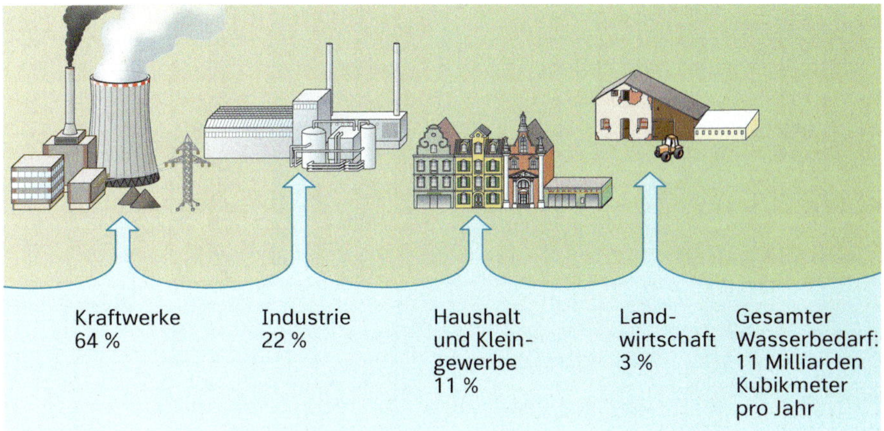

3 Wasserbedarf in Deutschland

A Beschreibe den Begriff Nachhaltigkeit mit eigenen Worten.

B Beschreibe anhand eines selbstgewählten Beispiels, wie du dein eigenes Handeln nachhaltiger gestalten kannst.

Material mit Aufgaben

M1 Virtuelles Wasser

1. Vergleiche die Menge an Wasser, die für die Herstellung der Waren benötigt werden.
2. Erläutere am Beispiel des Baumwoll-T-Shirts den Begriff des virtuellen Wassers.
3. Erkläre an einem von dir gewähltem Beispiel, was man unter Nachhaltigkeit versteht.
4. Viele Menschen ziehen regionale und saisonale Lebensmittel dem Kauf von Gemüse aus fernen Ländern vor. Beurteile das.

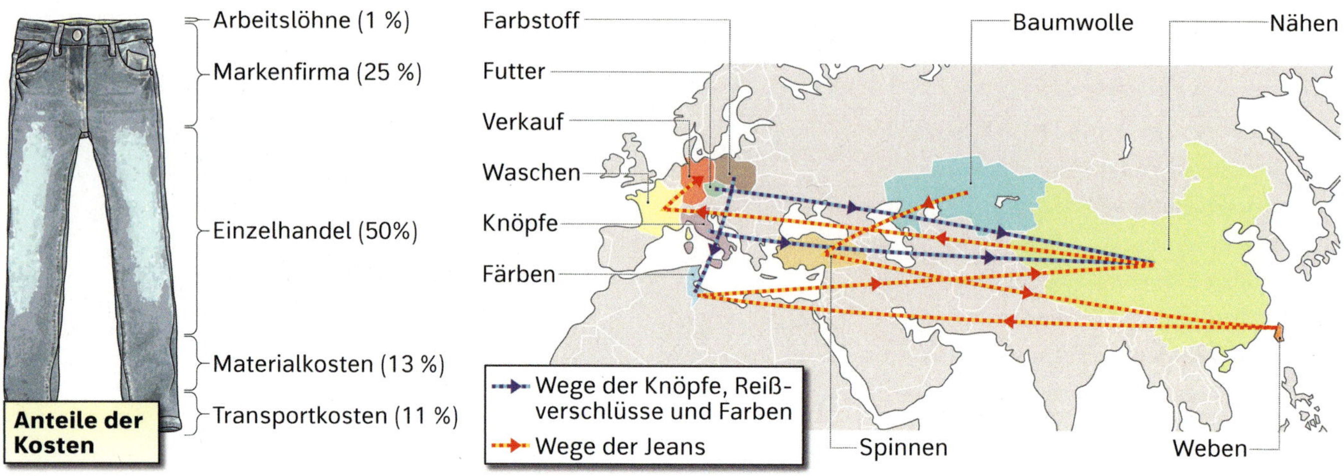

4 Der Weg einer Jeans

Material mit Aufgaben

M2 Ökologischer Rucksack

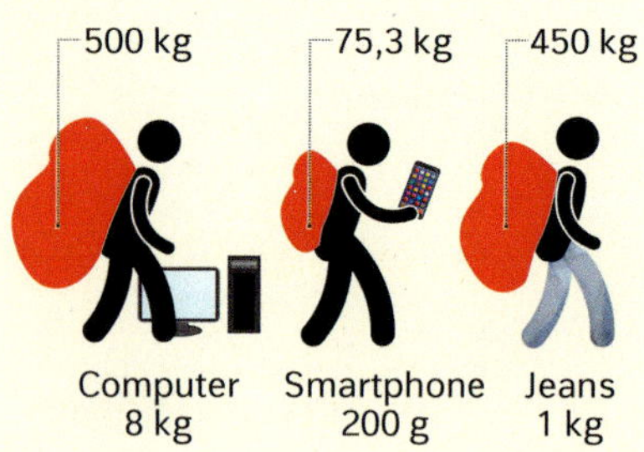

1. Vergleiche die Werte des ökologischen Rucksacks.
2. Erkläre an einem Beispiel, wie es zum Unterschied zwischen Produktgewicht und Gewicht des „Rucksacks“ kommt.
3. Recherchiere im Internet nach ökologischen Rucksäcken für weitere Produkte.
4. Erläutere Maßnahmen, wie du deinen ganz persönlichen ökologischen Rucksack verringern kannst.

Der ökologische Rucksack

Für die Herstellung, die Verpackung, den Transport, den Gebrauch und die Entsorgung eines Produktes werden verschiedene Ressourcen verbraucht. Die gesamte Menge aller benötigter Ressourcen zusammengefasst ergibt den **ökologischen Rucksack**. Er wird für jedes Produkt in Kilogramm angegeben. Der ökologische Rucksack ermöglicht ein Vergleichen der benötigen Ressourcen verschiedener Produkte.

Der lange Weg einer Jeans

Die Herstellung einer Jeans beginnt mit dem Anpflanzen der Baumwollpflanzen. Diese brauchen sehr viel Wasser. Direkt nach der Ernte der Baumwollfasern wird wieder neu ausgesät. Weil dem Boden so auf Dauer die Mineralstoffe entzogen werden, muss immer wieder gedüngt werden. Um die Pflanzen vor Schädlingen zu schützen, werden auf den Feldern Pflanzenschutzmitteln verspritzt. Reste davon können sich auch in der Jeans befinden.

Für die Herstellung der Jeans werden neben der Baumwolle auch viele weitere Rohstoffe wie Farben, Fäden und Knöpfe benötigt. Diese werden in unterschiedlichen Teilen der Welt produziert. So entstehen lange Transportwege für Ressourcen, aber auch der fertigen Jeans. Diese wird mit Flugzeugen, Schiffen und LKWs schließlich bis in die Läden transportiert, wo man die Jeans kaufen kann. Beim Transport werden Ressourcen wie Benzin und Öl verbraucht. Im Laufe ihrer Verwendung wird die Jeans immer wieder gewaschen. Dabei werden Waschmittel, aber auch elektrischer Strom benötigt. Wird eine kaputte Jeans genäht, benötigt die Nähmaschine ebenfalls Energie.

C Erstelle für die Herstellung einer Jeans ein Fließschema. Nimm auch Abbildung 4 zuhilfe.

D Recherchiere im Internet nach dem ökologischen Rucksack weiterer Produkte.

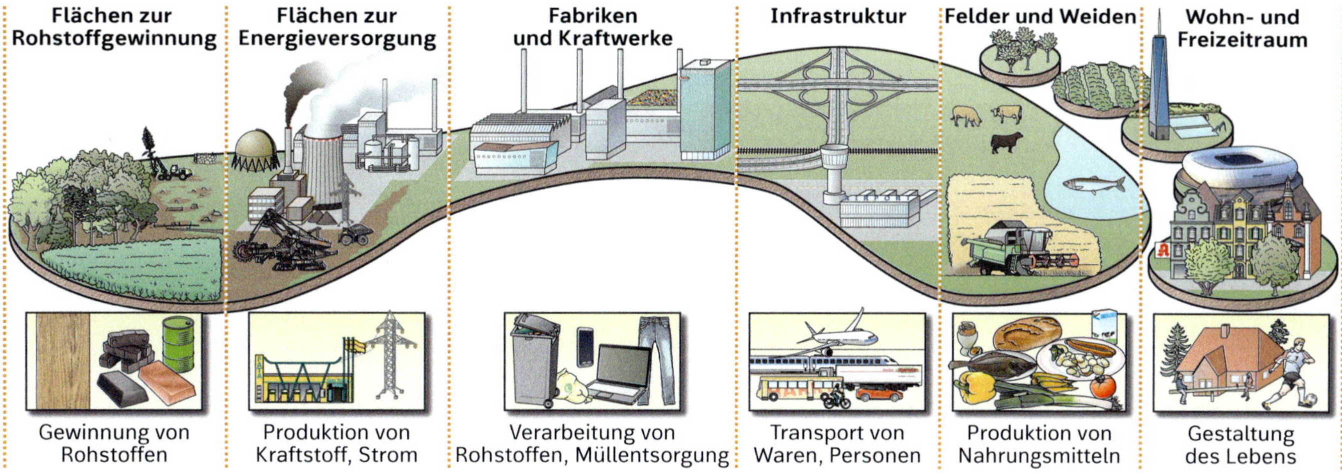

5 Ökologischer Fußabdruck

Der ökologische Fußabdruck

Wohnung und Häuser befinden sich auf Grundstücken. Doch auch zur Freizeitgestaltung werden **Flächen** beispielsweise für Sportplätze, Schwimmbäder und Freizeitparks benötigt. Auch zur Produktion unserer Lebensmittel werden große Fläche benötigt. So werden auf Feldern Pflanzen angebaut, die uns oder Nutztieren als Nahrungsmittel dienen. Nutztiere werden in Ställen oder auf Weiden gehalten. Es werden aber auch Flächen zur Gewinnung und Verarbeitung von Rohstoffen benötigt. Diese werden über Straßen, Flughäfen und Schienen transportiert. Diese Flächen nennt man Infrastruktur.

Der **ökologische Fußabdruck** gibt an, wieviel Fläche für die Bereitstellung der Ressourcen auf der Erde benötigt wird. Dazu werden alle Bereiche unseres Lebens betrachtet. Die benötigten Flächen für jeden einzelnen können aber auch in ganz anderen Teilen der Welt sein, wenn beispielsweise nur dort bestimmte Rohstoffe vorkommen. ■

Material mit Aufgaben

M3 Ökologischer Fußabdruck

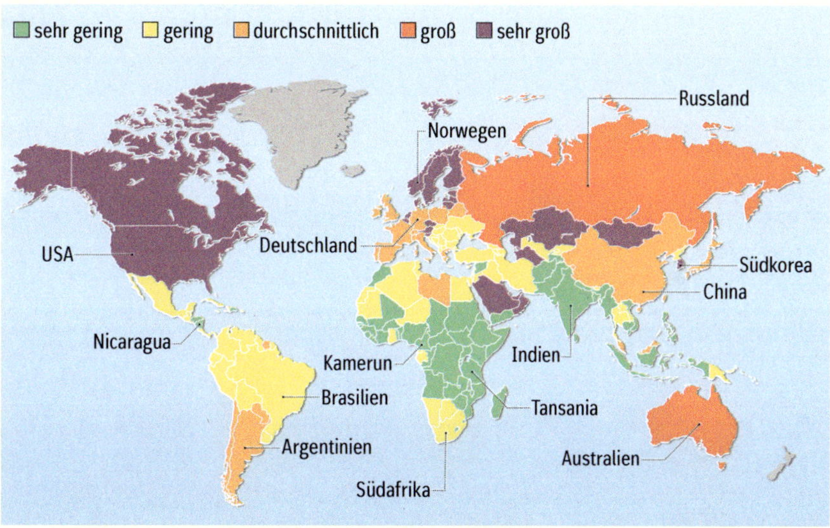

1. Nenne Länder mit einem großen und Länder mit einem kleinen ökologischen Fußabdruck.
2. Erkläre, warum ein großer ökologischer Fußabdruck für die Umwelt und die Ressourcenverfügbarkeit problematisch ist. ⊞
3. Stelle Vermutungen an, warum die ökologischen Fußabdrücke der einzelnen Länder so verschieden groß sind.
4. Entwickle Maßnahmen, wie du deinen persönlichen ökologischen Fußabdruck verringern kannst.

1 Schildkröte frisst Plastiktüte.

Plastik im Meer

Kunststoffe im Alltag

Wir nutzen Kunststoffe in fast allen Lebensbereichen: als Verpackungen, in Spielzeugen, in Computern, im Auto oder in Kleidung. Sie sind wasserabweisend und sehr leicht. Sie können leicht produziert werden und sind langlebig. Umgangssprachlich werden Kunststoffe auch als Plastik bezeichnet.

Mikroplastik

Beim Fahrrad- und Autofahren sowie beim Gehen kommt es zum **Abrieb** kleinster Kunststoffteile von Reifen und Sohlen. Man bezeichnet Kunststoffteile, die kleiner als 5 Millimeter sind, als **Mikroplastik**. Auch Zahnpasta, Duschgels oder Putzmittel enthalten zur besseren Reinigung Mikroplastik.

Der Weg ins Meer

Abgeriebenes Mikroplastik gelangt über die Kanalisation ins Abwasser. Kläranlagen können es nicht herausfiltern, da es zu klein ist. Wird das Wasser von der Kläranlage wieder in Flüsse geleitet, wird Mikroplastik über die Flüsse schließlich ins Meer transportiert.

Wird Plastikmüll in der Nähe von Flüssen achtlos weggeworfen, können so auch größere Plastikteile über die Flüsse ins Meer gelangen. Durch Abrieb größerer Plastikteile entsteht mehr Mikroplastik.

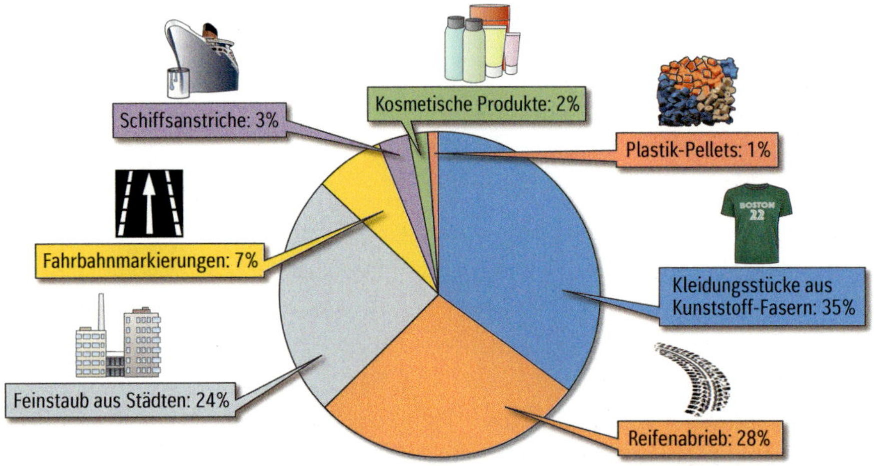

2 Herkunft von Mikroplastik im Meer

Umweltbedrohung

Die Verschmutzung durch Plastikmüll bedroht die Lebensgemeinschaft im Meer. Meerestiere können sich in Plastikteilen verfangen und sich verletzen, was meist tödlich endet. Meeresschildkröten verwechseln beispielsweise Plastiktüten mit Quallen, ihrer eigentlichen Nahrung. Ist ihr Magen mit unverdaulichem Plastik gefüllt, sterben diese Tiere. Mikroplastik wird auch von Kleinstlebewesen gefressen, die wiederum von Fischen gefressen werden. Ein Raubfisch wie der Thunfisch frisst viele kleine Fische, sodass sich das Mikroplastik in großen Fischen anreichert.

Alternativen

Heute wird versucht, weniger Plastik zu verwenden und so weniger Plastikmüll entstehen zu lassen. Ist eine Vermeidung nicht möglich, verwendet man alternative Materialen. So können beispielsweise Plastiktüten durch langlebige Stoffbeutel ersetzt werden.

A Nenne Beispiele, wofür man im Alltag Kunststoffe verwendet. Überlege, ob es dazu Alternativen gibt.

B Erkläre den Zusammenhang zwischen unserer Lebensweise und der Zunahme des Plastikmülls in den Meeren.

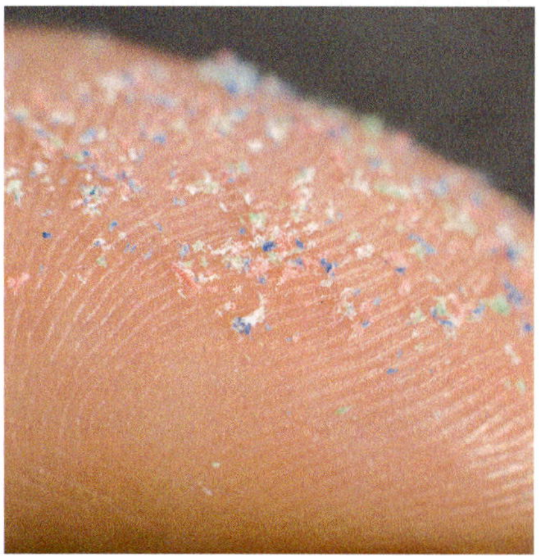

3 Mikroplastik auf einem Finger

Material mit Aufgaben

M1 Weg des Mikroplastiks

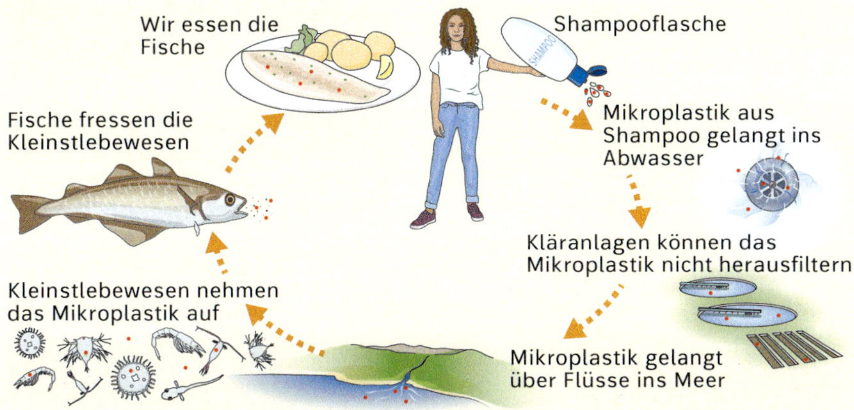

1. Beschreibe den dargestellten Weg des Mikroplastiks.
2. Erkläre, warum in großen Raubfischen mehr Plastikteilchen enthalten sein können, als in kleinen Fischen, die sich von Kleinstlebewesen ernähren. ⊞
3. Beschreibe verschiedene Möglichkeiten, wie Mikroplastik ins Meer gelangen kann.
4. In einigen Reinigungsmitteln und Zanpasten wird oft bewusst Mikroplastik eingesetzt, damit sie besser reinigen. Nimm Stellung zu diesem Einsatz von Mikroplastik.

M2 Abbaudauer von Abfall

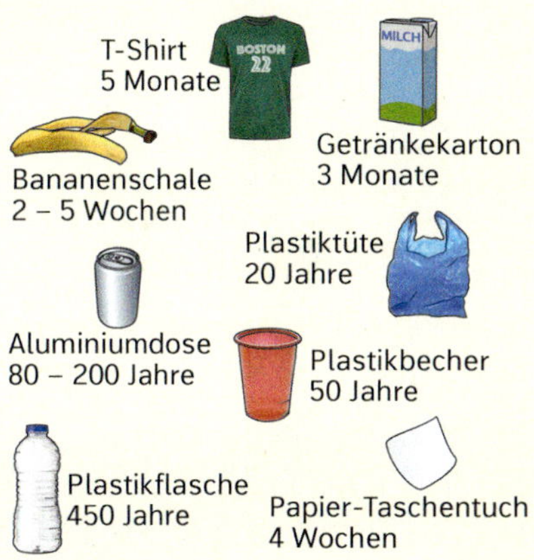

1. Ordne die Abfallarten nach ihrer Abbaudauer.
2. Erkläre, warum die Abbaudauer einer Banane kürzer ist als die von einer Plastikflasche. ⊞
3. Begründe, warum lange Abbaudauern von Müll eine Gefahr für die Umwelt darstellen.

Zusammenfassung Ökosysteme Gewässer und Stadt

Aufbau eines Sees

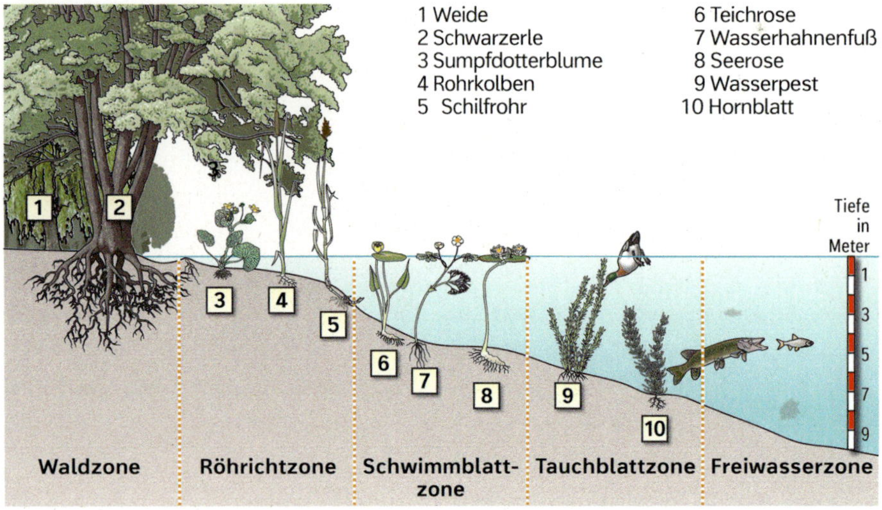

In der Waldzone eines Sees wachsen auf feuchtem Untergrund nur wenige Bäume. In der Röhrichtzone stehen die Pflanzen meist im Wasser. Ihre Halme sind biegsam und stabil gebaut. Die Schwimmblattzone hat eine größere Wassertiefe, in die die Blätter der am Grund verankerten Seerosen bis zur Wasseroberfläche reichen. In der tiefer gelegenen Tauchblattzone erreicht keine Pflanze mehr die Wasseroberfläche. In der Freiwasserzone wachsen keine Pflanzen, es ist am Seegrund zu dunkel.

Stoffkreisläufe und Energiefluss im See

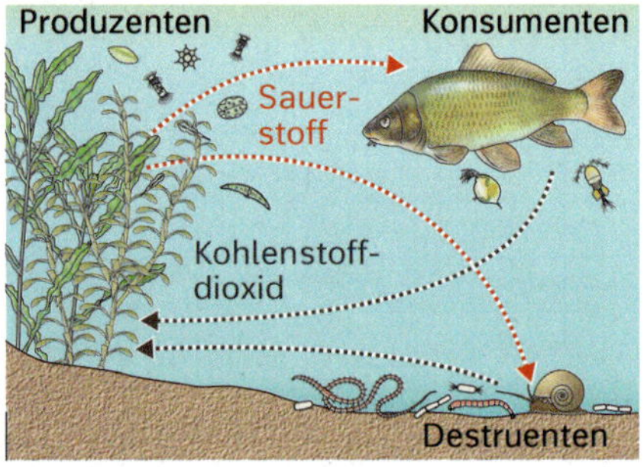

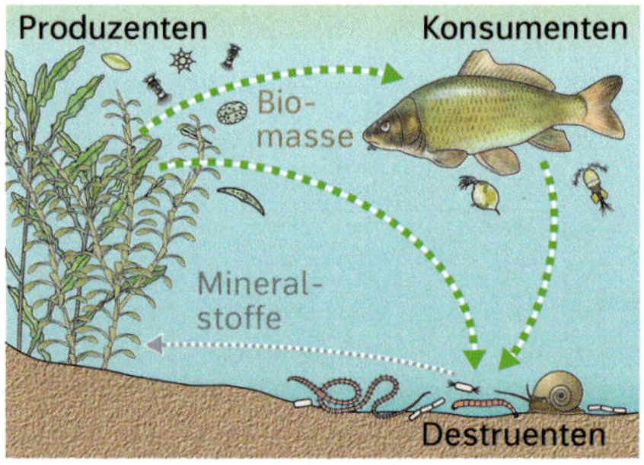

Pflanzen und Algen stellen mithilfe des Sonnenlichts aus Wasser und Kohlenstoffdioxid energiereiche Glukose her. Sie sind Produzenten. Bei dieser Fotosynthese wird auch Sauerstoff frei. Aus der Glukose bilden die Produzenten alle pflanzlichen Stoffe. Für ein gutes Wachstum benötigen Produzenten außerdem Mineralstoffe. Die Produzenten bilden die Nahrungsgrundlage für die Konsumenten 1. Ordnung. Von diesen ernähren sich die Kosumenten 2. Ordnung.

Tote Lebewesen und abgestorbene Pflanzenteile sinken auf den Grund des Sees. Bakterien und einzellige Lebewesen wandeln die Nährstoffe in Mineralstoffe um. Man nennt sie Mineralisierer. Produzenten nehmen die Mineralstoffe der Mineralisierer und Kohlenstoffdioxid von Destruenten und Konsumenten auf. Zwischen Produzenten, Konsumenten und Destruenten bestehen für Sauerstoff, Kohlenstoffdioxid und Mineralstoffe Stoffkreisläufe.

Ökosystem Moor

Dort, wo heute Moore sind, gab es vor etwa 10.000 Jahren mineralstoffreiche Seen. Produzenten und so auch Kosumenten konnten sich stark vermehren. Im Laufe der Zeit fielen große Mengen an Biomasse an, die nicht vollständig abgebaut werden konnte. Durch Ablagerungen bildeten sich Schichten aus Faulschlamm und Torfmudde. Torfmoose bilden Torf und lassen erstein Niedermoor, dann ein Hochmoor entstehen. Sie können viel Wasser speichern. So es im Moor immer feucht.

Ökosystem Stadt

In der Stadt leben Tiere, die in der Nähe des Menschen Nahrung finden. Viele Gebäude in der Stadt bieten Vögeln auch Nistmöglichkeiten. Manche Pflanzen, die Tritt vertragen, wachsen sogar zwischen Pflasterristzen. Durch die Bebauung heizen sich Städte auf. Die Temperatur ist in der Stadt höher als im Umland. Auf bebauten Flächen kann kaum Regen im Boden versickern. Im Vergleich zum Umland ist die Bodenfeuchte geringer. Lebewesen müssen nachts mit ständiger Beleuchtung zurechtkommen.

Naturschutz

Veränderungen in natürlichen Lebensräumen gefährden dort lebende Pflanzen und Tiere. Durch die Einrichtung von Nationalparks und Naturschutzgebieten wird versucht, Pflanzen, Tiere und Lebensräume zu schützen. Nicht mehr genutzte Flächen, bebaute Ufer oder begradigte Bäche können wieder in naturnahe Lebensräume umgewandelt werden. Außerdem gibt es Maßnahmen, um die Luftverschmutzung durch Kraftfahrzeuge und Industrie zu verringern.

Plastik im Meer

Kunststoffe werde in fast allen Lebensbereichen genutzt. Zum Beispiel sind sie in Verpackungen, Spielzeugen, Computern, im Auto oder in der Kleidung enthalten. Sie sind wasserabweisend und sehr leicht. Kunststoffe können leicht produziert werden und sind langlebig. Umgangssprachlich werden Kunststoffe auch als Plastik bezeichnet.

Die Verschmutzung durch Plastikmüll bedroht die Lebensgemeinschaft in allen Meeren. Meerestiere können sich in Plastikteilen verfangen und sich verletzen, was sehr oft tödlich für die Tiere endet. Meeresschildkröten verwechseln beispielsweise Plastiktüten mit Quallen, ihrer eigentlichen Nahrung. Sie fressen die Plastiktüten. Ist ihr Magen mit unverdaulichem Plastik gefüllt, sterben die Tiere. Es wird versucht, weniger Plastik zu verwenden und damit auch den Plastikmüll zu reduzieren.

Ökosysteme Gewässer und Stadt

1 Aufbau eines Sees

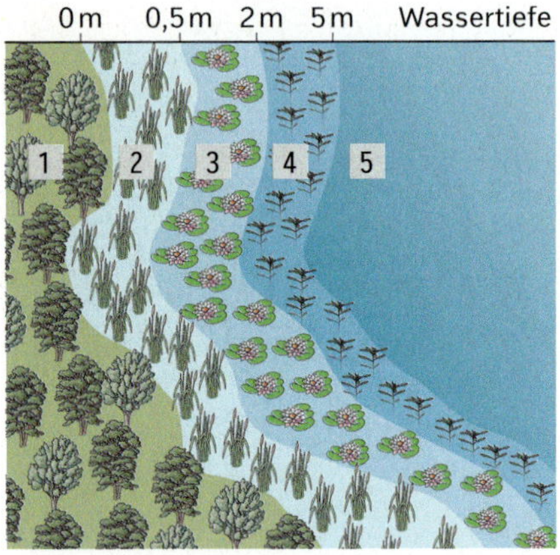

A Benenne die mit Ziffern gekennzeichneten Zonen eines Sees.

B Nenne für jede Zone des Sees eine typische Pflanze.

C Vergleiche die Umweltfaktoren Licht und Sauerstoffgehalt im Wasser in den Zonen B und E.

2 Stoffkreisläufe im See

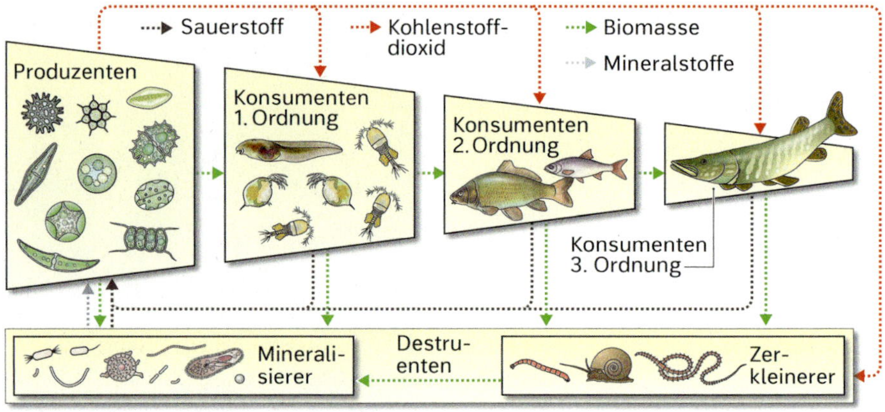

A Beschreibe die Weitergabe von Biomasse in einem See.

B Erkläre die Bedeutung der Produzenten für das Ökosystem See.

C Beschreibe die Bedeutung der Zersetzer und Mineralisierer im Ökosystem See.

D Erkläre, warum auch der Hecht als Konsument 3. Ordnung von den Produzenten im Ökosystem See abhängig ist.

3 Nahrungsbeziehungen in einem See

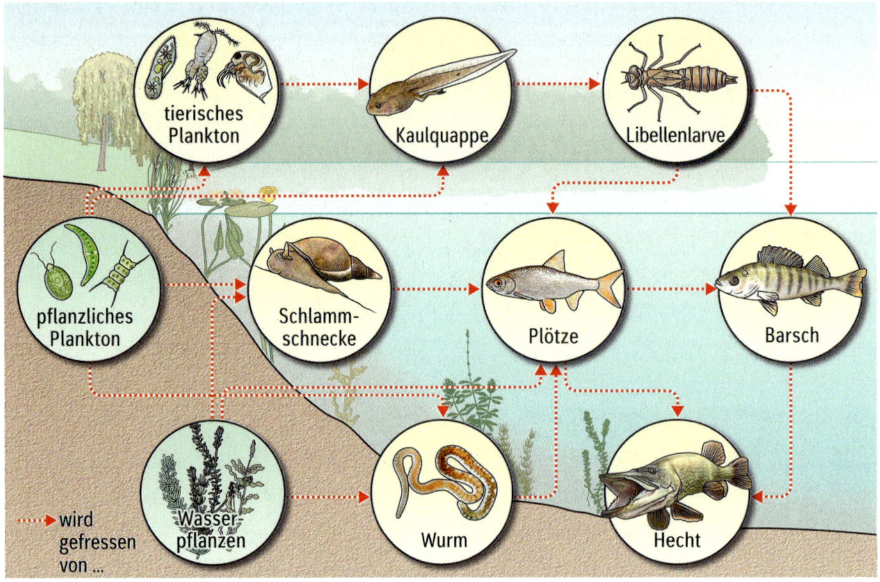

A Ordne den abgebildeten Tieren die Begriffe Produzenten und Konsumenten zu.

B Erstelle mithilfe des Nahrungsnetzes drei möglichst lange Nahrungsketten.

C Begründe, warum grüne Pflanzen und pflanzliches Plankton immer am Anfang einer Nahrungskette stehen.

D Erkläre was passiert, wenn aus einem See plötzlich alle Plötzen verschwunden sind.

E Erläutere die Aussage: „Auch Fleischfresser sind auf grüne Pflanzen angewiesen.“

4 Ökosystem Fluss

A Bringe die dargestellten Ausschnitte eines Fließgewässers in die richtige Reihenfolge.

B Ordne den dargestellten Ausschnitten folgende Begriffe zu: Quellregion, Oberlauf, Mittellauf, Unterlauf, Mündung.

C Nenne für jeden Fließgewässeranschnitt eine vorkommende Fischart.

D Erkläre, warum der Sauerstoffgehalt von der Quellregion zur Mündung immer weiter abnimmt.

E Erkläre, warum in der Mündungsregion Fische vorkommen, die im Brackwasser leben können.

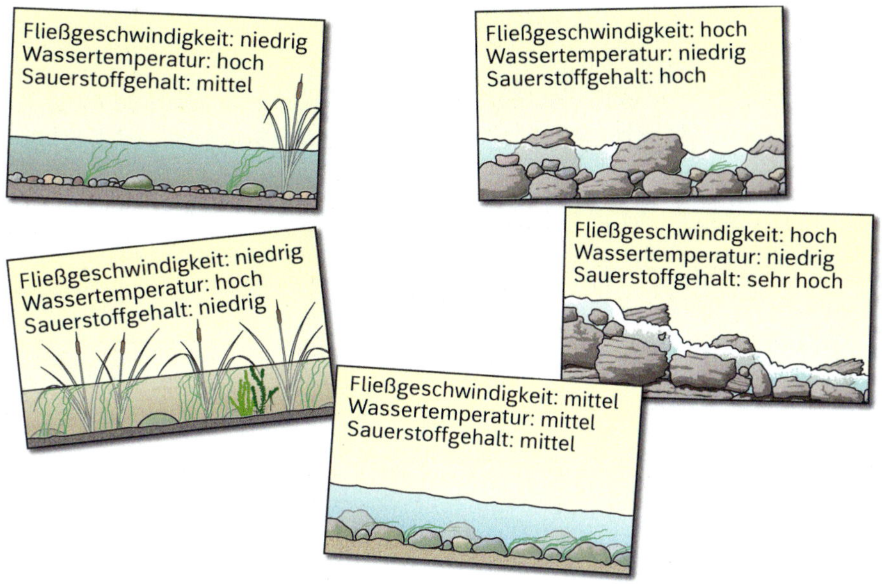

5 Ökosystem Stadt

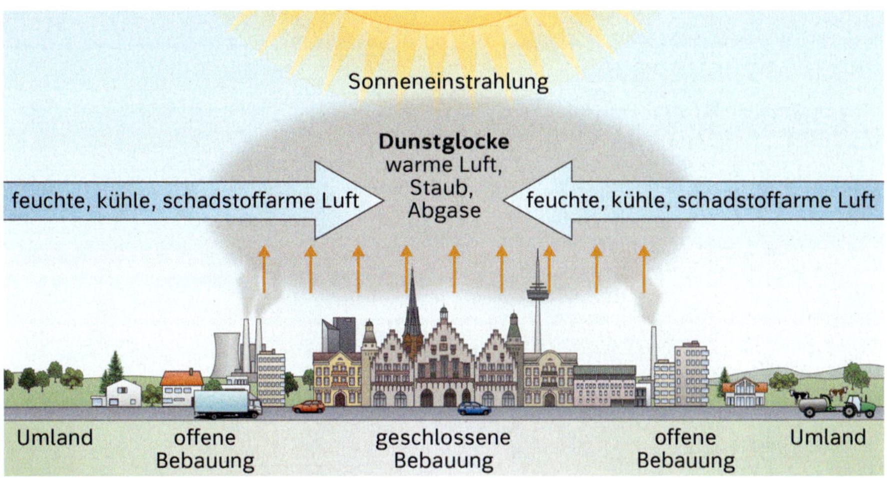

A Beschreibe die Umweltfaktoren in einer Stadt.

B Erkläre, warum sich eine Stadt im Vergleich zu ihrer Umgebung aufwärmt.

C Erkläre, warum man heutzutage bei der Stadtplanung auf das Anlegen von Grünanlagen achtet.

6 Nachhaltigkeit

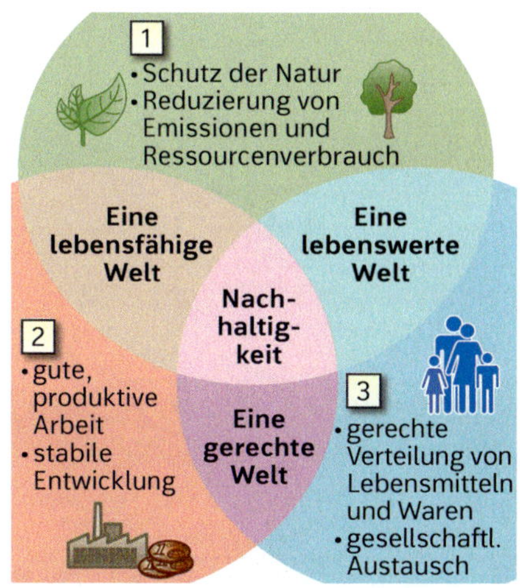

A Orndne im Modell den Ziffern 1-3 die Begriffe Soziales, Umwelt und Wirtschaft zu.

B Erkläre mithilfe des Modells, was man unter Nachhaltigkeit versteht.

Menschen verändern die Umwelt

3

Wie entsteht ein Feuer?
Warum beeinflussen Verbrennungen die Umwelt?
Was ist eine chemische Reaktion?

Das Feuer knistert und knackt laut. Dunkler Rauch steigt auf. Kommt man den Flammen zu nah, wird es unerträglich heiß. Der Mensch verbrennt nicht nur Holz, sondern auch Kohle oder Gas. Diese Verbrennungen beeinflussen die Umwelt.

1 Ein Lagerfeuer

Verbrennungen

Lagerfeuer

Ein Lagerfeuer ist für viele Menschen etwas sehr positives. Beim Camping sorgt es dafür, dass man nicht friert. Man kann mit Hilfe des Feuers auch Nahrung wie Würstchen oder Stockbrot zubereiten. Wenn es dunkel wird, spendet ein Lagerfeuer Licht. Damit alle diese Vorgänge möglich sind, benötigt man Energie.

Fossil kommt vom lateinischen Wort fossilis und bedeutet „ausgegraben".

Energie

Jedes Feuer ist ein Energiewandler. Durch das Feuer wird Energie als thermische Energie und Lichtenergie an die Umgebung abgegeben. Die Energie für den Umwandlungsprozess stammt aus dem **Brennstoff**, dem Holz. Im Holz ist Energie in Form von chemischer Energie gespeichert. Die chemische Energie des Holzes stammt aus der Fotosynthese. Bei der Fotosynthese werden mithilfe des Sonnenlichts energiereiche Stoffe wie Traubenzucker aufgebaut. Diese werden unter anderen zum Wachstum der Pflanzen genutzt.

Andere Brennstoffe wie Kohle, Erdöl und Erdgas die vom Menschen genutzt werden, enthalten auch chemische Energie, die aus der Fotosynthese stammt. Da diese Brennstoffe über viele Millionen Jahre gebildet wurden, werden sie als **fossile Brennstoffe** bezeichnet.

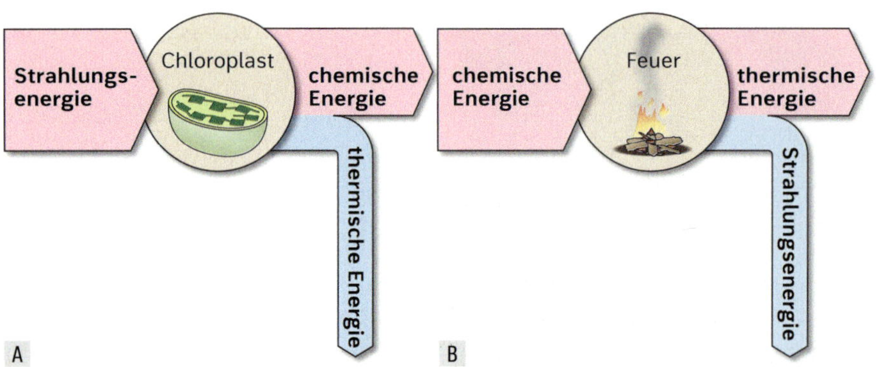

2 Energieflussdiagramm: **A** Fotosynthese, **B** Verbrennung

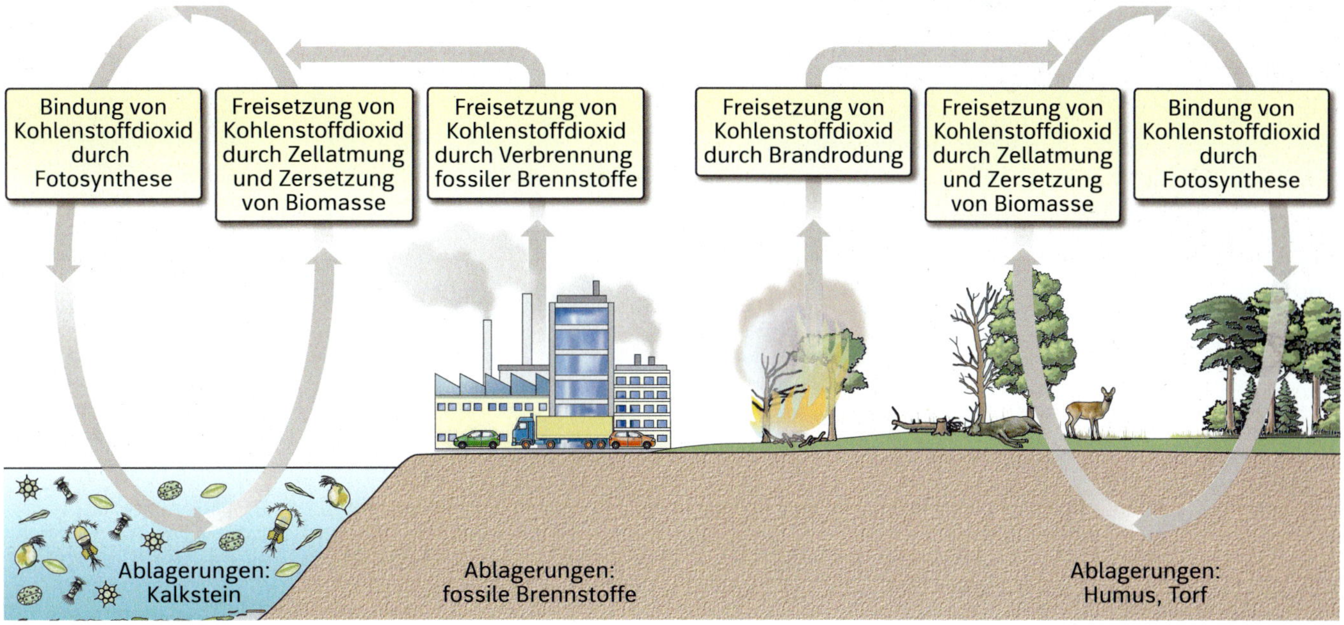

3 Freisetzung und Bindung von Kohlenstoffdioxid

Endstoffe der Verbrennung

Während ein Feuer brennt verändert sich das Holz. Es zerfällt immer mehr und am Ende bleiben unverbrannte Rückstände, die **Asche**, zurück. Während der Verbrennung steigt oft **Rauch** auf. Rauch ist ein heterogenes Stoffgemisch, das aus festen und gasförmigen Stoffen besteht. Bei den festen Bestandteilen handelt es sich um die unverbrannten Rückstände des Holzes. Die gasförmigen Bestandteile des Rauches bestehen überwiegend aus **Kohlenstoffdioxid**.

Kohlenstoffkreislauf

Kohlenstoffdioxid befindet sich nicht nur in der Luft der Atmosphäre. Es ist ebenfalls in Gewässern und Böden eingeschlossen. Atmosphäre, Gewässer und Böden tauschen Kohlenstoffdioxid aus. Das Kohlenstoffdioxid in der Luft wird von Pflanzen aufgenommen und für die Fotosynthese genutzt.

In diesen **Kohlenstoffkreislauf** greift der Mensch durch Verbrennungsvorgänge ein. Die durch Verbrennungen umgewandelte Energie wird zum Beispiel zur Fortbewegung mit Auto, Schiff oder Flugzeug oder zum Betreiben elektrischer Geräte genutzt.

Material mit Aufgaben

M1 Verbrennung einer Kerze

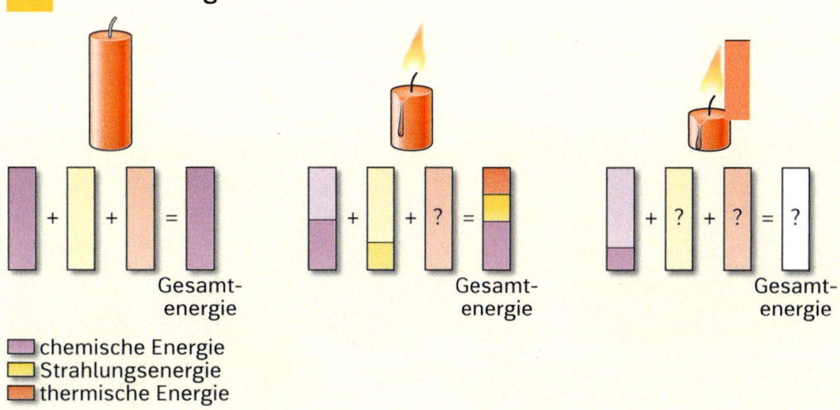

1. Zeichne ein Energieflussdiagramm von der Verbrennung der Kerze.

2. Übertrage das abgebildete Energiekontomodell in dein Heft und vervollständige es.

1 Ein Brand

Voraussetzungen für Verbrennungen

Ein Feuer machen

Wenn man ein Lagerfeuer machen möchte, muss zunächst Holz gesammelt werden. Ein Lagerfeuer lässt sich aber nur mit großen Holzstücken schwer entzünden. Daher legt man zunächst kleine Holzspäne in die Mitte der Feuerstelle und stapelt etwas größere Holzstücke um die Holzspäne herum. Allerdings dürfen die Holzstücke nicht zu eng angeordnet werden. Ein Feuer lässt sich nur entzünden, wenn genügend Luft an die Holzspäne und an das Holz kommt. Meist wird das Feuer mit einem Streichholz oder einem Feuerzeug entzündet.

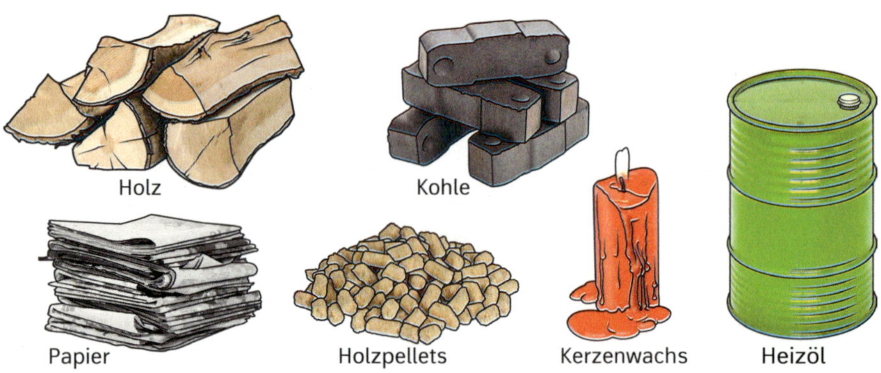

2 Unterschiedliche "Brennstoffe

Brennstoff

Jedes Feuer benötigt einen **Brennstoff**. Beim Lagerfeuer sind dies zum Beispiel Papier und Holz. Wenn das Lagerfeuer brennt, muss immer wieder neues Brennmaterial draufgelegt werden, damit das Feuer nicht erlischt. Bei einer Kerze ist der Brennstoff das Kerzenwachs. Bei einer Heizungsanlage im Haus sind zum Beispiel Erdgas, Heizöl oder auch Holzpellets Brennstoffe.

Sauerstoff

Das Gas **Sauerstoff** ist ein Bestandteil der Luft. Ohne Sauerstoff kann kein Brennstoff brennen. Deswegen lodert ein Feuer auch auf, wenn man hineinbläst.

Zündtemperatur

Damit ein Brennstoff brennt, muss er bis zu seiner **Zündtemperatur** erhitzt werden. Je niedriger die Zündtemperatur ist, desto leichter brennt ein Brennstoff. Jedoch entzünden sich verschiedene Materialien unterschiedlich schnell. Der oft bunt gefärbte Kopf eines Streichholzes entzündet sich bei etwa 60 °C. Holz entzündet sich je nach Art bei Temperaturen zwischen 250 °C und 300 °C. Jedes Material hat seine eigene Zündtemperatur.

Verbrennungsdreieck

Damit ein Feuer entfacht wird, müssen ein Brennstoff und ausreichend Sauerstoff vorhanden sein. Außerdem muss die Zündtemperatur erreicht werden. Diese drei Voraussetzungen kann man in einem **Verbrennungsdreieck** darstellen. Fehlt nur eine Voraussetzung, entsteht kein Brand und auch ein brennendes Feuer erlischt.

A Erläutere die drei Voraussetzungen für ein Feuer.

B Beschreibe, wie man die Brennstoffe eines Lagerfeuers anordnen muss, damit es sich leicht entzünden lässt.

C Erkläre, warum sich ein Streichholz leichter entzünden lässt als ein dünnes Stück Holz.

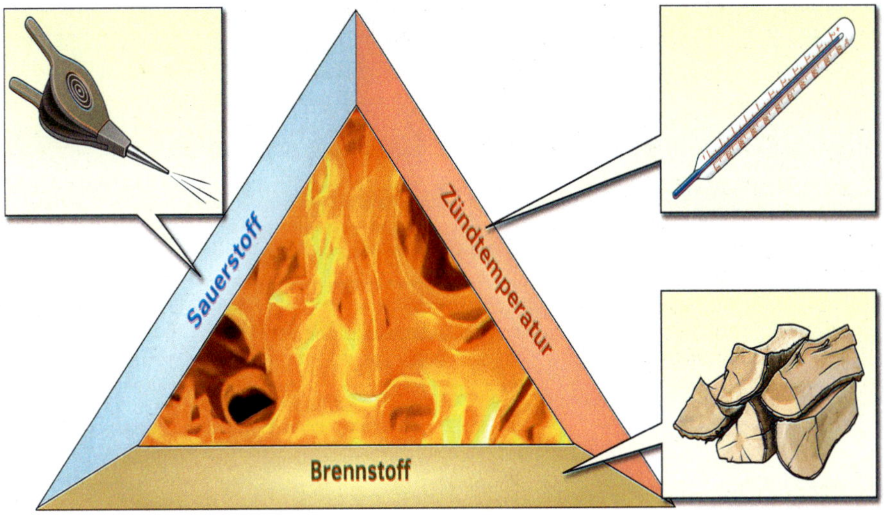

3 Verbrennungsdreieck

Material mit Aufgaben

M1 Luftzufuhr

1. Beschreibe den Versuchsaufbau.
2. Nenne den Brennstoff im abgebildeten Versuch.
3. Entwickle eine Forscherfrage, die mit dem Versuch beantwortet werden soll. +
4. Erkläre, welche der Kerzen A-C als erstes ausgeht und welche am längsten brennt. Erstelle eine Rangfolge. +
5. Stelle Vermutungen an was passiert, wenn in Bild C ein Deckel auf das Rohr gelegt wird.

Nachweisverfahren

1 Glimmspanprobe

Glimmspanprobe

Wenn man einen Holzspan entzündet und ihn anschließend wieder auspustet, glimmt er weiter. Hält man den glimmenden Holzspan nun in eine Gasprobe, die ausschließlich reinen Sauerstoff enthält, flammt der glimmende Holzspan wieder hell auf.

Mit dieser **Glimmspanprobe** lässt sich das Gas Sauerstoff nachweisen. Führt man die Glimmspanprobe mit einer Gasprobe durch, die Kohlenstoffdioxid oder reinen Stickstoff enthält, flammt der glimmende Holzspan nicht auf. Er geht aus.

Nachweisverfahren

Eine Voraussetzung für Verbrennungen ist das Vorhandensein von Sauerstoff. Bei Verbrennungen entsteht das Gas Kohlenstoffdioxid. Gase sind oft geruchslos und farblos. Es gibt aber verschiedene Methoden, mit denen man das Vorhandensein von Gasen nachweisen kann.

Kalkwasserprobe

Leitet man Kohlenstoffdioxid oder ein kohlenstoffdioxidhaltiges Wasser in klares Kalkwasser ein, bildet sich eine weiße Trübung. Diese Nachweisreaktion ist nur für Kohlenstoffdioxid empfindlich, nicht zum Beispiel für Sauerstoff. Mit der Kalkwasserprobe lässt sich auch Kohlenstoffdioxid im Atem nachweisen.

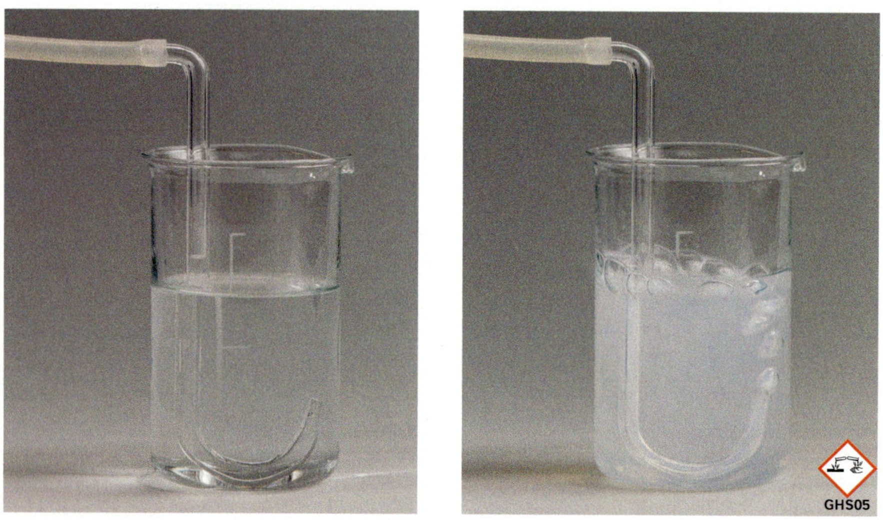

2 Kalkwasserprobe

Nachweis von Wasser

Bei Verbrennungen entsteht auch oft Wasser. Zum Beispiel bei den Verbrennungen von Erdöl und Erdgas. Um Wasser nachzuweisen, kann man Kupfersulfat verwenden. Kommt weißes Kupfersulfat mit Wasser in Berührung, dann färbt es sich türkis. Eine andere Möglichkeit zum Nachweis von Wasser sind Watesmopapiere. Sie verfärben sich blau, wenn sie mit Wasser in Berührung kommen.

A Beschreibe die verschiedenen Nachweisverfahren.

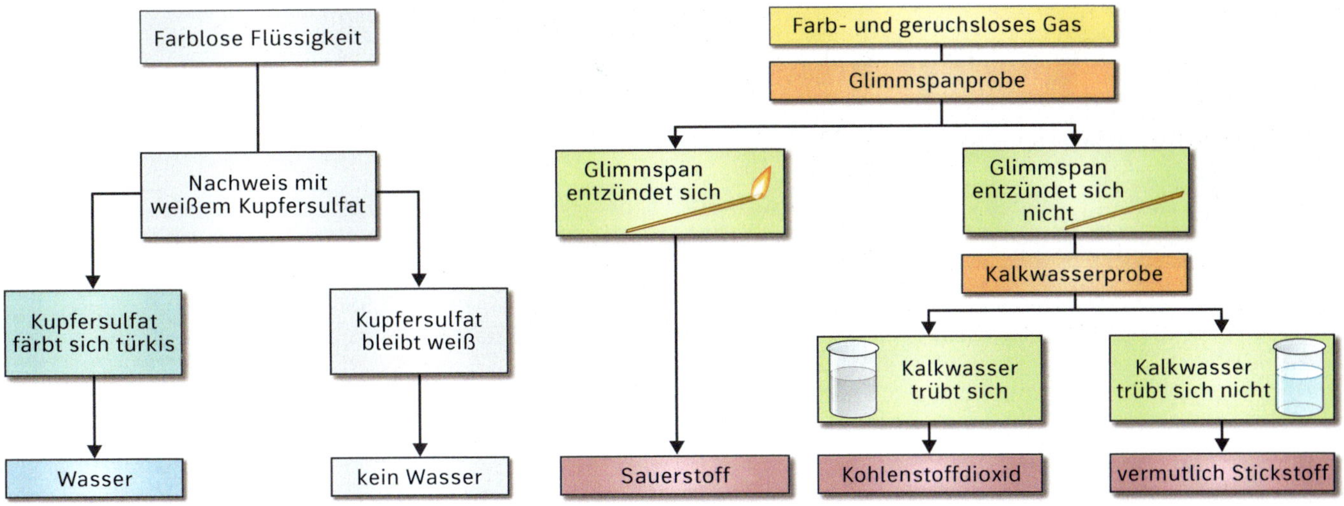

3 Nachweisverfahren

Material mit Aufgaben

P1 Glimmspanprobe

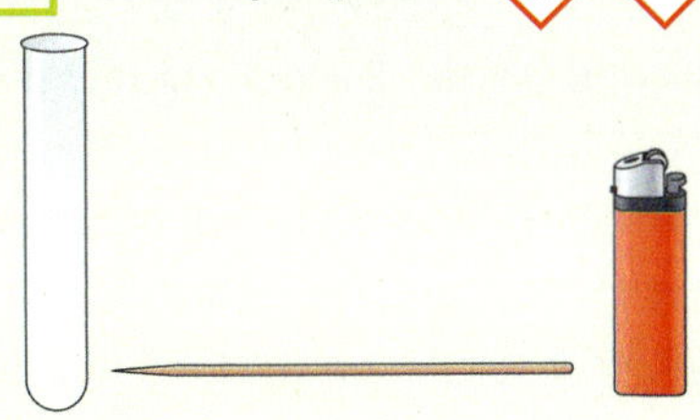

Material: Reagenzglas, Holzspan, Feuerzeug, Sauerstoff

Durchführung: Entzünde mit dem Feuerzeug den Holzspan und blase ihn wieder aus. Halte den noch glühenden Holzspan in das Reagenzglas. Wiederhole den Versuch, aber fülle dieses Mal vorher Sauerstoff in das Reagenzglas.

1. Beschreibe deine Beobachtungen.
2. Formuliere einen Merksatz für diesen Nachweis.

P2 Kalkwasserprobe

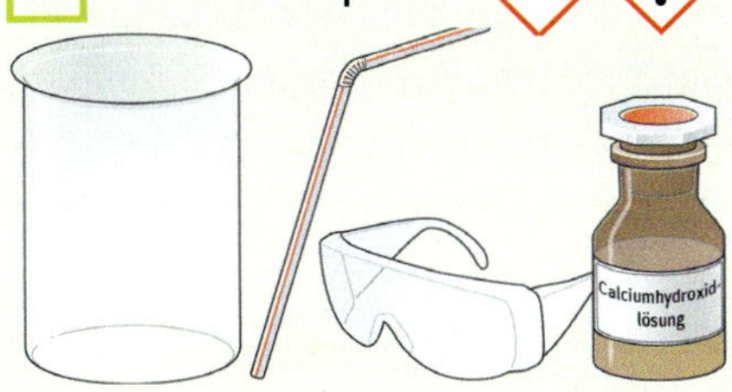

Material: Becherglas, Strohhalm, Schutzbrille, Calciumhydroxidlösung

Durchführung: Das Becherglas wird etwa zur Hälfte mit der Calciumhydroxid-Lösung gefüllt. Durch den Strohhalm wird nun vorsichtig Atemluft in das Kalkwasser geblasen. **Achte darauf nicht durch den Strohhalm einzuatmen. Kalkwasser ist giftig!**

1. Beschreibe deine Beobachtungen.
2. Formuliere einen Merksatz für diesen Nachweis.

P3 Wassernachweis

Material: Schalen, Kupfersulfat, Spatel, Pipette, Wasser

Durchführung: Verteile vorsichtig mit einem Spatel zwei gleich große Mengen des Kupfersulfats auf zwei Schalen. Gib anschließend mithilfe der Pipette ein paar Tropfen Wasser auf das Kupfersulfat in der rechten Schale.

1. Beschreibe deine Beobachtungen.
2. Formuliere einen Merksatz für diesen Nachweis.

1 Ein Feuer wird gelöscht

Projekt

Feuer löschen

Zerteilungsgrad

Bei einem Lagerfeuer kann man nicht einfach die großen Holzstücke anzünden. Ein dickes Holzstück lässt sich nicht so gut entzünden wie kleinere Holzspäne oder ganz feines Holzmehl. Je kleiner der Brennstoff zerteilt ist, desto schneller läuft die Verbrennung ab. Man sagt auch, dass der **Zerteilungsgrad** des Brennstoffs sehr hoch ist. Brennstoffe mit einem hohen Zerteilungsgrad brennen leichter, da durch ihre größere Oberfläche mehr Sauerstoff an das Holz gelangt. Feuerspucker pusten zum Beispiel fein zerteilten Brennstoff in die Luft.

Staubexplosionen

Trockene Stäube aus Mehl, Kohle oder Holz können mit Luft hochexplosive Gemische bilden. Ein kleiner Zündfunke genügt um die Explosion auszulösen. Es kann allerdings erst zu einer Explosion kommen, wenn eine bestimmte Menge Staub in der Luft ist. Der Staub ist gleichmäßig in der Luft verteilt und besitzt eine sehr große Oberfläche. Wenn ein Funke oder eine offene Flamme hinzukommt, können die vielen Staubteilchen schnell verbrennen. Eine **Staubexplosion** ist eine schnelle und heftige Verbrennung.

Material mit Aufgaben

M1 Zerteilungsgrad

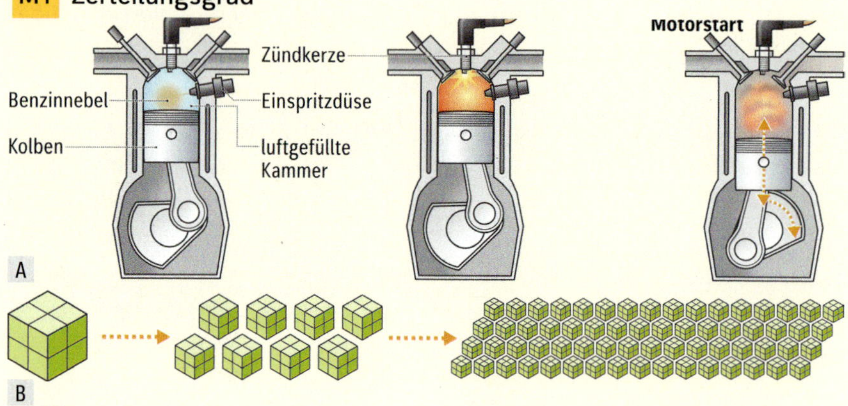

1. Beschreibe den dargestellten Vorgang in Bild A.
2. Erkläre mithilfe von Bild B welchen Vorteil es hat, wenn das Benzin zerstäubt wird.
3. Erkläre, warum ein Auto nicht mehr startet, wenn eine der Zündkerzen kaputt ist.

Feuer löschen

Um ein Feuer zu löschen werden meist zwei oder drei Löschmethoden gleichzeitig angewandt.

Zündtemperatur herabsetzen

Die Feuerwehr setzt bei kleinen Waldbränden Löschflugzeuge ein. Diese werfen Wasser ab. Das Wasser verdampft durch die große Hitze. Dabei nimmt es die Wärme des Feuers auf und kühlt damit den Brennstoff. Wenn er unter seine Zündtemperatur abkühlt, erlischt das Feuer.

Brennstoff entziehen

Große Waldbrände können nicht immer mit Wasser gelöscht werden. Damit sie sich nicht ausbreiten können, werden viele Bäume gefällt. Es werden Brandschneisen angelegt. Das Feuer kann von der einen Seite des Waldes nicht auf die andere Seite übergreifen. Dem Feuer wird der Brennstoff entzogen.

Sauerstoff entziehen

Brennende Fette und Öle dürfen nicht mit Wasser gelöscht werden! Das Wasser zerteilt das Fett in viele kleine Fetttröpfchen. Es kann deswegen zu gefährlichen Stichflammen kommen. In diesen Fällen kann Wasser die Zündtemperatur nicht senken. Es bleibt nur eine Möglichkeit: **Sauerstoff entziehen.** Kleinere Fettbrände werden mit einer Löschdecke oder Löschsand abgedeckt und so erstickt. Die Feuerwehr setzt bei großen Bränden Schaum- und Gaslöscher ein. Diese enthalten das Gas Kohlenstoffdioxid. Dadurch wird der Sauerstoff vom Brandherd verdrängt.

2 Löschen durch: **A** Ersticken, **B** Brennstoff entziehen

Material mit Aufgaben

F

M2 Feuer löschen

1. Beschreibe die Löschmethoden in den Bildern A bis C.
2. Ordne den drei Bildern je eines der drei Verbrennungsdreiecke zu. Erläutere deine Zuordnungen.

Verhalten bei einem Brand

1 Die Feuerwehr im Einsatz

Gefahren des Feuers

Schon ein brennendes Streichholz oder ein weggeworfener Zigarettenstummel kann ein Haus, eine Wohnung oder einen Wald entzünden. Dies kann Menschenleben gefährden. In Deutschland gibt es jedes Jahr etwa 200 000 Brände mit etwa 500 Todesopfern. Oft werden die Brände durch defekte Elektrogeräte ausgelöst. Vor allem die Abgase des Feuers sind gefährlich. Bei einem Brand entstehen Rauchgase. Sie sind so giftig, dass wenige Atemzüge ausreichen, damit man ohnmächtig wird und erstickt.

Bedeutung von Rauchmeldern

Brandexperten der Feuerwehr raten, in Wohnungen **Rauchmelder** einzubauen. Bei einem Wohnungsbrand bleiben nur wenige Minuten Zeit, die Wohnung zu verlassen und so das eigene Leben zu retten. Ein Rauchmelder gibt bei einem Brand einen schrillen Alarmton ab, sodass man auch im Schlaf geweckt wird. Danach sollte man schnellstmöglich die Wohnung verlassen und sich geduckt in Bodennähe unter dem aufsteigenden Rauch bewegen. Ist die Rauchentwicklung sehr stark, sollte man sich ein nasses Handtuch vor die Nase und den Mund halten. So können giftige Bestandteile des Rauchs etwas zurückgehalten werden.

Aufbau von Rauchmeldern

Im Inneren eines Rauchmelders befinden sich ein Leuchtmittel und ein Fotoelement. Das Leuchtmittel sendet ständig Lichtstrahlen aus, die im Normalfall nicht auf das Fotoelement treffen. Bei einem Brand gelangt Rauch in den Rauchmelder. Treffen die Lichtstrahlen auf den Rauch, werden sie abgelenkt. Das Licht wird gestreut. Manche Lichtstrahlen treffen nun auf das Fotoelement. Dadurch wird der Alarmton ausgelöst.

Material mit Aufgaben

M1 Rauchmelder

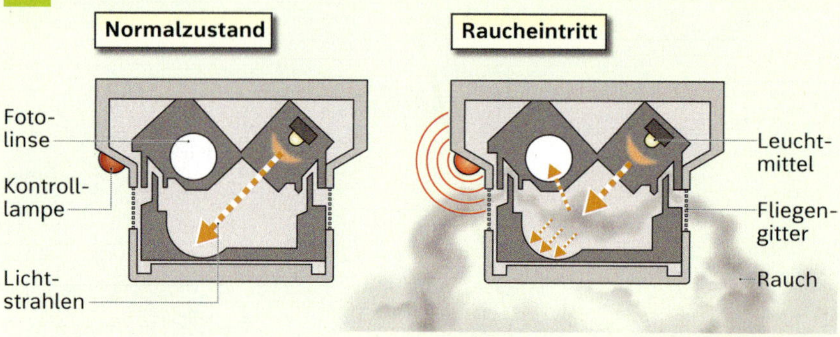

1. Beschreibe die Funktionsweise eines Rauchmelders.
2. Erkläre, warum das Anbringen von Rauchmeldern sinnvoll ist.
3. Erkläre, weshalb bei einem Rauchmelder ein Fliegengitter eingebaut ist.

Feuermelder:	Bei einem Brand sofort den Feuermelder betätigen.
Notruf:	Bei einem Brand muss so schnell wie möglich die Feuerwehr benachrichtigt werden: 1. Wähle die Telefonnummer 112 2. Melde dich mit deinem Namen 3. Nenne den Ort wo es brennt 4. Erzähle kurz, was passiert ist 5. Befolge die Hinweise der Feuerwehr
Feuerlöscher:	Bei kleinen Bränden kann mit einem geeigneten Löschmittel ein Löschversuch unternommen werden. Hinweisschilder sagen einem, wo sich Feuerlöscher oder Löschdecken befinden. Kann der Brand nicht gelöscht werden, muss der Brandort sofort verlassen werden. Wenn möglich, die Fenster und Türen schließen.
Fluchtweg:	Verlasse das Gebäude über die gekennzeichneten Fluchtwege. Ist der Fluchtweg verqualmt, gehe tief gebückt. Der Rauch ist am Boden nicht so dicht. Halte wenn möglich ein Tuch vor Mund und Nase. Benutze auf dem Weg nach draußen keine Aufzüge.
Sammelstelle:	Suche nach dem Verlassen des Gebäudes unverzüglich eine Sammelstelle auf.

2 Verhalten bei einem Brand

F

Verhalten bei einem Brand

Wenn es in deiner Schule brennt, gibt es bestimmte Regeln die eingehalten werden müssen. Jede Schülerin und jeder Schüler sollte über Fluchtwege, Feuermelder und Löschmittel informiert sein. Es ist wichtig, sich damit vertraut zu machen.

Brände meldet man umgehend bei der Feuerwehr, Telefon **112.** Den Brandort sollte man sofort verlassen. Rauchgase sind sehr gefährlich.

A Beschreibe die Bedeutung von Rauchmeldern in Wohnungen und Häusern.

B Beschreibe das Verhalten bei einem Brand in der Schule mithilfe von Bild 2.

C Erkläre, warum man verrauchte Räume nur gebückt durchqueren sollte.

D Erkläre, welche Punkte man bei der Brandmeldung für die Feuerwehr beachten sollte.

1 Wald nach einem Brand

Projekt

Folgen von Verbrennungen

Rodung: Das Entfernen von Bäumen.

Waldbrände

Oft wird in den sehr warmen Sommermonaten immer wieder über Waldbrände berichtet. Die Ursachen für Waldbrände sind vielfältig. Sie können entstehen, wenn es sehr heiß ist und sich trockenes Material entzündet. Sie entstehen auch durch Achtlosigkeit, wenn beispielsweise glimmende Zigarettenstummel einfach weggeworfen werden und auf brennbaren Stoffen landen. Manche Waldbrände werden auch absichtlich verursacht. Durch **Brandrodung** werden Wälder abgebrannt, um Anbauflächen für andere Pflanzen zu gewinnen. In Südamerika werden auf diese Weise sehr große Flächen des Regenwaldes zerstört. Die abgebrannten Flächen werden dann zum Beipiel als Anbauflächen für Soja genutzt.

Folgen von Waldbränden

Bei einem Waldbrand werden viele unterschiedliche Stoffe verbrannt. Dabei entstehen verschiedene Gase und auch kleine Feststoffe wie Ruß und Asche. Der Rauch ist sehr schädlich für die Lungen von Tieren und Menschen. Er kann zu Vergiftungen und Verätzungen führen und steht im Verdacht krebserregend zu sein. Die Folgen von Waldbränden betreffen aber nicht nur die Luft. Durch Waldbrände werden Lebensräume zerstört. Dadurch wird stark in das jeweilige Ökosystem eingegriffen. Die Folge könnte sein, dass Tier- und Pflanzenarten aussterben. Darüber hinaus wird auch in den Kohlenstoffkreislauf eingegriffen. Das bei der Verbrennung zusätzlich entstehende Kohlenstoffdioxid wird nur teilweise von den Pflanzen wieder aufgenommen.

Natürlicher Treibhauseffekt

Scheint die Sonne auf den Erdboden, erwärmt sie ihn. Die vom warmen Erdboden abgegebene Wärmestrahlung wird in Richtung Weltraum zurückgeworfen. Nicht die gesamte Strahlung gelangt ungehindert in den Weltraum, sondern wird von den Wolken und der Atmosphäre zurückgehalten. In der Atmosphäre sind zusätzlich Gase enthalten, die die Wärmestrahlung aufnehmen. Zu diesen Gasen gehört unter anderen Kohlenstoffdioxid, Methan und Wasserdampf. Man nennt diese Gase **Treibhausgase**. Sie sorgen für eine Erwärmung der Luft. Diesen Vorgang nennt man den **natürlichen Treibhauseffekt.**

Anthropogener Treibhauseffekt

Durch menschliche Aktivitäten werden zusätzliche Mengen von Treibhausgasen in die Atmosphäre abgegeben. Durch die Förderung und Verbrennung von Kohle und Erdgas werden große Mengen Kohlenstoffdioxid freigesetzt. Die Freisetzung von Treibhausgasen nennt man **Emission**. Durch den steigenden Wohlstand auf der Erde muss immer mehr Energie bereitgestellt werden, um den Lebensstil der wachsenden Bevölkerung zu erhalten. Für die Bereitstellung von einem großen Teil der Energie, werden sehr tiefe Löcher für die Förderung von Erdgas und Erdöl in die Erde gebohrt. Durch die Gewinnung dieser Rohstoffe werden große Mengen an Treibhausgasen freigesetzt, die vorher im Boden gespeichert waren. Diese zusätzlichen Emissionen führen zu einer Erwärmung der Atmosphäre. Man bezeichnet dies als **anthropogenen Treibhauseffekt**.

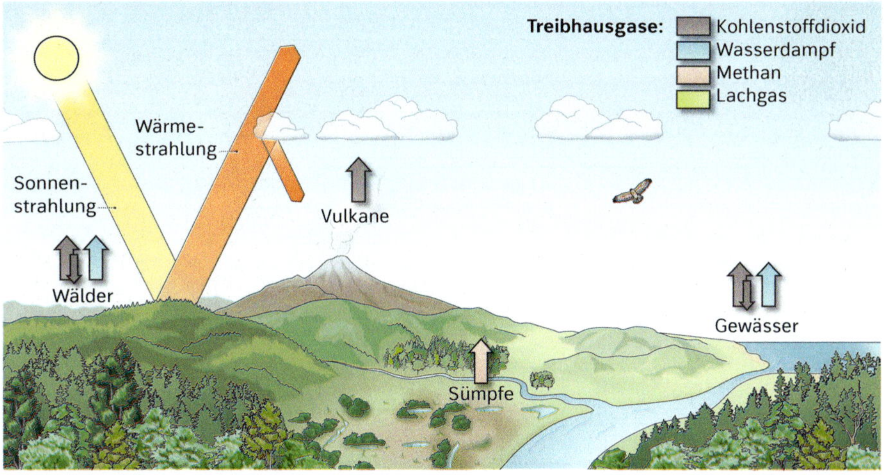

2 Natürlicher Treibhauseffekt

Material mit Aufgaben

M1 Anthropogener Treibhauseffekt

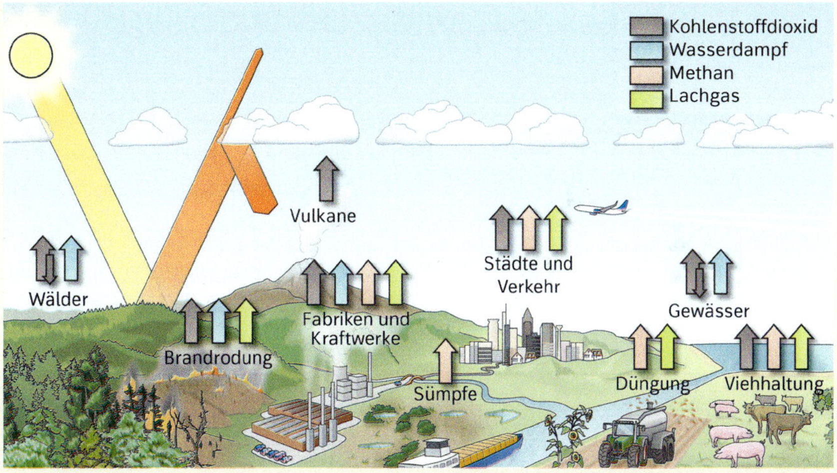

1. Beschreibe, wie der Mensch zusätzlich Treibhausgase freisetzt.
2. Erkläre mithilfe des Bildes, wie der Mensch den natürlichen Treibhauseffekt der Erde noch zusätzlich verstärkt.
3. Pflanzen können Kohlenstoff binden. Begründe, warum das Roden der Wälder zu einem Anstieg von Treibhausgas-Emissionen führt.
4. Entwickle Maßnahmen, wie der Mensch seine Emissionen an Treibhausgasen reduzieren kann.

1 Grillen im Garten

Chemische Reaktionen

Chemische Reaktion

Beim Grillen verwendet man häufig Grillkohle. Diese besteht hauptsächlich aus Kohlenstoff. Die Verbrennung von Grillkohle benötigt neben einer ausreichend hohen Zündtemperatur auch den Sauerstoff aus der Luft. Mit der Zeit verschwindet die Grillkohle. Es entsteht bei dieser Verbrennung das Gas Kohlenstoffdioxid. Die Asche, die im Grill übrig bleibt, besteht aus Stoffen die nicht weiter verbrannt werden können. Aus der Kohle und dem Sauerstoff sind bei der Verbrennung neue Stoffe mit neuen Stoffeigenschaften entstanden. Entstehen bei einem Vorgang neue Stoffe, dann spricht man von einer **chemischen Reaktion**. Stoffe, die vor einer chemischen Reaktion vorliegen, nennt man Ausgangsstoffe oder **Edukte**. Die Stoffe, die während einer Reaktion neu entstehen, nennt man Reaktionsprodukte oder einfach nur **Produkte**. Ein Produkt einer Verbrennung mit Sauerstoff bezeichnet man allgemein als **Oxid**. Die Edukte und Produkte unterscheiden sich in ihren Stoffeigenschaften.

A

B

2 Chemische Reaktion: **A** Grillkohle (Edukt) verbrennt, **B** Asche

Darstellung von Reaktionen

Um chemische Reaktionen darzustellen, gibt es verschiedene Möglichkeiten. Am einfachsten ist es zuerst Reaktion in einem Satz zu beschreiben: Der Kohlenstoff der Grillkohle reagiert mit dem Sauerstoff der Luft zu Kohlenstoffdioxid. Möchte man sich kürzer fassen, kann man chemische Reaktionen mithilfe einer Wortgleichung darstellen. Der Pfeil in der Wortgleichung bedeutet: reagiert zu.

Kohlenstoff + Sauerstoff → Kohlenstoffdioxid

Bei der Verbrennung von Grillkohle bleibt Asche im Grill zurück. Diese ist kein Teil der chemischen Reaktion und wird deshalb nicht in der Wortgleichung mit aufgeführt.

Physikalische Vorgänge

Wenn Eis erwärmt wird, schmilzt es zu Wasser. Wird das flüssige Wasser weiter erhitzt, verdampft es. Bei diesen Vorgängen ändert sich nur der Aggregatzustand des Wassers. Es handelt sich aber um den gleichen Stoff. Das Wasser ändert nur seine Form.
Der Wechsel des Aggregatzustands ist keine chemische Reaktion, sondern ein **physikalischer Vorgang**. Es entsteht beim Wechsel des Aggregatzustands kein neuer Stoff, der neue Eigenschaften besitzt. ▶

A Beschreibe den Unterschied zwischen einer chemischen Reaktion und einem physikalischen Vorgang.

Material mit Aufgaben

M1 Chemische Reaktion?

1. Beschreibe die abgebildeten Vorgänge.
2. Erkläre, bei welchem Vorgang es sich um eine chemische Reaktion handelt. ⊞
3. Niklas behauptet: „Das Wasser reagiert beim Erhitzen zu Wasserdampf." Nimm Stellung zu seiner Aussage.

M2 Stoffumwandlung im Labor

	Edukt: Eisen	Edukt: Schwefel	Produkt: Eisensulfid
Farbe	grau	gelb	schwarz
Dichte	7,86 g/cm³	2,07 g/cm³	4,84 g/cm³
Schmelztemperatur	1535 °C	113 °C	1195 °C

1. Erkläre mithilfe der Tabelle, dass eine chemische Reaktion stattgefunden hat. ⊞
2. Erstelle für die chemische Reaktion eine Wortgleichung.

M3 Kerze

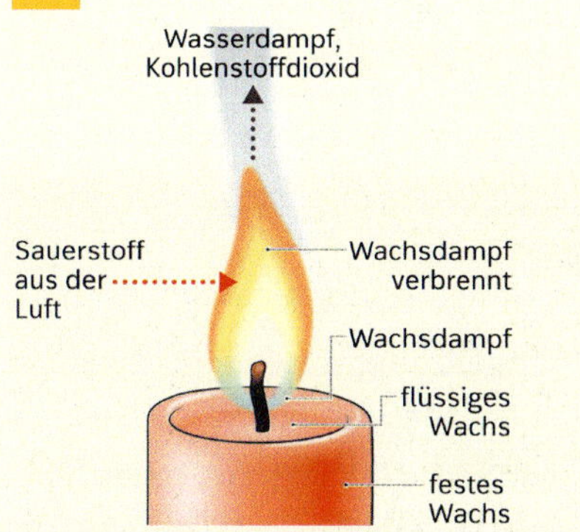

1. Beschreibe physikalische Vorgänge und chemische Reaktionen, die an einer Kerze stattfinden. ⊞
2. Erstelle für die chemische Reaktion eine Wortgleichung.

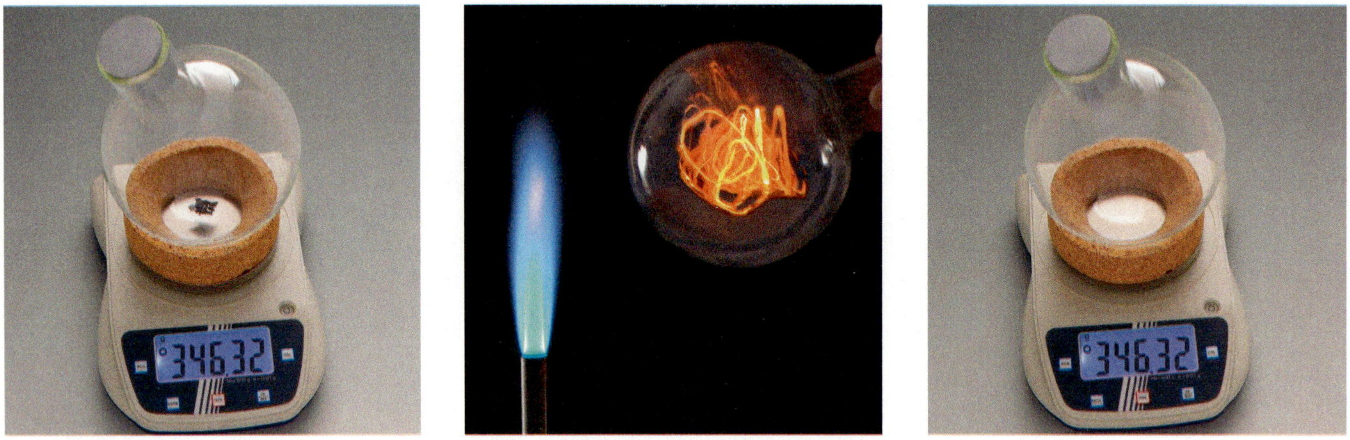

3 Verbrennung von Kohlenstoff

Boyle-Versuch

Im Boyle-Versuch wird **Kohlenstoff** mit reinem Sauerstoff verbrannt. Dazu werden beide Stoffe in einen Glaskolben gegeben, welcher verschlossen wird. Der verschlossene Glaskolben wir zuerst gewogen. Danach verglüht man den Kohlenstoff vollständig über einer Brennerflamme. Nach der Durchführung des Versuches sieht man, dass der feste Kohlenstoff verschwunden ist. Wiegt man den Glaskolben erneut, stellt man fest, dass seine **Masse** gleich geblieben ist. Bei der chemischen Reaktion von Kohlenstoff und Sauerstoff, ist ein farbloser, gasförmiger Stoff entstanden. Es handelt sich um **Kohlenstoffdioxid**.

Massenerhaltung

Im Boyle-Versuch hat sich die Gesamtmasse nicht verändert. Genau wie die Energie nicht verschwinden kann, bleibt auch die Masse bei chemischen Reaktionen erhalten. Man spricht dann von **Massenerhaltung**. Wenn vorher mehr sichtbare Stoffe vorliegen als hinterher, sind keine Stoffe verschwunden. Sie wurden umgewandelt und an die Umgebung abgegeben. Oft geschieht dies in Form von Gasen. Zum Beispiel bleibt bei der Verbrennung von Holz mit Sauerstoff ein Teil der Masse in Form von Asche zurück, ein anderer Teil steigt als gasförmiges Kohlenstoffdioxid auf. Die Gesamtmasse bleibt aber immer gleich.

Material mit Aufgaben

P4 Boyle-Versuch

Material: Reagenzglas, Reagenzglashalter, Luftballon, Gasbrenner, Waage, Holzkohle

Durchführung: Lege die Holzkohle in das Reagenzglas und verschließe es mit einem Luftballon. Wiege das Reagenzglas. Erhitze dann den Aufbau, bis die Holzkohle verkohlt. Wiege das Reagenzglas erneut.

1. Beschreibe deine Versuchsbeobachtungen.
2. Erkläre deine Versuchsbeobachtungen. +
3. Stelle Vermutungen an, welches Gas beim Erhitzen entsteht.

Benennung der Produkte

Die Namen der Produkte bei chemischen Reaktionen setzten sich in der Regel aus den Namen der Edukte zusammen. Zunächst wird der Name des ersten Eduktes genannt und dann der lateinische oder griechische Ursprungsname des Reaktionspartners angehängt. Ist der Reaktionspartner Schwefel, so wird ein -**sulfid** angehängt. Bei Sauerstoff ein -**oxid** und bei Chlor und Iod ein -**id**. Beispielsweise entsteht aus Kupfer und Sauerstoff Kupferoxid.

Verbrennungen im Alltag

Neben dem Einsatz als Grillkohle wird Kohle vor allem genutzt, um die darin enthaltene chemische Energie durch Verbrennung in elektrische Energie umzuwandeln. Aus dem gleichen Grund werden in großem Umfang Erdöl und Erdgas verbrannt. Diese Stoffe sind sehr energiereich. Sie haben sich über viele Millionen Jahre gebildet. Die chemische Energie dieser Stoffe kann auch in Bewegungsenergie für Flugzeuge oder thermische Energie für Heizkessel umgewandelt werden. Erdöl besteht aus sehr vielen Bestandteilen. Aus diesem Grund entsteht bei der Verbrennung nicht nur Kohlenstoffdioxid. Es bleibt wie bei der Verbrennung von Holz auch ein schwarzer Stoff zurück. Auf Bohrinseln wird das Erdöl aus der Erde gefördert. Das dabei mitgeförderte Erdgas wird meistens verbrannt. Erdgas besteht hauptsächlich aus Methan.

B Beschreibe die Benennung der Produkte von chemischen Reaktionen mit eigenen Worten.

Material mit Aufgaben

M5 Entstehung von Produkten

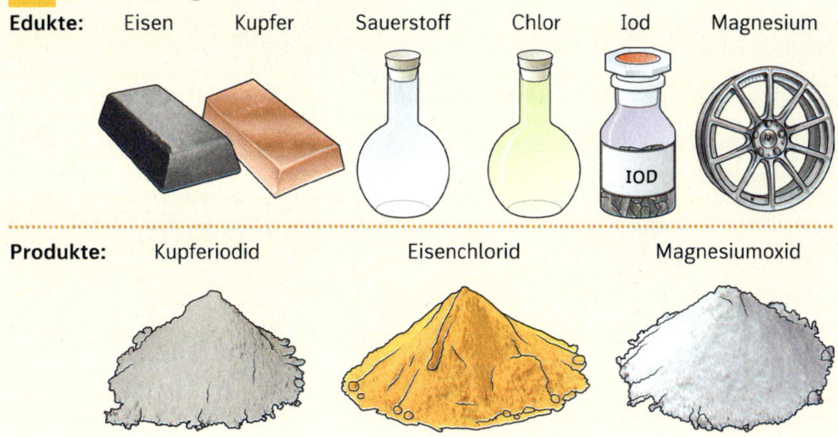

1. Ordne jedem der Produkte die passenden zwei Edukte zu.
2. Stelle für jedes Produkt die passende Wortgleichung auf.
3. Rost entsteht, wenn Eisen mit Sauerstoff reagiert. Stelle die Wortgleichung für diese chemische Reaktion auf.

M6 Verbrennung von Methan

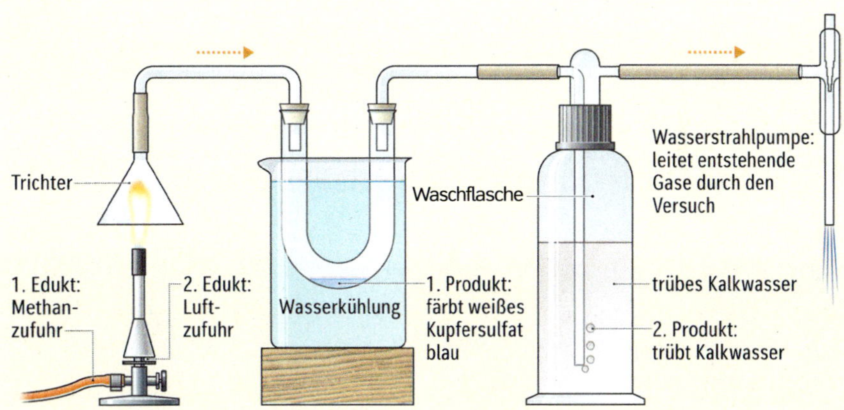

1. Beschreibe den dargestellten Versuchsaufbau.
2. Nenne den Brennstoff für diesen Versuch.
3. Beschreibe, welche Produkte bei dieser Verbrennung entstehen.
4. Erstelle eine Wortgleichung für die chemische Reaktion in diesem Versuch.
5. Stelle Vermutungen an, warum man in dem dargestellten Versuch zur Verbrennung von Methan eine Wasserkühlung benötigt.

1 Reaktion von Eisen und Schwefel.

Atommodell nach Dalton

Elemente und Verbindungen

Reagiert Eisen mit Schwefel, dann entsteht Eisensulfid. Erhitzt man das Eisensulfid sehr stark, dann kann man es wieder in Eisen und Schwefel zerlegen. Erhitzt man nach der Zerlegung das Eisen und den Schwefel weiter, lassen sich die beiden Stoffe aber nicht in andere Stoffe zerlegen. Stoffe, die sich chemisch nicht zerlegen lassen, nennt man **chemische Elemente**. Stoffe wie Eisensulfid, die sich durch chemische Reaktion wieder in chemische Elemente zerlegen lassen, bezeichnet man als **chemische Verbindungen**.

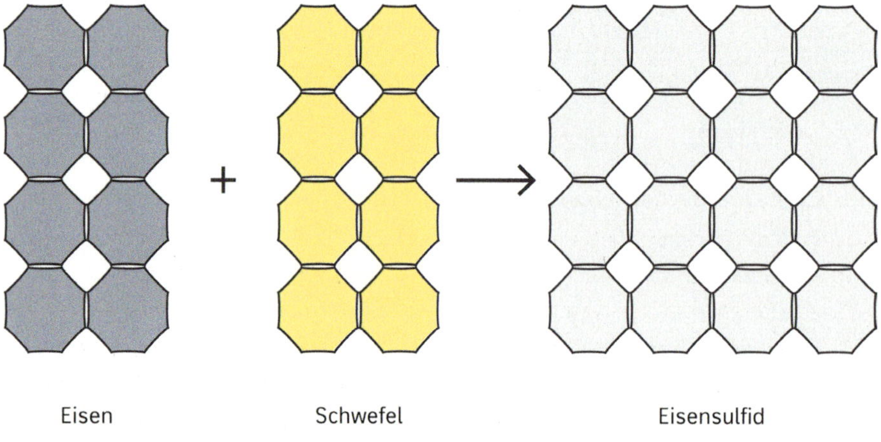

2 Entstehung von Eisensulfid im Teilchenmodell

Teilchenmodell

Betrachtet man die chemische Reaktion von Eisen und Schwefel im Teilchenmodell, dann besteht Eisen aus Eisenteilchen und Schwefel aus Schwefelteilchen. Reagieren die beiden Stoffe zu Eisensulfid, dann besteht dieses aus Eisensulfidteilchen. Dieses kann man wieder in Eisenteilchen und Schwefelteilchen zerlegen. Mithilfe des Teilchenmodells lässt sich aber nicht erklären, warum sich Eisenteilchen und Schwefelteilchen nicht weiter umwandeln.

Atommodell

Um chemische Reaktionen mit einem Modell erklären zu können, benutzt man ein **Atommodell**. Nach dem Atommodell vom Naturwissenschaftler John Dalton, bestehen alle Stoffe aus kleinen, nicht weiter teilbaren Bausteinen. Diese Bausteine werden als **Atome** bezeichnet. Alle Atome eines Stoffes sind gleich schwer und gleich groß. Ein chemisches Element besteht immer nur aus einer Sorte von Atomen. Eisen besteht nur aus Eisenatomen und Schwefel nur aus Schwefelatomen. Man kann Atome nicht erzeugen, vernichten und oder in andere Atome umwandeln. Die Atome eines chemischen Elements haben alle eine feste Ordnung.

Chemische Reaktion im Modell

Betrachtet man die chemische Reaktion von Eisen und Schwefel im Atommodell nsch Dalton, dann werden die Eisenatome und Schwefelatome aus ihrer festen Ordnung gelöst. Beide Atomsorten ordnen sich während der chemischen Reaktion neu an. Es entsteht Eisensulfid als ein neuer Stoff. Eisensulfid hat eine eigene Anordnung von Eisen- und Schwefelatomen. Durch starkes Erhitzen kann man das Eisensulfid wieder in Eisen und Schwefel zerlegen. Durch das Erhitzen werden die Eisen- und Schwefelatome aus ihrer Anordnung gelöst. So bleiben die Eisenatome und Schwefelatome als einzelne Stoffe übrig. Die chemische Reaktion wurde umgekehrt.

A Beschreibe den Unterschied zwischen chemischen Elementen und chemischen Verbindungen.

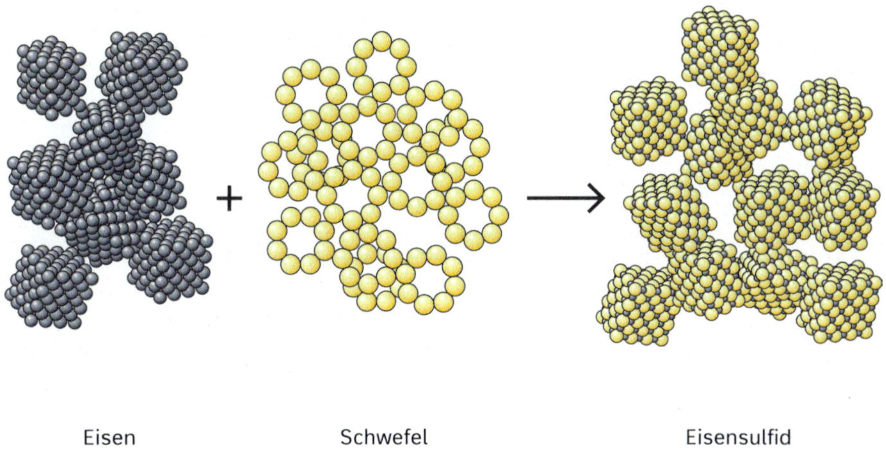

3 Entstehung von Eisensulfid im Atommodell

Material mit Aufgaben

M1 Reaktionen im Modell

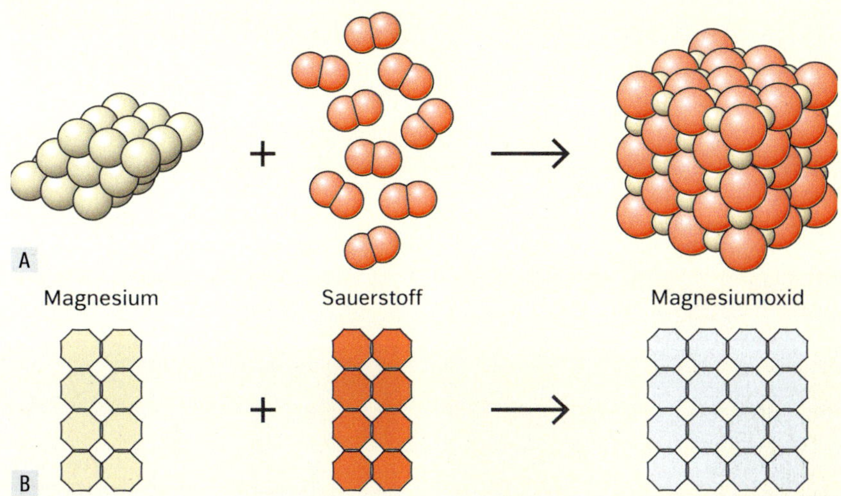

1. Beschreibe die in den Modellen A und B dargestellte chemische Reaktion.
2. Benenne die chemischen Elemente und die chemische Verbindung der dargestellten chemischen Reaktion.
3. Ordne den Modellen A und B die Begriffe Teilchenmodell und Atommodell zu. Begründe.
4. Erkläre, warum sich die Umkehrbarkeit von chemischen Reaktionen nicht mit dem Teilchenmodell veranschaulichen lässt.

1 Ein Feuerwerk

Metalle verbrennen

Feuerwerk

Ein Feuerwerk erhellt mit vielen verschiedenen Lichteffekten den Nachthimmel. Die Ursache für die vielen Lichteffekte sind verschiedene Metalle. Magnesium sorgt im Feuerwerk für besonders leuchtend weiße Strahlen und Eisen erzeugt goldene Funken. Für die Lichteffekte von Wunderkerzen wird das Metall Magnesium verbrannt. Bei einem Feuerwerk und Wunderkerzen werden neben den verschiedenen Metallen noch andere, leicht brennbare Stoffe verwendet. Sie sorgen für die nötige Temperatur und weitere Farbeffekte.

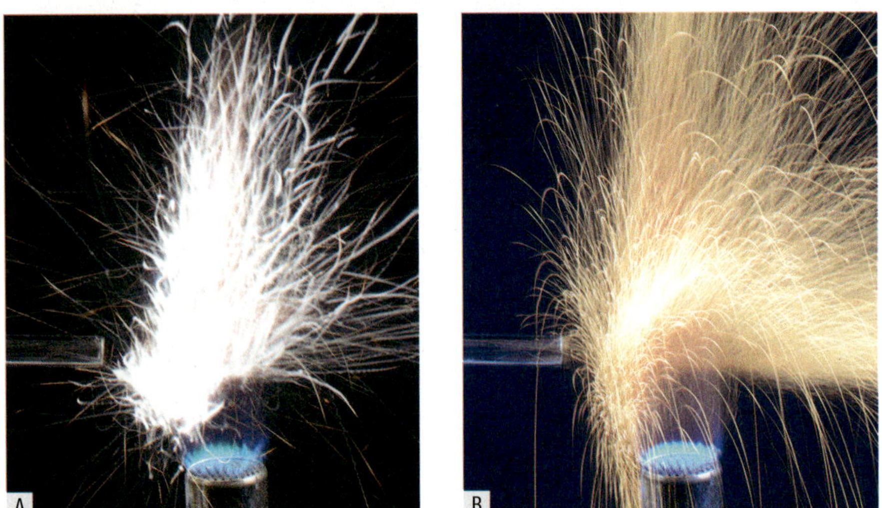

2 Verbrennung von: **A** Magnesiumpulver, **B** Eisenpulver

F

Verbrennung von Metallen

Wie alle Verbrennungen ist auch das Verbrennen von Metallen eine chemische Reaktion. Das Metall reagiert mit dem Sauerstoff der Luft. Metalle verbrennen aber nur unter bestimmten Bedingungen. Hält man einen Eisennagel an ein Feuerzeug, fängt dieser nicht sofort Feuer. Metalle fangen nur an, unter sehr hohen Temperaturen oder bei einer sehr feinen Zerteilung als Pulver zu verbrennen. Bei der Verbrennung von Metallen entsteht immer ein Feststoff, ein **Oxid**. Daher bezeichnet man diese chemische Reaktion als **Oxidbildungsreaktion**.

Rost

Das häufigste Oxid einer Reaktion von Metall und Sauerstoff im Alltag ist das **Eisenoxid**. Eisenoxid hat eine rötlichbraune Färbung und liegt als **Rost** auf sehr vielen eisenhaltigen Bauteilen. Der Rost entsteht durch die Reaktion des Eisens mit dem Sauerstoff der Luft. Dieser Vorgang läuft aufgrund der geringen Temperatur der Umgebung sehr langsam ab. Dadurch kommt es erst im Laufe der Jahre zu einer starken Rostbildung an Eisenteilen.

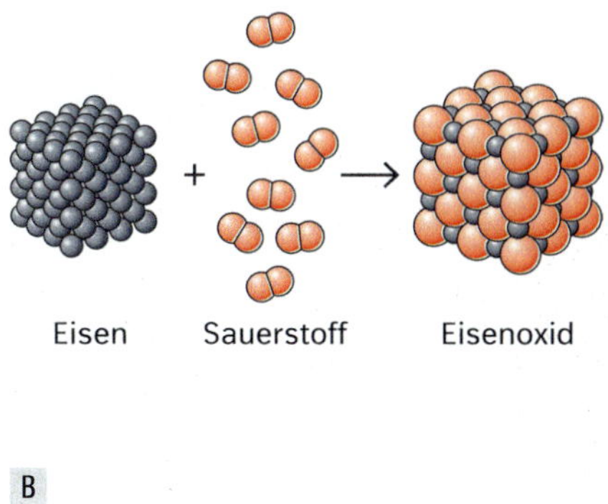

3 Rost: **A** Foto, **B** Entstehung von Eisenoxid im Atommodell

Verbrennung im Modell

Betrachtet man die Reaktion von Eisen und Sauerstoff im Atommodell, wird deutlich, dass alle chemischen Elemente die an der Reaktion beteiligt sind, neu angeordnet werden. Es entstehen keine neuen Atome und es gehen auch keine Atome verloren. Da jedes Atom eine bestimmte Masse hat, bleibt auch die Gesamtmasse in chemischen Reaktionen insgesamt gleich groß. Bei der Verbrennung von Eisen reagieren die Eisenatome mit den Sauerstoffatomen der Luft. Vor der Reaktion waren die Eisenatome und Sauerstoffatome noch getrennt. Nach der chemischen Reaktion liegen die einzelnen Atome jetzt in einer Verbindung vor, dem Eisenoxid.

A Beschreibe, wie die Funken und weißen Effekte beim Feuerwerk entstehen.

B Erkläre, warum ein Eisennagel nicht anfängt zu brennen, wenn man ihn in ein Feuerzeug hält.

C Erkläre mithilfe von Bild 3B die Entstehung von Rost.

Material mit Aufgaben

M1 Verbrennung von Eisenwolle

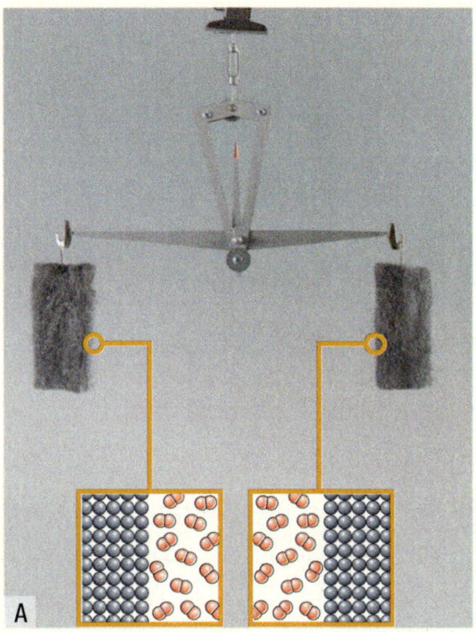

1. Beschreibe den Versuchsaufbau und die Ergebnisse des Versuchs.
2. Erstelle eine Wortgleichung für die chemische Reaktion.
3. Erkläre mithilfe des Atommodells, was beim Anzünden der Eisenwolle geschieht.
4. Erkläre mithilfe des Atommodells die Ergebnisse des dargestellten Versuchs.
5. Stelle Vermutungen an, wie man den Versuch verändern müsste, damit deutlich wird, dass die Gesamtmasse bei chemischen Reaktionen gleich bleibt.

1 Wunderkerzen

Energie in chemischen Reaktionen

Wunderkerzen

Brennende Wunderkerzen erkennt man an dem sehr hellen Licht und den sprühenden Funken. Die vielen Funken entstehen durch die Verbrennung von Magnesium. Bei der Verbrennung von Magnesium entsteht ein gräulicher Stoff, das **Magnesiumoxid**.

Allerdings entzündet sich eine Wunderkerze nicht sofort, wenn sie mit dem Sauerstoff der Luft in Berührung kommt. Damit die Reaktion startet, muss die Wunderkerze erst angezündet werden. Wie andere Reaktionen, benötigt die Verbrennung der Wunderkerze zunächst Energie, damit sie ablaufen kann. Die benötigte Energie zum Start einer chemischen Reaktionen bezeichnet man als **Aktivierungsenergie**. Sie muss von außen zugeführt werden. Durch die Aktivierungsenergie werden die Edukte in einen energiereicheren „aktivierten" Zustand versetzt.

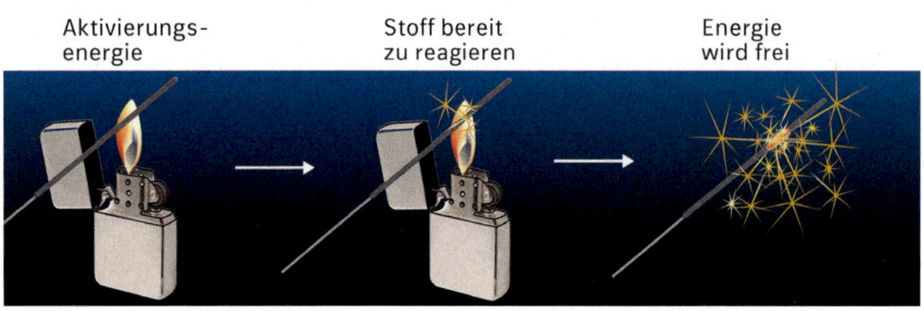

2 Eine Wunderkerze wird entzündet

Exotherme Reaktionen

Nachdem die Wunderkerze einmal angezündet ist, brennt sie von sich aus immer weiter. Es muss keine weitere Energie zugeführt werden, um die Reaktion am Laufen zu halten. Während der Reaktion wird sogar Energie wieder an die Umgebung abgegeben. Ein Teil der chemischen Energie, die in den

Edukten gespeichert ist, wird während der Reaktion umgewandelt und als thermische Energie und als Strahlungsenergie freigesetzt. Die freiwerdende Energie einer chemischen Reaktion wird als **Reaktionsenergie** bezeichnet. Reaktionen bei denen Energie an die Umgebung abgegeben wird, bezeichnet man als **exotherme Reaktionen**. Wie viel Energie bei exothermen Reaktionen freigesetzt wird, ist sehr unterschiedlich.

Energiediagramme

Um die Veränderungen der Menge an chemischer Energie im Verlauf von chemischen Reaktionen darzustellen, verwendet man **Energiediagramme**. Auf der x-Achse in einem Energiediagramm wird der Reaktionsverlauf aufgetragen und auf der y-Achse die Energie. Zuerst wird die Energiemenge der Edukte und der Produkte am Anfang und am Ende der Reaktion im Diagramm markiert. Bei exothermen Reaktionen besitzen die Edukte mehr Energie als die Produkte. Die Edukte sind durch eine Kurve mit den Produkten verbunden. Die Kurve steigt zu Beginn erst an, da durch die Aktivierungsenergie Energie zugeführt wird. Am höchsten Punkt der Kurve befinden sich die Edukte im „aktivierten" Zustand. Die Reaktion startet. Während der Reaktion wird ein Teil der chemischen Energie umgewandelt und an die Umgebung abgegeben. Die Kurve fällt ab. Im Energiediagramm wird die Reaktionsenergie als Pfeil dargestellt. ▶

A Erkläre, warum die Verbrennung einer Wunderkerze als exotherme Reaktion bezeichnet.

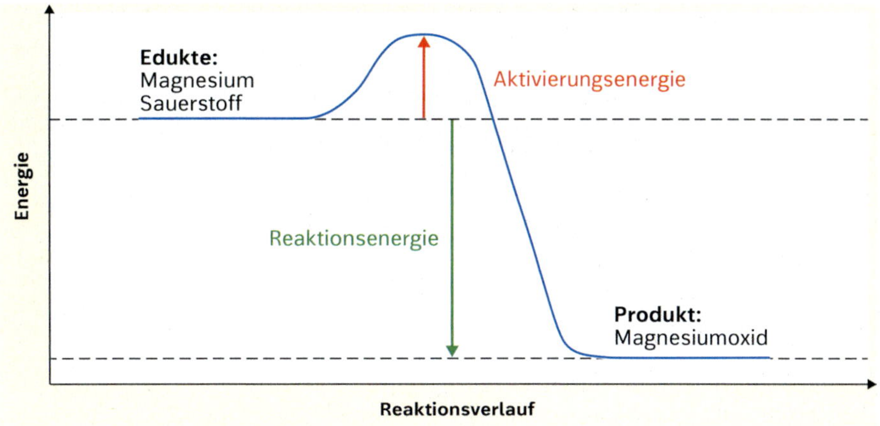

3 Energiediagramm einer exothermen Reaktion

Material mit Aufgaben

M1 Aktivierungsenergie

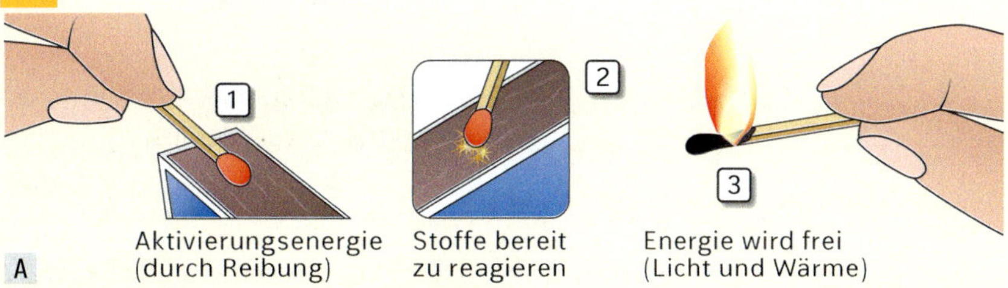

A

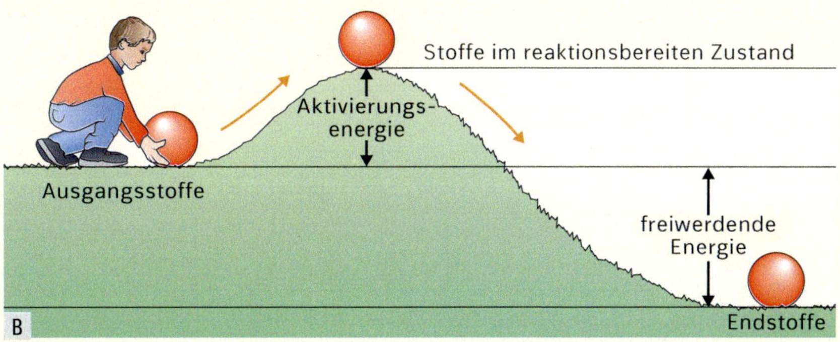

B

1. Beschreibe den dargestellten Ablauf in Bild A.
2. Beschreibe das dargestellte Modell in Bild B.
3. Erkläre, warum das Streichholz in Bild A anfängt zu brennen.
4. Erläutere den Begriff Aktivierungsenergie mithilfe der Bilder A und B.
5. Niklas behauptet: „ Bei einer exothermen Reaktion wird mehr Energie zugeführt, als bei der Reaktion frei wird." Beurteile seine Aussage.

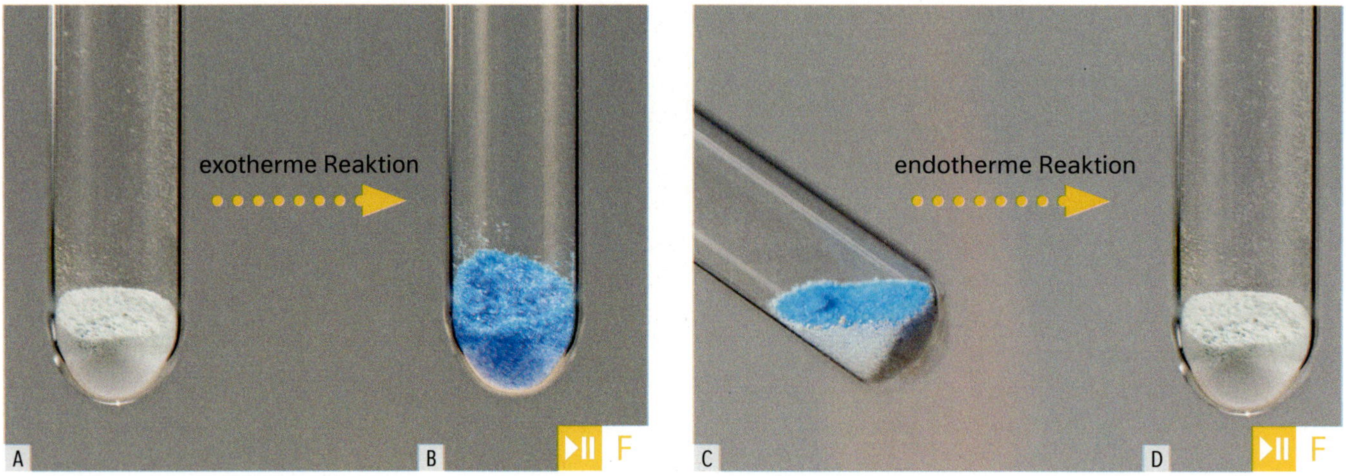

4 **A** Weißes Kupfersulfat, **B** Blaues Kupfersulfat, **C** Blaues Kupfersulfat wird erhitzt, **D** weißes Kupfersulfat

Endotherme Reaktionen

Weißes Kupfersulfat wird oft zum Nachweis von Wasser verwendet. Gibt man Wasser auf weißes Kupfersulfat, dann verfärbt es sich blau. Gleichzeitig steigt die Temperatur an. Es wird thermische Energie freigesetzt. Bei der Reaktion von weißem Kupfersulfat und Wasser handelt es sich um eine exotherme Reaktion. Erhitzt man einige Zeit das entstandene blaue Kupfersulfat, dann entsteht wieder weißes Kupfersulfat und Wasser.

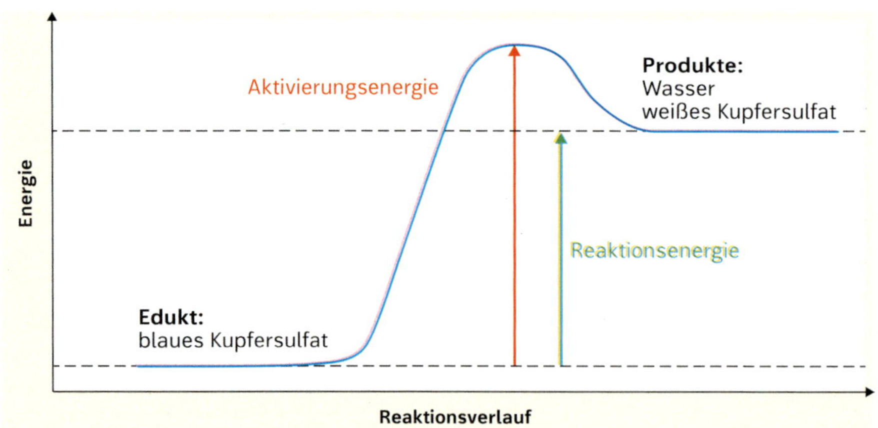

5 Energiediagramm einer endothermen Reaktion

Die chemische Reaktion wurde umgekehrt. Für eine vollständige Umkehrung, muss dem blauen Kupfersulfat durchgehend Aktivierungsenergie zugeführt werden. Die zugeführte thermische Energie wird als chemische Energie in den Produkten gespeichert. Wenn die Energiezufuhr beendet wird, findet auch keine Reaktion mehr statt. Chemische Reaktionen, bei denen Energie aufgenommen wird, nennt man **endotherme Reaktionen**. Einer endothermen Reaktion muss ständig von außen Energie zugeführt werden.

Auch endotherme Reaktionen kann man in einem Energiediagramm darstellen. Wie beim Energiediagramm einer exothermen Reaktion, sind Edukte und Produkte durch eine Kurve miteinander verbunden. Bei einer endothermen Reaktion haben die Produkte mehr Energie als die Edukte. Am Anfang der Reaktion steigt die Kurve im Diagramm stark an. Die Aktivierungsenergie ist höher als die Reaktionsenergie.

Katalysator

Wenn die zur Verfügung stehende Energie einer Reaktion nicht ausreicht, muss die Aktivierungsenergie geringer werden. Dafür nutzt man **Katalysatoren**. Nicht jeder Katalysator kann für alle Reaktionen verwendet werden. Zum Beispiel können Sauerstoff und Wasserstoff mit einem Platindraht ohne Funken entzündet werden. Der Draht setzt die Aktivierungsenergie herab. So reicht die Umgebungswärme aus, um die Reaktion zu starten. Der Draht nimmt an der Reaktion Teil, wird aber nicht verbraucht.

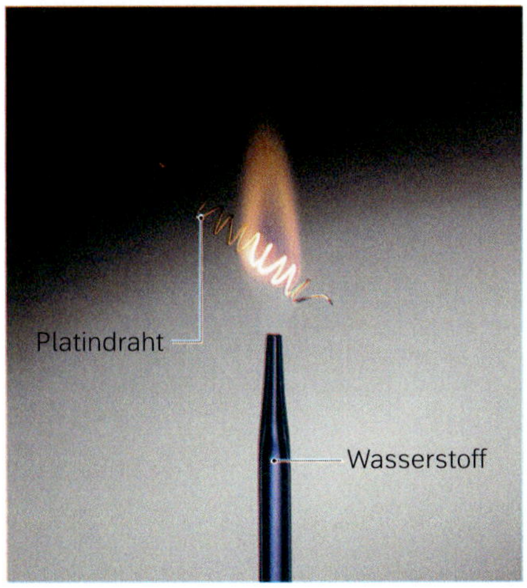

6 Wasserstoff reagiert mit Sauerstoff

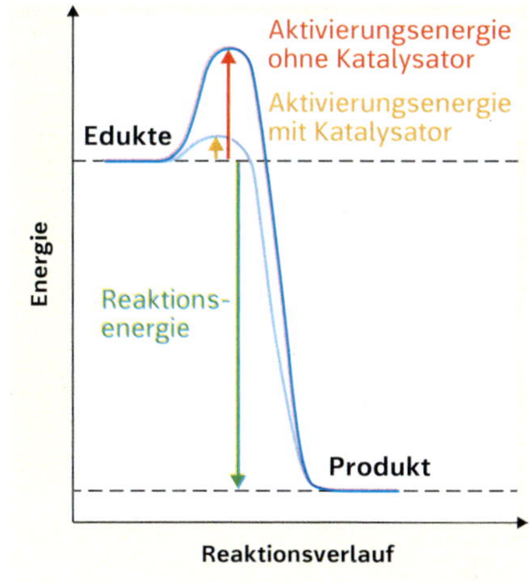

7 Energiediagramm mit einem Katalysator

Material mit Aufgaben

M2 Katalysator im Modell

1. Beschreibe das dargestellte Modell für einen Katalysator.
2. Vergleiche das Modell mit einem Energiediagramm für eine Reaktion mit Katalysator.
3. Erkläre die Bedeutung des Schlüssels, mit der die Person die Tür im Modell aufschließen kann.

M3 Energiediagramme zuordnen

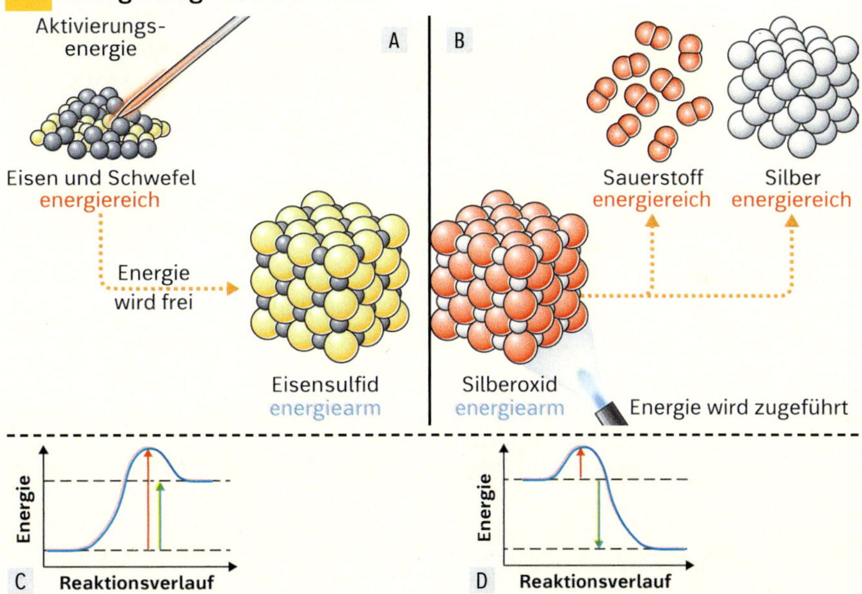

1. Beschreibe die in den Bildern A und B dargestellten Reaktionen.
2. Erstelle für die Reaktionen in den Bildern A und B jeweils eine Wortgleichung.
3. Ordne den Reaktionen in A und B das passende Energiediagramm C oder D zu. Begründe.
4. Erkläre, warum bei der Reaktion in Bild B aus einem energiearmen Edukt energiereiche Produkte entstehen.

Autokatalysator

1 Autoabgase

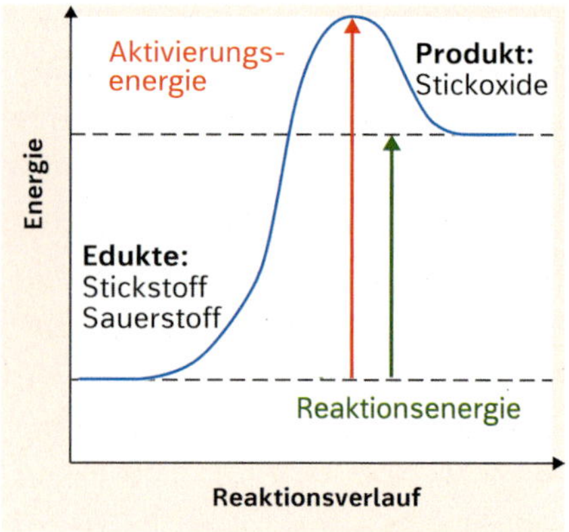

2 Energiediagramm: Entstehung Stickoxide

Abgase

Durch die Verbrennung fossiler Brennstoffe in Automotoren, Kraftwerken oder Heizkesseln entstehen außer Kohlenstoffdioxid noch weitere **Abgase**. Brennstoffe wie Holz, Kohle, Erdöl und Erdgas enthalten neben Kohlenstoff noch zahlreiche andere Elemente, die ebenfalls Oxide bilden. So bildet sich zum Beispiel aus den enthaltenen Schwefelatomen bei der Verbrennung Schwefeldioxid und andere Schwefeloxide. Im Automotor ist die Temperatur im Verbrennungsraum so hoch, dass sogar der in der Luft enthaltende Stickstoff mit Sauerstoff zu verschiedenen Stickoxiden reagiert. Im Unterschied zu festen Metalloxiden sind die Oxide von Nichtmetallen wie Kohlenstoff, Schwefel und Stickstoff gasförmig und gelangen auf diese Weise in die Umwelt. Stickoxide sind schlecht für die Menschen und für die Umwelt. Sie schädigen die Atemwege und sind wie die Oxide des Schwefels an der Bildung des Sauren Regens beteiligt.

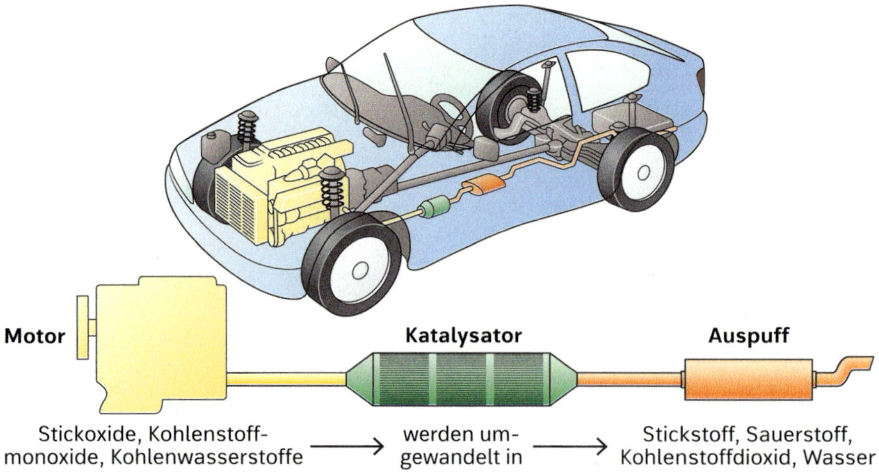

3 Autokatalysator

Autokatalysator

Damit die bei der Verbrennung entstandenen Stickoxide wieder in Sauerstoff und Stickstoff zerfallen, wird viel Aktivierungsenergie benötigt. Diese Umkehrreaktion ist exotherm, läuft aber nur bei sehr hohen Temperaturen von alleine ab. Mithilfe von Katalysatoren kann die Aktivierungsenergie gesenkt werden. So startet die Reaktion schneller und läuft bei niedrigeren Temperaturen ab. Mithilfe eines Katalysators können so die schädlichsten Stoffe aus den Abgasen entfernt werden.

Bei Autos wird zwischen Motor und Auspuff ein Katalysator eingebaut. Im Katalysator befindet sich ein Träger aus Keramik, durch den die Abgase strömen. Auf dem Träger befindet sich eine Schicht Aluminiumoxid, welches zur Vergrößerung der Oberfläche dient und unter anderem die Metalle Platin und Palladium enthält. Durch Kontakt mit diesen Metallen reicht die Temperatur der Abgase aus, um die chemische Reaktion zu starten. Die Stickoxide zerfallen zu Sauerstoff und Stickstoff. Neben dem Zerfall von Stickoxiden sorgt der Katalysator auch dafür, dass bei der Verbrennung entstandenes Kohlenstoffmonoxid zu Kohlenstoffdioxid reagiert und andere unvollständig verbrannte Stoffe vollständig zu Kohlenstoffdioxid und Wasser zerfallen.
Da der Katalysator die Umwandlung von Kohlenstoffmonoxiden, Stickoxiden und Kohlenwasserstoffen ermöglicht, wird er **Drei-Wege-Katalysator** genannt.

Material mit Aufgaben

M1 Drei-Wege-Katalysator

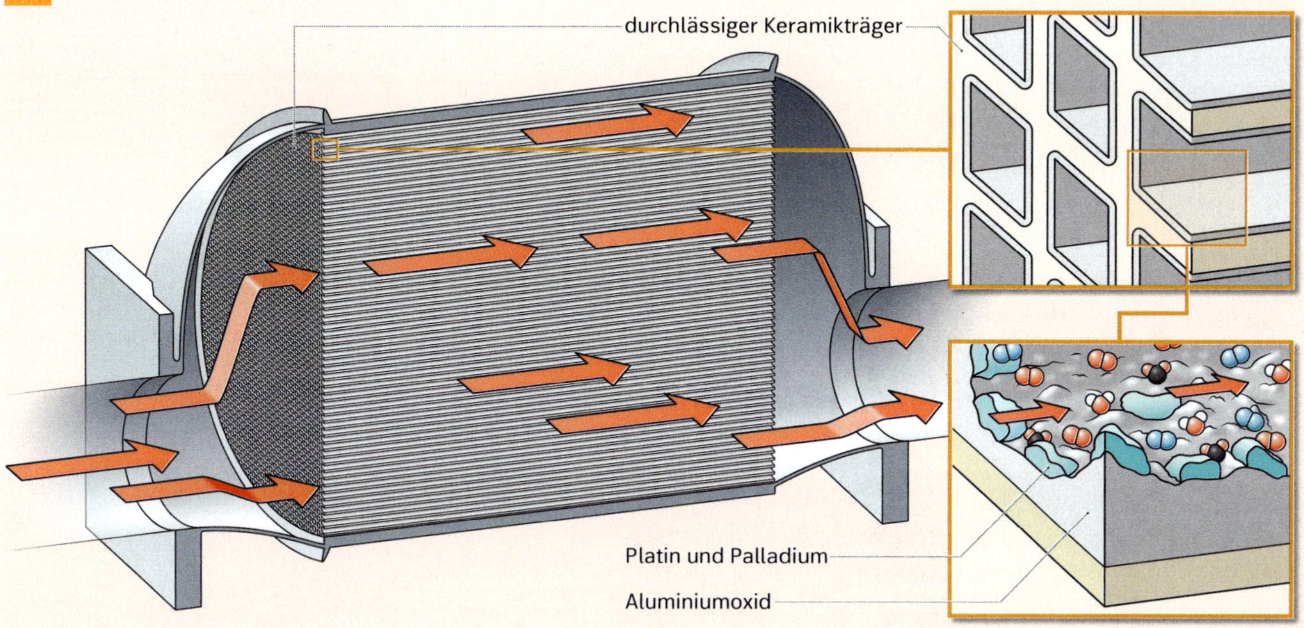

1. **III** Beschreibe den Aufbau eines Drei-Wege-Katalysators.
2. **III** Beschreibe, warum der Katalysator im Auto auch Drei-Wege-Katalysator genannt wird.
3. **III** Beschreibe die Funktionsweise eines Drei-Wege-Katalysators.
4. **III** Erkläre, warum die Temperatur im Drei-Wege-Katalysator nicht schwanken darf.
5. **III** Stelle Vermutungen an, welche Vorteile die Oberflächenvergrößerung durch das Aluminiumoxid bringt.
6. **III** Stelle Vermutungen an, ob der Katalysator beim Start einer Autofahrt optimal funktionieren kann.

Zusammenfassung Menschen verändern die Umwelt

Verbrennungen

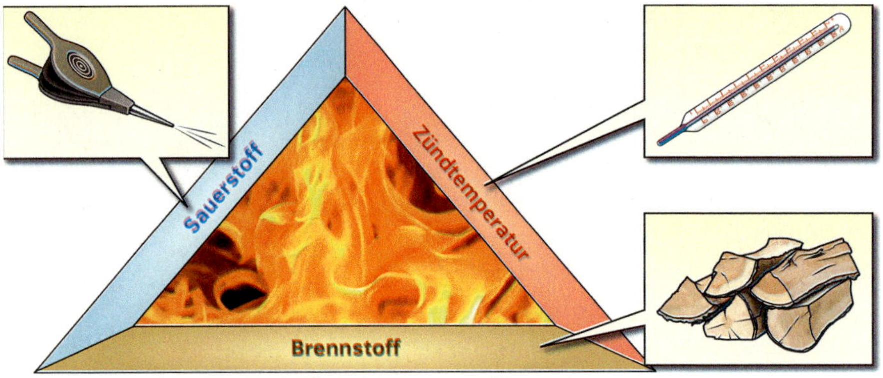

Damit ein Feuer entfacht wird, müssen ein Brennstoff und ausreichend Sauerstoff vorhanden sein. Außerdem muss die Zündtemperatur erreicht werden. Fehlt nur eine Voraussetzung, entsteht kein Feuer und auch ein brennendes Feuer erlischt. Als Brennstoff kann man beispielsweise Holz, Kohle oder auch Erdöl verwenden. Das Gas Sauerstoff ist ein Bestandteil der Luft. Ohne Sauerstoff kann kein Brennstoff brennen. Die verschiedenen Brennstoffe entzünden sich unterschiedlich schnell. Jeder Stoff hat eine andere Zündtemperatur.

Exotherm und endotherm

Viele chemische Reaktionen benötigen zum Starten Energie, die von außen zugeführt werden muss. Man bezeichnet diese Energie als Aktivierungsenergie. Läuft eine chemische Reaktion nach dem Start ohne zugeführte Energie alleine weiter und gibt dabei Energie an die Umgebung hat, bezeichnet man sie als exotherme Reaktion. Die bei der Reaktion freiwerdende Energie nennt man Reaktionsenergie.

Einigen chemischen Reaktionen muss ständig Energie von außen zugeführt werden, damit sie ablaufen. Sie nehmen die zugeführte Energie auf. Chemische Reaktionen, bei denen Energie aufgenommen wird, bezeichnet man als endotherme Reaktionen.

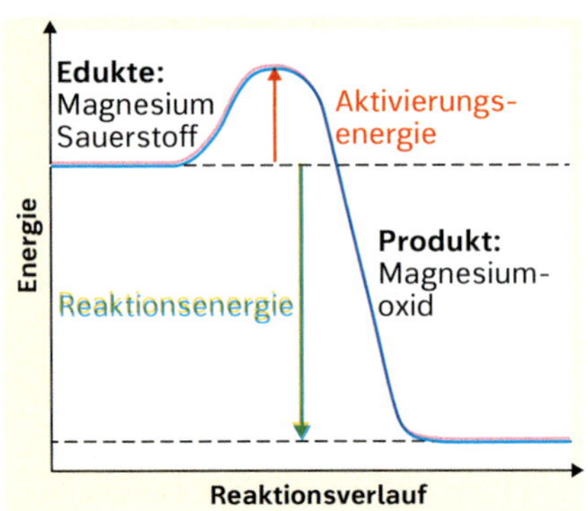

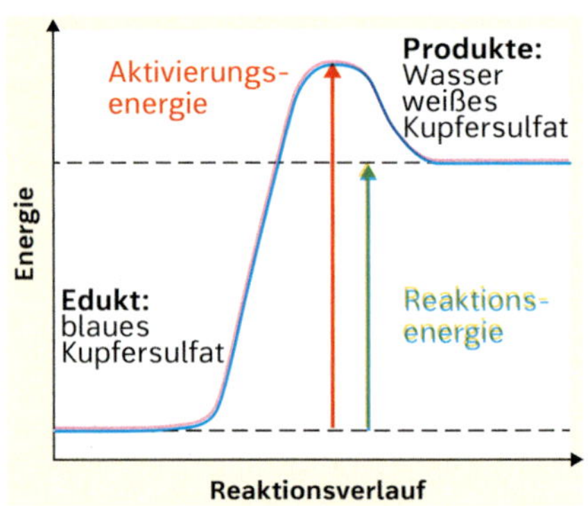

Chemische Reaktion

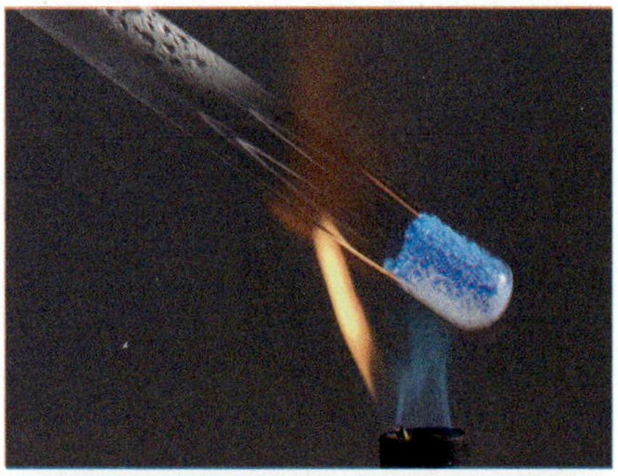

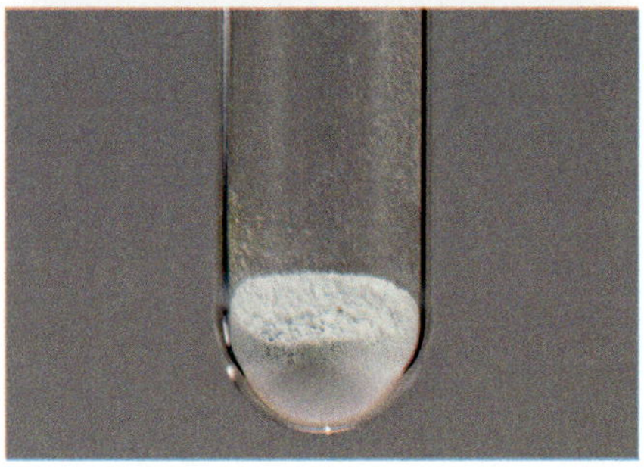

Beim Grillen verwendet man häufig Grillkohle, welche hauptsächlich aus Kohlenstoff besteht. Bei der Verbrennung entsteht das Gas Kohlenstoffdioxid. Aus der Kohle und dem Sauerstoff sind bei der Verbrennung neue Stoffe mit neuen Stoffeigenschaften entstanden. Entstehen bei einem Vorgang neue Stoffe, dann spricht man von einer chemischen Reaktion. Stoffe, die vor einer chemischen Reaktion vorliegen, nennt man Edukte. Die Stoffe, die bei einer Reaktion neu entstehen, nennt man Produkte. Ein Produkt einer Verbrennung mit Sauerstoff bezeichnet man als Oxid.

Bei chemischen Reaktionen bleibt die Energie und die Masse immer erhalten. Sie ist vor und nach der Reaktion immer gleich groß. Chemische Reaktionen kann man mithilfe von Wortgleichungen darstellen.

1 Chemische Reaktion

Sauerstoff und Kohlenstoff in einem Kolben

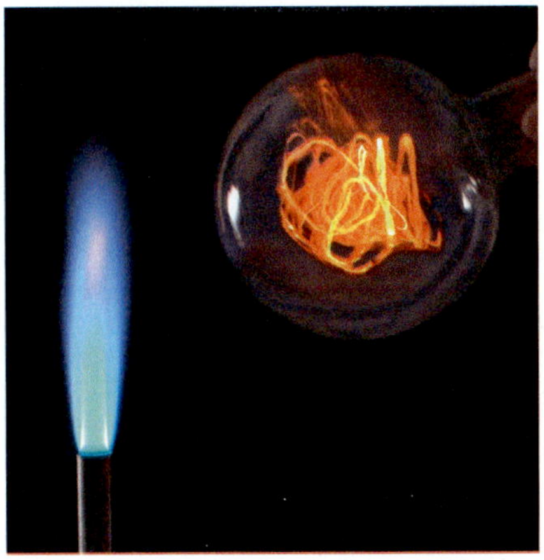

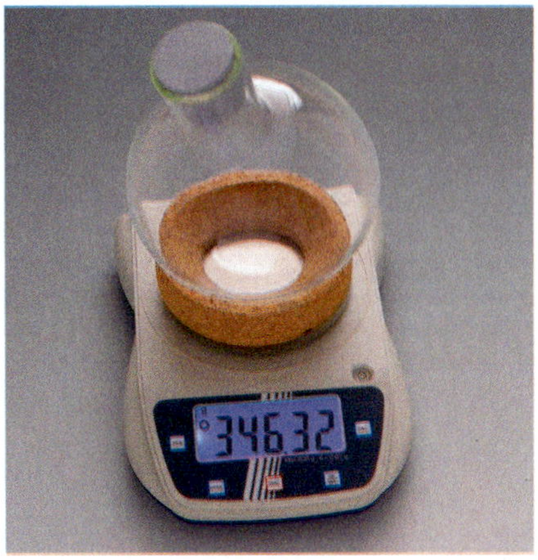

A Beschreibe den abgebildeten Versuch.

B Beschreibe den Unterschied zwischen chemischen Reaktionen und physikalischen Vorgängen.

C Erkläre, warum es sich bei den abgebildeten Vorgang um eine chemische Reaktion handelt.

D Erstelle für den abgebildeten Versuch eine Wortgleichung.

E Erkläre, warum sich die Anzeige der Waage nicht ändert.

F Begründe, ob es sich bei dem Versuch um eine endotherme oder exotherme Reaktion handelt.

2 Verbrennung

A Nenne die drei Voraussetzungen, damit ein Feuer entsteht.

B Beschreibe die dargestellten Löschmethoden.

C Erkläre, welche Voraussetzungen den Bränden in den Bildern jeweils entzogen werden.

D Erläutere, warum auch der Zerteilungsgrad eines Brennstoffes für die Verbennung eine wichtige Rolle spielt.

E Erkläre, warum man einen Fettbrand niemals mit Wasser löschen darf.

3 Katalysator

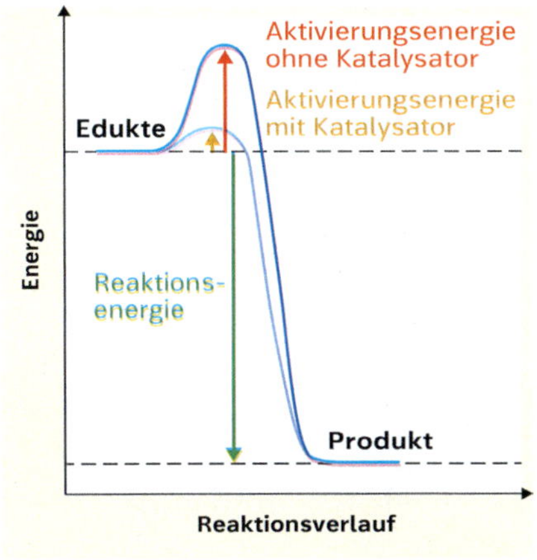

A Beschreibe das abgebildete Diagramm.

B Erkläre, ob es sich um eine exotherme oder endotherme Reaktion handelt.

C Erkläre die Wirkung eines Katalysators bei chemischen Reaktionen.

Licht und Bildentstehung

4

Wie breitet sich Licht aus?
Warum sieht man sich im Spiegel?
Was sind Linsen?

Vorsichtig schleicht der Wolf zum Fluss. Auf der glatten Wasseroberfläche kann man ihn nun auch erkennen. Er spiegelt sich im Wasser.

1 Zum Sehen braucht man Licht

Ausbreitung von Licht

Sender-Empfänger-Modell

Der Mensch orientiert sich vor allem mit seinem Sehsinn. Um etwas sehen zu können, muss Licht in die Augen gelangen. Trifft das Licht einer Lichtquelle auf einen Gegenstand, lenkt dieser das Licht in eine andere Richtung. Vom Gegenstand gelangt dann das Licht in die Augen und man nimmt ihn wahr. Das Licht wird von einem **Sender** ausgetrahlt und von einem **Empfänger** aufgenommen. In Bild 2 ist die Lampe ein Sender. Das ausgehende Licht trifft auf das Buch, welches das Licht in die Augen weiter leitet. Sie sind die Empfänger. Zusätzlich fällt das Licht des Senders auch auf direktem Weg in die Augen der Empfänger.

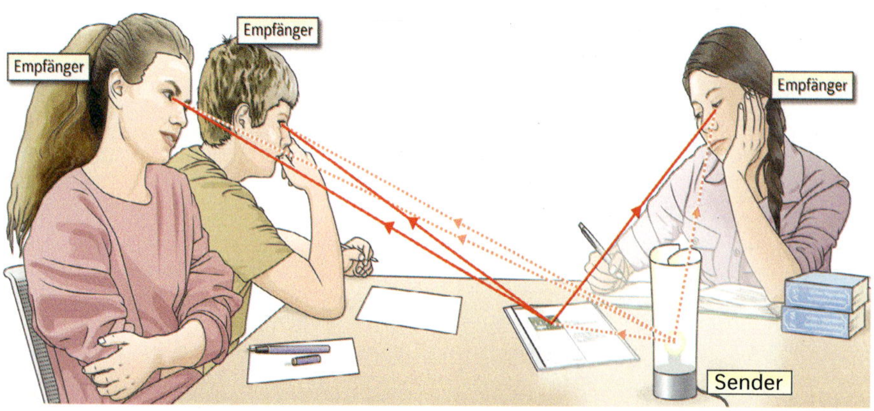

2 Sender-Empfänger-Modell

Leuchtende Körper

Lichtquellen wie Glühbirnen oder die Sonne senden Licht aus. Man bezeichnet sie als **selbstleuchtende Körper**. Gegenstände die von dem ausgesandten Licht angestrahlt werden, nennt man **beleuchtete Körper**. Das Licht breitet sich in alle Richtungen gleichmäßig aus. Dabei nimmt das Licht immer den zeitlich kürzesten, geraden Weg. Man sagt daher, das Licht breitet sich **geradlinig** aus. Aus diesem Grund kann man zur Vereinfachung die Ausbreitung von Licht auch mit Pfeilen darstellen.

Reflexion

Licht kann von Gegenständen unterschiedlich weitergeleitet werden. Trifft das Licht auf eine glatte Fläche, wird direkt in eine Richtung zurück geworfen. Es wird **reflektiert**. Je glatter die Obrfläche ist, desto mehr Licht wird reflektiert. Licht wird zum Beispiel von Spiegeln reflektiert.

Streuung

Von nicht so glatten Oberflächen wird das Licht in viele Richtungen reflektiert. Man sagt, dass Licht wird **gestreut**. So gelangt ein Teil des Lichts in die Augen und man nimmt den Gegenstand wahr. Eine zerknitterte Alufolie streut zum Beispiel das Licht. Einige Flächen reflektieren viel Licht ins Auge. Andere Flächen reflektieren das Licht in andere Richtungen. Dadurch entstehen helle und dunkle Bereiche auf der Folie.

Absorption

Sehr dunkle Gegenstände reflektieren fast gar kein Licht. Sie nehmen einen Teil des Lichts auf, sie **absorbieren** es. Dabei nehmen sie auch Strahlungsenergie auf und erwärmen sich. Absorption wird auch gezielt zu Erwärmung von Stoffen eingesetzt. So sind beispielsweise die Rohre von Sonnenkollektoren schwarz, damit sie viel Strahlungsenergie aufnehmen um das Wasser in ihnen zu erhitzen. ▶

A Beschreibe den Unterschied zwischen Reflexion und Streuung.

B Nenne je ein Beispiel für Absorption, Reflexion und Streuung aus dem Alltag.

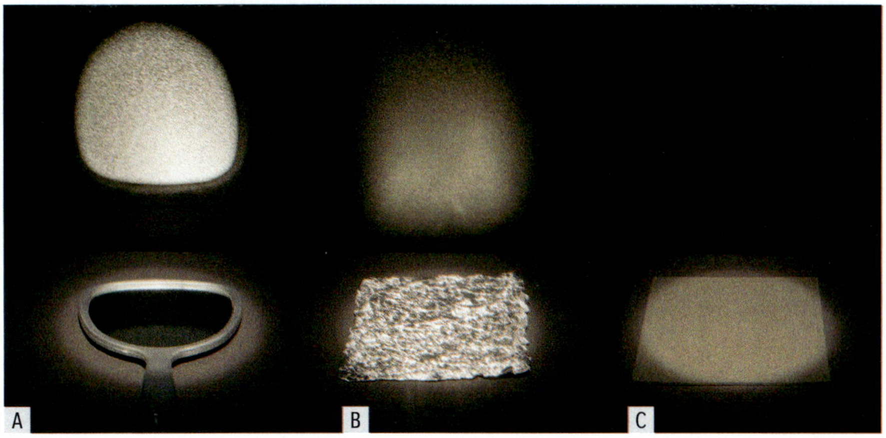

3 **A** Reflexion, **B** Streuung, **C** Absorption

Material mit Aufgaben

M1 Sender und Empfänger

1. Ordne den Bildern A und B die Begriffe selbstleuchtender und beleuchteter Körper zu.

2. Erkläre mithilfe des Sender-Empfänger-Modells, warum man den Mond nachts sehen kann. ⊞

M2 Ausbreitung von Licht

1. Ordne den Bilden A und B zu, ob die Oberflächen das Licht reflektieren oder streuen. Begründe deine Zuordnung. ⊞
2. Wähle eine der Aufgaben aus:
   a Erkläre, was passiert, wenn Licht auf eine sehr dunkle Oberfläche trifft.
   b Skizziere, was passiert, wenn Licht auf eine sehr dunkle Oberfläche trifft.

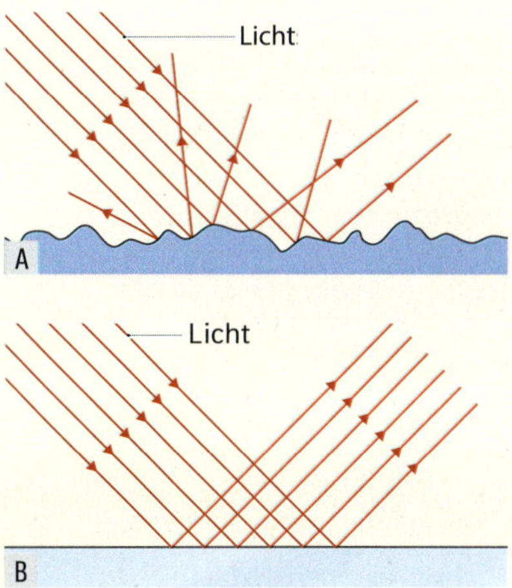

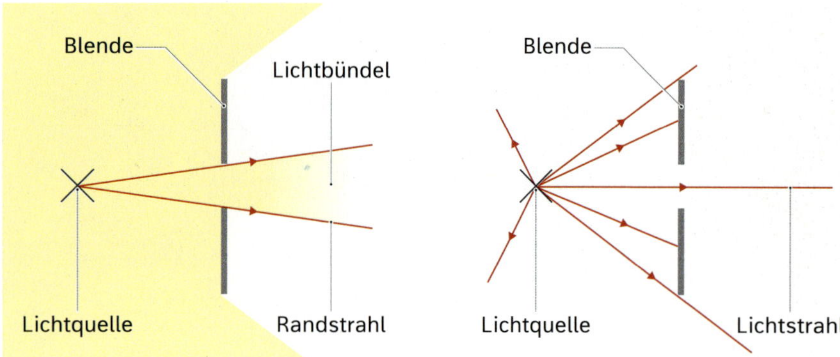

4 Lichtstrahlmodell

Das Lichtstrahlmodell

Damit die Ausbreitung des Lichts besser beschrieben werden kann, nutzt man das **Lichtstrahlmodell**. Das Licht einer Glühlampe breitet sich in alle Richtungen aus. Stellt man vor die Glühlampe eine schmale Öffnung, eine Blende, fällt nur ein Teil des Lichts durch die Öffnung. Es entsteht ein **Lichtbündel**. Das Lichtbündel ist an den Seiten klar begrenzt.

Da sich das Licht geradlinig ausbreitet, kann man mit zwei Pfeilen die Grenzen des Lichtbündels bis zu der Glühlampe zurück verlängern. So einen Pfeil nennt man **Lichtstrahl**. Die Lichtstrahlen am Rand des Lichtbündels bezeichnet man als **Randstrahlen**. Um die Ausbreitungsrichtung des Lichts zu zeigen, reicht es aus, einen Pfeil von der Lichtquelle in die entsprechende Richtung zu zeichnen.

Schatten

Lichtquellen senden Licht in alle Richtungen aus. Dadurch gibt es auch Lichtwege in alle Richtungen. Durch einen Gegenstand vor einer Lichtquelle werden viele Lichtwege blockiert. Der Raum hinter dem Gegenstand, in den kein Licht mehr fällt, wird als **Schattenraum** bezeichnet. Man sieht ihn erst, wenn er an einem Gegenstand, einer Wand oder dem Boden endet. Dort wird er als schwarze, klar abgegrenzte Fläche wahrgenommen. Aus diesem Grund spricht man von einem **Schattenbild**. Je nach dem wie dicht ein Gegenstand vor der Lichtquelle steht, entsteht ein größeres oder ein kleineres Schattenbild. Je näher sich der Körper an der Lichtquelle befindet, desto mehr Licht wird von ihm verdeckt. Das Schattenbild wird größer. Wenn der Körper stehen bleibt und sich nur die Lichtquelle bewegt, wird der Schatten ebenfalls größer oder kleiner. ■

C Erläutere die Begriffe Lichtbündel, Randstrahl und Lichtstrahl.

D Beschreibe die Entstehung von Schattenbildern.

Material mit Aufgaben

M3 Lichtstrahlmodell

1. Beschreibe den Versuchsaufbau im Bild.
2. Erkläre an diesem Beispiel die Ausbreitung des Lichts. ⊞
3. Fertige mithilfe des Lichtstrahlmodells eine vereinfachte Zeichnung des Versuchs an. Stelle damit die Lichtausbreitung dar.

Schattenbilder konstruieren

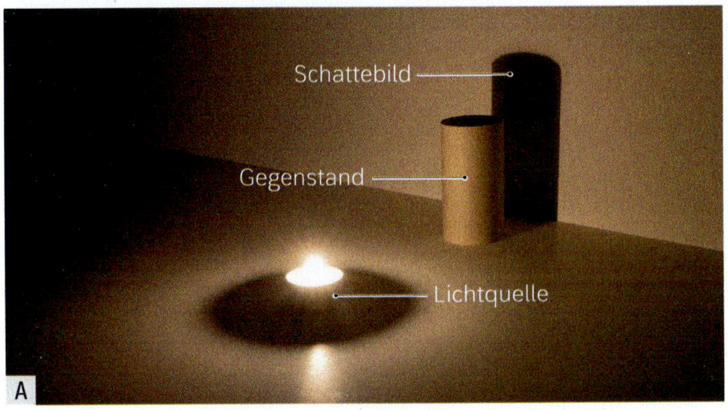

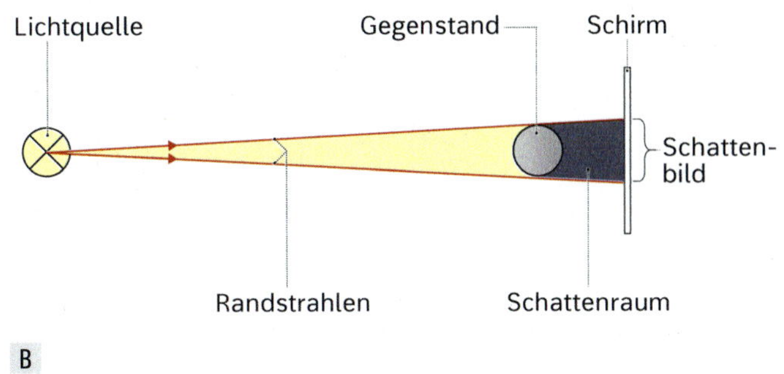

1 Entstehung Schattenbild: A Foto, B Konstruktion

Blockierte Lichtwege

Die Entstehung eines Schattenbildes kann man auch mithilfe einer Konstruktion darstellen. Dazu wird der Versuchsaufbau von oben vereinfacht in einer Zeichnung gezeigt. Lichtquelle, Gegenstand und Schirm werden mit ihren Umrissen dargestellt. Die Lichtquelle sendet Licht in alle Richtungen aus. In der Zeichnung werden aber nur einige der vielen Lichtstrahlen betrachtet. Um ein Schattenbild zu konstruieren, muss man vorher mithilfe von Randstrahlen festlegen, welche Lichtstrahlen durch den Gegenstand blockiert werden.

Randstrahlen konstruieren

Um den Schattenraum ganz genau darstellen zu können, sind die exakten Begrenzungen wichtig. Diese lassen sich anhand der Lichtstrahlen ermitteln, die gerade so am Gegenstand vorbei gehen und dann auf eine Wand oder einen Schirm treffen. Diese Randstrahlen werden ausgehend von der Lichtquelle so eingezeichnet, dass sie den Gegenstand noch an seinen Seiten berühren. Danach werden die Randstrahlen weiter gezeichnet, bis sie auf die Wand oder den Schirm treffen. In der Zeichnung erkennt man dann die Größe und die Position des entstehenden Schattenbildes. Zum Schluss wird die Konstruktion noch mit den Fachbegriffen beschriftet.

A Beschreibe, was man bei der Konstruktion von Schattenbildern beachten muss.

Material mit Aufgaben

M1 Schattenbilder konstruieren

1. Beschreibe den dargestellten Versuchsaufbau.
2. Konstruiere die Entstehung der Schattenbilder.
3. Beschreibe, welche Lichtquelle welchen Schatten erzeugt.
4. Erkläre, warum der Schatten in der Mitte am Schirm dunkler ist.

1 Ein Verkehrsspiegel

Reflexionsgesetz

Spiegel im Straßenverkehr

Für eine bessere Orientierung im Straßenverkehr benutzt man Spiegel. In schlecht einsehbaren Kurven stehen oft ein Spiegel am Straßenrand. Mit ihnen kann man Autos in der Kurve früher erkennen. Auch direkt an Autos befinden sich Seitenspiegel und innen ein Rückspiegel. Mit diesen Spiegeln wird das Licht aus mehreren Richtungen in die Augen der Autofahrer gelenkt. So können sie sehen, was sich hinter und neben ihnen befindet.

2 Sichtbarkeit bei Dämmerung: A ohe Reflektoren, B mit Reflektoren

Reflektoren

Sobald es dunkel wird, beleuchten Straßenlaternen die Straßen und Gehwege. Durch das fehlende Sonnenlicht sind Fußgänger und Fahrradfahrer schlecht zu sehen, da sie nur das Licht der Laternen reflektieren. Aber besonders beim Überqueren der Straße muss man gut zu sehen sein. Für eine bessere Sichtbarkeit helfen **Reflektoren**. Sie reflektieren die Lichtstrahlen immer in die Richtung zurück, aus der sie gekommen sind. Dadurch sehen Reflektoren so aus, als würden sie selber leuchten.

Das Reflexionsgesetz

Fällt Licht auf einen Spiegel, wird es reflektiert. Das Licht fällt in einem bestimmten Winkel, dem Einfallswinkel auf den Spiegel. Das reflektierte Licht wird im Reflexionswinkel am Spiegel reflektiert. Der Einfalls-und Reflexionswinkel sind immer gleich groß. Für die Bestimmung der Winkel hilft eine senkrechte Linie, das **Lot**. Es wird am Auftreffpunkt des einfallenden Lichts gezogen.

Der Einfallswinkel und der Reflexionswinkel sind immer gleich groß.

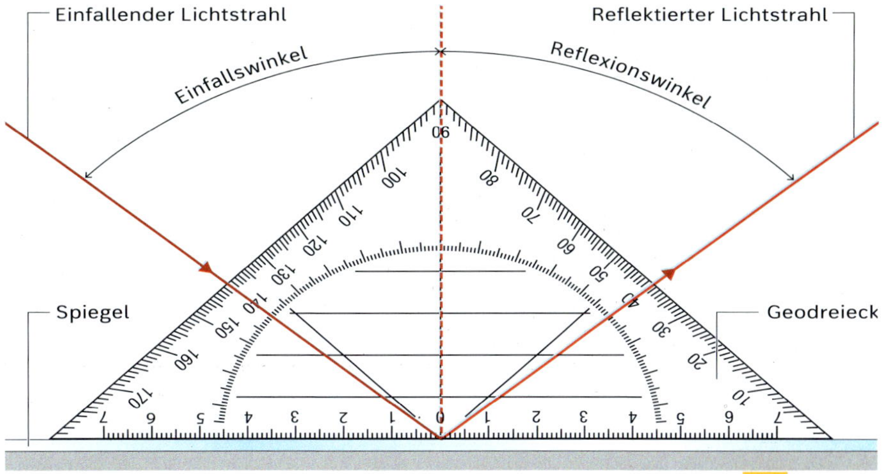

3 Reflexionsgesetz

A+F

Material mit Aufgaben

M1 Lichtstrahlen am Spiegel

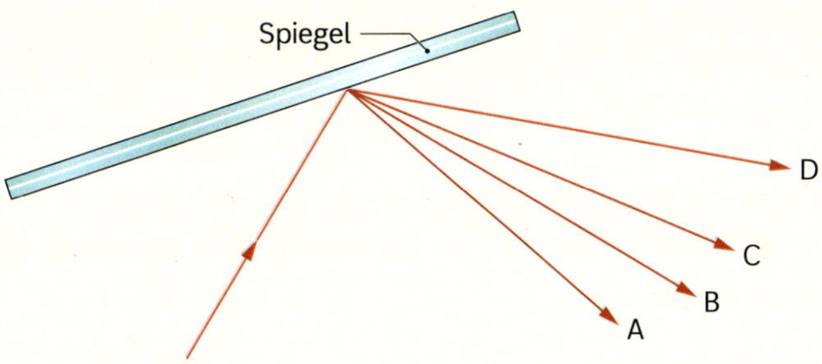

A

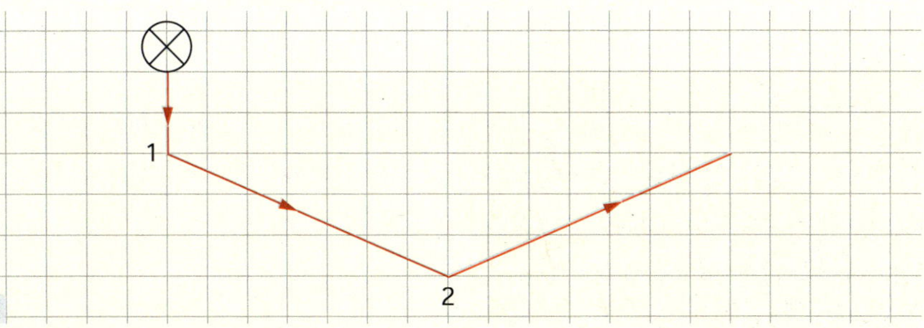

B

1. Erkläre, welcher Lichtstrahl in Abbildung A der richtige ist.
2. Bestimme mithilfe eines Geodreiecks den Einfalls-und Reflexionswinkel in Abbildung A.
3. Übertrage die Abbildung B Kästchengenau in den Heft. Zeichne dann die fehlenden Spiegel für die Punkte 1 und 2 in den richtigen Positionen ein.

P2 Reflektor

Material: Spiegel, Winkelscheibe (oder Geodreieck), Lichtquelle

Durchführung: Leuchte mit der Lichtquelle auf den Spiegel. Lies an der Winkelscheibe (Geodreieck) den Einfalls- und Reflexionswinkel ab.

1. Beschreibe die Ergebnisse.
2. Erkläre die Ergebnisse mithilfe des Reflexionsgesetzes.

1 Mädchen im Spiegellabyrinth

Spiegelbilder

Spiegel im Alltag

Im Alltag begegnen einem sehr oft Spiegel. Morgens im Bad schaut man sich im Spiegel an, während man sich zum Beispiel die Zähne putzt. Spiegel befinden sich aber auch an Autos oder im Supermarkt. Außerdem gibt es auf Jahrmärkten Labyrinthe mit vielen Spiegeln.

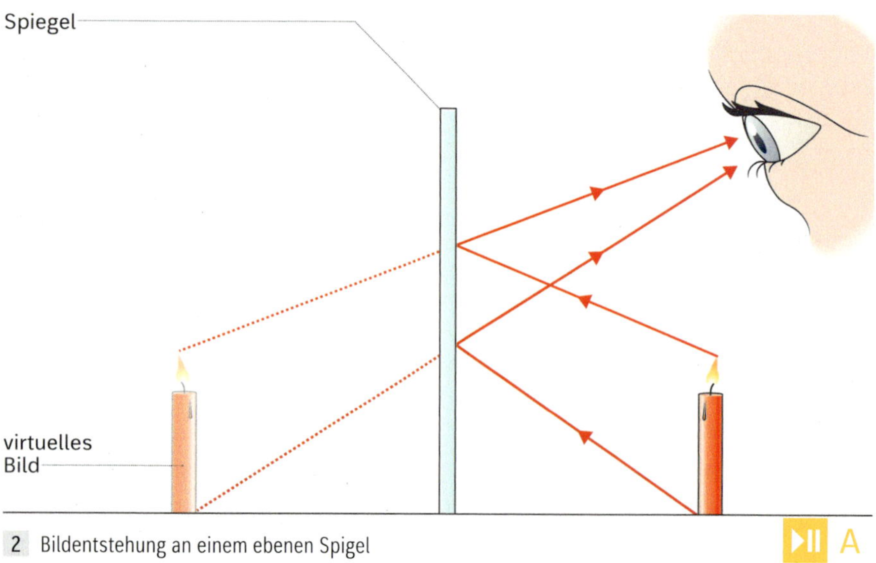

2 Bildentstehung an einem ebenen Spigel

Bildentstehung

Viele Spiegel, wie zum Beispiel im Bad, haben eine glatte, gerade Oberfläche. Sie werden aus diesem Grund auch als **ebene Spiegel** bezeichnet. Schaut man in einen Spiegel, dann sieht man sein **Spiegelbild**. Spiegelbilder entstehen, weil das Licht eines Körpers an der Oberfläche des Spiegels reflektiert wird. Das reflektierte Licht fällt dann in die Augen eines Betrachters. Auf Grund von Erfahrungen geht der Betrachter davon aus, dass das Licht auf einem geradlinigen Weg in das Auge gelangt ist. Für ihn sieht es so aus, als würde das Licht des Körpers von einer Welt hinter dem Spiegel kommen. Da sich der Körper aber nicht hinter dem Spiegel befindet, wird man getäuscht. Spiegelbilder bezeichnet man daher auch als **virtuelle Bilder**. Spiegelbilder sind immer aufrecht, haben die gleiche Größe wie der abgebildete Körper und den gleichen Abstand zum Spiegel wie das Original.

3 Verschiedene Spiegel: **A** Hohlspiegel, **B** Wölbspiegel

Hohlspiegel

Nicht alle Spiegel haben eine ebene Oberfläche. Manche sind nach innen gewölbt. Man nennt sie **Hohlspiegel**. Mithilfe von Hohlspiegeln werden Körper in der Nähe stark vergrößert. Man benutzt sie beispielsweise als Kosmetikspiegel. Bei großen Hohlspiegeln ist das Spiegelbild nicht nur vergrößert, sondern auch in die Breite gezogen.

Wölbspiegel

Ist die Spiegeloberfläche nach außen gewölbt, dann spricht man von einem **Wölbspiegel**. Mithilfe von Wölbspiegeln werden Körper verkleinert dargestellt. Dafür ist aber ein größerer Bereich sichtbar. Man benutzt sie zum Beispiel als Verkehrsspiegel. Bei großen Wölbspiegeln ist das Spiegelbild schmaler und in die Höhe gezogen.

A Beschreibe die Entstehung eines Spiegelbildes an einem ebenen Spiegel.

B Nenne Eigenschaften von Spiegelbildern an einem ebenen Spiegel.

Material mit Aufgaben

M1 Spiegelformen

1. Beschreibe die dargestellten Spiegelbilder.
2. Ordne den Abbildungen die Begriffe ebener Spiegel, Hohlspiegel und Wölbspiegel zu. Begründe.
3. Erkläre, warum im Straßenverkehr oft Wölbspiegel genutzt werden.
4. Beschreibe, wie die Spiegelbilder auf der Vorder- und Rückseite eines Löffels aussehen würden.

Spiegelbilder konstruieren

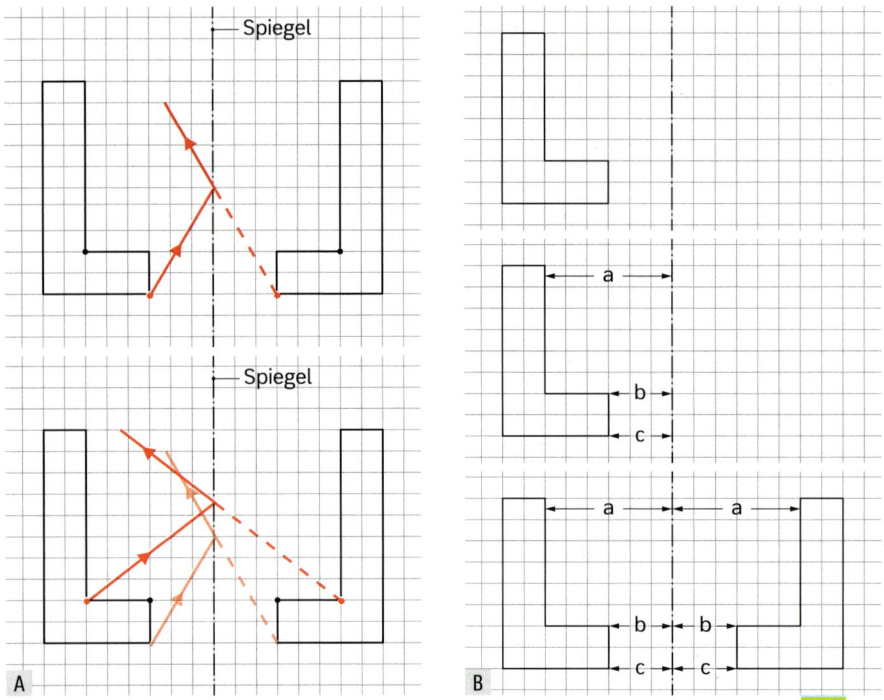

1 **A** Konstruktion von Bildpunkten an einem ebenen Spiegel, **B** mathematische Konstruktion A

Konstruktion

Steht ein Gegenstand vor einem ebenen Spiegel, dann wird das Licht, das von jedem Punkt des Gegenstandes ausgeht, am Spiegel reflektiert. Die am Spiegel reflektierten Strahlen können dann in die Augen eines Betrachters gelangen. Für die Konstruktion eines Spiegelbildes zeichnet man zuerst den Gegenstand und dann in entsprechender Entfernung einen senkrechten Strich für den Spiegel. Danach werden die vom Gegenstand ausgehenden Lichtstrahlen gezeichnet, die am Spiegel reflektiert werden. Verlängert man im nächsten Schritt die vom Spiegel reflektierten Lichtstrahlen hinter den Spiegel, entsteht so Schritt für Schritt das Spiegelbild, welches der Beobachter denkt hinter dem Spiegel zu sehen.

Mathematische Konstruktion

Das entstehende Spiegelbild an einem ebenen Spiegel ist immer genau so groß wie der abgebildete Gegenstand und hat den gleichen Abstand zum Spiegel. Auf Grund dieser Symmetrie, gibt es eine einfachere Methode das Spiegelbild eines ebenen Spiegels zu konstruieren. Wie bei einer Spiegelung in der Mathematik zieht man zum Spiegel senkrechte Linien von jedem Punkt des Gegenstandes. Im gleichen Abstand werden die Punkte auf der Seite hinter dem ebenen Spiegel übertragen. So entsteht hinter dem Spiegel ebenfalls das Spiegelbild,welches der Beobachter denkt zu sehen.

A Beschreibe mit Abbildung 1 die Konstruktion eines Spiegelbilds.

Material mit Aufgaben

M1 Spiegelbild konstruieren

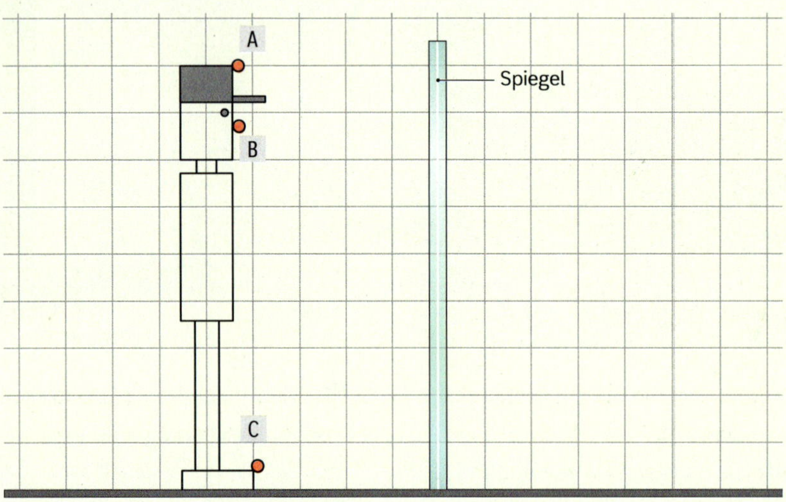

1. III Übertrage die Zeichnung kästchengenau in den Heft und konstruiere die Punkte A bis C des entstehenden Bildes.

Sichtbarkeit im Spiegel

Für die Erklärung von Spiegelbildern kann man die Modellvorstellung verwenden, dass sich hinter dem Spiegel eine Spiegelwelt befindet. Gegenstände in der Spiegelwelt sind genauso weit vom Spiegel entfernt wie die Gegenstände in der realen Welt. Um einen Gegenstand im im Spiegel sehen zu können, muss das Licht, das von diesem ausgeht oder reflektiert wird, in die Augen treffen. Im Spiegel kann man Gegenstände nur sehen, wenn der gedachte Lichtweg zu den Augen, der von dem Spiegelbild des Gegenstandes ausgeht, durch den Spiegel verläuft. Wenn man sich also sehr weit links oder recht vom Spiegel befindet, sieht man nicht immer alle Gegenstände, die sich vor dem Spiegel befinden.

A

B

2 Der grüne Klotz ist nicht im Spiegel zu sehen: **A** Foto, **B** Schema

Material mit Aufgaben

M2 Sichtbarkeit im Spiegel

1. Nenne den Klotz, der nicht im Spiegel zu sehen ist.
2. Erkläre, warum man den Klotz nicht im Spiegel sieht.
3. Beschreibe, wo man stehen müsste, um den Klotz zu sehen.

M3 Kerze im Glas

A

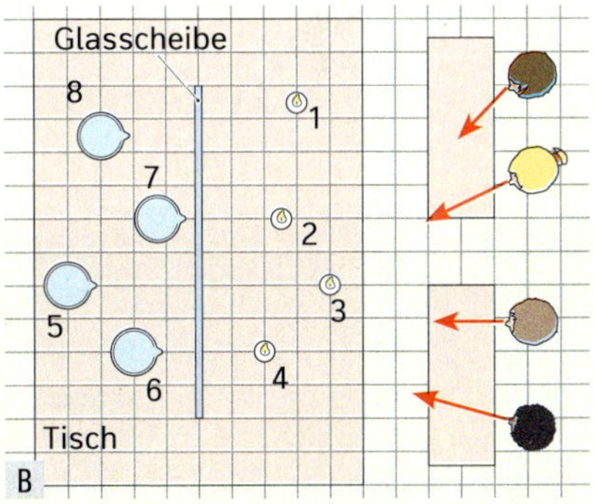

B

Vor einer teilweise reflektierenden Glassscheibe befindet sich eine Kerze. Dahinter ein Glas mit Wasser. Durch die teilweise Reflektion an der Scheibe sieht es so aus, als würde dir Kerze im Wasserglas stehen.

1. Erkläre die Versuchsbeobachtungen in Bild A.
2. Erkläre, welche Person in Abbildung B, welche Kerze in einem der Wassergläser sieht. Nutze als Hilfe ein Lineal.

1 Buntstifte in einem Wasserglas

Lichtbrechung

Getrennte Stifte

Das Licht breitet sich in jedem Stoff geradlinig aus. Stellt man Buntstifte in ein leeres Glas, dann nimmt man sie immer noch als gerade wahr. Gießt man aber Wasser in das Glas mit den Buntstiften, dann sieht es auf einmal so aus, als hätten die Stifte einen Knick oder als wären sie an einer Stelle getrennt. Bei genauer Betrachtung stellt man fest, dass der Knick oder der Bruch an der Wasseroberfläche entsteht. Trifft das Licht auf die Wasseroberfläche, wird ein Teil reflektiert. Der andere Teil des Lichts dringt in das Wasser ein. Beim Eintritt wird das Licht abgelenkt. Man sagt auch, dass Licht wird an der **Grenzfläche** von Luft und Wasser **gebrochen**. Optische Wahrnehmungen sind an die eigenen Seherfahrungen in der Luft geknüpft. Die **Lichtbrechung** an der Wasseroberfläche wird bei der Verarbeitung der Informationen im Gehirn nicht berücksichtigt. Es wird davon ausgegangen, dass sich das Licht weiter gradlinig ausbreitet. So entsteht der Seheindruck, dass sich die Stiftspitze an einer anderen Stelle befindet.

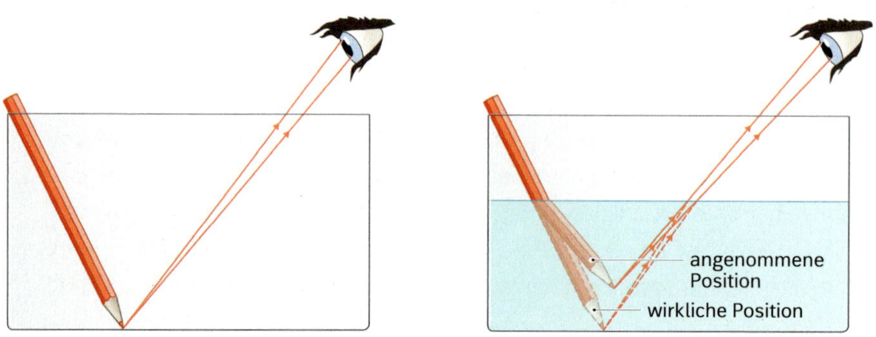

2 Lichtbrechung

Optische Dichte

Licht kann sich in verschiedenen Stoffen wie Luft, Wasser oder Glas ausbreiten. Die Stoffe Luft, Wasser und Glas haben eine unterschiedliche **optische Dichte**. Das Licht breitet sich in den Stoffen unterschiedlich schnell aus. Je geringer die optische Dichte eines Stoffes ist, desto schneller breitet sich das Licht darin aus. Beispielsweise hat Luft eine geringere optische Dichte als Glas. Das Licht ist in der Luft also schneller als im Glas. Je höher die optische Dichte ist, desto langsamer breitet sich das Licht aus. Stoffe mit geringer optischer Dichte nennt man **optisch dünn**, Stoffe mit hoher optischer Dichte **optisch dicht**.

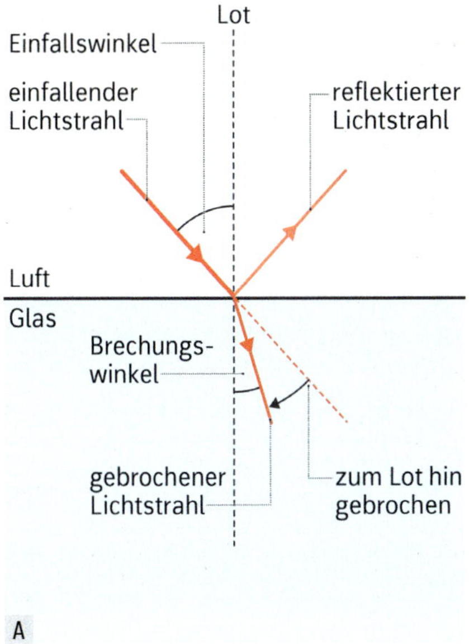

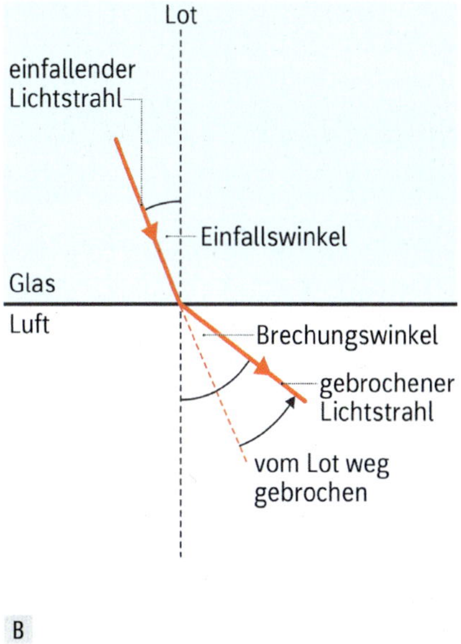

3 Lichtbrechung: **A** zum Lot hin, **B** vom Lot weg

Lichtbrechung

Trifft Licht aus der Luft auf Glas, dann geht es von einem optisch dünnen Stoff in einen optisch dichteren Stoff über. Ein Teil des Lichts wird an der Grenzfläche reflektiert. Der restliche Teil dringt in das Glas ein und wird in einem Winkel, dem **Brechungswinkel**, gebrochen. Dringt das Licht von einem optisch dünnen Stoff wie Luft in einen optisch dichteren Stoff wie Glas ein, wird es **zum Lot hin gebrochen**. Tritt das Licht aus dem Glas wieder aus, geht es von einem optisch dichten Stoff in einen optisch dünneren Stoff über. Das Licht wird dann **vom Lot weg gebrochen**. Je größer der Unterschied zwischen den optischen Dichten der Stoffe ist, desto stärker wird das Licht gebrochen. ▶

A Beschreibe mithilfe von Bild 3A die Lichtbrechung an der Grenzfläche zwischen Luft und Glas.

Material mit Aufgaben

M1 Lichtbrechung

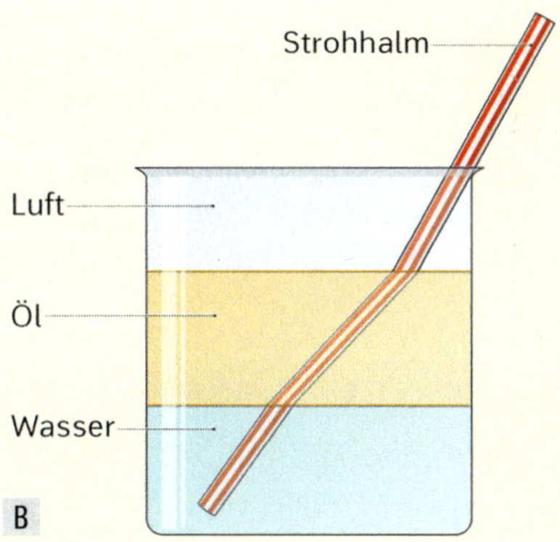

1. Beschreibe den Verlauf des Lichts durch den Glaskörper in Bild A.
2. Erkläre den Verlauf des Lichts in Bild A unter der Verwendung von Fachbegriffen. ⊞
3. Erkläre, warum es für einen Beobachter so aussieht, als wäre der Strohhalm in Bild B zweimal geknickt. ⊞
4. Begründe, ob in Bild B zwischen Luft und Öl oder zwischen Öl und Wasser der Unterschied der optischen Dichten größer ist.
5. Erstelle ein Schema des Strahlenverlaufs für Bild A.

4 Bestimmung des Brechungswinkels

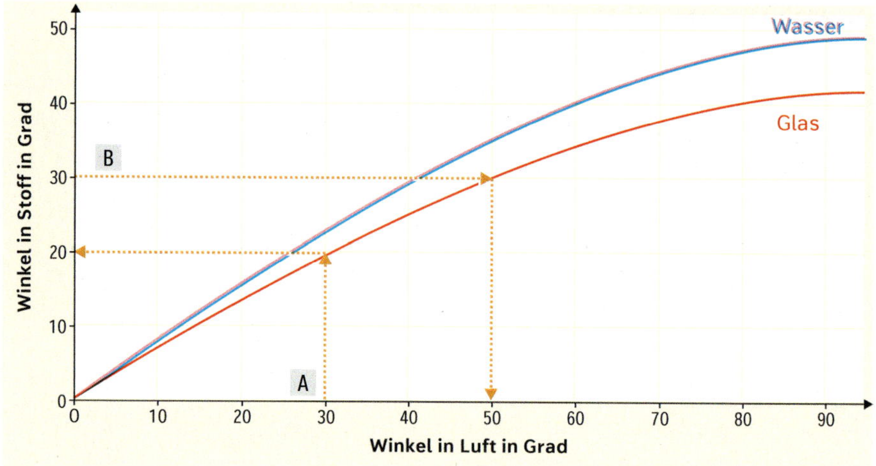

5 Brechungswinkel: **A** Übergang Luft-Glas, **B** Übergang Glas-Luft

Material mit Aufgaben

M2 Einfalls- und Brechungswinkel

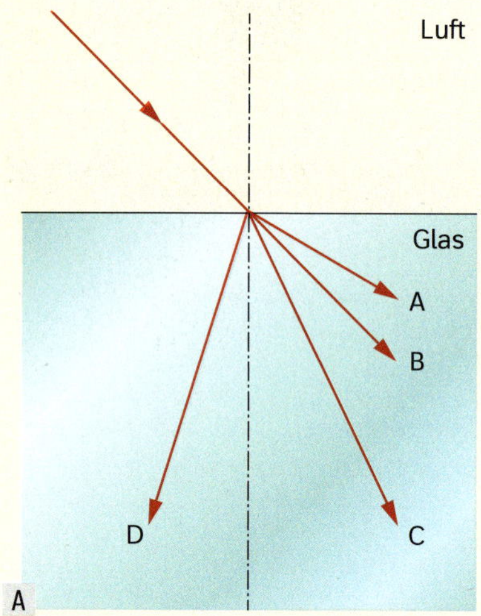

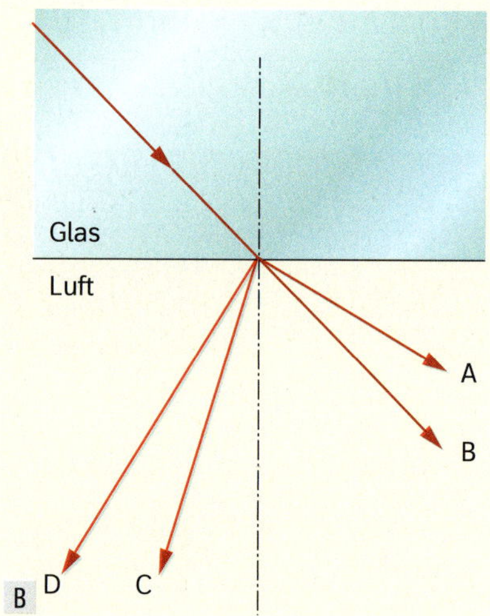

1. Nenne den richtigen Weg des Lichts in Bild A.
2. Nenne den richtigen Weg des Lichts in Bild B.
3. Wähle eine der Aufgaben aus:

a Erkläre, warum die anderen Lichtstrahlen in Bild A und B nicht den richtigen Verlauf zeigen.

b Wasser hat eine geringere optische Dichte als Glas. Stelle Vermutungen an, zwischen welchen beiden Lichtstrahlen der gebrochene Lichtstrahl velaufen würde, wenn das Glas in Bild A durch Wasser ersetzt wird.

Brechungswinkel

Den Zusammenhang zwischen dem Einfallswinkel und dem Brechungswinkel kann bei verschiedenen Medien untersucht werden. In Bild 4 liegt ein Halbzylinder aus Glas auf einer Winkelscheibe. Mithilfe der Winkelskala kann zu jedem Einfallswinkel der zugehörige Brechungswinkel abgelesen werden. Ein einfallendes Lichtbündel wird in einem Winkel zur Scheibe ausgerichtet. Fällt das Licht am Mittelpunkt der Skala ein, kann der Brechungswinkel gut abgelesen werden. Der Brechungswinkel ist nicht immer gleich. Er ändert sich mit dem Einfallswinkel. Mit größer werdendem Einfallswinkel, wächst auch der Brechungswinkel im Glas. Jedoch wächst er nicht so schnell an. Der Winkel in einem optisch dichten Medium ist immer kleiner als der Winkel im optisch dünneren Medium.

B Beschreibe eine Möglichkeit, um den Brechungswinkel zu bestimmen.

Material mit Aufgaben

M3 Zaubertrick

In der Tasse liegt eine Euromünze. In die Tasse mit der Münze wird Wasser gefüllt.

1. Beschreibe die Beobachtungen bei diesem abgebildeten Zaubertrick.
2. Erkläre, wie dieser Zaubertrick funktioniert.

M4 Schützenfisch und Speerfischer

Der Schützenfisch hat eine besondere Jagdtechnik. Er schießt einen Wasserstrahl auf Insekten. Die Insekten fallen dann ins Wasser. Der Fisch kann sie dann fressen.

1. Beschreibe die beiden Bilder.
2. Erkläre, wo der Speerfischer und der Schützenfisch jeweils hinzielen müssen, damit sie ihre Beute treffen.

P5 Lichtbrechung

Material: Glasstücke aus verschiedenen Glassorten, Laserpointer, Blatt Papier, farbige Stifte

Durchführung: Baue den Versuch wie in der Abbildung auf. Kennzeichne die Position des Glasstückes. Zeichne dann den Verlauf des Lichts auf dem Blatt Papier mit einem Stift nach. Wiederhole den Versuch mit den verschiedenen Glassorten. Achte darauf, das Glas immer auf die gleiche Position zu legen. Nimm für jede Glassorte eine andere Farbe.

1. Beschreibe die Beobachtungen des Versuchs.
2. Erkläre die Beobachtungen des Versuchs.

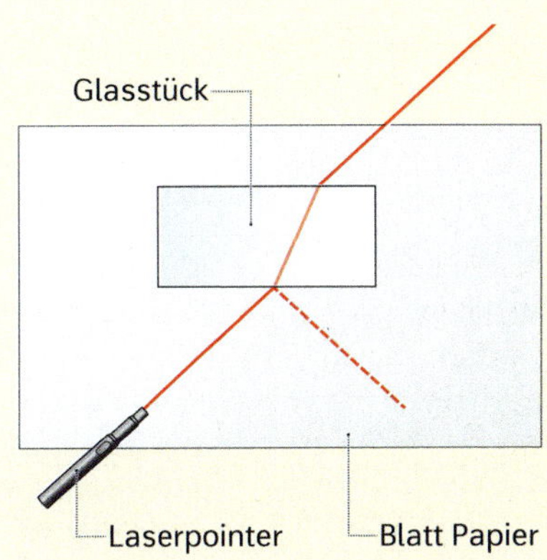

1 Totareflexion

Projekt

Totalreflexion

Totalreflexion

Geht das Licht von einem optisch dichten Stoff wie Wasser zu einem optisch dünnen Stoff wie Luft über, dann wird es vom Lot weg gebrochen. Dabei ist der Brechungswinkel größer als der Einfallswinkel. Vergrößert man nun den Einfallswinkel immer weiter, wird das Licht immer stärker beim Austritt aus dem Wasser gebrochen. Ab einem bestimmten Winkel, dem **Grenzwinkel**, wird das komplette Licht an der Grenzfläche zurück ins Wasser reflektiert. Es strahlt kein Licht mehr aus dem Wasser heraus. Dieses optische Phänomen bezeichnet man als **Totalreflexion**.

Der Grenzwinkel bei dem eine Totalreflexion stattfindet, hängt immer von den Materialien der beiden Stoffe ab. Zum Beispiel beträgt der Grenzwinkel beim Übergang von Wasser zu Luft 49 °. Beim Übergang von Glas zu Luft findet bei 42 ° eine Totalreflexion statt.

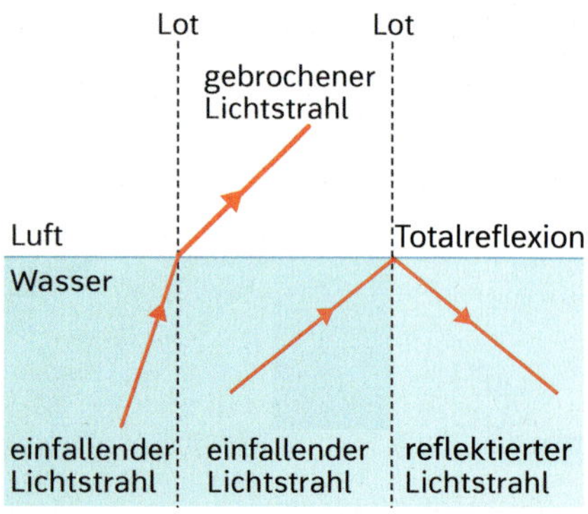

2 Schema Totalreflexion

Lichtleiter

Mithilfe von dünnen Stäben, Röhren oder Fasern kann Licht von einem Ort zu einem anderen Ort geleitet werden. Diese Bauteile werden **Lichtleiter** genannt. Das Licht wird im Inneren eines Lichtleiters meistens an einer Spiegelschicht reflektiert oder durch geeignete Materialien totalreflektiert.

Glasfaser

Glasfasern sind besondere Lichtleiter. Sie bestehen aus einem Kern aus optisch dichtem Glas und einer Ummantelung aus optisch dünnerem Glas. Sie nutzen das Prinzip der Totalreflexion. Wird Licht in eine Glasfaser geleitet, dann wird es an den Wänden der Faser immer wieder **totalreflektiert**. Es kann erst am Ende wieder die Glasfaser verlassen. Glasfasern dürfen nicht zu stark gebogen werden, da ansonsten der Grenzwinkel für eine Totalreflexion nicht mehr erreicht wird. Dadurch können Verluste in der Glasfaser entstehen. Zum Schutz sind sie oft mit Kunststoff ummantelt. Im Alltag nutzt man viele gübundelte Glasfasern zum Beispiel in einem **Glasfaserkabel**.

Endoskop

In der Medizin wird ein **Endoskop** für Untersuchungen im Körperinneren genutzt. Es besteht aus einem Schlauch mit Glasfasern, einer Steuerungseinheit, einer Lichtquelle und einer Beobachtungseinheit. Mithilfe der Glasfasern wird Licht in das Körperinnere geleitet. Eine weitere Glasfaser leitet das im Inneren reflektierte Licht zur Beoabchtungseinheit. Manche Endoskope haben zusätzlich noch kleine Operationswerkzeuge.

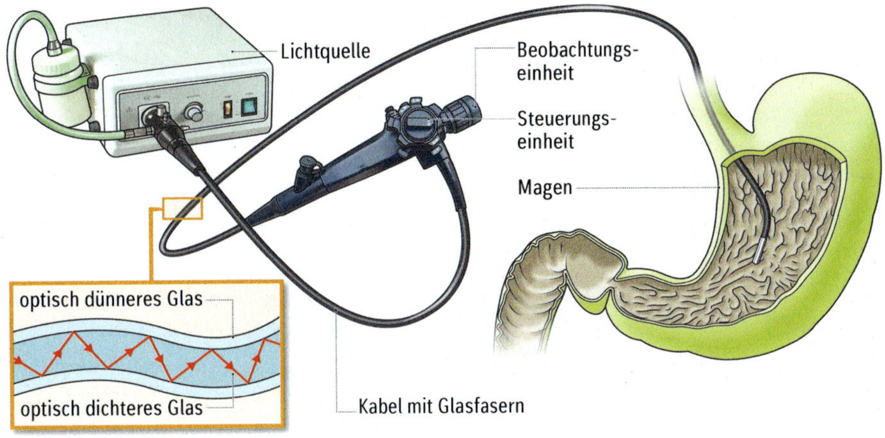

3 Endoskop

Material mit Aufgaben

M1 Fata Morgana

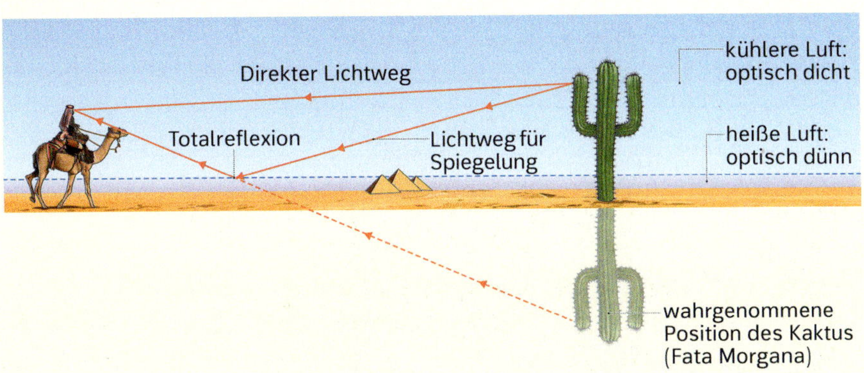

In Wüsten erwärmt der heiße Sandboden die untersten Luftschichten. Die darüber liegenden Luftschichten sind etwas kühler. Es kann vorkommen, dass man in der Wüste Dinge an Stellen sieht, an denen sie sich gar nicht befinden. Man nennt dies eine Fata Morgana.

1. Beschreibe mithilfe des Bildes die Entstehung einer Fata Morgana.
2. Erkläre, warum in der Wüste eine Totalreflexion mitten in der Luft möglich ist.
3. Erkläre, warum man den Kaktus an einer anderen Position wahrnimmt.

M2 Lichtleiter

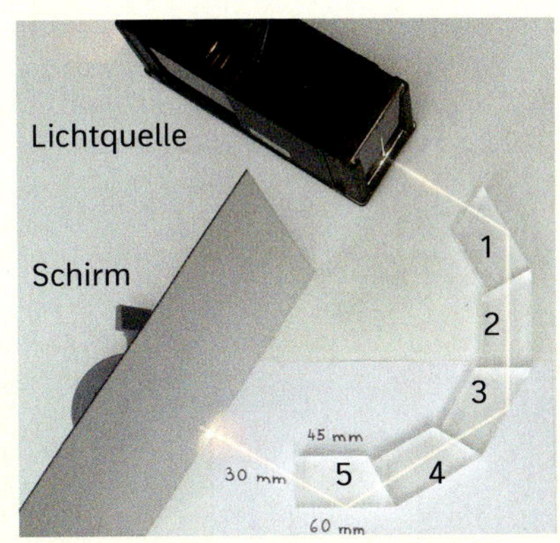

1. Beschreibe den dargestellten Versuchsaufbau.
2. Beschreibe den Weg des Lichts.
3. Erkläre, an welchen Glaskörpern eine Totalreflexion stattfindet.
4. Erkläre, warum der Versuch ein Modell für einen Lichtleiter ist.

1 Eine Lochblende

Die Lochkamera

Lochkamera

Die Lochkamera stellt die einfachste Art einer Kamera dar. Sie besteht nur aus einer Lochblende und einem Schirm. Die Lochkamera hat meist die Größe einer Schachtel. Später wurde ein Fotoschirm verwendet, der sich überall dort verändert, wo Licht darauf fällt. Aus dem Fotoschirm wurde anschließend das Bild entwickelt.
Im Mittelalter hat man dunkle Kammern gebaut, die wie eine Lochkamera funktionieren. Bei dieser **Camera obscura** hat man das auf dem Schirm entstandene Bild einfach nachgezeichnet.

Licht fällt durch Lochblenden

Von jedem Punkt der Lampe wird Licht in alle Richtungen ausgesendet. Stellt man eine Lochblende zwischen die Lampe und einem Schirm, dann fällt das ausgehende Licht durch die Blende auf den Schirm. Ist die Öffnung der Lochblende zu groß, gelangt von jedem Punkt der Lampe zu viel Licht durch die Öffnung. Es entstehen am Schirm Lichtflecken, die sich überlappen. Das Bild ist unscharf. Je kleiner die Lochblende ist, desto weniger überlappen sich die Lichtflecken und das Bild wird wieder scharf abgebildet.

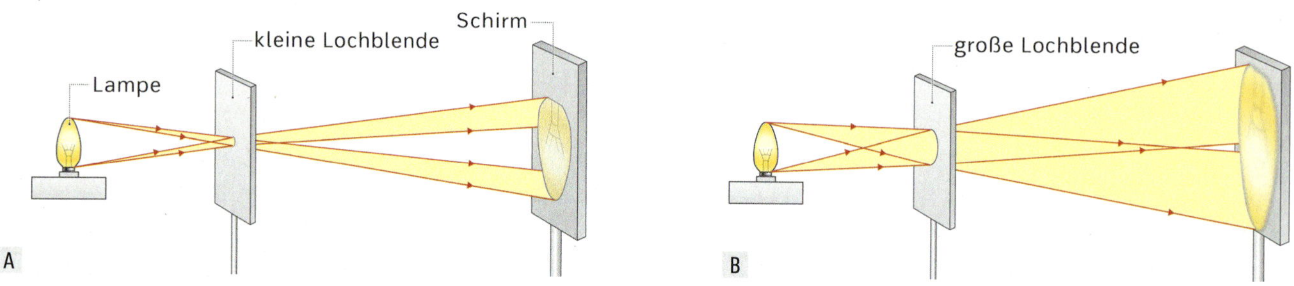

2 Entstehung eines Bildes an einer Lochblende: **A** scharfes Bild bei kleiner Öffnung, **B** unscharfes Bild bei großer Öffnung

Eigenschaften des Bildes

Je größer die Öffnung der Lochblende ist, desto mehr Licht kommt durch und desto unschärfer wird das Bild. Erst bei einer Lochblende mit genügend kleiner Öffnung, ist das Bild auf dem Schirm scharf erkennbar. Jedoch wird das Bild dunkler, da immer weniger Licht durch die Öffnung auf dem Schirm gelangt. Licht breitet sich immer geradlinig aus. Aus diesem Grund treffen die Lichtbündel von dem unteren Teil der Lampe oben auf dem Schirm auf. Abgehende Lichtbündel vom oberen Teil des Gegenstandes treffen auf den unteren Teil des Schirms. Daher steht das entstehende Bild auf dem Kopf. Das Bild ist außerdem seitenverkehrt.

Bildgröße

Der Gegenstand steht in einem gewissen Abstand zur Lochblende. Man spricht von der **Gegenstandsweite**. Auf dem Schirm entsteht das Bild ebenfalls in einem gewissen Abstand zur Lochblende. Man spricht von der **Bildweite**. Das entstehende Bild ist genauso groß wie der Gegenstand, wenn die Gegenstandsweite genauso so groß ist wie die Bildweite. Je näher der Gegenstand an der Lochblende ist, desto größer wird das Bild. Das Bild auf dem Schirm wird ebenfalls größer, wenn der Abstand zwischen dem Schirm und der Lochblende größer wird.

A Beschreibe die Entstehung eines Bildes bei einer Lochblende.

B Beschreibe, wie die Gegenstandsweite und Bildweite das Bild auf dem Schirm verändern.

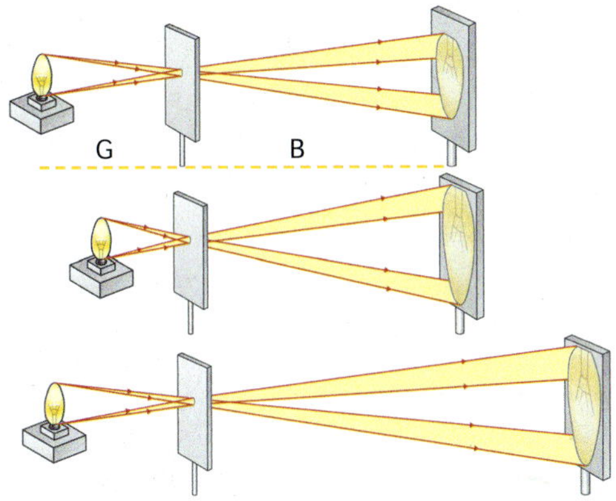

3 Gegenstandsweite G und Bildweite B bestimmen das entstehende Bild.

Material mit Aufgaben

P1 Lochkameramodell

Material: Holzstück mit Ring, abzubildener Gegenstand, Schirm, Fäden, Klebeband

Durchführung: Stelle zwischen den Schirm und den Gegenstand das Holzstück mit dem Ring. Befeste mit Klebeband Fäden an verschiedenen Stellen des Gegenstandes. Stelle den Verlauf der Lichtstrahlen durch die Lochblende auf den Schirm mit den Fäden nach.

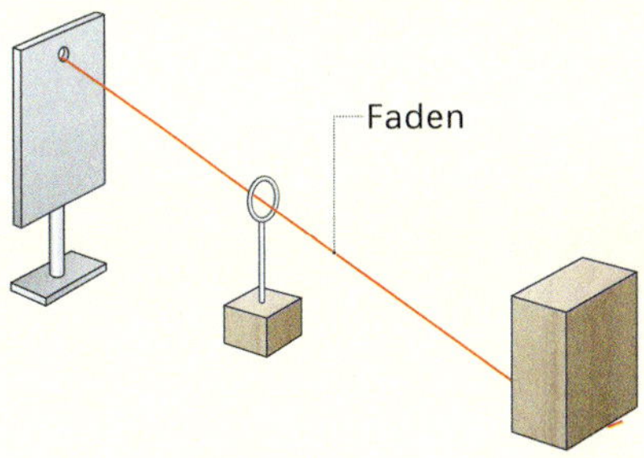

1. Erkläre die Bildentstehung an einer Lochblende mithilfe des Modells.
2. Erkläutere Vor- und Nachteile des verwendeten Modells.

M2 Camera obscura

1. Beschreibe den Aufbau einer Camera obscura.
2. Erkläre, warum das Bild auf dem Kopf steht.
3. Begründe, warum die Kammer dunkel sein muss.
4. Erkläre Auswirkungen auf das Bild, wenn die Kammer weiter weg oder näher am Gegenstand steht.

1 Eine Lupe

Linsen

Linsen brechen Licht

Linsen sind lichtdurchlässige Körper. Lichtstrahlen, die Linsen durchdringen, werden an ihnen gebrochen. Linsen werden in vielen Bereichen des Lebens eingesetzt. In Beamern, Smartphones, Mikroskopen oder Brillen sind Linsen verbaut. Sie verbessern und erzeugen Bilder. Auch im menschlichen Auge sorgt eine Linse für scharfes Sehen.

Grundsätzlich kann man zwei Typen von Linsen unterscheiden. **Sammellinsen** bündeln das Licht in einem Punkt. **Zerstreuungslinsen** streuen das Licht. Beide Linsentypen gibt es in unterschiedlichen Größen und Formen. Sammellinsen sind immer in der Mitte dicker als am Rand. Zerstreuungslinsen sind am Rand dicker als in der Mitte.

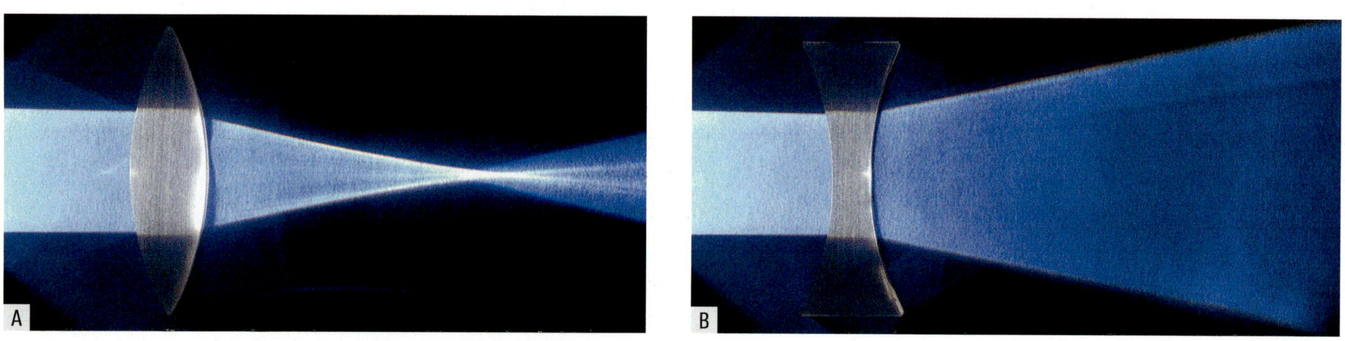

2 Verschiedene Linsenformen: **A** Sammellinse, **B** Zertreuungslinse

Brennpunkt und Brennweite

Eine Lupe ist eine Sammellinse. Mit ihr kann man parallel einfallendes Licht in einem Punkt bündeln. Den entstehenden hellen Punkt wird **Brennpunkt** genannt. Er wird in Zeichnungen mit einem **F** gekennzeichnet. Der Abstand zwischen Brennpunkt und Linse wird als **Brennweite** bezeichnet. Sie mit einem **f** gekennzeichnet. Je stärker eine Sammellinse gekrümmt ist, desto stärker wird das Licht gebrochen. Die Brennweite ist kleiner. Zerstreuungslinsen lassen Licht auseinanderstreben. Das Licht trifft sich in keinem Punkt hinter der Linse. Verlängert man in Gedanken die zerstreuten Lichtstrahlen zurück, treffen sie sich in einem Punkt vor der Linse, dem **virtuellen Brennpunkt**.

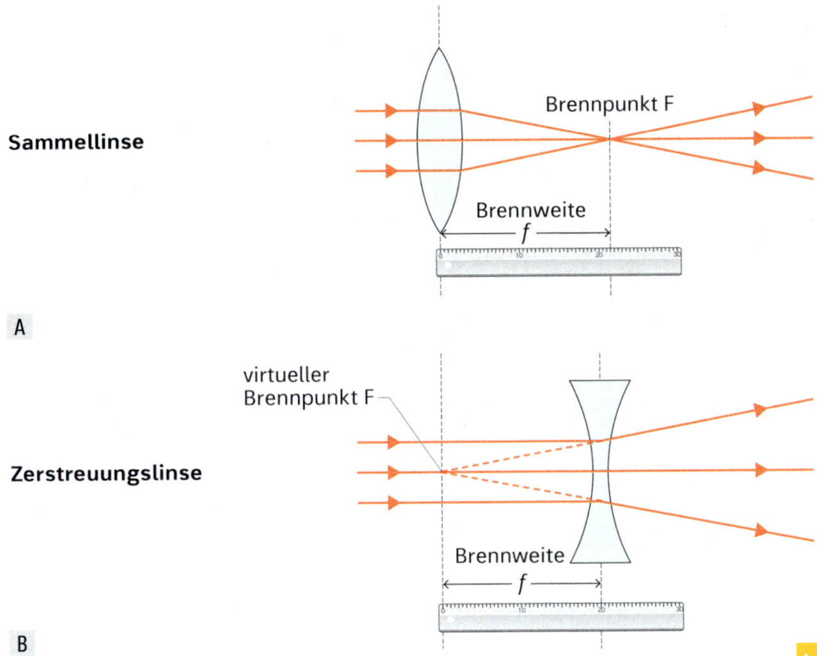

3 Brennpunkt: **A** einer Sammellinse, **B** einer Zerstreuungslinse

A

Herstellung von Linsen

Linsen bestehen oft aus Glas oder Kunststoff. Glaslinsen werden aus Quarzsand hergestellt. Dieser wird bei über 1500 °C zum Schmelzen gebracht. Danach wird er in Formen gegossen .Es entstehen so Stangen aus Glas. Diese werden weiter zu Linsenrohlingen verarbeitet. Diese werden immer feiner geschliffen, bis eine klare Linse entsteht. Beim Schleifen von Linsen muss sehr genau gearbeitet werden, da schon kleine Fehler in der Oberfläche Auswirkungen auf die Qualität der Linse haben. In optischen Geräten werden oft verschiedene Linsentypen kombiniert eingesetzt. In einem Mikroskop befinden sich zum Beispiel beide Linsenformen.

A Vergleiche Sammellinsen und Zerstreuungslinsen miteinander.

Material mit Aufgaben

M1 Linsen

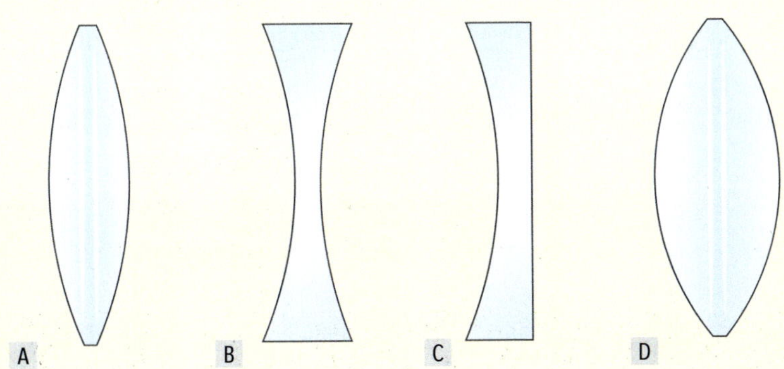

1. Ordne den Linsen A bis D die Begriffe Sammellinse und Zerstreuungslinse zu.
2. Erkläre, welche der abgebildeten Sammellinsen eine größere Brennweite hat.
3. Erkläre den Unterschied zwischen dem virtuellen Brennpunkt einer Zerstreuungslinse und dem Brennpunkt einer Sammellinse.

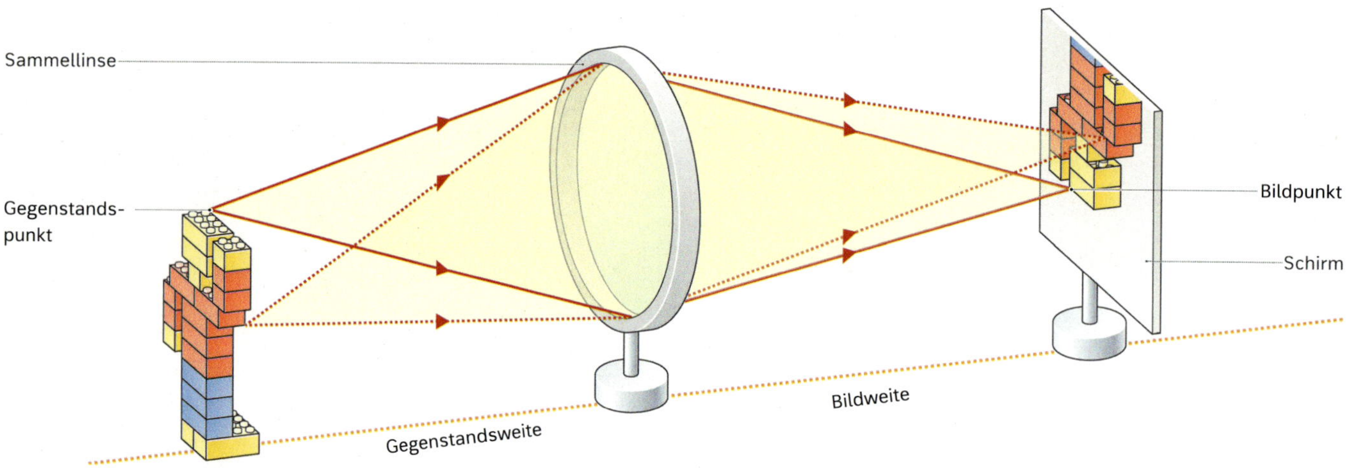

4 Linsen erzeugen auf dem Kopf stehende und seitenverkehrte Bilder.

Linsen erzeugen Bilder

Mithilfe von Sammellinsen ist es möglich, Bilder von Gegenständen zu erzeugen. Diese Bilder kann man dann auf einem Schirm darstellen. Sie entstehen hinter dem Brennpunkt der Sammellinse. Von jedem Punkt des Gegenstandes gehen Lichtstrahlen aus. Diese Punkte werden als **Gegenstandspunkte** bezeichnet. Die Lichtstrahlen von einem Gegenstandpunkt treffen sich hinter der Sammellinse in einem **Bildpunkt** des Gegenstandes. Zu jedem Gegenstandpunkt gehört immer ein Bildpunkt.

Das Bild des Gegenstandes steht immer auf dem Kopf und ist seitenverkehrt. Es sind also oben und unten und rechts und links vertauscht. Die Lichtstrahlen haben beim Durchdringen der Sammellinse und des Brennpunktes das Bild gedreht. Auch der Abstand zwischen Gegenstand und Sammellinse ist wichtig für das entstehende Bild. Verändert man den Abstand, dann wird das Bild unscharf, weil die Bildpunkte nicht mehr auf dem Schirm liegen. Nur im richtigen Abstand von Gegenstand, Sammellinse und Schirm wird das Bild des Gegenstandes scharf auf dem Schirm dargestellt.

Material mit Aufgaben

P2 Bildentstehung

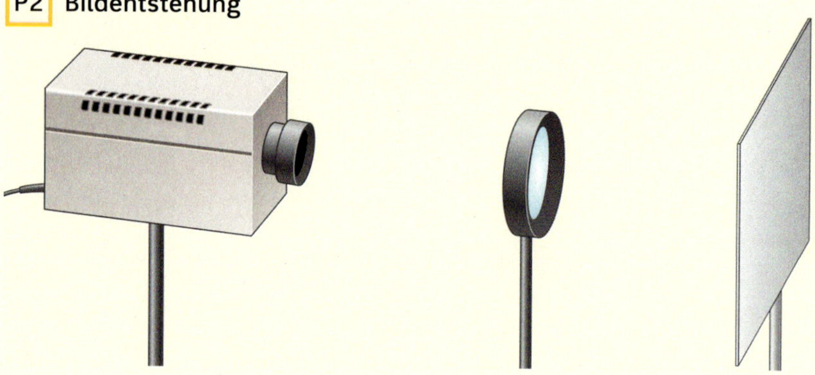

Material: Sammellinse, Schirm, Lampe, verschiedene Gegenstände

Durchführung: Erzeuge mithilfe der Linse ein scharfes Bild vom Gegenstand auf dem Schirm.

1. Ändere die Position der Linse und beobachte das Bild. Formuliere einen Je-desto-Satz.
2. Erkläre, warum das Bild einer Sammellinse an zwei Stellen scharf ist, bei einer Lochkamera aber an allen Stellen gleich scharf.

Eigenschaften von Bildern

Erzeugt man mithilfe einer Sammellinse ein Bild von einer Kerze auf einem Schirm, dann stellt man fest, dass das Bild nicht immer deutlich zu sehen ist. Auch die Größe des Bildes kann unterschiedlich sein. Die Abstände zwischen der Linse, dem Schirm und dem Gegenstand sind entscheidend dafür, wie das Bild auf dem Schirm aussieht.

Je näher die Linse in Richtung des Gegenstandes bewegt wird, desto größer wird das Bild auf dem Schirm. Wenn der Abstand zwischen Gegenstand und Linse aber kleiner als die Brennweite der Linse ist, entsteht kein scharfes Bild mehr auf dem Schirm. Bewegt man hingegen die Linse in Richtung des Schirms, dann wird das Bild der Kerze immer kleiner.

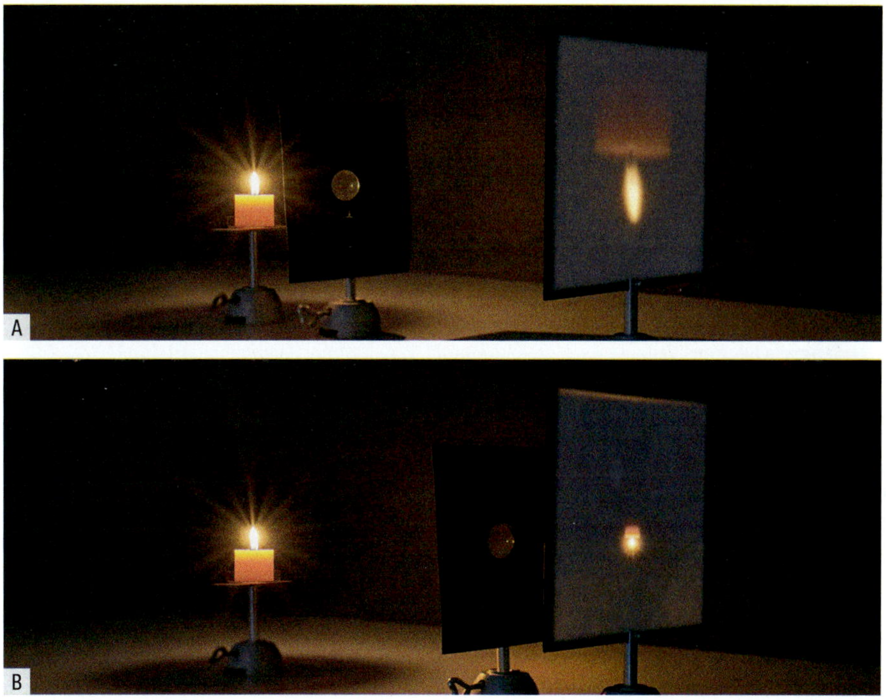

5 Entstehung von Bildern an einer Sammellinse: **A** vergrößertes Bild, **B** verkleinertes Bild

Material mit Aufgaben

M3 Linsen erzeugen Bilder

1. Beschreibe den Aufbau der abgebildeten Versuche A und B.
2. Vergleiche die in den Versuchen A und B entstehenden Bilder miteinander.
3. Erkläre, wie die unterschiedlichen Größen der Bilder zu Stande kommen.
4. Erkläre wie sich das Bild in Versuch A verändert, wenn der Schirm noch näher an die Linse geschoben wird.
5. Vergleiche die Bildentstehung bei einer Sammellinse mit der Bildentstehung bei einer Lochkamera.

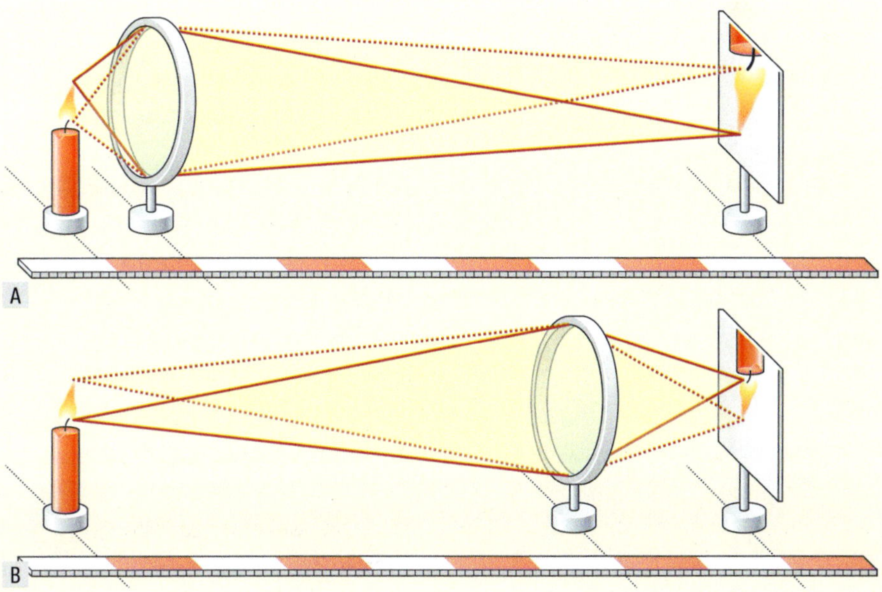

Linsenbilder konstruieren

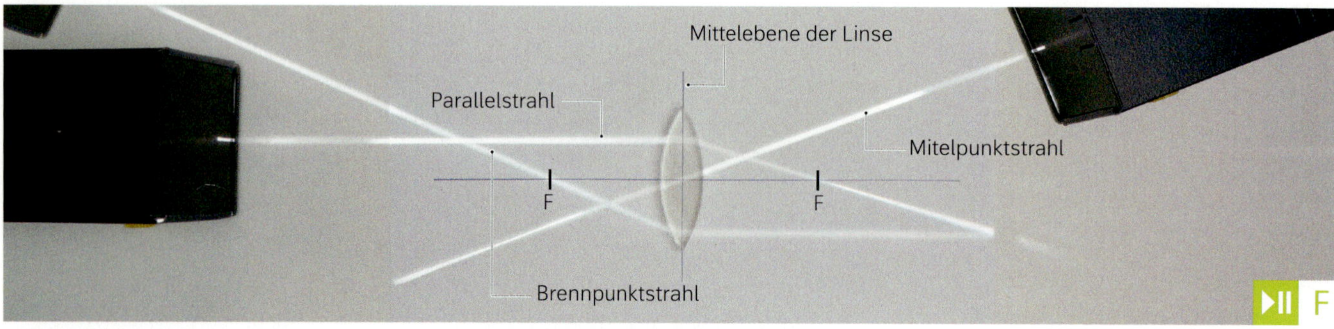

1 Verdeutlichung des Verlaufs von Mittelpunktstrahl, Parallelstrahl und Brennpunktstrahl

Linsenbild konstruieren

Möchte man die Position und Größe eines Bildes einer Sammellinse vorher bestimmen, kann man dies mithilfe von drei Lichtstrahlen erreichen. Alle Strahlen gehen von einem Gegenstandspunkt aus und treffen sich hinter der Sammellinse in einem gemeinsamen Schnittpunkt. Dieser Punkt ist der **Bildpunkt** des Gegenstands. Wenn man das Linsenbild konstruieren möchte, reicht es aus, nur die Mittelebene der Sammellinse zu zeichnen.

- **Mittelpunktstrahl** • Der Mittelpunktstrahl geht durch die Mitte der Sammellinse. Er ändert seine Richtung nicht.
- **Parallelstrahl** • Der Parallelstrahl verläuft zunächst vom Gegenstandspunkt aus parallel zur optischen Achse. Trifft der Parallelstrahl auf die Sammellinse, wird er an ihr gebrochen. Nach der Lichtbrechung verläuft er durch den Brennpunkt hinter der Sammellinse.
- **Brennpunktstrahl** • Ein Lichtstrahl, der vom Gegenstand aus vor der Sammellinse durch ihren Brennpunkt geht, wird auch an der Sammellinse gebrochen. Der Lichtstrahl verändert dadurch seine Richtung und verläuft hinter der Linse parallel zur optischen Achse.

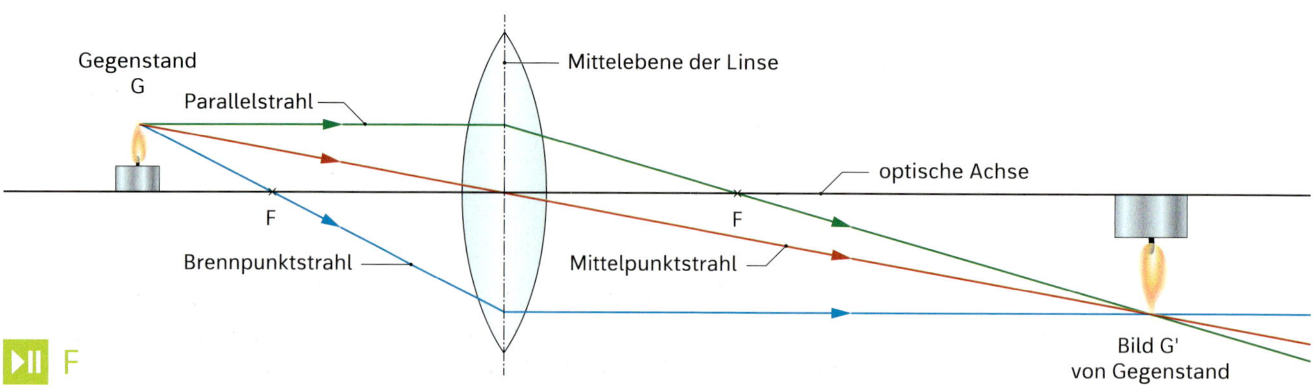

2 Linsenbilder konstruieren

A Vergleiche den Verlauf von Mittelpunktstrahl, Parallelstrahl und Brennpunktstrahl.

B Beschreibe, wie man die Position und die Größe eines Bildes, das durch eine Sammellinse erzeugt wird, bestimmen kann.

C Stelle Vermutungen an, warum es ausreicht, nur die Mittelebene der Sammellinse zu zeichnen.

Material mit Aufgaben

M1 Bildkonstruktionen

1. Vergleiche die entstehenden Bilder miteinander.
2. Beschreibe die Eigenschaften der konstruierten Lichtstrahlen, die vom Gegenstand A ausgehen.
3. Erkläre, dass die Größe und Position des Bildes von der Gegenstandsweite und von der Brennweite der Linse abhängig sind.
4. Erkläre, warum man nicht alle drei Lichtstrahlen zeichnen muss, um das Bild einer Sammellinse zu konstruieren.

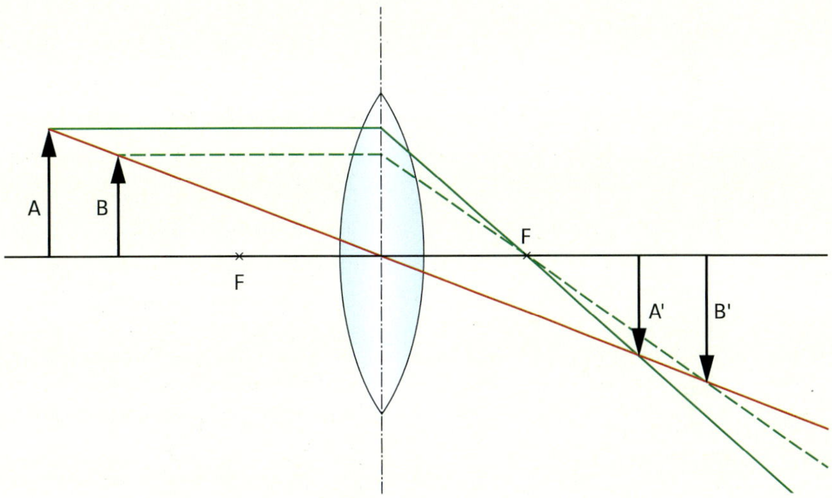

M2 Bilder selbst konstruieren

1. Übernehme die Abbildung auf kariertes Papier. Konstruiere für die beiden Gegenstände A und B das zugehörige Bild auf der Bildseite.

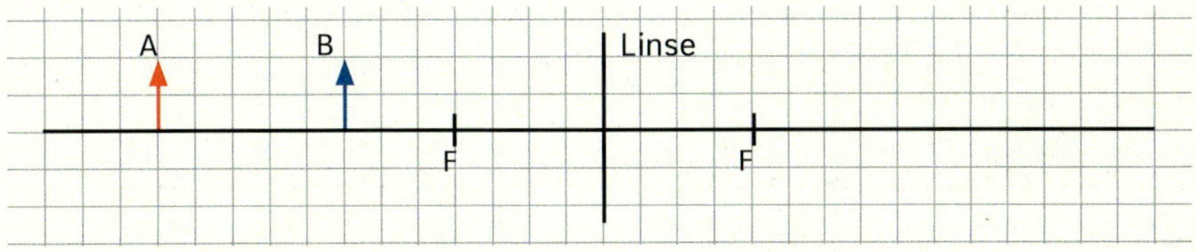

2. Wähle eine der Aufgaben aus:

a Zeichne einen Gegenstand, der im Brennpunkt vor der Linse steht. Konstruiere das Bild.

b Zeichne einen neuen Gegenstand zwischen den Brennpunkt und der Linse. Zeichne den Mittelpunktstrahl und Parallelstrahl. Beschreibe, was dir bei der Konstruktion auffällt.

1 Ein Auge

Bildentstehung im Auge

Bau des Auges

Menschen orientieren sich in ihrer Umgebung hauptsächlich mit den Augen. Daher sind die Augen sehr wichtige Sinnesorgane. Die Augen liegen gut geschützt in den Augenhöhlen des Schädels. Sie können durch die Augenmuskeln in verschiedene Richtungen bewegt werden. Die äußere Hülle des Auges, die **Lederhaut**, schützt das Innere des Auges. An der Vorderseite geht sie in die durchsichtige **Hornhaut** über. Hinter der Hornhaut liegt die farbige **Iris**. Sie hat in der Mitte ein Loch, die Pupille. Durch die Pupille fällt Licht in das Auge. Die Iris ist ein ringförmiger Muskel. Sie kann die Größe der Pupille verändern und dadurch den Lichteinfall in das Auge regulieren. Wie bei einer Lochkamera fällt mehr Licht durch die Pupille, je größer sie ist. Das Licht dringt durch die elastische Linse und den gelartigen Glaskörper bis zur hinteren Augenwand. Dort fällt das Licht auf die **Netzhaut**. Unter der Netzhaut liegt die **Aderhaut**. Sie ist stark durchblutet und versorgt das Auge mit Nährstoffen. Zwischen Netzhaut und Aderhaut liegt die lichtundurchlässige **Pigmentschicht**. In der Netzhaut liegen Lichtsinneszellen. Sie wandeln Lichtreize in elektrische Signale um, die über den Sehnerv zum Gehirn gelangen.

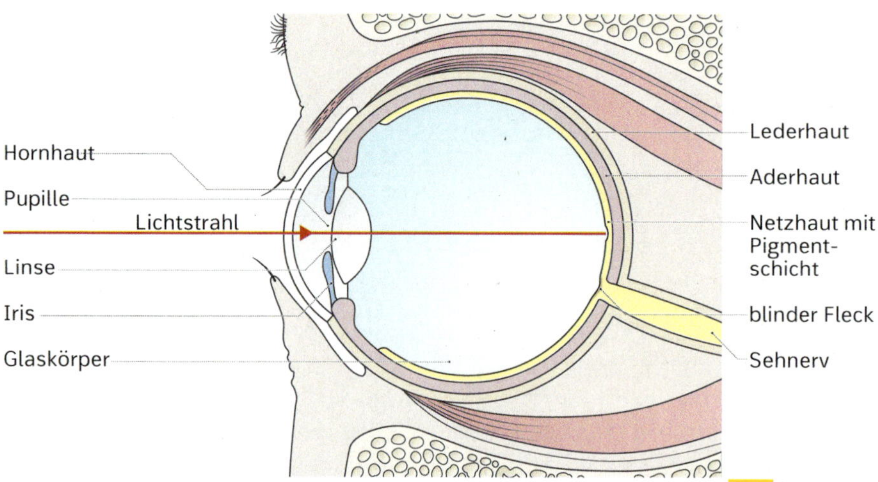

2 Bau des Auges

A+F

Bildentstehung

Fällt Licht auf einen Gegenstand, wird von jedem Punkt des Gegenstands Licht zurückgeworfen. Es wird reflektiert. Das vom Gegenstand ausgehende Licht gelangt ins Auge. Beim Durchgang durch das Auge wird das Licht mehrfach gebrochen. Zur Vereinfachung wird die Lichtbrechung im Bild 3 nur an der Mittelebene der Linse dargestellt.
Die Linse ist mit Muskeln verbunden, wodurch die Form der Linse verändert werden kann. Die Lichtbrechung wird so angepasst. Das in das Auge einfallende Licht wird von der Linse so gebrochen, dass es auf die Netzhaut fällt. Von jedem Punkt des Gegenstandes entsteht auf der Netzhaut ein entsprechender Bildpunkt.

Wahrnehmung im Gehirn

Durch die vielen entstehenden Bildpunkte setzt sich auf diese Weise ein Bild zusammen, das seitenverkehrt ist, auf dem Kopf steht und verkleinert ist. Die Lichtsinneszellen der Netzhaut wandeln die vielen Lichtreize in elektrische Impulse um. Über den Sehnerv gelangen die Impulse ins Gehirn. Das Gehirn wertet diese Informationen aus. Bei der Wahrnehmung wird das Bild dann umgedreht und wieder gespiegelt. So nimmt man ein originalgetreues Abbild des Gegenstands wahr.

A Nenne die Bauteile des Auges und ordne den Bauteilen ihre Funktionen zu.

B Erkläre, warum das Bild auf der Netzhaut verkleinert ist, seitenverkehrt ist und auf dem Kopf steht.

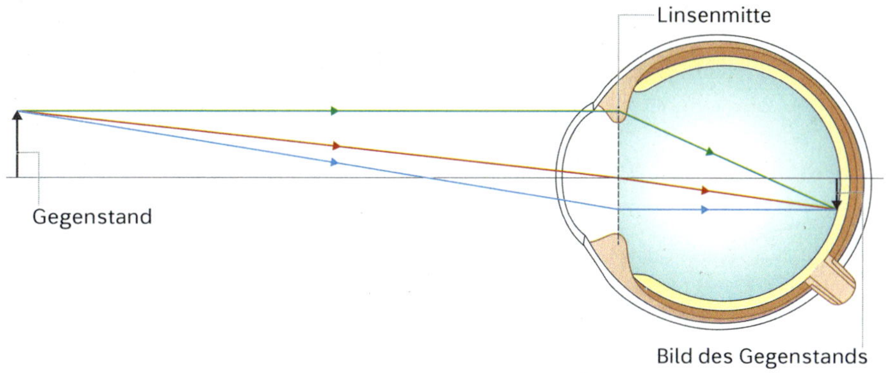

3 Strahlenverlauf im Auge

Material mit Aufgaben

M1 Kamera

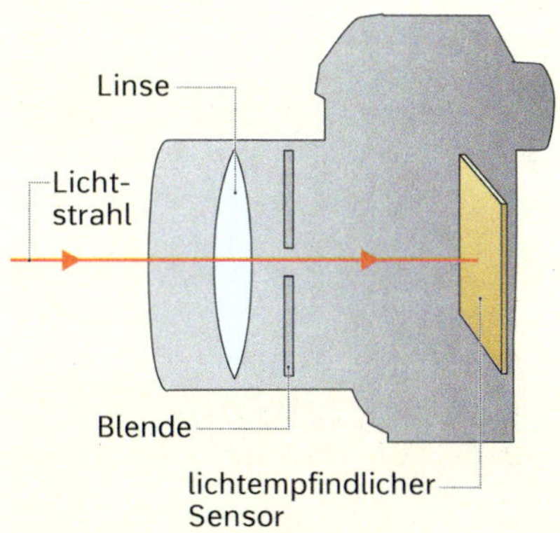

1. Beschreibe den vereinfachten Aufbau der Kamera.
2. Vergleiche mithilfe einer Tabelle den Aufbau des Auges mit dem vereinfachten Aufbau einer Kamera.
3. Erkläre die Bedeutung der Blende und der Iris.

M2 Lichtbrechung im Auge

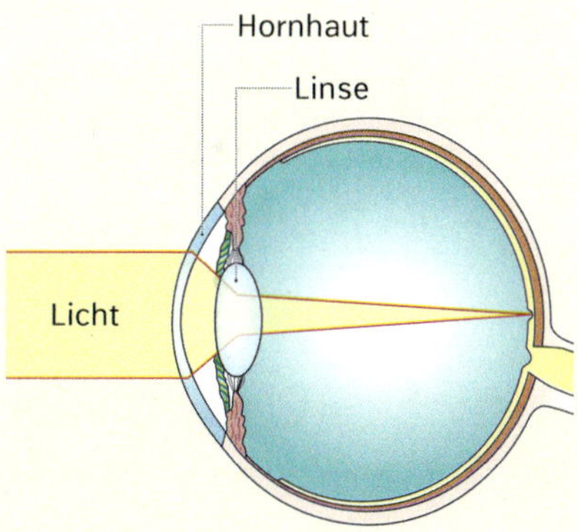

1. Nenne die Teile des Auges, an denen Licht gebrochen wird.
2. Beschreibe die Lichtbrechung im Auge.
3. Erkläre, wie die Linse die Lichtbrechung anpassen kann.
4. Erläutere die Auswirkungen von einer Hornhautverkrümmung.

Nahsicht und Fernsicht

Beim Blick aus dem Fenster sieht man viele Gegenstände in unterschiedlicher Entfernung. Jeden Gegenstand kann man anschauen und scharf sehen. Jedoch kann nicht jeder Gegenstand gleichzeitig scharf gesehen werden.

Akkommodation

Die Linse im menschlichen Auge ist in ihrer Form veränderbar. Dadurch kann das Licht durch die Linse mal stärker und mal schwächer gebrochen werden. Die Linse ist an ihrem Rand über Linsenbänder mit Muskeln verbunden. Der Muskel umgibt die Linse wie einen Ring. Betrachtet man einen Gegenstand in der Ferne, ist dieser Ringmuskel entspannt und die Linsenbänder sind gespannt. Dadurch ist die Linse flach. Das ins Auge einfallende Licht wird so von der Linse gebrochen, dass das Bild scharf auf der Netzhaut entsteht.
Betrachtet man einen Gegenstand aus der Nähe, spannt sich der Ringmuskel um die Linse an. Der Umfang des Ringmuskels wird kleiner. Dadurch sinkt der Zug auf die Linsenbänder und diese entspannen sich. Die Linse wird kugeliger und die Lichtbrechung durch die Linse nimmt zu. Das Licht wird stärker gebrochen und das Bild scharf auf der Netzhaut abgebildet. Die Anpassung der Linsenform und der Brechkraft der Linse nennt man **Akkommodation**. Dieser Vorgang läuft unbewusst ab und wird vom Gehirn gesteuert.

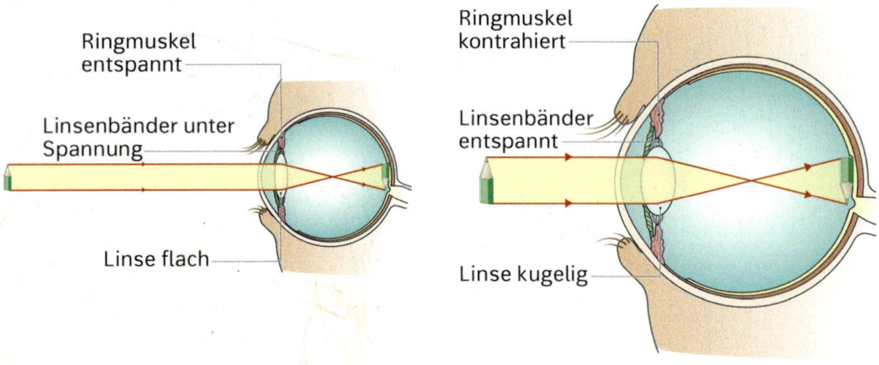

A

B

4 Akkommodation: **A** Fernsicht, **B** Nahsicht

F

C Beschreibe mithilfe von Bild 4 die Vorgänge im Auge bei der Akkommodation.

Material mit Aufgaben

M3 Akkommodation

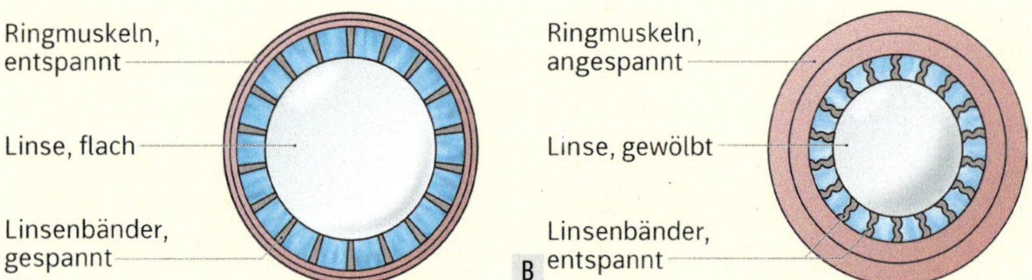

A

B

1. Ordne den Bildern A und B die Begriffe Nahsicht und Fernsicht zu. Begründe.
2. Beschreibe, wie die Form der Linse durch den Ringmuskel und die Linsenbänder verändert wird.

M4 Akkommodation beim Fischauge

Nahakkommodation

Fernakkommodation

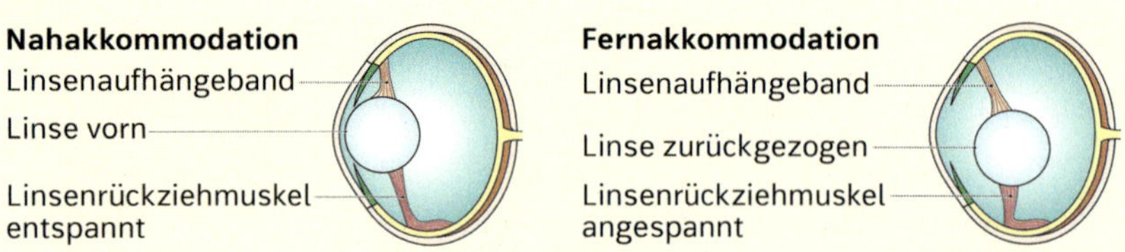

1. Vergleiche den Bau des Fischauges und den Bau des menschlichen Auges.
2. Beschreibe die Veränderung des Fischauges bei Fernsicht.
3. Vergleiche die Akkommodation beim Mensch und beim Fisch.

Lichtmenge im Auge

Damit man gut sehen kann, muss eine ausreichend große Lichtmenge ins Auge gelangen. Im Dunkeln ist diese zu niedrig, bei starkem Sonnenlicht zu hoch. Das Auge kann sich unterschiedlichen Lichtverhältnissen anpassen und die einfallende Lichtmenge ins Auge regulieren. Dies geschieht über die Pupille. Die Pupille kann mithilfe von Muskeln in der Iris verengt oder erweitert werden. Diesen Vorgang bezeichnet man als Hell-Dunkel-Anpassung oder auch als **Adaptation**.

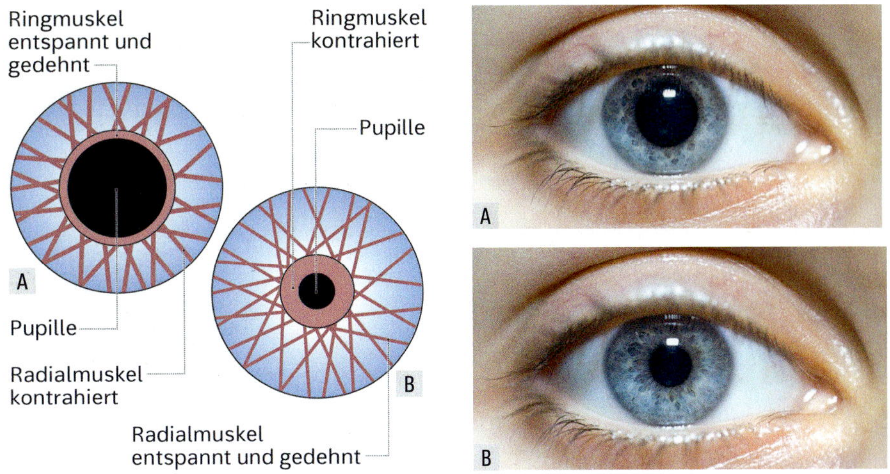

5 Zustand der Pupille und Iris: **A** bei schwachem Lichteinfall **B** bei starkem Lichteinfall

Gegenspieler

Bei der Größenänderung der Pupille arbeiten zwei Muskeln zusammen. Um die Pupille liegt der **Ringmuskel**. An ihn schließt der **Radialmuskel** an. Bei viel Licht zieht sich der Ringmuskel zusammen. Der Radialmuskel ist entspannt und wird gedehnt. Die Iris ist breit und die Pupille klein. Zieht sich der Radialmuskel zusammen, ist der Ringmuskel entspannt. Die Iris ist schmal und die Pupille geweitet. Ringmuskel und Radialmuskel arbeiten als Gegenspieler zusammen.

Pupillenreflex

Die Pupille kann sich innerhalb von wenigen Millisekunden verkleinern. Besonders bei plötzlich auftretendem grellem Licht ist diese Reaktion für das Auge sehr wichtig. So werden die lichtempfindlichen Lichtsinneszellen der Netzhaut geschützt. Diesen Vorgang bezeichnet man als **Pupillenreflex**. Er läuft unwillkürlich ab, ohne dass man ihn bewusst steuern kann. Selbst wenn nur wenig Licht in das Auge fällt, werden die Pupillen blitzschnell verkleinert. So entstehen keine Schäden im Auge.

Material mit Aufgaben

M5 Adaptation

1. Beschreibe mithilfe der Abbildungen den Zustand der Pupille bei verschiedenen Lichtverhältnissen.
2. Erkläre, warum die Pupillenöffnung an verschiedene Lichtverhältnisse angepasst wird.

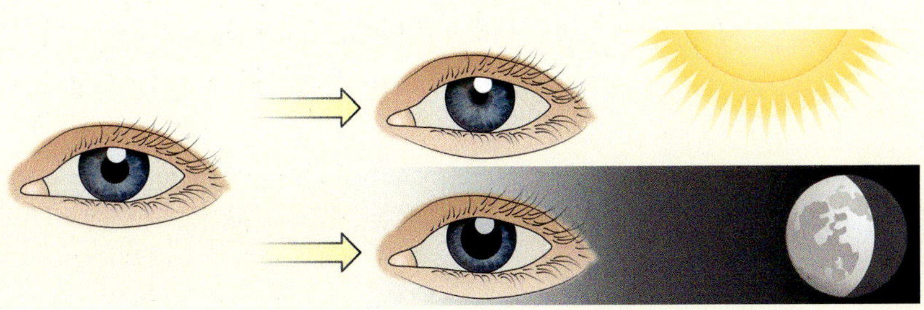

1 Mutter und Sohn mit Brille

Sehfehler korrigieren

Fehlsichtigkeiten

Viele Menschen benötigen eine Brille, damit sie ihre Umgebung scharf sehen können. Sie leiden an einer Fehlsichtigkeit. Menschen, die weit entfernte Gegenstände nicht scharf sehen können, leiden an **Kurzsichtigkeit**. Bei kurzsichtigen Menschen wird das Licht von der Linse zu stark gebrochen. Das scharfe Bild des weit entfernten Gegenstands entsteht vor der Netzhaut. Auf der Netzhaut ist das Bild schon wieder unscharf. Menschen, die weit entfernte Gegenstände nicht scharf sehen können, leiden an **Weitsichtigkeit**. Bei weitsichtigen Menschen entsteht das scharfe Bild eines nah entfernten Gegenstands erst ein Stück hinter der Netzhaut. Das Licht wird von der Linse nicht stark genug gebrochen, um das entstehende Bild scharf auf der Netzhaut abzubilden.

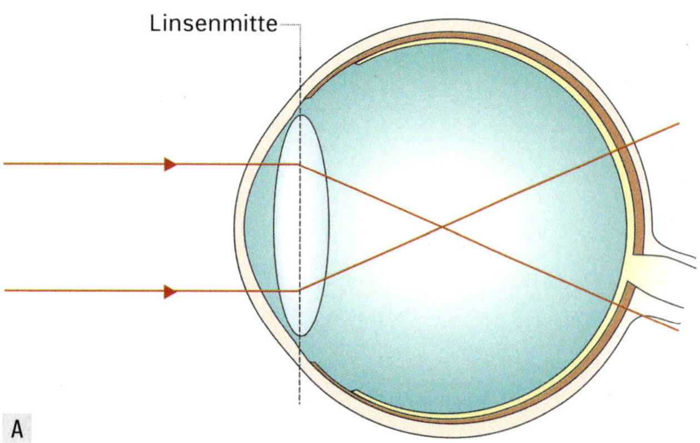

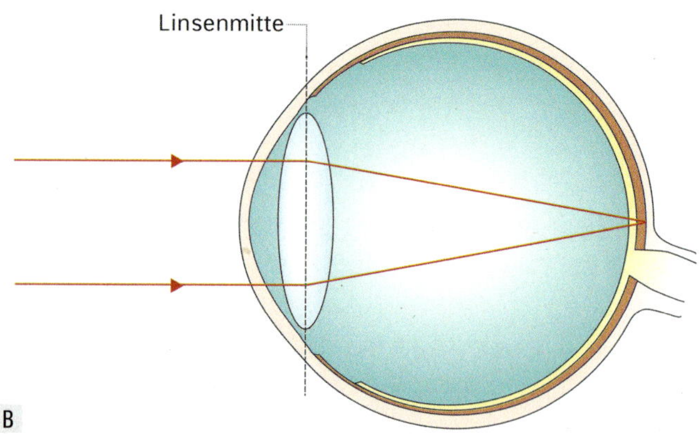

2 Fehlsichtigkeit: **A** Kurzsichtigkeit, **B** Weitsichtigkeit

Altersweitsichtigkeit

Vor allem ältere Menschen müssen beim Lesen oft eine Brille aufsetzen. Wenn sie keine Brille zur Hand haben, halten sie oft beim Lesen das Buch nicht direkt vor das Gesicht, sondern halten es weit entfernt mit gestreckten Armen. Sie haben Probleme nah entfernte Gegenstände scharf zu sehen. Die betroffenen leiden an **Altersweitsichtigkeit**. Im zunehmenden Alter verliert die Linse oft an Elastizität. Sie lässt sich durch die Muskeln nicht mehr so stark krümmen. Dadurch ist die Brechkraft der Linse nicht mehr stark genug, nah entfernte Gegenstände oder die Buchstaben einer Buchseite scharf auf der Netzhaut darzustellen.

Hornhautverkrümmung

Auch die Hornhaut ist eine Grenzfläche, an der ins Auge kommendes Licht gebrochen wird. Bei manchen Menschen ist die Hornhaut nicht regelmäßig gekrümmt, sondern kann an der ein oder anderen Stelle stärker oder weniger stark gekrümmt sein. Die Hornhaut ist unregelmäßig. Dadurch werden eingehende Lichtbündel auch unterschiedlich gebrochen. Auf der Netzhaut werden dann Bilder abgebildet, die teilweise scharf oder unscharf sind. Durch eine Hornhautverkrümmung kann zusätzlich eine Fehlsichtigkeit auftreten.

A Beschreibe, wie Altersweitsichtigkeit entsteht.

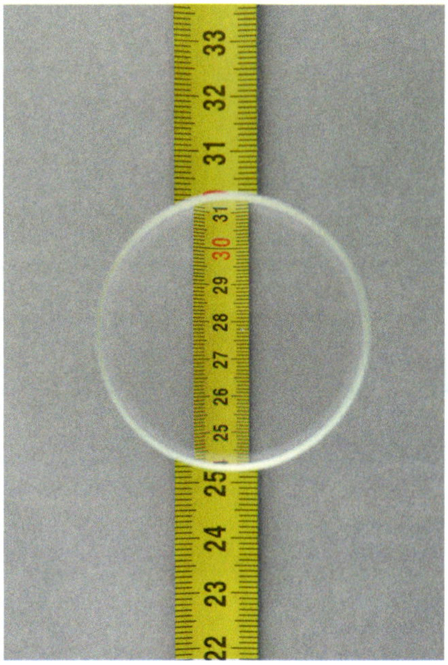

3 Wirkung einer Zerstreuungslinse

Fehlsichtigkeiten korrigieren

Bei kurzsichtigen Menschen liegt der Brennpunkt bei einem entspannten Auge vor der Netzhaut. Damit kurzsichtige Menschen weit entfernte Gegenstände gut sehen können, benötigen sie eine Brille mit Zerstreuungslinsen. Diese Linsen weiten das Lichtbündel auf und verschieben den Brennpunkt nach hinten auf die Netzhaut. Bei weitsichtigen Menschen liegt der Brennpunkt des entspannten Auges eigentlich hinter der Netzhaut. Möchte ein weitsichtiger Mensch einen nah entfernten Gegenstand scharf sehen, reicht seine Nahakkommodation nicht aus. Er benötigt eine Brille mit Sammellinsen. Die Lichtbündel werden hinter der Linse gesammelt verlaufen dann so, als wäre der Gegenstand weiter weg. Der Brennpunkt wird nach vorne verschoben, sodass er auf der Netzhaut liegt.

Material mit Aufgaben

F

M1 Wirkung von Brillen

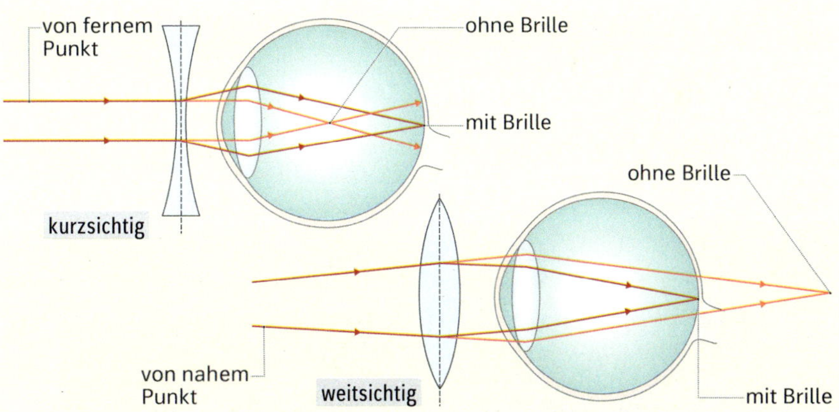

1. Beschreibe die Bildentstehung beim kurzsichtigen und weitsichtigen Auge.
2. Beschreibe mithilfe des Bildes, wie diese Fehlsichtigkeiten korrigiert werden können.
3. Erkläre, warum die verwendeten Linsen helfen, die jeweilige Fehlsichtigkeit zu korrigieren.

1 Ein Regenbogen

Das Licht der Sonne

Das sichtbare Licht

Die Sonne strahlt jede Sekunde große Mengen von Strahlungsenergie ins Weltall. Ein kleiner Teil davon gelangt bis zur Erde. Das weiße Licht der Sonne besteht aus verschiedenen farbigen Bestandteilen. Man kennt diese Farben vom Regenbogen. Mithilfe eines Prismas kann man das weiße Licht in seine einzelnen, farbigen Bestandteile zerlegen. Die Farben des Lichts bilden ein Farbband. Man nennt dies **Spektrum**.

2 Das Farbspektrum der Sonne.

Das unsichtbare Licht

Die Sonne sendet neben dem sichtbaren Licht auch **infrarote Strahlung** (IR-Strahlung) aus. Sie ist für Menschen nicht sichtbar. Man kann die infrarote Strahlung aber als Wärme auf der Haut spüren. Auch die **ultraviolette Strahlung** (UV-Strahlung) des Sonnenlichts ist für Menschen unsichtbar. Bienen und Hummeln können diese UV-Strahlung sehen. Sie ist besonders energiereich und bei ungeschützem Sonnenbaden für den Sonnenbrand der Haut verantwortlich. Deshalb sollte man sich immer gut mit Sonnencreme oder Kleidung schützen.

Im Spektrum der Sonne findet man nicht nur alle sichtbaren Bestandteile des Lichts, sondern auch die unsichtbaren Bestandteile. Diese liegen an den Seiten des farbigen Spektrums. Neben dem roten Licht liegt die infrarote Strahlung. Neben dem blauen Licht liegt die ultraviolette Strahlung.

Regenbogen

Scheint die Sonne während eines Regenschauers, dann kann man oft einen Regenbogen sehen. Ein Regenbogen entsteht, wenn das Sonnenlicht auf Regentropfen trifft. Beim Eintreten des Sonnenlichts in den Regentropfen, wird es gebrochen und in seine farbigen Bestandteile zerlegt. Dabei wird jede Farbe unterschiedlich stark gebrochen und das Spektrum dadurch aufgefächert. An der Rückseite des Regentropfens wird das farbige Licht zurück in den Regentropfen reflektiert. Wenn es aus dem Regentropfen wieder austritt, wird das Licht ein zweites Mal gebrochen. Da die Regentropfen rund sind, sieht man die farbigen Bestandteile des Lichts in einem Bogen.

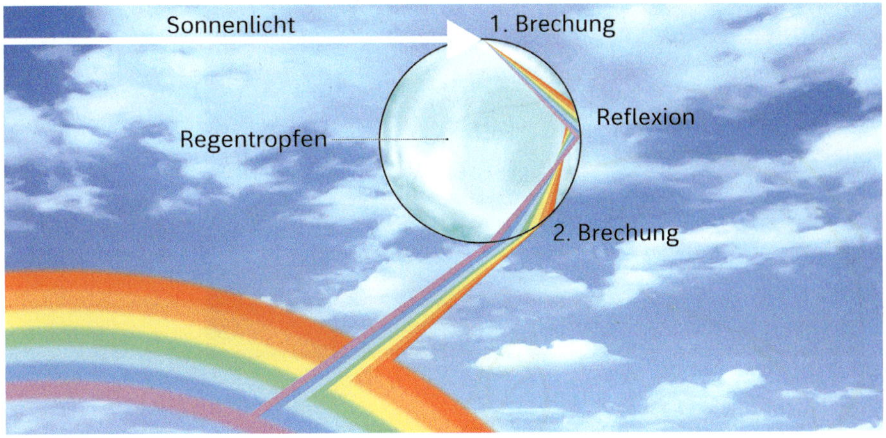

3 Entstehung eines Regenbogens

Material mit Aufgaben

P1 Regenbogen erzeugen

Material: Glasprisma, Glühlampe, orangene LED

Durchführung: Halte das Prisma vor die eingeschaltete Glühlampe und erzeuge ein Lichtspektren an der Wand. Wiederhole den Versuch mit dem Licht der orangenen LED.

1. Zeichne das Lichtspektrum von der Glühlampe und der LED in dein Heft.
2. Vergleiche die Lichtfarben beiden Leuchtmittel.

M2 Regenbogen

1. Beschreibe die Entstehung eines Regenbogens.
2. Erkläre, warum man alle Farben des Spektrums des weißen Lichts in einem Regenbogen sieht.
3. Stelle Vermutungen an, warum man nur einen Regenbogen sehen kann, wenn man zwischen der Sonne und dem Regenbogen steht.

Expertenwissen

Welt der Farben

1 **A** Magenta kommt nicht im Spektrum vor, **B** Additive Farbmischung

Additive Farbmischung

Strahlt man mit drei Scheinwerfern einen roten, blauen und grünen Lichtkegel an die Wand, überlagern sich die verschieden farbigen Lichtkegel. Es entstehen in den überlagerten Bereichen neue Farben. Überlagern sich rot und blau, entsteht Magenta. Man sagt rot und blau addiert sich zu Magenta. Rot und Grün addieren sich zu gelb. Man spricht daher von **additiver Farbmischung**. In der Mitte überlagern sich alle drei farbigen Lichtkegel. Es entsteht bei der Addition der Farben der Gesamteindruck weiß. Die drei Farben Rot, Blau und Grün werden mit den Kürzel **RGB** abgekürzt.

RGB-Farbmodell

Smartphones, Fernseher oder Tablets haben Displays, die in allen Farben leuchten können. Bei einem selbstleuchtenden Display wie beim Smartphone wird mithilfe des RGB-Farbmodells ein Farbeindruck erzeugt. Bildschirme können mithilfe von roten, grünen und blauen Bildpunkten, den **Pixeln**, jeden Farbeindruck erzeugen. Leuchtet ein Teil des Displays grün, leuchten nur grüne Pixel. Erscheint ein Bereich des Bildschirms magentafarben, leuchten nur blaue und rote Pixel. Zeigt der Bildschirm nur weißes Licht, leuchten rote, blaue und grüne Pixel.

Material mit Aufgaben

M1 RGB und CMY

1. Beschreibe, wie die verschiedenen Farben bei den beiden Farbmodellen entstehen.
2. Erkläre den Unterschied zwischen RGB und CMY.
3. Erkläre, warum beim Mischen der drei Farben bei RGB weiß und bei CMY schwarz entsteht.

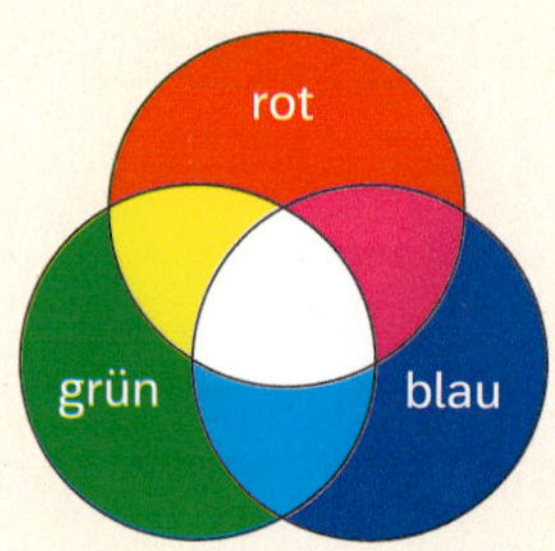

RGB

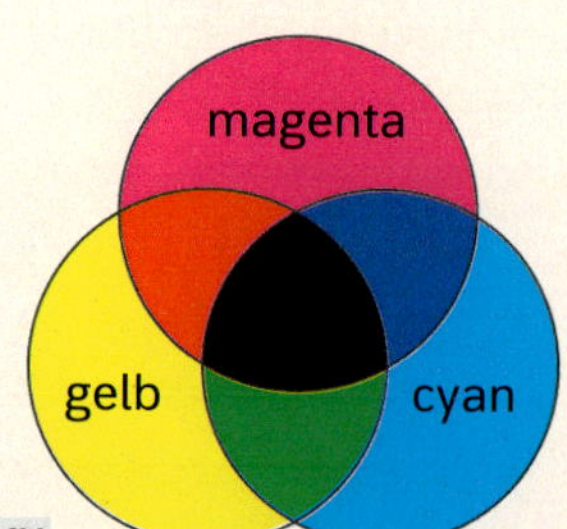

CMY

Wirkung von Farbfiltern

Vor allem bei Kameras gibt es Farbfilter, die vorne am Objektiv angebracht werden. Sie haben Einfluss auf das entstehende Bild. Je nach Filter wird ein Bereich des Spektrums blockiert. Die durchgelassenen Farben ergeben dann einen Farbeindruck. Ein Blaufilter absorbiert vor allem rotes und gelbes Licht, lässt aber überwiegnd blaues Licht hindurch.

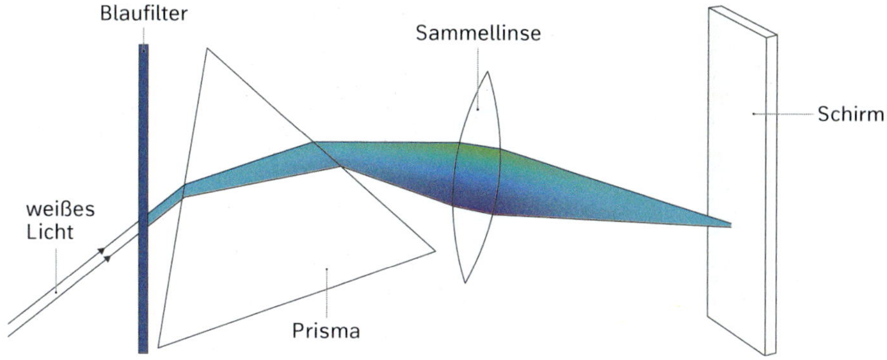

2 Wirkung eines Filters

Subtraktive Farbmischung

Auf Papier gedruckte Farben leuchten nicht wie die selbstleuchtenden Farben eines Displays von selbst. Eine gedruckte Farbe streut Licht in ihrer Farbe zurück und absorbiert den restlichen Teil des Lichtspektrums. Beim Malen mit Wasserfarben fällt dies auf: Je mehr Farben gemischt werden, desto mehr Licht wird absorbiert. Die entstehende Farbe wird immer dunkler. Ein beleuchteter, farbiger Körper absorbiert ebenfalls einen Teil des Lichts. Fällt weißes Licht auf einen grünen Körper, absorbiert er den roten Anteil des Lichts. Das restliche Licht wird vom Körper gestreut und überlagert sich zu einem grünen Farbeindruck. Der Körper hat eine grüne **Körperfarbe**. Wird durch einen Körper oder einen Filter Teile des Lichtspektrums absorbiert, spricht man von einer **subtraktiven Farbmischung**. In einem Drucker werden dazu drei Farbpatronen mit den Farben Cyan, Magenta und Gelb benutzt. Wenn alle drei Farbanteile übereinander gedruckt werden, entsteht schwarz. Alle Anteile des weißen Lichts werden absorbiert. Die frei Farben werden mit dem Kürzel **CMY** abgekürzt.

Material mit Aufgaben

M2 Additive und subtraktive Farbmischung

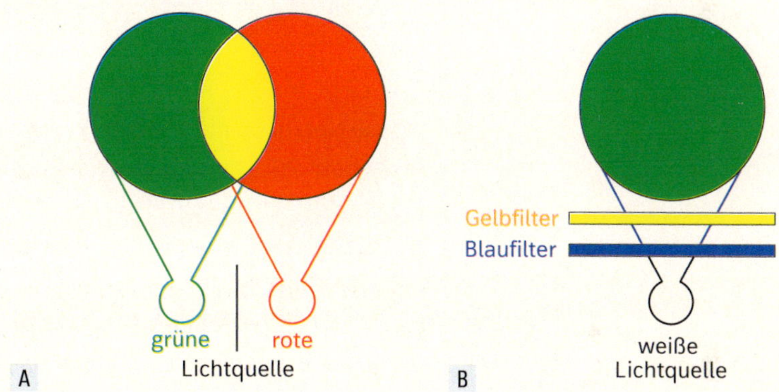

1. Ordne den Bildern die Begriffe additive und subtraktive Farbmischung zu. Begründe.
2. Mische in einem Versuch das Licht weiterer farbiger Lichtquellen. Beschreibe die Ergebnisse.
3. Begründe, warum in Bild B ein grüner Farbeindruck entsteht.
4. Stelle Vermutungen an, welcher Farbeindruck entsteht, wenn in B nur ein Gelbfilter verwendet wird.

M3 Körperfarbe

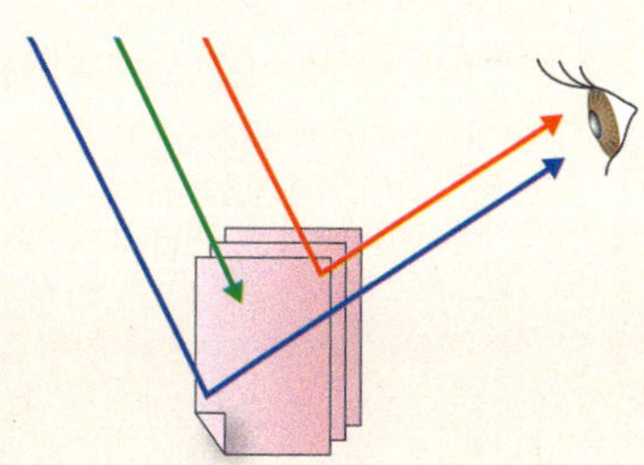

1. Beschreibe die Entstehung der Körperfarbe.
2. Erkläre, warum dies auch ein Beispiel für subtraktive Farbmischung ist.

1 Farbenblindheit

Farben sehen

Lichtsinneszellen

Das Licht trifft im menschlichen Auge auf die Netzhaut, die aus drei Schichten aufgebaut ist. Die **Lichtsinneszellen** liegen in der innersten Schicht. Es gibt **Stäbchen**, die für das Hell-Dunkel-Sehen zuständig sind und wenig Licht benötigen. Es gibt auch Lichtsinneszellen, die für das Farbsehen zuständig sind. Diese **Zapfen** benötigen viel Licht.

Die Lichtsinneszellen sind in der Schicht nicht gleichmäßig verteilt. Im Zentrum gibt es einen eng begrenzten Bereich, an dem sich sehr viele Zapfen liegen. Dieser Bereich wird als **gelber Fleck** bezeichnet. Er ist der Ort des schärfsten Sehens. Am Rand liegen mehr Stäbchen, dort können Hell-Dunkel-Effekte und Bewegungen erkannt werden.

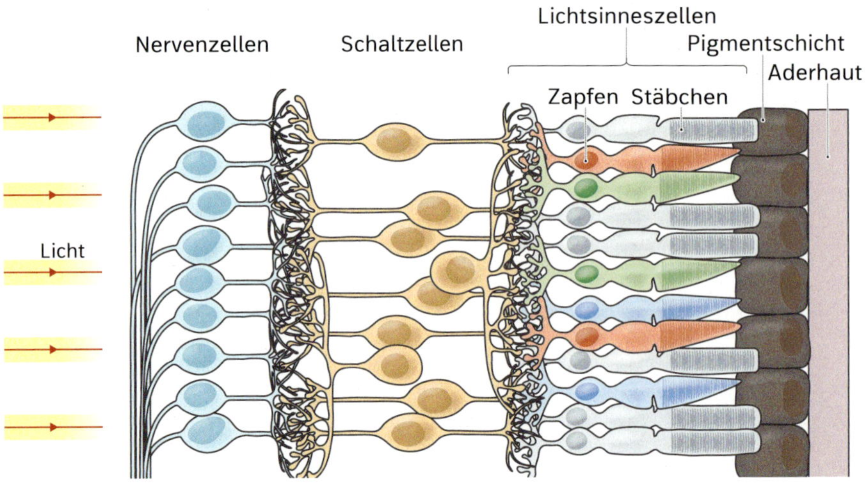

2 Bau der Netzhaut

Umwandlung der Informationen

Fällt Licht auf die Netzhaut, gelangt es durch eine Schicht mit Nervenzellen und eine Schicht mit Schaltzellen zu den Sinneszellen. Werden diese gereizt, geben sie einen elektrischen Impuls an die Schaltzellen der mittleren Schicht ab. Diese leiten den Impuls an die außen liegenden Nervenzellen. Ihre Fortsätze bilden den Sehnerv, der den Impuls an das Gehirn leitet, wo der Seheindruck entsteht. Die Stelle, an der der Sehnerv beginnt, heißt **blinder Fleck**. Hier liegen keine Lichtsinneszellen.

Farben sehen

In der Netzhaut befinden sich drei verschiedene Zapfentypen. Sie reagieren auf rotes, grünes oder blaues Licht. Werden nur Zapfen für rotes Licht erregt, entsteht im Gehirn ein roter Seheindruck. Werden die grünen und roten Zapfen gereizt, entsteht eine Mischung der Farben. Man spricht von **additiver Farbmischung**. Das Gehirn setzt die Informationen zusammen. Es entsteht im Gehirn ein gelber Seheindruck. Das Farbsehen ist nicht bei allen Menschen gleich gut ausgeprägt. Es gibt Menschen, die Schwierigkeiten dabei haben, Rot- und Grüntöne zu erkennen und auseinanderzuhalten. Man spricht von einer **Rot-Grün-Sehschwäche**. Diese Beeinträchtigung ist erblich bedingt.

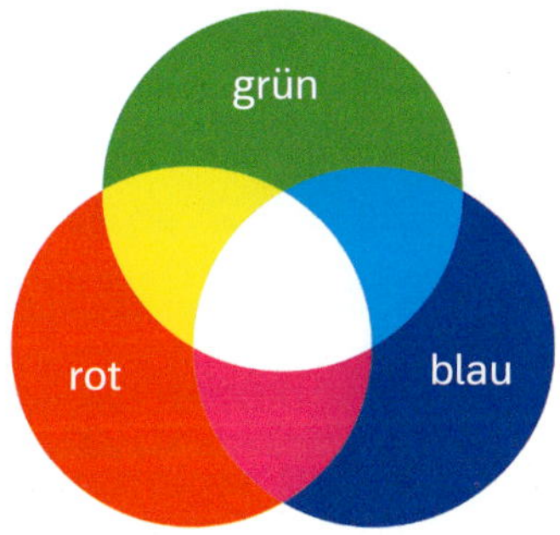

3 Additive Farbmischung

Material mit Aufgaben

M1 Verteilung der Lichtsinneszellen

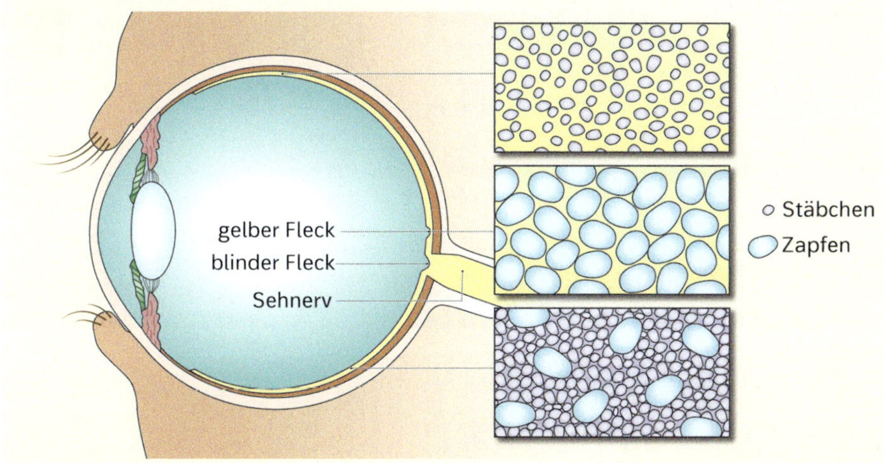

1. Beschreibe die Verteilung von Stäbchen und Zapfen in der Netzhaut.
2. Erkläre die Besonderheiten des Gelben Flecks.
3. Erkläre, warum am blinden Fleck keine Lichtreize aufgenommen werden.
4. Wähle eine der Aufgaben aus:
   a Erkläre, warum bei einsetzender Dunkelheit kaum noch Farben erkannt werden.
   b Stelle begründete Vermutungen über die Lage des gelben Flecks und blinden Flecks an.

M2 Rot-Grün-Schwäche

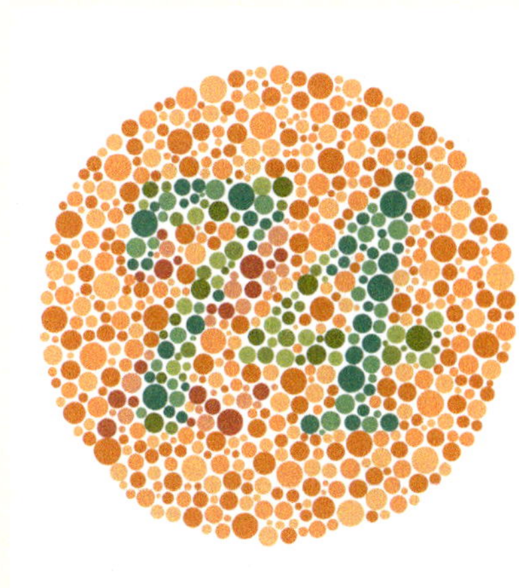

1. Beschreibe die Abbildung.
2. Erkläre, warum man mit einer solchen Abbildung herausfinden kann, ob jemand an einer Rot-Grün-Sehschwäche leidet.
3. Stelle eine Vermutung an, wie jemand mit Rot-Grün-Sehschwäche das Bild wahrnimmt.

Zusammenfassung Licht und Bildentstehung

Ausbreitung von Licht

Licht breitet sich geradlinig aus. Die Ausbreitung von Licht kann man mit dem Lichtstrahlmodell beschreiben. Für die Beschreibung der Wahrnehmung von Licht verwendet man das Sender-Empfänger-Modell. Sender wie eine Lampe strahlen Licht ab. Empfänger wie die Augen oder ein Buch empfangen das Licht. Manche Empfänger werfen einen Teil des Lichts wieder zurück.

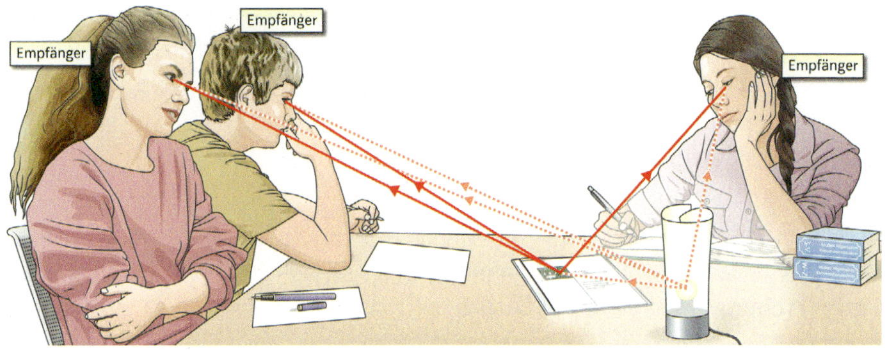

Licht trifft auf Oberflächen

Trifft Licht auf eine Oberfläche, kann es reflektiert, absorbiert oder gestreut werden. Trifft Licht auf eine glatte Oberfläche, wird es reflektiert. Bei der Reflexion wird Licht nur in eine Richtung zurückgeworfen. Dabei ist der Einfallswinkel genau so groß wie der Reflexionswinkel. Wird Licht an nicht glatten, unebenen Oberflächen in mehrere Richtungen zurückgeworfen, spricht man von Streuung. Bei der Absorption wird Licht von einer Oberfläche aufgenommen. Dunkle Flächen absorbieren Licht besser als helle Flächen. So werden dunklere Flächen schneller warm als hellere Flächen.

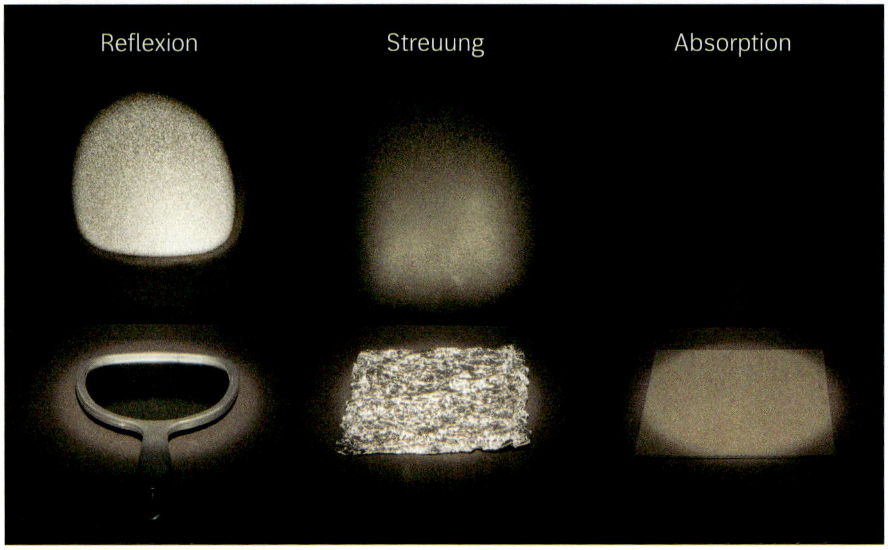

Licht und Schatten

Wird ein Gegenstand beleuchtet, entsteht dahinter ein Schattenraum. Trifft dieser Schattenraum auf eine Wand oder einen Schirm, entsteht ein Schattenbild.

Wird ein Gegenstand von mehreren Lichtquellen beleuchtet, entstehen an einer Wand oder dem Boden unterschiedlich dunkle Schattenbilder.

Spiegelbilder

In ebenen Spiegeln im Haushalt kann man sein Spiegelbild betrachten. Spiegelbilder sind virtuelle Bilder und entstehen durch die Reflexion vom Licht eines Körpers an der glatten Spiegeloberfläche. Das reflektierte Licht fällt in die Augen eines Betrachters. Die Wahrnehmung ist immer an Erfahrungen geknüpft. Aus diesem Grund geht der Betrachter davon aus, dass das Licht auf einem geradlinigen Weg in das Auge gelangt ist. Daher sieht es für ihn so aus, als würde das Licht von einem Ort hinter dem Spiegel kommen.

Neben ebenen Spiegeln gibt es noch Hohlspiegel und Wölbspiegel. Hohlspiegel sind nach innen gewölbt. Sie vergrößern das Spiegelbild und werden beispielsweise als Kosmetikspiegel eingesetzt. Wölbspiegel sind nach außen gewölbt und verkleinern das Spiegelbild. Dafür ist ein größerer Bereich im Spiegel sichtbar. Man verwendet Wölbspiegel beispielsweise als Verkehrsspiegel.

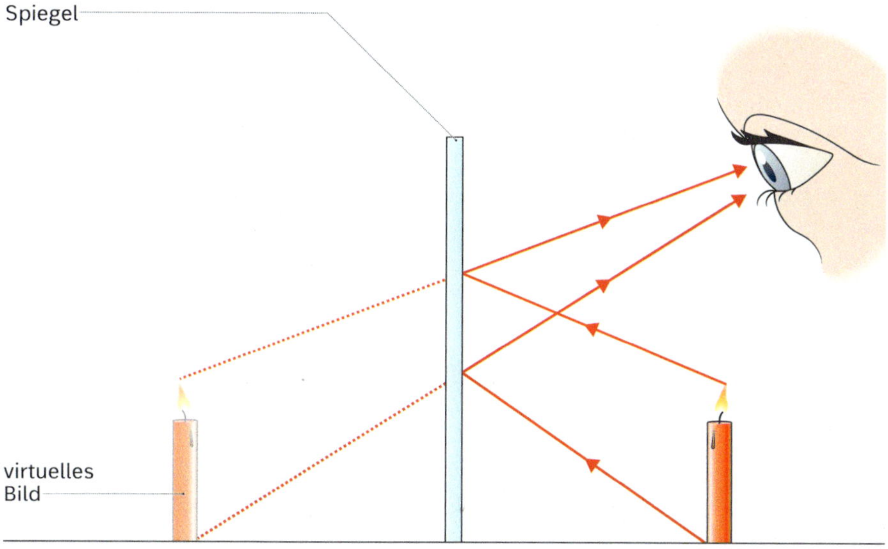

Lichtbrechung

Das Licht breitet sich in verschiedenen Stoffen unterschiedlich schnell aus, da die Stoffe alle eine unterschiedliche optische Dichte besitzen.

Trifft Licht auf Glas, dann geht es von einem optisch dünnen Stoff in einen optisch dichteren Stoff über. Ein Teil des Lichts dringt in das Glas ein und verändert seine Ausbreitungsrichtung. Es wird an der Grenzfläche gebrochen. Dringt das Licht von einem optisch dünnen Stoff wie Luft in einen optisch dichteren Stoff wie Glas ein, wird es zum Lot hin gebrochen. Tritt das Licht aus dem Glas wieder aus, geht es von einem optisch dichten Stoff in einen optisch dünneren Stoff über. Das Licht wird dann vom Lot weg gebrochen.

Linsen

Es gibt Sammellinsen und Zerstreuungslinsen. Sammellinsen bündeln das Licht in einem Punkt. Zerstreuungslinsen streuen das Licht in verschiedene Richtungen. Sammellinsen sind immer in der Mitte dicker als am Rand. Zerstreuungslinsen sind am Rand dicker als in der Mitte. Mithilfe von Sammellinsen können Bilder erzeugt werden.

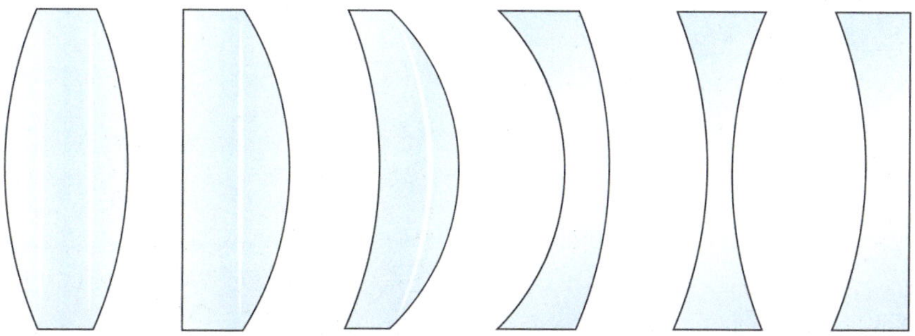

Licht und Bildentstehung

1 Sender und Empfänger

A Erkläre an Beispielen den Unterschied zwischen selbstleuchtenden und beleuchteten Körpern.

B Beschreibe mithilfe des Bildes das Sender-Empfänger-Modell.

2 Licht und Schatten

A Erkläre mithilfe des Bildes die beiden Begriffe Schattenbild und Schattenraum.

B Beschreibe, wie man einen möglichst großen Schatten erzeugen kann.

C Konstruiere die entstehenden Schattenbildern vom im Bild dargestellten Aufbau. Beschrifte deine Zeichnung mit allen benötigten Fachbegriffen.

3 Licht trifft auf Oberflächen

A Erkläre, ob in den Bildern A-C das Licht absorbiert, reflektiert oder gestreut wird.

B Erkläre, was es bedeutet, wenn ein Gegenstand Licht absorbiert.

C Ergänze die folgenden Sätze in deinem Heft:

- Je dunkler die Oberfläche ist, desto...
- Je heller die Oberfläche ist, desto...

D Erkläre das Reflexionsgesetz.

E Erläutere, wie die Kleidung sein sollte, damit man im Straßenverkehr gut gesehen wird.

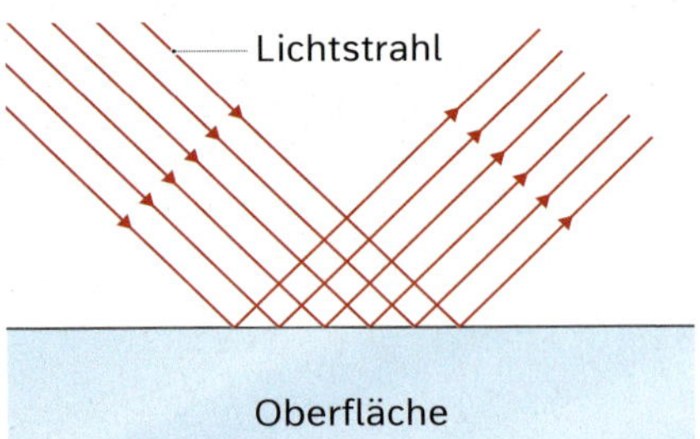

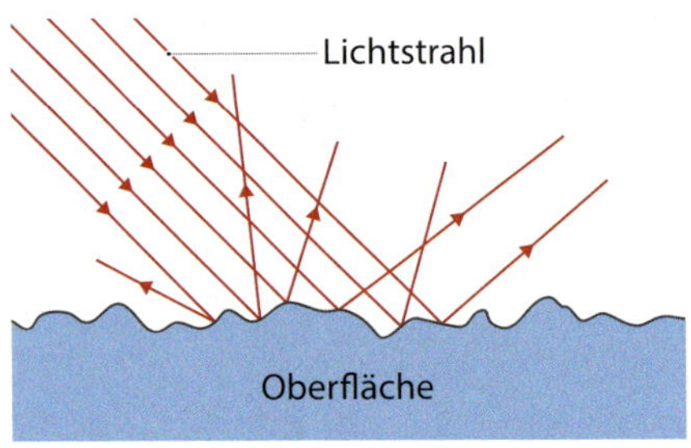

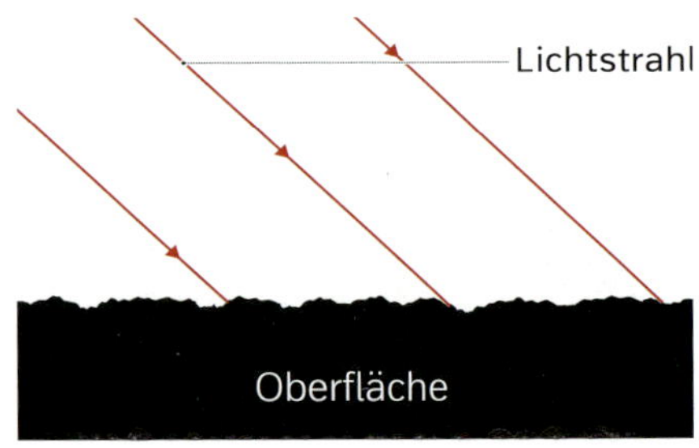

4 Lichtbrechung

A Erkläre, was man unter dem Begriff Lichtbrechung versteht.

B Erkläre, was der Speerwerfer im Bild bei seinem Wurf nach dem Fisch beachten muss.

C Begründe, ob der Speerwerfer im Bild über oder unter den Fisch zielen muss, um ihn tatsächlich im Wasser zu treffen.

5 Linsen

A Beschreibe den Unterschied zwischen Sammellinsen und Zerstreuungslinsen.

B Erkläre, welche Linsenart im Bild abgebildet ist.

C Erläutere, wo bei den Linsenarten die Brennpunkte liegen.

6 Bildentstehung im Auge

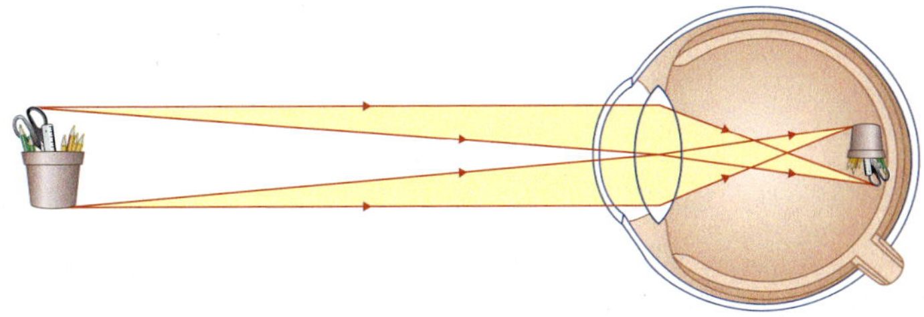

A Beschreibe den Weg des Lichts durch das Auge.

B Erkläre, warum auf der Netzhaut ein kleineres, seitenverkehrtes, auf dem Kopf stehendes Bild entsteht.

C Tom behauptet: „Die Netzhaut leitet den Seheindruck an das Gehirn weiter. Dort werden die Informationen verarbeitet."
Nimm Stellung zu seiner Aussage.

7 Das Licht der Sonne

A Nenne die für den Menschen sichtbaren und unsichtbaren Bestandteile des Sonnenlichts.

B Beschreibe Eigenschaften der ultravioletten Strahlung und der infraroten Strahlung.

C Beschreibe die Entstehung eines Regenbogens.

D Erkläre, warum das weiße Licht in Bild B in viele verschiedene Farben zerlegt wird.

A

B

8 Farben sehen

A Nenne die mit Ziffern gekennzeichneten Bestandteile der Netzhaut.

B Beschreibe den Unterschied zwischen gelben und blinden Fleck.

C Erkläre, was der Begriff additive Farbmischung bedeutet.

D Erkläre, wie Menschen Farben sehen.

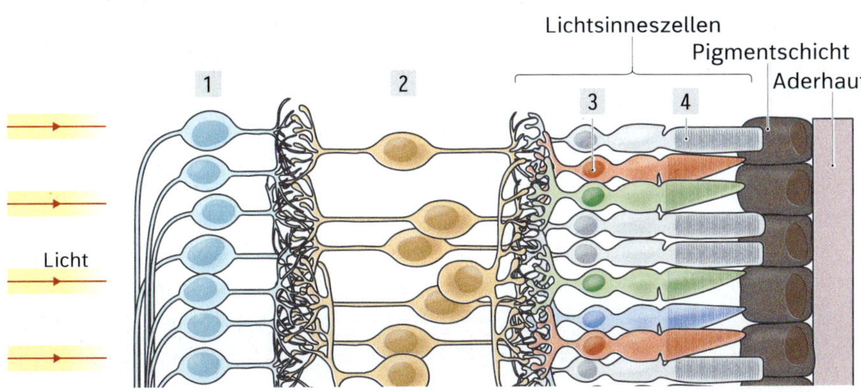

Nachhaltiger Umgang mit Energie

5

Was sind erneuerbare Energien?
Wie wird Wärme transportiert?
Wie kann man Energie sparen?

Die Bewegungsenergie des Windes und die Sonnenenergie werden mithilfe von Windrädern und Solarzellen in elektrische Energie umgewandelt. Diese nutzt man im Alltag.

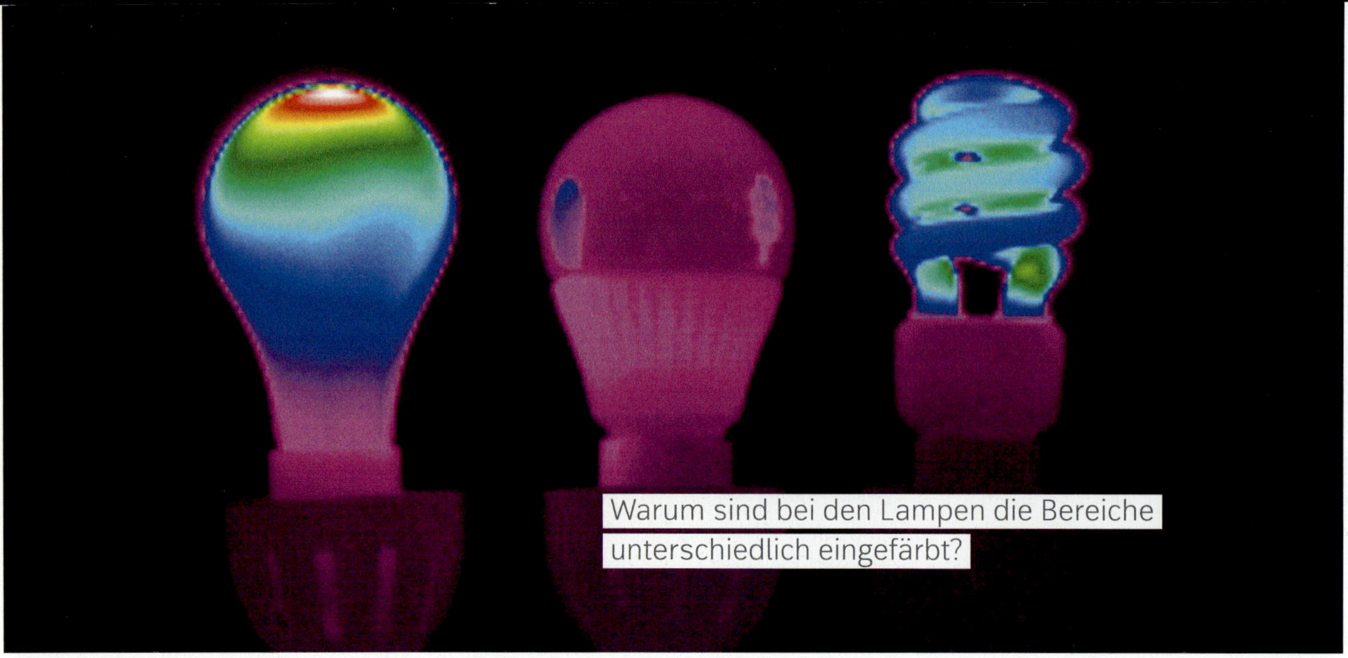

1 Wärmenild von verschiedenen Lampen

Wärmebildkamera

Wärmebildkameras

Mithilfe einer **Wärmebildkamera** kann man den Energiefluss eines Körpers an die Umgebung untersuchen. Eine Wärmebildkamera misst nicht direkt die Temperatur. Sie stellt den Energiefluss an die Umgebung dar. Die unterschiedliche Abgabe von thermischer Energie wird durch verschiedene Farben dargestellt. Die Stellen der höchsten Abgabe erscheinen weiß, rot oder orange, mittlere gelb oder grün und geringe blau, violett oder schwarz.

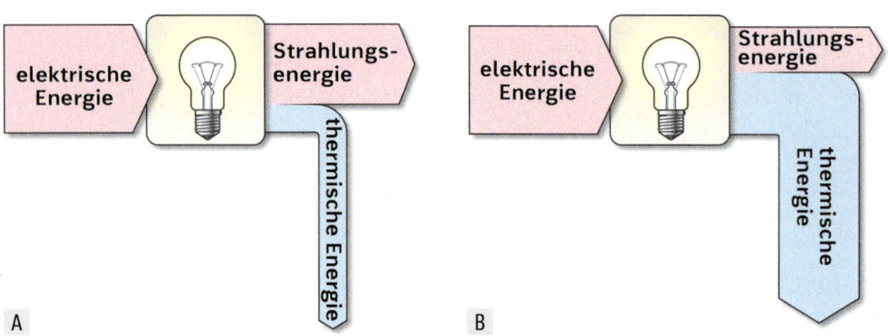

2 Energieflussdiagramm: **A** Lampe mit hoher Effizienz, **B** Lampe mit niederiger Effizienz

Wärmebilder

Die Bilder einer Wärmebildkamera nennt man **Wärmebilder**. Man kann mithilfe von Wärmebildern zum Beispiel feststellen, in welchem Maße verschiedene Lampen thermische Energie an die Umgebung abgeben. Lampen sind **Energiewandler**. Sie wandeln elektrische Energie in Strahlungsenergie um. Als Nebenprodukt wird auch thermische Energie frei, die als entwertete Energie an die Umgebung abgegeben wird. Wie man am Wärmebild in Abbildung 1 erkennen kann, wandelt die linke Lampe mehr Energie in thermische Energie um, als die anderen Lampen. Die mittlere und rechte Lampe nutzen die elektrische Energie effektiver. In Energieflussdiagrammen erkennt man die unterschiedliche Effizienz der Lampen an der Breite des Pfeils für die entwertete Energie. Je breiter der Pfeil, desto mehr thermische Energie wird an die Umgebung abgegeben.

Einsatz von Wärmebildkameras

Wärmebilder geben Aufschluss darüber, wie viel thermische Energie Gebäude nach außen abstrahlen. Sie leisten so einen wichtigen Beitrag im nachhaltigen Umgang mit Energie, da mit ihrer Hilfe Gebäude immer weiter verbessert werden können. Die Einsatzmöglichkeiten von Wärmebildkameras sind aber deutlich vielfältiger als nur im Bereich Nachhaltigkeit. Hat sich zum Beispiel eine Person im Wald verirrt, kann das entsprechende Gebiet mithilfe von Wärmebildkameras absuchen. Die Person ist wärmer als die Umgebung und erscheint daher als roter Umriss im Wärmebild.

3 Suche nach Personen mit einer Wärmebildkamera.

Energiefluss im Alltag

Mithilfe von Wärmebildkameras können auch Energieflüsse an die Umgebung entdeckt werden, die man sonst nicht vermuten würde. Wirft man zum Beispiel einen Flummi auf den Boden, dann kann man im Wärmebild sehen, dass der Boden nach dem Aufschlag eine andere Farbe hat. Er hat sich erwärmt. Der Flummi hat also Energie an die Umgebung abgegeben. Auch ein Flummi ist ein Energiewandler. Er wandelt Bewegungsenergie in Höhenenergie um, die dann wieder in Bewegungsenergie umgewandelt wird. Bei jeder Umwandlung wird auch ein Teil der Energie in thermische Energie umgewandelt. Daher erscheint auf dem Wärmebild der Boden nach dem Aufprall in einer anderen Farbe. Obwohl die Energie insgesamt erhalten bleibt, springt der Flummi nicht ewig weiter. Der Anteil an nutzbarer Energie nimmt ständig ab. Mit jedem Aufprall verliert der Flummi an Höhe.

Material mit Aufgaben

M1 Wärmebilder

A Bremsen am Fahrrad

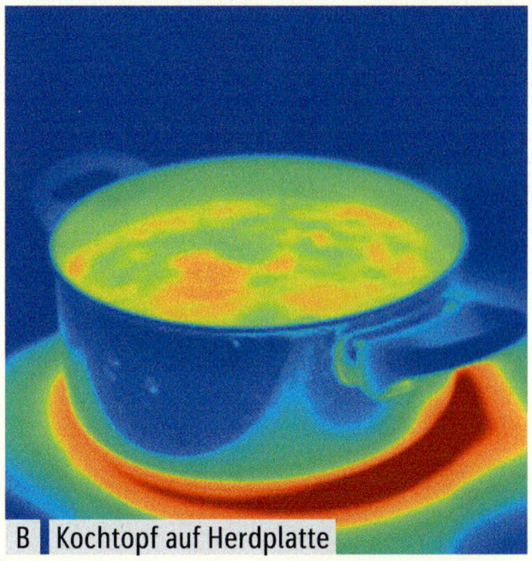

B Kochtopf auf Herdplatte

1. Beschreibe die dargestellten Vorgänge in den Bildern A und B.
2. Erkläre mithilfe der Wärmebilder, in welchen Bereichen ein Energiefluss an die Umgebung stattfindet.
3. Erstelle für Vorgang B ein Energieflussdiagramm.
4. Wähle eine der Aufgaben aus:
   a Erkläre mithilfe des Wärmebildes, warum man beim Fahrradfahren immer wieder in die Pedale treten muss.
   b Erkläre, warum Vorgänge niemals unendlich lange ohne zusätzliche Energie stattfinden.

1 Fahradfahrer in der Dämmerung

Energiestromstärke

Fahrad fahren

Damit sich ein Fahrrad bewegt, ist Energie notwendig. Es findet ein Energiefluss vom Menschen zum Rad des Fahrrads statt. Dieser setzt das Fahrrad in Bewegung. Wird es dunkel, dann muss das Licht am Fahrrad eingeschaltet werden. Oft wird die Beleuchtung mithilfe eines Dynamos betrieben. Es findet ein zusätzlicher Energiefluss vom Rad über den Dynamo zur Lampe statt. Dadurch wird das Treten schwerer. Es muss insgesamt mehr Energie umgewandelt werden, damit beide Vorgänge gleichzeitig ablaufen können.

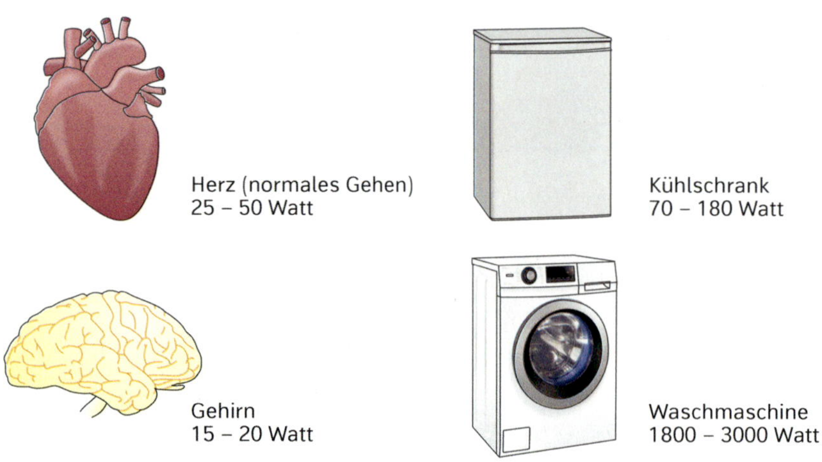

2 Typische Energiestromstärken

Energiestromstärke

Die Einheit für die Energie ist **Joule (J)**. Sie hat das Formelzeichen E und ist nach dem britischen Physiker James Prescott Joule benannt. Das Maß für die Menge an Energie, die während eines Vorgangs fließt, nennt **Energiestromstärke**. Sie gibt an, wie viel Energie pro Sekunde umgewandelt wird. Die Einheit der Energiestromstärke ist **Watt (W)**. Sie hat das Formelzeichen **P** und ist nach dem schottischen Erfinder James Watt benannt. Findet ein Energiefluss mit einer Energiestromstärke von einem Watt

genau eine Sekunde lang statt, so entspricht dies einer Energie von einem Joule. Ein Joule entspricht also einer **Wattsekunde**.
Die Energiestromstärke gibt an, wie schnell Energie umgewandelt wird. Je schneller eine Energieumwandlung stattfindet, desto größer ist die Energiestromstärke. Für jede Energieumwandlung kann die Energiestromstärke und die umgewandelte Energiemenge bestimmt werden. Für die Berechnung der Energiemenge multipliziert man die Energiestromstärke mit der Dauer der Umwandlung.

$E = P \cdot t$

$E = 100\ W \cdot 1\ s = 100\ Ws = 100\ J$

Leistung

Ein untrainierter Mensch kann über mehrere Stunden mit den Beinen eine Energiestromstärke von 100 Watt aufbringen, die zum Fahrradfahren genutzt werden kann. Für wenige Sekunden ist er sogar in der Lage 800 Watt aufzubringen. Die Energiestromstärke wird auch als **Leistung** bezeichnet. Die Leistung von 100 Watt, die der Fahradfahrer über mehrere Stunden aufbringen kann, bezeichnet man auch als **Dauerleistung**. Die Leistung von 800 Watt bezeichnet man als **Spitzenleistung**. Sie ist die maximale Leistung und kann nur über einen sehr kleinen Zeitraum erbracht werden.

A Erkläre, warum das Fahrradfahren mit angeschaltetem Dynamo anstrengender ist.

Material mit Aufgaben

M1 Mikrowelle

A

B

Zum Auftauen von zwei Portionen für ein Mittagessen, werden zwei Mikrowellen für jeweils 60 Sekunden mit unterschiedlicher Leistung betrieben.

1. Erkläre, was die Angabe 700W auf der Mirkowelle in Bild A bedeutet.
2. Stelle Vermutungen an, welche Mikrowelle das Mittagessen stärker erwärmt hat.
3. Berechne, wie viel Energie von jeder Mikrowelle in den 60 Skunden umgewandelt wird.

M2 Leistung beim Sport

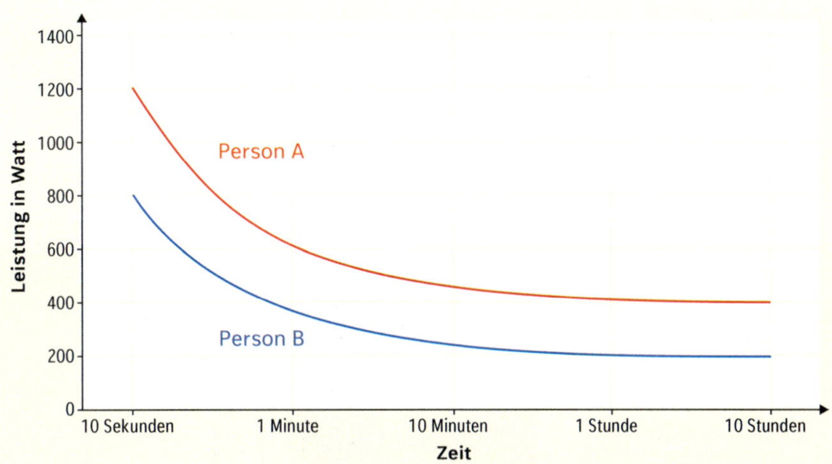

1. Beschreibe die beiden Kurven im Diagramm.
2. Bestimme die möglichen Spitzenleistungen der Personen und die Leistung, die sie bei 10 Stunden noch erbringen können.
3. Begründe, welche der beiden Personen trainierter ist.

Einheiten der Energie

1 Energieangaben auf Lebensmitteln

Alte Einheiten

Vor einigen Jahren wurde der Energiegehalt in Lebensmitteln nicht in Joule, sondern nur in **Kalorien** angegeben. Diese Angabe ist auch heute noch auf vielen Verpackungen von Lebensmitteln zu finden. Eine Kalorie ist definiert als die Menge an Energie, die benötigt wird, um 1 ml Wasser um 1 °C zu erwärmen. Eine Kalorie entspricht ungefähr 4,18 Joule.

Elektrische Energie

Bei elektrischen Geräten wird die Energie nicht in Joule sondern sehr oft in **Kilowattstunden** angegeben. Eine Kilowattstunde sind 1 000 Wattstunden oder 3 600 000 Wattsekunden. Das entspricht 3 600 000 Joule. Diese Einheit wird benötigt, weil im Haushalt sehr viel Energie umgewandelt wird. So können die großen Mengen leicht verständlich angeben werden.

SI-Einheiten

Die Einheit Joule gehört zu den SI-Einheiten. Das **SI-System** ist ein internationales Einheitensystem, dass Umrechnungen vereinfachen soll. Die Einheit Joule hat den Vorteil, dass sie mit den Einheiten Watt und Sekunde in einer einfachen Beziehung steht. Dadurch ist die Umrechnung sehr einfach. Der Nachteil der Einheit Joule ist, dass die Zahlen sehr groß oder sehr klein werden können.

A Erläutere, wie die Einheit Kalorie definiert ist.

B Beschreibe die Vor- und Nachteile der Einheit Kilowattstunde.

Material mit Aufgaben

M1 Kalorimeter

Mithilfe eines Kalorimeters kann man bestimmen, wie viel Wärme von einem Stoff bei einer Verbrennung aufgenommen oder abgegeben wird.

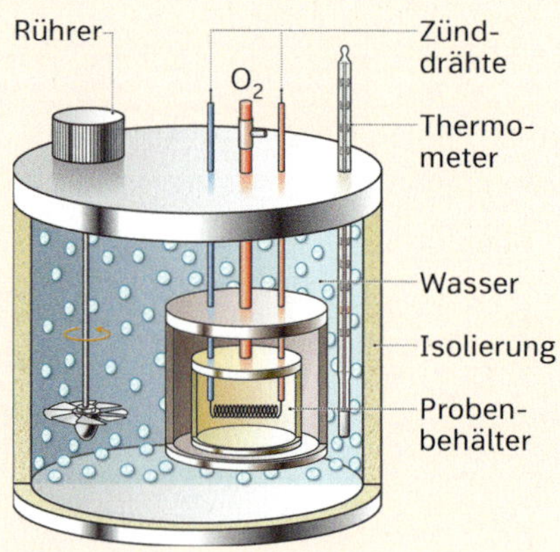

1. ▮▮▮ Beschreibe mithilfe des Bildes den Aufbau eines Kalorimeters.
2. ▮▮▮ Erkläre, warum man mit einem Kalorimeter den Energiegehalt eines Stoffes bestimmen kann.

M2 Einheiten der Energie

100g ungekochte Nudeln: 350 kcal

Arbeitstag am Computer: 3 kWh

1 Stunde spazieren gehen: 270 kJ

1. ▮▮▮ Rechne die Energiewerte von ungekochten Nudeln in Joule um.
2. ▮▮▮ Ordne die aufgeführten Energien nach ihrer Größe.

Eine Internetrecherche durchführen

Informationen beschaffen

Bevor du einen Steckbrief erstellst oder einen Vortrag hältst, suchst du nach passenden Informationen zu deinem Thema. Diese kannst du in Fachbüchern und im Internet finden. So gehst du bei einer Recherche im Internet vor:

1. Auftrag: Zu Beginn jeder Recherche steht eine Aufgabe oder eine Fragestellung. Dabei solltest du berücksichtigen, wozu du die Informationen benötigst, zum Beispiel für einen Vortrag oder einen Steckbrief. Ein möglicher Auftrag wäre: Informiere dich im Internet zu internationalen Einheiten.

2. Informationen suchen: Informationen findest du nicht nur in Fachbüchern, sondern heutzutage vor allem im Internet. Am einfachsten benutzt du zunächst eine Suchmaschine. Beachte, dass du bei deiner Recherche eindeutige Begriffe verwendest. Oft liefern Suchmaschinen eine sehr große Menge an Suchtreffern. Dann kannst du deine Suchanfrage weiter eingrenzen. Schreibe dazu zum Beispiel: Einheiten + internationales System.

3. Suchergebnisse bewerten: Auf guten Internetseiten steht im Impressum, wer die Seite erstellt hat und wer für die Inhalte verantwortlich ist. Der Urheber wird auf vertrauenswürdigen Seiten genannt. Nicht jeder Urheber präsentiert auf seinen Internetseiten wahre Fakten oder ist vertrauenswürdig. Internetseiten von Zeitungen, Fachzeitschriften oder auch Universitäten kannst du in der Regel vertrauen.

4. Informationen verwenden: Lies deine gefundenen Informationen gründlich durch. Übertrage nur die wichtigsten Ergebnisse in dein eigenes Dokument. Formuliere daraus deinen eigenen Text oder deine Stichworte. Halte immer die Quelle fest, vorher die Information stammt. Das betrifft auch Bilder und Fotos. Wenn du ein Plakat oder eine digitale Präsentation gestaltest, füge bei Bildern aus dem Internet eine Quellenangabe hinzu.

1 Suchmaschine

Material mit Aufgaben

M1 Internationale Einheiten

Größe	Name	Einheit
Länge	Meter	m
Masse	Kilogramm	...
...	Sekunde	...
Stromstärke	...	...
...	Kelvin	...
Lichtstärke	...	cd
...	Mol	mol

1. Laura hat angefangen eine Übersicht zu internationalen Einheiten zu erstellen. Übertrage die abgebildete Tabelle in dein Heft und verstollständige sie. Recherchiere fehlende Informationen.

2. Recherchiere Informationen zum internationalem Einheitensystem. Beschreibe den Nutzen vom internationalem Einheitensystem.

1 Energienutzung im Haushalt

Energie im Haushalt

Energieversorgung

Alle Haushalt benötigen das ganze Jahr über sehr viel Energie für verschiedene Bereiche. Dieser **Energiebedarf** wird zu einem großen Teil durch fossile Brennstoffe wie Holz, Erdgas oder Erdöl gedeckt. Diese werden in der Regel direkt in die Haushalte geliefert und in Heizkesseln verbrannt. So wird die Warmwasserversorgung und die Wärme zum Heizen bereitgestellt. Außerdem werden fossile Brennstoffe auch in Kraftwerken verbrannt. Die in ihnen enthaltene chemische Energie wird dort in elektrische Energie umgewandelt, die über das Stromnetz zu den Haushalten transportiert wird. Dort wird sie in elektrischen Geräten in unterschiedliche Energieformen wie Strahlungsenergie, thermische Energie oder Bewegungsenergie umgewandelt und so für den Menschen nutzbar gemacht. Die Versorgung des Haushalts mit elektrischer Energie wird heute vermehrt auch durch die Nutzung von regenerative Energiequellen wie beispielweise Windenergie oder Solarenergie gedeckt.

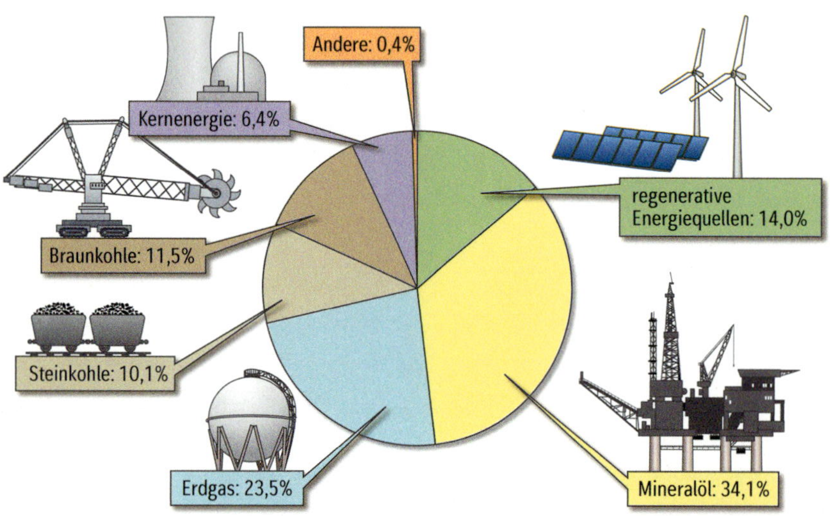

2 Energieversorgung eines Haushalts

Energienutzung

Der größte Teil des Energie in einem Haushalt wird durch die Heizung umgewandelt. Nur ein kleiner Teil wird von elektrischen Geräten umgewandelt. Von den elektrischen Geräten benötigen Kühlschranke, Tiefkühltruhen oder Waschmaschinen deutlich mehr Energie als Lampen, Fernseher oder Computer. Auch Autos zählen mit zu einem Haushalt. Wenn ein Haushalt ein Auto besitzt, dann wandelt dieses ungefähr ein Drittel der gesamten Energie pro Jahr um. Dabei wandelt das Auto nur einen kleinen Teil der Energie in Bewegungsenergie um. Der Rest wird zum Beispiel in thermische Energie in Form von heißen Abgasen umgewandelt.

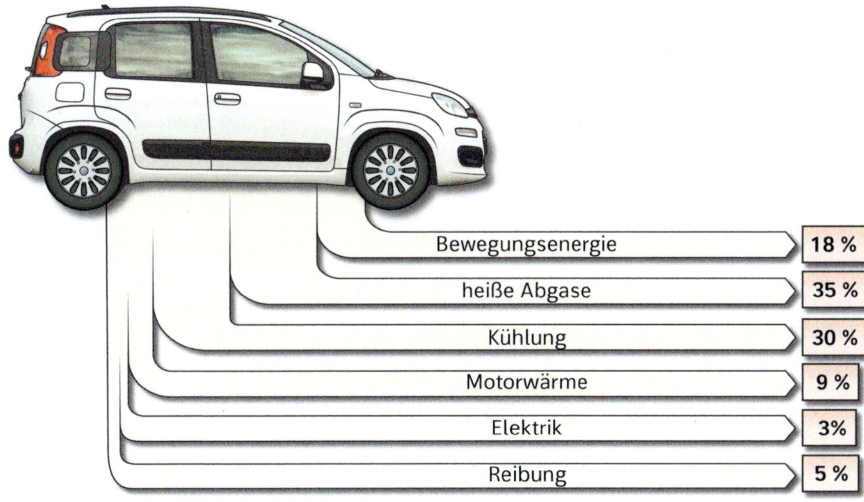

3 Energienutzung eines Autos (Verbrennungsmotor)

A Beschreibe, wie ein Haushalt mit Energie versorgt wird.

Material mit Aufgaben

M1 Energienutzung im Haushalt

Die Abbildung zeigt die Aufteilung eines durchschnittlichen Jahresbedarfs an Energie eines Haushaltes in die verschiedenen Bereiche.

1. Beschreibe das dargestellte Energieflussdiagramm.
2. Beschreibe, wie sich das Energieflussdiagramm verändert, wenn man nur den Sommer oder den Winter betrachtet.
3. Stelle Vermutungen an, wie Energie im Haushalt eingespart werden kann.

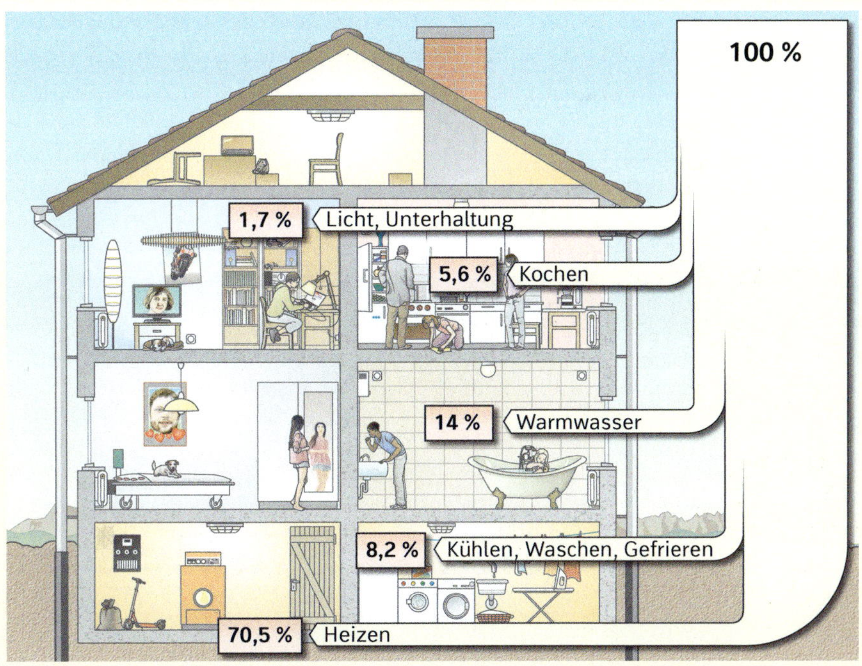

1 Solarzellen und Windräder

Projekt

Fossile und nachhaltige Energie

Die Sonne ist eine Energiequelle

Die Sonne gibt ihre Energie in Form von **Strahlungsenergie** ab. Pflanzen nehmen diese Energie auf und speichern sie in Form von Nährstoffen. Sie wachsen mithilfe dieser Energie. Auch andere Lebewesen wie Tiere und Menschen benötigen Energie, damit sie sich bewegen, wachsen und fortpflanzen können. Der Mensch nutzt die Energie der Sonne aber noch auf andere Weisen. Beispielsweise kann man auf Dächern oder Feldern dunkle Platten, die **Solarzellen**, finden. Sie wandeln die Strahlungsenergie der Sonne in elektrische Energie um, welche ins Stromnetz eingespeist wird.

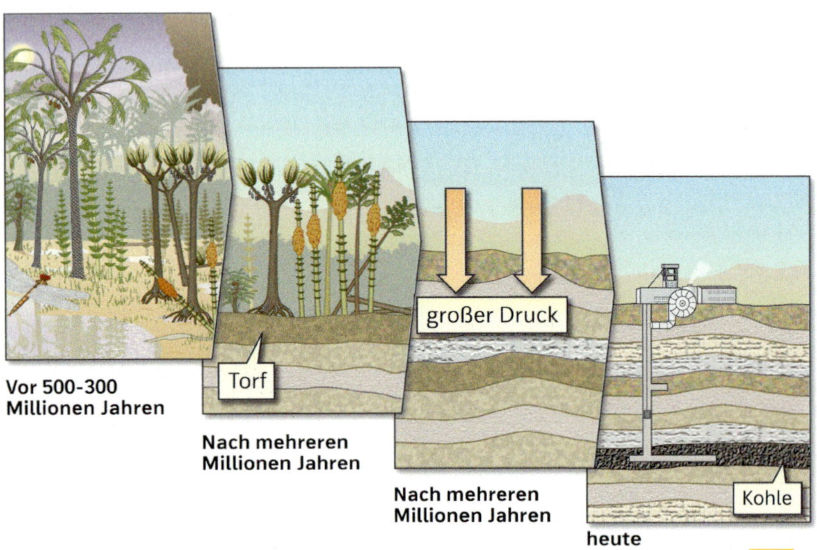

2 Entstehung von Kohle

F

Kohle, Erdöl, Erdgas

Kohle, Erdöl und Erdgas entstanden vor Millionen von Jahren. Deshalb werden sie als **fossile Brennstoffe** bezeichnet. Die Energie der Sonne bewirkte auch damals, dass Pflanzen wuchsen und dabei die Energie der Sonne in chemische Energie umwandelten. Wenn sie abgestorben waren, vermoderten sie und wurden überlagert von Erdschichten, Gestein und Geröll. Der Druck dieser Schichten auf die toten Pflanzen wurde mit der Zeit sehr groß. Dadurch wurde aus ihnen Kohle. Erdöl und Erdgas haben sich aus Kleinstlebewesen gebildet, die vor Urzeiten im Meer lebten und abgestorben sind. Der Mensch verbrennt fossile Brennstoffe um zum Beispiel die chemische Energie in den Brennstoffen in elektrische Energie umzuwandeln.

Windenergieanlagen

Durch die Energie der Sonne wird die Erdoberfläche erwärmt. Der Boden nimmt die Strahlungsenergie auf. Die Luft über dem Boden nimmt die Energie auf und erwärmt sich. Der warme Boden erwärmt dadurch die untersten Luftschichten und die warme Luft steigt auf. Wenn warme Luft nach oben steigt, wird sie durch kältere Luft ersetzt, die von allen Seiten nachströmt. So entsteht Wind. Windenergieanlagen werden durch Wind angetrieben. Sie nutzen die Bewegungsenergie der sich bewegenden Luft. Der Wind treibt die Windräder mit Turbinen und somit Generatoren an. Diese wandeln die Bewegungsenergie in elektrische Energie um.

Nachhaltige Energie

Fossile Brennstoffe entstehen sehr langsam. Sie bilden sich bei weitem nicht so schnell nach, wie sie verbraucht werden. Zukünftig werden die Vorräte erschöpft sein. Die Sonne wird noch mehrere Milliarden Jahre lang scheinen Energie liefern. Der Vorrat an Strahlungsenergie ist also nicht begrenzt. Strom und Wärme, die direkt aus der Strahlungsenergie erzeugt werden, sind **nachhaltig**.

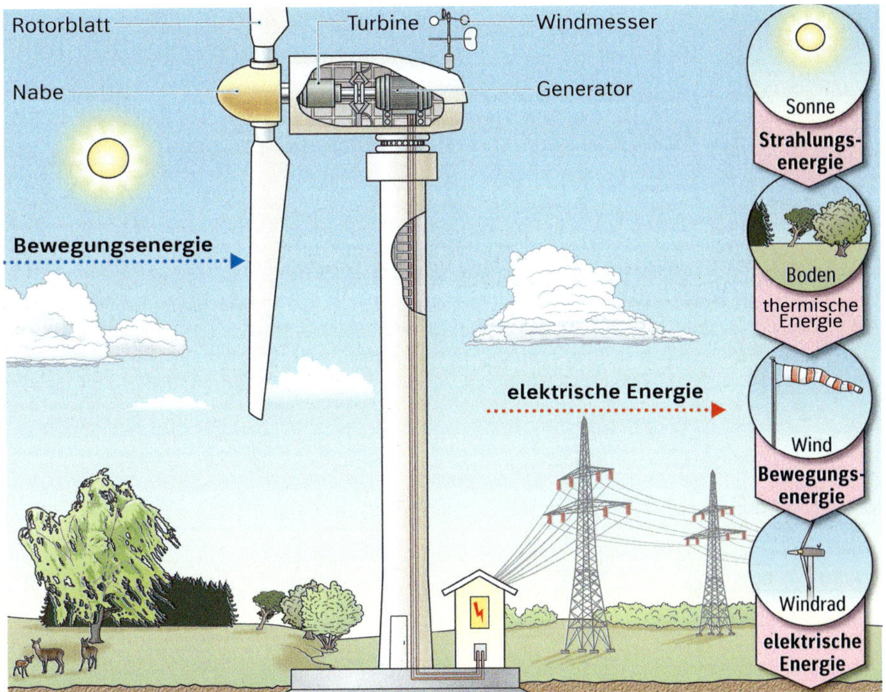

3 Funktionsweise einer Windenergieanlage

F

Material mit Aufgaben

M1 Solarzelle

1. Beschreibe den im Bild dargestellten Aufbau.
2. Beschreibe alle im Bild dargestellten Energiewandlungen.
3. Erkläre, warum die Verwendung von Solarzellen für die Bereitstellung von Strom nachhaltig ist.
4. Erstelle für dieses Beispiel ein Energieflussdiagramm.
5. Recherchiere weitere nachhaltige Methoden zur Bereitstellung von Energie und stelle sie der Klasse vor.

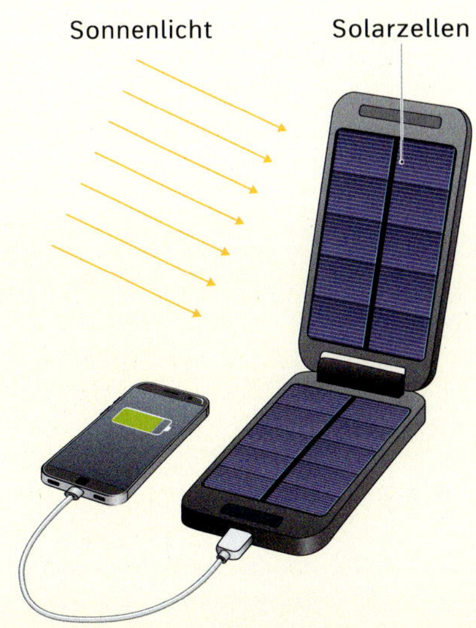

1 Gruppe beim Sport

Wärme

Energiefluss im Menschen

Im menschlichen Körper laufen Vorgänge nur ab, wenn Energie zur Verfügung steht. Die benötigte Energie nimmt der Körper aus der aufgenommen Nahrung. Während des Sports wandeln Muskeln die chemische Energie in Bewegungsenergie um. Bei diesem Umwandlungsprozess entsteht auch thermische Energie. Körpervorgänge laufen bei Lebewesen nur innerhalb eines bestimmten Temperaturbereichs gut ab. Ist der Körper zu heiß, kann es zu schweren Schäden kommen. Aus diesem Grund muss überschüssige thermische Energie aus dem Körper abgeleitet werden. Beim Menschen wird sie über die Haut an die Umgebung abgegeben. Um die Abagabe der Energie an die Umgebung zu verstärken, sondert der Körper zusätzlich Schweiß ab. Dieser verdampft auf der Haut und entzieht so dem Körper zusätzlich thermische Energie.

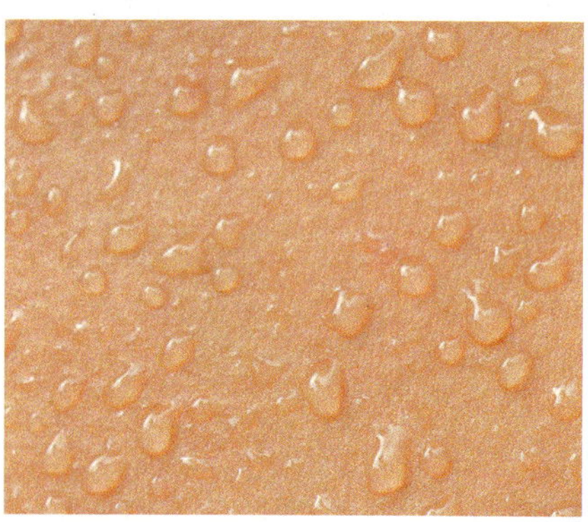

2 Schweiß auf der Haut

Wärme und thermische Energie

Wird thermische Energie von einem warmen auf einen kalten Gegenstand übertragen, findet eine **Wärmeübertragung**. statt. Wärme tritt nur während des Übertagungsvorgangs auf, man kann sie nicht besitzen. Sie ist ein Maß für die übertragene Energie und wird in Joule angegeben. Vor und nach einer Wärmeübertragung spricht man wieder von thermischer Energie. Je mehr Wärme auf einen Körper übertragen wird, desto höher wird auch seine Temperatur. Die Teilchen eines Stoffes fangen durch die zusätzliche Energie an zu schwingen. Je schneller sie schwingen, desto höher ist die Temperatur des Körpers.

Wärmeübertragung

Je größer der Temperaturunterschied von zwei Körper ist, desto mehr Wärme wird übertragen. In den Naturwissenschaften spricht man in der Regel nie von Kälte. Wärme geht vom Körper höherer Temperatur auf einen Körper geringerer Temperatur über. Einen Übergang von Kälte gibt es jedoch nicht.

Wärmeempfinden

Über die Haut kann der Mensch den Energiefluss an die Umgebung regulieren. Ist die Umgebungstemperatur zu hoch, muss der Körper Energie an die Umgebung abgeben. Der Körper beginnt zu schwitzen. Ist der Energiefluss vom Körper an die Umgebung zu groß, wird er kühler. Ist die Temperatur des Körpers zu gering, entsteht eine **Gänsehaut**. Sie verringert den Energiefluss an die Umgebung. Darüber hinaus können über die Haut auch Energieflüsse in der Umgebung festgestellt werden. Man merkt zum Beispiel, wenn man von einer kalten Umgebung in eine Warme Umgebung kommt.

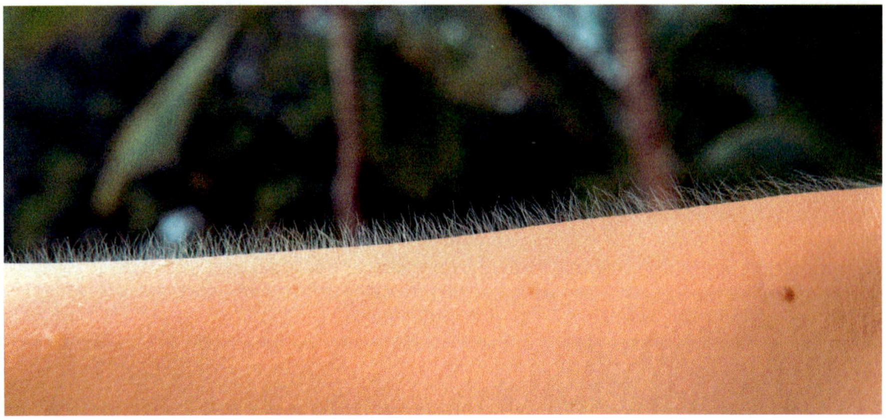

3 Gänsehaut

Material mit Aufgaben

M1 Wärmeempfinden

1. Beschreibe den dargestellten Versuch.
2. Erkläre, warum sich das lauwarme Wasser in Bild B an einer Hand kalt anfühlt und an der anderen Hand warm.

M2 Wärme und thermische Energie

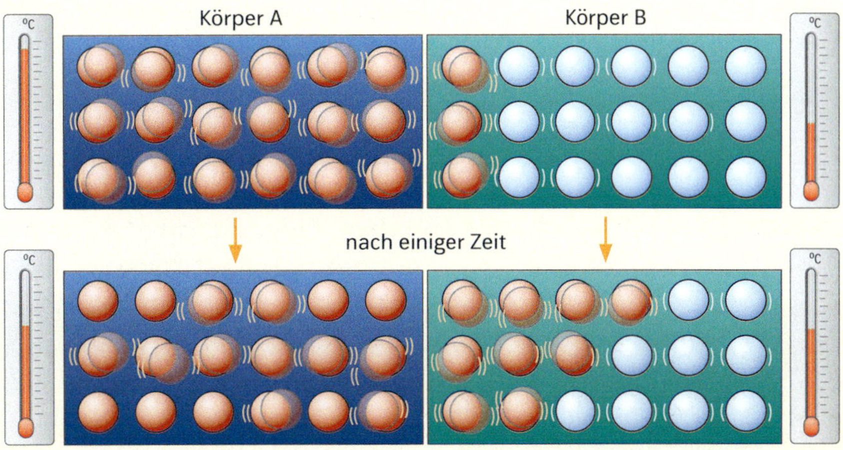

1. Beschreibe den Unterschied zwischen Wärme und thermischer Energie.
2. Beschreibe die Auswirkungen der Wärmeübertragung auf den Körper B.
3. Erkläre, warum die thermische Energie von Körper B zunimmt.
4. Stelle Vermutungen an, warum einem im Winter schneller kalt wird, wenn man kurze Kleidung trägt.

1 Frierende Frau

Wärmetransport

Wärme im Haus

Wird es draußen kalt, ist es oft selbstverständlich, dass es in der ganzen Wohnung oder im ganzen Haus warm ist. Dafür sind eine Vielzahl von unterschiedlichen Vorgängen nötig. Die für die Erwärmung notwendige Energie ist meist in einem Brennstoff wie Erdgas, Erdöl oder Holz gespeichert. Dieser wird in einem Heizkessel verbrannt. Durch die Verbrennung des Brennstoffs im Heizkessel, wird die chemische Energie in thermische Energie umgewandelt. Dabei wird Wärme an das Wasser übertragen, wodurch es sich erwärmt. Damit die Wärme vom Heizkessel in alle Räume des Hauses oder der Wohnung gelangt, ist ein **Wärmetransport** notwendig. Dieser Transport kann auf drei verschiedene Arten erfolgen. Durch alle Arten des Wärmetransports wird erreicht, dass es überall im Haus oder der Wohnung gleichmäßig warm wird.

Konvektion

Im Heizkessel wird Wasser durch die Verbrennung des Brennstoffes erhitzt. Dieses wärmere Wasser besitzt dadurch mehr thermische Energie. Die thermische Energie gelangt zu den Heizkörpern in den verschiedenen Räumen, indem das wärmere Wasser mit Hilfe von Pumpen durch die Rohre geleitet wird. Der Wärmetransports findet auf diese Weise zusammen mit einem Transport von Wasser statt. Wenn die Wärme mit einem Stoff transportiert wird, spricht man von **Konvektion**. Nach dem Durchfließen der Heizkörper gelangt das nun abgekühlte Wasser über die Rohre aus den Räumen wieder in den Heizkessel, zurück. Im Heizkessel wird es erneut erhitzt.

Konvektion findet auch statt, wenn warme Luft sich zum Beispiel mithilfe eines Föns bewegt oder heißer Wasserdampf über einem Kochtopf aufsteigt.

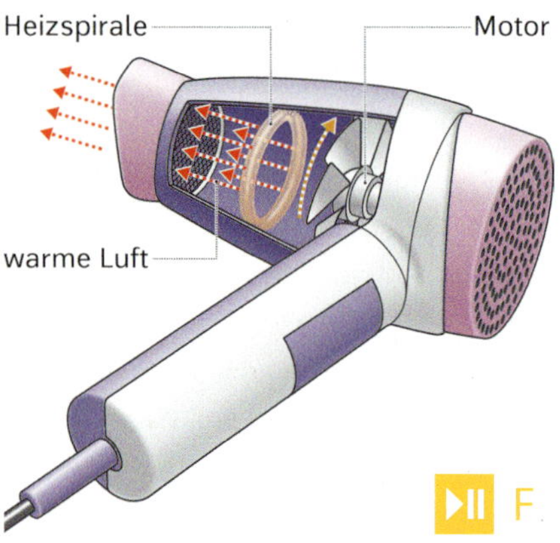

2 Konvektion

Wärmeleitung

Das Wasser im Heizkörper hat eine größere thermische Energie und überträgt Wärme auf den Heizkörper. Dadurch steigt die Temperatur der Innenseite des Heizkörpers. Die Wärme wird durch das Material des Heizkörpers nach außen weitergeleitet. Erfolgt die Übertragung der Wärme innerhalb eines Stoffes und findet kein Stofftransport statt, dann spricht man von **Wärmeleitung**.
Diese Art des Wärmetransport macht man sich auch bei Kochtöpfen zu nutze. Die Herdplatte überträgt Wärme auf den Topfboden und dieser an den Inhalt des Topfes.

Gute und schlechte Wärmeleiter

Viele Metalle wie Silber, Kupfer, Aluminium und Eisen können die Wärme besser weiterleiten als andere Materialien. Sie sind **gute Wärmeleiter**. Daher werden diese Stoffe oft für Böden von Töpfen und Pfannen oder für die Herstellung von Heizkörpern und Bügeleisen verwendet. Glas und Beton leiten die Wärme schlechter. Bei ihnen dauert es länger, bis die Wärme weitergegeben wird. Ein besonders schlechter Wärmeleiter ist Kunststoff. Man bezeichnet Kunststoff daher auch als **Isolator**. Neben Kunststoff zählen auch Holz, Gummi oder Kork zu den Isolatoren.

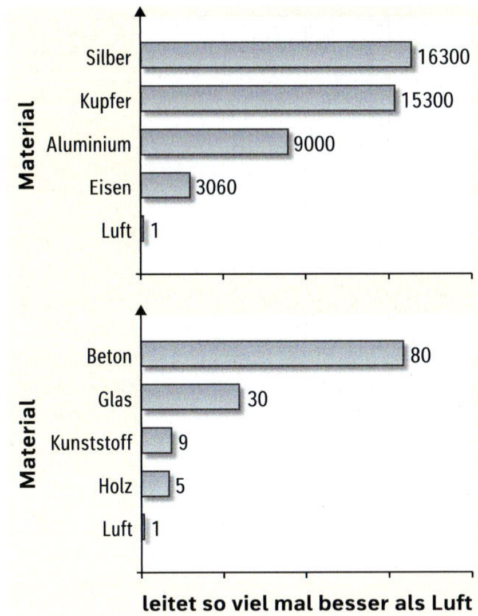

3 Wärmeleitfähigkeit verschiedener Stoffe

Material mit Aufgaben

F

M1 Konvektion

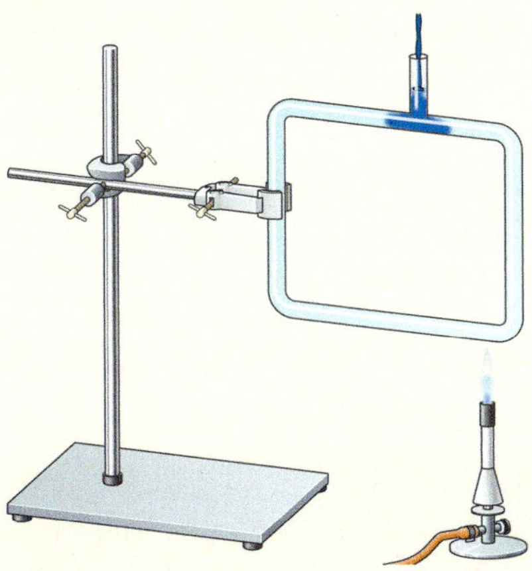

1. Stelle eine begründete Vermutung auf, wie sich die Tinte im Rohr bewegen wird.
2. Vergleiche das abgebildete Modell mit dem Wasserkreislauf in einer Heizung. Erkläre, welche Bestandteile nicht berücksichtigt werden.

M2 Wärmeleitung

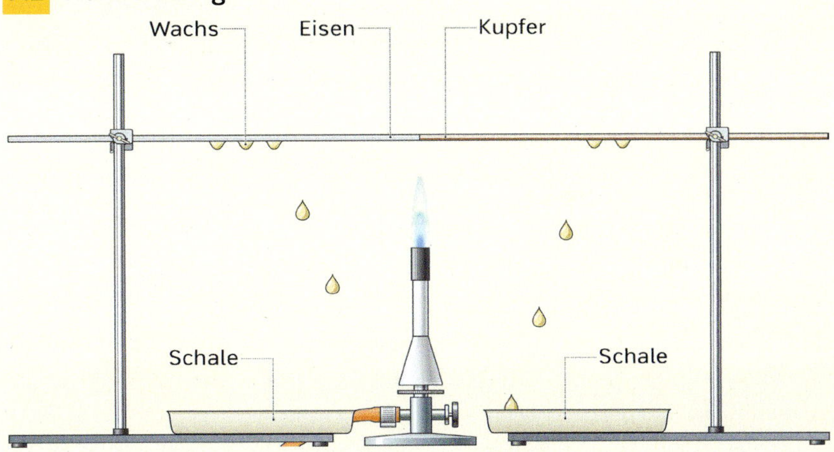

1. Beschreibe den abgebildeten Versuchsaufbau.
2. Erkläre, warum die Wachskugeln nacheinander schmelzen.
3. Wähle eine der Aufgaben aus:
a Erkläre, warum die Wachskugeln beim Kupfer schneller herunterfallen als beim Eisen.
b Stelle eine begründete Vermutung über das Ergebnis auf, wenn statt Kupfer Glas getestet wird.
4. Stelle Vermutungen an, warum sehr gute Wärmeleiter of mit Kunststoff oder Gummi ummantelt werden.

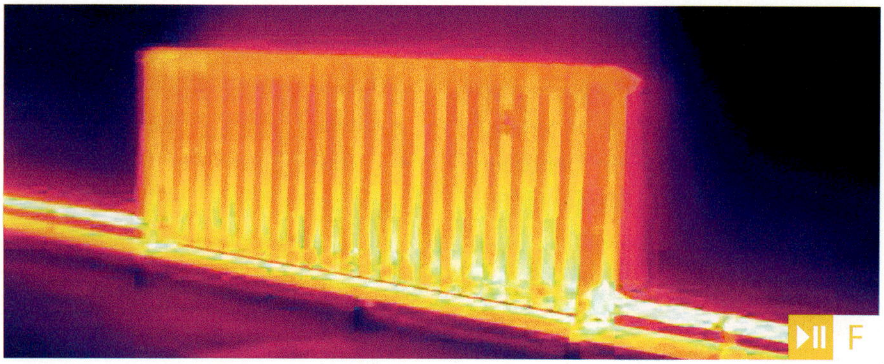

4 Wärmebild einer Heizung

Wärmestrahlung

Im Zimmer einer Wohnung soll nicht nur der Heizkörper, sondern der ganze Raum warm werden. Die Luft im Raum ist ein sehr schlechter Wärmeleiter. Dennoch wird die Wärme zum Teil über die Luftströme im Zimmer transportiert. Diese Konvektion reicht jedoch nicht aus, damit der Raum gleichmäßig warm wird. Zusätzlich findet noch ein weiterer Prozess des Wärmetransportes statt: die **Wärmestrahlung**. Wärmestrahlung erfolgt ohne die Beteiligung der Teilchen, aus denen Stoffe bestehen. Sie ähnelt der Strahlung von sichtbarem Licht.

Jeder Gegenstand gibt Energie in Form von Wärmestrahlung an die Umgebung ab. Je höher die Temperatur eines Gegenstandes ist, desto mehr Wärmestrahlung sendet er aus. Der Heizkörper und die Heizungsrohre strahlen Wärmestrahlung in alle Richtungen des Raumes. Wärmestrahlung kann absorbiert oder auch reflektiert werden. Bei der Absorption erhöht sich die Temperatur des Gegenstandes. Die Wärmestrahlung ist abhängig von Material und der Oberfläche. Je größer die Oberfläche, desto emhr Wärmestrahlung kann abgegeben werden. Aus diesem Grund muss die Oberfläche von Heizkörpern möglichst groß sein. Wärmestrahlung kann man durch Wärmebildkameras sichtbar machen.

Material mit Aufgaben

M3 Arten des Wärmetransports

Weihnachtspyramide

Wärmelampe

Heißer Löffel

1. Ordne den Bildern eine Art des Wärmetransports zu.
2. Erkläre die Funktionsweise der Weihnachtspyramide.
3. Wähle eine der Aufgaben aus:
   a Erkläre, warum bei der Wärmemitführung und Wärmeleitung ein Stoff vorhanden sein muss.
   b Stelle eine begründete Vermutung an, welche der Prozesse auch in einem luftleeren Raum stattfinden könnten.

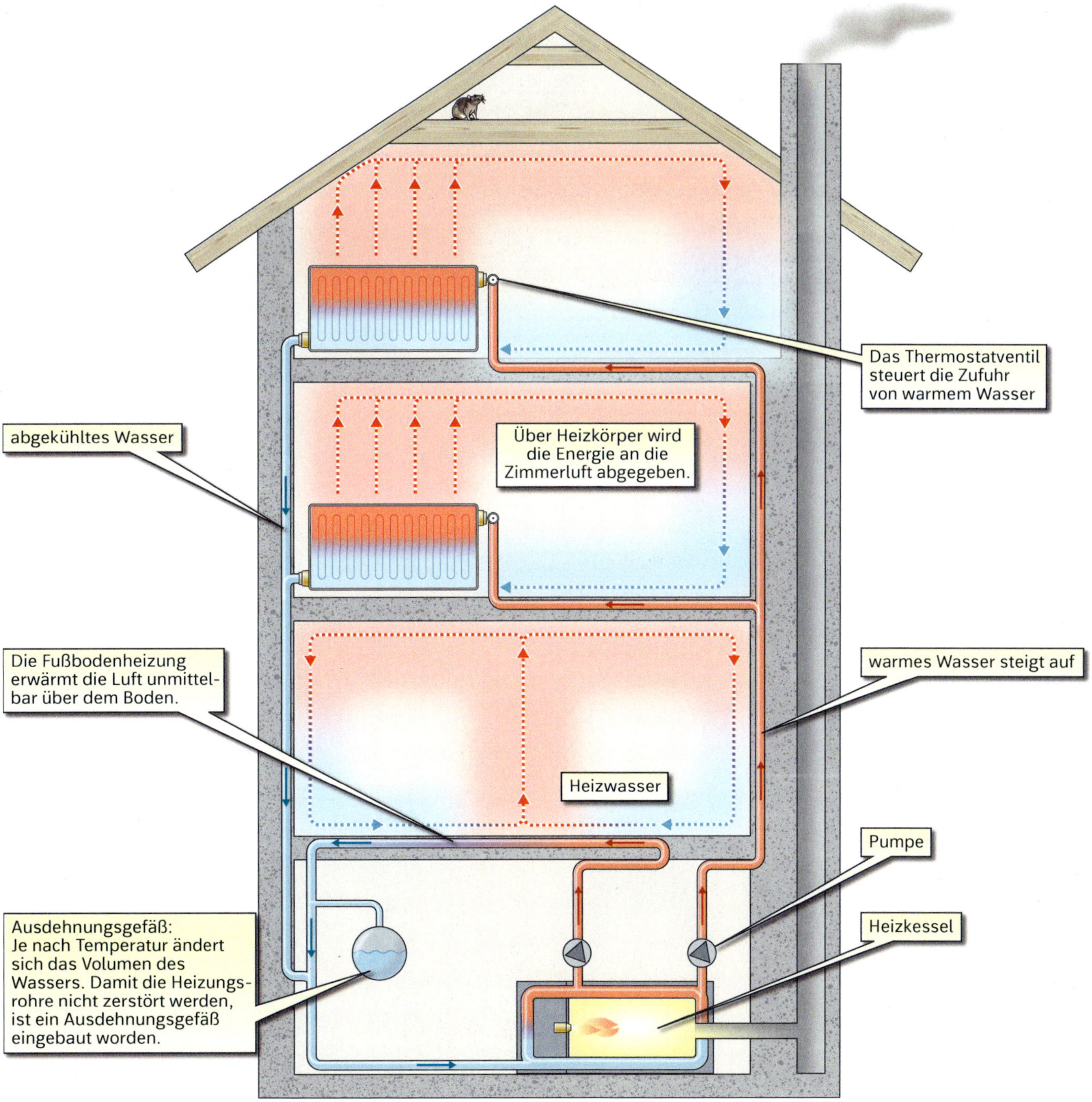

1. Beschreibe den Kreislauf des Wassers bei der abgebildeten Heizung.
2. Beschreibe, wo in einer Heizungsanlage die Arten des Wärmetransport genutzt werden.
3. Erkläre, wie die Zimmer in einem Haus mithilfe der Heizung warm werden.

1 Eine Thermoskanne

Wärmedämmung

Thermoskanne

Eine Thermoskanne oder ein Thermobecher kann im Winter wie im Sommer benutzt werden. Mithilfe der Gefäße bleiben im Winter heiße Getränke wie Tee warm und im Sommer kalte Getränke wie Limonade kühl. Das liegt daran, dass Thermoskannen und Thermobecher durch ihren speziellen Aufbau den **Wärmefluss** zwischen Innen und Außen verhindern.

Die Hülle einer Thermoskanne ist aus mehreren Schichten aufgebaut. Der Außenbehälter besteht aus einem schlechten **Wärmeleiter**. Sehr oft wird dafür ein Kunststoff verwendet. Innen befindet sich ein doppelwandiger Glasbehälter. Glas ist ebenfalls ein schlechter Wärmeleiter. Zwischen den Glasschichten befindet sich ein fast luftleerer Raum. So kann keine Wärmeleitung stattfinden. Oft ist die Innenseite der Thermoskanne zusätzlich verspiegelt. Durch die **Spiegelschicht**, wird die Wärmestrahlung zusätzlich reflektiert. Aus diesem Grund gelangt die Wärme weder nach innen noch nach außen und die Flüssigkeit im immeren bleibt warm oder kalt.

Material mit Aufgaben

M1 Thermoskanne

1. Beschreibe mithilfe der Abbildung den Aufbau einer Thermoskanne.
2. Erkläre, warum warme Getränke in einer Thermoskanne lange warm bleiben.
3. Erkläre, warum Thermoskannen auch kalte Getränke kalt halten.
4. Erkläre die Funktion der verspiegelten Innenseite in einer Thermoskanne.

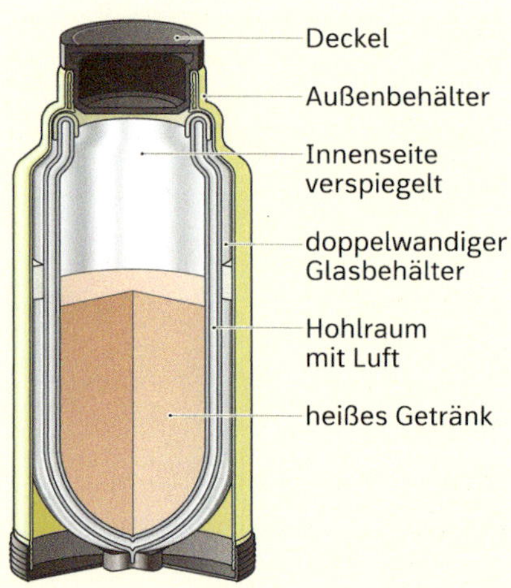

Dämmung des Hauses

Die meiste Energie in einem Haushalt wird zum Heizen benötigt. Um die Verluste gering zu halten, versucht man Häuser möglichst so zu bauen, dass wenig Wärme nach außen gelangt. Sie müssen eine gute **Dämmung** haben. Bei der Dämmung muss einiges beachtet werden. Warme Luft steigt nach oben, daher sollte Dachstuhl besonders gut gedämmt werden. Dort nutzt man schlechte Wärmeleiter wie Glaswolle oder Styropor. Dünne Bereiche zur Außenwelt müssen besonders gut gedämmt sein. Fenster sind daher oft ähnlich wie die Thermoskanne doppel- oder sogar mehrfachverglast. Außerdem haben sie einen luftarmen Raum zwischen den Schichten. Auch Wände werden gut gedämmt. Häufig sind sie wie die Thermoskanne in mehreren Schichten aufgebaut. Wärmebildkameras werden eingesetzt, um die Dämmung des Hauses auf Effektivität zu untersuchen.

A Erkläre, warum beim Hausbau Glaswolle verwendet wird.

2 Glaswolle

Material mit Aufgaben

M2 Fensterdämmung

Je größer der U-Wert, desto größer ist der Energiefluss an die Umgebung.

Bauteil	U-Wert
Einscheibenglas	5,6
Zweischeibenglas	1,2
Dreischeibenglas	0,6

1. Vergleiche die verschiedenen Materialien.
2. Erkläre, warum der Unterschied zwischen Einscheibenglas und Zweischeibenglas so groß ist.
3. Vierglasscheiben hätten einen U-Wert von 0,3. Stelle eine begründete Vermutung an, warum sie nicht produziert und verbaut werden.

P3 Wärmedämmung

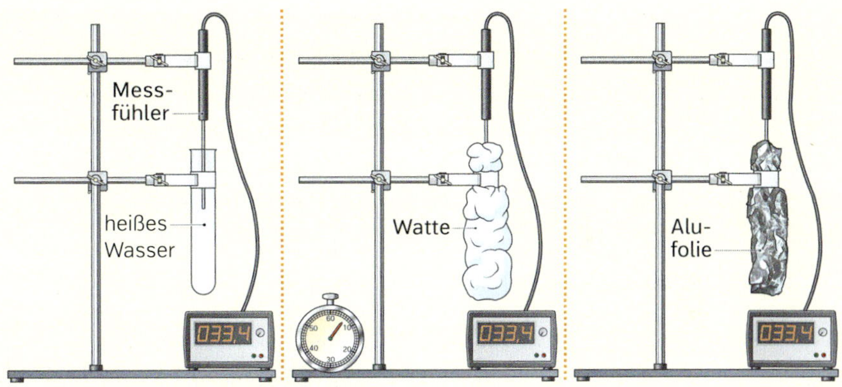

Material: 3 Reagenzgläser, Thermometer, Dämmmaterial (zum Beispiel Watte oder Alufolie), heißes Wasser

Durchführung: Baue den Versuch wie in der Abbildung auf. Fülle die Reagenzgläser jeweils bis zur Hälfte mit heißem Wasser. Notiere die am Anfang und dann alle drei Minuten die Temperatur bis du fünf Messwerte hast.

1. Vergleiche die Temperaturänderung in den einzelnen Gefäßen.
2. Erkläre die Ergebnisse des Versuchs.
3. Wähle eine der Aufgaben aus:

a Erläutere, welche Eigenschaften bei der Auswahl des Dämmmaterials von Bedeutung sind.

b Erkläre, warum manche Vögel im Winter ihre Federn mit Luft aufplustern.

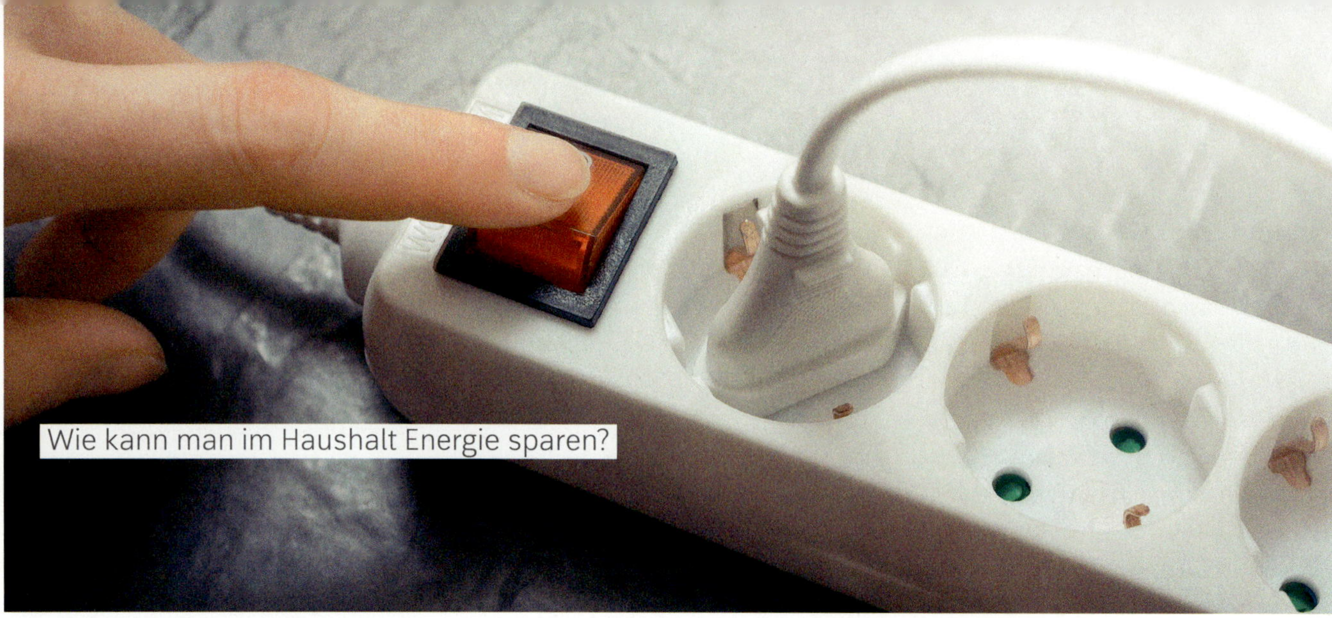

1 Ausschalten einer Steckdosenleiste

Energie sparen

Im Haushalt sparen

Ein großer Teil der täglich benötigten Energie wird durch die Umwandlung der chemischen Energie aus fossilen Energieträgern gestellt. Da diese Ressourcen begrenzt sind, sind sie kostbar. Außerdem ist die Bereitstellung oft eine Belastung für die Umwelt, da die fossilen Energieträger sich tief im Boden befinden. Zum Schutz der Umwelt ist es wichtig, Energie zu sparen. Am effektivsten ist es Häuser und Wohnungen optimal zu dämmen, sodass wenig Energie an die Umgebung abgegeben wird. Das ist aber sehr teuer und oft hat man als Mieter keinen Einfluss darauf, wie gedämmt wird. Ein geringes Senken der Heiztemperatur reduziert aber oft auch den Energiebedarf.

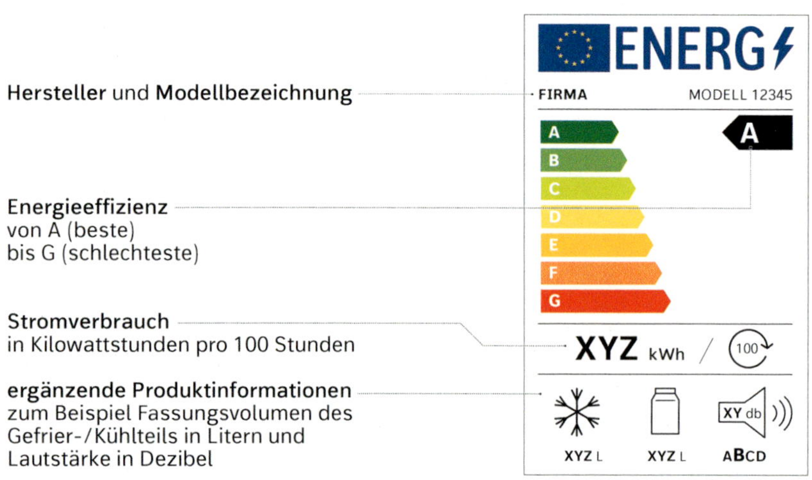

2 Energieeffizienzklassen

Energieeffizienklassen

Eine effektive Nutzung der Energie ist eine weitere Möglichkeit um Energie zu sparen. Dazu muss man **effizientere** Energiewandler einsetzen. Dadurch kann der Energiefluss an die Umgebung bei der Nutzung der Geräte stark reduziert werden. Für elektrische Geräte sind **Energieeffizienzklassen** eine Orientierung, wie viel Energie als thermische Energie abgegeben wird. Je kleiner dieser Anteil ist, desto besser ist die Effizienz. Die beste Effizienz haben elektrische Geräte mit der Effizienzklasse A.

Nachhaltigkeit

In einem bewussten Umgang mit Energie spielen unterschiedliche Aspekte eine Rolle. Sie werden unter dem Begriff **Nachhaltigkeit** zusammengefasst.

Zum einen muss der **ökologische** Aspekt berücksichtigt werden. Dieser umfasst alle Auswirkungen auf die Umwelt, wie Klimaveränderungen oder die Zerstörung von Lebensräumen. Zum Beispiel müssen Geräte mit geringer Lebensdauer häufig ausgetauscht werden. Um neue Geräte herzustellen, werden wieder mehr Rohstoffe benötigt. Das führt zu einem stärkeren Eingriff in die Umwelt und zu einer größeren Müllmenge, die entsorgt werden muss. Zum anderen müssen auch wirtschaftliche, **ökonomische**, Aspekte beachtet werden. Jedes Gerät hat Anschaffungskosten. Diese müssen mit den Ersparnissen durch einen geringeren Energieverbrauch verglichen werden. Es lohnt sich der Kauf effizienterer Energiewandler, wenn die Kosten der eingesparten Energie größer sind als die Anschaffungskosten. Außerdem ist es oft noch wichtig, die unterschiedliche Lebensdauer der Geräte zu berücksichtigen. Preiswerte Geräte sind oft weniger effizient und gehen in der Regel schneller kaputt. Auch **soziale** Aspekte müssen betrachtet werden. Viele Geräte werden außerhalb Europas hergestellt. In vielen Ländern arbeiten die Menschen leider unter schlechten Arbeitsbedingungen. Jedoch sind die Menschen auf die Arbeit zur Ernährung ihrer Familien angewiesen.

A Beschreibe die verschiedenen Aspekte der Nachhaltigkeit.

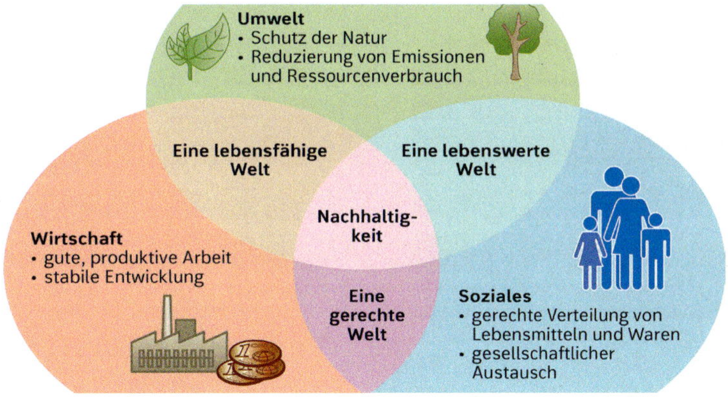

3 Aspekte der Nachhaltigkeit

Material mit Aufgaben

M1 Nachhaltigkeit

Herr Mink kauft sich eine neue Waschmaschine. Die neue Waschmaschine benötigt weniger Energie als die alte. Die alte Waschmaschine hat die Effizienzklasse D. Allerdings war die alte Maschine noch voll funktionsfähig und würde laut Herstellerangabe noch mindestens 3 Jahre funktionieren. In einem Bericht wird deutlich, dass die neue Waschmaschine unter schlechten Bedingungen gefertigt wurde. Auch lässt sich die neue Waschmaschine nicht reparieren und hat eine geringere Nutzungsdauer.

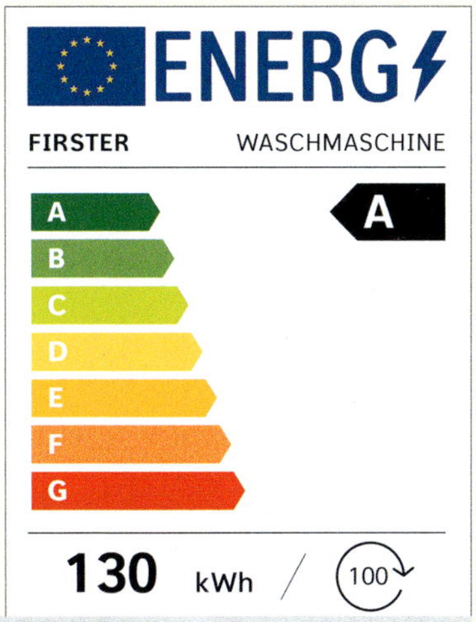

Effizienzklasse der neuen Waschmaschine

1. Beschreibe die ökologischen, ökonomischen und sozialen Auswirkungen des Kaufs der neuen Waschmaschine.
2. Beurteile die Nachhaltigkeit des Kaufs der neuen Waschmaschine. +
3. Wähle eine der Aufgaben aus:
   a Beurteile die Entscheidung, die alte Waschmaschine noch 3 Jahre länger zu benutzen in Bezug auf die Nachhaltigkeit.
   b Erläutere, wie du dich in der Situation entscheiden würdest.

Zusammenfassung Nachhaltiger Umgang mit Energie

Energiestromstärke

Die Energiestromstärke gibt an, wie viel Energie pro Sekunde von einem Bauteil oder einem Körper umgewandelt wird. Die Einheit der Energiestromstärke ist Watt. Für jede Energieumwandlung kann die Energiestromstärke und die umgewandelte Energiemenge bestimmt werden. Für die Berechnung der Energiemenge multipliziert man die Energiestromstärke mit der Dauer der Umwandlung.

$E = P \cdot t$

Energie im Haushalt

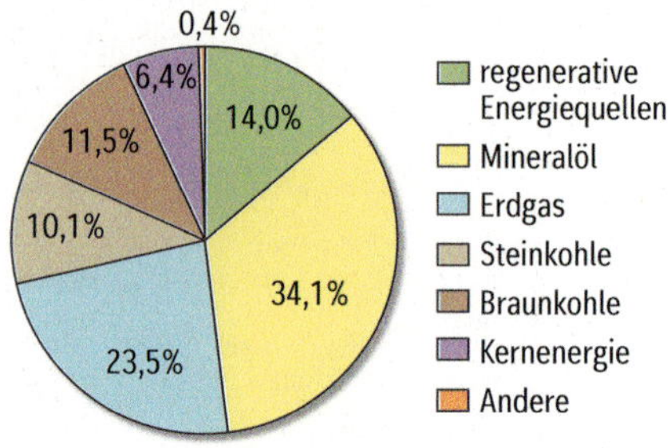

Ein Haushalt benötigt das ganze Jahr über sehr viel Energie für verschiedene Bereiche. Dieser Energiebedarf wird zu einem großen Teil durch fossile Brennstoffe gedeckt. Heutzutage wird auch immer mehr Energie mit regenerativen Energiequellen bereit gestellt. Der größte Teil der Energie in einem Haushalt wird durch die Heizung umgewandelt. Von den elektrischen Geräten benötigen Kühlschranke, Tiefkühltruhen oder Waschmaschinen deutlich mehr Energie als Lampen, Fernseher oder Computer.

Nachhaltigkeit

Bei einem bewussten Umgang mit Energie spielen wirtschaftliche, soziale und ökologische Aspekte eine Rolle. Sie werden unter dem Begriff Nachhaltigkeit zusammengefasst. Nachhaltiges Handeln schont Rohstoffe und sichert langfristig deren Verfügbarkeit. Dabei müssen aber die Interessen der Wirtschaft, der Umwelt und der Menschen vereinbart werden.

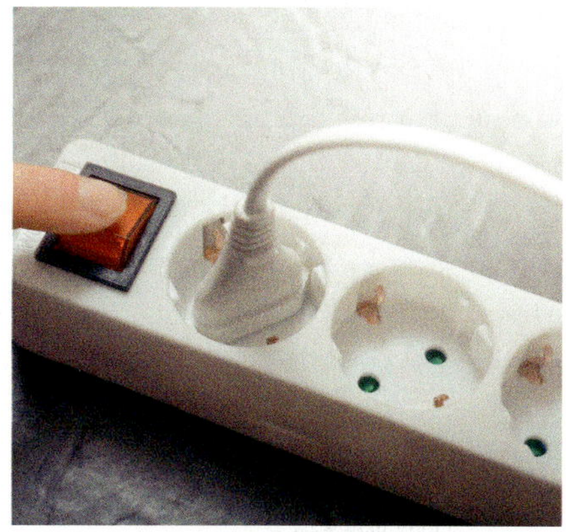

Wärme breitet sich aus

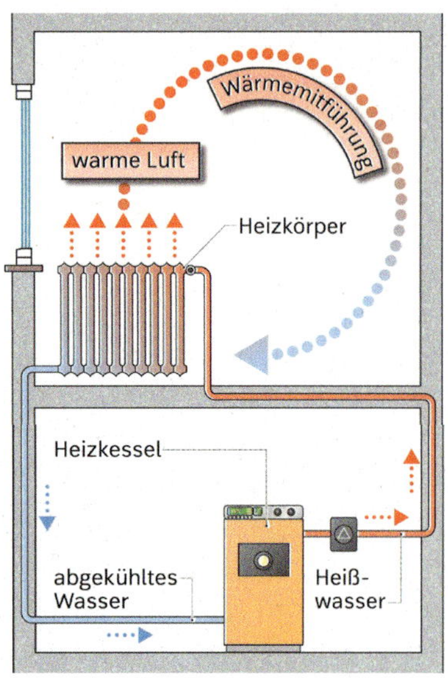

Wärme kann auf unterschiedliche Weisen transportiert werden. In Festkörpern wird Wärme durch Wärmeleitung transportiert. Dabei breitet sich die Wärme immer vom heißen zum kalten Ende aus. Metalle sind gute Wärmeleiter. Kunststoffe sind dagegen schlechte Wärmeleiter.

In Flüssigkeiten und auch in Gasen wird Wärme durch Konvektiom transportiert. Luft oder Wasser werden dabei erwärmt, strömen zu einem anderen Ort und geben die Wärme dort dann wieder ab. Bei der Wärmestrahlung wird Wärme ohne übertragenden Stoff transportiert.

Wärmedämmmung

Jedes Haus gibt Wärme an die Umgebung ab. Im Winter müssen die Häuser beheizt werden, damit es innen nicht zu kalt wird. Häuser werden heute so gebaut, dass sie möglichst wenig Wärme verlieren. Dazu verbaut man Materialien, die viel Luft enthalten. Sie erhöhen die Wärmedämmung des Hauses.

1 Wärmetransport

Die Weihnachtspyramide wird mit Kerzen zum Drehen gebracht.

A Nenne die verschiedenen Arten des Wärmetransports.

B Ordne den Bildern eine Wärmetransportart zu. Begründe.

C Erkläre die verschiedenen Arten des Wärmetransports.

Weihnachtspyramide

Wärmelampe

2 Nachhaltigkeit

A Beschreibe mithilfe der Abbildung die drei Aspekte der Nachhaltigkeit.

B Erkläre, was man unter dem Begriff Nachhaltigkeit versteht.

C Erläutere, wie ein nachhaltiger Umgang mit Energie aussehen könnte.

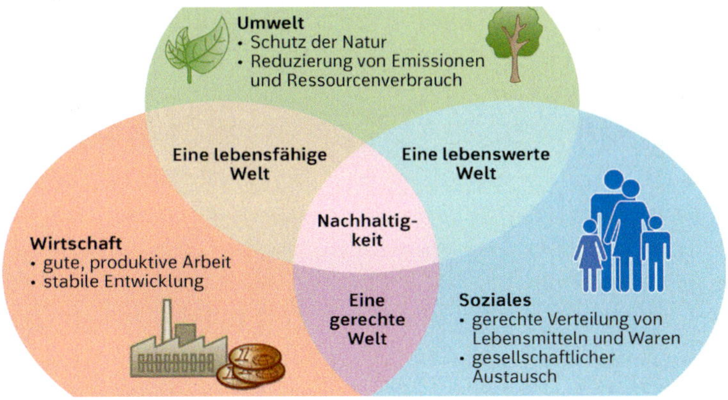

3 Wärmedämmung

A Vergleiche die in den Bildern A und B dargestellten Wärmebilder von zwei Häusern.

B Beschreibe, wie man Häuser am besten dämmen kann.

C Erläutere, welches Haus in den Wärmebildern eine bessere Wärmedämmung besitzt.

D Erläutere mithilfe der beiden Wärmebilder, welche Teile eines Hauses am schlechtesten gedämmt sind.

E Erläutere, warum gut gedämmte Häuser eine wichtige Maßnahme sind, Energie einzusparen.

A

B

Elektrische Energie

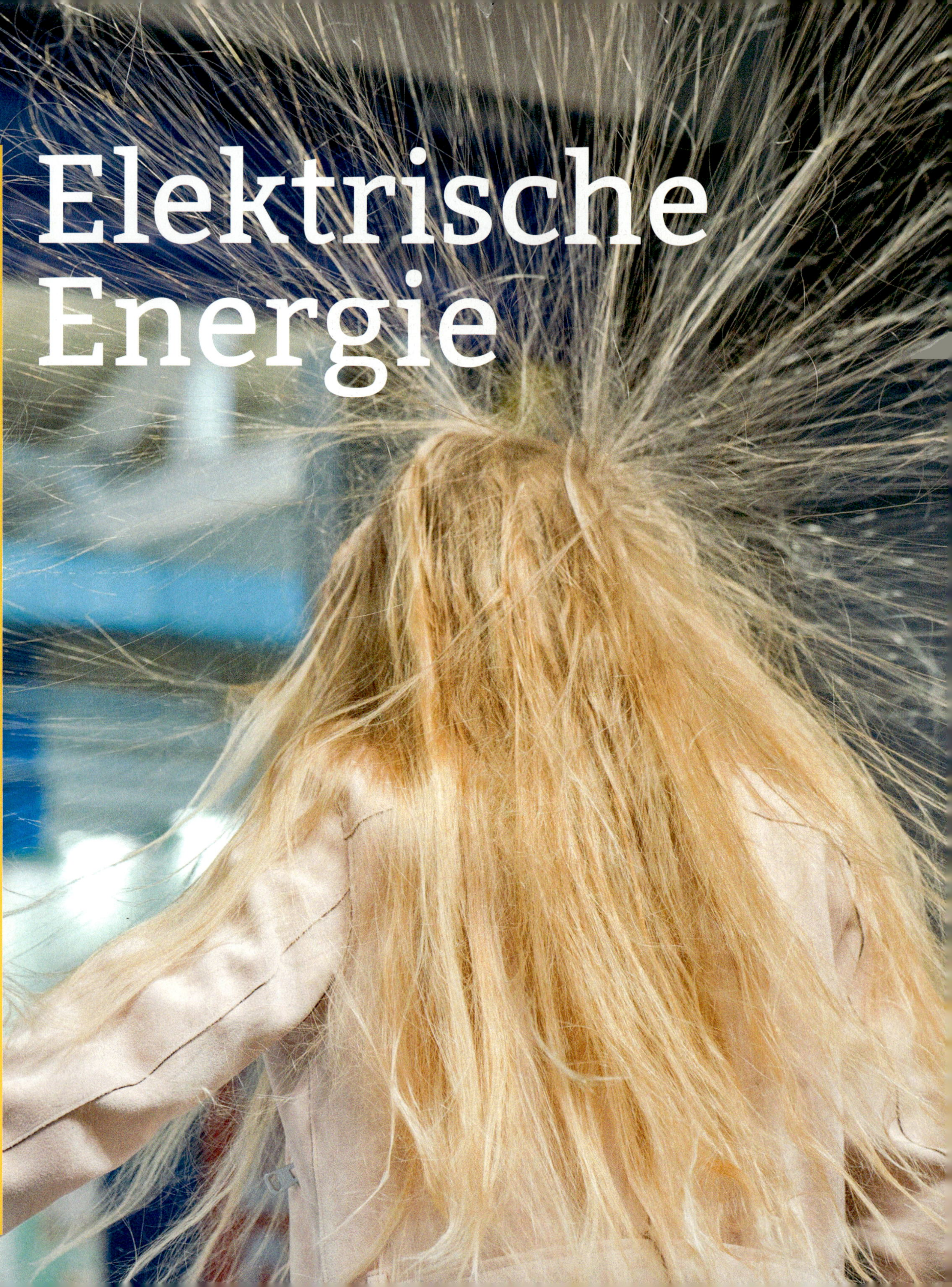

6

Was ist Spannung?
Warum stehen einem manchmal die Haare zu Berge?
Wie misst man die Stromstärke?

Man kann sehr oft im Winter beobachten, wie einem nach dem Ausziehen des Pullovers oder der Mütze die Haare zu Berge stehen. Mithilfe von speziellen elektrischen Geräten, kann man dieses Phänomen nachstellen.

1 Schüler mit Laptop

Elektrischer Strom transportiert Energie

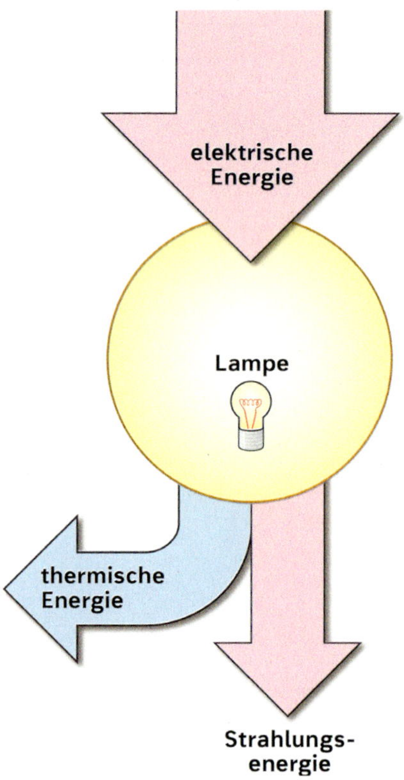

2 Energieflussdiagramm

Anwendungen im Alltag

Der elektrische Strom spielt im Alltag eine große Rolle. Viele elektrische Geräte, wie zum Beispiel Haushaltsgeräte, erleichtern die tägliche Arbeit. Fernseher, Computer, Tablets oder Smartphones tragen dazu bei, dass das Leben angenehmer ist.

Wirkungen des Stroms

In elektrischen Geräten werden verschiedene Wirkungen des elektrischen Stroms genutzt. In Leuchtmitteln wird die elektrische Energie des Stroms unter anderem in Strahlungsenergie umgewandelt. Leuchtmittel wie zum Beispiel LEDs nutzen die **Lichtwirkung** des elektrischen Stroms. In einem Toaster wird die **thermische Wirkung** des elektrischen Stroms genutzt. In ihm wird die elektrische Energie in thermische Energie umgewandelt, welche die Drähte zum Glühen bringt. In Ventilatoren wird die **magnetische Wirkung** des elektrischen Stroms genutzt. Dabei wird elektrische Energie in einem Elektromotor, der mithilfe von Magneten funktioniert, in Bewegungsenergie umgewandelt. Der Ventilator dreht sich.

Energiewandler

Elektrische Geräte sind Energiewandler. Sie wandeln elektrische Energie in andere Energieformen wie Bewegungsenergie oder Strahlungsenergie um. Oft entsteht bei diesen Umwandlungsprozessen nicht nur eine Energieform. So wird in einer Lampe elektrische Energie in Strahlungsenergie und thermische Energie umgewandelt. Mit Energieflussdiagrammen kann man darstellen, welche Energieumwandlungen in einem Prozess ablaufen.

Energietransport

Der elektrische Strom wird vor allem genutzt, um Energie von einem Ort zu einem anderen zu transportieren. Zum Beispiel wird in Kohlekraftwerken die chemische Energie der Holzkohle in elektrische Energie umgewandelt. Diese wird dann mithilfe des elektrischen Stroms zu den Haushalten transportiert. In den elektrischen Geräten im Haushalt wird die elektrische Energie dann wieder in die Energieform umgewandelt, die vom Menschen direkt genutzt wird. Elektrische Energie eignet sich zum Transport besonders gut, da sie sich leicht umwandeln und auch speichern lässt. Außerdem treten bei den Umwandlungsprozessen wenige Verluste auf.

A Beschreibe die Wirkungen des elektrischen Stroms.

B Zeichne die Energieflussdiagramme für die Energieumwandlungen in einem Toaster und einer Bohrmaschine.

Material mit Aufgaben

M1 Energiefluss

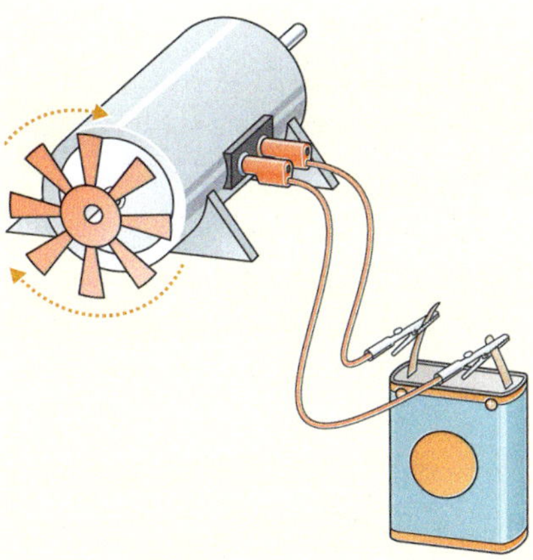

1. Beschreibe den dargestellten Versuchsaufbau.
2. Beschreibe die Energieumwandlung in dem dargestellten Beispiel.
3. Zeichne ein Energieflussdiagramm für den Versuch.
4. Zeichne ein Energieflussdiagramm zu einem Prozess im Haushalt.

M2 Wasserkraftwerk

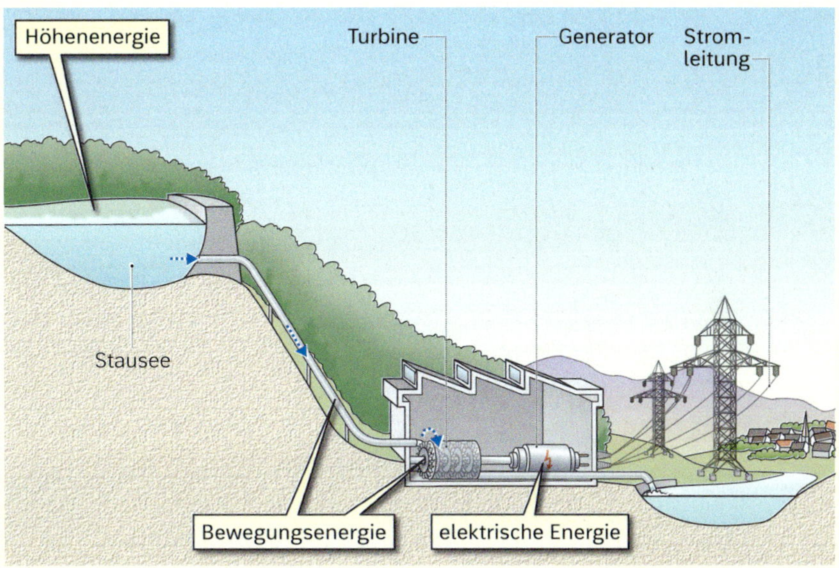

1. Beschreibe den Bau eines Wasserkraftwerks.
2. Beschreibe die Energieumwandlungen im Wasserkraftwerk.
3. Erkläre, warum ein Wasserkraftwerk mehr Energie bereit stellt, wenn der Stausee höher liegt.
4. Zeichne ein Energieflussdiagramm für den Weg der Energie vom Wasser im Stausee zu einem Haushaltsgerät.
5. Erläutere, wie die Energie vom Wasserkraftwerk zu den Haushalten gelangt.

1 Abstehende Haare

Elektrostatik

Abstehende Haare

Wenn man einen Pullover auszieht oder das Wetter umschlägt, kann es passieren, dass die Haare vom Kopf abstehen. Man sagt dann auch, dass die Haare elektrisch aufgeladen sind. Das elektrische Aufladen von Körpern und Stoffen geschieht mithilfe von **Ladungen**. Im elektrischen Strom bewegen sich auch Ladungen, die **Elektronen**. Sie sind negativ geladen.

Einfaches Atommodell

Alle Stoffe sind aus kleinsten Teilchen aufgebaut, die man **Atome** nennt. Atome enthalten Elektronen. Sie sind negativ geladen. Die Elektronen im Atom sind frei beweglich und können aus dem Atom entfernt werden. Der restliche Teil des Atoms ist nicht beweglich und enthält neben den negativ geladenen Elektronen auch positive Ladungen.

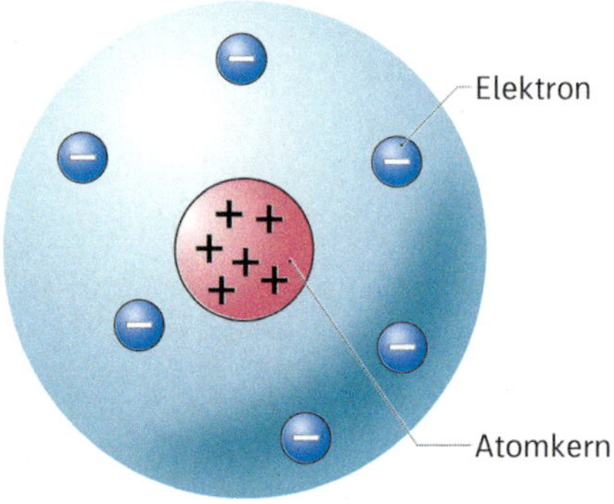

2 Einfaches Atommodell

Ladungstrennung

Alle Körper sind elektrisch geladen. Wenn es gleich viele negative und positive Ladungen gibt, merkt man die Ladung nicht. Der Körper ist dann elektrisch neutral. Um einen Körper elektrisch aufzuladen, müssen Ladungen auf ihn übertragen oder von ihm weggenommen werden. Man spricht dann von einer **Ladungstrennung**.

Elektronen können durch Reibung aus einem Körper entfernt werden. Wird ein Kunststoffstab mit einem Tuch gerieben, findet eine Elektronenübertragung vom Tuch auf den Stab statt. Dabei entsteht ein Elektronenmangel am Tuch und ein Elektronenüberschuss am Stab. Der Stab nimmt mehr negativ geladene Elektronen auf, er ist negativ geladen. Das Tuch gibt Elektronen ab und hat dadurch weniger negativ geladene Elektronen. Es ist positiv geladen.

Eigenschaften von Ladungen

In Körpern befinden sich immer positive und negative Ladungen. Die Ladungen werden aber erst messbar, wenn sie voneinander getrennt werden. Dann liegen auf der einen Seite mehr negative Ladungen vor als auf der anderen Seite. Ladungsunterschiede entstehen also nur durch **Ladungstrennung**. Die Gesamtladung bleibt dabei erhalten. Hält man unterschiedlich geladene Stoffe oder Körper dicht nebeneinander, dann fließen die Elektronen immer von dem negativ geladenen Teil zu dem positiv geladenen Teil.

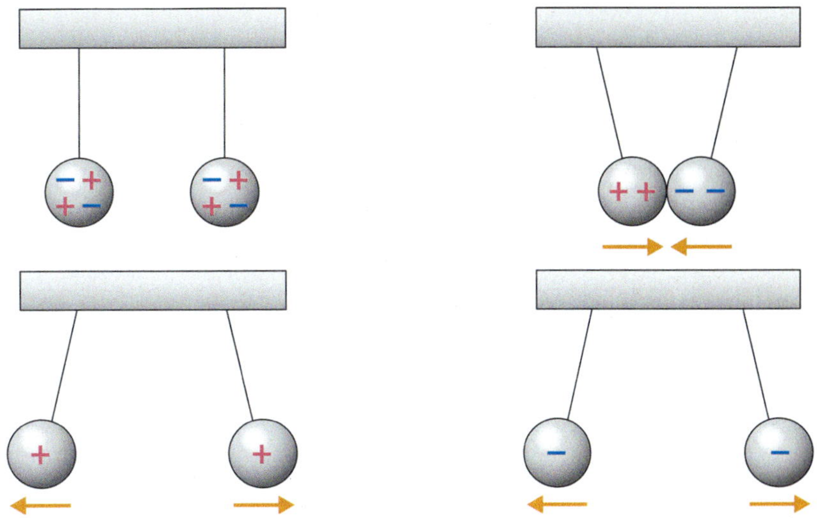

3 Ladungen ziehen sich an und stoßen sich ab

Kräfte

Immer wenn Ladungen vorhanden sind, wirken auch Kräfte. Man spricht dann von **elektrostatischen Kräften**. Ladungen können sich anziehen oder abstoßen. Sie **wechselwirken** miteinander. Gleiche Ladungen stoßen sich ab und ungleiche Ladungen ziehen sich an. Zieht man einen Pullover aus, reibt der Stoff an den Haaren. Dabei kann es passieren, dass Elektronen vom Pullover in die einzelnen Haare fließen. Die einzelnen Haare sind nun negativ geladen und stoßen sich ab. Die Haare stehen dadurch vom Kopf ab. ▶

A Erkläre, was man unter „elektrischen Strom" versteht.

B Beschreibe den Aufbau eines Atoms.

C Beschreibe, wie sich zwei positiv geladene Kugeln und zwei negativ geladene Kugeln verhalten, wenn sie dicht nebeneinander gelegt werden.

Material mit Aufgaben

P1 Geladene Stäbe

Material: 2 Kunststoffstäbe, Seidenpapier, Drehstativ

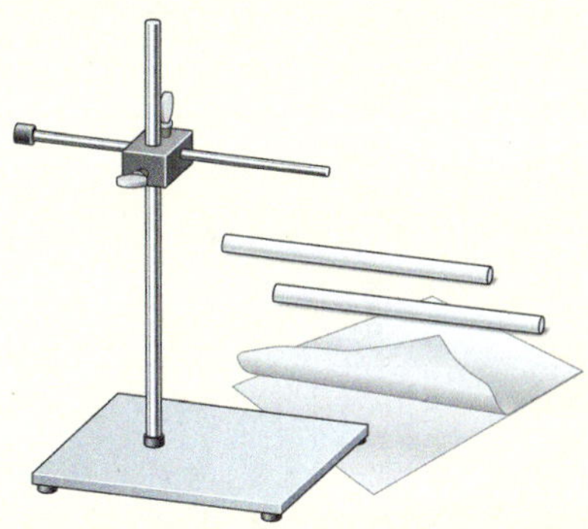

Durchführung: Reibe beide Kunststoffstäbe an dem Seidenpapier. Lege dann einen der Stäbe auf das Drehstativ und halte den anderen Stab in die Nähe.

1. ▮ Beschreibe was passiert, wenn du die Stäbe annäherst.
2. ▮▮ Erkläre deine Beobachtungen.

⊞

3. Wähle eine der Aufgaben aus:

a ▮▮ Wiederholt man den Versuch mit einem Glas- und einen Kunststoffstab, ziehen sich beide Stäbe an. Erkläre dieses Ergebnis.

b ▮▮▮ Stelle Vermutungen an, wie du die Stäbe wieder entladen könntest.

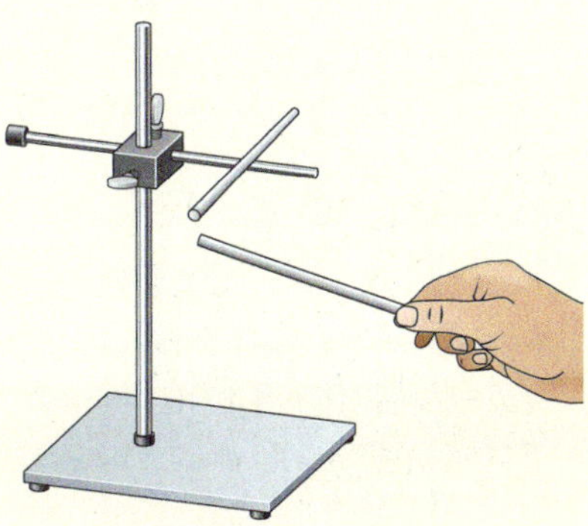

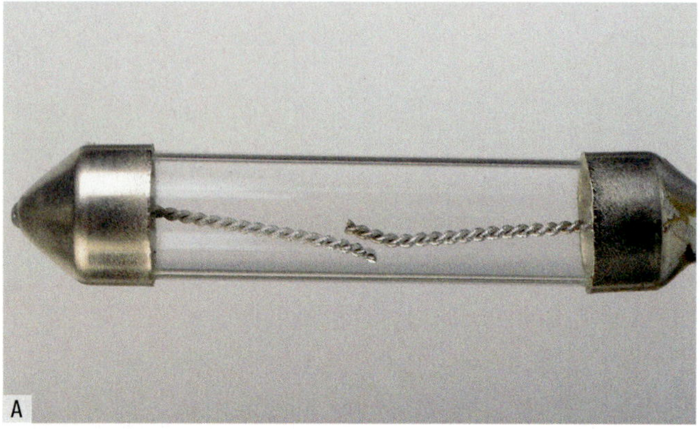
A

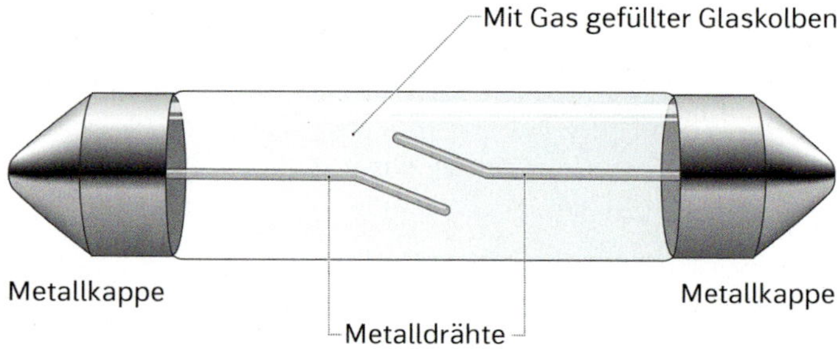

B

4 Glimmlampe: **A** Foto, **B** Aufbau

Glimmlampe

Körper oder Stoffe können durch Reibung positiv oder negativ geladen werden. Die Ladungszustände von verschiedenen Körpern oder Stoffen kann man mithilfe einer **Glimmlampe** sichtbar machen.

Eine Glimmlampe besteht aus einem Glaskolben, in dem sich zwei dünne Metalldrähte befinden. Die Metalldrähte stehen sich dicht gegenüber, berühren sich aber nicht. Neben den Metalldrähten befindet sich im Glaskolben noch ein unsichtbaresGas.

Hält man ein Ende einer Glimmlampe an einen geladenen Körper, fließen die Elektronen und ein Strom entsteht. Der Draht in der Glimmlampe glüht dann auf. Bei einem negativ geladenen Körper glüht der Draht, der sich an der Berührungsstelle befindet. Hält man eine Glimmlampe an einen positiv geladenen Körper, glüht der Draht an der anderen Seite auf. Mit einer Glimmlampe können positive und negative Ladungen von Körpern nachgewiesen werden. Allerdings kann man mit der Messung keine Aussage darüber treffen, wie stark der Körper geladen ist. ■

D Erläutere, warum man eine Glimmlampe als eine Art Messgerät nutzen kann.

E Beschreibe wie man mit einer Glimmlampe feststellen kann, ob ein Körper oder ein Stoff negativ oder positiv geladen ist.

Material mit Aufgaben

M2 Glimmlampe

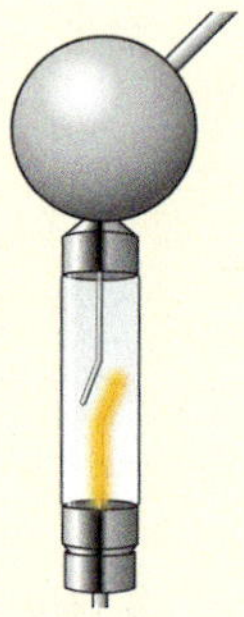
A

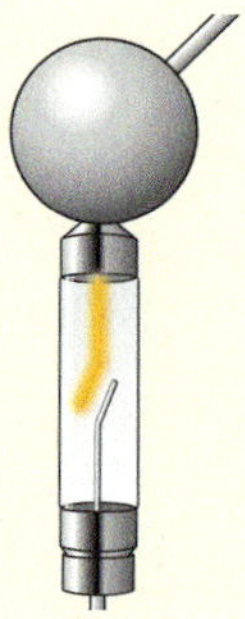
B

1. Beschreibe die Ergebnisse des Versuchs in den Bildern A und B.
2. Erkläre, wie die Kugeln in den Bildern A und B geladen sind. ⊞
3. Stelle Vermutungen an, wie hell die Glimmlampe leuchtet, wenn man eine Kugel mehrmals berührt.

Elektroskop

Ein Elektroskop besteht aus einem nichtleitenden **Ring**, an den am oberen Ende ein **Metallteller** an einem **Metallstab** befestigt ist. Der Metallstab ist mit einem drehbaren Zeiger verbunden. Berührt man den Metallteller mit einem negativ geladenen Körper, dann beeinflusst die Ladung des Körpers die Ladung des Elektroskops. Die negativen Ladungen ziehen die positiven Ladungen des Elektroskops an und stoßen die negativen Ladungen ab. Dadurch sind Zeiger und Metallstab des Elektroskops negativ geladen und stoßen sich ab. Der Zeiger bewegt sich. Das Phänomen, dass ein geladener Körper die Ladung eines ungeladenen Körpers beeinflusst, nennt man **Influenz**. Hält man einen positiv geladenen Körper an den Metallteller, dann werden die negativen Ladungen angezogen und die positiven abgestoßen. Der Zeiger bewegt sich erneut. Mit einem Elektroskop kann nur nachgewiesen werden, ob ein Körper geladen ist. Man kann nicht feststellen, ob er positiv oder negativ geladen ist.

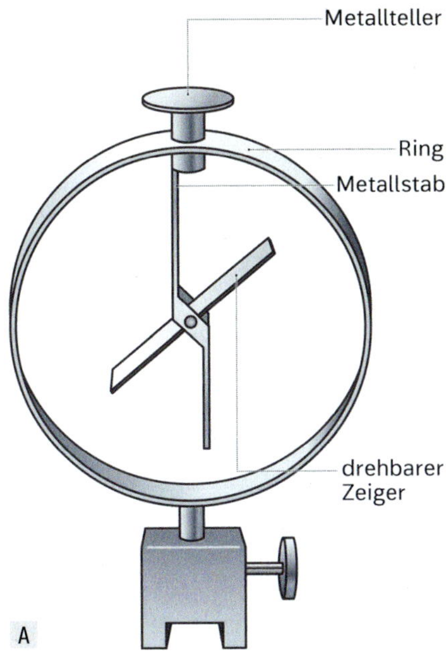

1 Elektroskop: **A** Aufbau, **B** Foto

Material mit Aufgaben

M1 Elektroskop

1. Vergleiche die Verteilung der Ladungen in den Elektroskopen in den Bildern A und B.
2. Erkläre den Ausschlag des Elektroskops in Bild B.
3. Erstelle eine Skizze von einem Elektroskop, was mit einem positiv geladenen Körper berührt wird.
4. Tobias trifft folgende Aussage: „Ein Elektroskop kann nur anzeigen, ob ein Körper geladen ist.“ Nimm Stellung.

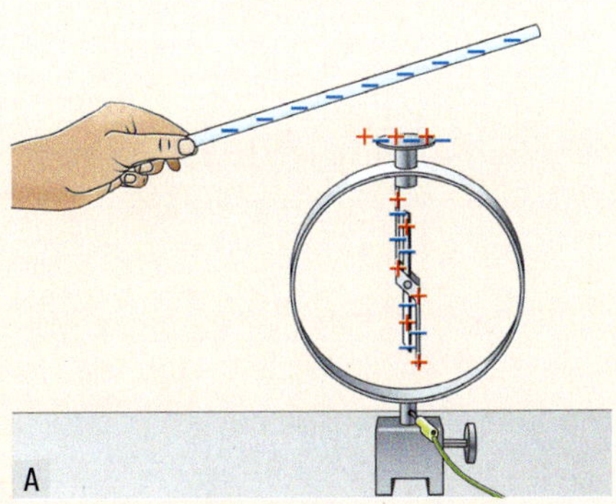

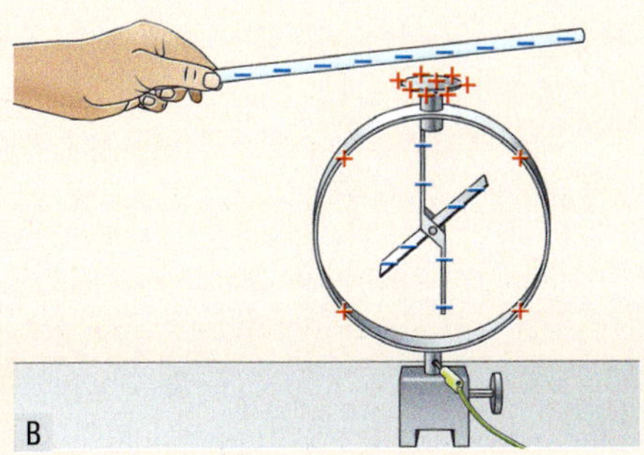

1 Ein Gewitter

Projekt

Entstehung von Blitzen

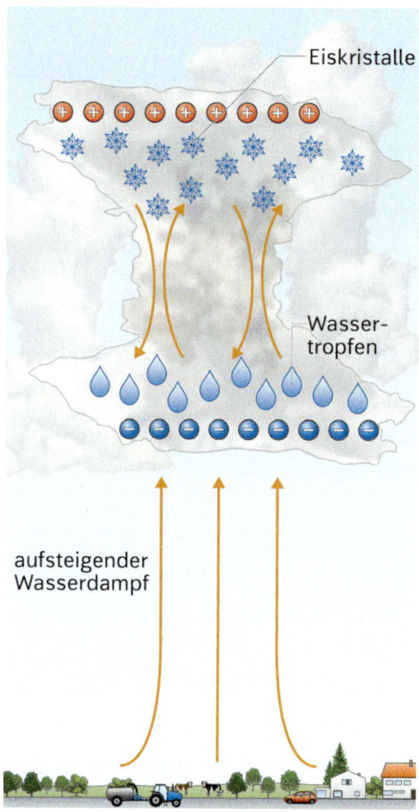

2 Ladungstrennung in einer Wolke

Ladungstrennung in Wolken

Die Sonne erwärmt den Boden und die unteren Luftschichten. Die warme Luft steigt auf und transportiert dabei auch den Wasserdampf. Je höher der Wasserdampf steigt, desto mehr kühlt er ab. Er kondensiert wieder zu Wassertropfen. Es bilden sich Wolken. In den oberen Teilen der Wolken sinkt die Temperatur weiter. Die Wassertropfen erstarren zu Eiskristallen. An den schon vorhandenen Eiskristallen lagert sich immer mehr Wasserdampf ab. Wenn die Eiskristalle zu schwer werden, sinken sie ab. Da die Temperatur beim Absinken steigt, schmelzen die Eiskristalle zum Teil. Sie werden zu Graupel. In der Wolke reiben der absinkende Graupel und die aufsteigenden Eiskristalle aneinander. Dabei werden Elektronen von den Eiskristallen an den Graupel übertragen. So wird der untere Teil der Wolke negativ und der obere Teil positiv geladen.

Ladungsausgleich

Werden die unterschiedlichen Ladungen in der Wolke zu groß, dann kommt es zu einem **Ladungsausgleich** in Form eines Blitzes. Bei einem Blitz wandern die Elektronen innerhalb kürzester Zeit von den negativ geladenen Bereichen in die positiv geladenen Bereiche der Wolken. Innerhalb der Wolke bilden sich zuerst Leitblitze. Diese sind nicht so hell, sorgen aber dafür, dass die Luft elektrisch leitend wird. Man sagt auch, der Leitblitz legt eine Leitung, den Blitzkanal. Durch diesen Blitzkanal kann dann ein Hauptblitz fließen. Dieser leuchtet hell auf und erhitzt die Luft um den Blitzkanal auf mehrere Tausend Grad Celsius. Dadurch dehnt sich die Luft explosionsartig aus. Diese Ausdehnung hört man als Donner. Blitz und Donner entstehen also gleichzeitig. Da sich Licht aber schneller als Schall ausbreitet, sieht man erst den Blitz und hört dann den Donner.

Blitze

Manchmal kommt es vor, dass Blitze auf der Erde einschlagen. Damit Blitze auf der Erde einschlagen können, muss diese ebefalls geladen sein. Der untere Teil der Wolke ist so stark geladen, dass er die Ladung der Erde beeinflusst. Durch den unteren, negativ geladenen Teil der Wolke, werden die negativen Ladungen auf der Erde abgestoßen. Die positiven Ladungen der Erde werden aber angezogen. Dadurch sind besonders erhöhte Punkte wie Masten oder Bäume auf der Erde positiv geladen. Das Phänomen, dass ein geladener Körper die Ladung eines ungeladenen Körpers beeinflusst, nennt man **Influenz**. So kann es auch zwischen dem Erdboden und dem unteren Wolkenbereichen zu einen genügend großen Ladungsunterschied kommen und es entstehen Blitze in Richtung des Erdbodens. Allerdings gelangt nur ungefähr jeder zehnte Blitz bis zur Erde. Da durch die Influenz erhöhte Bereiche positiv geladen sind, sollte man sich bei einem Gewitter daher nicht an erhöhten Orten aufhalten. Dort kann ein Blitz einschlagen.

Ladungsausgleich im Alltag

Kleine Ladungsausgleiche erlebt man öfter im Alltag. Geht man über einen Teppich, reiben die Gummisohlen der Schuhe und der Teppich aneinander. Dabei werden Elektronen vom Teppich auf den Körper übertragen. Man wird negativ geladen. Fasst man dann zum Beispiel eine Türklinke an, kommt es zu einem Ladungsausgleich. Man fühlt einen kleinen elektrischen Schlag und kann auch mal einen Miniblitz sehen.

3 Ladungen in einem Gewitter

Material mit Aufgaben

M1 Ladungsausgleich

1. Beschreibe, was im abgebildeten Comic passiert.
2. Erkläre, wie die Person elektrisch aufgeladen wird.
3. Erkläre, warum die Person einen kleinen elektrischen Schlag bekommt.
4. Stelle Vermutungen an, wie man einen kleinen elektrischen Schlag verhindern kann.

Schaltzeichen und Schaltungen

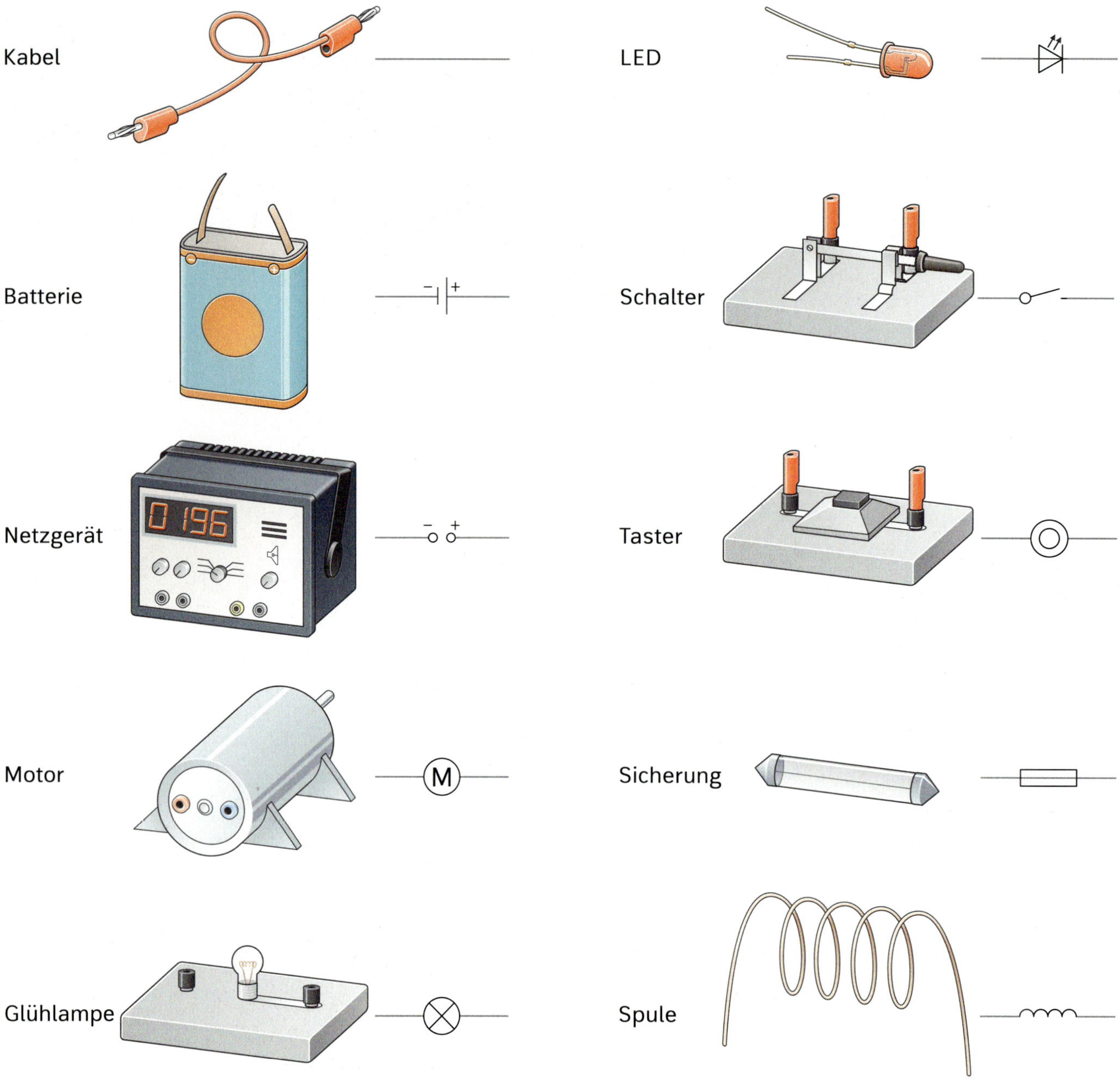

Schaltpläne und Schaltzeichen helfen einem für das Verständnis vom Aufbau elektrischer Geräte. Jedes elektrische Bauteil hat ein eigenes Schaltzeichen, mit dem es in einem Schaltplan dargestellt wird. Mit Schaltplänen lassen sich auch einfache Schaltungen wie eine Reihenschaltung, Parallelschaltung, UND-Schaltung und ODER-Schaltung darstellen.

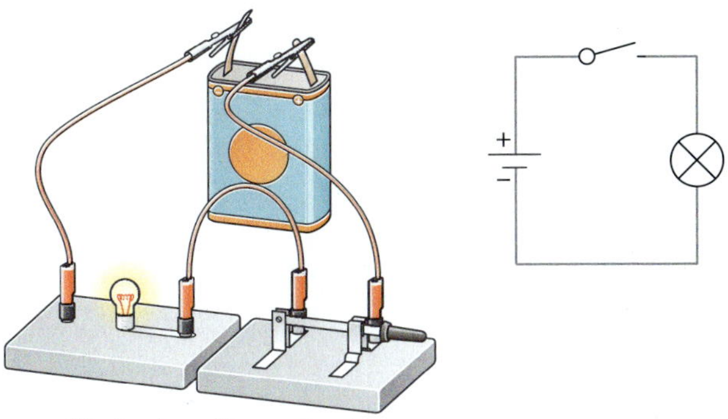

Einfacher Stromkreis

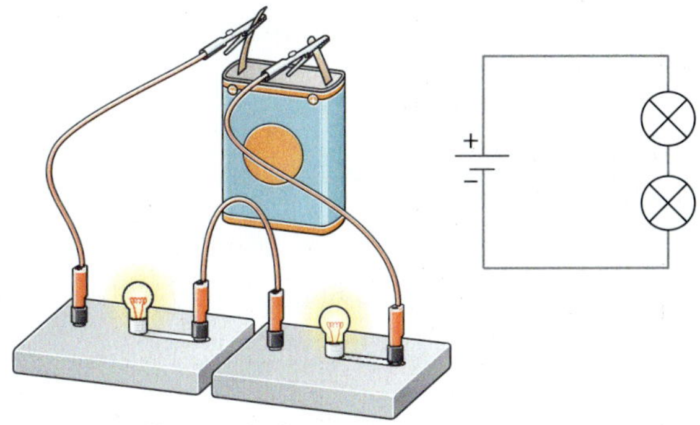

Reihenschaltung

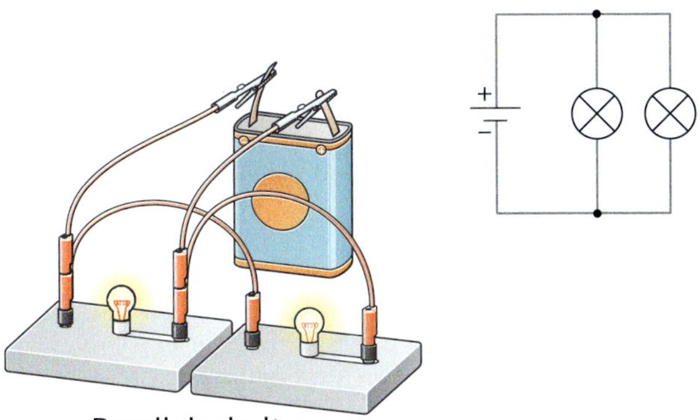

Parallelschaltung

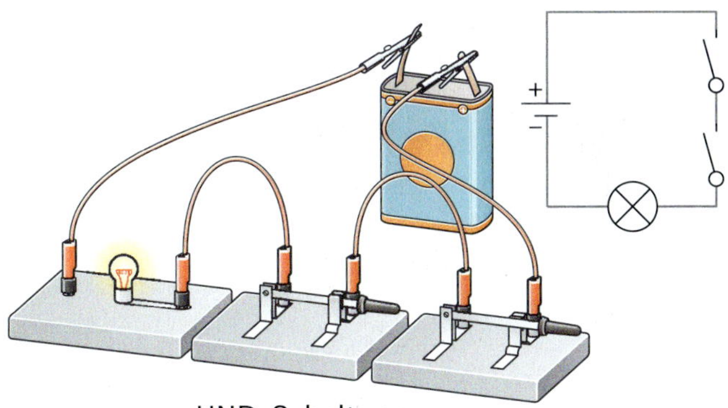

UND-Schaltung

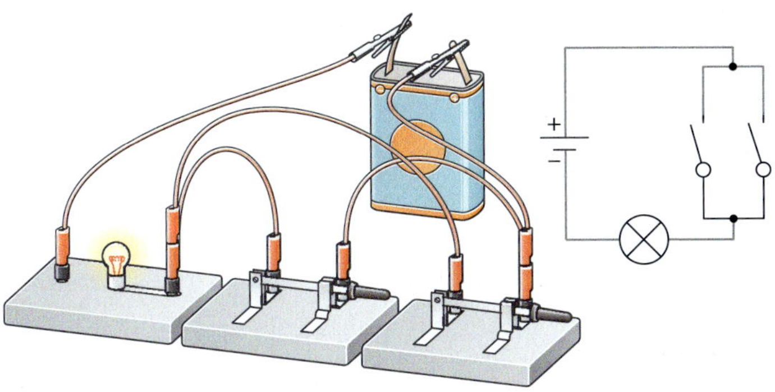

ODER-Schaltung

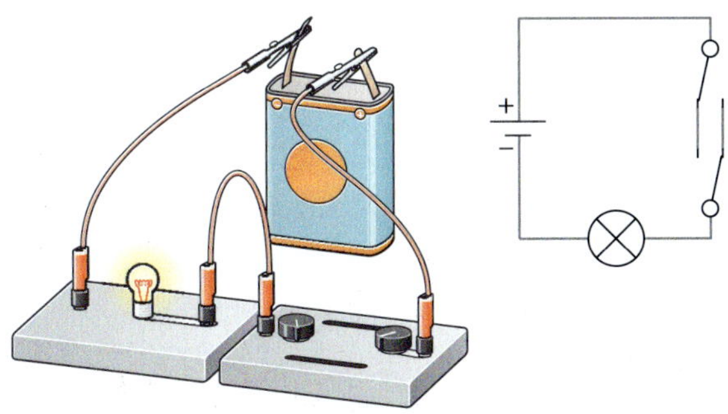

Wechselschaltung

1. Beschreibe den Unterschied zwischen einer UND-Schaltung und einer Reihenschaltung.
2. Erkläre, warum bei einer Parallelschaltung mit drei Glühlampen, zwei Glühlampen leuchten, auch wenn die dritte kaputt ist.
3. Zeichne einen Schaltplan für eine Parallelschaltung mit einem Motor, einer Glühlampe und einem Netzgerät.
4. Beschreibe, wie die einzelnen Bauteile in der abgebildeten ODER-Schaltung zueinander geschaltet sind.

1 Stromausfall in einer Stadt

Stromkreise im Haushalt

Strom im Haushalt

Fällt durch einen Stromausfall der Strom aus, stellt man fest, wie viele Dinge Strom benötigen. Zum Beispiel brauchen Lampen, Computer oder Fernseher Strom. Damit alle elektrischen Geräte betrieben werden können, sind im Haushalt viele Leitungen verlegt und zu Stromkreisen verbunden. Je nach elektrischem Gerät und seiner Nutzung sind unterschiedliche Schaltungen nötig.

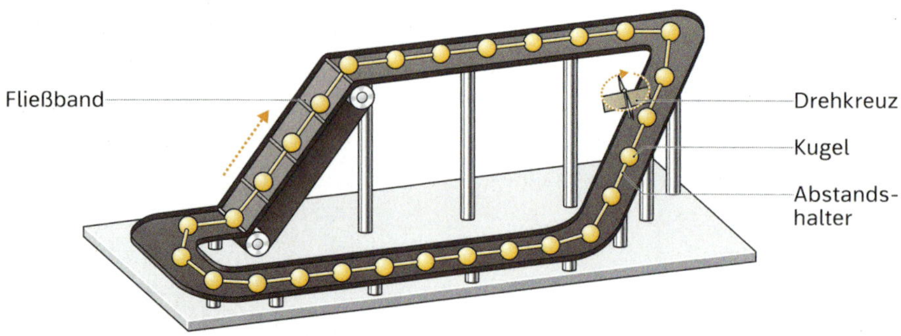

2 Das Kugelmodell

Das Kugelmodell

Im Kugelmodell werden die Elektronen als kleine Kugeln dargestellt. Abstandshalter zwischen ihnen stellen die Abstoßungskräfte dar. Die Kugeln bewegen sich in einer Bahn, wie die Elektronen im Stromkreis. Die Bahn ist so eng, dass die Kugeln nur geradeaus rollen können. Damit sich die Kugeln bewegen können, werden sie von einem Laufband hochgehoben. Sie besitzen dann Höhenenergie. Diese wird beim Herunterrollen in Bewegungsenergie umgewandelt. Im Stromkreis werden die Elektronen von einer Batterie angetrieben, die die nötige Energie liefert. Die Kugeln können beim Herunterrollen ihre Energie an Bauteile übertragen. Zum Beispiel wird ein Drehkreuz in Bewegung gesetzt. Auch Elektronen übertragen Energie. Fließen sie zum Beispiel durch eine Glühlampe, beginnt diese zu leuchten.

Schaltungen im Modell

In einer Reihenschaltung übertragen die Elektronen Energie an mehrere hintereinanderliegende Bauteile. Im Modell übertragen die Kugeln Energie an Drehkreuze, die sich auf der gleichen Bahn befinden. Bewegt sich ein Drehkreuz nicht, fließen keine Kugeln mehr. So ist es auch in einer Reihenschaltung. Wird ein Bauteil aus der Schaltung genommen oder ist defekt, fließt kein Strom mehr. In einer Parallelschaltung übertragen die Elektronen Energie an Bauteile, die auf mehrere Wege verteilt sind. Im Modell liegen die Drehkreuze auf verschiedenen Bahnen. Dreht sich ein Drehkreuz nicht, können die Kugeln über andere Wege weiter fließen.

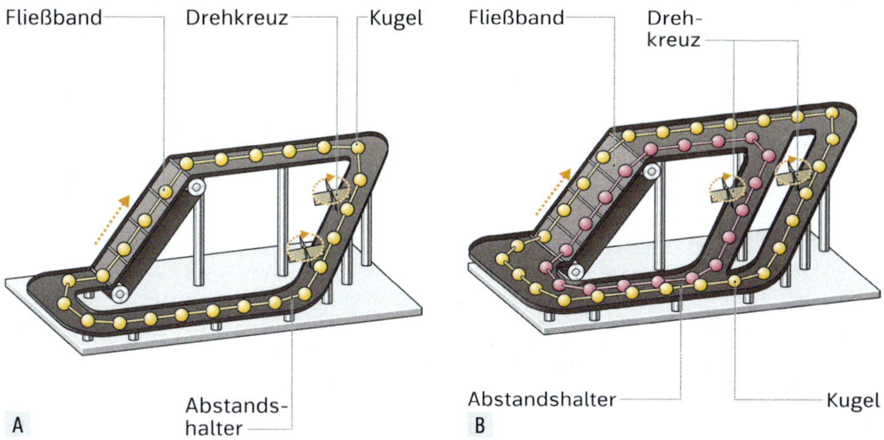

3 Schaltungen im Modell: **A** Reihenschaltung, **B** Parallelschaltung

A Stelle in einer Tabelle Stromkreis und Modell gegenüber. Finde Entsprechungen für Elektronen, Batterie, Kabel und eine Lampe.

Material mit Aufgaben

M1 Schaltungen im Modell

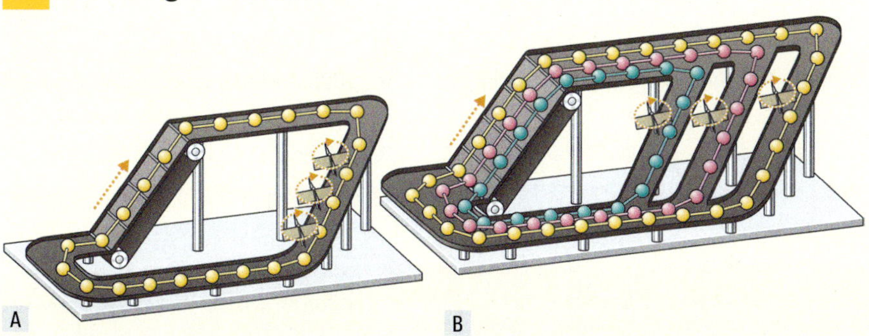

1. Beschreibe die dargestellten Modellen A und B.
2. Ordne den Modellen die Begriffe Reihenschaltung und Parallelschaltung zu.
3. Erkläre, was in den Modellen passiert, wenn die Kugeln am Laufband nach oben transportiert werden.
4. Wähle eine der Aufgaben aus:
   a Zeichne für beide Modelle jeweils einen Schaltplan.
   b Zeichne den Schaltplan von einem Stromkreis deiner Wahl und skizziere ihn im Modell

P2 Einfache Schaltungen

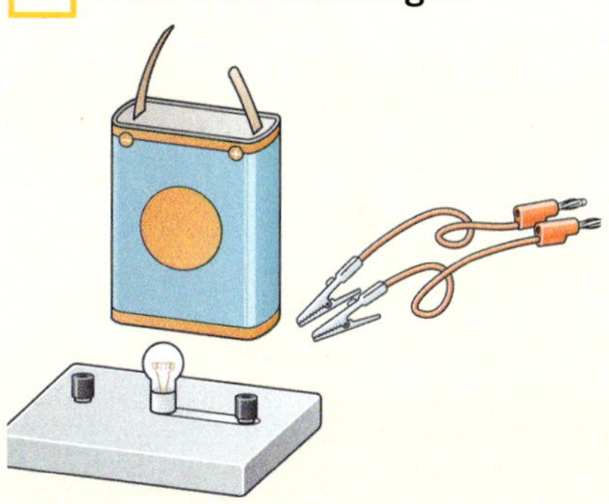

Material: Kabel, Glühlampen, Batterie

Durchführung: Baue jeweils eine Reihen- und eine Parallelschaltung auf. Entferne dann jeweils eine Glühlampe.

1. Beschreibe deine Beobachtung.
2. Erkläre deine Beobachtungen mithilfe des Kugelmodells.

1 Reißender Fluss

Elektrische Stromstärke

Ströme im Alltag

Bewegen sich Menschen, Teilchen oder Gegenstände in eine Richtung, spricht man von einem **Strom**. In einem Luftstrom bewegen sich beispielsweise Luftteilchen. In einem elektrischen Stromkreis bewegen sich Elektronen. Sie fließen durch Kabel, welche aus verschiedenen Metalldrähten bestehen.

Stromstärke

Um die Stärke des elektrischen Stroms zu ermitteln, bestimmt man die Anzahl der Ladungen, die in einer bestimmten Zeit an einer bestimmten Stelle vorbeifließen. Da jedes Elektron genau eine negative Ladung besitzt, entspricht die Anzahl der Ladungen der Anzahl an Elektronen.

Die elektrische Stromstärke hat das Formelzeichen I und wird in der Einheit **Ampere** (A) angegeben. Die Einheit ist nach dem französischen Physiker André-Marie Ampére benannt.

$$\text{Stromstärke} = \frac{\text{Anzahl der Ladungen}}{\text{Zeit}}$$

Die Stromstärken, die einem im Alltag begegnen, bewegen sich in der Regel im Bereich von Milliampere, wie beispielsweise bei Kopfhörern. Größere Geräte wie beispielsweise Toaster benötigen Stromstärken in einem höheren Amperebereich.

Material mit Aufgaben

M1 Größenordnungen von Stromstärken

1. Nenne die Geräte aus der Liste, die mit einer Stromstärke von unter 1 A betrieben werden.
2. Rechne die Stromstärke der zwei ersten Geräte von Ampere in Milliampere um.
3. Recherchiere, welche Stromstärken elektrische Geräte in deinem Zimmer benötigen und ordne sie in die Liste ein.

Typische Stromstärken:

LED	*0,03 A*
Kühlschrank	*0,3 A*
Toaster	*2,5 A*
Autoscheinwerfer	*5 A*
Staubsauger	*6 A*

Stromstärke im Modell

Im dargestelltem Kugelmodell stellen die Kugeln Elektronen in einem Stromkreis dar und die Rollbahn die Kabel. Die Stromstärke entspricht der Anzahl an Kugeln, die in einer bestimmten Zeit an einer bestimmten Stelle vorbeikommen. Je schneller die Kugeln sich bewegen, desto größer ist auch die Stromstärke. Zwischen den Kugeln befinden sich Abstandshalter. Sie stellen die elektrischen Abstoßungskräfte zwischen den Elektronen dar. Fängt sich eine Kugel an zu bewegen, dann bewegen sich alle anderen auch mit. Dadurch ist die Geschwindigkeit der Kugeln an allen Stellen gleich groß. Das heißt, dass auch die Stromstärke in einem einfachen Stromkreis überall gleich groß ist.

Elektrische Bauteile wie Lampen werden im Modell mit einem Drehkreuz dargestellt. Bewegen sich die Kugeln, setzen sie das Drehkreuz in Bewegung. Dadurch verringert sich aber die Geschwindigkeit der Kugeln. Befindet sich also eine Lampe im Stromkreis, wird der Elektronenfluss an dieser Stelle verlangsamt. Dadurch ist die Gesamtgeschwindigkeit geringer und die Stromstärke sinkt. Wenn die Kugeln das Drehkreuz bewegen, verschwinden sie nicht. Sie übertragen Energie wie die Elektronen im Stromkreis. Sie selbst werden nicht verbraucht, ihre Anzahl bleibt gleich.

A Definiere den Begriff der elektrischen Stromstärke.

B Beschreibe das in Bild 2 dargestellte Modell zur Stromstärke. Vergleiche das Modell mit der Wirklichkeit.

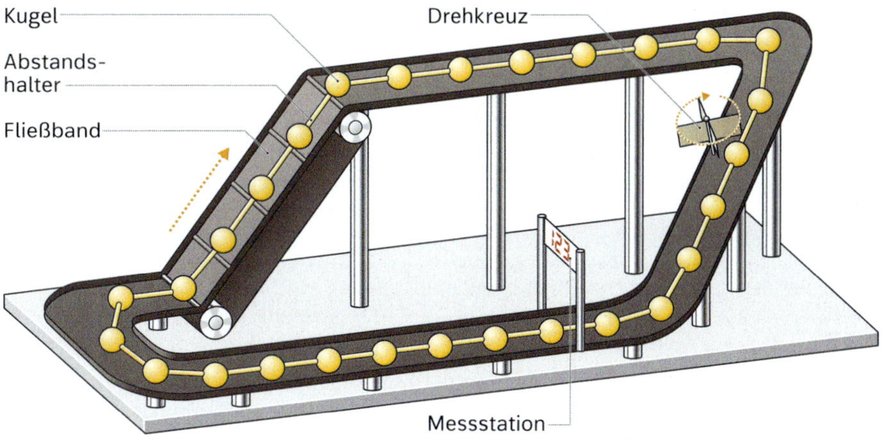

2 Stromstärke im Modell

Material mit Aufgaben

M2 Stromstärke und der menschliche Körper

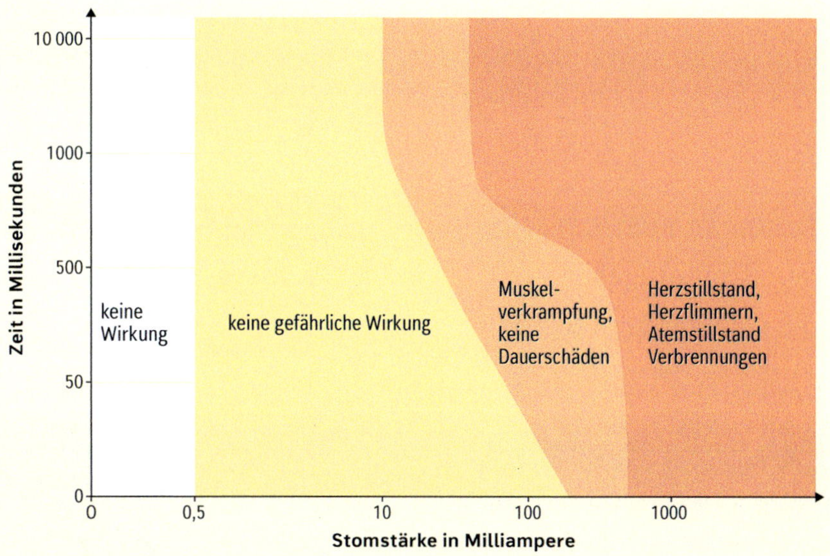

1. Beschreibe mithilfe des Bildes die gesundheitlichen Folgen von unterschiedlichen Stromstärken für den menschlichen Körper.
2. Begründe, warum auch die Kontaktzeit mit dem elektrischen Strom eine Rolle spielt.
3. Netzgeräte für Experimente im Fachraum erzeugen im Menschen eine Stromstärke von maximal 12 mA. Begründe diese Einschränkung.

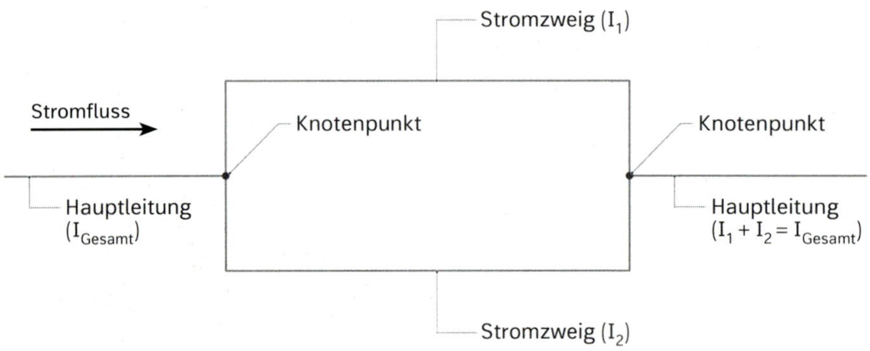

3 Knotenregel

Knotenregel

In jedem Zimmer sind verschiedene elektrische Geräte meist miteinander verbunden. So sind in Wohnräumen Geräte wie Lampen, Fernseher oder Computer oft in parallelen Stromkreisen geschaltet. In einer Parallelschaltung teilt sich die Hauptleitung an einem Knotenpunkt in mehrere Stromzweige auf. Diese Stromzweige werden dann wieder in einem weiteren Knotenpunkt zusammengeführt. In Parallelschaltungen haben die Elektronen daher die Möglichkeit durch verschiedene Wege zu fließen. Im Kugelmodell können die Kugeln also auch verschiedene Wege nehmen. Wenn die Kugeln sich gleichmäßig bewegen, dann fließen aus einer Abzweigung gleich viele Kugeln heraus, wie hineinfließen. Analog fließen an einem elektrischen Knotenpunkt genauso viele Elektronen hinein wie auf allen Wegen wieder hinausfließen. Diesen Zusammenhang nennt man **Knotenregel**. ■

In jedem Knotenpunkt ist die Summe der zufließenden Ströme genau so groß wie die Summe der abfließenden Ströme.

B Beschreibe die Knotenregel mit eigenen Worten.

Material mit Aufgaben

M3 Knotenregel im Modell

1. Beschreibe das Modell für die Knotenregel in Bild A.
2. Vergleiche das Autokreismodell mit der Knotenregel. ⊞
3. Wähle eine der Aufgaben aus:
   a Berechne den ausgehenden Strom in Abbildung B.
   b Berechne die Stärke des fehlenden Stroms I_2 in Abbildung C.
4. Stelle Vermutungen an, warum sich Elektronen nicht immer gleichmäßig auf alle Stromzweige aufteilen.

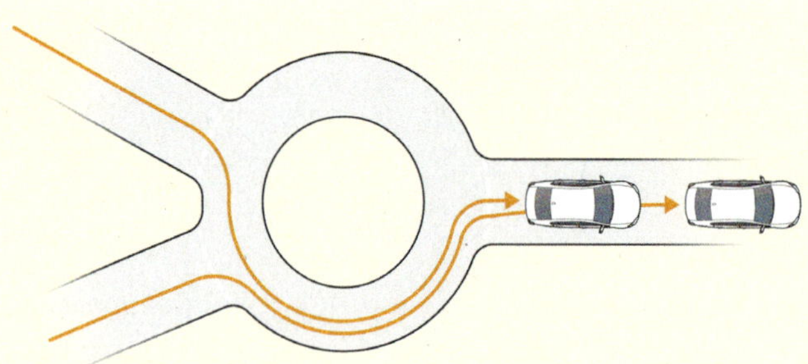

A

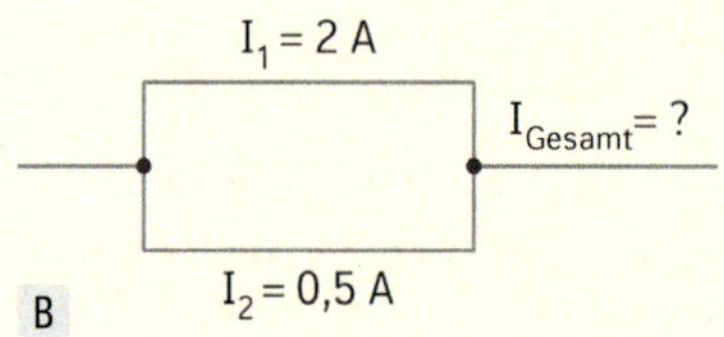

B

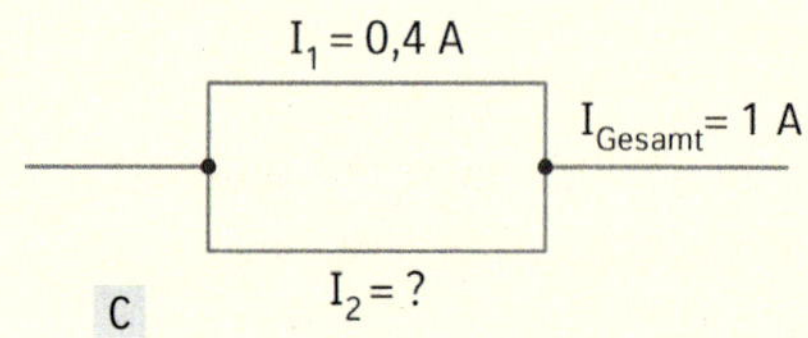

C

Multimeter

Bei der Messung der Stromstärke wird die Anzahl an Ladungen bestimmt, die in einer bestimmten Zeit an einem Messpunkt vorbeifließen. Beim elektrischen Strom entspricht die Anzahl der Ladungen der Anzahl der Elektronen. Um alle Ladungen erfassen zu können, muss das Strommessgerät in Reihe geschaltet werden.
Zur Messung der Stromstärke braucht man ein Amperemeter. Häufig benutzt man aber ein **Multimeter**. Mit ihm kann man verschiedene elektrische Größen messen. Der Messbereich ist bei einem Multimeter einstellbar und ermöglicht so verschiedene Messungen. Allerdings kann ein ungeeigneter Messbereich zu Schäden im Gerät führen. Um Messfehler zu vermeiden, sollte man Messungen an verschiedenen Stellen im Stromkreis mit dem gleichen Messgerät durchführen.

Stromstärke messen

1 Bevor man das Multimeter in den Stromkreis einbaut, muss das Netzgerät ausgeschaltet werden. Danach wird der Stromkreis geöffnet.

2 Das eine Ende des Stromkreises wird mit dem Anschluss COM verbunden. Das andere Ende des Stromkreises wird mit dem Anschluss A oder mA verbunden. Den Anschluss A verwendet man bei hohen Stromstärken. Den Anschluss mA bei niedrigen Stromstärken.

3 Als letztes muss noch der richtige Messbereich gewählt werden. Stelle dafür das Drehrad auf den gewünschten Messbereich. Die Einstellungen mit einem **m** oder **µ** hinter der Messzahl sind für kleine und sehr kleine Messbereiche. Zeigt das Multimeter einen negativen Messwert an, so kann man das Minus ignorieren.

1 Multimeter

Material mit Aufgaben

P1 Stromstärken messen

A

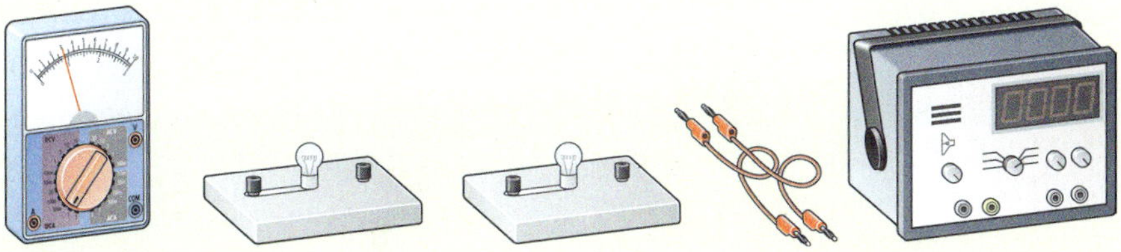

Schaltzeichen Strommessgerät

Material: Multimeter, Glühlampen, Kabel, Netzgerät

Durchführung: Baue einen einfachen Stromkreis mit den Materialien auf. Bestimme danach die Stromstärke an verschiedenen Stellen im Stromkreis.

1. Vergleiche deine gemessenen Stromstärken im Stromkreis.
2. Baue mit den Glühlampen eine Reihenschaltung auf. Miss die Stromstärke an verschiedenen Stellen im Stromkreis. Erkläre deine Ergebnisse.
3. Baue mit den Glühlampen eine Parallelschaltung auf. Miss die Stromstärke an verschiedenen Stellen. Erkläre deine Ergebnisse.
4. Zeichne einen Schaltplan von einer Strommessung in einer Reihenschaltung.

Windräder werden vom Wind angetrieben und wandeln die Bewegungsenergie in elektrische Energie um. Was treibt die Elektronen im Stromkreis an?

1 Windräder

Elektrische Spannung

Antrieb

Damit elektrische Geräte richtig funktionieren, müssen Elektronen durch den Stromkreis fließen. Elektronen werden durch Quellen wie beispielsweise Batterien angetrieben. Die Stärke einer Spannungsquelle bezeichnet man als **Spannung**. Je höher sie ist, desto stärker werden die Elektronen angetrieben. Die Spannung hat das Formelzeichen U und wird in **Volt** (V) angegeben. Sie ist nach dem italienischem Physiker Alessandro Volta benannt.

Nennspannung

Jedes Gerät hat eine Spannung, bei der es am besten funktioniert, diese wird als **Nennspannung** bezeichnet.

Die Nennspannung kann man mit dem Antrieb von verschiedenen Wagen verdeutlichen. Wenn die Spannung passend ist, funktioniert das elektrische Gerät sehr gut. Ebenso kann ein Einkaufswagen gut durch den Antrieb eines erwachsenen Menschen bewegt werden. Ist die Nennspannung des Gerätes größer als die tatsächlich anliegende

2 Nennspannung im Modell

Spannung, funktioniert das Gerät nicht richtig. Im Modell kann das Kind den vollen Einkaufswagen nur sehr langsam bewegen. Wird nun die Spannung der Spannungsquelle ebenfalls verkleinert, funktioniert das elektrische Gerät gar nicht mehr. Im Modell kann ein Kind ein Auto gar nicht mehr bewegen.
Ist die Nennspannung der Spannungsquelle deutlich größer als die Nennspannung des Gerätes, so wird dieses zerstört. ▶

A Erkläre, warum man auf die Nennspannung eines Gerätes achten muss.

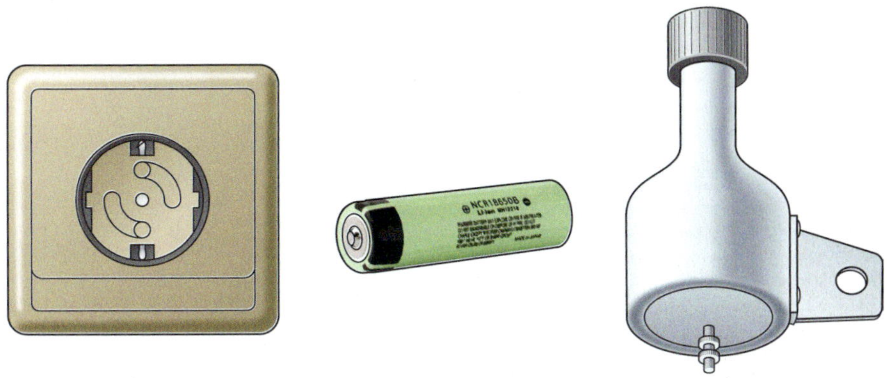

Nennspannung Stromnetz 230 V | Lithium-Batterie 2,9 V - 3,7 V | Fahrraddynamo 6 V

3 Verschiedene Nennspannungen

Material mit Aufgaben

M1 Elektrische Spannung

Versuchsaufbau:

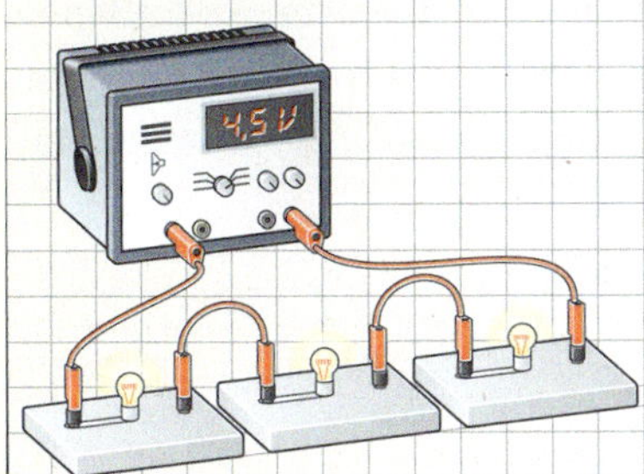

Materialien: Lampen, Kabel, Netzgerät

Durchführung: Baue einen einfachen Stromkreis mit einer Lampe auf. Füge dann weitere Lampen in Reihe hinzu und stelle die Spannung am Netzgerät so ein, dass die Lampen so stark wie zu Beginn des Versuchs leuchten. Gib jeweils die angezeigte Spannung an.

Beobachtung:

Lampen	1	2	3
Spannung	1,5 V	3 V	4,5 V

1. Beschreibe den Versuchsaufbau und die Beobachtungen.
2. Formuliere einen Zusammenhang zwischen der Leuchtstärke der Lampen und ihrer Anzahl.
3. Erkläre die Versuchsergebnisse. ⊞
4. Beschreibe, wie die Spannung verändert werden muss, wenn noch mehr Lampen der Schaltung hinzugefügt werden und die Leuchtstärke gleich bleiben soll. ⊞
5. Erkläre, welche Spannung benötigt wird, damit fünf Lampen hell leuchten.
6. Erkläre, warum es ohne Spannung keinen elektrischen Strom gibt.

P2 Nennspannung

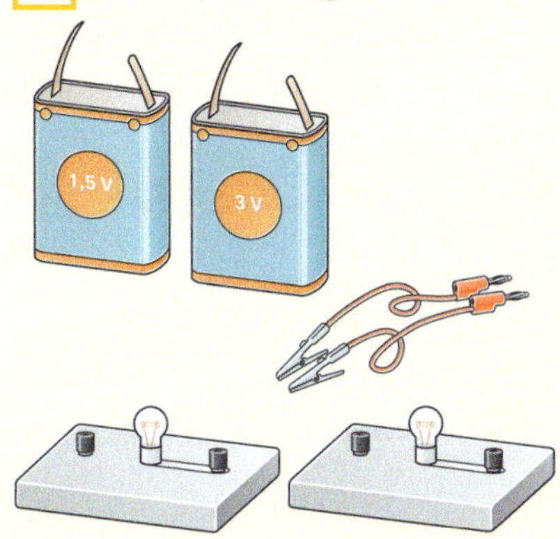

Material: Lampen, Kabel, Batterien (Nennspannung 1,5 V und 3 V)

Durchführung: Schließe die Lampen jeweils an eine Batterien an.

1. Erkläre die Versuchsergebnisse mithilfe des Begriffs der Nennspannung. ⊞

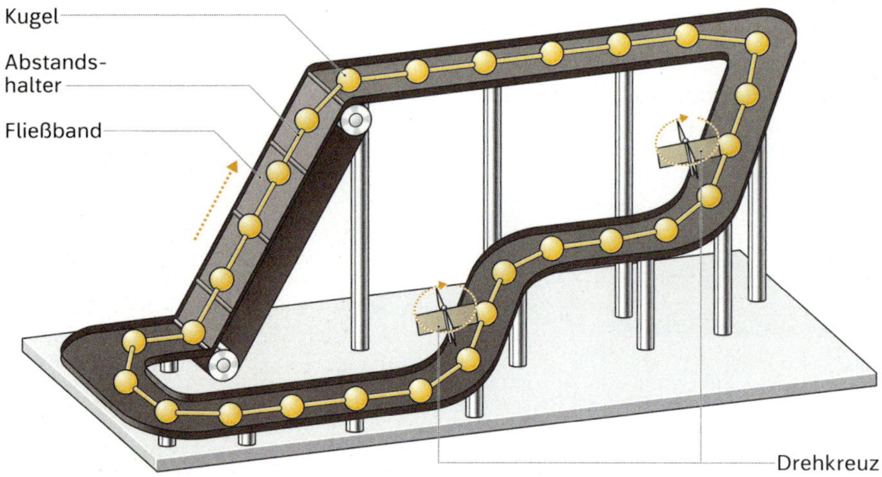

4 Spannung im Modell

Spannung und Energie

In Spannungsquellen werden Elektronen angetrieben. Dafür wird Energie an die Elektronen übertragen. Je höher die Spannung ist, desto mehr Energie wird übertragen. Dieser Vorgang ist nicht sichtbar. Mithilfe des Kugelmodells kann man diesen Vorgang veranschaulichen. Das Förderband im Kugelmodell ist die Spannungsquelle. Es hebt die Kugeln auf eine höhere Bahn. Je größer die Spannung ist, desto höher wird jede Kugel angehoben und desto mehr Energie kann von ihnen übertragen werden. Die Übertragung der Energie im elektrischen Gerät ist damit zu vergleichen, dass die Kugel die schräge Bahn wieder hinunterrollt und dabei ein Drehkreuz in Bewegung setzt. Die Höhe der Schräge gibt an, wie viel Energie die Kugel insgesamt übertragen kann. Auf den unterschiedlichen Höhen der Bahn hat die Kugel noch unterschiedlich viel Energie die sie übertragen kann. In einem elektrischen Gerät wird die Energie an alle Bauteile übertragen. Die Spannungen an den einzelnen Bauteilen ergeben summiert die Spannung der Spannungsquelle. Anders als die Kugel im Modell behält das Elektron während der Energieübertragung seine Geschwindigkeit bei. Es gibt dabei Energie an die Umgebung ab. Man merkt dies an elektrische Leitungen, die sich erwärmen. ■

Material mit Aufgaben

M3 Skifahrt

1. **I**II Ordne dem Sessellift und den Skifahrern die Begriffe Spannungsquelle und Elektronen zu.
2. **II**I Erkläre, warum in Bild B ein Skifahrer auf Strecke 1 mehr Energie umwandelt als ein Skifahrer auf Strecke 2. ⊞
3. **III** Vergleiche die Abhängigkeit der Energie eines Elektrons von der Spannung mit der Abhängigkeit der Höhenenergie des Skifahrers von seiner Starthöhe.

A

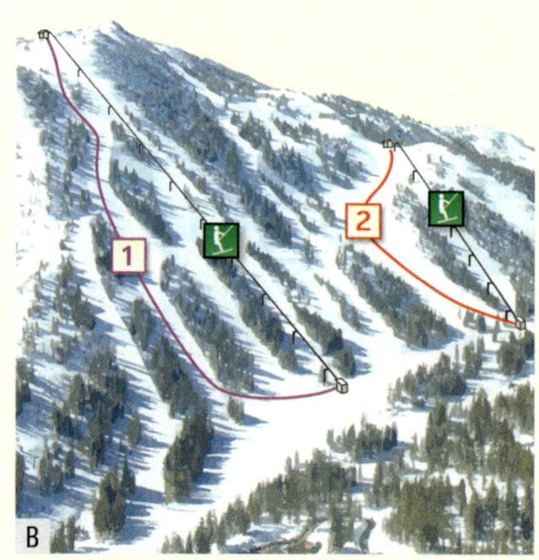

B

Spannung messen

Methode

Multimeter

Die Höhe der Spannung zeigt die Menge an Energie an, die von den einzelnen Elektronen zwischen zwei Punkten im Stromkreis übertragen wird. Diesen Spannungsunterschied kann man mithilfe eines Messgerätes, dem Voltmeter, bestimmen. Um zwischen zwei Punkten im Stromkreis messen zu können, wird das Messgerät zu den Messpunkten parallel geschaltet.
Wie auch für die Stromstärke, kann man für das Messen der Spannung ein Multimeter nutzen. So benötigt man nicht verschiedene Messgeräte. Der Messbereich für verschiedene Größen ist bei einem Multimeter einstellbar und ermöglicht so verschiedene Messungen. Allerdings kann ein ungeeigneter Messbereich zu Schäden im Gerät führen. Um Messfehler zu vermeiden, sollte man Messungen an verschiedenen Stellen im Stromkreis mit dem gleichen Messgerät durchzuführen.

Spannung messen

1 Bevor man das Multimeter in den Stromkreis einbaut, muss das Netzgerät ausgeschaltet werden.

2 Um die Spannung in einem Stromkreis zu messen, muss das Multimeter parallel zu einem Bauteil geschaltet werden. Ein Kabel wird dann mit dem Anschluss COM verbunden. Das andere Kabel wird mit dem Anschluss V verbunden.

3 Als letztes muss der richtige Messbereich gewählt werden. Stelle dafür das Drehrad auf den gewünschten Messbereich. Die Einstellungen mit einem **m** hinter der Messzahl sind für kleine Messbereiche. Zeigt das Multimeter einen negativen Messwert an, müssen die Kabel vertauscht werden. Achte bei der Spannungsmessung unbedingt darauf, dass der Schalter nicht für eine Stromstärkemessung eingestellt ist. Sonst kann es zu einem Kurzschluss kommen.

1 Multimeter

Material mit Aufgaben

P1 Spannung messen

A

Material: Multimeter, Glühlampen, Kabel, Netzgerät

Durchführung: Baue eine Reihen- und eine Parallelschaltung. Bestimme die Spannung an zwei Stellen.

1. Vergleiche die gemessenen Spannungen im Stromkreis.
2. Beschreibe den Unterschied zwischen der Spannung am Netzgerät und an den Lampen.

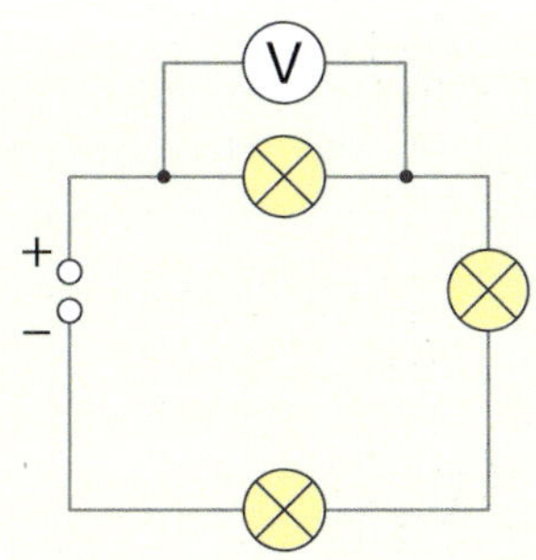

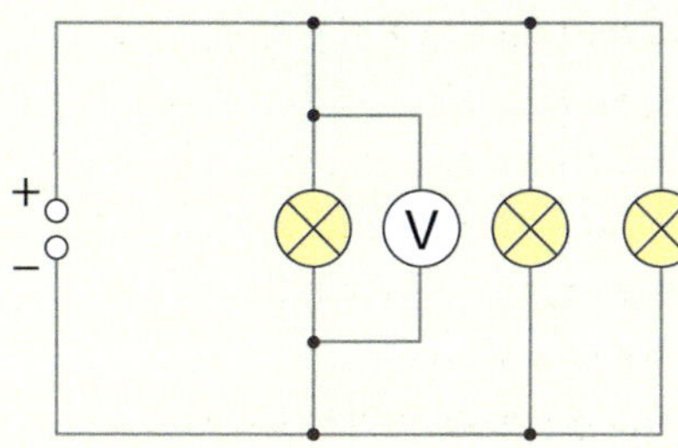

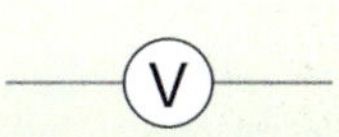

Schaltzeichen Spannungsmessgerät

1 Wasserrad in einem Fluss.

Elektrischer Widerstand

Wasserstrom

In manchen Flüssen befinden sich große Wasserräder. Diese werden durch die Stromstärke des Wassers in Bewegung gesetzt. Gleichzeitig bremst das Wasserrad aber den Wasserstrom ab. Direkt am Wasserrad fließt das Wasser langsamer. Auch der elektrische Strom kann in seinem Fluss gestört werden.

Elektrischer Widerstand

Wird ein elektrisches Bauteil an eine Spannungsquelle angeschlossen, misst man bei unterschiedlichen Spannungen verschiedene Stromstärken. Dieses Maß, welche Spannung benötigt wird um eine bestimmte Stromstärke zu erreichen, nennt man elektrischen Widerstand. Er hat das Formelzeichen **R** und wird in der Einheit Ohm (Ω) angegeben. Die Einheit ist nach dem deutschen Physiker Georg Simon Ohm benannt. Bei Materialien oder Bauteilen mit einem hohen Widerstand, liegen die Atome des Stoffes nah beieinander. Die Elektronen stoßen oft mit den Atomen zusammen und werden so langsamer. Die Stromstärke sinkt bei einem großen Widerstand. Bei einem kleinen Widerstand ist die Stromstärke höher. Die Atome sind nicht so dicht gepackt und die Elektronen stoßen weniger mit den Atomen zusammen. Ist der Widerstand für ein Bauteil immer gleich groß, spricht man von einem **ohmschen Widerstand**. Für viele elektrische Geräte ist der Widerstand allerdings nicht konstant.

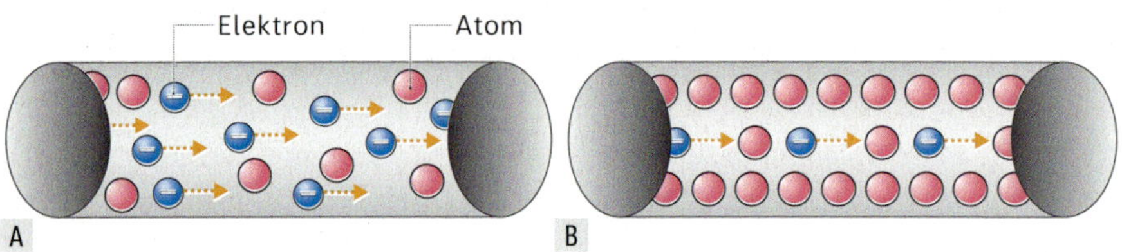

2 Elektronenfluss bei einem: **A** niedrigen Widerstand, **B** hohen Widerstand.

Widerstand im Modell

Im Kugelmodell kann man den Widerstand eines Bauteils verdeutlichen. Ein Drehkreuz auf dem Weg stellt ein elektrisches Bauteil dar. Treffen die Kugeln auf das Drehkreuz, wird an diesem ein Teil der Energie der Kugeln genutzt, um das Drehkreuz in Bewegung zu setzen. Gleichzeitig hemmt das Drehkreuz die Bewegung der Kugeln. Alle Kugeln bewegen sich langsamer und die Stromstärke sinkt. Entsprechend den Kugeln bewegen sich Elektronen beispielsweise durch eine Lampe. In der Lampe wird dann auch ein Teil ihrer Energie umgewandelt. Die Lampe beginnt zu leuchten. Gleichzeitig sinkt die Stromstärke überall im Stromkreis. Im Modell können unterschiedlich große Widerstände mit verschiedenen Drehkreuzen dargestellt werden. Drehkreuze, die sich leicht in Bewegung setzen, haben einen geringeren Widerstand. Drehkreuze die sich schwerer bewegen, haben einen hohen Widerstand. Je größer der Widerstand ist, desto mehr wird die Bewegung von Kugeln oder Elektronen gehemmt.

Energieübertragung

Bei Geräten mit hohen Widerstand, wird mehr Energie übertragen als bei Geräten mit einem niedrigen Widerstand. Der Widerstand von verschiedenen Bauteilen bestimmt also, wie die Energie der Elektronen, die Spannung, in einer Schaltung aufgeteilt wird. Es wird immer nur ein Teil der Energie in die gewünschte Energieform umgewandelt.

A Erkläre, was der elektrische Widerstand ist.

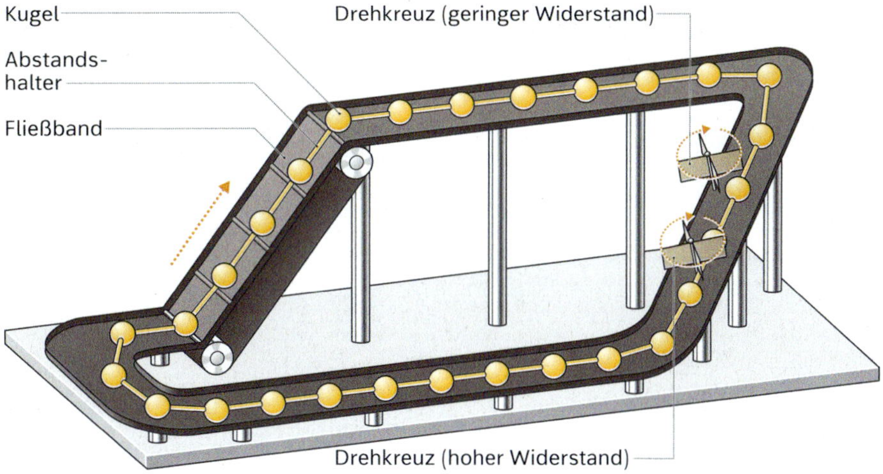

3 Widerstand im Modell

Material mit Aufgaben

M1 Elektrischer Widerstand

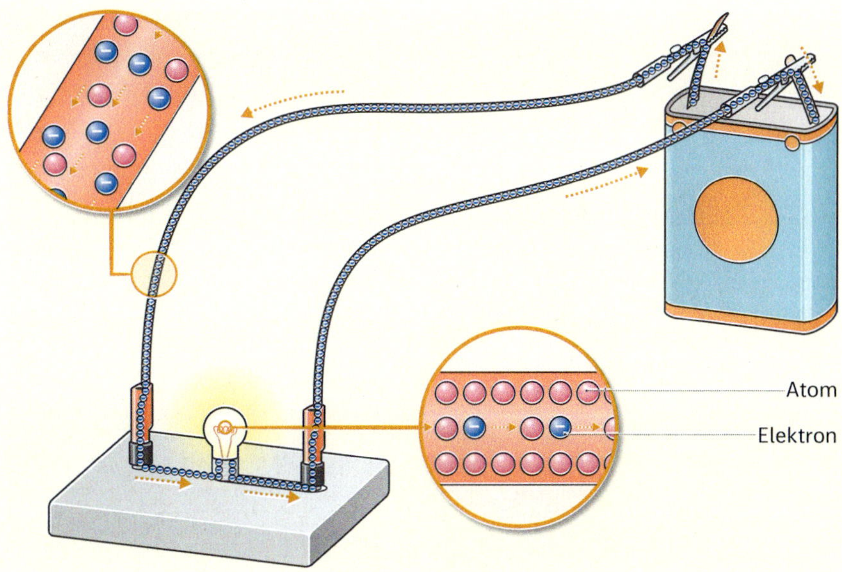

1. Beschreibe den Fluss der Elektronen in der Abbildung.
2. Erkläre mithilfe der Lupen, ob die Glühlampe oder das Kabel einen höheren elektrischen Widerstand hat.
3. Wähle eine der Aufgabe aus:
   a Vergleiche die Abbildung mit dem Modell in Abbildung 3.
   b Erkläre, ob man am Kabel oder an der Glühlampe eine höhere Stromstärke messen würde.

A

B

4 Widerstand: **A** Bauteil, **B** Schaltzeichen

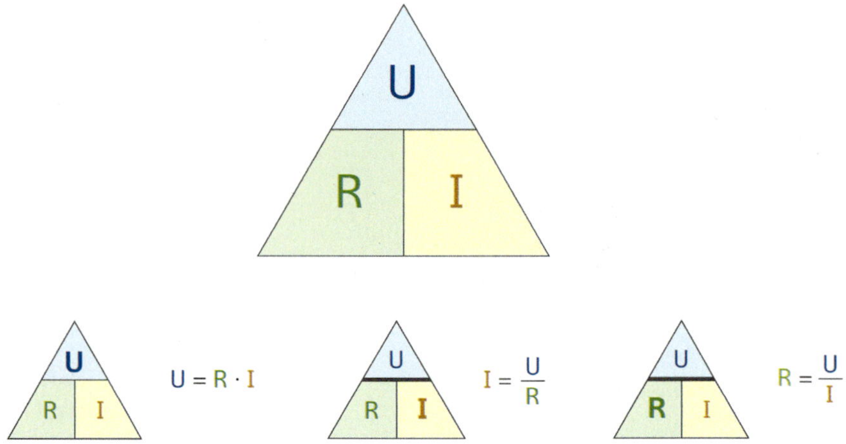

5 Elektrische Größen berechnen: **A** Spannung, **B** Stromstärke, **C** Widerstand

A

Widerstand als Bauteil

Der elektrische Widerstand ist nicht nur eine physikalische Größe, sondern kann in Stromkreisen auch ein Bauteil sein. Dieser Widerstand wird zum Beispiel bei Stromkreisen in Modelleisenbahnen verwendet, damit die Stromstärke begrenzt wird.

Ohmsches Gesetz

In Experimenten mit elektrischen Stromkreisen und elektrischen Geräten will man die Stromstärke immer im Voraus wissen. Ist die Stromstärke zu hoch, kann es ansonsten zu Überlastungen des Stromkreises kommen. Um die gesamte Stromstärke zu berechnen, muss man auch die Spannung und den Widerstand im Stromkreis kennen. Man braucht also einen Zusammenhang zwischen den elektrischen Größen Spannung, Stromstärke und Widerstand. Bei einem ohmschen Widerstand ist das Verhältnis von Spannung und Stromstärke immer gleich. Diesen Zusammenhang kann man in einer Formel darstellen, den **ohmschen Gesetz**:

$$R = \frac{U}{I}$$

Möchte man die elektrische Spannung oder Stromstärke berechnen, muss man die Formel nach der gesuchten Größe umstellen.

Material mit Aufgaben

M2 Ohmsches Gesetz

Spannung U in V	Stromstärke I in A	Widerstand R in Ω
10	5	...
15	...	5
...	2	24

1. Nenne die Formeln für die Berechnung von Stromsträke, Spannung und Widerstand bei einem ohmschen Widerstand.

2. Übertrage die Tabelle in dein Heft. Berechne mithilfe des ohmschen Gesetzes die fehlenden Größen und ergänze sie.

Kennlinie

Wird das Verhältnis von Spannung und Stromstärke von elektrischen Bauteilen experimentell bestimmt und anschließend in einem Spannungs-Strom-Diagramm dargestellt, erhält man für die Bauteile verschiedene Kurvenverläufe. Den spezifischen Kurvenverlauf für jedes Bauteil bezeichnet man als **Kennlinie**. Kennlinien sind für jedes Bauteil und für jeden Stoff unterschiedlich. Für einen ohmschen Widerstand ist die Kennlinie eine Gerade. Die Spannung und die Stromstärke sind bei einem ohmschen Widerstand proportional zueinander.

Nichtohmsche Widerstände

Bei nichtohmschen Widerständen ist der Widerstand nur in bestimmten Temperatur- oder Spannungsbereichen konstant. Bei einer höheren Temperatur steigt der Widerstand eines Stoffes.
Steigt die Temperatur des Stoffes, fangen die Atome auf ihren Plätzen an zu schwingen. Dadurch stoßen die fließenden Elektronen immer häufiger mit den Atomen zusammen und werden langsamer. Die Stromstärke sinkt. Die Kennlinien von nichtohmschen Widerständen sind keine Gerade wie bei einem ohmschen Widerstand. Sind nichtohmsche Widerstände in einer Schaltung verbaut, kann man nicht mithilfe des ohmschen Gesetz den Widerstand für die gesamte Schaltung berechnen. Man muss den Widerstand für sehr viele Stellen in der Schaltung einzeln berechnen.

B Beschreibe den Unterschied zwischen ohmschen und nichtohmschen Widerständen.

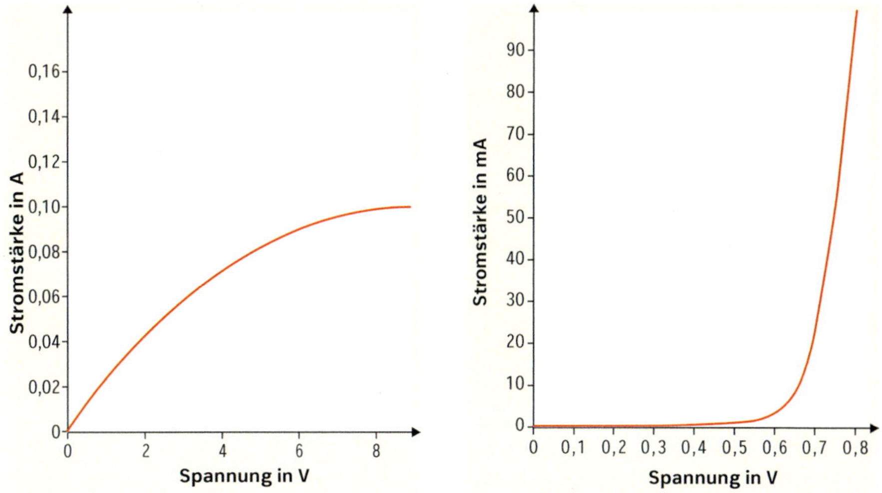

6 Kennlinie: **A** von einer Glühlampe, **B** von einer LED

Material mit Aufgaben

M3 Kennlinien

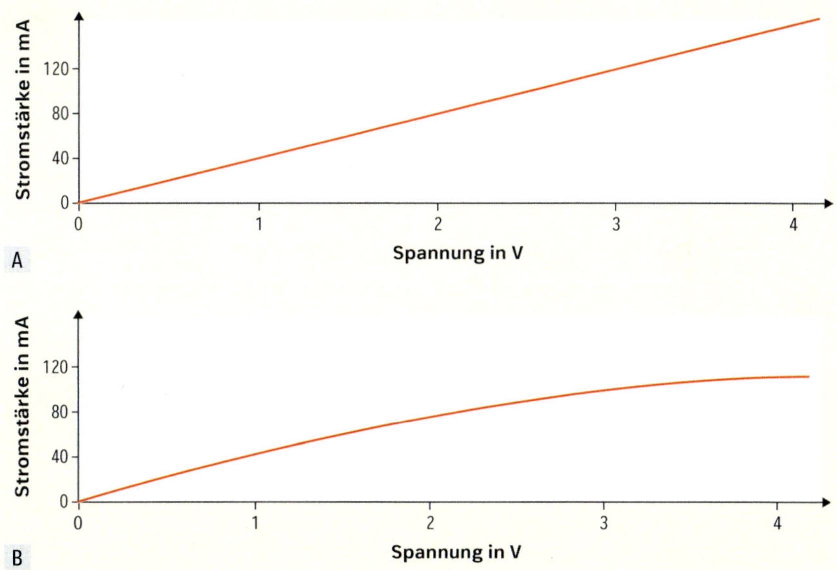

1. Vergleiche die Kennlinien in den Bildern A und B miteinander.
2. Erkläre, welche der Kennlinien zu einem ohmschen Widerstand gehört.
3. Nenne für die Kennlinien A und B den Spannungsbereich, in denen das Ohmsche Gesetz zur Berechnung des Widerstandes genutzt werden kann.

Messreihen aufnehmen und auswerten

Stromstärke in einer Reihenschaltung

Frage: Wie hängt die elektrische Stromstärke von der Position in einer Reihenschaltung ab?

Vermutung: Die Stromstärke ist überall gleich.

Materialien: 2 Lampen, 4 Kabel, Multimeter, Netzgerät

Durchführung: Mit einem Netzgerät und zwei Lampen wird eine Reihenschaltung aufgebaut. Dann wird am Minuspol, zwischen den Lampen und am Pluspol die elektrische Stromstärke gemessen. Diese Messung wird für eine Spannung von 4 V durchgeführt.

Beobachtung:

	Minuspol	zwischen den Lampen	Pluspol
I (in mA)	20	21	20

Auswertung: Die Messwerte für die Stromstärke sind bei einer angelegten Spannung von 4 V ungefähr gleich. Diese Messung unterstützt daher die Vermutung.

Versuchsaufbau:

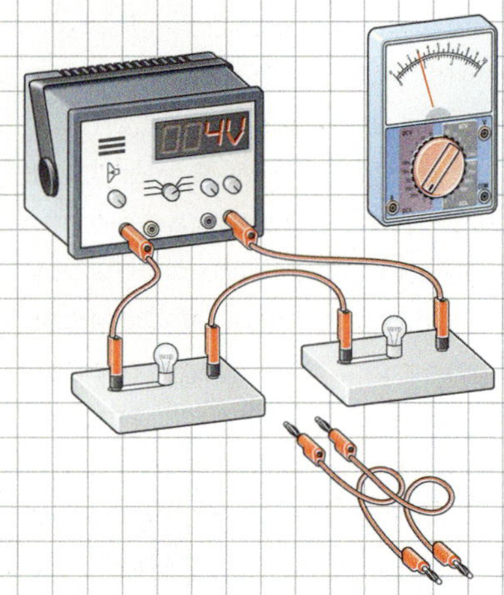

1 Beispielprotokoll mit einer Messreihe

Messreihen

Eine einzige Messung ist oft nur wenig aussagekräftig, da sie nur ein einzelnes Ereignis darstellt. Außerdem lässt sich mit ihr keine Aussag über Zusammenhänge zwischen Größen treffen. Um Zusammenhänge ermitteln zu können, müssen Messreihen aufgenommen werden. Messreihen sind Messungen, bei denen eine Größe variiert wird und die Auswirkungen auf die andere Größe gemessen wird. Zum Beispiel kann man Stromstärke an verschiedenen Punkten im Stromkreis bestimmen.

Messreihen aufnehmen

Beim Aufnehmen von Messreihen muss immer das gleiche Messgerät für alle Messungen verwendet werden. So werden Messfehler verringert. Um das Ergebnis abzusichern, wird die Messung häufig mehrfach oder in leicht veränderter Form wiederholt. Die Ergebnisse werden in einer Tabelle festgehalten.

Messreihen auswerten

Hat man bei Versuchen verschiedene Messreihen aufgenommen, müssen die Daten anschließend ausgewertet werden. Bei einer Auswertung der Messwerte werden die Versuchsergebnisse interpretiert und Aussagen aus ihnen abgeleitet. Dabei ist es wichtig sorgfältig vorzugehen und die Messwerte richtig einzuordnen.

Grafische Auswertung

Möchte man die Zusammenhänge zwischen zwei Messgrößen deutlich machen, bietet sich eine grafische Auswertung an. Wenn die Messwerte gut passen, legt man eine Ausgleichsgerade durch sie. Die Ausgleichsgerade wird so gezogen, dass der mittlere Abstand an allen Messwerten so klein wie möglich ist. Passt ein Punkt nicht zu allen anderen, dann wird er nicht berücksichtigt. In der Auswertung muss aber begründet werden, warum er weggelassen wurde. Mit einer grafischen Auswertung kann man zum Beispiel den Zusammenhang zwischen Stromstärke und Spannung bestimmen. In Abbildung 2 erkennt man, dass die Messwerte fast alle auf einer Geraden liegen. Kleinere Abweichungen können bereits beim Ablesen entstehen. Liegen die Punkte auf einer Geraden, die durch den Ursprung des Koordinatensystems geht, dann spricht man von einem **proportionalen Zusammenhang**. Das bedeutet, dass wenn ein Messwert sich verdoppelt, der andere Wert sich auch verdoppelt. In dem Beispiel ist die Spannung U somit proportional zur Stromstärke I.

Spannung in V	0	1	2	3	4	5
Stromstärke in A	0	0,2	0,4	0,6	0,8	1

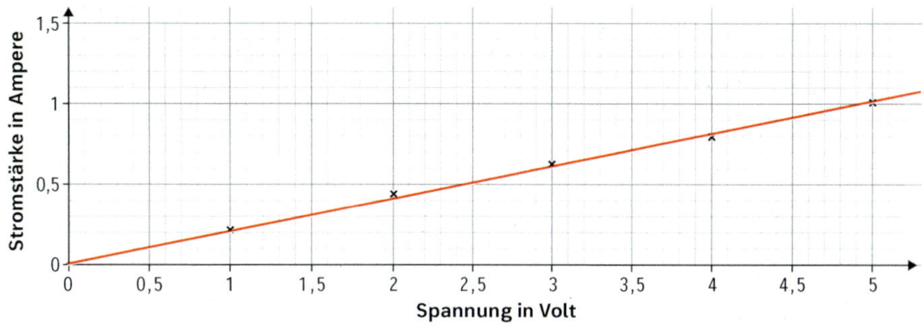

2 Grafische Auswertung von Messreihen

Material mit Aufgaben

P1 Messreihen aufnehmen

Material: 2 Multimeter, 2 Glühlampen, Kabel, Netzgerät

Durchführung: Baue eine Reihenschaltung auf. Schließe die Multimeter so an, dass du an einer Glühlampe die Stromstärke misst und an der anderen die Spannung. Steigere die Spannung von 0 V auf 12 V in 2-Volt-Schritten. Wiederhole danach den Versuch mit einer Parallelschaltung.

1. Trage deine Ergebnisse in zwei Tabellen ein.
2. Vergleiche deine Ergebnisse für die Stromstärke und Spannung in Reihenschaltungen und Parallelschaltungen.
3. Erkläre die unterschiedlichen Ergebnisse.

M2 Messreihen aufnehmen

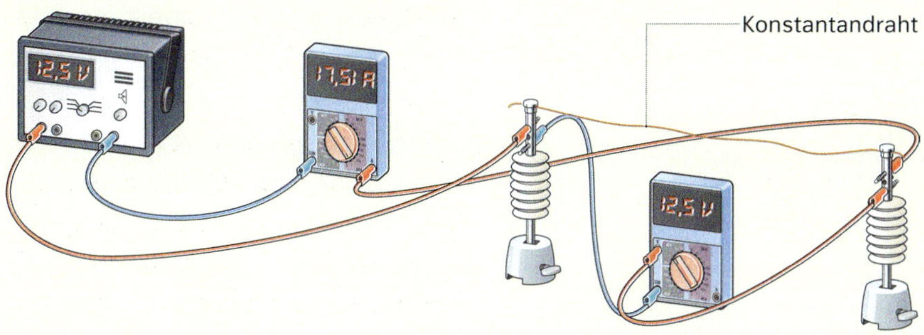

Drahtlänge in cm	5	25	45	65	85
Widerstand in Ω	0,17	0,71	1,23	1,67	2,25

Ein Draht aus dem Material Konstantan wurde in einem einfachen Stromkreis eingebaut. Für verschiedene Drahtlängen wurde dann mithilfe einer Strom- und Spannungsmessung der Widerstand errechnet.

1. Stelle deine Messwerte grafisch dar und zeichne eine Ausgleichsgerade für die Messwerte.
2. Begründe, dass es sich um einen proportionalen Zusammenhang handelt.

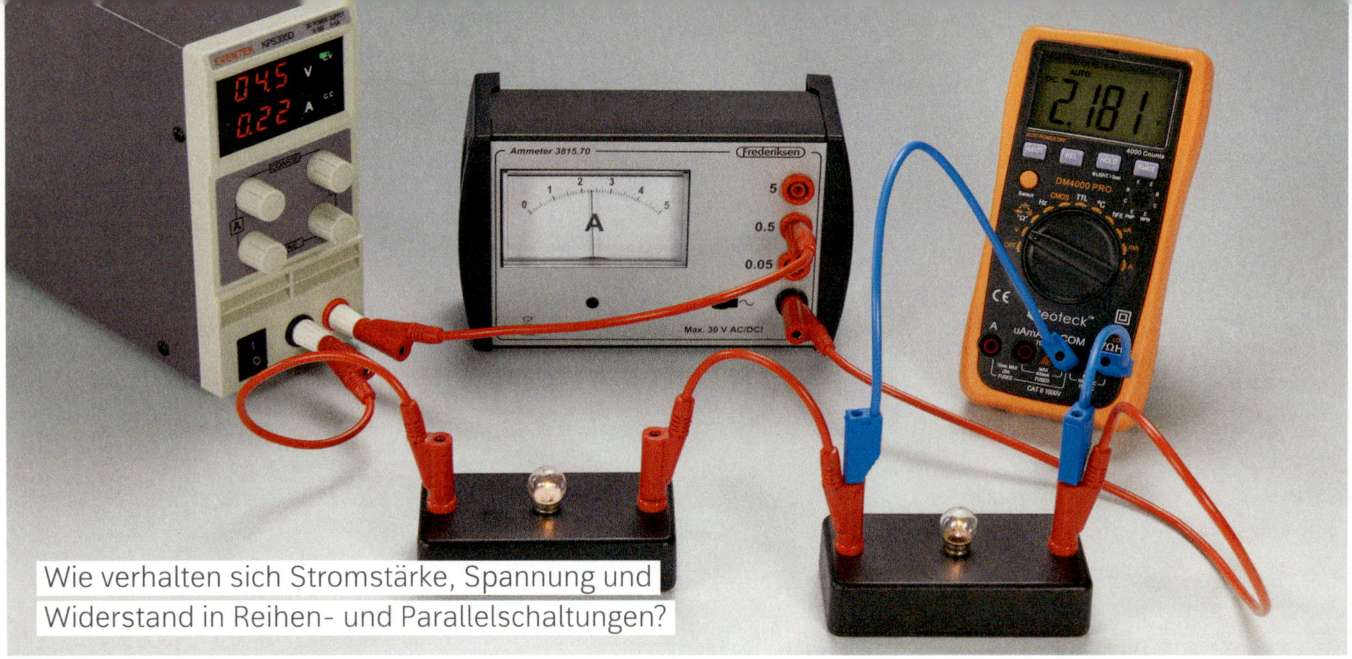

1 Schaltung mit Messgeräten

Projekt

Schaltungen

Elektrische Messgrößen

Um die gesamte Stromstärke oder den Gesamtwiderstand in einem Stromkreis zu bestimmen, muss man nicht immer alle Größen messen. Man kann sie oft auch berechnen. Dabei gelten in Reihenschaltungen und Parallelschaltungen unterschiedliche Rechenregeln.

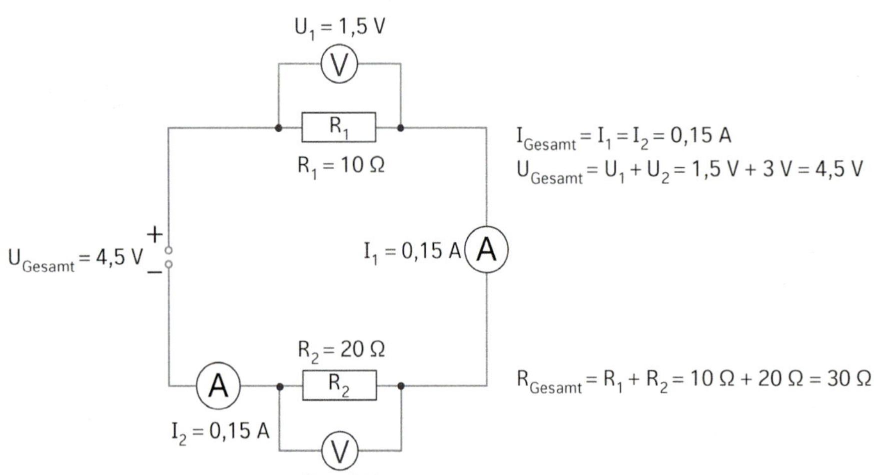

2 Berechnung elektrische Messgrößen in einer Reihenschaltung

Reihenschaltung

Für Stromstärke, Spannung und Widerstand gelten folgende Regeln in einer Reihenschaltung:

- **Stromstärke** • Die Stromstärke ist an allen Stellen einer Reihenschaltung immer gleich groß. Es gilt:

$$I_{Gesamt} = I_1 = I_2 = \ldots$$

- **Spannung** • Die Gesamtspannung in einer Reihenschaltung setzt sich aus den einzelnen Spannungen an den Bauteilen zusammen. Es gilt:

$$U_{Gesamt} = U_1 + U_2 + \ldots$$

- **Widerstand** • Der Gesamtwiderstand in einer Reihenschaltung setzt sich aus den einzelnen Widerständen zusammen. Es gilt:

$$R_{Gesamt} = R_1 + R_2 + \ldots$$

Parallelschaltung

Für Stromstärke, Spannung und Widerstand gelten folgende Regeln in einer Parallelschaltung:

- **Stromstärke** • Die Gesamtstromstärke in einer Parallelschaltung setzt sich aus den einzelnen Stromstärken in allen Wegen der Parallelschaltung zusammen. Es gilt:

$$I_{Gesamt} = I_1 + I_2 + \ldots$$

- **Spannung** • In allen Wegen die von einem Knoten ausgehen ist die Spannung gleich groß. Sie hat den gleichen Wert wie die Spannung der Spannungsquelle. Es gilt:

$$U_{Gesamt} = U_1 = U_2 = \ldots$$

- **Widerstand** • Für die Berechnung des Gesamtwiderstandes in einer Parallelschaltung benötigt man das ohmsche Gesetz. Aus dem ohmschen Gesetz lässt sich die Formel ableiten. Es gilt:

$$R_{Gesamt} = \frac{U_{Gesamt}}{I_{Gesamt}} = \frac{U_{Gesamt}}{I_1 + I_2 + \ldots}$$

Bildet man den Kehrwert von dem Bruch, so lässt er sich weiter vereinfachen:

$$\frac{1}{R_{Gesamt}} = \frac{I_1 + I_2 + \ldots}{U_{Gesamt}} = \frac{I_1}{U_1} + \frac{I_2}{U_2} + \ldots$$

Zusammengefasst:

$$\frac{1}{R_{Gesamt}} = \frac{1}{R_1} + \frac{1}{R_2} + \ldots$$

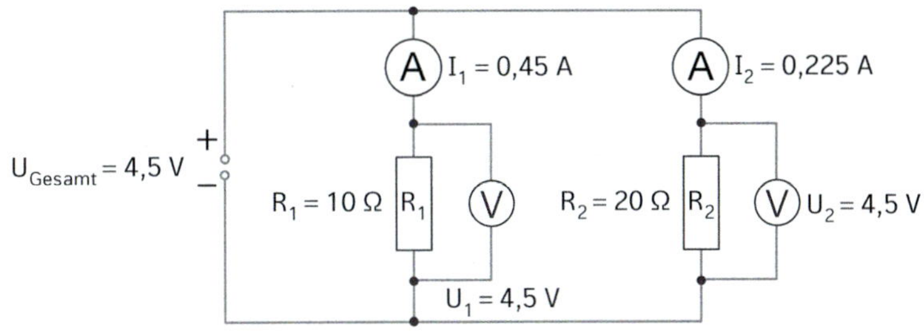

$I_{Gesamt} = I_1 + I_2 = 0{,}45\text{ A} + 0{,}225\text{ A} = 0{,}675\text{ A}$

$U_{Gesamt} = U_1 = U_2 = 4{,}5\text{ V}$

$$\frac{1}{R_{Gesamt}} = \frac{1}{R_1} + \frac{1}{R_2} = \frac{1}{10\,\Omega} + \frac{1}{20\,\Omega}$$

$$= \frac{2}{20\,\Omega} + \frac{1}{20\,\Omega} = \frac{3}{20\,\Omega} = 0{,}15\frac{1}{\Omega}$$

$$R_{Gesamt} = \frac{1}{0{,}15\frac{1}{\Omega}} = 6{,}67\,\Omega$$

3 Berechnung elektrischer Messgrößen in einer Parallelschaltung

Material mit Aufgaben

M1 Berechnung elektrischer Größen

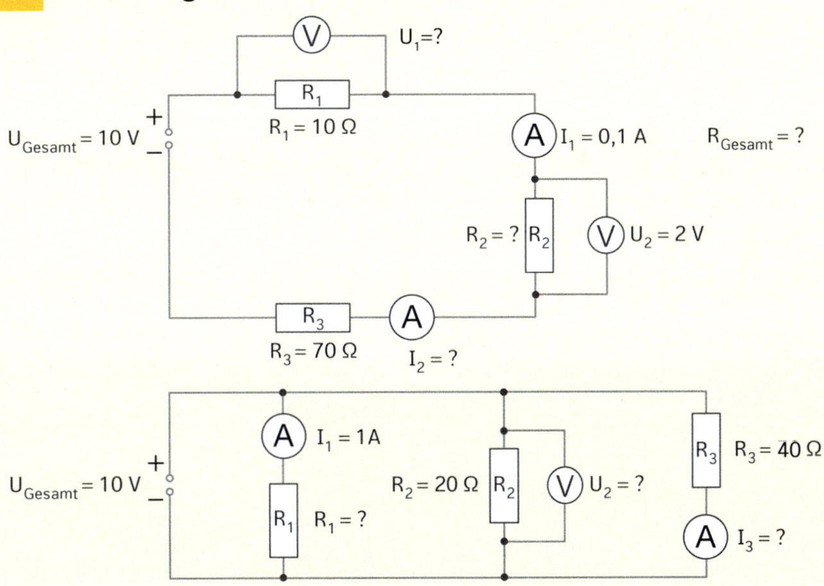

1. ▮▮ Berechne für die oben abgebildeten Schaltungen die fehlenden Stromstärken, Spannungen und Widerstände. ⊞

2. ▮▮▮ Berechne, wir sich die elektrischen Größen verändern, wenn statt 10 V nur 5 V verwendet werden werden.

1 Smartphone wird aufgeladen.

Elektrische Leistung

Ladekabel

Auf manchen Ladekabeln befinden sich Hinweise, dass angeschlossene Geräte schneller aufladen. Das Ladekabel überträgt pro Zeit also mehr Energie als andere Ladekabel. Man sagt, dass Ladekabel hat eine höhere Energiestromstärke oder **elektrische Leistung**. Je größer die Leistung, desto höher ist die übertragene Energiemenge.
Beim Aufladen mit hoher Leistung findet gleichzeitig auch eine größere Energieentwertung statt. Aus diesem Grund wird das Ladekabel schneller warm. Es ist also wichtig, auf die Leistung von Geräten zu achten, das es sonst so einem Brand kommen könnte.

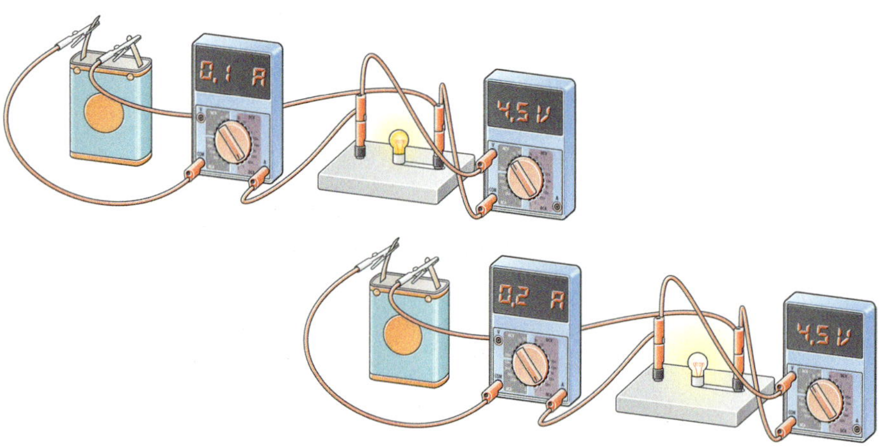

2 Unterschiedliche Leistungen von Lampen

Bestimmung der Leistung

Bei Lampen kann man direkt an der Helligkeit erkennen, wie viel Energie übertragen wird. Zwei Lampen mit gleicher Nennspannung leuchten unterschiedlich stark, wenn ihre Leistung unterschiedlich ist. Bei der helleren Lampen fließen mehr Elektronen in einer bestimmten Zeit durch die Lampe. Die Stromstärke ist bei der helleren Lampe höher. Die elektrische Leistung ist also von der Stromstärke abhängig. Gleichzeitig ist die Leistung auch von der Energie, die

von den einzelnen Elektronen übertragen wird abhängig, der Spannung. Damit zwei Lampen in einer Reihenschaltung jeweils so hell leuchten wie eine einzelne Lampe, muss bei gleicher Stromstärke die Spannung verdoppelt werden.
Die elektrische Leistung ist das Produkt aus der Anzahl der Elektronen, die durch die Lampe fließen, und der Energie, die pro Elektron übertragen wird. Die elektrische Leistung hat das Formelzeichen P und wird in der Einheit Watt (W) angegeben. Die Einheit ist nach dem schottischen Wissenschaftler James Watt benannt.

$P = U \cdot I$
$P = 4{,}5\,V \cdot 0{,}2\,A = 0{,}9\,W$

Leistungen im Alltag

Netzgeräte haben die Angaben zur Leistung und zur Stromstärke häufig aufgedruckt. Bei anderen elektrischen Geräten findet man auf dem Typenschild oder in der Gebrauchsanweisung die Leistungsangabe. Ein Geschirrspüler hat zum Beispiel eine Leistung von 3000 W. Ein Computer kann bis zu 800 W haben. Die angegebene Leistung hat das Gerät aber nur, wenn die Nennspannung eingehalten wird. Grundsätzlich kann man davon ausgehen, dass bei höherer Leistung die Geräte auch schneller warm werden. Daher sollten Geräte mit einer großen Leistung nur nach Bedarf eingesetzt werden.

A Erkläre, warum manche Ladekabel im Laufe der Zeit schneller wärmer werden als andere.

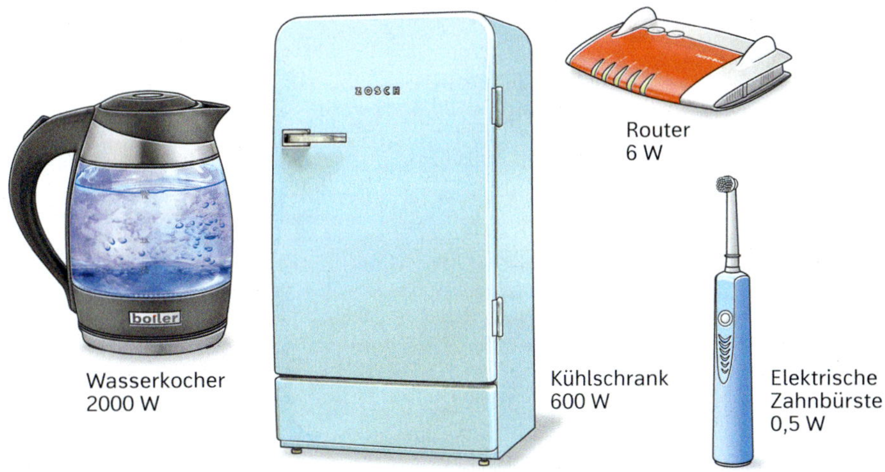

3 Elektrische Leistungen bei verschiedenen Geräten

Material mit Aufgaben

M1 Elektrische Leistung

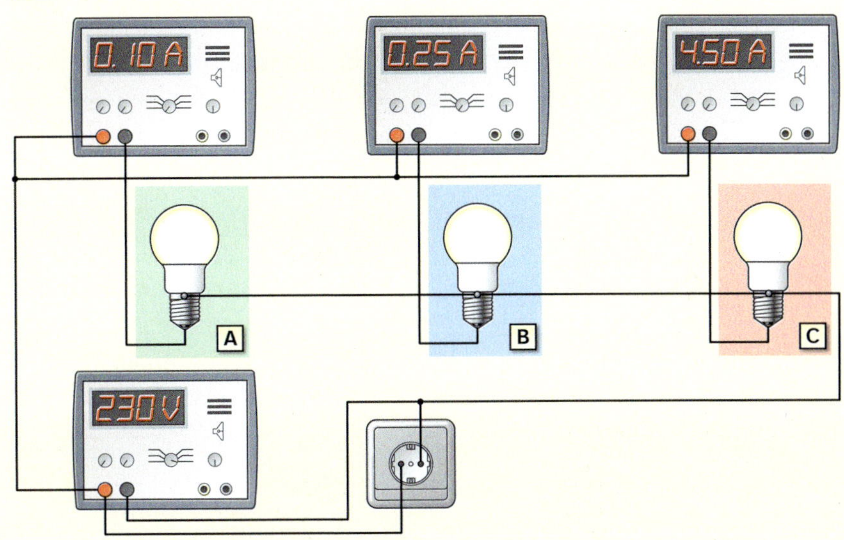

1. Beschreibe den im Bild vereinfacht dargestellten Versuchsaufbau.
2. Berechne die jeweilige elektrische Leistung der Lampen A bis C.
3. Wähle eine der Aufgaben aus:
   a Erkläre, welcher der drei Lampen am hellsten leuchtet.
   b Stelle Vermutungen an, was verändert werden müsste, damit Lampe A genau so hell leuchtet wie Lampe C.

Jeder Haushalt bekommt eine Rechnung für den Strom. Was genau muss bezahlt werden?

1 Eine Stromrechnung

Energie und Leistung

Stromrechnung

Viele Geräte im Haushalt benötigen Strom, der bezahlt werden muss. Daher bekommt jeder Haushalt in regelmäßigen Abständen eine Abrechnung über den Stromverbrauch. Der Begriff Stromverbrauch ist aber nicht richtig. Elektrischer Strom und damit die elektrische Energie kann nicht verbraucht werden. Die Elektronen im Stromkreis verschwinden nicht. Die Abrechnung gibt daher an, wie viel elektrische Energie in andere Energieformen umgewandelt wurde. Sie enthält neben Angaben wie Kennnummer des Stromzählers auch Angaben zu dem Abrechnungszeitraum und dem zu zahlenden Betrag.

Vatta AG
Betteltinerweg 77 • Postfach 54321 • 33033 Boderparn

Vatta

Stromrechnung
Erläuterungen siehe Rückseite

Vertragsnummer 120456	Kennnummer: XW25H								
JAHRESRECHNUNG	Zähler-Stände								
	neu	alt							
	30612	25585							
Abrechnung	Abrechnungszeitraum		Tage	Menge kWh	Arbeitspreis		Grundpreis	Gesamtkosten
	vom	bis			Cent/kWh	€	€ / Jahr	€
	0101	3112	365	5027	25,11	1262,28	58,51	1320,79

2 Abrechnung in einer Stromrechnung

Elektrische Energie

Wie viel elektrische Energie in einer bestimmten Zeit umgewandelt wurde, berechnet man, indem man die Energiestromstärke mit der Zeit multipliziert. Im Falle der Stromrechnung entspricht die Energiestromstärke der elektrischen Leistung P.

$P = U \cdot I$

$E_{elektrisch} = P \cdot t = U \cdot I \cdot t$

In den Naturwissenschaften ist es üblich, dass Energiemengen in der Einheit **Joule** angegeben werden. Für die elektrische Energie ist aber auch die Einheit **Kilowattstunde** (kWh) gebräuchlich. Sie setzt sich zusammen aus der Einheit Watt für die Leistung und der Einheit Sekunde für die Zeit. Eine Wattsekunde entspricht dabei genau einem Joule. Die Zeiträume der Umwandlung sind oft sehr lang und die Menge an umgewandelter Energie sehr groß. Daher muss die Zeit noch in Stunden umgerechnet werden und die Leistung in Kilowatt. Eine Kilowattstunde entspricht 3 600 000 Joule. Das ist ungefähr die Energiemenge die man umwandelt, wenn man eine Ladung Wäsche in der Waschmaschine wäscht.

A Erkläre, was bei der Stromrechnung bezahlt wird.

$P_{Waschmaschine} = 400\ W$, $t = 2{,}5h$

$E_{elektrisch} = P \cdot t = 400\ W \cdot 2{,}5h = 1000\ Wh$

$1000\ Wh = 1\ kWh$

Material mit Aufgaben

M1 Elektrische Energie im Haushalt

A

B

1. Beschreibe die Situationen in den Bildern A und B.
2. Erkläre, warum im Bild A die Stromrechnung höher sein wird als in Bild B.
3. Wähle eine der Aufgaben aus:
   a Beschreibe Möglichkeiten für einen nachhaltigen Umgang mit elektrischer Energie im Alltag.
   b Beschreibe Situationen aus deinem Alltag, in denen du nicht nachhaltig mit elektrischer Energie umgehst.

Zusammenfassung Elektrische Energie

Elektrostatik

In Körpern befinden sich immer positive und negative Ladungen. Sind gleich viele positive und negative Ladungen vorhanden, dann ist der Körper elektrisch neutral. Hält man unterschiedliche geladene Körper nebeneinander, dann stoßen sie sich bei gleicher Ladung ab. Bei unterschiedlicher Ladung ziehen sie sich an. Mithilfe von Glimmlampen oder Elektroskopen lassen sich Ladungen von Körpern nachweisen. Im Gegensatz zu einer Glimmlampe, kann ein Elektroskop nur nachweisen, dass ein Körper geladen ist und nicht wie er geladen ist.

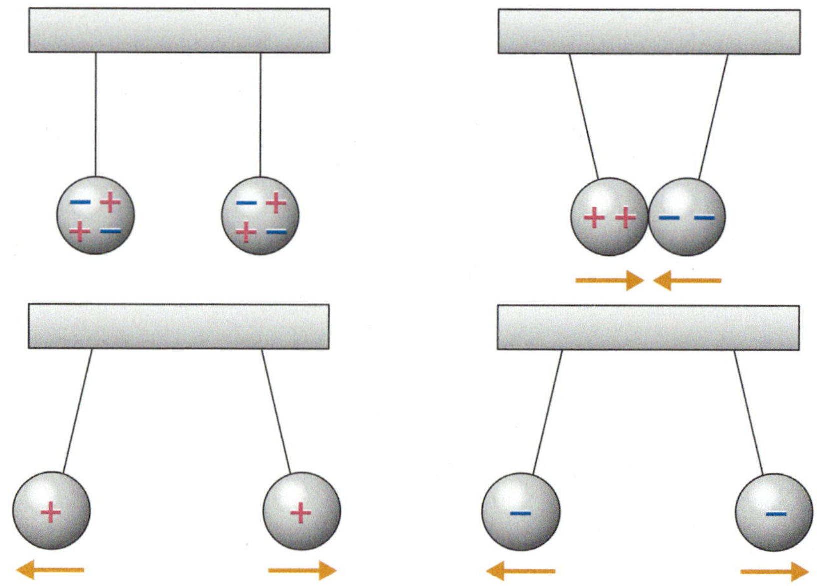

Stromstärke, Spannung, Widerstand

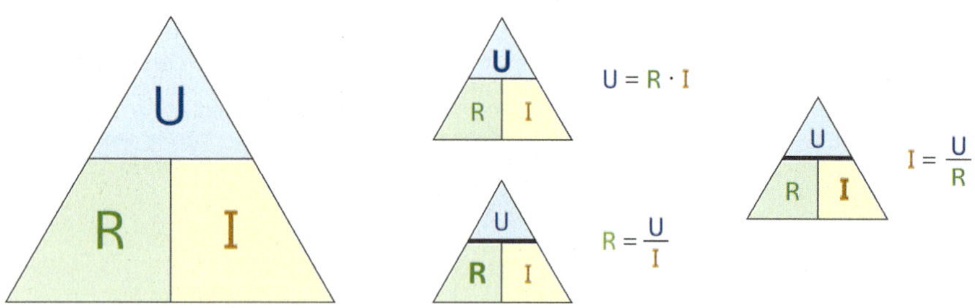

Die elektrische Stromstärke gibt die Anzahl der Elektronen an, die in einer bestimmten Zeit an einer bestimmten Stelle im Stromkreis vorbeifließen. Die elektrische Stromstärke hat das Formelzeichen I und wird in der Einheit Ampere (A) angegeben.
Die Elektronen im Stromkreis werden durch Quellen wie beispielsweise Batterien oder Netzgeräte angetrieben. Die Stärke einer Spannungsquelle bezeichnet man als elektrische Spannung.

Das Verhältnis von Spannung und Stromstärke ist eine physikalische Größe und wird als Widerstand bezeichnet. Er hat das Formelzeichen R und wird in der Einheit Ohm (Ω) angegeben. Jedes Bauteil im elektrischen Stromkreis hat einen eigenen Widerstand.
Ist die Kennlinie eines Bauteils eine Gerade, dann spricht man von einem ohmschen Widerstand. Man kann dann den Widerstand mithilfe des ohmschen Gesetzes berechnen.

Elektrische Leistung

Je mehr Energie pro Zeit von einem Bauteil übertragen wird, desto größer ist seine elektrische Leistung. Die elektrische Leistung hat das Formelzeichen P und wird in der Einheit Watt (W) angegeben. Haben Geräte eine hohe Leistung, dann erhitzen sie auch schneller. Es wird bei der Energieumwandlung mehr Energie entwertet.

1 Elektrostatik

A Beschreibe den dargestellten Versuch.

B Erkläre die Ergebnisse der Versuchs.

C Beschreibe die Funktionsweise einer Glimmlampe.

D Erkläre die Entstehung von Blitzen.

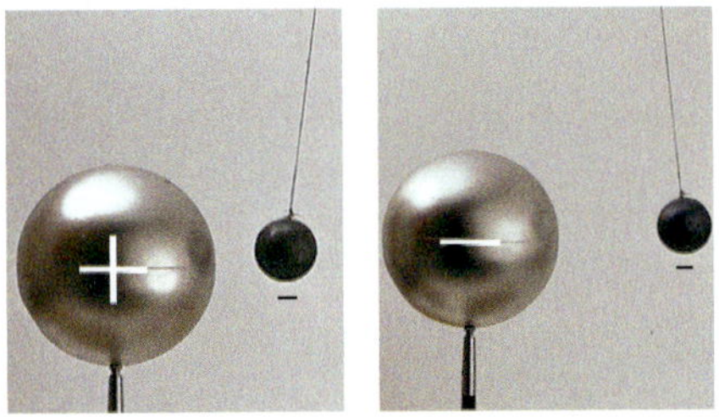

2 Widerstand

A Ordne den abgebildeten Kennlinien die Begriffe ohmscher Widerstand und nichtohmscher Widerstand zu.

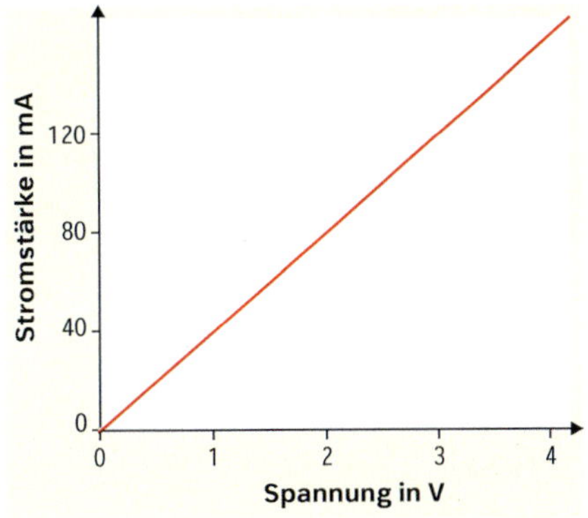

B Kim behauptet: „Nicht jedes elektrische Gerät hat einen Widerstand.“ Nimm Stellung zu Kims Aussage.

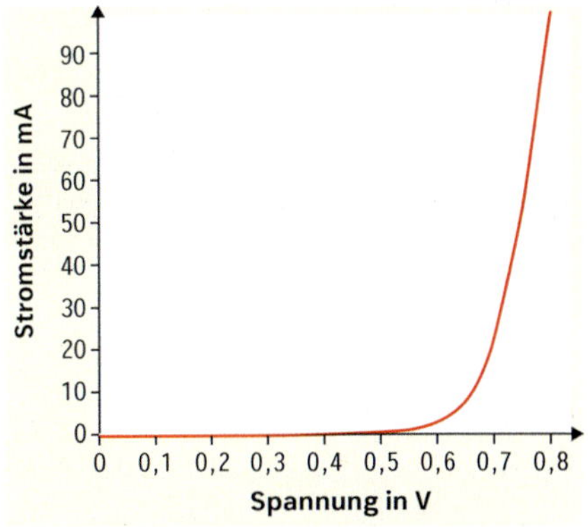

3 Stromkreis im Modell

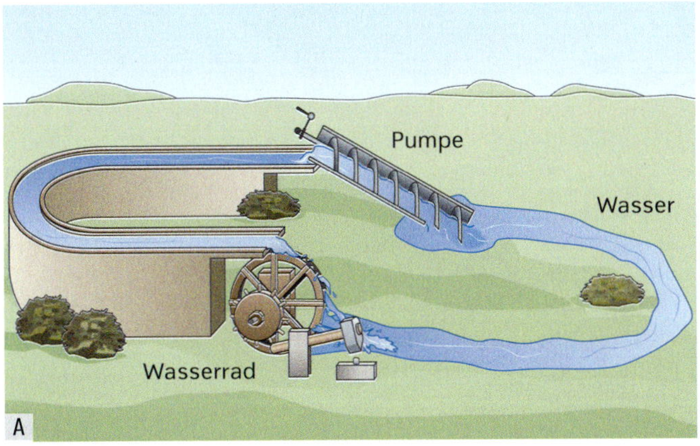

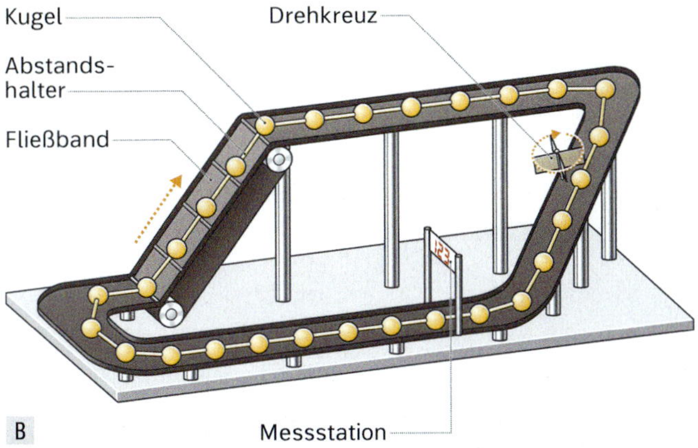

A Beschreibe die in den Bildern A und B dargestellten Modelle für einen einfachen Stromkreis.

B Erstelle eine Tabelle und ordne jedem Bauteil eines einfachen elektrischen Stromkreises die entsprechenden Bestandteile der Modelle A und B zu.

C Erkläre, wie die elektrische Stromstärke in den Modellen dargestellt wird.

D Erkläre, wie die elektrische Spannung in den Modellen dargestellt wird.

E Erkläre, wie der elektrische Widerstand in den Modellen dargestellt wird.

F Vergleiche die beiden Modelle für den elektrischen Stromkreis miteinander. Erläutere dabei, was sie gut darstellen und was sie schlecht veranschaulichen.

Mobilität

7

Welche Formen von Bewegung gibt es?
Was ist eine Beschleunigung?
Wie wirken Kräfte?

Bei einem Autorennen stehen am Anfang alle Autos an der Startlinie. Beim Startsignal fahren sie los und werden immer schneller. Sie bewegen sich.

Der Gepard ist das schnellste Landsäugetier der Welt.
Wie berechnet man Geschwindigkeiten?

1 Ein Gepard beim Jagen

Bewegung und Geschwindigkeit

Bewegungsarten

Läuft ein Gepard einer Antilope hinterher ohne einen Haken zu schlagen, bewegt er sich geradeaus. Man sagt auch, er führt eine **geradlinige Bewegung** aus. Schaukelt man auf einer Schaukel, bewegt man sich vor und zurück. Eine solche Bewegung nennt man **Schwingung**. Bewegt man sich im Kreis, dann nennt man das **Kreisbewegung**.

2 Bewegungsarten: **A** Schwingung, **B** Kreisbewegung

Geschwindigkeit

Jagt der Gepard eine Antilope, schleicht er sich erst an und rennt dann plötzlich los. Er bewegt sich unterschiedlich schnell. Der Gepard ändert seine Geschwindigkeit. Die **Geschwindigkeit** gibt an, wie schnell oder langsam sich etwas bewegt. Je höher die Geschwindigkeit, desto schneller ist die Bewegung. Der Gepard bewegt sich bei der Jagd mit unterschiedlichen Geschwindigkeiten. Die Geschwindigkeit für einen bestimmten Zeitpunkt bezeichnet man auch als **Momentangeschwindigkeit**.

Für Bewegungen mit unterschiedlichen Geschwindigkeiten kann man eine durchschnittliche Geschwindigkeit berechnen. Sie gibt die Geschwindigkeit für einen längeren Zeitraum an. Sie berechnet man, indem man die Streckenlänge durch die benötigte Zeit teilt.

Geschwindigkeiten berechnen

Mit der Geschwindigkeit kann man angeben, welcher Weg in einer bestimmten Zeit zurückgelegt wurde. Die Geschwindigkeit berechnet man, indem man den zurückgelegten Weg durch die benötigte Zeit teilt. Die Geschwindigkeit hat das Formelzeichen v und wird in Meter pro Sekunde (m/s) angegeben. Der Weg hat das Formelzeichen s und die Zeit t.

$$\text{Geschwindigkeit} = \frac{\text{Weg}}{\text{Zeit}}$$

$$v = \frac{s}{t}$$

Geschwindigkeiten umrechnen

Im Alltag wird die Geschwindigkeit meist in Kilometer pro Stunde angegeben (km/h). Die Einheiten Meter pro Sekunde und Kilometer pro Stunde kann man ineinander umrechnen. Dabei entsprechen 3,6 km/h einer Geschwindigkeit von 1 m/s.

$$3{,}6\,\frac{\text{km}}{\text{h}} = \frac{3600\text{ m}}{3600\text{ s}} = 1\,\frac{\text{m}}{\text{s}}$$

Möchte man eine Geschwindigkeit von m/s in km/h umrechnen, dann muss man den Wert in m/s mal 3,6 nehmen. Wenn also ein Auto mit einer Geschwindigkeit von 15 m/s fährt, entspricht das einer Geschwindigkeit von 54 km/h.

$$15\,\frac{\text{m}}{\text{s}} \xrightarrow{\cdot 3{,}6} 54\,\frac{\text{km}}{\text{h}}$$

Will man eine Geschwindigkeit von km/h in m/s umrechnen, muss der Wert in km/h durch 3,6 geteilt werden.

$$54\,\frac{\text{km}}{\text{h}} \xrightarrow{:3{,}6} 15\,\frac{\text{m}}{\text{s}}$$

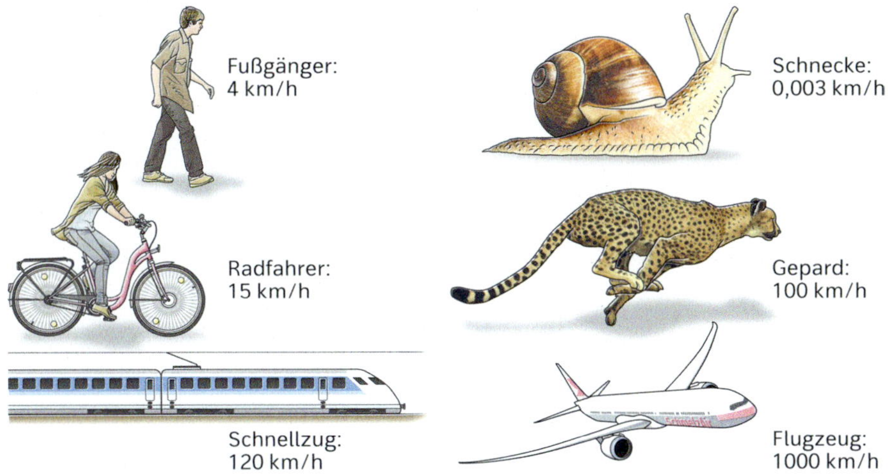

3 Durchschnittsgeschwindigkeiten

Material mit Aufgaben

M1 Bewegungen

A

B

1. Beschreibe die Bewegungen in den Bildern A und B.
2. Erkläre, ob es sich bei den Bewegungen in den Bildern A und B um eine geradlinige Bewegung, eine Schwingung oder eine Kreisbewegung handelt.
3. Wähle eine der Aufgaben aus:

   a Übertrage die Tabelle in dein Heft und vervollständige sie.

   b Ein Fußgänger geht mit einer Durchschnittsgeschwindigkeit von 5 km/h. Berechne, wie weit er in 4 Stunden gehen kann.

Läufer	1	2	3
Weg	100 m	18 km	200 m
Zeit	10 s	3 h	...
Geschwindigkeit in m/s	10 m/s	...	10 m/s
Geschwindigkeit in km/h	...	...	...

1 Rolltreppe

Gleichförmige Bewegung

konstant: gleichbleibend

Bewegungen im Alltag

Rolltreppen bewegen sich immer nur in eine festgelegte Richtung mit einer gleichbleibenden Geschwindigkeit. Beim Fahrradfahren oder bei einer Fahrt mit dem Auto auf der Autobahn fährt man oft einen Teil der Strecke mit der gleichen Geschwindigkeit. Bewegt man sich in eine feste Richtung mit gleichbleibender Geschwindigkeit, dann spricht man in den Naturwissenschaften von einer **gleichförmigen Bewegung**.

Gleichförmige Bewegung

Ein Fahrradfahrer fährt mit konstanter Geschwindigkeit einen Weg entlang. Misst man entlang des Weges in gleichen Abschnitten die Zeit, stellt man fest: Verdoppelt sich die Zeit, verdoppelt sich auch der Weg. Benötigt der Fahrradfahrer zum Beispiel für die ersten 10 Meter Wegstrecke 2 Sekunden, dann braucht er für 20 Meter Wegstrecke 4 Sekunden. Die Zeit und die Wegstrecke verhalten sich **proportional** zueinander.

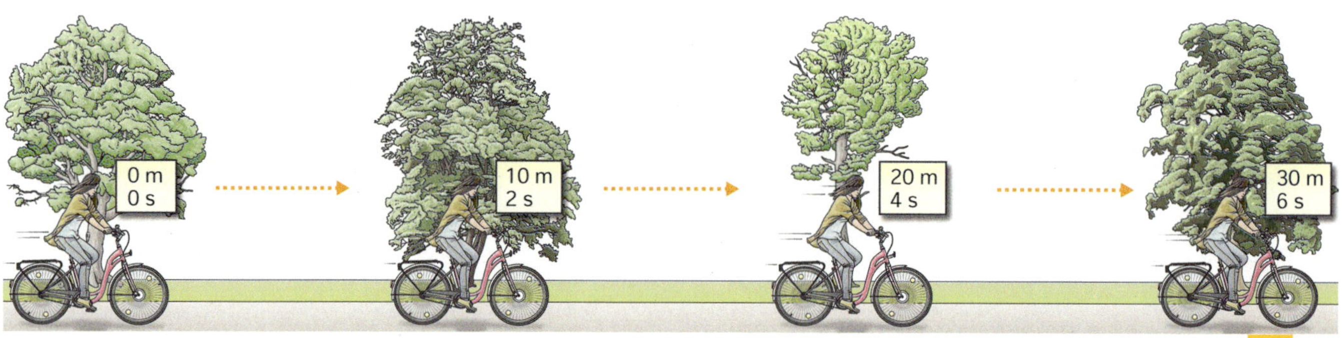

2 Gleichförmige Bewegung

F

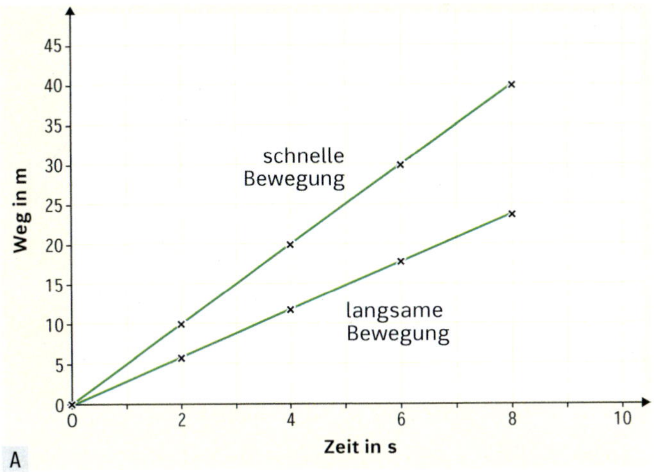

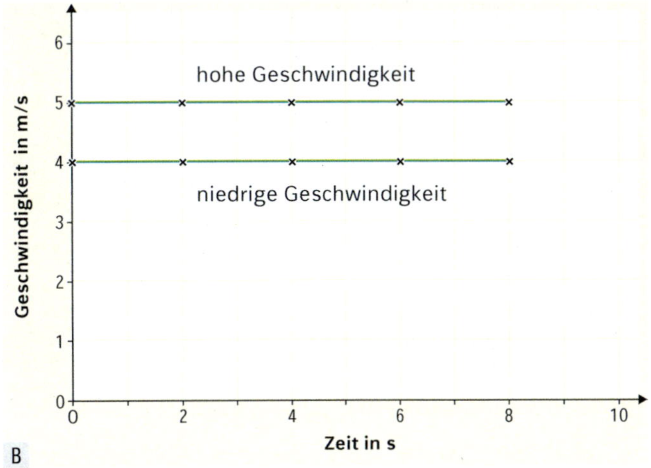

3 Diagramme einer gleichförmigen Bewegung: **A** Zeit-Weg-Diagramm, **B** Zeit-Geschwindigkeit-Diagramm

Zeit-Weg-Diagramm

Möchte man die Bewegung eines Vorgangs grafisch darstellen, dann nutzt man ein **Zeit-Weg-Diagramm**. Auf der Rechtsachse wird die Zeit in Sekunden aufgetragen und auf der Hochachse die Strecke in Metern. Da bei einer gleichförmigen Bewegung ein proportionaler Zusammenhang besteht, liegen alle Messpunkte auf einer Geraden. Je höher die Geschwindigkeit einer Bewegung ist, desto steiler steigt die Gerade an.
Anstelle der Strecke kann man auf der Hochachse auch die Geschwindigkeit in Meter pro Sekunde eintragen. Man erhält dann ein **Zeit-Geschwindigkeit-Diagramm**. Für eine gleichförmige Bewegung ist das Zeit-Geschwindigkeit-Diagramm eine Linie parallel zur Rechtsachse, da sich die Geschwindigkeit nicht verändert.

A Beschreibe Eigenschaften einer gleichförmigen Bewegung.

B Nenne Beispiele aus dem Alltag für gleichförmige Bewegungen.

Material mit Aufgaben

M1 Gleichförmige Bewegung

Zug 1

Weg in m	Zeit in s
300	10
600	20
900	30

Zug 2

Weg in m	Zeit in s
500	10
1000	20
1500	30

Zwei Züge sind unterschiedlich schnell gefahren. Von jedem Zug wurde der Weg bestimmt, den er in verschiedenen Zeitabschnitten zurückgelegt hat.

1. Zeichne ein Zeit-Weg-Diagramm für Zug 1 und Zug 2.
2. Erkläre, welcher der beiden Züge schneller war.
3. Berechne die Geschwindigkeit für Zug 1 in Meter pro Sekunde . Zeichne ein Zeit-Geschwindigkeit-Diagramm.
4. Berechne die Geschwindigkeit der Person auf der Rolltreppe im Bild in Meter pro Sekunde. Erstelle für die Bewegung ein Zeit-Weg-Diagramm.

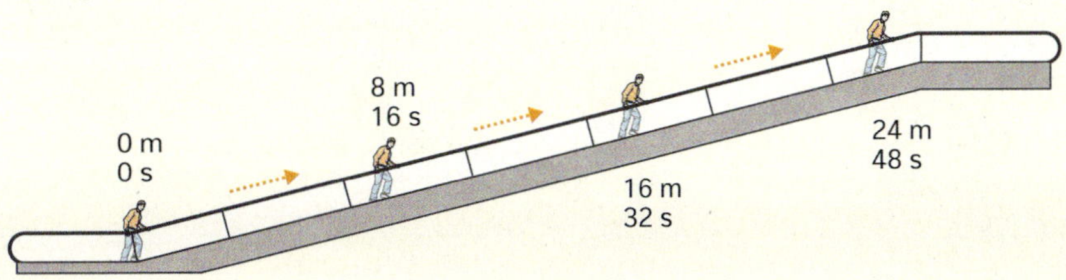

1 Sprinterin beim Start

Beschleunigte Bewegung

Wettrennen

Ertönt bei einem Rennen das Startsignal, dann rennen alle Sportler und Sportlerinnen sofort los. Sie werden beim Laufen immer schneller, bis sie ihre maximale Geschwindigkeit erreicht haben. Ihre Geschwindigkeit wird dabei größer, sie **beschleunigen**. Ändert sich bei einer Bewegung die Geschwindigkeit, dann spricht man in den Naturwissenschaften von einer **beschleunigten Bewegung**.

2 Gleichmäßig beschleunigte Bewegung

Beschleunigung

Die Beschleunigung gibt an, um was für einen Wert die Geschwindigkeit einer Bewegung in einem bestimmten Zeitabschnitt zunimmt. Sie hat das Formelzeichen a und wird in der Einheit Meter pro Quadratsekunde (m/s^2) angegeben. Sie wird wie folgt berechnet:

$$a = \frac{v}{t}$$

Ist die Beschleunigung immer gleich groß, dann spricht man von einer **gleichmäßig beschleunigten Bewegung**. Beschleunigt ein Sportler oder eine Sportlerin gleichmäßig mit 2 m/s^2, dann erhöht sich die Geschwindigkeit jede Sekunde um 2 m/s. Nach 2 Sekunden würde die Geschwindigkeit 4 m/s betragen und nach 3 Sekunden 6 m/s. Bei einer gleichmäßig beschleunigten Bewegung verhalten sich Geschwindigkeit und Zeit proportional zueinander.

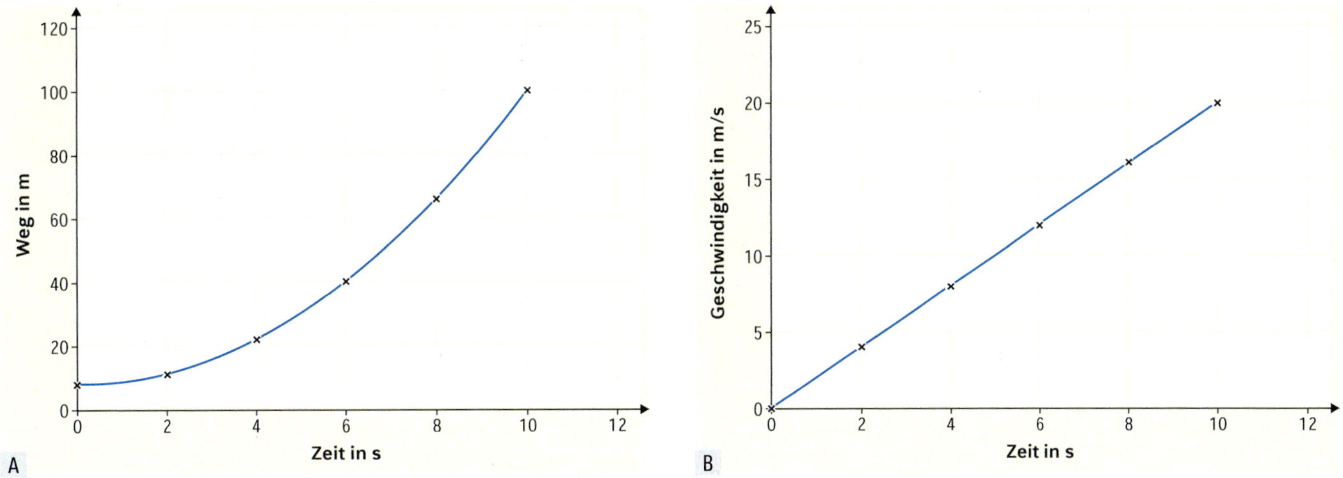

3 Diagramme einer gleichmäßig beschleunigten Bewegung: **A** Zeit-Weg-Diagramm, **B** Zeit-Geschwindigkeit-Diagramm

Beschleunigung im Alltag

Im Alltag gibt es für die Beschleunigung Grenzen. Man kann nicht einfach immer schneller laufen. Irgendwann erreicht man seine **Höchstgeschwindigkeit**. Man beschleunigt also nur eine kurze Zeit lang, hält dann seine Geschwindigkeit oder wird wieder langsamer. Auch kann eine Bewegung unterschiedlich stark beschleunigt oder abgebremst werden.

Diagramme

Auch eine beschleunigte Bewegung kann man grafisch darstellen. Das Zeit-Weg-Diagramm einer gleichmäßig beschleunigten Bewegung zeigt eine steigende Kurve. In gleichen Zeitabschnitten wird immer mehr Wegstrecke zurückgelegt. Betrachtet man das Zeit-Geschwindigkeit-Diagramm der Bewegung, dann erkennt man eine gleichmäßig steigende Gerade. ▶

A Vergleiche die beschleunigte und die gleichförmige Bewegung.

Material mit Aufgaben

M1 Beschleunigte Bewegung

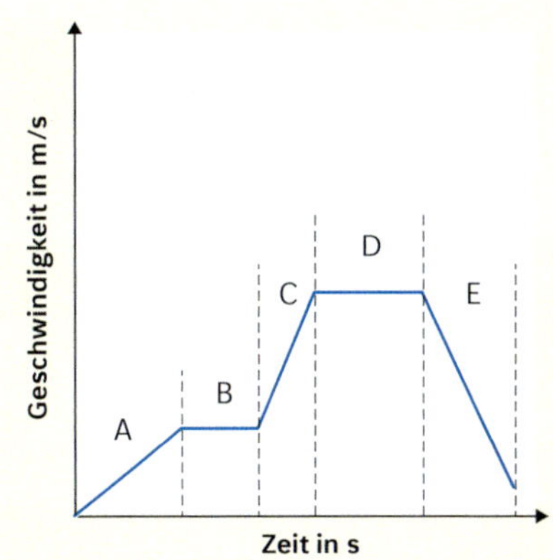

1. Beschreibe die dargestellte Bewegung.
2. Erkläre, in welchem Abschnitt die größte Beschleunigung stattfindet.
3. Erkläre, welche Abschnitte eine konstante Geschwindigkeit zeigen.
4. Erkläre, warum man Bremsen auch als „negative Beschleunigung" bezeichnet.

M2 Beschleunigung berechnen

Von 0 auf 100: 4s

Von 0 auf 100: 7s

1. Erkläre, was der Satz: „Von 0 auf 100." bedeutet.
2. Berechne die Beschleunigung der beiden Autos.

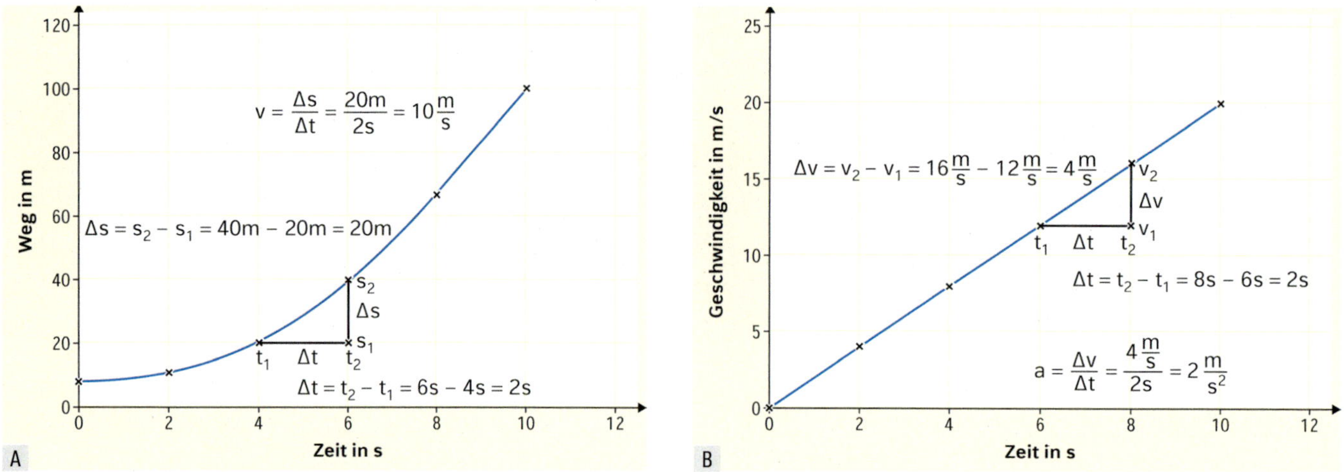

4 Grafische Bestimmung der: **A** Geschwindigkeit, **B** Beschleunigung

Grafische Bestimmung

Aus Zeit-Weg-Diagrammen und Zeit-Geschwindigkeit-Diagrammen kann man mithilfe eines **Steigungsdreieckes** die Geschwindigkeit und Beschleunigung bestimmen. Dafür zeichnet man an die Gerade an einer geeigneten Stelle ein Steigungsdreieck ein. Beim Zeit-Weg-Diagramm kennzeichnet die Seite des Dreiecks in x- Richtung einen Zeitabschnitt Delta t (Δt) zwischen den Zeitpunkten t_1 und t_2. Die Seite des Steigungsdreiecks in y-Richtung gibt einen Wegabschnitt Delta s (Δs) zwischen den Wegpunkten s_1 und s_2 an. Für die Berechnung der Geschwindigkeit teilt man nun den Wegabschnitt durch den Zeitabschnitt.

$$v = \frac{\Delta s}{\Delta t} = \frac{s_2 - s_1}{t_2 - t_1}$$

Für die Berechnung der Beschleunigung aus einem Geschwindigkeits-Zeit-Diagramm bestimmt man mithilfe des Steigungsdreiecks die Abschnitte Δt und Δv. Mithilfe der Formel für die Beschleunigung kann diese dann ausgerechnet werden.

$$a = \frac{\Delta v}{\Delta t} = \frac{v_2 - v_1}{t_2 - t_1}$$

Material mit Aufgaben

M3 Geschwindigkeit

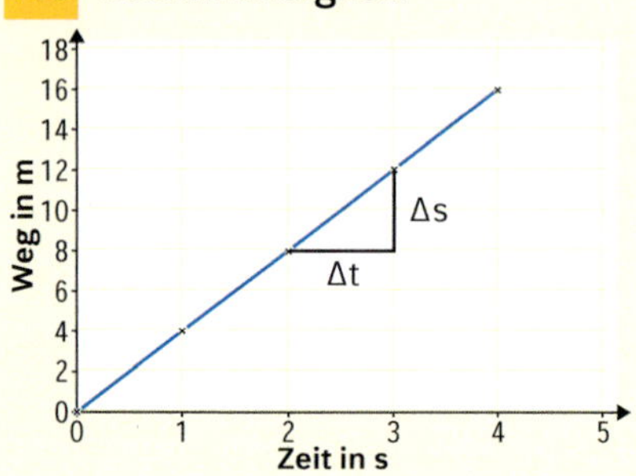

1. Gib die Werte der Abschnitte Δt und Δs an.
2. Berechne die Geschwindigkeit der Bewegung.
3. Erkläre, warum es in der Abbildung egal ist, wo das Steigungsdreieck eingezeichnet wird.

M4 Beschleunigung

Zeit	Geschwindigkeit
0 s	0 m/s
2 s	6 m/s
4 s	12 m/s
6 s	18 m/s

1. Erstelle mithilfe der Messwerte ein Zeit-Geschwindigkeits-Diagramm.
2. Zeichne mithilfe der Messwerte ein Diagramm und bestimme die Abschnitte Δt und Δv. Berechne die Beschleunigung.

Messwerte mit dem Computer darstellen

Tabellenkalkulationsprogramm

Diagramme sind sehr hilfreich, um Zusammenhänge zu veranschaulichen. Da die Erstellung mit der Hand sehr aufwändig sein kann, werden Diagramme auch mithilfe von **Tabellenkalkulationsprogrammen** angefertigt. Öffnet man so ein Programm, dann sieht man sehr viele Zeilen und Spalten. In diese werden die Messwerte eingegeben. Die Spalten sind mit Buchstaben gekennzeichnet und die Zeilen mit Zahlen. Beispielsweise ist B4 die vierte Zeile in der zweiten Spalte.

Diagramme erstellen

Für die Erstellung eines Diagrammes müssen zuerst die Messwerte in das Programm eingetragen werden. In der linken Spalte stehen die Werte, die später auf der Rechtsachse aufgetragen werden sollen. In der rechten Spalte stehen die Werte der Hochachse. Sind alle Werte eingetragen, werden sie mithilfe der linken Maustaste markiert. Über die Einstellungen **Einfügen** → **Diagramme**, kann der Diagrammtyp ausgewählt werden, mit welchem die Messwerte dargestellt werden sollen. Neben Liniendiagrammen kann man zum Beispiel auch Balkendiagramme oder Tortendiagramme erstellen. Mithilfe von verschiedenen Einstellungsmöglichkeiten im oberen Bereich des Programms können beispielsweise die Beschriftung der Achsen, der Titel des Diagramms oder eine **Ausgleichslinie** hinzugefügt werden. Ausgleichslinien beschreiben den Verlauf der Messwerte so gut wie möglich. Sie können zum Beispiel die Form einer Geraden oder einer Kurve haben.

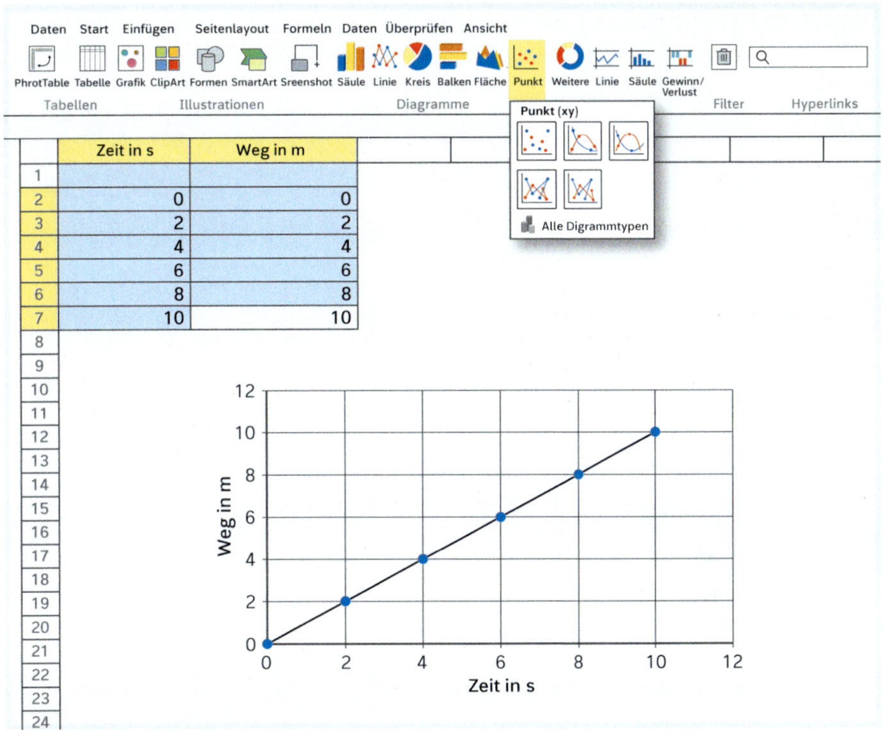

1 Ein Diagramm digital erstellen

Material mit Aufgaben

M1 Diagramme erstellen

1. Erstelle für die gegebenen Messwerte mithilfe eines Tabellenkalkulationsprogramms ein geeignetes Diagramm.
2. Erstelle mit den Messwerten digital ein Geschwindigkeits-Zeit-Diagramm und füge eine passende Ausgleichslinie in das Diagramm ein.
3. Berechne mithilfe der Formel $s = v \cdot t$ die zurückgelegten Streckenabschnitte und erstelle mithilfe eines Tabellenkalkulationsprogrammes ein Weg-Zeit-Diagramm.

Zeit	Geschwindigkeit
0 s	0 m/s
2 s	10 m/s
4 s	20 m/s
6 s	30 m/s
8 s	40 m/s
10 s	50 m/s
12 s	60 m/s
14 s	70 m/s

Gleichförmige Bewegung

$s = v \cdot t$

In gleichen Zeitabschnitten werden gleiche Wegabschnitte zurückgelegt.

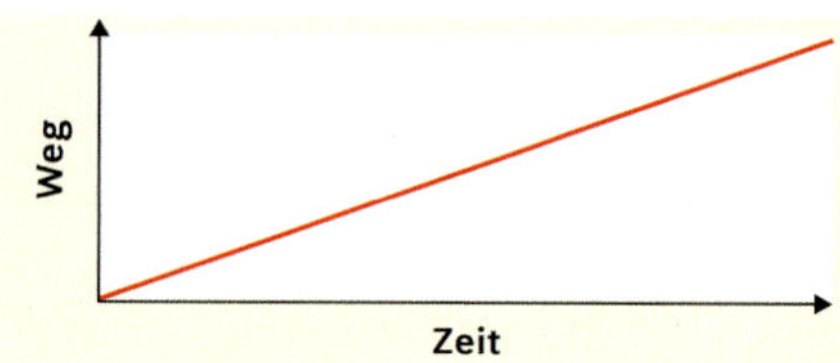

$v = \frac{s}{t}$

Die Geschwindigkeit bleibt gleich.

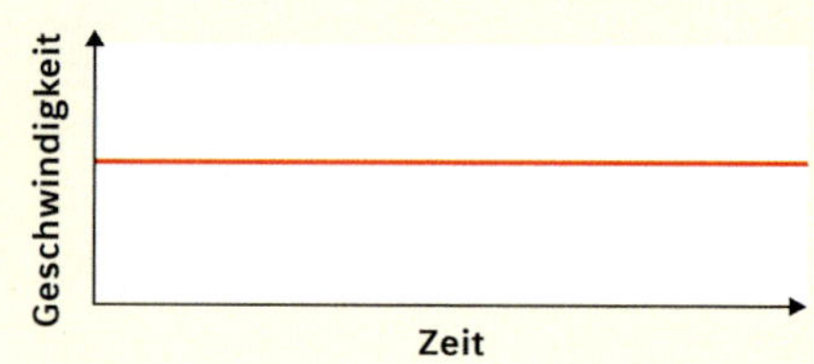

$a = 0$

Die Beschleunigung ist Null.

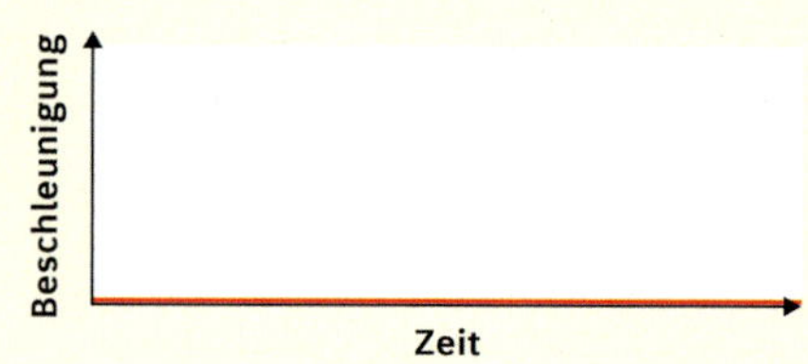

Bewegt man sich immer mit der gleichen Geschwindigkeit, dann spricht man von einer gleichförmigen Bewegung. Bewegt man sich mit einer immer gleich bleibenden Beschleunigung, dann spricht man von einer gleichmäßig beschleunigten Bewegung. Die verschiedenen Bewegungen kann man in unterschiedlichen Diagrammen darstellen: Zeit-Weg-Diagramm, Zeit-Geschwidigkeit-Diagramm oder Zeit-Beschleunigungs-Diagramm.

Gleichmäßig beschleunigte Bewegung

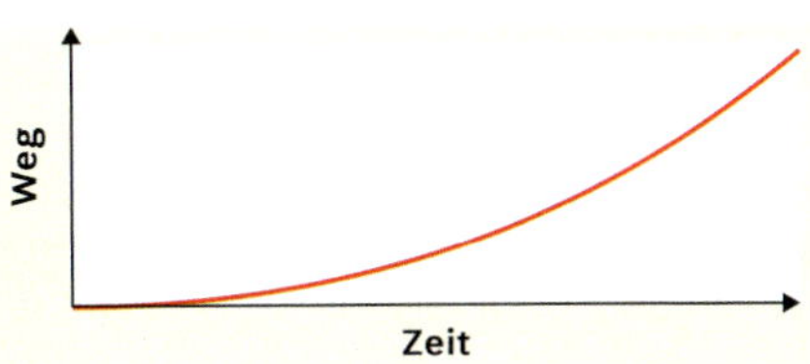

In gleichen Zeitabschnitten werden immer längere Wegabschnitte zurückgelegt.

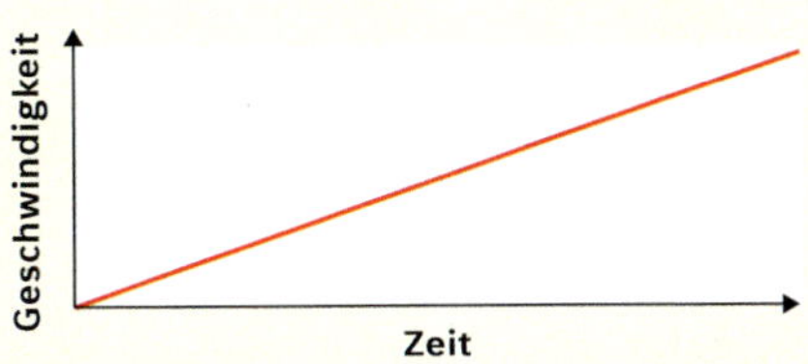

$v = \frac{\Delta s}{\Delta t}$

Die Geschwindigkeit steigt gleichmäßig.

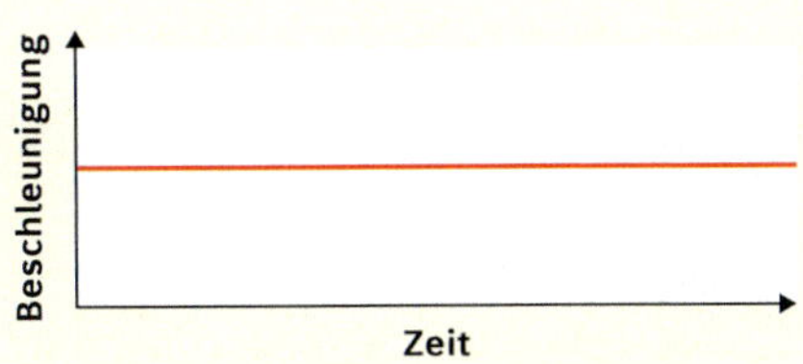

$a = \frac{\Delta v}{\Delta t}$

Die Beschleunigung bleibt gleich.

1. Beschreibe mithilfe der Diagramme den Unterschied zwischen einer gleichförmigen Bewegung und einer gleichförmig beschleunigten Bewegung.
2. Nenne Beispiel für beschleunigte Bewegungen im Alltag.
3. Erkläre, woran man in den Diagrammen eine konstante Geschwindigkeit und eine konstante Beschleunigung erkennen kann.
4. Zeichne ein Diagramm, dass ein Abbremsen eines Autos mit konstanter Geschwindigkeit zeigt.

1 Ein Crashtest

Kräfte

Kräfte

Bei einem Crashtest fahren zwei Autos mit hoher Geschwindigkeit gegeneinander. Dazu werden die Autos mithilfe der Motoren in Bewegung gesetzt. Je stärker das Gaspedal getreten wird, desto schneller wird das Auto. Prallen die Autos aufeinander, werden sie verformt.

Bei all diesen Vorgängen spielt Kraft eine Rolle. Man kann die Kraft nicht sehen, aber an ihrer Wirkung erkennen.

Kraft kann Körper verformen

Manche Gegenstände verändern ihre Form, wenn eine Kraft auf sie wirkt. Zieht man zum Beispiel ein Gummiband auseinander, übt man Kraft auf das Band aus. Das Gummiband wird länger, es wird **verformt**. Übt man keine Kraft mehr auf das Gummiband aus, zieht es sich wieder zu seiner ursprünglichen Form zusammen. Verformungen, die wieder in ihren Ausgangszustand zurückgehen, nennt man **elastische Verformungen**. Bei dem Crashtest wirken Kräfte auf die Fahrzeuge und verformen sie. Die Autos haben dadurch viele Beulen. Wirkt keine Kraft mehr, dann behalten die Autos ihre neue Form. Sie haben sich dauerhaft verformt. Diese Art der Verformung nennt man **plastische Verformung**.

Material mit Aufgaben

M1 Verformung

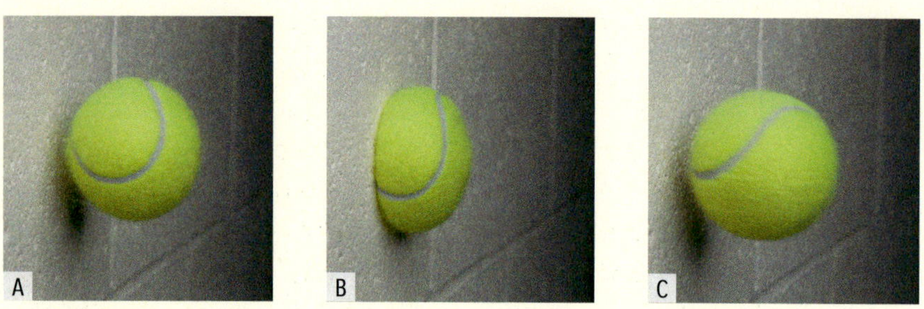

1. Beschreibe den Ablauf der Bildserie.

2. Entscheide, ob die Bildserie eine plastische oder elastische Verformung zeigt. +

2 Verschiedene Wirkungen von Kräften

Kraft kann Körper bewegen

Sitzt man auf dem Fahrrad und tritt in die Pedale, fährt man los. Durch die Muskeln wird eine Kraft auf die Pedale ausgeübt durch die sich das Fahrrad bewegt. Die Kraft kann auch dafür sorgen, dass man **beschleunigt**. Zieht man während der Fahrt an der Bremse, wird das Fahrrad langsamer. Die Kraft, die durch die Bremse auf den Reifen ausgeübt wird, wirkt der Bewegung des Fahrrads entgegen. Das Fahrrad wird dann **gebremst**. Wind kann auch eine Kraft ausüben. Trifft während der Fahrt ein starker Windstoß von der Seite auf das Fahrrad, kann es in eine andere Richtung gedrückt werden. Kraft kann also auch eine **Richtungsänderung** eines Körpers bewirken.

Einheit der Kraft

Die Kraft hat das Formelzeichen **F** und die Einheit **Newton** (N). Sie ist nach dem englischen Forscher Isaac Newton benannt. Die Kraft, die eine 100 Gramm schwere Schokoladentafel auf eine Feder ausübt, entspricht 1 Newton.

Material mit Aufgaben

M2 Wirkung von Kräften

A

B

1. Beschreibe die Situationen in den Bildern A bis C.
2. Beschreibe, welche Wirkungen von Kräften in den Bildern A bis C zu sehen sind. +
3. Louis schießt im Trainingsspiel einen Elfmeter. Der Ball prallt am Pfosten ab und Peter stoppt den Ball im Strafraum. Beschreibe, welche Wirkungen von Kräften in diesem Beispiel auftreten.

C

1 Tauziehen

Kräfte darstellen

Kraft hat eine Richtung

Beim Tauziehen ziehen zwei Mannschaften an einem Seil. Wer es schafft, das gegnerische Team über eine Linie zu ziehen oder zu Fall zu bringen, gewinnt das Spiel. Beim Tauziehen wirken die Kräfte der Teams in entgegengesetzte Richtungen.

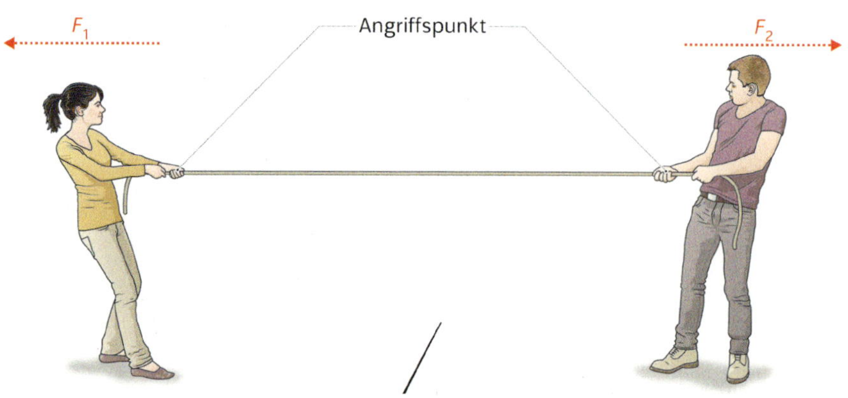

2 Kräftegleichgewicht

Kräfteaddition

Jede Kraft hat eine bestimmte Richtung, in die sie wirkt. Diese Richtung wird als **Wirkungsrichtung** bezeichnet. Um sie zu veranschaulichen, nutzt man Pfeile. Der Punkt, an dem der Kraftpfeil beginnt, nennt man **Angriffspunkt**. In die Richtung, in die der Pfeil zeigt, wirkt die Kraft. Je länger der Pfeil ist, desto stärker wirkt die Kraft.

Beim Tauziehen wirken die einzelnen Kräfte eines Teams in eine gemeinsame Richtung. Wirken mehrere Kräfte in eine Richtung, ist es so, als ob nur eine einzige Kraft in die gemeinsame Richtung wirken würde. Die Kräfte addieren sich. Man nennt bezeichnet dies auch als **Kräfteaddition**. Die einzelnen Kräfte bilden so eine **Gesamtkraft**.

Die Gesamtkräfte der einzelnen Mannschaften wirken beim Tauziehen in ent-

gegengesetzte Richtungen. Für die Gesamtkraft von entgegengesetzten Kräften, werden diese voneinander abgezogen.
Beim Tauziehen zieht die Mannschaft mit der größeren Gesamtkraft die andere Mannschaft zu sich hin. Wenn beide Mannschaften aber gleich stark sind, heben sich die Kräfte auf. Es herrscht dann ein **Kräftegleichgewicht**. Keine Mannschaft wird in die Richtung der anderen Mannschaft gezogen. ▶

A Beschreibe, was man unter den Begriffen Kräfteaddition und Kräftegleichgewicht versteht.

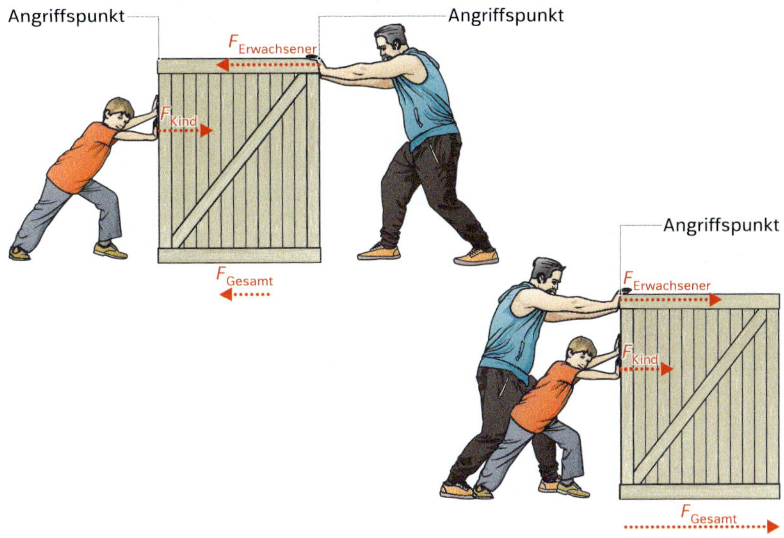

3 Kräfte wirken in verschiedene Richtungen

Material mit Aufgaben

M1 Darstellung von Kräften

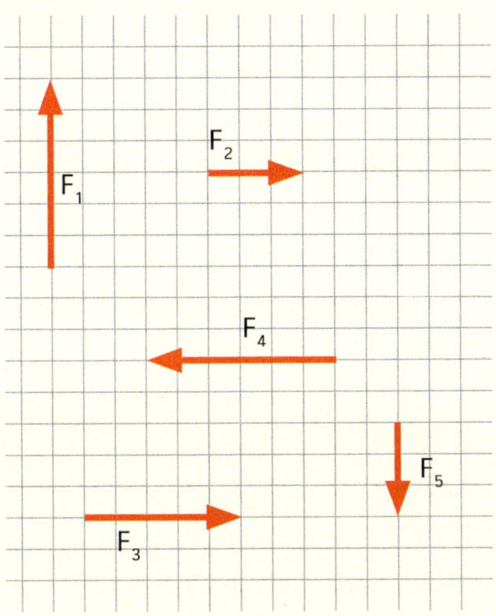

1. ▮▯▯ Nenne die Kräfte im Bild, die
   a) die gleiche Größe haben.
   b) die gleiche Richtung haben.
2. ▮▮▯ Zeichne im Heft kästchengenau die resultierende Kraft von F1 und F5 und von F3 und F4. ⊞

M2 Tauziehen

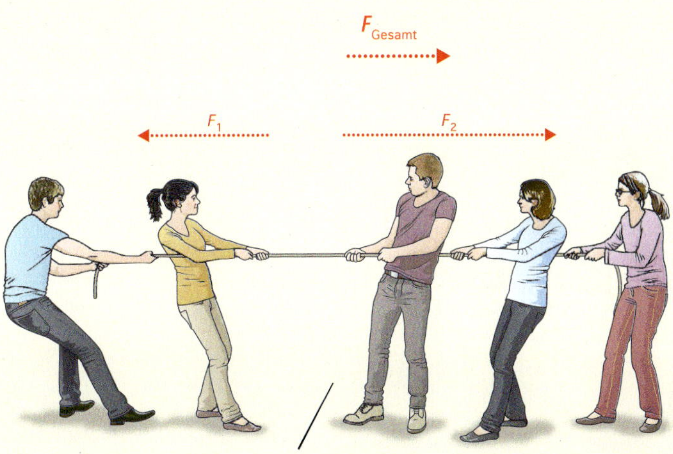

1. ▮▯▯ Beschreibe die dargestellte Situation.
2. ▮▮▯ Erkläre, welche der beiden Mannschaften gewinnen wird. ⊞
3. ▮▮▮ Zwei Mannschaften ziehen mit der gleichen Kraft am Seil. Erstelle eine einfache Zeichnung mit den zugehörigen Kraftpfeilen.

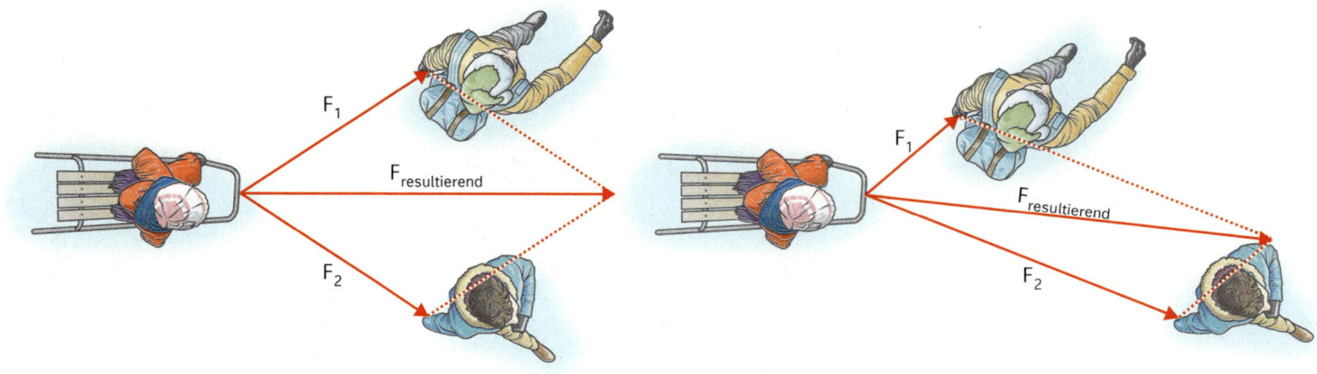

4 Kräfteparallelogramm

Material mit Aufgaben

M3 Regenschauer

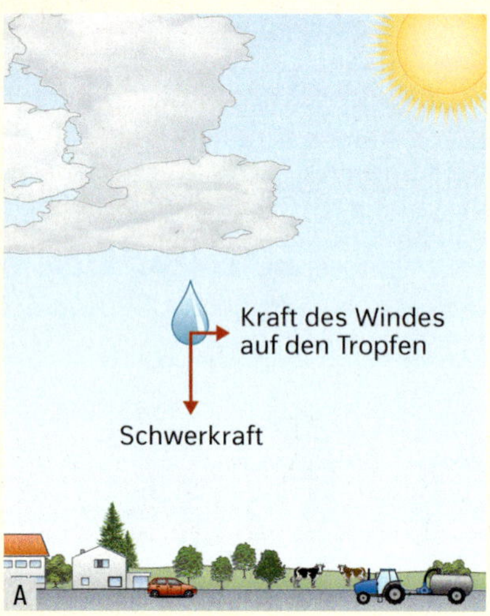

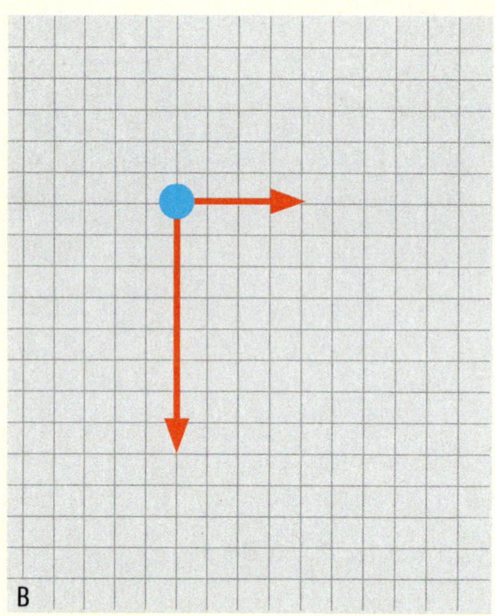

Manchmal kommt es vor, dass es an einer Stelle regnet, obwohl dort die Sonne scheint. Die Regenwolken sind erst in einiger Entfernung zu sehen.

1. Beschreibe, welche Kräfte auf einen Regentropfen wirken.
2. Erkläre, warum es möglich ist einen Regentropfen abzubekommen, obwohl die Regenwolke nicht direkt über einem ist.
3. Übertrage Abbildung B kästchengenau in den Heft und konstruiere das Kräfteparallelogramm.

Kräfteaparallelogramm

Im Alltag wirken Kräfte nicht immer nur in eine Richtung oder genau gegeneinander. Sitzt man zum Beispiel auf einem Schlitten und wird von zwei Personen gezogen, dann ziehen sie nie exakt in die gleiche Richtung.

Haben zwei Kräfte den gleichen Angriffspunkt, wirken aber unter einem Winkel in verschiedene Richtungen, kann man mithilfe eines **Kräfteparallelogramms** die resultierende Gesamtkraft bestimmen. Die am Angriffspunkt angreifenden Kräfte F_1 und F_2 bilden zwei Seiten des Parallelogramms. Konstruiert man mithilfe eines Geodreiecks oder Zirkels das vollständige Parallelogramm, ist die Diagonale die resultierende Gesamtkraft der beiden Einzelkräfte. An ihr kann man die Stärke und Richtung der Gesamtkraft ablesen. Je nach Stärke der einzelnen Kräfte ändert sich die Größe und Form des Parallelogramms und damit auch die Richtung und Stärke der resultierenden Gesamtkraft.

Kraft und Gegenkraft

Wechselwirkungsprinzip

Wirkt ein Körper A eine Kraft auf einen Körper B aus, dann wirkt Körper B eine gleich große, entgegengesetzte Kraft auf Körper A aus. Dieses Prinzip nennt man **Wechselwirkungsprinzip**. Eine Kraft erzeugt immer eine **Gegenkraft**. Das Wechselwirkungprinzip von Kräften ist aber nicht das gleiche wie ein Kräftegleichgewicht.

Man kann das Wechselwirkungsprinzip in einem Experiment verdeutlichen. Zwei Personen stehen jeweils auf einem Skateboard und halten das Ende eines Seils in ihren Händen. Ziehen beide Personen am Seil, dann bewegen sie sich aufeinander zu. Zieht nur eine Person am Seil, geschieht genau das gleiche. Beide rollen wieder aufeinander zu.

Die eine Person hat durch das Ziehen am Seil eine Kraft auf die andere Person ausgeübt. Durch die entstehende entgegengesetzte Kraft, rollt die zweite Person trotzdem zur Mitte und bleibt nicht stehen.

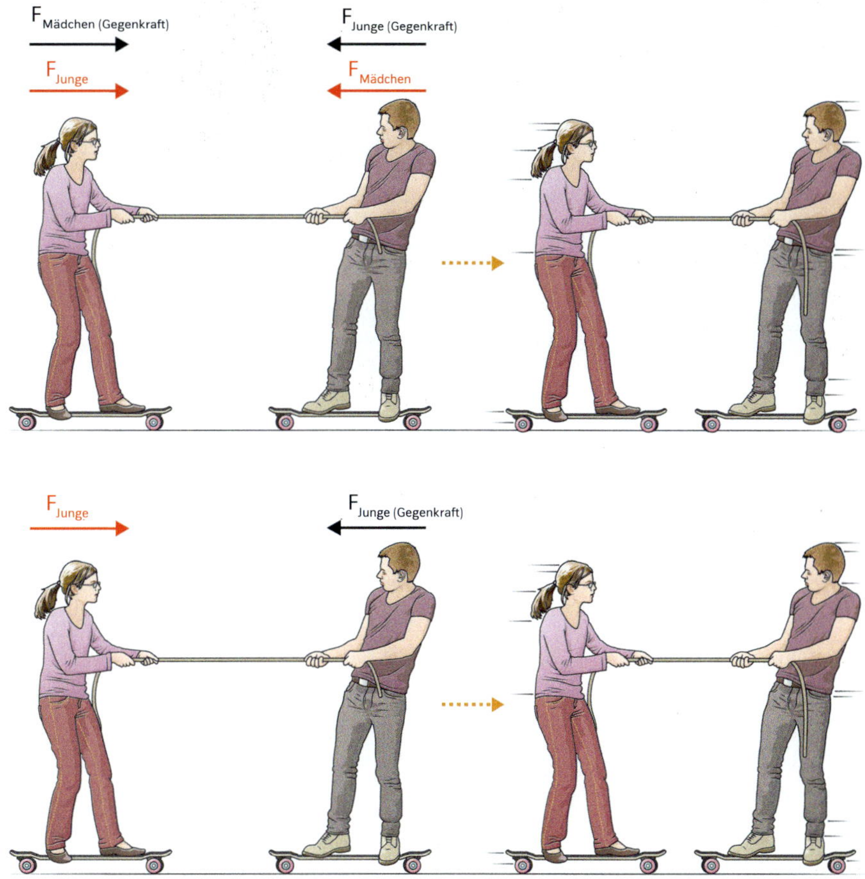

1 Kraft und Gegenkraft

Material mit Aufgaben

M1 Rückstoß

1. Beschreibe die dargestellte Situation.
2. Erkläre, was man unter dem Wechselwirkungsprinzip von Kräften versteht.
3. Erkläre, warum sich die Person auf dem Skateboard beim Wegstoßen des Balls rückwärts bewegt.

1 Astronaut auf dem Mond

Gewichtskraft

2 Gewichtskraft auf der Erde und dem Mond

Masse und Gewicht

Astronauten können auf dem Mond höher springen als auf der Erde. Es wirkt so, als würden sie weniger wiegen. Würde man aber die **Masse** eines Astronauten auf der Erde und auf dem Mond bestimmen, stellt man fest, dass sie gleich ist. Es ändert sich auf dem Mond nicht die Masse des Astronauten, sondern sein **Gewicht**. Das Gewicht eines Körpers gibt an, mit was für einer Kraft er nach unten gezogen wird. Diese Kraft nennt man **Gewichtskraft**. Sie hat das Formelzeichen F_G und wirkt auf der Erde in Richtung des Erdmittelpunktes.

Gravitation

Die Hauptursache für die Gewichtskraft auf der Erde ist die **Gravitation**. Durch diese Kraft zieht die Erde alles auf ihr an. Je größer die Masse eines Körpers ist, desto stärker ist die Anziehung. Die Gravitation nimmt mit der Masse zu. Die Erde zieht nicht nur den Mensch an, sondern der Mensch auch die Erde. Diese Kraft ist aber so klein, dass sie vernachlässigt werden kann.

Ortsfaktor

Die Gewichtskraft ist auf der Erde nicht überall gleich. Zum Beispiel ist die Gewichtskraft auf einem Berg kleiner als in einem Tal. Das liegt daran, dass der Abstand zum Erdmittelpunkt auf dem Berg größer ist. Die Gravitation ist geringer und dadurch auch die Gewichtskraft. Die Gewichtskraft ist also abhängig vom Ort und der Masse eines Körpers. Sie lässt sich mithilfe des Ortsfaktors g folgendermaßen berechnen.

$$F_G = m \cdot g$$

Der **Ortsfaktor** für die Erde beträgt im Schnitt 9,81 N/kg. Astronauten die zum Mond fliegen, spüren dort den Unterschied der Gewichtskraft. Da der Mond eine kleinere Masse als die Erde hat, ist auch die Gravitation geringer und damit die Gewichtskraft. Dadurch können Astronauten leichter höher springen.

Gewichtskraft messen

Die Gewichtskraft eines Körpers kann man mithilfe eines Federkraftmessers bestimmen. Hängt man Gegenstände mit unterschiedlichen Massen an die Schraubenfeder eines Federkraftmessers, dehnt sie sich unterschiedlich stark aus. Je stärker sich die Feder dehnt, desto mehr ragt eine Skala aus dem Rohr hinaus. An den sichtbaren Abschnitten der Skala kann die Kraft abgelesen werden. Je nach Federkraftmesser steht ein Abschnitt für einen bestimmten Wert. Zum Beispiel kann ein Abschnitt 1 Newton bedeuten. Da nicht ein beliebig schweres Gewicht an jede Feder gehängt werden kann, gibt es verschiedene Federkraftmesser. In ihrem Inneren befinden sich Federn in verschiedenen Dicken. Für Gegenstände mit größeren Massen und dadurch größeren Gewichtskräften benutzt man dickere Federn.

A Befestige verschiedene Gegenstände an einem Federkraftmesser und bestimme ihre Gewichtskraft. Erstelle mit deinen Messwerten ein Kraft-Masse-Diagramm.

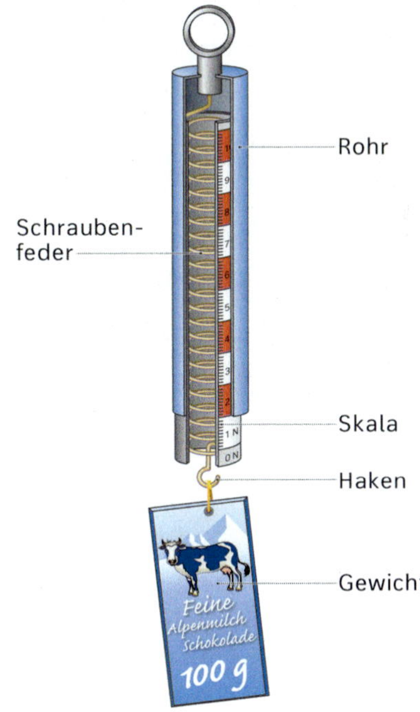

3 Ein Federkraftmesser

Material mit Aufgaben

M1 Gewichtskraft berechnen

1. Berechne mithilfe der Tabelle deine Gewichtskraft auf den verschiedenen Planeten.
2. Erkläre mithilfe der Abbildung, warum die Gewichtskraft auf den verschiedenen Planeten unterschiedlich groß ist.
3. Wähle eine der Aufgaben aus:
   a Erkläre, warum man zwischen Masse und Gewichtskraft unterscheiden muss.
   b Erkläre, ob ein Austronaut auf dem Mars oder auf der Venus höher springen kann.
4. Stelle Vermutungen an, warum die Ortsfaktoren der Planeten sich unterscheiden.

Ort	Ortsfaktor g in N/kg
Erde	9,81
Mars	3,69
Jupiter	24,9

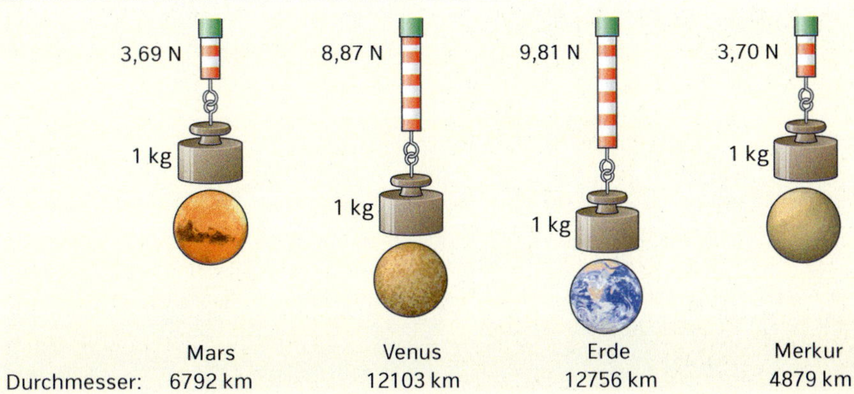

1 Ein Crashtest

Trägheit

Dummy: lebensgroße Puppe aus Kunststoff

Crashtest

Bei einem Crashtest werden Unfälle nachgestellt um zu untersuchen wie sich das Fahrzeug für künftige Fahrerinnen und Fahrer ist. Crashtests werden mit **Dummies** durchgeführt. Zum Beispiel kann ein Zusammenprall von einem Roller und einem Auto untersucht werden. Fährt der Roller mit gleichbleibender Geschwindigkeit und trifft dann auf das Auto, fliegt der Dummy nach vorne. Er wird nicht wie der Roller gebremst.

2 Vollbremsung in einem Auto

Trägheit

Beim Aufprall auf das Auto wird eine Kraft auf den Roller ausgeübt. Dieser kommt dadurch abrupt zum Stillstand. Der Dummy auf dem Roller hingegen behält seine Bewegungsrichtung bei. Auf ihn wirkt direkt keine Kraft. Daher fliegt er über den zum Stehen gekommenden Roller. Dies ist ein Beispiel für **Trägheit**. Trägheit bezeichnet die Eigenschaft eines Körpers so lange seine Bewegung beizubehalten, bis eine äußere Kraft auf ihn einwirkt. Auch an einem selbst kann man Trägheit beobachten. Fährt man mit dem Auto, bewegt man sich in eine Richtung. Bremst das Auto plötzlich, dann will man sich trotzdem weiter nach vorne bewegen. Man beginnt nach vorne zu rutschen. Durch den Gurt wird man aber in seiner Bewegung gestoppt. Es wirkt eine äußere Kraft und man bewegt sich nicht mehr nach vorne.

Trägheitsprinzip

Nicht nur bewegte Körper weisen Trägheit auf. Bewegt sich ein Körper gar nicht, dann ist er in Ruhe. Auch ein ruhender Körper bleibt in Ruhe, solange keine äußere Kraft auf ihn einwirkt. Für ihn gilt auch das **Trägheitsprinzip**.

Ein Körper bleibt so lange in Ruhe oder in seiner Bewegung, bis eine äußere Kraft auf ihn einwirkt.

Trägheit und Masse

Stößt man eine Kugel mit kleiner Masse gegen eine Kugel mit größerer Masse, bewegt sich die schwere Kugel gar nicht. Die Kraft, die die leichte Kugel ausübt reicht nicht aus, um die schwere Kugel in Bewegung zu setzen. Die schwere Kugel hat eine zu große Trägheit. Je größer die Masse ist, desto größer ist auch die Trägheit und desto schlechter lässt sich der Bewegungszustand ändern. Die Trägheit hängt nur von der Masse ab.

Reibung

Laut dem Trägheitsprinzip bleibt ein Körper so lange in Bewegung, bis eine äußere Kraft auf ihn einwirkt. Im Alltag kann man jedoch beobachten, dass Bewegungen nicht unendlich lange ablaufen. Zum Beispiel rollen Kugel nicht beliebig lange, wenn man sie anstößt. Es muss also eine Kraft auf sie wirken. Diese Kraft nennt man **Reibungskraft**. Je unebener der Boden oder die Oberfläche ist, desto größer ist die Reibungskraft. Auch Luft übt eine Reibungskraft aus. Je schneller man sich bewegt, desto mehr Luftteilchen prallen auf einen und desto größer ist die Reibungskraft.

Material mit Aufgaben

M1 Trägheit

1. Beschreibe den Aufbau des in den Bildern A und B abgebildeten Versuchs.
2. Beschreibe die Versuchsbeobachtungen.
3. Erkläre die Versuchsbeobachtungen.
4. Wähle eine der Aufgaben aus:

a Begründe mithilfe der Versuchsbeobachtungen, warum man im Auto immer angeschnallt sein muss.

b Erkläre, von welchen Faktoren es abhängt, wie weit das Holzstück im Versuch über das Hinderniss fliegt.

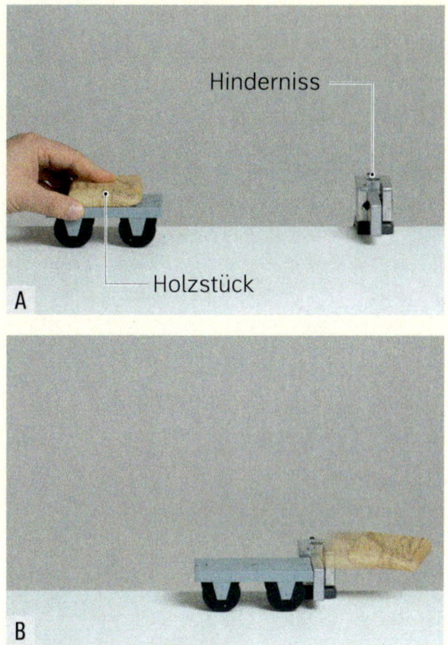

M2 Reibung

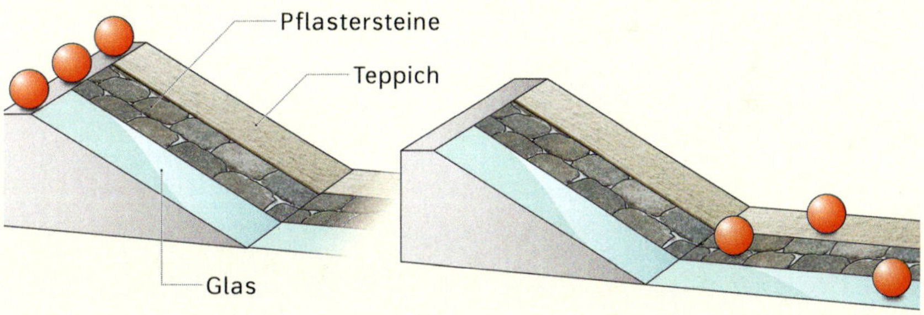

1. Beschreibe den Aufbau des Versuchs.
2. Erkläre die Versuchsbeobachtungen.
3. Erkläre, warum im Profisport vor dem Skifahren auf die Ski eine Wachsschicht aufgetragen wird.
4. Weltraumsonden benötigen zur Fortbewegung im Weltraum keinen durchgängigen Antrieb. Erkläre diesen Sachverhalt.

1 Kran auf einer Baustelle

Kraft und Energie

Baustelle

Mithilfe eines Krans werden auf einer Baustelle viele schwere Lasten bewegt. Zum Beispiel können Kräne Baustoffe wie Steine, Metallträger oder Beton in große Höhen transportieren. Dadurch wird die Arbeit auf der Baustelle sehr erleichtert.

2 Ein Kran verrichtet Arbeit

Arbeit

Zum Hochheben der Baumaterialien durch den Kran wird eine Kraft benötigt, da die Materialien entgegen der Gravitation bewegt werden müssen. Beim Hochheben erhalten die Materialien Energie in Form von Höhnenergie und Bewegungsenergie. Die Menge der Energie ist dabei abhängig von der Länge des Weges, über die die Kraft wirkt. Je höher die Last gehoben wird, desto länger ist die Strecke und desto größer ist die Energie. Diese Art der Energieänderung bezeichnet man als **Arbeit**. Man sagt, dass der Kran Arbeit verrichtet.

Arbeit wird dann verrichtet, wenn auf einen Körper eine Kraft ausgeübt wird und sich der Körper dann in Richtung der Kraft bewegt. Man berechnet die Arbeit, indem man die benötigte Kraft mit dem zurückgelegten Weg multipliziert. Sie hat das Formelzeichen W und wird in der Einheit Newtonmeter (Nm) angegeben.

Arbeit = Kraft · Weg

$W = F \cdot s$

Formen von Arbeit

Arbeit kann auf verschiedene Weisen verrichtet werden. Hebt man zum Beispiel mithilfe einer bestimmten Kraft einen Körper an, dann bezeichnet man dies als **Hubarbeit**. Wird ein Körper von einer Kraft verformt, dann nennt man dies auch **Verformungsarbeit**.

3 Formen von Arbeit: **A** Hubarbeit, **B** Verformungsarbeit

Material mit Aufgaben

M1 Kran

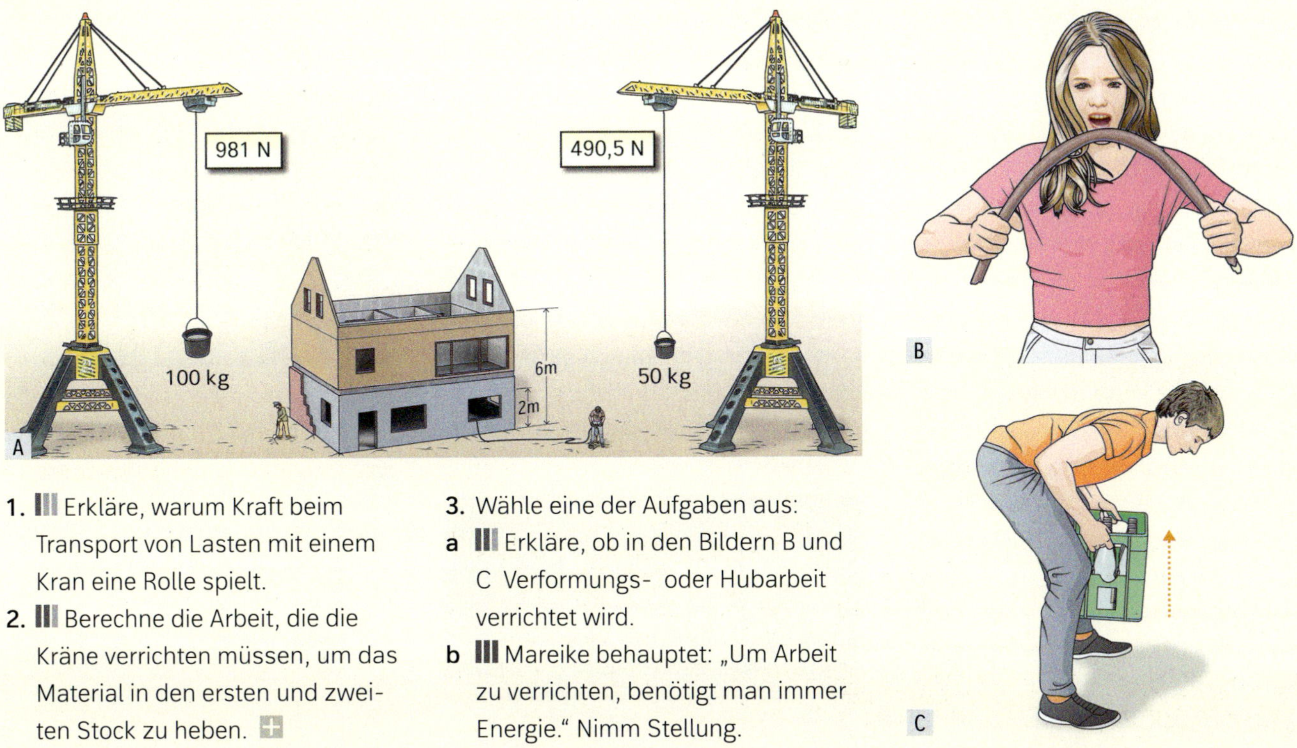

1. Erkläre, warum Kraft beim Transport von Lasten mit einem Kran eine Rolle spielt.
2. Berechne die Arbeit, die die Kräne verrichten müssen, um das Material in den ersten und zweiten Stock zu heben.
3. Wähle eine der Aufgaben aus:

a Erkläre, ob in den Bildern B und C Verformungs- oder Hubarbeit verrichtet wird.

b Mareike behauptet: „Um Arbeit zu verrichten, benötigt man immer Energie.“ Nimm Stellung.

Bewegung und Geschwindigkeit

Man führt tägliche viele verschiedene Bewegungen aus. Geht man nur geradeaus, bewegt man geradlinig. Die Geschwindigkeit gibt an, wie schnell eine Bewegung ausgeführt wird. Sie wird berechnet, indem man den zurückgelegten Weg durch die benötigte Zeit teilt.

Gleichförmige Bewegung

Bewegt man sich immer nur mit einer gleichbleibenden Geschwindigkeit in die gleiche Richtung, dann spricht man von einer gleichförmigen Bewegung. Bei einer gleichförmigen Bewegung sind Weg und Zeit proportional zueinander. Vedoppelt sich die Zeit, verdoppelt sich auch der Weg.

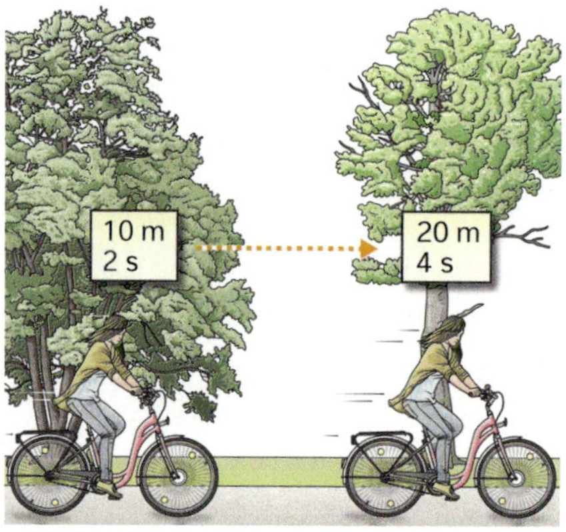

Beschleunigte Bewegung

Ändert sich bei einer Bewegung die Geschwindigkeit, dann spricht man von einer beschleunigten Bewegung. Die Beschleunigung gibt an, um was für einen Wert die Geschwindigkeit einer Bewegung in einem bestimmten Zeitabschnitt ändert. Auch Bremsen ist eine beschleunigte Bewegung.

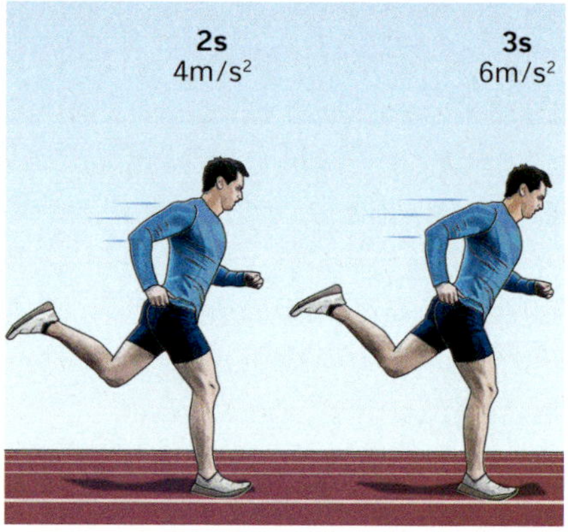

Kräfte

Kräfte können Körper beschleunigen, abbremsen oder ihre Richtung ändern. Manche Gegenstände verändern ihre Form, wenn eine Kraft auf sie wirkt. Verformungen, die wieder in ihren Ausgangszustand zurückgehen, nennt man elastische Verformungen. Verformungen, die dies nicht tun, nennt man plastische Verformungen.

Kräfte kann man mithilfe von Pfeilen darstellen. Die länge des Pfeils gibt die Stärke der Kraft an. Wirken Kräfte in die gleiche Richtung, dann addieren sie sich. Man nennt dies Kräfteaddition. Sind entgegengesetzte Kräfte gleich groß, spricht man von einem Kräftegleichgewicht.

Gewichtskraft

Die Gewichtskraft eines Körpers gibt an, wie stark ein Körper nach unten gezogen wird. Die Hauptursache für die Gewichtskraft auf der Erde ist die Gravitation. Die Gewichtskraft ist auf der Erde nicht überall gleich. Zum Beispiel ist die Gewichtskraft auf einem Berg kleiner als in einem Tal. Man kann die Gewichtskraft mithilfe des Ortsfaktors g berechnen. Der Ortsfaktor für die Erde beträgt im Schnitt 9,81 N/kg.

Trägheit

Trägheit bezeichnet die Eigenschaft eines Körpers so lange seine Bewegung beizubehalten, bis eine äußere Kraft auf ihn einwirkt. Auch ruhende Körper bleiben in Ruhe, solange keine äußere Kraft auf ihn einwirkt. Je größer die Trägheit eines Körpers ist, desto schwerer lässt er sich in seiner Bewegungsrichtung ändern.

1 Bewegungen

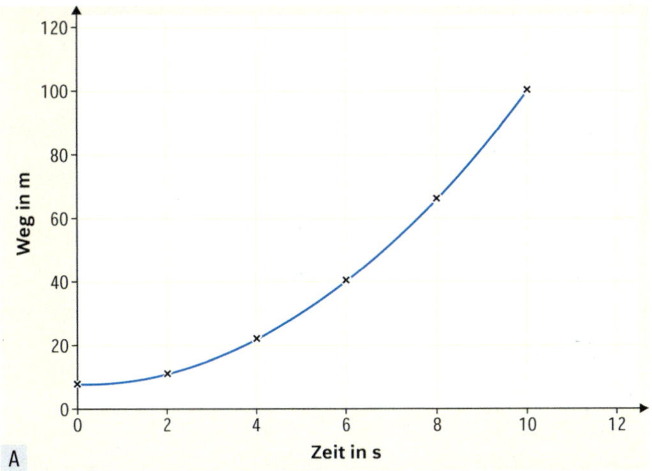

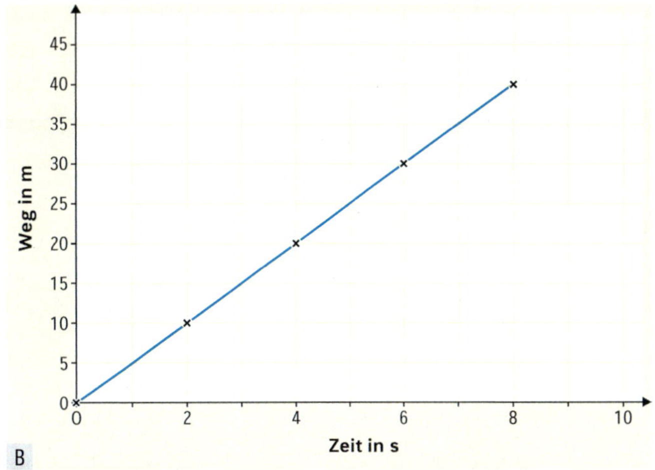

A Nenne verschiedene Formen von Bewegungen.

B Beschreibe die dargestellten Diagramme A und B.

C Ordne den Diagrammen die Begriffe gleichförmige Bewegung und gleichmäßig beschleunigte Bewegung zu. Begründe.

D Erkläre, warum auch Bremsen eine beschleunigte Bewegung ist.

E Erstelle jeweils ein Zeit-Geschwindigkeits-Diagramm von einer gleichförmigen Bewegung und einer gleichmäßig beschleunigten Bewegung.

2 Kräfte

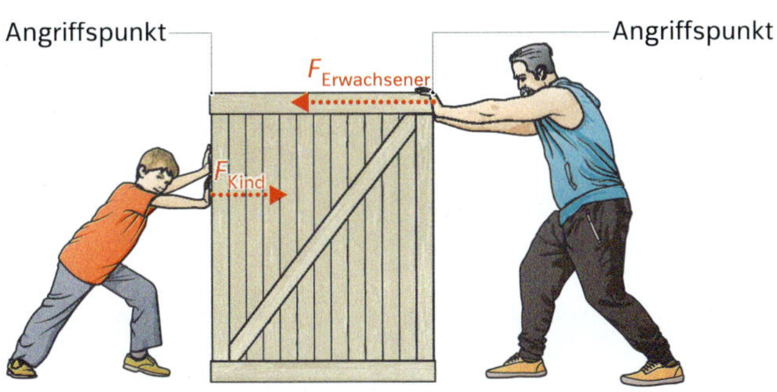

A Beschreibe die im Bild dargestellte Situation.

B Erkläre mithilfe der Gesamtkraft, in welche Richtung sich die Kiste bewegen wird.

C Beschreibe mithilfe von Beispielen die verschiedenen Wirkungen von Kräften.

D Beschreibe, wie Kraftpfeile die Darstellung von Kräften vereinfachen.

3 Trägheit

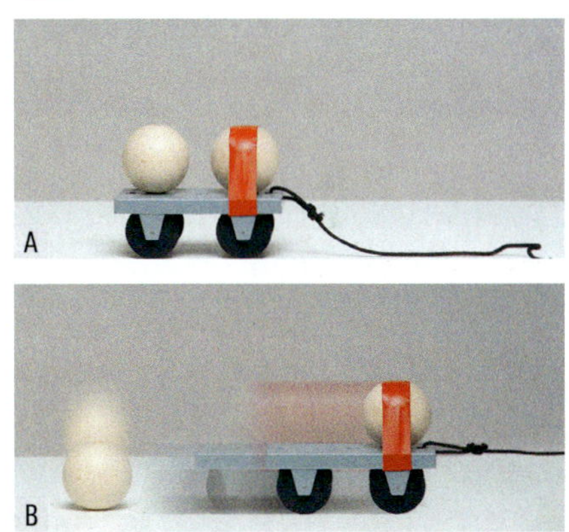

A Beschreibe den dargestellten Versuch.

B Erkläre die Versuchsergebnisse.

C Erkläre mithilfe des Kraftbegriffs, warum die rechte Kugel nicht vom Wagen fällt.

Energieumwandlungen und Stoffkreisläufe

8

Wie werden Nahrungsmittel hergestellt?
Was geschieht mit der Nahrung im Körper?
Wie beeinflusst die Landwirtschaft die Umwelt?

Kopfsalat und andere Gemüsesorten werden auf Feldern angepflanzt. Nach der Ernte werden sie zur Weiterverarbeitung transportiert oder für den Verkauf vorbereitet.

Seit vielen tausenden Jahren verändert der Mensch seine Umwelt. Welche Auswirkungen hat das auf die Natur?

1 Ursprünliche, vielfältige Kulturlandschaft

Natur- und Kulturlandschaft

Der Mensch verändert die Umwelt

In einem Lebensraum bilden Pflanzen und Tiere eine Lebensgemeinschaft, die sich gegenseitig beeinflusst. Vor 2000 Jahren war Deutschland überwiegend von Wald bedeckt. Der Mensch veränderte diese **Naturlandschaft** durch eine immer intensivere landwirtschaftliche Nutzung. Er legte Bauernhöfe mit umliegenden Feldern, Weiden mit Nutztieren, Weiher und Hecken an. Diese vom Menschen geschaffene **ursprüngliche Kulturlandschaft** prägte noch vor wenigen Jahrzehnten das Landschaftsbild in Deutschland.

2 **A** Naturlandschaft, **B** Kulturlandschaft

Naturlandschaft

Vom Menschen nicht beeinflusste Ökosysteme nennt man Naturlandschaften. Ohne Düngung und regelmäßiges Mähen wachsen beispielsweise auf einer Wiese vom Menschen unerwünschte blühende Pflanzen, Sträucher und Bäume. Durch neu angesiedelte Pflanzen werden Nahrungsquellen und Lebensräume für neue Tiere geschaffen, die dort vorher nicht leben konnten. In Deutschland ist der Laubmischwald eine typische Naturlandschaft.

Kulturlandschaft

Im Gegensatz zu einer Naturlandschaft, wird die **Kulturlandschaft** vom Menschen beeinflusst. Eine Kulturlandschaft ist eine bewirtschaftete Landschaft, die in den letzten Jahrzehnten stark verändert wurde. Kleine Felder wurden zu größeren Feldern zusammengelegt. Viele Hecken wurden entfernt, sodass große landwirtschaftliche Maschinen eingesetzt werden können. Durch Entwässerungsmaßnahmen wie Begradigungen von Bächen konnten viele ehemals feuchte Grünflächen für den Ackerbau genutzt werden. Trockene, mineralstoffarme Lebensräume wurden durch Düngung und Bewässerung zu fruchtbaren Äckern gewandelt.

Artenvielfalt

In wenig intensiv genutzten Kulturlandschaften, wie zum Beispiel Streuobstwiesen oder Hecken ist die Artenvielfalt größer als in Naturlandschaften. Tiere und Pflanzen können von der regelmäßigen Wässerung und Düngung profitieren. Für viele Tier- und Pflanzenarten brachten aber die Veränderungen im Landschaftsbild große Probleme. Dies trifft vor allem Arten, die an Feucht- und Trockenstandorte angepasst sind. So sind zum Beispiel mehr als zwei Drittel aller Amphibien und Reptilien in Deutschland gefährdet. Durch das Trockenlegen von Feuchtwiesen finden viele Vögel kaum Nistplätze. Der vermehrte Einsatz von Unkrautvernichtungsmitteln schädigt Pflanzenarten. Heute gelten etwa 40 Prozent aller heimischen Pflanzenarten als gefährdet. Die Artenvielfalt geht so zurück.

Material mit Aufgaben

M1 Veränderungen der Umwelt

1. Beschreibe die Landschaftsveränderung in den drei Bildern.
2. Beschreibe die Artenvielfalt und Artenzusammensetzung in den drei Bildern.
3. Erkläre die Veränderung der Artenzusammensetzung.
4. Wähle eine der Aufgaben aus:
   - **a** Erläutere, warum eine ursprüngliche Kulturlandschaft artenreicher sein kann als eine Naturlandschaft.
   - **b** Stelle Vermutungen an, warum zum Artenschutz viele Landwirte wieder vermehrt verschiedene Nutzpflanzen anbauen.

1 Schafe auf einer Weide

Landwirtschaftliche Nutzflächen

Nutzflächen

In Deutschland werden ungefähr 46 Prozent der Gesamtfläche landwirtschaftlich genutzt. Vor allem Wiesen, Weiden und Äcker gehören zu diesen **landwirtschaftlichen Nutzflächen**. Die Fläche nimmt insgesamt ab, da verstärkt Straßen und Siedlungen gebaut werden.

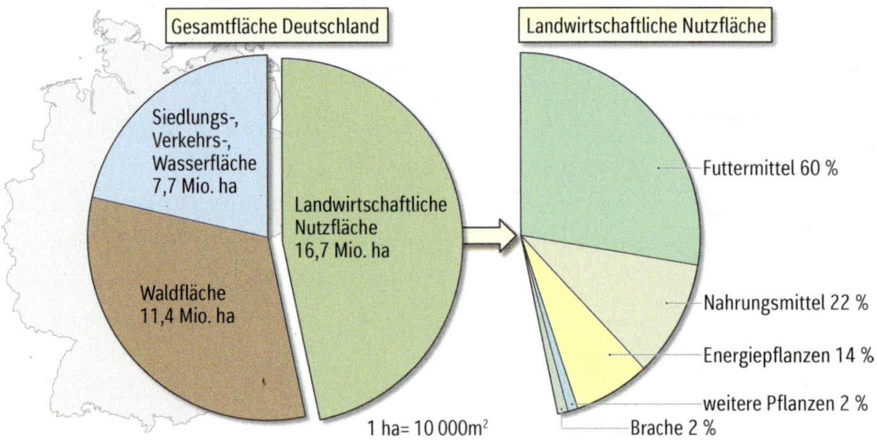

2 Landwirtschaftliche Nutzfläche in Deutschland

Wiesen und Weiden

Wiesen sind vom Menschen künstlich geschaffene Lebensräume. Auf Wiesen wachsen überwiegend Gräser und blühende Pflanzen. Diese locken viele Insekten an. Bäume und Sträucher fehlen hier. Die Pflanzen auf Wiesen dürfen außerdem durch das regelmäßige Mähen, die **Mahd**, nicht zu sehr beschädigt werden. Nach der Mahd werden die gemähten Pflanzen als **Grünfutter** für die Nutztiere in einem landwirtschaftlichen Betrieb genutzt. Durch die regelmäßige Mahd entsteht ein Nährstoffverlust der Wiese. Um diesen wieder auszugleichen, werden Wiesen mehrmals im Jahr gedüngt.

Weideflächen gehören wie Wiesen zu den künstlich geschaffenen Lebensräumen. Weiden werden aber nicht regelmäßig gemäht. Sie werden hauptsächlich durch Nutztiere abgeweidet.

Ackerflächen

Neben Wiesen und Weiden gehören auch die **Ackerflächen** zu den landwirtschaftlichen Nutzflächen. Auf ihnen werden überwiegend Nahrungsmittel für Menschen und Tiere angebaut. Auf Ackerflächen findet man aber auch **Energiepflanzen** wie Raps. Raps wird oft nur für die spätere Gewinnung von Biodiesel angebaut. Auf einen Teil der Ackerflächen wird nichts angebaut. Diese Teile liegen **brach**. Durch den Ausbau von Städten und Industrie gibt es immer weniger Ackerflächen. Jedoch erhöhen sich durch moderne Anbaumethoden die Erträge. So können mehr Erzeugnisse auf kleinerer Fläche produziert werden.

Bodenbeschaffenheit

Grundlage für die Produktion von beispielswiese Getreide, Gemüse und Obst ist die Beschaffenheit des Bodens. Der Boden speichert und filtriert das Grundwasser und den Regen. Zusätzlich versorgt er die Pflanzen auch mit wichtigen Mineralstoffen. Es gibt verschiedene Bodentypen: Sandboden, Lehmboden und Tonboden. Sandboden ist sehr locker. Er speichert Wasser und Dünger nicht so gut. Lehm- oder Tonböden sind nicht so locker wie der Sandboden, speichern dafür aber Wasser und Dünger besser. Als Idealboden für den Ackerbau gilt der Lehmboden, da er die besten Eigenschaften vom Sand- und Tonboden aufweist. Er ist zwar fest, aber lockerer als Tonerde. Dadurch kann er Wasser und Dünger über einen längeren Zeitraum aufnehmen und speichern als Sandboden.

Material mit Aufgaben

M1 Mahd

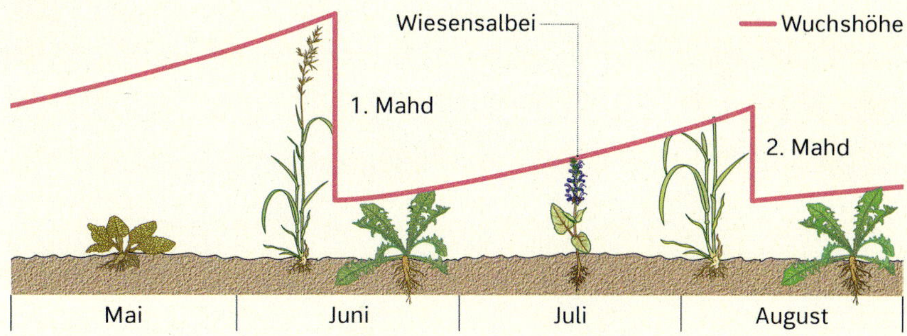

1. Beschreibe die Auswirkungen der Mahd auf die dargestellten Wiesenpflanzen.
2. Erläutere Auswirkungen der zweifachen Mahd auf die Tiere der Wiese.
3. Beurteile die zweifache Mahd aus Sicht eines Landwirtes und aus Sicht eines Naturschützers.
4. Stelle Vermutungen an, warum Frühblüher kaum von der Mahd betroffen sind.

M2 Landwirtschaftliche Betriebe

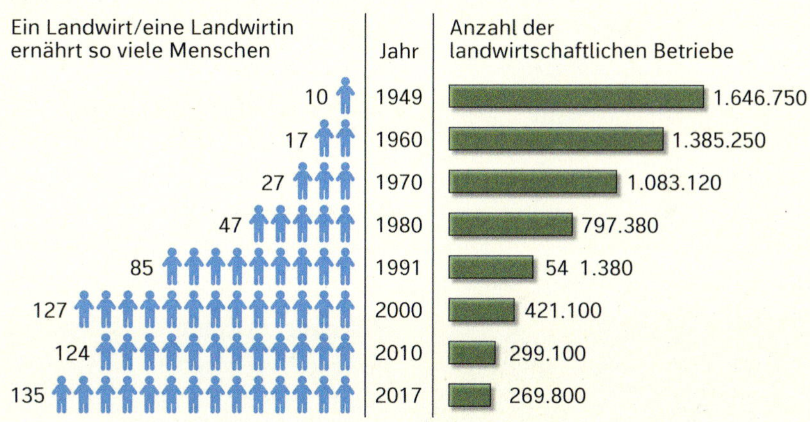

1. Beschreibe die Entwicklungen, die von 1949 bis 2017 im Diagramm dargestellt sind.
2. Erkläre wie es möglich ist, dass trotz abnehmender Betriebe die Bevölkerung ernährt werden kann.
3. Ein Landwirt/eine Landwirtin muss immer mehr Menschen ernähren muss und es gibt immer weniger landwirtschaftliche Betriebe. Stelle Vermutungen über die Auswirkungen auf die landwirtschaftlichen Nutzflächen an.

1 Obstplantage mit Apfelbäumen

Der Mensch nutzt Pflanzen

2 Der Mensch nutzt Pflanzen

Der Mensch braucht Pflanzen

Pflanzen enthalten viele wichtige Vitamine, Mineralstoffe und Nährstoffe. Diese werden in verschiedenen Teilen der Pflanzen gespeichert. Der Mensch baut Pflanzen an, um diese Nährstoffe für Lebensmittel aber auch für Biogas oder Kraftstoffe zu nutzen.

Pflanzen nutzen

Von vielen verschiedenen Pflanzen werden die Früchte, wie Erdbeeren, Kirschen oder Äpfel direkt gegessen. Von Früchten wie der Erbse werden die Samen gegessen. Während man beim Salat die Blätter isst, werden beim Blumenkohl die verdickten Blütenstände genutzt. Vom Spargel wird die verdickte Sprossachse gegessen und bei Möhren die verdickten Wurzeln. Beim Rosenkohl isst man die Knospen.

Die Knollen der Kartoffel werden nicht nur als Nahrungsmittel verwendet. Aus ihnen wird beispielsweise auch Biokraftstoff oder Stärkemehl hergestellt. Mais und Raps hingegen werden hauptsächlich angebaut, um Biogas, Biodiesel und Tierfutter zu produzieren.

Züchtung

Eines der wichtigsten Nahrungsmittel ist das Getreide. Der Mensch baut es seit mehreren tausend Jahren an. Alle Getreidearten wurden aus Wildgräsern gezüchtet. Um den Ertrag zu steigern, züchtete man Arten mit immer mehr und größeren Korn. Dazu säte man nur die Samen von Pflanzen mit den gewünschten Eigenschaften aus. Durch diese **Auslesezüchtung** wurde die Größe und das Gewicht eines Korns immer größer.

Getreide

Die wichtigsten Getreide sind Weizen, Gerste, Roggen, Hafer, Hirse und Reis. Davon sind Weizen und Reis die Pflanzen, von denen sich die meisten Menschen ernähren. Getreide wird vor allem angebaut, um Mehl für Brot und andere Backwaren herzustellen und als Futter für Nutztiere. Es lässt sich gut lagern und hat einen hohen Nährstoffgehalt. Andere Getreidearten wie Dinkel sind Verwandte des Weizens. In den letzten Jahren wurden Sorten wie Quinoa und Buchweizen immer beliebter. Obwohl sie ähnlich verwendet werden, gehören diese Pflanzen nicht zu den Gräsern. Sie sind glutenfrei und eignen sich als Alternative für Menschen mit Glutenunverträglichkeit und Zöliakie. ▶

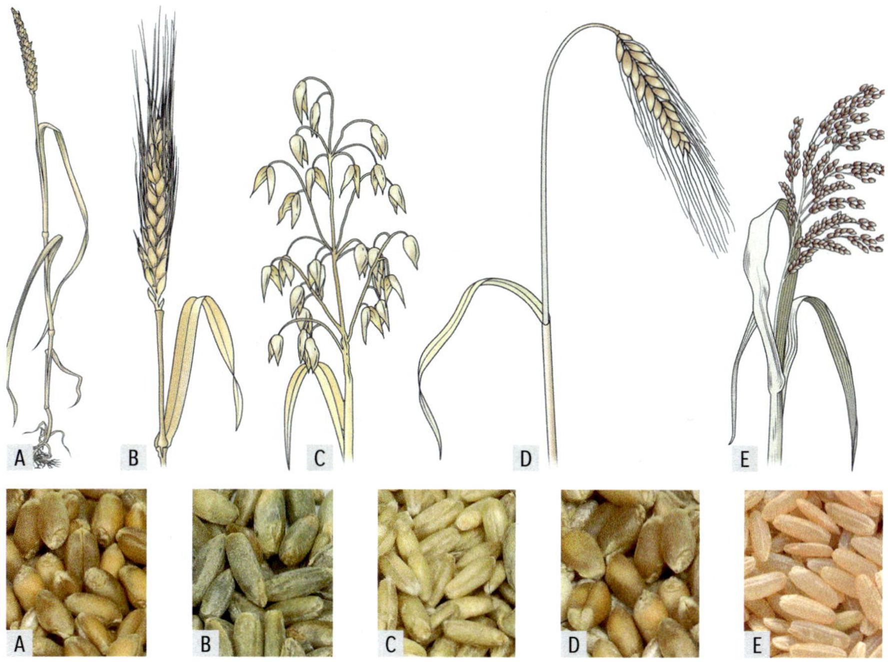

3 Getreidearten und ihre Körner: **A** Weizen, **B** Roggen, **C** Hafer, **D** Gerste, **E** Reis

Material mit Aufgaben

M1 Kohlzüchtung

Aus dem Wildkohl wurden verschiedene uns heute bekannte Kohlsorten gezüchtet, die alle zur gleichen Art gehören.

1. Ⅰ Beschreibe welche Pflanzenteile bei folgenden Pflanzen genutzt werden: Möhre, Spinat, Tomate, Birne, Weizen.
2. Ⅱ Benenne die Teile der jeweiligen Kohlsorte, die genutzt werden. Erstelle eine Tabelle. ⊞
3. Ⅲ Erläutere am Beispiel des Kohls den Begriff der Züchtung.

Konventionelle Landwirtschaft

Beim konventionellen Anbau von Pflanzen wird vor der Aussaat der Boden durch Pflügen vorbereitet. So entsteht eine feinkörnige Oberfläche. Das Saatgut wird anschließend mit Maschinen ausgebracht. Die Samen keimen und überdauern oft den Winter im Boden. Wenn die Temperaturen im Frühjahr steigen, beginnen die Pflanzen zu wachsen. Damit die Pflanzen gut wachsen, werden sie mit Gülle oder speziellem Mineraldünger gedüngt. Zusätzlich werden die Pflanzen mit Pflanzenschutzmitteln, **Pestiziden**, besprüht, damit keine unerwünschten Pflanzen oder Insekten das Wachstum der Pflanzen stören und so den Ertrag reduzieren können. In den folgenden Wochen wächst das Getreide. Wenn die Körner ausgereift und getrocknet sind, beginnt die Getreideernte. Nach der Ernte werden Stichproben des Getreides genommen und auf schädliche Rückstände untersucht. Nach der Prüfung der Qualität kann das Getreide gemahlen und weiterverarbeitet werden.

Gülle: Dünger der hauptsächlich aus Urin und Kot von Nutztieren besteht.

Ökologische Landwirtschaft

In der ökologischen Landwirtschaft darf der Boden nicht tief gepflügt, sondern nur gelockert werden. Wenn Gülle verwendet wird, darf nur der Mist der eigenen Tiere genutzt werden. Auf der Ackerfläche werden auch Futterpflanzen für die Tierhaltung erzeugt. Die pflanzlichen Abfälle und der tierische Mist werden frisch oder als Kompost zurück auf den Acker gebracht. Pestizide sind nicht erlaubt. Parasiten und Unkraut werden mithilfe umweltschonender Methoden, wie Haken oder Nützlingen bekämpft. Für anfallende Handarbeiten auf den Feldern ist mehr Personal und Zeit nötig. Die Erträge in der ökologischen Landwirtschaft sind geringer, weil nur mit natürlichen Düngern gearbeitet wird. Ökologisch gemästete Nutztiere wachsen langsamer und benötigen mehr ökologisch angebautes Futter, bis sie ihr Schlachtgewicht erreichen. Lebensmittel aus der ökologischen Landwirtschaft sind daher teurer als Lebensmittel aus der konventionllen Landwirtschaft.

Material mit Aufgaben

F

M2 Landwirtschaft im Vergleich

Konventioneller Anbau
- Pflügen des Bodens
- Verwendung von Mineraldünger
- hohe Erträge

Ökologischer Anbau
- Boden wird gelockert
- keine Pestizide
- geringe Erträge
- vielfältiger Anbau

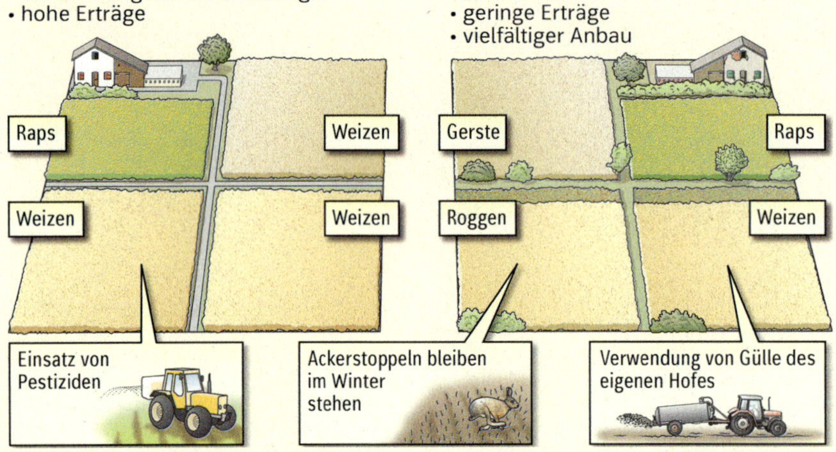

1. Beschreibe Merkmale der ökologischen Landwirtschaft.
2. Vergleiche mithilfe einer Tabelle die ökologische Landwirtschaft mit der konventionellen Landwirtschaft.
3. Wähle einer der Aufgaben aus:
   a Beurteile, ob die ökologische oder konventionelle Landwirtschaft den Boden mehr schont.
   b Begründe die höheren Preise für ökologisch hergestellte Lebensmittel.

Agrobusiness

Die erhöhten Anforderungen an die Lebensmittelproduktion und den Vertrieb von Lebensmitteln machen es erforderlich, dass viele Unternehmen sich die einzelnen Aufgaben rund um die Landwirtschaft, wie Produktion, Transport und Vertrieb untereinander aufteilen. Alle Bereiche, die mit der Landwirtschaft in Verbindung stehen, fasst man unter dem Begriff **Agrobusiness** zusammen. In diese **Wertschöpfungskette** gehören neben der Landwirtschaft zum Beispiel auch die Bereiche Gartenbau, Zulieferer, Logistik, Nahrungsmittelverarbeitung, Handel, Versicherungen oder Forschung.

Gewächshaus

Im Agrobusiness wird sich in der Regel auf die Produktion ausgewählter Pflanzen oder Produkte konzentriert. Für diese Produkte werden dann immer effizientere Anbau- und Vertriebsmethoden entwickelt. Aus diesem Grund werden Pflanzen oft nicht mehr auf dem Acker angebaut, sondern in Gewächshäusern. Die Pflanzen wachsen dort nicht in der Erde, sondern meist auf speziellen Fasern. Dieser werden ständig mit einer Nährstofflösung befeuchtet. Durch verschiedene Systeme, die die Temperatur, Beleuchtung oder auch Luftfeuchtigkeit im Gewächshaus steuern, werden die Bedingungen für die Pflanzen optimal eingestellt. So können das ganze Jahr über unabhängig vom Wetter oder der Bodenqualität hohe Ernten eingefahren werden.

A Beschreibe die Bedeutung des Begriffs Agrobusiness

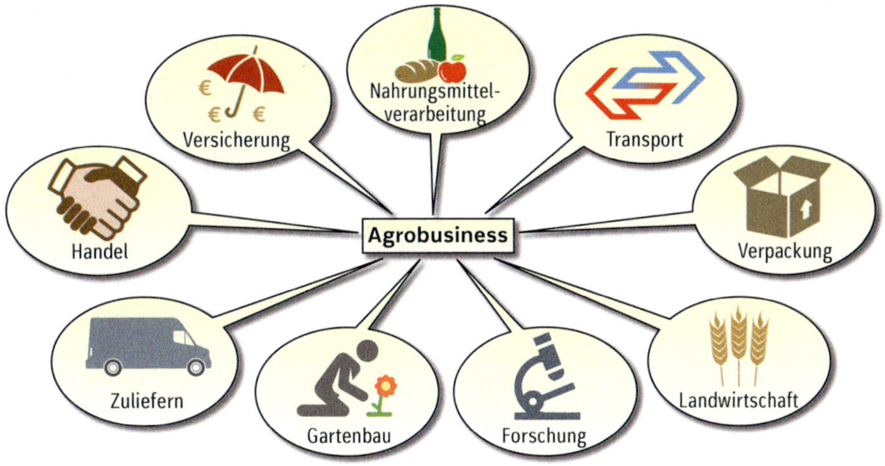

1 Bestandteile des Agrobusiness

Material mit Aufgaben

M1 Agrobusiness

1. Vergleiche den Anbau von Salat in konventioneller Methode und im Agrobusiness.
2. Beschreibe die Bestandteile des Agrobusiness am Beispiel des Salatanbaus.
3. Erläutere Vorteile des Agrobusiness.
4. Stelle Vermutungen über Nachteile des Agrobusiness an.

1 Rinder beim Fressen

Der Mensch nutzt Tiere

Das Urrind

Unsere heutigen Rinder stammen vom Urrind ab. Dieses lebte in einer **Herde** mit fester Rangordnung. Die Herde wurde von einem männlichen Rind, dem Bullen, angeführt. Das Urrind wurde erst von den Menschen gejagt, was sehr gefährlich war. Aus diesem Grund hat der Mensch irgendwann angefangen Urrinder zu zähmen und zu züchten. Sie lernten, dass sie die ruhigen Tiere miteinander paaren mussten. Dann war die Wahrscheinlichkeit höher, dass auch die Nachkommen ruhig waren. Mithilfe dieser Auslesezucht wurde über Jahrhunderte aus dem Urrind der Auerochse **domestiziert.**

A

B

2 Milchrinderrassen: **A** Schwarzbuntes Niederungsrind, **B** Weißblauer Belgier

Züchtung

Rinder werden hauptsächlich zur Fleisch- und Milchproduktion gehalten. Im Laufe der Jahre hat der Mensch verschiedene Rinderrassen für diese Zwecke **gezüchtet**. Milchrinder wie das deutsche Schwarzbunte Niederungsrind werden für die Milchproduktion genutzt. Bei einigen **Milchrinderrassen** geben die Kühe bis zu 50 Liter Milch am Tag. Sie haben eine hohe **Milchleistung**. Dadurch kann Milch zu sehr günstigen Preisen angeboten werden. Dafür werden sie mit Milchviehfutter gefüttert. Bei

diesen **Hochleistungskühen** sind die Euter so groß, dass sie sich kaum hinlegen können. Fleischrinder wie beispielsweise der Weißblaue Belgier wurden für eine hohe Fleischproduktion gezüchtet. Diese **Fleischrinderrassen** werden mit Kraftfutter gefüttert. Sie wachsen sehr schnell und legen in kurzer Zeit viel Gewicht zu. Es gibt auch Rinderrassen, die für beide Zwecke gehalten werden.
Auch der Kot und das Fell von Rindern können verwendet werden. So wird der Kot als Dünger für Äcker oder zum Betrieb einer Biogasanlage eingesetzt. Das Fell wird zu Leder weiterverarbeitet.

Milchproduktion

Eine Milchkuh wird in ihrem zweiten Lebensjahr das erste Mal künstlich mit Spermienzellen von einem Bullen besamt. Nach etwas mehr als 9 Monaten wird das Kalb geboren und die Milchproduktion der Mutterkuh beginnt. Das Kalb bekommt die Muttermilch aber nicht. Es erhält einen Milchersatz. Der Mensch nutzt die Milchproduktion der Kuh und melkt sie zweimal am Tag. Damit genug Milch für den Menschen produziert wird, muss jede Kuh einmal im Jahr ein Kalb bekommen. Geben Milchkühe mehr Milch als ihr Körper verkraften kann, können Entzündungen des Euters entstehen. Außerdem werden das Skelett und die Muskeln vom sehr großen Euter stark belastet. Aus diesem Grund werden Kühe, die sehr viel Milch geben müssen, häufig nicht sehr alt. Wenn sie nach ein paar Jahren nicht mehr die geforderte Milchmenge Milch liefern, werden sie geschlachtet.

Material mit Aufgaben

M1 Das Leben einer Milchkuh

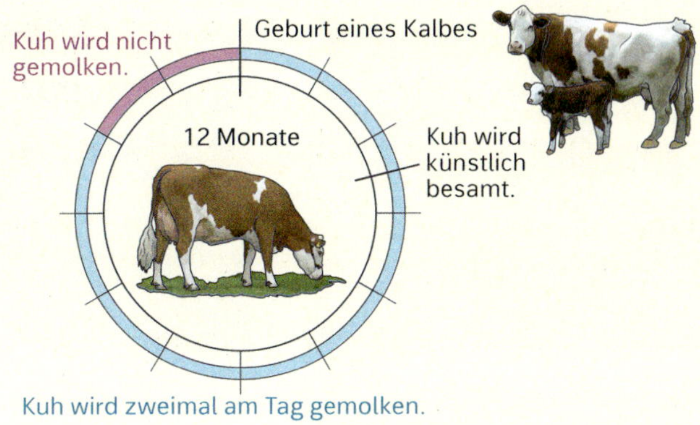

1. Beschreibe den abgebildeten Jahreslauf einer Milchkuh.
2. Erkläre, warum Milchkühe künstlich besamt werden.
3. Erkläre, warum leistungsstarke Milchkühe oft nur 5-6 Jahre alt werden.
4. Wähle eine der Aufgaben aus:
   a Erkläre, warum die Kälber in bestimmten Haltungsformen nach der Geburt von der Mutter getrennt werden.
   b Bewerte die intensive Nutzung von Milchrinderrassen.

M2 Milchproduktion

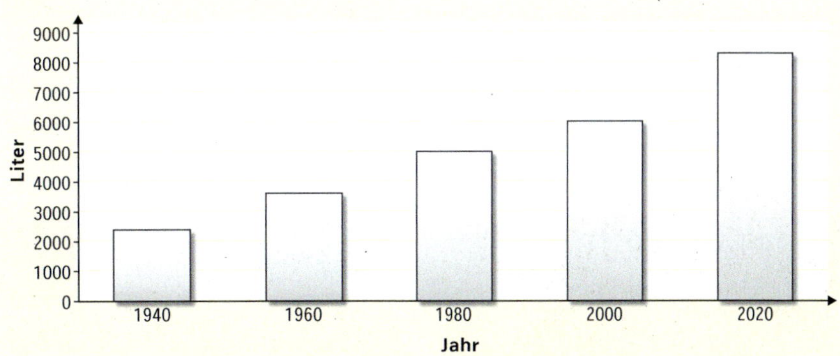

1. Nenne das Zuchtziel, das im Diagramm dargestellt ist.
2. Beschreibe die Entwicklung der Milchleistung von Milchkühen.
3. Erläutere Gründe, warum der Mensch die Milchleistung von Kühen gezielt züchtet.
4. Bewerte die gezielte Zucht von immer leistungsfähigeren Hochleistungskühen.

3 Haltungsformen: **A** Freilandhaltung, **B** Boxenlaufstalll

Freilandhaltung

Zu den Grundbedürfnissen von Rindern gehört das Erkunden, Gehen, Galoppieren, Grasen, Ruhen, die eigene Körperpflege und soziale Verhaltensweisen. Hierzu zählen beispielsweise gegenseitiges Belecken und eine intensive Mutter-Kind-Bindung. Die **Freilandhaltung** entspricht den natürlichen Bedürfnissen der Rinder. In dieser Haltungsform werden die Rinder draußen auf Weiden gehalten. Nur zum Melken, nachts und bei kalten Temperaturen kommen sie in große Ställe. Daher wird diese Haltung auch als **artgerecht** bezeichnet.

Artgerechtere Stallhaltung

Viele Milchbetriebe halten heute Rinder in geräumigen **Boxenlaufställen**. Der Boxenlaufstall ist in mehrere Bereiche aufgeteilt. Es gibt Fress-, Liege- und Melkbereiche. Dazwischen gibt es noch größere Bereiche, in denen sich die Rinder frei bewegen können. In den Liegeplätzen befindet sich Stroh, damit die Tiere nicht direkt auf dem Boden liegen. Im Melkbereich gibt es moderne Melkmaschinen, die viele Kühe pro Stunde melken können. Im Fressbereich steht immer frisches Grünfutter zur Verfügung. Mit einem Mikrochip im Halsband der Rinder kann die Futtermenge und die Milchleistung jedes Tieres überwacht werden. Auslauf ins Freie bekommen die Tiere in dieser Form der Intensivtierhaltung meist jedoch nicht. Sie leben überwiegend im Stall. Die Gesundheit der Tiere wird bei regelmäßigen Besuchen durch Tierärzte kontrolliert.

Intensivtierhaltung

Für die erhöhte Nachfrage nach günstigem Fleisch und Milch, sind die Freilandhaltung, aber auch teilweise die Boxenstallhaltung zu kostenintensiv. Bei der **Intensivtierhaltung** im offenem Laufstall ist die Produktion und Haltung kostengünstig. Die Intensivtierhaltung ist die häufigste Haltungsform in

Deutschland. Viele Bedürfnisse können die Tiere in der Intensivtierhaltung nicht mehr ausleben. Oft leben mehrere Hundert Tiere auf engstem Raum. Die Rinder stehen in dieser Haltungsform oft auf rutschigen Böden mit großen Spalten, durch die Urin und Kot ablaufen können. Milchrinder stehen oder liegen den ganzen Tag an ihrem Platz. Sie werden ständig gefüttert und mehrmals am Tag gemolken. Da die Tiere auf engstem Raum in großer Anzahl gehalten werden, können sich Krankheiten dort schnell ausbreiten. Deshalb bekommen sie oft zur Vorbeugung Medikamente.

4 Offener Laufstall

Ökologische Haltung

Rinder bevorzugen weiche und verformbare Böden für einen sicheren Gang. Deswegen dürfen in der **ökologischen Haltung** nur 50 % der Böden aus Spaltböden bestehen. In den anderen Haltungsformen gibt es keine Beschränkungen. Die Rinder haben zusätzlich Auslauf im Freien. Sie dürfen nicht angebunden werden und bekommen Tageslicht. Auch die Anzahl der Tiere pro Quadratmeter ist geringer als bei der Intensivtierhaltung. Außerdem darf kein Mastfutter verwendet werden. 50 % des Futters muss aus eigenem ökologischen Anbau stammen.
Falls ein Rind krank wird, müssen alternative Heilverfahren eingesetzt werden. Andere Arzneimittel wie Antibiotika dürfen nur unter sehr strengen Auflagen eingesetzt werden. ■

A Erkläre, ob in einem Boxenlaufstall die Kühe ihre natürlichen Verhaltensweisen ausleben können.

Material mit Aufgaben

M3 Haltung von Hühnern

1. Ordne den Bildern die Begriffe Freilandhaltung und Kleingruppenhaltung zu. Begründe. ⊞
2. Recherchiere die erlaubten Haltungsformen von Hühnern in Deutschland und stelle sie in einer Tabelle gegenüber. ⊞
3. Wähle einer der Aufgaben aus:

a Beschreibe mithilfe der Tabelle die Entwicklungen der Anzahl der Legehennen und ihren gelegten Eiern.

b Stelle Vermutungen an, warum die Anzahl der Legehennen gesunken ist, aber trotzdem noch genug Eier zur Verfügung stehen.

A

B

Jahr	1935	2002	2016
Anzahl Legehennen in Millionen	48	40	38
Gelegte Eier pro Legehenne	100	300	320

1 Lebensmittel im Supermarkt

Nahrungsmittel herstellen

Nahrungsmittelproduktion

Die Pflanzen und tierischen Erzeugnisse, die landwirtschaftliche Betriebe bereit stellen, werden zu den verschiedensten Produkten verarbeitet. So wird mithilfe von Getreide nicht nur Mehl hergestellt, sondern mit diesem auch Backwaren. Von Tieren wie Rinder wird nicht nur das Fleisch verwendet. Aus der Haut wird zum Beispiel Leder gefertigt.

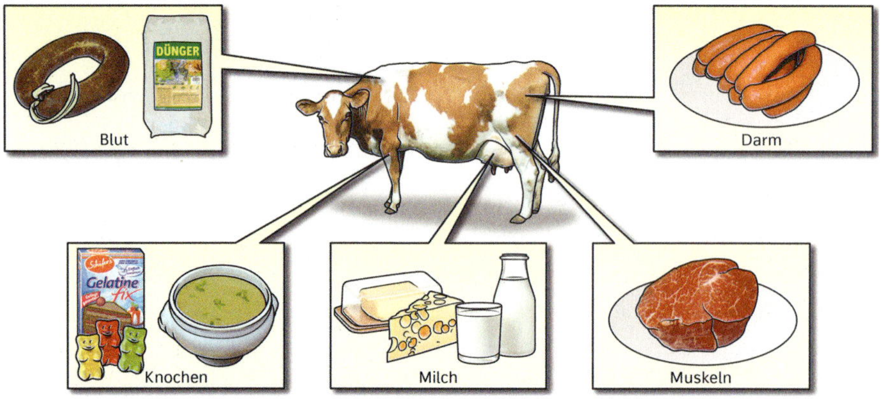

2 Nahrungsmittel vom Rind

Fleischproduktion

In Deutschland leben fast 200 Millionen Nutztiere. Ein Großteil der Nutztiere wird für die **Fleischproduktion** geschlachtet. Für die Schlachtung werden die Tiere je nach Haltungsform zu regionalen oder weit entfernten Schlachthöfen gebracht. Je kürzer der Weg ist, desto weniger Stress und Angst haben die Tiere. Am Schlachthof angekommen, werden die Tiere ausgeladen und betäubt. Die Betäubung der Tiere erfolgt mithilfe von Kammern mit Kohlenstoffdioxid, Elektrozangen oder einem Bolzenschussgerät. Nach der Betäubung werden sie getötet und müssen dann erst einmal vollständig ausbluten. Nach dem Ausbluten werden die Tiere zerlegt und beispielsweise zu Wurst weiter verarbeitet. Die hergestellten Fleischprodukte werden dann zum Handel geliefert und können von den Verbrauchern gekauft werden.

Käseherstellung

Käse wird oft aus Kuhmilch hergestellt. Zur Herstellung wird die Milch an eine **Käserei** geliefert.

- **Entrahmen** • Die Milch wird zuerst gefiltert und stark erhitzt. So kann der gewünschte Fettgehalt der Milch erreicht werden. Man sagt, die Milch wird **entrahmt**.
- **Dicklegen** • Im nächsten Schritt wird die Milch dick gelegt. Dazu wird sie unter Rühren wieder langsam erhitzt. Es werden in diesem Schritt Milchsäurebakterien und Lab dazugegeben. Lab ist ein Enzymgemisch, welches aus dem Labmagen von Kälbern gewonnen wird. Heute wird es teilweise künstlich hergestellt.
- **Bruchschneiden** • Wenn die Käsemasse fest wird, wird sie in viele Stücke zerteilt. Je kleiner die Stücke sind, desto fester wird der Käse. Zum Beispiel müssen für einen Hartkäse wie Emmentaler die Stücke in etwa so groß wie Weizenkörner sein. Die Bruchstücke werden wieder erhitzt und so weiter getrocknet.
- **Salzbad** • Anschließend werden die Stücke in Formen gepresst und in ein **Salzbad** gelegt. Durch den hohen Salzgehalt wird der Käse fester und bildet eine Rinde aus. Diese schützt den Käse vor äußeren Einflüssen.
- **Reifung** • Nach dem Salzbad muss der Käse noch reifen. Die Reifung dauert zwischen wenigen Tagen und mehreren Jahren. Der Geschmack des produzierten Käses ist abhängig vom Fettgehalt der Milch, den verwendeten Bakterien und der Reifedauer. ▶

3 Reifung von Käse

Material mit Aufgaben

M1 Herstellung von Käse

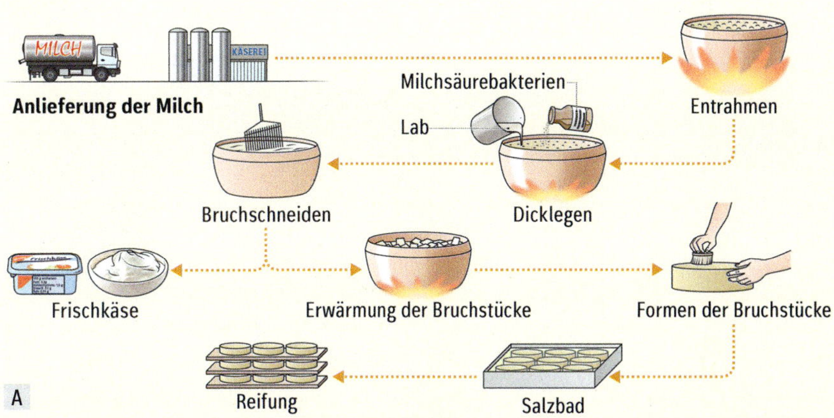

A

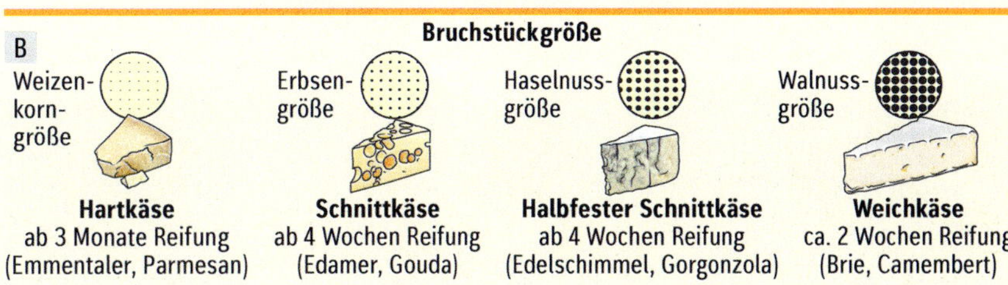

B

1. ▮▯▯ Beschreibe den dargestellten Vorgang in Abbildung A.
2. ▮▮▯ Beschreibe die Unterschiede in der Herstellung von Hartkäse und Frischkäse. ⊞
3. ▮▮▯ Erkläre, mithilfe von Bild B wie unterschiedliche Käsesorten produziert werden können. ⊞
4. ▮▮▮ Stelle Vermutungen an, warum Frischkäse eine viel kürzere Haltbarkeit hat als andere Käsesorten.

4 Brotherstellung in einer Großbäckerei

Material mit Aufgaben

M2 Vom Acker auf den Tisch

1. Beschreibe mithilfe der Abbildung, wie unterschiedlich Getreide genutzt werden kann.
2. Erkläre, warum Getreide ein Grundnahrungsmittel ist.
3. Beschreibe den Energiefluss von der Sonne zum Grillhähnchen.
4. Wähle eine der Aufgaben aus:
   - a Erstelle ein Fließschema für die Herstellung von Brot.
   - b Erläutere Unterschiede in der Herstellung von Weißmehl und Vollkornmehl.

Produkte aus Getreide

Getreide gehört zu den Grundnahrungsmitteln von Menschen. Das Getreide wird geerntet und zum Beispiel zu Mehl weiter verarbeitet. Dazu wird das Getreide fein gemahlen. Ein großer Teil des angebauten Getreides wird auch als Futter für Nutztiere verwendet. Getreide kann auch industriell genutzt werden. Aus ihm wird zum Beispiel Biokraftstoff zum Antrieb von Maschinen und Fahrzeugen gewonnen.

Herstellung von Brot

Für das Backen von Brot benötigt man nur wenige Zutaten. Die wichtigste Zutat ist Mehl. Am häufigsten wird **Weißmehl** zum Backen genutzt. Für das Weißmehl werden nur die **Mehlkörper** der Weizenkörner verwendet. Die Schalen und Keimlinge werden vorher entfernt. Bei der Herstellung vom Weißmehl gehen dadurch viele Nährstoffe verloren. Aus Weißmehl wird **Weißbrot**, wie zum Beispiel Toast, hergestellt.

Für die Produktion von **Vollkornbrot** wird **Vollkornmehl** verwendet. Dieses kann aus fast jeder Getreidesorte hergestellt werden. Im Gegensatz zum Weißmehl werden beim Vollkornmehl die ganzen Körner verwendet. Dadurch ist das Vollkornbrot viel nährstoffreicher als ein Weißbrot.

Der größte Teil der Brote und anderer Backwaren werden in Deutschland in Großbäckereien gebacken. In diesen Bäckereien wird überwiegend mit Maschinen gearbeitet, die den Teig herstellen, ihn formen und anschließend backen. So können viele tausend Brote und Brötchen am Tag gebacken werden.

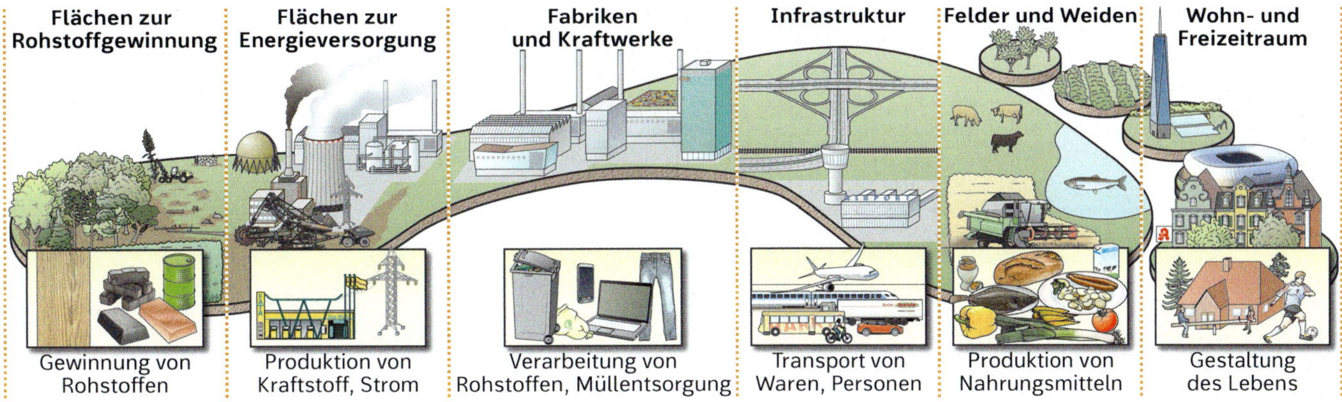

1 Ökologischer Fußabdruck

Ökobilanz

Unsere Ernährung hat Auswirkungen auf die gesamte Umwelt. Sowohl der Anbau von Nutzpflanzen, die Weiterverarbeitung zu Lebensmitteln als auch der Transport zum Verbraucher verursachen **Treibhausgase**. Durch den Einkauf von regionalen und saisonalen Lebensmitteln können diese reduziert werden. Durch richtiges Lagern und Zubereiten von Lebensmitteln können auch in Privathaushalten Treibhausgase eingespart werden.

Mit der **Ökobilanz** untersucht man den kompletten Herstellungsprozess von Lebensmitteln und die damit verbundenen Auswirkungen auf die Umwelt. Dabei wird die Masse der bei der Produktion entstehenden klimaschädlichen Gase ermittelt.

Ökologischer Rucksack

Die gesamte Menge aller benötigten Ressourcen für die Herstellung, den Gebrauch und die Entsorgung eines Produkts können im ökologischen Rucksack zusammengefasst werden. Er wird in Kilogramm angegeben.

Ökologischer Fußabdruck

Der **ökologische Fußabdruck** gibt an, wieviel Platz für die Bereitstellung der Ressourcen auf der Erde benötigt wird, um den Lebensstandard eines Menschen zu ermöglichen. Die benötigten Flächen können auch in ganz anderen Teilen der Welt liegen, wenn beispielsweise nur dort bestimmte Rohstoffe vorkommen.

Material mit Aufgaben

M1 Ökologischer Rucksack

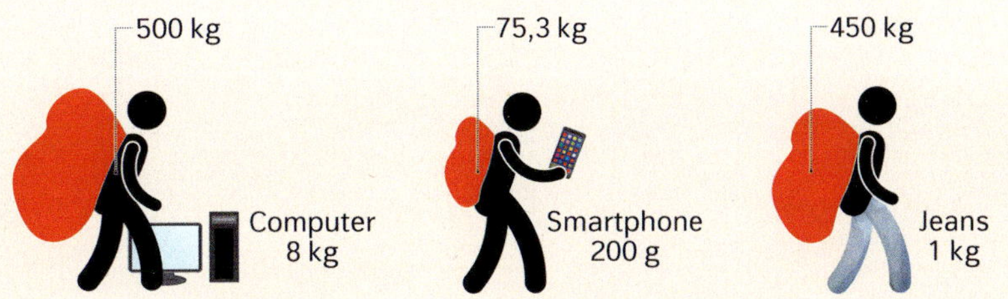

1. Vergleiche die Werte des ökologischen Rucksacks.
2. Erkläre an einem Beispiel, wie es zum Unterschied zwischen Produktgewicht und Gewicht des „Rucksacks" kommt.
3. Recherchiere im Internet nach ökologischen Rucksäcken für weitere Produkte.
4. Erläutere Maßnahmen, wie du deinen persönlichen ökologischen Rucksack verringern kannst.

1 Wanderer beim Essen

Nahrungsmittel und ihre Inhaltsstoffe

Ernährung

Lebewesen wie der Mensch müssen energiereiche Stoffe in Form von Nahrung aufnehmen, um daraus Energie für alle Lebensvorgänge zu gewinnen. Besonders wichtig für die **Ernährung** sind die Kohlenhydrate, Fette und Eiweißstoffe. Diese Stoffe bezeichnet man als **Nährstoffe**.

Kohlenhydrate

Die Kohlenhydrate kommen vor allem in pflanzlichen Lebensmitteln vor. Zu den einfachen Kohlenhydraten zählt Traubenzucker. Andere Kohlenhydrate, wie die Stärke, sind langkettiger aufgebaut. Stärke kommt vor allem in Brot, Kartoffeln oder Nudeln vor. Kohlenhydrate sind energiereich. Sie können

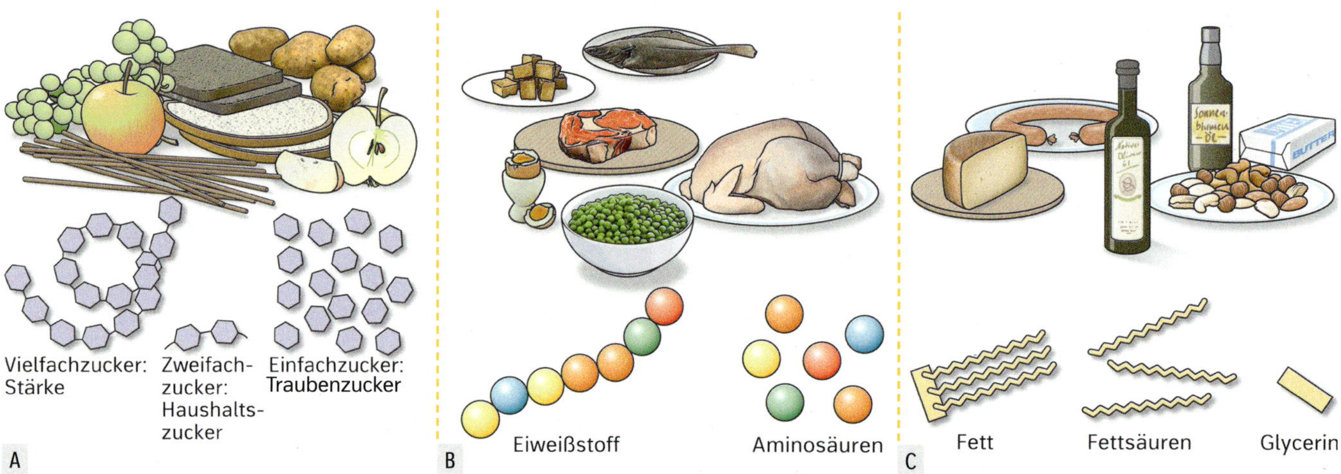

2 Nährstoffgruppen: **A** kohlenhydratreiche Lebensmittel, **B** eiweißreiche Lebensmittel, **C** fettreiche Lebensmittel

schnell vom Körper aufgenommen und genutzt werden, um alle Lebensvorgänge zu betreiben. Daher nennt man Kohlenhydrate auch **Betriebsstoffe**.

Eiweißstoffe

Die Eiweißstoffe, auch Proteine genannt, kommen in tierischen Nahrungsmitteln wie Fisch, Fleisch und Milch vor. Sie sind aber auch in pflanzlichen Nahrungsmitteln wie Erbsen, Linsen oder Sojabohnen enthalten. Die einzelnen Bausteine der Eiweißstoffe sind die **Aminosäuren**. Je nachdem, wie sie in langen Ketten angeordnet sind, ergeben sich verschiedene Eiweißstoffe. Wenn wir zum Beispiel Fleisch oder Erbsen essen, werden die enthaltenen Eiweißstoffe in einzelne Aminosäuren aufgespalten. Sie stehen dann unserem Körper als **Baustoffe** für Muskeln, Knochen und Zellen und für das Wachstum zur Verfügung. In unserem Körper werden die Aminosäuren zu neuen Eiweißstoffen zusammengesetzt.

Fette

Tierische Fette sind vor allem in Butter, Speck und Wurst enthalten. In pflanzlichen Lebensmitteln findet man Fette in Samen und Früchten. Nüsse haben einen sehr hohen Fettgehalt. Fette bestehen aus **Glycerin** und **Fettsäuren**. Sie sind sehr energiereich und dienen dem Körper als Betriebsstoffe. Unter der Haut werden Fette als Speicherstoffe eingelagert. Sie schützen den Körper vor Kälte. Fette sind also auch Baustoffe.

A Nenne die drei Gruppen von Nährstoffen und deren Aufgaben im Körper. Fertige eine Tabelle an.

Material mit Aufgaben

M1 **Woraus besteht die Nahrung?**

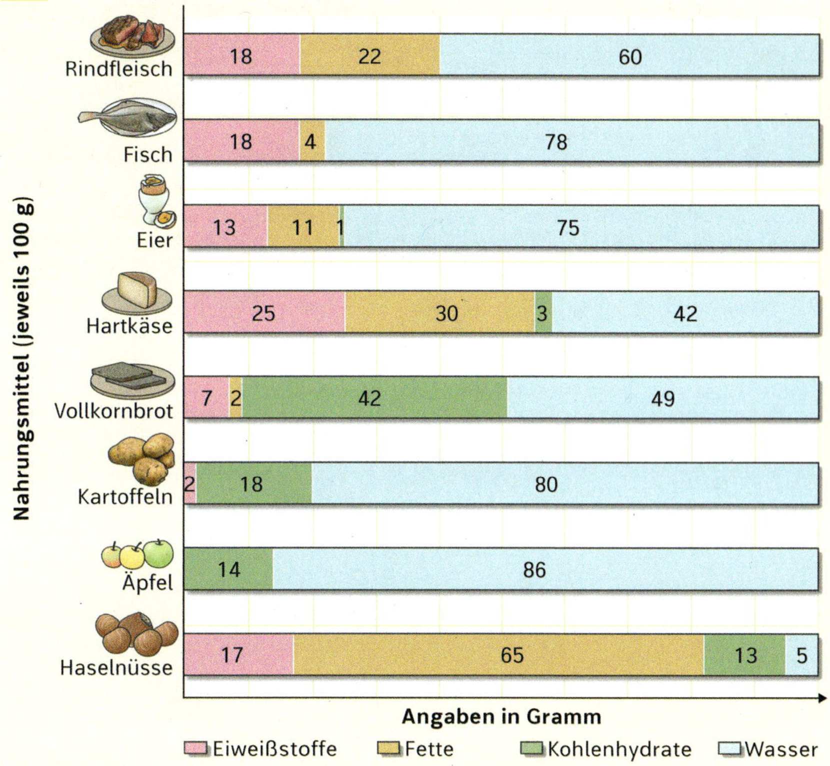

	Nusscreme	Nudeln	Hähnchenbrust
Eiweißstoffe	7 g	11 g	21 g
Kohlenhydrate	57 g	73 g	1 g
Fett	32 g	2 g	2 g
Wasser	4 g	14 g	76 g

1. Nenne jeweils das Lebensmittel in dem Diagramm mit dem höchsten Gehalt an Fetten, Kohlenhydraten und Eiweißstoffen.
2. Ein Apfel gilt als gesund. Erkläre, warum du dich aber nicht nur von Äpfeln ernähren solltest.
3. Erkläre, welche Lebensmittel man vor einem sportlichen Wettkampf essen sollte.
4. Erkläre, warum ein Extrem-Bergsportler zusätzlich Nüsse zu kohlenhydratreicher Nahrung isst.
5. Erstelle aus den Werten der Tabelle ein Balkendiagramm.

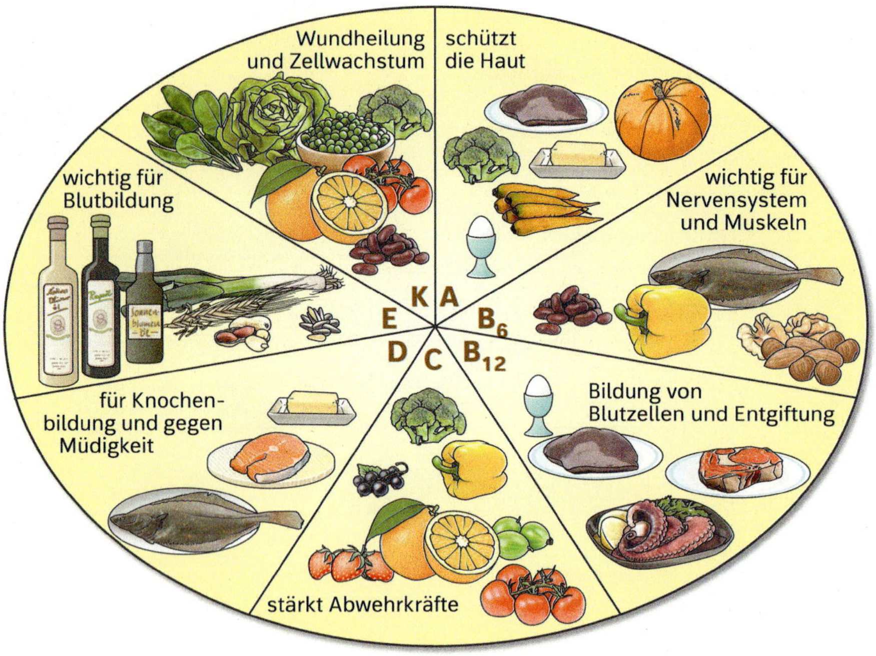

3 Vitamine in Lebensmitteln (Auswahl)

Material mit Aufgaben

M2 Wasser

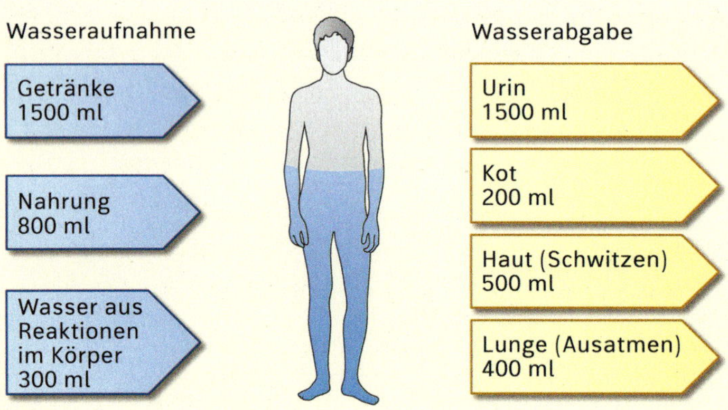

1. Beschreibe Situationen, in denen der Körper Wasser verliert.
2. Erkläre, warum Wasser auch für die Versorgung des Körpers mit Vitaminen und Mineralstoffen wichtig ist.
3. Wähle eine der Aufgaben aus:
   a Erkläre, warum der Körper über die Haut Wasser verliert.
   b Erkläre, warum dem Körper bei körperlicher Anstrengung Wasser zugeführt werden muss.

Ergänzungsstoffe

Neben den Nährstoffen sind die Ergänzungsstoffe wie Vitamine, Mineralstoffe oder auch Ballaststoffe wichtig. Vor allem Vitamine und Mineralstoffe sind in unseren Nahrungsmitteln in geringen Mengen enthalten. Bei einer abwechslungsreichen Ernährung nimmt der Körper ausreichend von ihnen auf.

- **Vitamine** • Frisches Obst, Gemüse und Fleisch enthalten viele Vitamine. Sie regeln Abläufe im Körper und schützen vor Erkrankungen.
- **Mineralstoffe** • Zu den Mineralstoffen zählen Calcium, Kalium, Eisen und Iod. Sie sind besonders wichtig für den Aufbau der Knochen und Muskeln sowie für die Bildung des Blutes. Obst, Gemüse, Fleisch, Vollkornprodukte und Milchprodukte enthalten viele Mineralstoffe.
- **Ballaststoffe** • Vor allem in Salat, Obst, Gemüse und Vollkornprodukten kommen Ballaststoffe vor. Sie werden bei der Verdauung nicht abgebaut. Ballaststoffe regen die Darmtätigkeit an. Im Magen und Darm quellen sie auf und verstärken das Sättigungsgefühl.

Wasser

Wasser transportiert Stoffe im Körper. Beim Schwitzen und Toilettengang geht dem Körper Wasser verloren. Diesen Verlust muss er mit Getränken und Nahrungsmitteln ausgleichen. Ein Kind benötigt etwa 1,5 Liter Wasser pro Tag.

B Plane mit Bild 3 eine Mahlzeit, die deinen Körper mit ausreichend Vitaminen versorgt.

Nährstoffnachweise

Mithilfe von chemischen Methoden kann man das Vorhandensein von verschiedenen Nährstoffen in Lebensmitteln nachweisen. Dazu kann man flüssige Chemikalien oder Teststäbchen benutzen. Beide wechseln beim Vorhandensein eines bestimmten Stoffes ihre Farbe. Zum Beispiel kann man mit Iod-Kaliumiodid-Lösung Stärke nachweisen. Die Lösung verfärbt sich bei Stärke blau-violett. Dies ist der **positive Kontrollversuch**.
Iod-Kaliumiodid-Lösung verfärbt sich beispielsweise bei Salz dagegen nicht. Dies ist der **negative Kontrollversuch**.
Durch den Abgleich kann man bestimmen, ob die untersuchten Lebensmittel einen bestimmten Stoff enthalten. Man kann aber nicht feststellen, wie viel von dem Stoff enthalten ist.

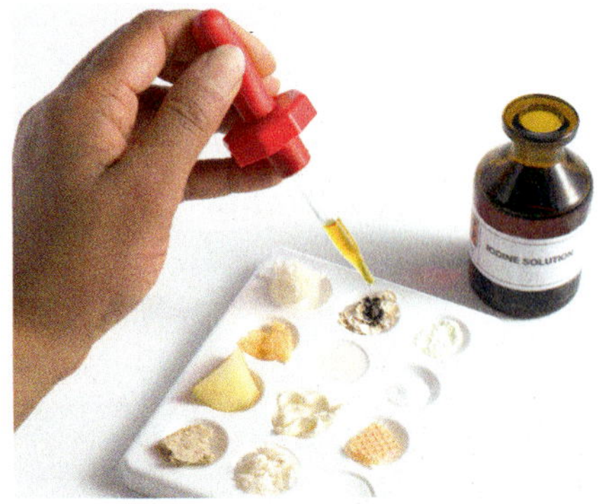

1 Nachweis von Stärke

Material mit Aufgaben

P1 Nachweisverfahren

Frage: Welche Lebensmittel enthalten Stärke?

Material: 2 Bechergläser, Tropfpipette, Glasstab, Stärke-Lösung, Iod-Kaliumiodid-Lösung, Wasser

Durchführung: Fülle in ein Becherglas 10 ml Wasser und in das andere Becherglas 10 ml Stärke-Lösung. Gib jeweils 3 Tropfen Iod-Kaliumiodid-Lösung hinzu. Rühre mit dem Glasstab um. Notiere deine Beobachtungen in einem Protokoll.

1. Führe die drei Nährstoffnachweise bei folgenden Lebensmitteln durch: Vollmilch (3,8%), Mandelmilch, Reismilch, Sojamilch und Sahne. Trage in eine Tabelle ein, welche Nährstoffe die untersuchten Stoffe enthalten.

Frage: Welche Lebensmittel enthalten Eiweiß?

Material: Reagenzgläser, Pipette, Stopfen, Wasser, Eiklar, frischer Zitronensaft oder Speiseessig

Durchführung: Fülle ein Reagenzglas mit 3 ml Wasser und eines mit verdünntem Eiklar (0,5 ml Eiklar und 2 ml destilliertes Wasser). Tropfe in die Reagenzgläser ein paar Tropfen Essig. Verschließe sie mit einem Stopfen und schüttele vorsichtig.
Notiere deine Beobachtungen in einem Protokoll.

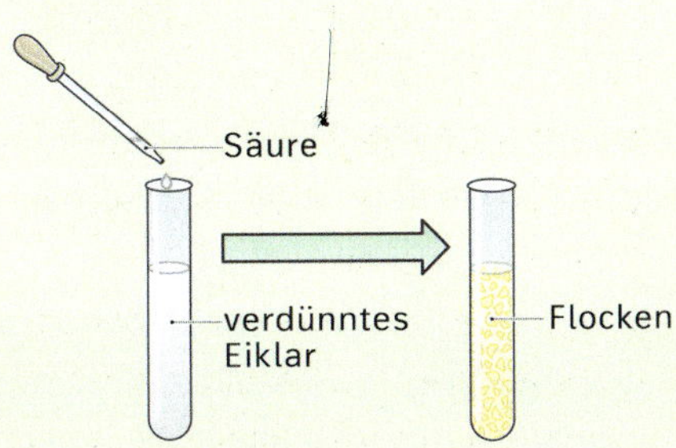

Frage: Welche Lebensmittel enthalten Fett?

Material: Rundfilterpapier, Stift, Pipetten, Föhn, Speiseöl, Wasser

Durchführung: Zeichne mit dem Stift zwei Kreise auf das Filterpapier. Gib mit der Pipette Speiseöl in den einen Kreis und mit der zweiten Pipette Wasser in den anderen. Trockne das Filterpapier mit dem Föhn und halte es gegen das Licht. Notiere deine Beobachtungen in einem Protokoll.

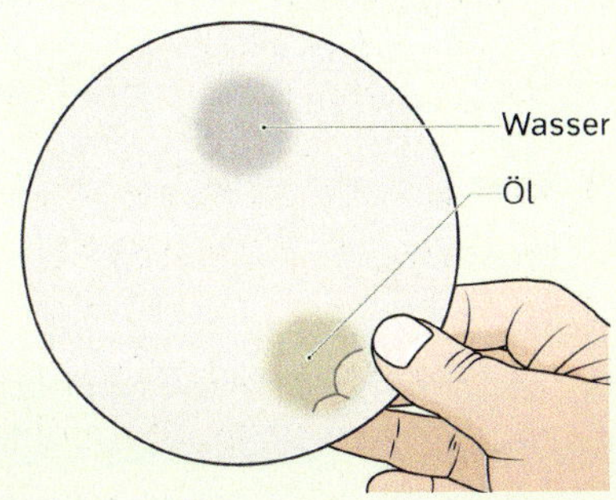

1 Mann beim Einkaufen

Nahrung liefert Energie und Baustoffe

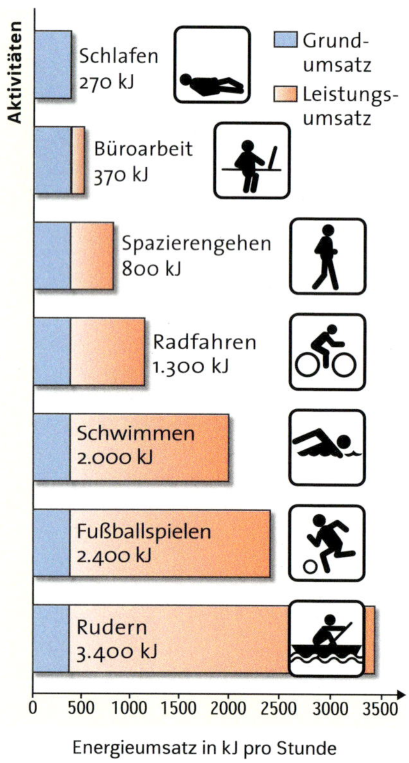

2 Energiebedarf bei verschiedenen Tätigkeiten

Der Mensch benötigt Energie

Wir benötigen für körperliche und geistige Tätigkeiten wie Sport oder Lernen ständig **Energie**. Die Energie ist in den Nährstoffen der Lebensmittel enthalten. Je mehr wir uns bewegen, desto mehr Energie benötigt der Körper. Im Körper wird die Energie umgesetzt. Den Umsatz der Energie in Bewegung bezeichnet man als **Leistungsumsatz**. Auch in körperlicher Ruhe, wie beim Schlafen, braucht der Körper Energie. Die inneren Organe wie Herz oder Lunge arbeiten pausenlos. Die dabei umgesetzte Energie wird als **Grundumsatz** bezeichnet. Auch muss der Körper seine Körpertemperatur aufrechterhalten. Deshalb ist der Mensch auf die stetige Zufuhr von Energie über die Nahrung angewiesen.

Gesamtumsatz = Grundumsatz + Leistungsumsatz

Energie steckt in der Nahrung

Energie ist unsichtbar. Dennoch kann sie Gegenstände bewegen und erwärmen. Energie tritt in verschiedenen Formen auf. Man spricht von Strahlungsenergie, Bewegungsenergie, elektrischer Energie oder auch thermische Energie. Energie, die in Stoffen enthalten ist, bezeichnet man als **chemische Energie**. Pflanzen wandeln die Strahlungsenergie der Sonne in chemische Energie um. Diese chemische Energie wird in Nährstoffen wie zum Beispiel Zucker gespeichert. Die Nährstoffe in unserer Nahrung enthalten daher viel chemische Energie. Kohlenhydrate und Fette sind die wichtigsten Energielieferanten. Der Gehalt an chemischer Energie von Nahrungsmitteln ist auf ihren Verpackungen als Brennwert angegeben. Er wird in **Kilojoule** (kJ) oder veraltet mit der Einheit **Kilokalorien** (kcal) angegeben.

Betriebsstoffwechsel

Nach der Aufnahme der Nahrung in den Körper werden die Nährstoffe in ihre kleinsten Bausteine zerlegt. Nur so können sie vom Körper in das Blut aufgenommen werden. Diesen Vorgang bezeichnet man als Verdauung.
Die kleinsten Bausteine der Nährstoffe werden mit dem Blut im Körper verteilt. Anschließend werden die Bausteine der Nährstoffe so vom Körper verarbeitet, dass der Körper die in ihnen gespeicherte Energie nutzen kann. So hält der Körper seine Lebensprozesse und seine Körpertemperatur aufrecht. Dem Körper dienen vor allem Kohlenhydrate und Fette als Energielieferanten für seinen **Betriebsstoffwechsel**.

Baustoffwechsel

Nährstoffe werden auch zum Aufbau und Wachstum des Körpers benötigt. Der Körper verarbeitet die Bausteine der Nährstoffe und bildet aus ihnen körpereigene Stoffe. So werden zum Beispiel Muskeln aufgebaut oder Blut gebildet. Für diesen **Baustoffwechsel** nutzt der Körper vor allem die über die Nahrung aufgenommenen Eiweißstoffe und ihre Aminosäuren-Bausteine als Baustoffe. So wird beispielsweise aus pflanzlichem Sojaeiweiß körpereigenes Muskeleiweiß.

Die Aufnahme, Verarbeitung und Abgabe von Stoffen bezeichnet man als **Stoffwechsel**.

A Nenne die Stoffe, die der Körper als Energielieferanten nutzt.

B Erkläre, warum Menschen auch im Schlaf Energie benötigen.

Material mit Aufgaben

M1 Betriebsstoffwechsel

Lebensmittel	Energiegehalt pro 100g oder 100ml	Zucker	Fett	Eiweiß
Haushaltszucker	1680 kJ	100 g	0 g	0 g
Cola	180 kJ	11 g	0 g	0 g
Apfelsaft	190 kJ	11,5 g	0 g	0 g
Schokoriegel	1.920 kJ	70 g	18 g	3 g

1. Ein Stück Würfelzucker wiegt etwa drei Gramm. Berechne seinen Energiegehalt in Kilojoule.
2. Berechne, wie viel Zucker in einem Liter Cola ist.
3. Erkläre, warum der Energiegehalt von Apfelsaftschorle geringer ist als der von Apfelsaft.
4. Wähle eine der Aufgaben aus:
   a Berechne, wie lange man mit der Energie eines 50g schweren Schokoriegels schwimmen könnte.
   b Erkläre, warum der Energieumsatz beim Sport auch vom Körpergewicht abhängt.

M2 Baustoffwechsel

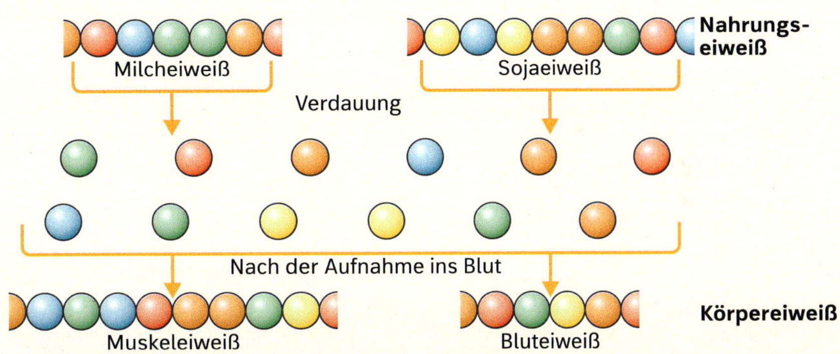

1. Beschreibe den Aufbau von Eiweißstoffen. Erkläre mithilfe des Bildes, worin sie sich unterscheiden können.
2. Erkläre mithilfe des Bildes, wie aus Nahrungseiweiß körpereigene Eiweißstoffe aufgebaut werden.
3. Wähle eine der Aufgaben aus:
   a Erläutere, warum Jugendliche auf eine eiweißhaltige Ernährung achten sollten.
   b Erläutere, warum Sojaeiweiß ein geeigneter Eiweißlieferant für die Menschen ist, die auf Fleisch und Fisch verzichten.

1 Ein Burger

Ausgewogene Ernährung

Ausgewogene Ernährung

Der Energiebedarf des Körpers sollte nicht wahllos und einseitig mit Lebensmitteln gedeckt werden. Pizza, Burger und Döner schmecken zwar gut, sind jedoch sehr fettreich, haben viele unnatürliche Zusatzstoffe und geben dem Körper nur wenig Mineralstoffe und Vitamine. Ziel einer vollwertigen und ausgewogenen Ernährung ist es, den Körper bestmöglich mit verschiedenen Nährstoffen, Mineralstoffen und Ballaststoffen, sowie Vitaminen zu versorgen. Die **Ernährungspyramide** bietet dafür eine gute Orientierung.

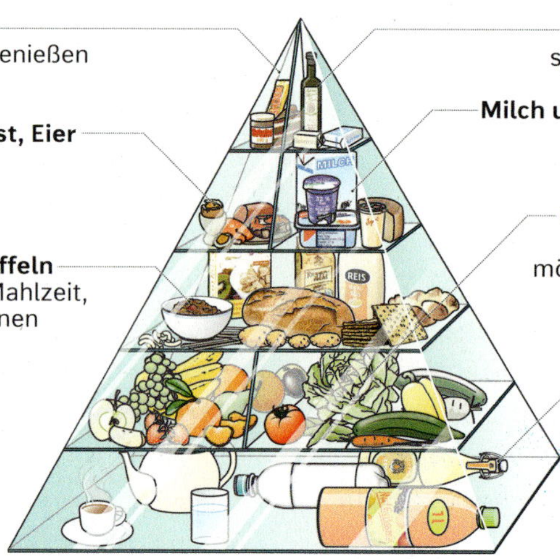

2 Ernährungspyramide

Ernährungspyramide

Unsere Ernährungspyramide setzt sich aus mehreren Stufen zusammen. Je breiter die Stufe der Pyramide, desto höher soll der Anteil an der täglichen Ernährung sein. Die unterste Stufe bilden Getränke. Täglich sollte dem Körper genügend Flüssigkeit zugeführt werden. Dabei sollte man auf Wasser und ungesüßte Tees zurückgreifen. Fruchtsäfte oder Fruchtschorlen sind zwar gesund, weil sie viele Vitamine enthalten, sollten aber nicht die Grundlage zum Durstlöschen sein. Fruchtsäfte enthalten natürlicherweise viel Zucker oder werden von der Industrie mit Zuckern versetzt. Über den Getränken befinden sich in einer breiten Stufe die Lebensmittel, die die Grundlage der Ernährung bilden. Sie sollen reichlich gegessen werden. Es handelt sich um Obst und Gemüse, das viele Vitamine, Mineralstoffe, Ballaststoffe und Wasser enthält. Die nächste Stufe bilden Getreideprodukte, Kartoffeln oder auch Hülsenfrüchte. Sie sind reich an Kohlenhydraten und Ballaststoffen. Danach folgen Milchprodukte sowie Fisch, Fleisch, Wurst und Eier. Sie liefern dem Körper Eiweißstoffe als Baustoffe, Fisch vor allem essentielle Fettsäuren. Diese Lebensmittel dürfen täglich gegessen werden, aber man sollte auf den Fettgehalt achten. Der Körper benötigt diese Baustoffe nur in geringen Mengen. Bei der vegetarischen Ernährung wird auf Fleisch und Fisch verzichtet. Die enthaltenen Eiweißstoffe müssen dann mithilfe anderer Nahrung ersetzt werden. An der Spitze stehen Lebensmittel, die nur einen sehr kleinen Anteil der Ernährung ausmachen sollten. Es handelt sich um sehr zucker- oder fettreiche Lebensmittel wie Süßigkeiten oder Butter.

Mahlzeiten

Wenige große Mahlzeiten am Tag sind nicht empfehlenswert. Man sollte dem Körper fünf Mahlzeiten über den Tag verteilt zuführen. Frühstück und Abendessen sollten etwa 25 Prozent des Energiebedarfs decken, das Mittagessen etwa 30 Prozent. Die Zwischenmahlzeiten sollten kleiner sein und nur etwa 10 Prozent des Energiebedarfs ausmachen.

Material mit Aufgaben

P1 Ernährungstagebuch

	Frühstück	Mittagessen	Abendessen	Zwischenmahlzeit	
					Uhrzeit
Montag	1 Glas Orangensaft 1 Brötchen mit Butter, Wurst und Käse	4 Kartoffelpuffer mit Apfelmus	2 Scheiben Vollkornbrot mit Käse	2 Äpfel 1 Müsliriegel	10 Uhr 15 Uhr
Dienstag	...	...	...	...	...
Mittwoch	...	...	...	...	...

1. Erstelle für zwei Tage ein Ernährungstagbuch.
2. Vergleiche deinen Speiseplan mit den Empfehlungen der Ernährungspyramide.

M2 Ernährungskreise

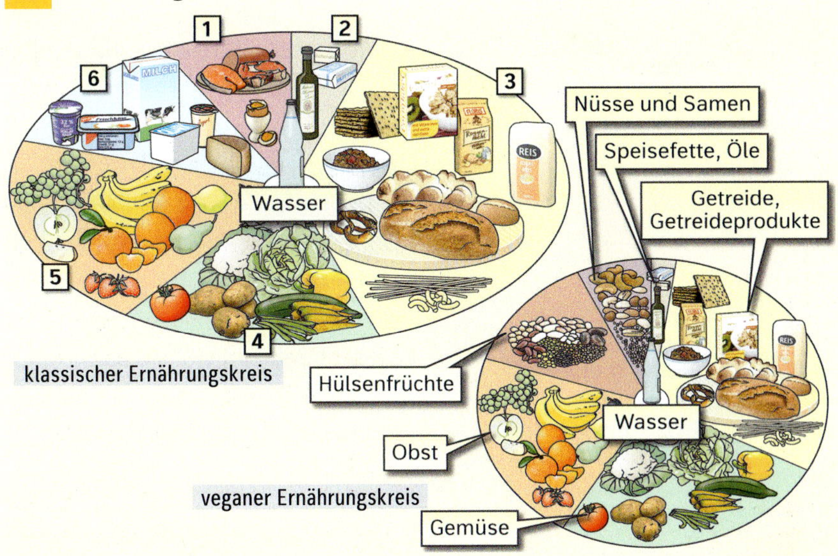

Neben der Ernährungspyramide gibt es auch Ernährungskreise, die auch eine Orientierungshilfe für eine ausgewogene Ernährung sind.

1. Benenne die Gruppen von Lebensmitteln im klassischen Ernährungskreis.
2. Vergleiche den klassischen Ernährungskreis mit der Ernährungspyramide
3. Vergleiche den klassischen Ernährungskreis mit dem veganen Ernährungskreis.
4. Erkläre, wie man mit veganer Ernährung den Bedarf an Eiweißstoffen decken kann.
5. Stelle mithilfe der Ernährungskreise zwei ausgewogene Tagespläne zusammen.
6. Beurteile deine eigene Ernährung.

1 Jugendliche essen Pizza.

Der Weg der Nahrung

Verdauung

Die mit der Nahrung aufgenommenen Nährstoffe werden im Körper in ihre kleinsten Bausteine zerlegt. Nur so können sie ins Blut aufgenommen werden. Dieser Vorgang heißt **Verdauung**.

Material mit Aufgaben

M1 Enzyme

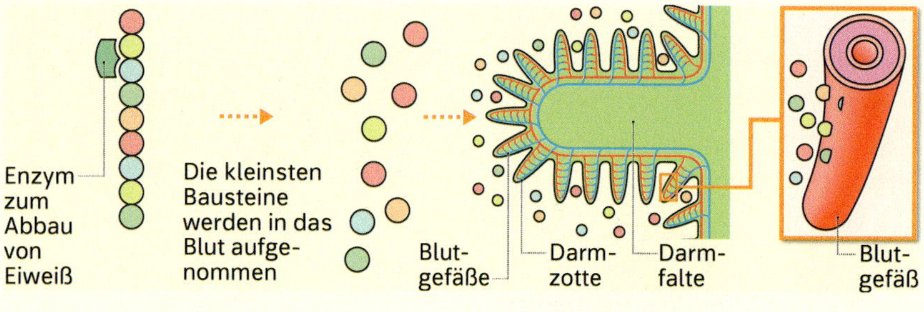

1. Beschreibe die Aufnahme eines Nährstoffes ins Blut.
2. Erkläre mithilfe des Bildes den Begriff der Verdauung.
3. Nenne Organe des Verdauungssystems, die Enzyme bilden.
4. Beschreibe, wo im Körper die Eiweißverdauung stattfindet.

Im Mund

Die Nahrung wird mit den **Zähnen** zerkleinert und mit der Zunge durchmischt. Mehrere **Speicheldrüsen** geben Speichel ab, sodass ein gleitfähiger Nahrungsbrei entsteht. Stoffe im Speichel beginnen, die Stärke abzubauen. Diese Stoffe nennt man **Enzyme**. Nach dem Kauen drückt die Zunge den Nahrungsbrei in den Rachen. Der Kehldeckel verschließt die Luftröhre, damit der Nahrungsbrei nur in die Speiseröhre gelangt.

In der Speiseröhre

Die Speiseröhre ist ein langer, muskulöser Schlauch und verbindet Mund und Magen. Die Muskeln der Speiseröhre ziehen sich hinter dem Nahrungsbrei zusammen und schieben ihn wellenartig vorwärts. Das wellenartige Zusammenziehen der Muskulatur nennt man **Peristaltik**. So wird die im Mund vorverdaute Nahrung in den Magen gebracht.

Im Magen

Der Magen ist ein dehnbarer Muskelsack. In den Magenwänden wird die **Magensäure** sowie das Enzym **Pepsin** zur Eiweißverdauung gebildet. Beides wird als **Magensaft** in den Magen abgegeben. Eine Schleimhaut schützt die Magenwand vor der Säure. Die Magensäure tötet Krankheitserreger ab und quillt Eiweißstoffe auf. Die Enzyme zerlegen die Eiweißstoffe in ihre Grundbausteine, die **Aminosäuren**. Durch die ständige Muskelbewegung des Magens wird der Nahrungsbrei gut durchmischt und nach einiger Zeit durch den Pförtner in den Dünndarm geschoben.

Im Dünndarm

Der Dünndarm ist etwa drei bis vier Meter lang. Sein erster Abschnitt heißt **Zwölffingerdarm**. Dorthin geben die Bauchspeicheldrüse und die Leber ihre **Verdauungssäfte** ab. Sie enthalten verschiedene Enzyme, die die Kohlenhydrate und Eiweißstoffe in ihre Bausteine zerlegen. In der Leber wird **Gallensaft** gebildet und zunächst in der Gallenblase gespeichert. Der Gallensaft zerlegt Fett in kleine Tröpfchen. Nach dem Zerlegen der Nährstoffe gelangen ihre Bausteine durch die Dünndarmwand ins Blut oder die Lymphe und werden im Körper verteilt.

Im Dickdarm

Unverdauliche Reste gelangen in den Dickdarm. Dort werden dem Nahrungsbrei Wasser und Mineralstoffe entzogen. Die eingedickten Nahrungsreste sammeln sich im Enddarm. Sie werden als Kot über den After ausgeschieden. ▶

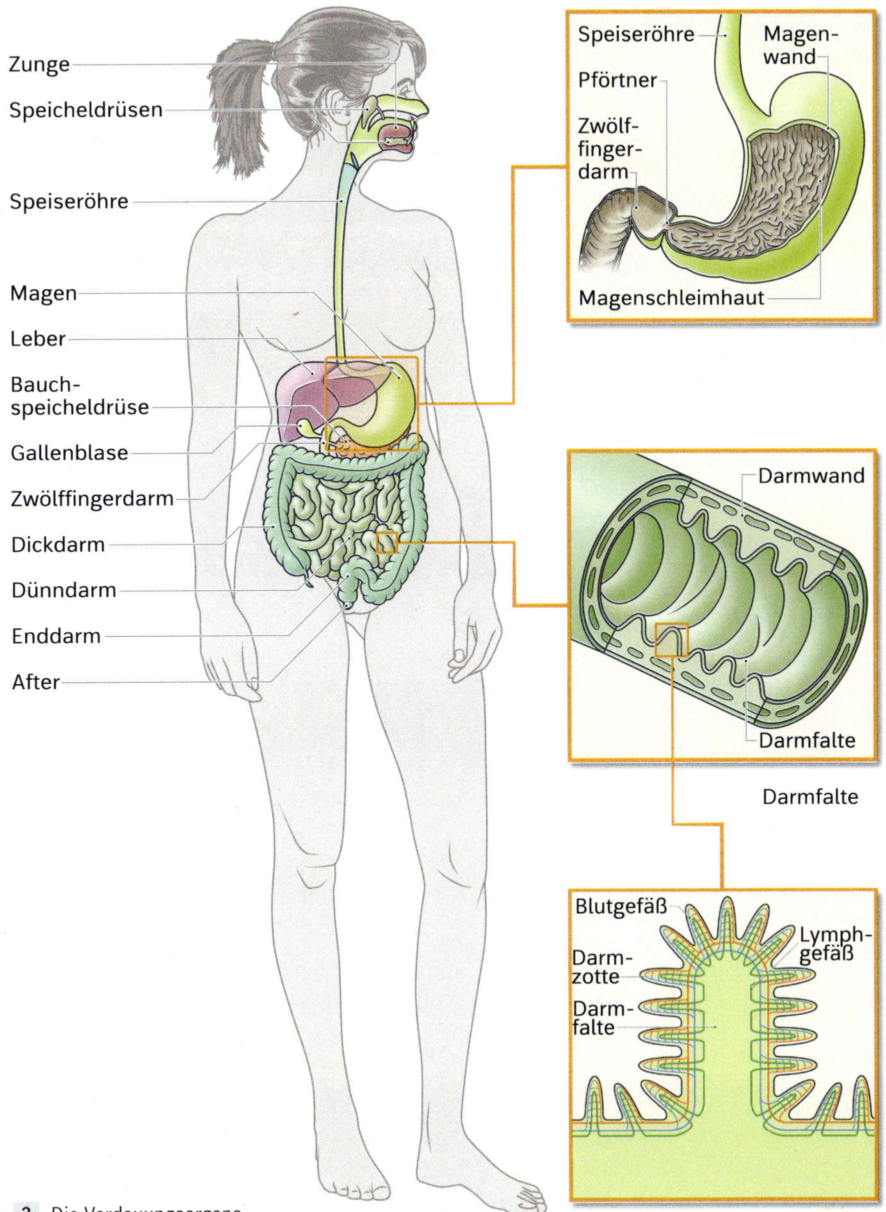

2 Die Verdauungsorgane

F

A Nenne die Organe des Verdauungssystems.

B Erkläre das Sprichwort: „Gut gekaut ist halb verdaut“.

C Erkläre, was man unter Peristaltik versteht.

M2 Der Weg der Nahrung

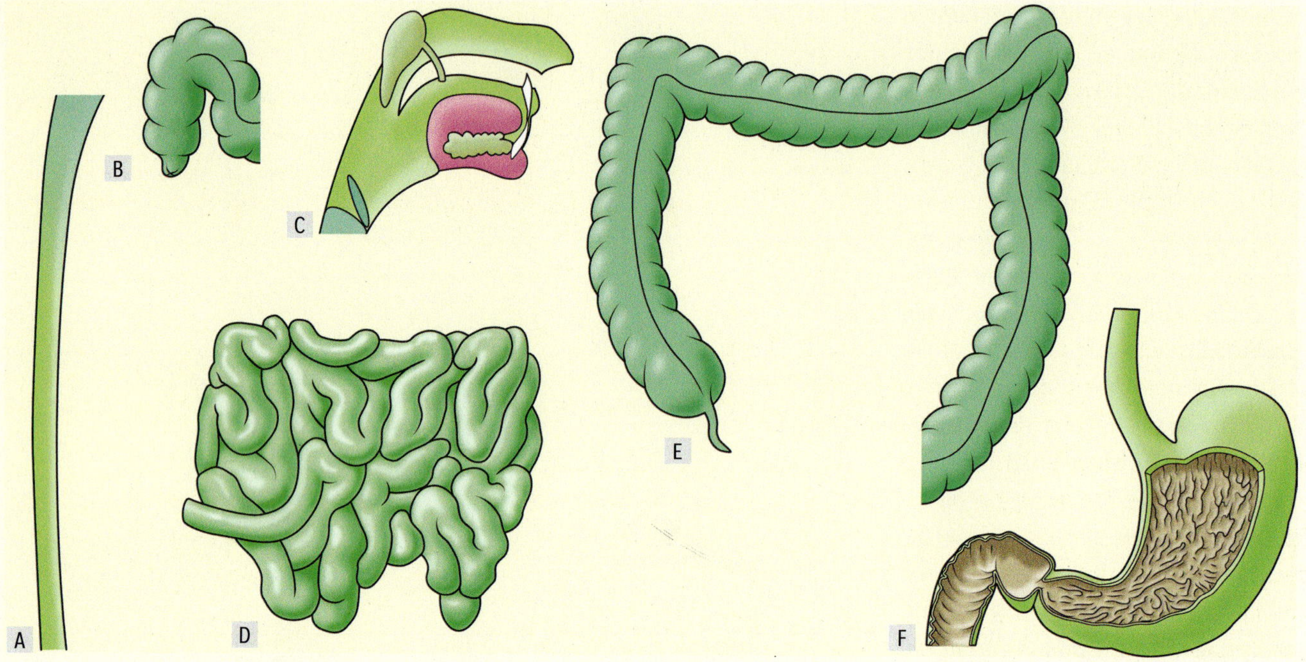

1. Benenne die Stationen A-F.
2. Bringe die Bilder A bis F in die richtige Reihenfolge.
3. Erstelle eine Tabelle mit Stationen der Verdauung und den jeweiligen Aufgaben
4. Erstelle ein Fließschema für den Weg der Nahrung.
   Im Mund → In der...

M3 Verweildauer im Magen

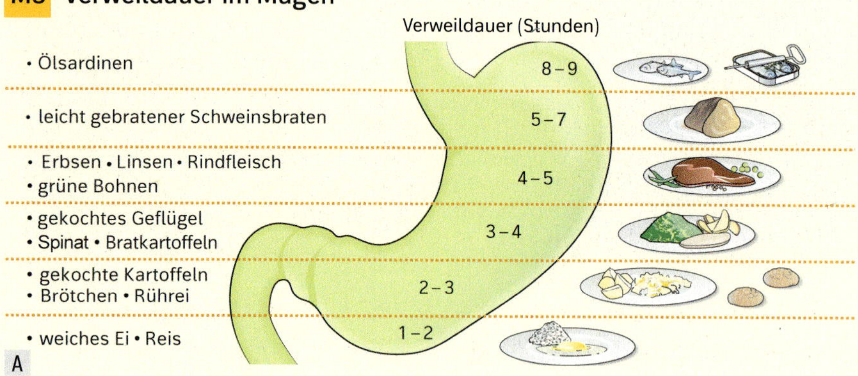

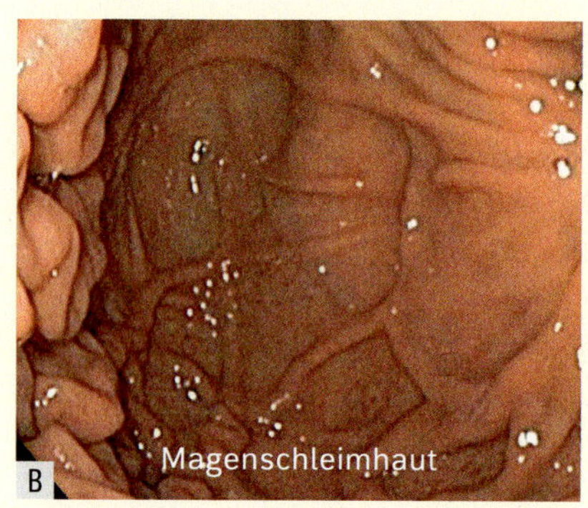

1. Beschreibe den Bau des Magens. Nutze auch die Abbildung der Magenschleimhaut.
2. Erkläre, warum der Magen sehr muskulös ist.
3. Werte Bild A aus.
4. Erläutere, warum eiweißreiche Mahlzeiten sehr lange im Magen verweilen.

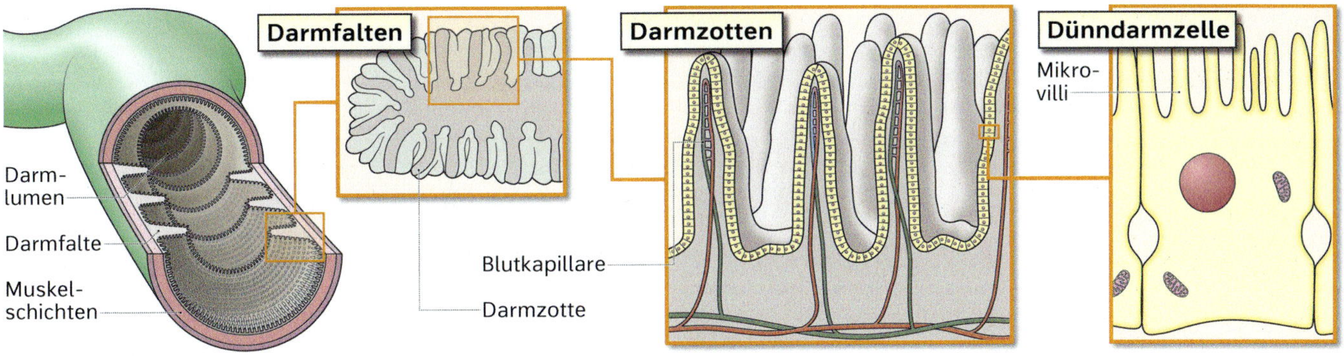

3 Oberflächenvergrößerung im Dünndarm

Oberflächenvergrößerung

Die Innenwand des Dünndarms besitzt zahlreiche Darmfalten und Wandausstülpungen, die **Darmzotten**. Sie ragen ins Darminnere wie kleine Finger. Die äußeren Schleimhautzellen der Darmzotten haben viele kleine Fortsätze, die Mikrovilli, die ins Darminnere zeigen. Durch diesen Aufbau wird die innere **Oberfläche** des Dünndarms stark vergrößert. Bei einem Menschen hat die Darminnenseite etwa die Fläche einer großen Sporthalle.

Der Bau der Dünndarmwand ist ein Beispiel für das biologische Prinzip der **Oberflächenvergrößerung**. Über die Dünndarmwand können so innerhalb von kurzer Zeit viele Nährstoffbausteine aufgenommen werden. Die Darmzotten sind von dünnen Blutgefäßen durchzogen. Die Nährstoffbausteine gelangen durch die Dünndarmwand ins Blut und werden dann im Körper verteilt. ■

D Beschreibe den Bau der Dünndarmwand. Nimm Bild 3 zu Hilfe.

E Erkläre das Prinzip der Oberflächenvergrößerung am Beispiel der Dünndarmwand.

Material mit Aufgaben

M4 Oberflächenvergrößerung

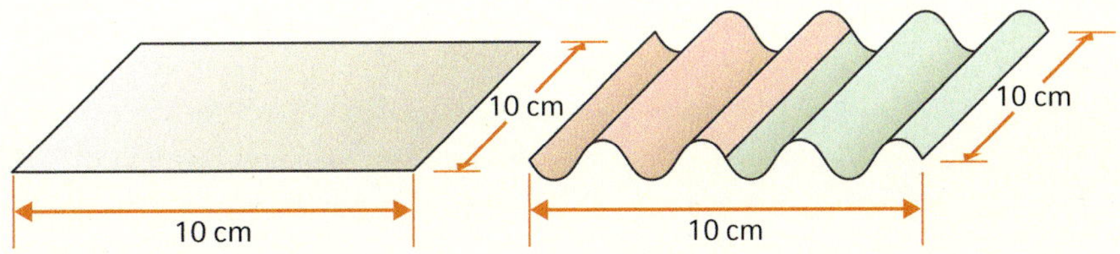

A **Papierfläche: 100 cm²**

B **Papierfläche: 200 cm²**

C Mikrofasertuch

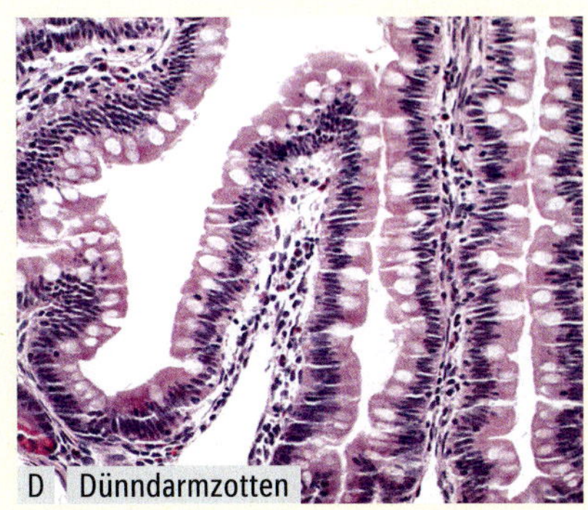

D Dünndarmzotten

1. Beschreibe die beiden Modellabbildungen in Bild A und Bild B.
2. Erkläre mithilfe des Modells das Prinzip der Oberflächenvergrößerung. ⊞
3. Vergleiche die Struktur des Mikrofasertuchs in C mit dem Bau der Dünndarmzotten in D. ⊞
4. Erkläre, warum ein Mikrofasertuch schnell viel Wasser aufnehmen kann.

1 Sportler isst Nudeln.

Verdauung von Kohlenhydraten

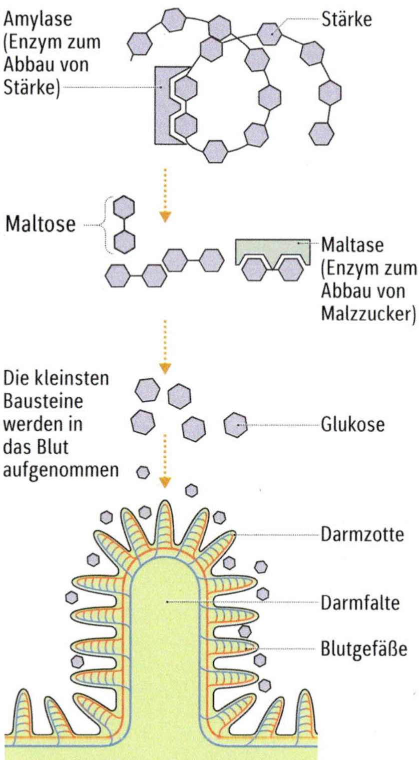

2 Aufbau von Kohlenhydraten und Wirkung von Amylase und Maltase

Energie für den Sport

Vor einem sportlichen Wettkampf führen Sportlerinnen und Sportler ihrem Körper kohlenhydratreiche Nahrung zu. Der Körper muss ständig mit Energie versorgt werden. Es eignen sich dafür zum Beispiel Nudeln. In den Nudeln befindet sich viel Stärke. Sie besteht aus vielen zusammenhängenden Glukose-Bausteinen. Jedoch kann die Stärke nicht direkt zur Energiegewinnung genutzt werden. Der Körper muss die Kohlenhydrate für die Muskeln erst nutzbar machen. Langkettige Kohlenhydrate wie Stärke sind zu groß, um direkt ins Blut zu gelangen.

Enzyme

Die mit der Nahrung aufgenommenen Nährstoffe werden im Körper in ihre kleinsten Bausteine zerlegt. Nur die kleinsten Bausteine wie der Einfachzucker Glukose können ins Blut gelangen und zu den Körperzellen transportiert werden. Für die Zerlegung der Nährstoffe nutzt der Körper „Zerlegungswerkzeuge", die **Enzyme**.

Zerlegung von Stärke

Die Stärke ist zu groß, um direkt ins Blut zu gelangen. Sie wird daher mithilfe eines Enzyms, der **Amylase**, zerlegt. Das Enzym Amylase befindet sich im Mundspeichel und im Verdauungssaft der Bauchspeicheldrüse. Die Verdauung der Stärke beginnt also im Mund. Dabei wird die Nahrung mit den Zähnen zerkaut und mit dem Mundspeichel vermischt. Bei der Verdauung heftet sich die Amylase an die Stärke und trennt jede zweite Bindung der Glukose-Bausteine der Stärkekette. So wird die Stärke zunächst in einen Zweifachzucker, die **Maltose** (Malzzucker), zerlegt. Die Amylase kann nur Stärke zerlegen, nicht die Maltose.

Zerlegung der Maltose

Die Amylase kann die Maltose nicht weiter zerlegen. Dafür ist ein anderes Enzym zuständig, die **Maltase**. Sie wird in der Bauchspeicheldrüse gebildet. Die Maltase wird mit dem Verdauungssaft der Bauchspeicheldrüse in den Dünndarm gegeben. Sie kann sich an die Maltose heften und sie in einzelne Glukose-Bausteine zerlegen. Die Glukose wird dann durch die Oberfläche der Dünndarmwand ins Blut aufgenommen und zu den Zellen transportiert. Dort wird aus der Glukose Energie gewonnen.

Schlüssel-Schloss-Prinzip

Das Anheften und das Zerlegen eines Stoffs ist vergleichbar mit einem Schlüssel, der nur in ein bestimmtes Schloss passt. Die Amylase ist der „Schlüssel", der zur Stärke, „dem Schloss", passt. Alle Enzyme erfüllen ihre Aufgabe nach diesem Prinzip. Man nennt dieses Prinzip **Schlüssel-Schloss-Prinzip**. ▶

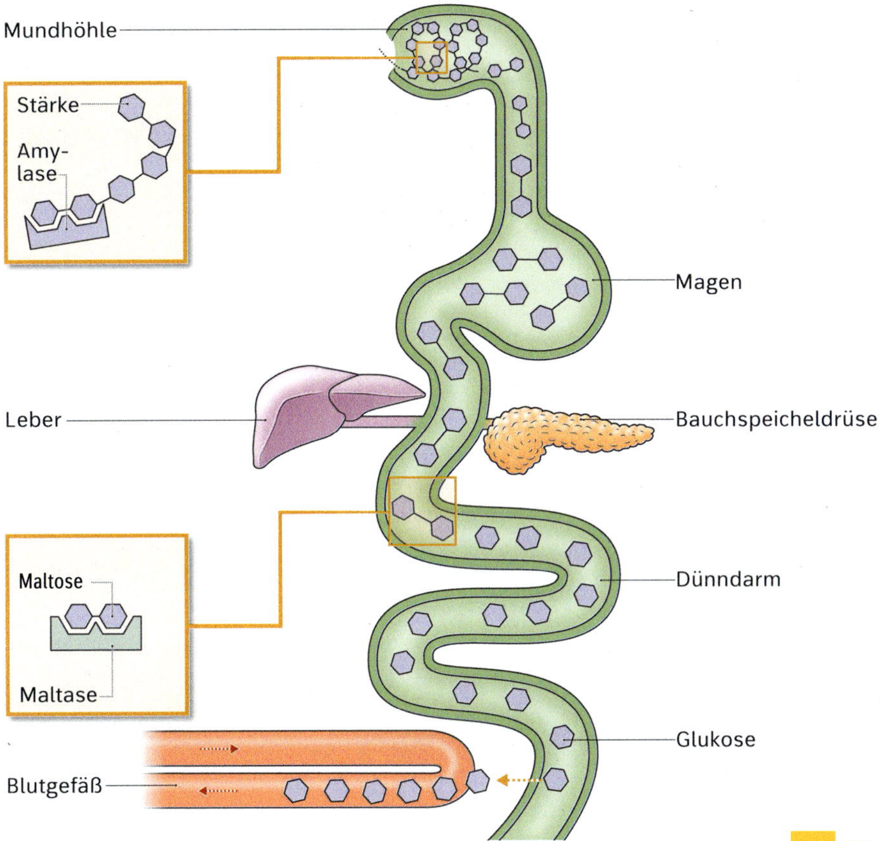

3 Verdauung von Kohlenhydraten

Material mit Aufgaben

M1 Wirkung von Enzymen

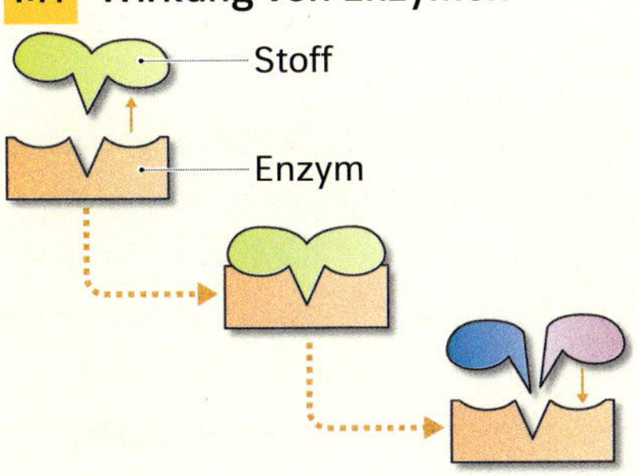

1. Beschreibe den im Bild dargestellten Vorgang.
2. Erläutere die Arbeitsweise von Enzymen.

M2 Stärkeabbau

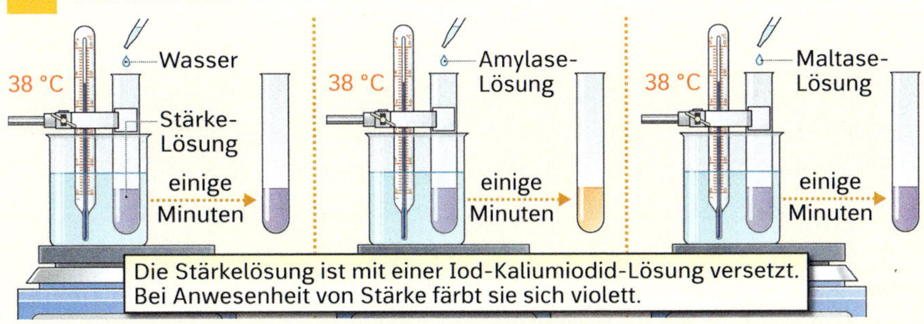

1. Beschreibe den dargestellten Versuchsaufbau.
2. Entwickle eine Frage, die mit diesem Versuch überprüft wird.
3. Erkläre die Versuchsergebnisse. Beachte bei deiner Antwort die Wirkungsweise von Enzymen.

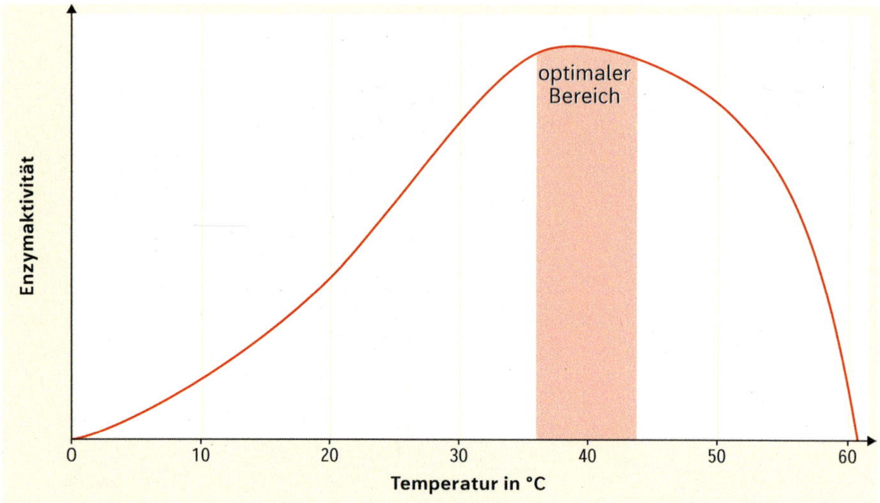

4 Aktivität von Enzymen bei unterschiedlichen Temperaturen

Material mit Aufgaben

M3 Einfluss der Temperatur

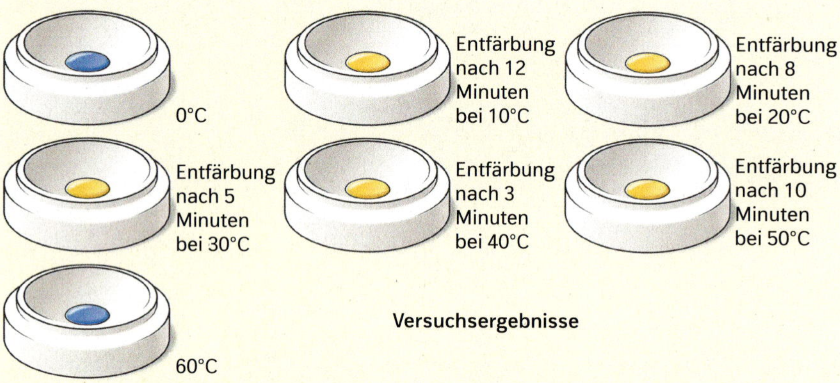

In allen 7 Versuchsansätzen ist Stärke-Lösung, Iod-Kaliumiodid-Lösung und Amylase-Lösung. Beim Vorhandensein von Stärke ist das Gemisch blau-violett gefärbt. Wenn keine Stärke mehr vorhanden ist, verfärbt sich das Gemisch gelblich. Die jeweiligen Versuchsansätze wurden verschiedenen Temperaturen ausgesetzt. Die Grafik zeigt die Versuchsergebnisse.

1. Beschreibe die Versuchsergebnisse.
2. Erkläre die Ergebnisse.
3. Wähle eine der Aufgaben aus:

a Erkläre, warum zu hohes Fieber schädlich für den Körper ist.

b Stelle einen Zusammenhang zwischen der Höhe der Körpertemperatur und der Enzymaktivität her.

Aktivität von Enzymen

Enzyme werden vom Körper selbst gebildet und sind Eiweißstoffe. Sie bewirken eine Umwandlung von Stoffen. Jedes Enzym ist auf einen bestimmten Stoff spezialisiert. Es gibt verschiedene Enzyme für die Spaltung von Fetten, von Eiweißstoffen und auch unterschiedliche Enzyme für die Zerlegung von Kohlenhydraten. So kann sich die Amylase nur an gewisse Stellen der Stärke kurzzeitig anheften. Sie trennt die Stärke an den Verbindungsstellen der Glukose-Bausteine, sodass Maltose entsteht. Die gleiche Amylase löst sich wieder ab und heftet sich an eine andere Stelle an der Stärke oder an eine weitere Stärkekette. Der Vorgang wird mehrfach wiederholt. Dadurch kann ein Enzym mehrfach Maltose von der Stärke abspalten. Dabei wandelt sich die Amylase selbst nicht um, die Struktur des Enzyms bleibt gleich. So kann ein Enzym mehrfach eingesetzt werden. Es funktioniert also als Katalysator.

Einfluss der Temperatur

Enzyme wie die Amylase oder Maltase benötigen eine gewisse Temperatur, damit sie am besten wirken. Etwa bei Körpertemperatur wirken Enzyme am effektivsten und können mehr Stoffe umwandeln. Ist es deutlich zu kalt, wirken Enzyme nicht. Wenn es viel zu warm ist, können Enzyme wie alle Eiweißstoffe zerstört werden. Man spricht dann von **Denaturierung**.

A Begründe, warum geringe Enzymmengen genügen, um eine große Menge eines Stoffes zu spalten.

Verschiedene Kohlenhydrate
In der Nahrung gibt es nicht nur den Mehrfachzucker Stärke oder den Einfachzucker Glukose. In Früchten findet man zum Beispiel oft den Einfachzucker Fruktose. Der bekannte Haushaltszucker ist ein Zweifachzucker, die Saccharose. In vielen Milchprodukten und in der Muttermilch befindet sich Milchzucker, die **Laktose**. Dieser Zweifachzucker besteht aus den beiden Einfachzuckern Galaktose und Glukose.

Verdauung von Laktose
Die Laktose kann als Zweifachzucker die Dünndarmwand nicht passieren und daher nicht vom Blut aufgenommen werden. Sie muss zunächst mithilfe des Enzyms **Laktase** in Glukose und Galaktose zerlegt werden. Die Laktase wird im Kindesalter von den Zellen des Dünndarms gebildet. Bei den meisten Menschen wird sie auch noch im Erwachsenenalter gebildet, aber deutlich weniger.

Laktoseintoleranz
Einige Menschen vertragen Laktose nicht. Sie leiden an **Laktoseintoleranz**. Das ist keine Krankheit, sondern eine Nahrungsmittelunverträglichkeit. Betroffene leiden oft an Blähungen, Bauchkrämpfen und Durchfall. Menschen mit Laktoseintoleranz bilden nur wenig oder keine Laktase mehr. Die Laktose wird im Dünndarm nicht verdaut und gelangt unverändert in den Dickdarm. Dort dient sie Bakterien als Nahrung. Dabei bleiben Abfallstoffe wie Milchsäuren und Gase wie Methan, Kohlenstoffdioxid und Wasserstoff übrig. Sie lösen die Beschwerden der Betroffenen aus.

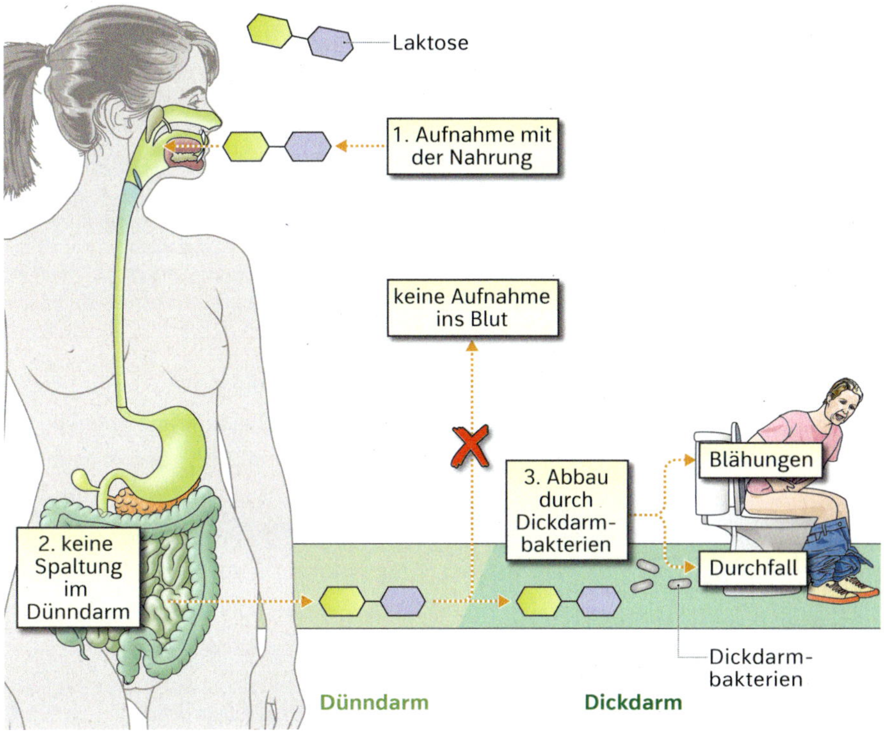

1 Auswirkung von Laktoseintoleranz

Material mit Aufgaben

M1 Laktoseintoleranz

1. Beschreibe die Verdauung von Laktose im Körper eines Menschen ohne Laktoseintoleranz.
2. Menschen mit Laktoseintoleranz nehmen Mittel ein, die künstlich hergestellte Laktase enthalten. Begründe.
3. Erkläre, warum Menschen mit Laktoseintoleranz oft Bauchkrämpfe und Blähungen bekommen, wenn sie Lebensmittel mit Laktose gegessen haben.
4. Stelle eine Vermutung an, warum der Körper im Säuglingsalter die meiste Laktase bildet.

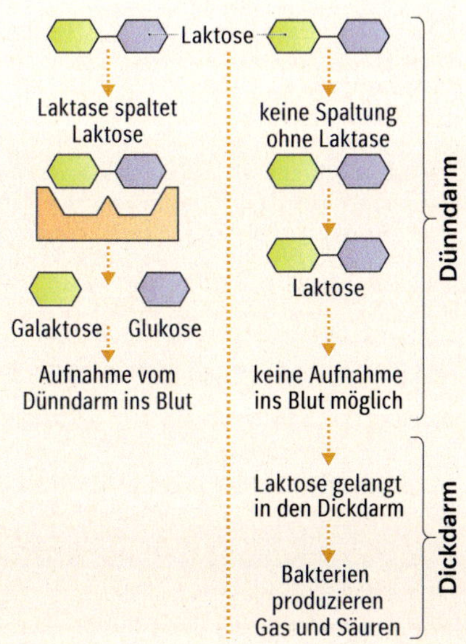

Ein Versuchsprotokoll erstellen

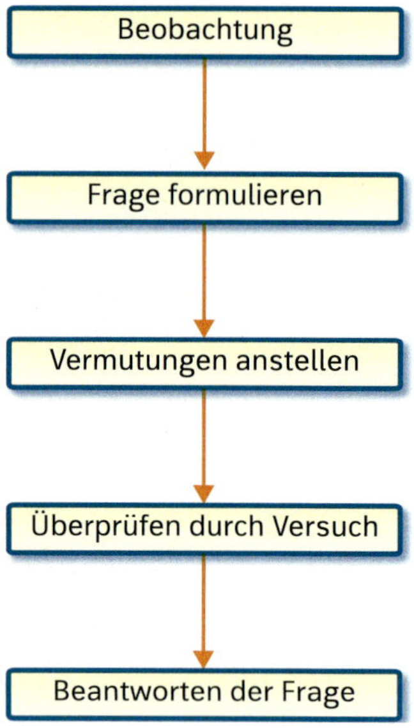

1 Erkenntnisgewinnung in den Naturwissenschaften

Bestandteile eines Protokolls

Damit der Vergleich von Versuchen einfacher ist, schreibt man Versuchsprotokolle. Darin werden der Versuchsaufbau und das Ergebnis vermerkt. So können auch andere Personen den Versuch durchführen und die Ergebnisse überprüfen. Ein Versuchsprotokoll besteht aus folgenden Teilen:

1. Frage formulieren: Am Anfang eines Protokolls wird eine Frage gestellt, die mit dem Versuch beantwortet wird.

2. Vermutungen anstellen: Zu deiner Frage werden Vermutungen angestellt. Beim Anstellen der Vermutungen nutzt man sein Vorwissen.

Versuchsprotokoll Name: Sebastian Baumgartner Datum: 20.01.2021

Funktion der Amylase bei der Stärkeverdauung

GHS08

Frage: Welche Funktion hat das Enzym Amylase bei der Verdauung?
Vermutung: Amylase zerlegt Stärke in kleinere Kohlenhydrate.
Materialien: Iod-Kalium-Iodid-Lösung, Amylase-Lösung, Speisestärke, Wasser, Reagenzgläser, Reagenzglas-Ständer, Becherglas, Pipetten, Spatel, Glasstab
Durchführung: In ein Becherglas werden 100 ml Wasser gefüllt. Dazu wird vorsichtig eine Spatelspitze Speisestärke gegeben. Anschließend wird das Gemisch mit dem Glasstab gerührt, bis sich die Speisestärke im Wasser gelöst hat. Nun werden zwei Reagenzgläser etwa zur Hälfte mit der Stärkelösung gefüllt. In jedes der beiden Reagenzgläser werden mit einer Pipette einige Tropfen Iod-Kalium-Iodid-Lösung gegeben. Anschließend wird in das zweite Reagenzglas Amylase-Lösung gegeben. Beide Reagenzgläser werden während der Beobachtung ab und zu leicht geschwenkt.

Versuchsaufbau:

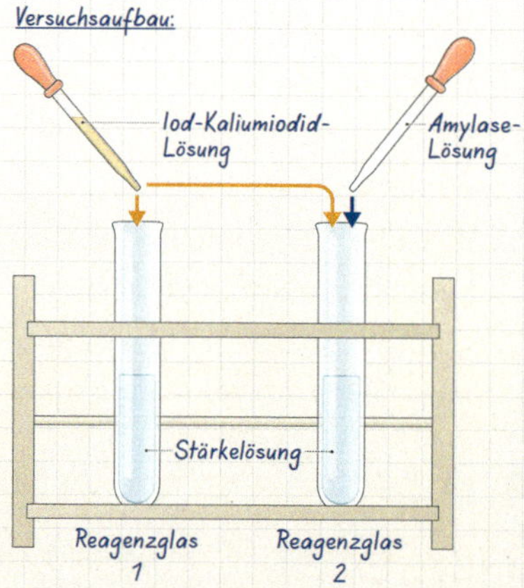

Beobachtung: Die Lösungen in beiden Reagenzgläsern färben sich zunächst dunkel-violett. Nach einiger Zeit entfärbt sich jedoch die Lösung im zweiten Reagenzglas.
Ergebnis: Die Amylase-Lösung zerlegt die Stärke im zweiten Reagenzglas, sodass keine Stärke mehr vorhanden ist.
Auswertung: Das Iod-Kalium-Iodid verfärbt die Lösung zunächst dunkel-violett. Die Farbe zeigt das Vorhandensein von Stärke an. Die Amylase-Lösung enthält das Enzym Amylase. Die Lösung im Reagenzglas mit der Amylase entfärbt sich langsam, da die Stärke von der Amylase langsam zu Maltose abgebaut wird. Die Vorgänge im Reagenzglas sind vergleichbar mit den Vorgängen bei der Verdauung. Das Enzym Amylase wird von den Mundspeicheldrüsen und der Bauchspeicheldrüse gebildet. Im Mund und im Dünndarm wird Stärke dann von der Amylase zu Maltose abgebaut.

2 Ein Versuchsprotokoll

3. Versuche: Zu Überprüfung deiner formulierten Vermutungen werden Versuche durchgeführt.

A Liste der Materialien: Liste alle Versuchsmaterialien auf, die man für den Versuch benötigt.

B Versuchskizze anfertigen: Wenn es aufwändigere Versuchsaufbauten sind, fertige eine einfache Zeichnung, eine Skizze, an. Dazu wird der Versuchsaufbau mit einem Bleistift skizziert.

C Versuchsdurchführung: Beschreibe möglichst genau die Durchführung des Versuchs. Je eindeutiger die Durchführung beschrieben ist, desto einfacher kann jemand anderes den Versuch ebenfalls durchführen.

4. Beobachtung und Ergebnis: Notiere deine Beobachtungen während des Versuchs. Messwerte können beispielsweise in Tabellen festgehalten werden.

5. Auswertung: Hier beantwortest du deine anfangs formulierte Frage. Deine Vermutungen werden überprüft. Sollte die eingangs angestellte Vermutung nicht zutreffen, kann es sein, dass sich aus dem Versuchsergebnis neue Fragen ergeben.
Mögliche Fehler, die während des Versuches auftauchen, werden hier angesprochen. Dies nennt man Fehlerdiskussion.
Wenn sich mithilfe des Versuchs deine Vermutungen nicht bestätigen lassen, müssen neue Vermutungen angestellt und überprüft werden.

Material mit Aufgaben

P1 Verdauung von Stärke im Dünndarm

Hinweis: Pankreatin ist ein Gemisch aus verschieden Enzymen, das aus der Bauchspeicheldrüse von Hausschweinen gewonnen wird.

Material: Stärke-Lösung (1%-ige), Pankreatin-Lösung (1%-ige), Iod-Kalium-Iodid-Lösung, Soda-Lösung (5%-ige), Wasserbad, Reagenzgläser, Becherglas, Pipetten

Durchführung: Gib jeweils mit einer Pipette 5 ml Stärke-Lösung und 2 ml Soda-Lösung in ein Reagenzglas. Füge einige Tropfen Iod-Kalium-Iodid-Lösung hinzu, bis sich das Gemisch violett färbt. Gib dann in das eine Reagenzglas 3 ml Wasser, in das andere 3 ml Pankreatin-Lösung. Stelle die Reagenzgläser in ein Wasserbad mit 38 °C. Beobachte.

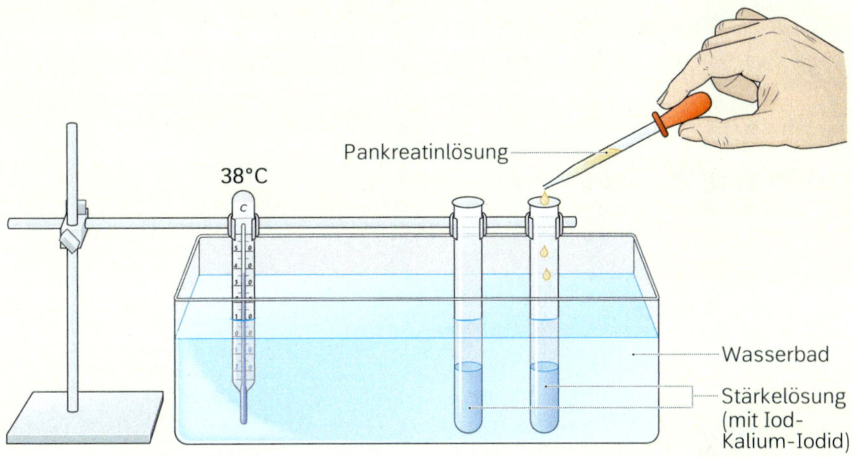

1. Beschreibe die Beobachtungen.
2. Erstelle zu dem Versuch ein vollständiges Versuchsprotokoll.
3. Stelle begründete Vermutungen an, welches Enzym in Pankreatin enthalten sein muss, damit die Blaufärbung zunächst schwächer wird, bis sie verschwindet.
4. Erkläre, warum eine Probe mit zusätzlichem Wasser untersucht wurde.
5. Stelle Vermutungen über die zu erwartenden Versuchsergebnisse bei folgenden Wassertemperaturen des Wasserbads an:
   a 5 °C, b 20 °C , c 70 °C

M2 Wirkung der Galle

Die Galle verdaut selbst kein Fett, unterstützt aber die Fettverdauung.

1. Plane mithilfe der im Bild dargestellten Materialien einen Versuch, der die Wirkung der Galle verdeutlicht. Beachte, dass du auch einen negativen Kontrollansatz benötigst.
2. Erkläre, warum die Wirkung der Galle etwas mit dem biologischen Prinzip der Oberflächenvergrößerung zu tun hat.

1 Sportler trinkt Proteinshake.

Verdauung von Proteinen

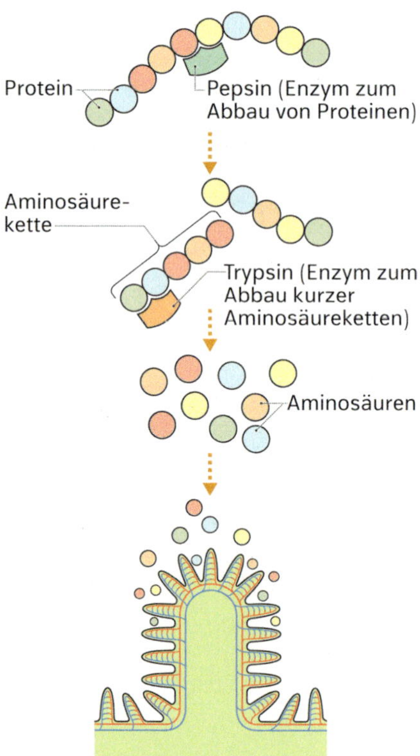

2 Aufbau von Proteinen und Wirkung von Proteasen

Proteine sind Baustoffe

Die Zellen des Menschen bestehen vor allem aus Eiweißstoffen, den **Proteinen**. Die Proteine sind Baustoffe. Auch die vom Körper gebildeten Enzyme und viele Hormone sind Proteine. Zum Aufbau der Muskulatur werden ebenfalls sehr viele Proteine benötigt. Über die Nahrung erhält der Körper Proteine, die er nicht direkt als Baustoffe nutzen kann. Die Proteine werden zuvor von Enzymen in ihre kleinsten Bausteine, die **Aminosäuren**, zerlegt. Diese Enzyme bezeichnet man als **Proteasen**. Aus den Aminosäuren baut der Körper dann andere, körpereigene Proteine auf.

Verdauung von Proteinen

Die in unserer Nahrung enthaltenen tierischen und pflanzlichen Proteine gelangen vom Mund über die Speiseröhre fast unverändert in den Magen. Die Zellen der Magenschleimhaut bilden einen Verdauungssaft, den **Magensaft**. Dieser enthält Proteasen wie das **Pepsin**. Durch die Magensäure werden eingedrungene Erreger wie Bakterien abgetötet. So wird die Verdauung von Proteinen unterstützt. Das Pepsin ist an die sauere Umgebung im Magen angepasst und arbeitet besonders effektiv. Durch die Magensäure beginnen Proteine zu gerinnen und bilden eine weiche Masse. Diese verbleibt längere Zeit im Magen, sodass das Pepsin lange wirken kann. Knetende Bewegungen der Magenwand sorgen dafür, dass die Nahrung gut mit dem Magensaft und den Enzymen vermischt wird. Das Pepsin spaltet die Proteine in kürzere Aminosäureketten. Diese gelangen vom Magen in den Dünndarm. Die Bauchspeicheldrüse gibt Verdauungssäfte mit Proteasen in den Dünndarm ab. Auch die Dünndarmwand produziert Verdauungssäfte mit Proteasen. Die Protease **Trypsin** ist an das alkalische Milieu des Dünndarms angepasst und kann nur hier optimal wirken. Trypsin zerlegt die Aminosäureketten in immer kürzere Ketten, bis die Proteine in Aminosäuren zerlegt sind. Diese werden über die Dünndarmwand ins Blut aufgenommen.

Aufbau körpereigener Proteine

Das Blut transportiert die Aminosäuren zu den Zellen der Organe und Muskeln. Dort werden sie zu körpereigenen Proteinen zusammengesetzt. Die Reihenfolge der Aminosäuren in den gebildeten Proteinen ist anders als die Reihenfolge in der Nahrung.

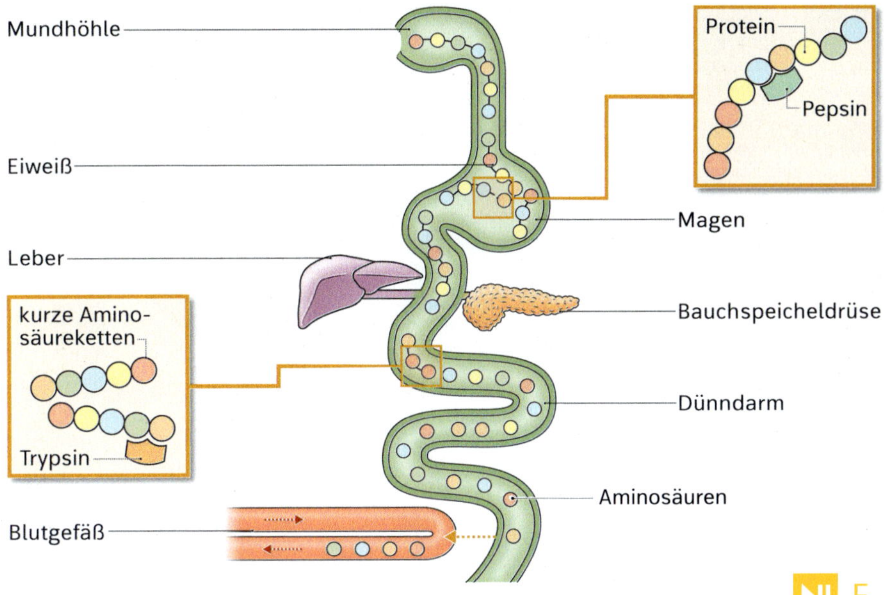

3 Verdauung von Proteinen

Material mit Aufgaben

M1 Wirkung von Proteasen

Rührt man proteinreichen Magerquark in Wasser ein, erhält man eine milchige Flüssigkeit. Die Trübung entsteht durch Eiweißflocken. In einem Versuch wurden Reagenzgläser unterschiedlich befüllt und danach für einige Zeit im Wasserbad bei 40 °C erwärmt.

1. Beschreibe die Versuchsbeobachtungen.
2. Erkläre die Versuchsergebnisse.
3. Erkläre, warum dieser Versuch nicht die vollständige Verdauung von Proteinen veranschaulicht.
4. Stelle begründete Vermutungen über die Versuchsergebnisse bei 0 °C an.

	Probe 1	Probe 2	Probe 3	Probe 4	Probe 5
Probe nach dem Erwärmen	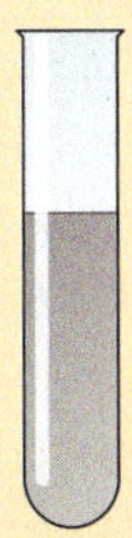	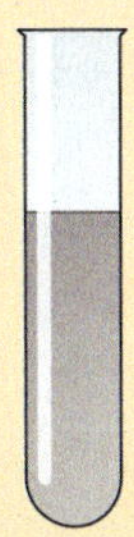	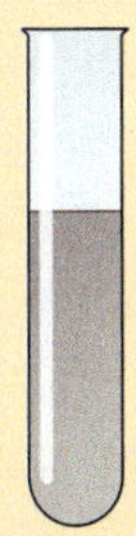	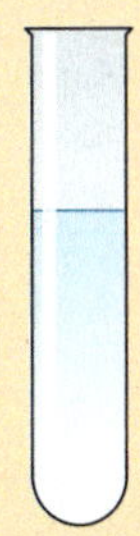	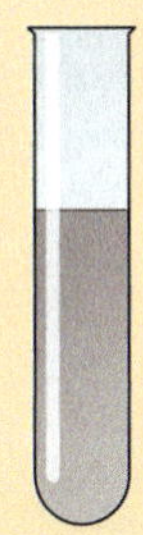
Wasser-Quark-Suspension	X	X	X	X	X
Pepsin-Lösung		X		X	X
Salzsäure			X	X	
Natron (alkalisch)					X

1 Erschöpfte Sportlerin

Verdauung von Fetten

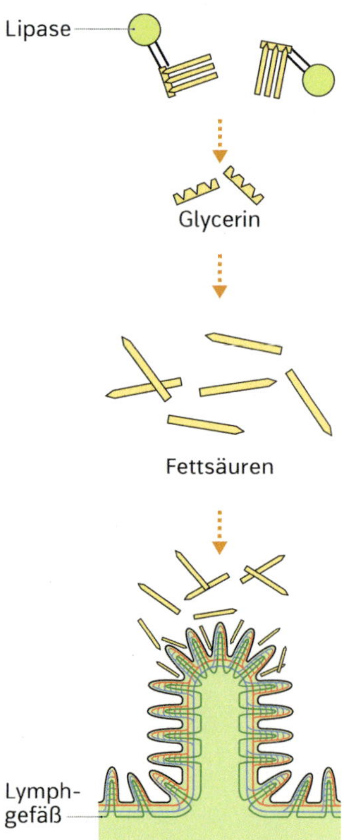

2 Aufbau von Fetten und Wirkung von Lipasen

Fett für den Körper

Fette sind sehr energiereich und liefern doppelt so viel Energie wie Kohlenhydrate. Manche Vitamine können nur zusammen mit Fett aufgenommen werden. Nach einer sehr fettreichen Mahlzeit fühlt man sich aber oft schlapp und ist beim Sport schnell erschöpft. Der Körper benötigt für die Fettverdauung länger als für die Verdauung von Kohlenhydraten. Die in den Fetten enthaltene Energie ist erst nach längerer Zeit verfügbar.

Verdauung von Fetten

Fette werden im Körper von Enzymen, den **Lipasen**, in ihre Bestandteile zerlegt. Die Fette aus der Nahrung gelangen vom Mund über die Speiseröhre zum Magen. Dabei werden sie kaum verändert. Die Fettverdauung beginnt im Dünndarm. Die Bauchspeicheldrüse gibt in den vorderen Teil des Dünndarms, den Zwölffingerdarm, Verdauungssäfte ab. In diesem **Bauchspeichel** sind Lipasen enthalten. Auch die Dünndarmwand bildet einen Verdauungssaft mit Lipasen. Durch die Lipasen werden die Fette im Dünndarm in ihre Bestandteile **Glycerin** und **Fettsäuren** zerlegt. Über die Dünndarmzotten werden sie in die **Lymphe** aufgenommen und treten später von den Lymphgefäßen in die Blutgefäße über. Im Blut gelangen die Fettbestandteile zur Leber und werden in Baustoffe oder Energielieferanten umgewandelt, die zu den Zellen transportiert werden. Ist das „Energielager" der Leber voll, weil viel Fett gegessen wurde, werden überschüssige Fettbestandteile wieder zu Fett aufgebaut und in Fettzellen gespeichert.

Bedeutung der Gallenflüssigkeit

Die Leber bildet den **Gallensaft**. Diese gelb-grüne Flüssigkeit wird in der Gallenblase gespeichert und gelangt von dort über einen Ausführgang in den Zwölffingerdarm. Im Dünndarm werden Fette, Lipasen und Gallensaft vermischt. Der Gallensaft zerteilt die großen Fetttropfen in viele kleine. Dadurch wird die Oberfläche stark vergrößert. Die Lipasen kommen gleichzeitig an vielen Stellen mit Fett in Kontakt und können effektiv wirken. Ohne den Gallensaft könnte Fett kaum als Energiequelle genutzt werden.

A Nenne Verdauungsorgane, die an der Fettverdauung beteiligt sind.

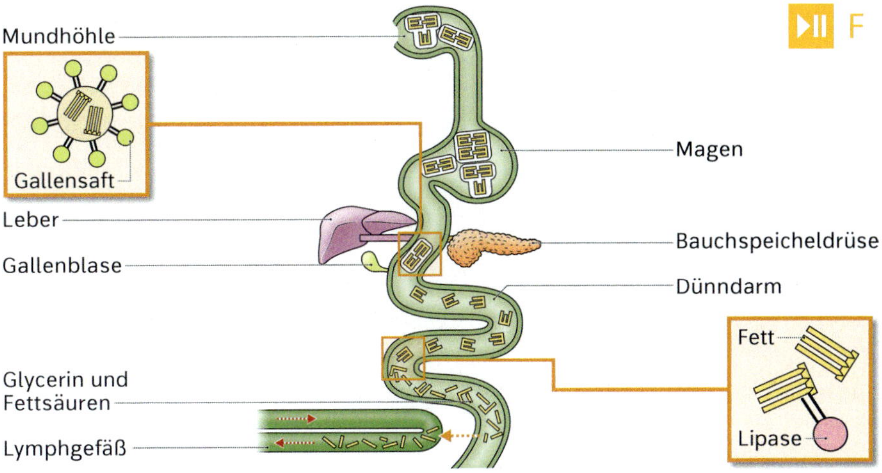

3 Verdauung von Fetten

Material mit Aufgaben

M1 Gallensaft

In beiden Reagenzgläser wurde Fett mit Wasser vermischt, geschüttelt und einige Zeit stehen gelassen. Im rechten Glas ist zusätzlich Gallensaft.

1. Beschreibe die Versuchsbeobachtungen.
2. Erkläre die Bedeutung der Galle für die Fettverdauung.

M2 Fettverdauung im Experiment

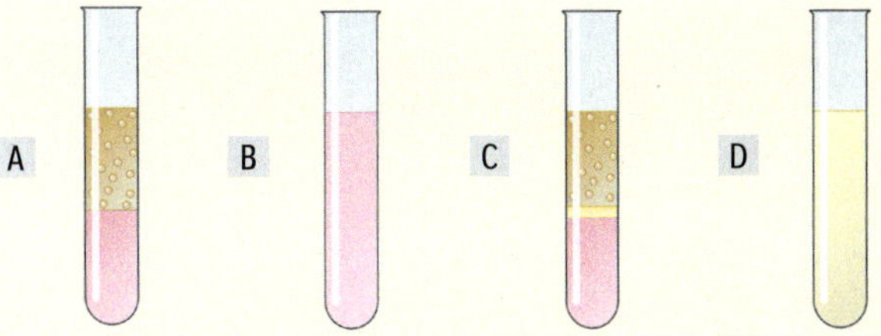

	A	B	C	D
Wasser mit Phenolphthalein	X	X	X	X
Öl	X	X	X	X
Ochsengalle		X		X
Lipase-Lösung			X	X

In einem Experiment wurden mehrere Versuchsansätze gemacht. Die Reagenzgläser mit den Stoffen wurden geschüttelt und im Wasserbad auf 40 °C erhitzt. Phenolphtalein ist ein Indikator. Die Lösung verfärbt sich durch die Zugabe von Natronlauge rosa-violett. Sind genügend Fettsäuren in der Lösung, verfärbt sich die Lösung gelb.

1. Beschreibe die Versuchsdurchführung und die Beobachtungen.
2. Erkläre die Versuchsbeobachtungen.
3. Wird der Versuchsansatz 1 länger bei 40 °C stehen gelassen, wird auch bei diesem Ansatz eine Verfärbung zu beobachten sein. Erkläre diese Beobachtung.

Auf einen Blick Die Verdauung

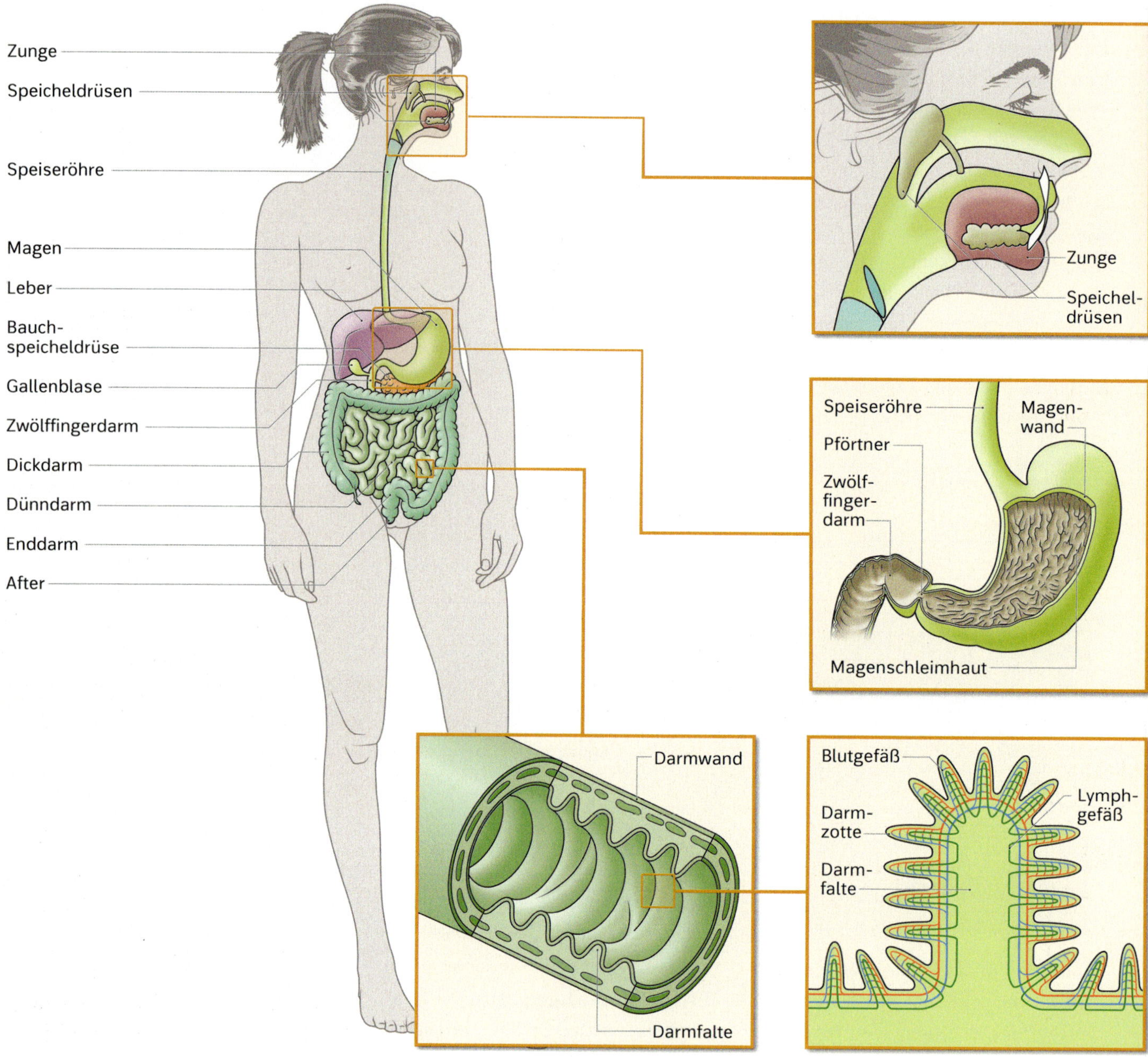

In den Nahrungsmitteln sind neben Vitaminen und Mineralstoffen noch weitere Nährstoffe enthalten: Kohlenhydrate, Proteine und Fette. Bei der Verdauung werden die Nährstoffe in ihre Bausteine zerlegt. Die Nährstoffe werden in unterschiedlichen Verdauungsorganen mithilfe von Enzymen verdaut. Die dabei entstehenden Nährstoffbausteine sind Glukose, Aminosäuren sowie Fettsäuren und Glycerin. Diese Nährstoffbausteine werden über die Darmzotten des Dünndarms ins Blut beziehungsweise die Lymphe aufgenommen und anschließend im Körper verteilt.

Auf einen Blick

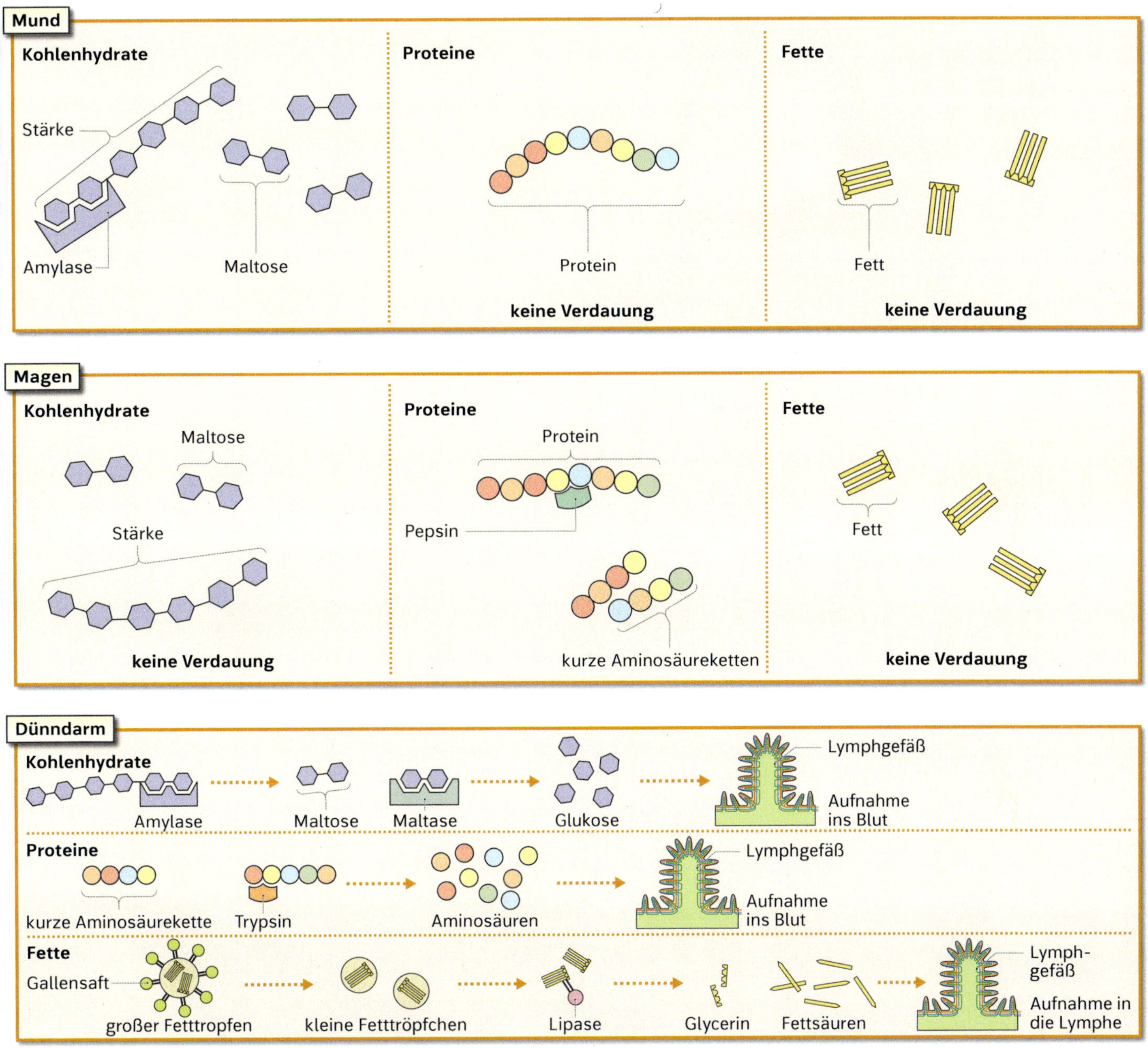

1. Nenne die Organe, die Enzyme produzieren und die Wirkorte der Enzyme.
2. Erkläre, was man unter dem Begriff Verdauung versteht.
3. Beschreibe, wie die Nährstoffe mithilfe der verschiedenen Enzyme zerlegt werden.
4. Erkläre, warum zwei Enzyme für die Proteinverdauung nötig sind.
5. Erkrankt man an einer Leberzirrhose, wird nur noch wenig Gallensaft gebildet. Stelle Vermutungen über mögliche Auswirkungen auf die Fettverdauung an.

1 Sportlerin während der Pause

Projekt

Stoffumwandlung im Körper

Transport von Stoffen

Der Körper nimmt über die Dünndarmwand kleine, energiereiche Nährstoffbausteine wie Traubenzucker auf. Diese gelangen schnell ins Blut. Das Blut mit den darin gelösten Stoffen wird durch die Blutgefäße zu den Organen, wie den Muskeln, transportiert. Die Muskeln sind von vielen verzweigten, feinen Blutgefäßen umschlossen und durchdrungen. Durch ihre dünne Wand gelangen die Nährstoffbausteine und Sauerstoff in die Zellen der Muskeln.

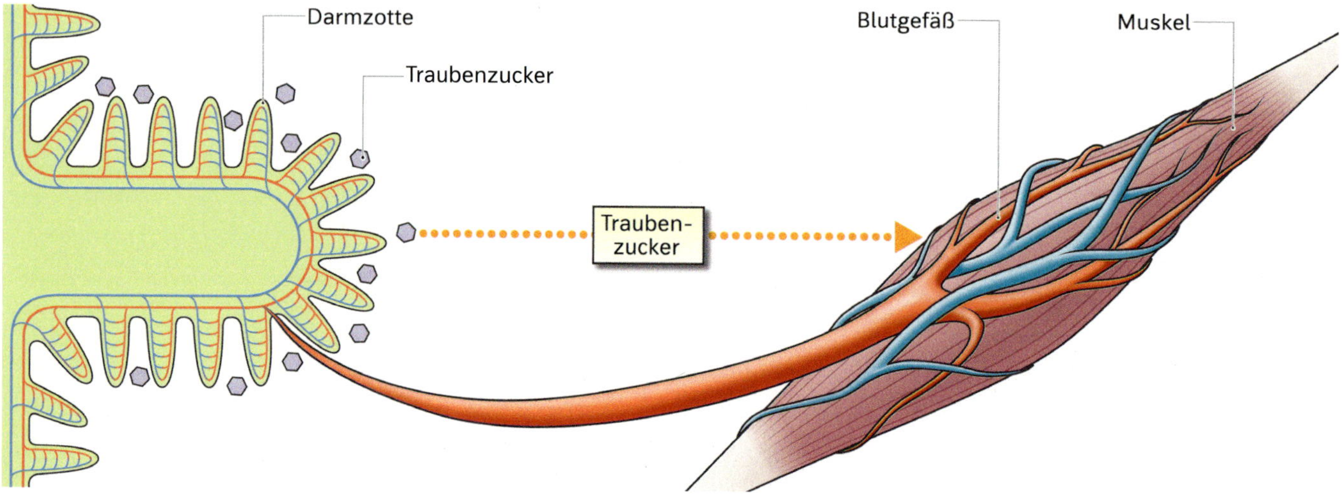

2 Transport der Nährstoffbausteine

Stoffwechsel

Muskeln benötigen für ihre Arbeit viel Energie. Je höher die körperliche Belastung, desto höher ist der Energiebedarf des Körpers.

In den Muskeln werden die Nährstoffbausteine wie Traubenzucker abgebaut. Mithilfe des Sauerstoffs wandeln die Zellen des Muskels den energiereichen Traubenzucker in energiearmes Kohlenstoffdioxid und Wasser um. Dabei wird **Energie** freigesetzt. Diesen Stoffwechselvorgang nennt man **Zellatmung**.

Wasser und Kohlenstoffdioxid gelangen aus den Muskelzellen in das Blut. Das Kohlenstoffdioxid gelangt mit dem Blut zu den Lungen und wird dann ausgeatmet.

Energie wird umgewandelt

Die bei der Zellatmung freigesetzte Energie wird von den Zellen des Körpers für ihre jeweiligen Aufgaben verwendet. Drüsenzellen nutzen zum Beispiel die Energie, um Stoffe wie Schweiß zu produzieren. Die Muskelzellen wandeln die chemische Energie der Nährstoffe in **Bewegungsenergie** um.

Ein Teil der Energie wird jedoch auch in **thermische Energie** umgewandelt. So kann der Körper seine Körpertemperatur von etwa 37°C aufrecht erhalten. Energie wird stets in andere Formen umgewandelt. Sie geht nie verloren.

A Beschreibe den Weg der Nährstoffbausteine vom Dünndarm bis zum Muskel. Nimm Bild 2 zu Hilfe.

B Beschreibe mithilfe der Fachbegriffe und von Bild 3 den Stoffwechsel im Muskel.

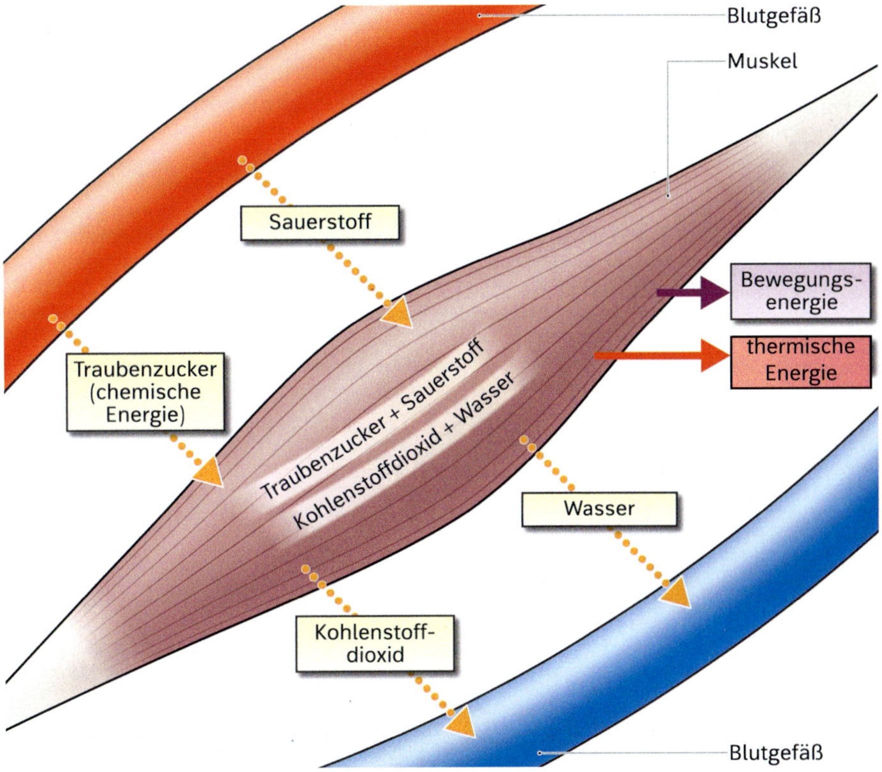

3 Stoffwechsel im Muskel

Material mit Aufgaben

M1 Zellatmung

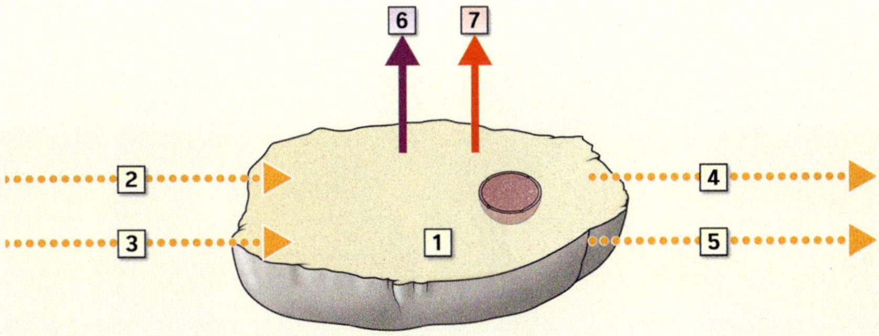

1. Übertrage das Schema in dein Heft. Ordne die folgenden Begriffe zu und ergänze dein Schema: Zelle, Sauerstoff, Wärmeenergie, Kohlenstoffdioxid, Traubenzucker, Wasser, Bewegungsenergie.
2. Erkläre die Aussage: Energie geht nie verloren.

1 Der Blick auf die Waage

Essstörungen

Essstörungen

Manche Menschen finden sich zu dick. Daher essen sie weniger und machen Diäten. Was mit einer harmlosen Diät beginnt, kann aber manchmal in einer ernsthaften Erkrankung enden, einer **Essstörung**.

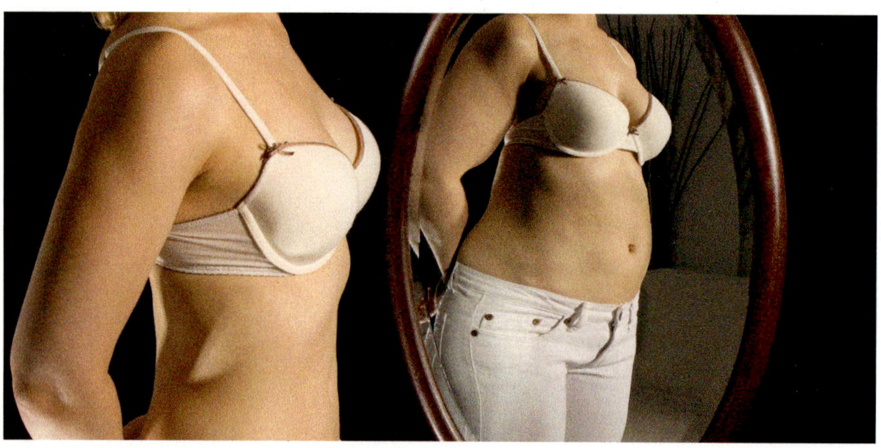

2 Gestörte Selbstwahrrnehmung

Magersucht

Die Magersucht ist eine sehr häufige Essstörung. Betroffene weisen ein extremes **Untergewicht** auf. Sie wiegen sich sehr oft und essen nur sehr wenig. Manche treiben dazu noch übermäßig viel Sport. Viele Betroffene versuchen zusätzlich durch Erbrechen nach Mahlzeiten oder die Einnahme von Abführmitteln abzunehmen. Magersüchtige vergleichen ihr Körpergewicht ständig mit anderen Menschen in der Realität und in den Medien. Sie sind davon überzeugt, erst dann wertvoll zu sein, wenn sie dünn sind. Ihr tägliches Handeln wird von der Idee bestimmt, noch mehr abzunehmen. Sie schätzen ihr körperliches Aussehen falsch ein. Sie fühlen sich trotz des extremen Untergewichts zu dick. Es ist sehr schwer für die Betroffenen ohne Hilfe mit diesem Verhalten aufzuhören.

Esssucht

Bei einer Esssucht leiden die Betroffenen an starken Essattacken. Dabei verschlingen sie wahllos große Mengen an Nahrung. Die Betroffenen verspüren einen ständigen Drang zu essen, obwohl sie eigentlich keinen Hunger haben. Sie leiden meist an starkem **Übergewicht**. Manche nehmen so stark zu, dass sie fettleibig werden. Nach ihren Essattacken zeigen die Betroffenen starke Schuldgefühle. Viele brechen im Laufe der Krankheit den Kontakt zu ihrer Familie und ihren Freunden ab. Sie fühlen sich allein und ausgegrenzt. Dadurch essen sie noch mehr.

Ess-Brechsucht

Bei der Ess-Brechsucht sind die Betroffenen meist normalgewichtig, leiden aber ebenfalls unter Essattacken. Regelmäßig schlingen sie heimlich größere Mengen an Essen hinunter. Sie haben große Angst, dick zu werden. Damit sie trotz ihren Essattacken nicht zunehmen, treiben sie sehr viel Sport oder hungern regelmäßig eine Zeit lang. Manche nehmen gezielt nach dem Essen Abführmittel oder übergeben sich. Dafür schämen sich die meisten Betroffenen. Das ständige Erbrechen und die wiederkehrenden Essattacken zerstören ihr Selbstwertgefühl. Sie verlieren dadurch auch den Kontakt zu ihren Freunden. Die Ess-Brechsucht heißt auch **Bulimie**.

A Nenne Gemeinsamkeiten und Unterschiede der Essstörungen.

B Stelle Vermutungen an, welchen Einfluss Medien auf das Essverhalten haben können.

Material mit Aufgaben

M1 Das Tagebuch von Myriam

29.08.2019
In den Sommerferien war ich zwei Wochen bei meiner Oma. Vor den Ferien wog ich noch etwa 54 Kilogramm. Als ich wiederkam, sagten alle, wie toll ich aussehe und dass ich hübsch bin. So glücklich war ich noch nie! Ich will unbedingt, dass es so bleibt. Deswegen esse ich jetzt nur noch ganz wenig, fast keine Kohlenhydrate mehr.

26.10.2019
Einen Apfel und ein bisschen mageres Fleisch am Tag habe ich in den letzten 6 Wochen gegessen. Ich bin stolz auf mich, denn ich habe so fast 10 Kilogramm abgenommen. Meine Eltern und meine Freunde zicken mich aber die ganze Zeit an. Sie sagen alle, ich wäre zu dünn und würde krank aussehen. Angeblich bin ich immer schlecht drauf. Sie verstehen mich nicht! Sie können von mir aus sagen, was sie wollen. Außerdem muss ich noch ein bisschen abnehmen. Mit meinen Beinen und meinem Bauch bin ich nicht zufrieden. Ich will doch nur hübsch sein.

20.11.2019
Meine Mutter will mit mir die ganze Zeit zum Arzt gehen. Sie will dort einen Ernährungsplan machen und mein Gewicht kontrollieren. Ich trinke einfach vorher zwei Liter Wasser. Das merken die doch sowieso nicht. So, ich geh' jetzt zum Sport – dann habe ich fünf Tage am Stück was gemacht!

14.04.2020
Morgen ist mein 13. Geburtstag. Eigentlich müsste ich mich freuen. Doch ich lache schon lange nicht mehr. Morgen muss ich für 8 Wochen in die Klinik. Mein Arzt hat das angeordnet. Er sagt, mein Puls ist zu niedrig. Mir ist die ganze Zeit übel, ich bin total schlapp. Ich wiege jetzt 36 Kilogramm. Was habe ich meinem Körper angetan? Ich habe Angst vor der Klinik und weine die ganze Zeit. Das wollte ich alles nicht!

1. Beschreibe Myriams Sucht und deren Ursachen.
2. Erkläre, an welcher Essstörung Myriam erkrankt ist. +
3. Erläutere mögliche Gründe, warum manche Menschen sich in solche gefährlichen Situationen begeben.

Der Mensch nutzt Pflanzen und Tiere

Der Mensch nutzt seit sehr langer Zeit schon viele verschiedene Tiere und Pflanzen für die Bereitstellung von Nahrungsmitteln. Er hat Pflanzen und Tiere so gezüchtet, dass sie immer mehr seinen Bedürfnissen entsprechen. So geben Milchkühe zum Beispiel viel mehr Milch und das angebaute Getreide hat größere und schwerere Körner.

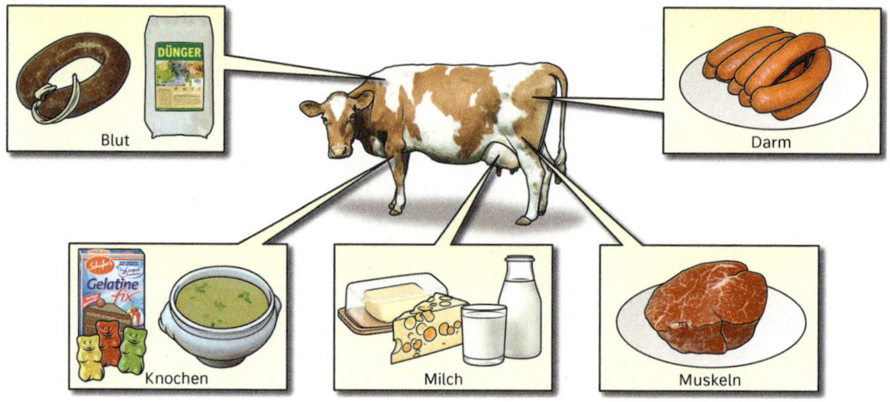

Landschaften

In Deutschland wird fast die Hälfte der Fläche landwirtschaftlich genutzt. Vor allem Wiesen, Weiden und Äcker gehören zu diesen landwirtschaftlichen Nutzflächen. Indem der Mensch die Landschaft bewirtschaftet, verändert er sie. Er greift in die Ökosysteme ein. Dadurch wird der Lebensraum von vielen Tieren verändert oder sogar zerstört. Dies hat Folgen für die Artenvielfalt.

Ernährung

Die Nahrung liefert dem Körper mit den Nährstoffen Baustoffe und Energie. Kohlenhydrate sind wichtige Energielieferanten für den Betriebsstoffwechsel. Fette sind zusätzlich Baustoffe. Eiweißstoffe werden vor allem als Baustoffe benötigt. Neben den Nährstoffen benötigt der Körper noch Vitamine, Mineralstoffe und Ballaststoffe. Auch die Zufuhr von genügend Wasser ist für den Körper wichtig.

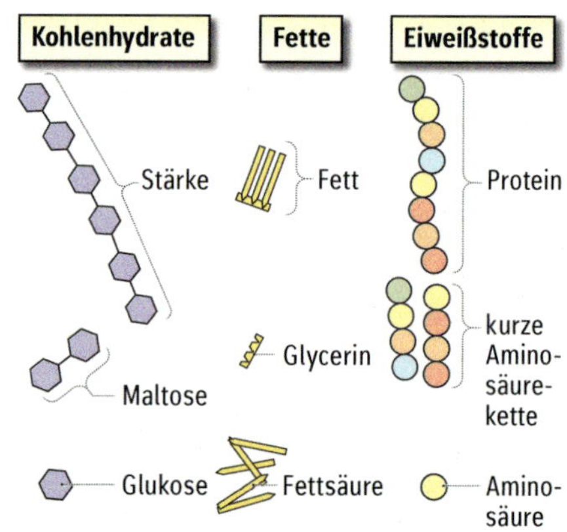

Verdauungssystem

Die Nahrung wird mit den Zähnen zerkleinert. Die zerkleinerte, eingespeichelte Nahrung gelangt durch die Speiseröhre zunächst in den Magen, dann in den Dünndarm und danach in den Dickdarm. Im Mund, Magen und Dünndarm werden die Nährstoffe in ihre kleinsten Bausteine zerlegt. Dies bezeichnet man als Verdauung. Im Dünndarm werden die Bausteine dann ins Blut aufgenommen. Unverdauliche Reste werden über Enddarm und After ausgeschieden.

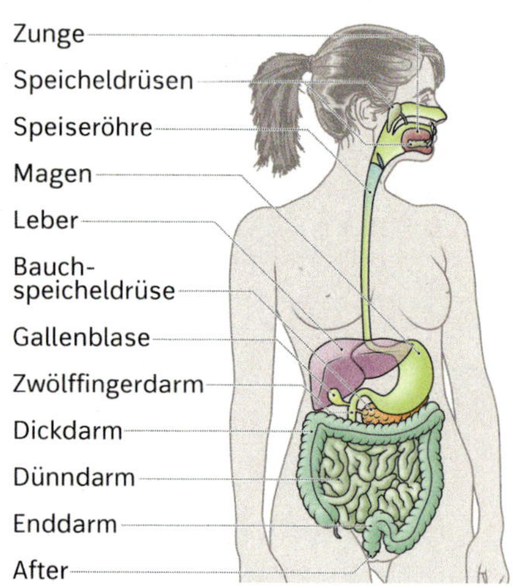

Enzyme

Bei der Verdauung werden die Nährstoffe mithilfe von Enzymen zerlegt. Für die Zerlegung verschiedener Nährstoffe produziert der Körper verschiedene Enzyme. Ein Enzym passt zu einem Nährstoff wie ein Schlüssel in ein passendes Schloss. Sie arbeiten nach dem Schlüssel-Schloss-Prinzip und bei Körpertemperatur am effektivsten.

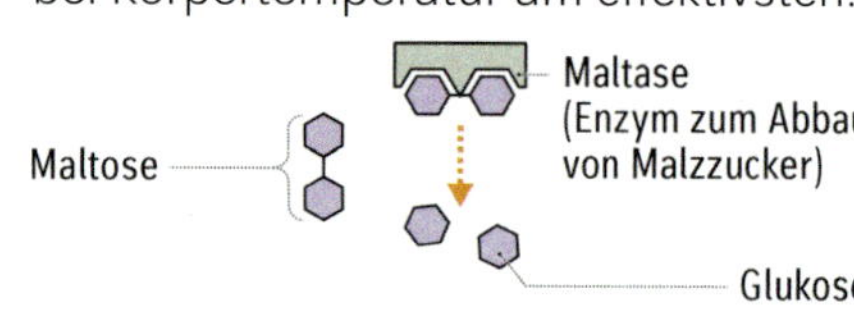

1 Landschaften

A Beschreibe die beiden abgebildeten Landschaften.

B Beschreibe, wie eine moderne Kulturlandschaft aussieht.

C Vergleiche die beiden abgebildeten Landschaften.

D Erkläre, wie der Mensch die Landschaft beeinflusst.

E Erläutere Folgen von der Beeinflussung der Landschaft.

2 Verdauung von Nährstoffen

A Benenne die mit Ziffern gekennzeichneten Stoffe im Bild.

B Erkläre an einem Beispiel, was man unter Verdauung versteht.

C Beschreibe, wie Enzyme wirken.

D Erläutere die Bedeutung der Gallenflüssigkeit für die Verdauung.

E Erläutere die Aufgaben der Magensäure.

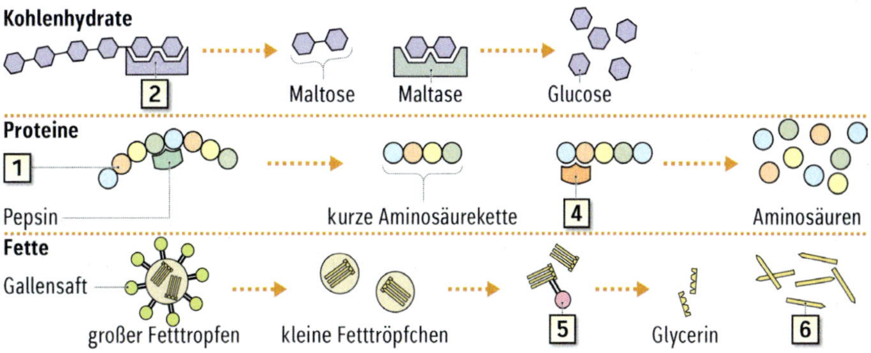

3 Energiebilanz

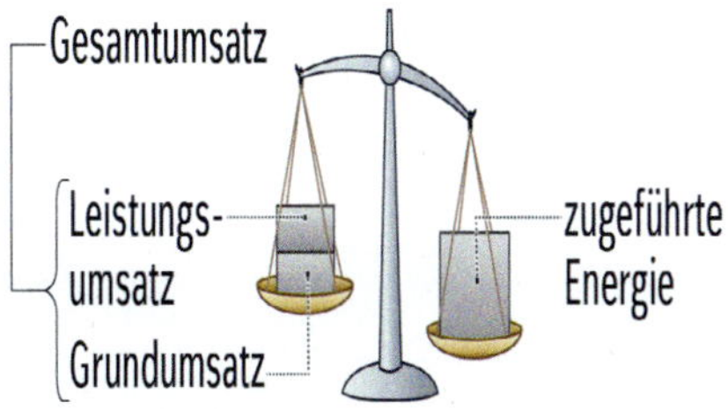

A Beschreibe, wie sich der Gesamtumsatz zusammensetzt.

B Erkläre, warum man beim Sport mehr Energie zuführen muss.

C Erkläre die Entstehung von Übergewicht mit diesem Modell.

4 Oberflächenvergößerung

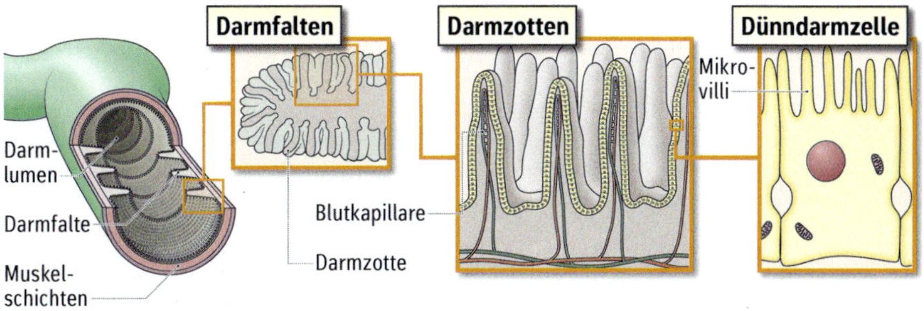

A Beschreibe den Aufbau des Dünndarms.

B Erkläre, wie die Dünndarmwand an die Stoffaufnahme angepasst ist.

Was sind Metalle?
Wie wird Stahl hergestellt?
Wofür braucht man Indikatoren?

9

Ressourcen über und unter der Erde

In einem Hochofen wird Roheisen hergestellt. Das Roheisen kann zu Stahl weiterverarbeitet werden. Die geschmolzenen Materialien werden dann in Formen gegossen. Dort härten sie aus.

1 Chemiker im Labor

Element und Verbindung

Elemente und Verbindungen

Chemische **Elemente** bestehen nur aus einer Sorte von Atomen. Sie sind Reinstoffe. Elemente können nicht weiter aufgetrennt werden, aber mit anderen Elementen reagieren. Die dabei entstehenden Stoffe werden als chemische **Verbindungen** bezeichnet. Verbindungen bestehen mindestens aus zwei verschiedenen Elementen. In der Natur kommen viele Stoffe als Verbindungen vor. So sind zum Beispiel Zucker oder Salz chemische Verbindungen und können auch wieder getrennt werden.

Element	Symbolfarbe	lateinischer oder griechischer Name	Elementsymbol
Kohlenstoff		Carboneum	C
Sauerstoff		Oxygenium	O
Kupfer		Cuprum	Cu
Zink		Zincum	Zn
Eisen		Ferrum	Fe
Schwefel		Sulfur	S
Wasserstoff		Hydrogenium	H

2 Beispiele für Elemente und Elementsymbole

Elementsymbole

Wissenschaftler auf der ganzen Welt tauschen sich über chemische Reaktionen aus. Dafür können die chemischen Reaktionen aber nicht nur mit Wortgleichungen beschrieben werden. Deshalb wurde für jedes chemische Element ein passendes Symbol definiert. Man spricht von **Elementsymbolen**. Diese leiten sich von den lateinischen oder griechischen Namen der Elemente ab. Sie werden als Abkürzung für den Namen und als ein Symbol für ein Atom genutzt.

Reaktionsgleichung

Die Wortgleichung für die chemische Reaktion von Kohlenstoff und Sauerstoff lautet:

Kohlenstoff + Sauerstoff → Kohlenstoffdioxid

Die Elementsymbole für Kohlenstoff und Sauerstoff sind **C** und **O**. In der Luft kommt Sauerstoff als Molekül vor, was aus zwei Sauerstoffatomen besteht. Daher wird das Elementsymbol um eine 2 ergänzt zu O_2. Kleine Zahlen hinter einem Elementsymbol stehen immer für die Anzahl der Atome in einem Molekül. Das bei der Reaktion entstehende Kohlenstoffdioxid besteht aus der Verbindung des Kohlenstoffatoms mit dem Sauerstoffmolekül. Die Reaktion von Kohlenstoff mit Sauerstoff lautet als Reaktionsgleichung:

$C + O_2 \rightarrow CO_2$

Durch diese Schreibweise sind chemische Reaktionen weltweit einheitlich.

Ausgleichung

Bei einer chemischen Reaktion gilt die **Massenerhaltung**. Die Atome werden nur umgeordnet. Die Anzahl der Atome links und rechts vom Reaktionspfeil muss also immer gleich sein. Bei vielen Reaktionsgleichungen muss man deshalb die Zahlen vor die einzelnen Termen anpassen. Sie geben die Anzahl der Atome an. Diesen Vorgang bezeichnet man als **Ausgleichen** der Reaktionsgleichung. An den Elementsymbolen selbst darf nichts geändert werden.

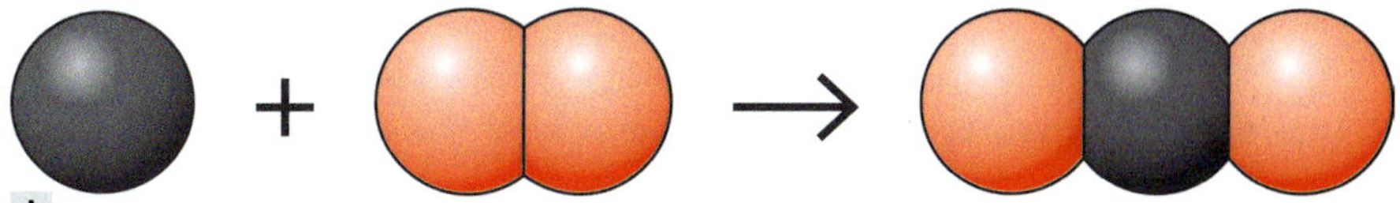

A

$$C + O_2 \longrightarrow CO_2$$

B

3 Reaktion von Kohlenstoff mit Sauerstoff: **A** im Atommodell. **B** als Reaktionsgleichung

Material mit Aufgaben

M1 Reaktionsgleichung

A

B

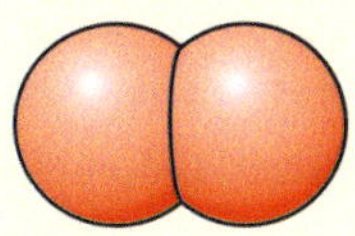

C

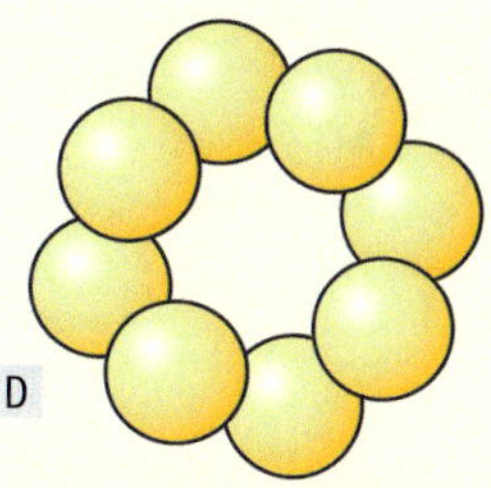

D

Schwefel
Sauerstoff
Wasserstoff

1. Beschreibe die Zusammensetzung der dargestellten Moleküle.
2. Ordne den abgebildeten Molekülen A bis D folgende Namen zu und begründe deine Zuordnung: Wasser (H_2O), Schwefel (S_8), Sauerstoff (O_2) und Schwefeldioxid (SO_2).
3. Wähle eine der Aufgaben aus:
   a Erstelle eine Reaktionsgleichung für die Entstehung von Schwefeldioxid. Setze nur ein Schwefelatom ein.
   b Bei der Reaktion von Schwefeldioxid und Wasser entsteht schweflige Säure (H_2SO_3). Erstelle die Reaktionsgleichung.

Methode

Reaktionsgleichungen aufstellen

1. Aufstellen der Wortgleichung:

Stickstoff + Wasserstoff → Ammoniak

2. Übersetzen der Wortgleichung:

Stickstoff + Wasserstoff → Ammoniak

$N_2 + H_2 \rightarrow NH_3$

3. Überführung ins Atommodell:

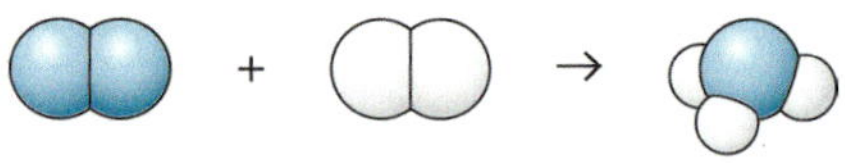

$N_2 + H_2 \rightarrow NH_3$

4. Ausgleichen der Stickstoffatome:

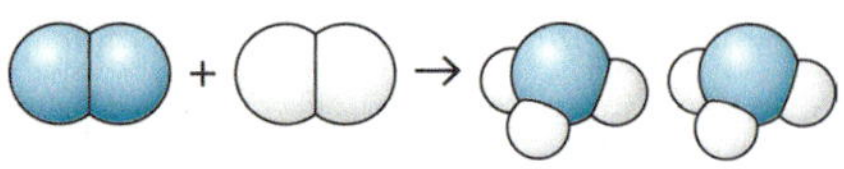

$N_2 + H_2 \rightarrow 2\,NH_3$

5. Ausgleichen der Wasserstoffatome:

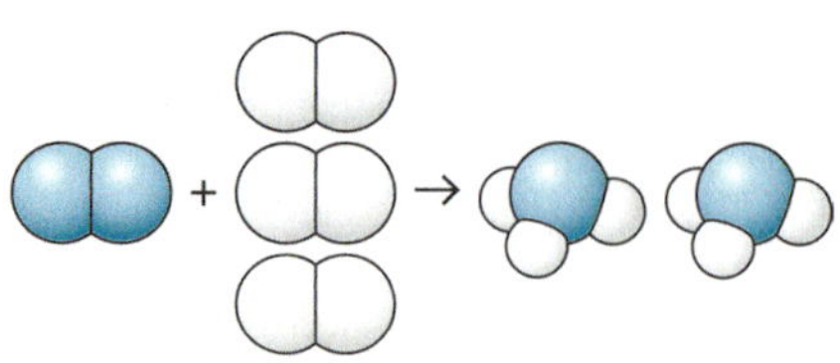

$N_2 + 3H_2 \rightarrow 2\,NH_3$

1 Aufstellen einer Reaktionsgleichung

Reaktionsgleichung

Bei einer chemischen Reaktion reagieren Stoffe miteinander. Diese Stoffe werden bei einer **Reaktionsgleichung** in einer Formelschreibweise angegeben. Mithilfe einer Reaktionsgleichung kann das Verhältnis, in dem die Stoffe miteinander reagieren, dargestellt werden.

Bildung von Ammoniak

Ammoniak ist ein Gas. Es breitet sich in der Luft aus und ist für den Menschen giftig. Dieses Gas ist jedoch wichtig für die Industrie und Landwirtschaft. Es wird zum Beispiel für die Herstellung von Düngern und Sprengstoffen verwendet. Ammoniak wird aus den Gasen Stickstoff und Wasserstoff gebildet. Die Wortgleichung für die Bildung von Ammoniak lautet:

Stickstoff + Wasserstoff → Ammoniak

Reaktionsgleichung aufstellen

In der Regel liegen die Gase wie Stickstoff, Wasserstoff und auch Sauerstoff als Moleküle vor. Übersetzt man die Wortgleichung bei der Bildung von Ammoniak in die Formelschreibeweise lautet die Gleichung im ersten Schritt:

Stickstoff + Wasserstoff → Ammoniak
$N_2 + H_2 \rightarrow NH_3$

Die Reaktionsgleichung ist damit aber noch nicht korrekt aufgestellt. Die Arten und die Anzahl der Atome müssen links und rechts des Reaktionspfeils gleich sein. Die Anzahl der Stickstoffatome des N_2- Moleküls muss sich also auch auf der rechten Seite des Reaktionspfeils beim Produkt Ammoniak wiederfinden. Jedoch darf an den Formeln der einzelnen Moleküle und somit auch am Ammoniak nichts verändert werden. Daher müssen zwei NH_3-Moleküle bei der Reaktion entstehen. Man spricht bei diesem Vorgang vom **Ausgleichen**.

Ausgleichen

Das Ausgleichen erfolgt, indem man eine Zahl vor das Molekül schreibt. In dem Fall gibt es dann zwei Ammoniakmoleküle. Somit ist die Zahl der Stickstoffatome links und rechts des Reaktionspfeils ausgeglichen.

Stickstoff + Wasserstoff → Ammoniak
$N_2 + H_2 \rightarrow 2\,NH_3$

Betrachtet man die Wasserstoffatme in der Reaktionsgleichung stellt man fest, dass auf der linken Seite zwei Wasserstoffatome sind und auf der rechten Seite sechs. Daher muss auch auf der linken Seite des Reaktionspfeils bei den Edukten die Wasserstoffmoleküle ausgeglichen werden.

Stickstoff + Wasserstoff → Ammoniak
$N_2 + 3H_2 \rightarrow 2\,NH_3$

Nun ist die Reaktionsgleichung korrekt und ausgeglichen dargestellt.

A Beschreibe die einzelnen Schritte zum Aufstellen einer Reaktionsgleichung.

B Erkläre die Bedeutung des Ausgleichens für das korrekte Aufstellen von Reaktionsgleichungen.

Material mit Aufgaben

M1 Reaktionsgleichungen aufstellen

1. Beschreibe den Bau der Moleküle der entstehenden Produkte der zwei abgebildeten Reaktionen.
2. Erstelle für jede dargestellte Reaktion die Wortgleichung.
3. Erstelle für jede dargestellte chemische Reaktion die Reaktionsgleichung.

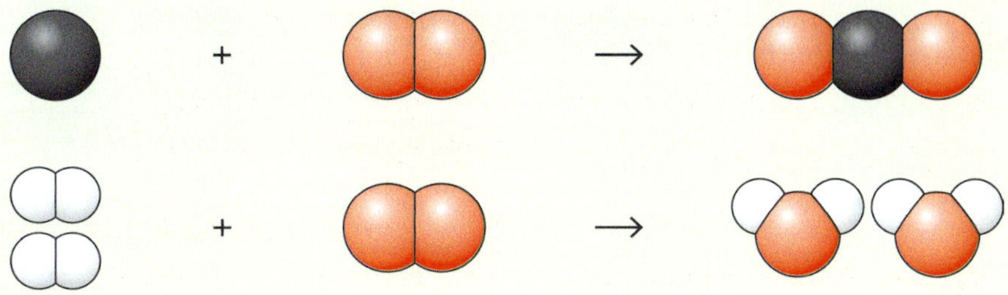

M2 Reaktionsgleichungen ausgleichen

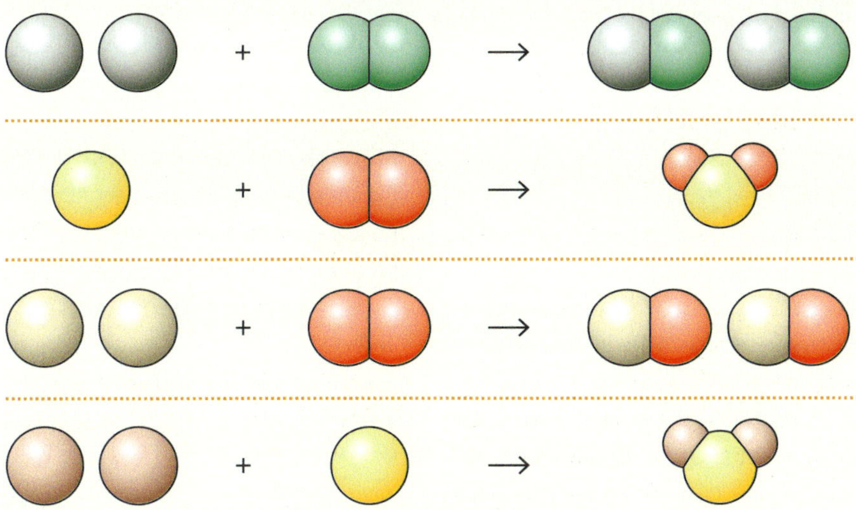

A
$Na + Cl_2 \rightarrow 2\ NaCl_2$

B
$S + O_2 \rightarrow SO$

C
$2\ Mg + 2\ O_2 \rightarrow 2\ MgO$

D
$2\ Cu + S_3 \rightarrow Cu_2S$

$Fe + O_2 \rightarrow 2\ Fe_2O_3$
E

$CO_2 + H_2O \rightarrow 2\ H_2CO_3$
F

Linus hat zu den oben im Atommodell dargestellten Reaktionen Reaktionsgleichungen aufgestellt. Rechts sind seine Ergebnisse. Er hat das Ausgleichen noch nicht ganz verstanden.

1. Korrigiere die abgebildeten Reaktionsgleichungen A bis D in deinem Heft. Beachte, dass die Anzahl der Atome in einem Molekül nicht verändert werden dürfen.
2. Korrigiere die Reaktionsgleichungen E und F in deinem Heft. Die angegebenen Produkte sind korrekt.

1 Steinfigur

Indikatoren

Ätzende Stoffe

Viele flüssige Stoffe greifen Oberflächen, zum Beispiel die von Steinen, an. Dabei entstehen Vertiefungen oder Löcher. Diesen Vorgang bezeichnet man als **Ätzen**. Früher haben Wissenschaftler Flüssigkeiten mit Wasser verdünnt und probiert: Die Flüssigkeiten, die sauer schmeckten, hat man als **Säuren** bezeichnet. Flüssigkeiten, die leicht seifig schmeckten, hat man **Laugen** genannt. Laugen werden auch als **alkalische Flüssigkeiten** bezeichnet. Auf der Haut fühlen sich Laugen schmierig und seifig an. Säuren und Laugen können lebensgefährliche Verletzungen verursachen. Daher sind heute Geschmacksproben verboten.

Steinfiguren an Kirchen sind immer dem Wetter ausgesetzt. Regen ist leicht sauer und ätzt dadurch etwas. Deswegen ist die Oberfläche von alten Steinfiguren oft beschädigt.

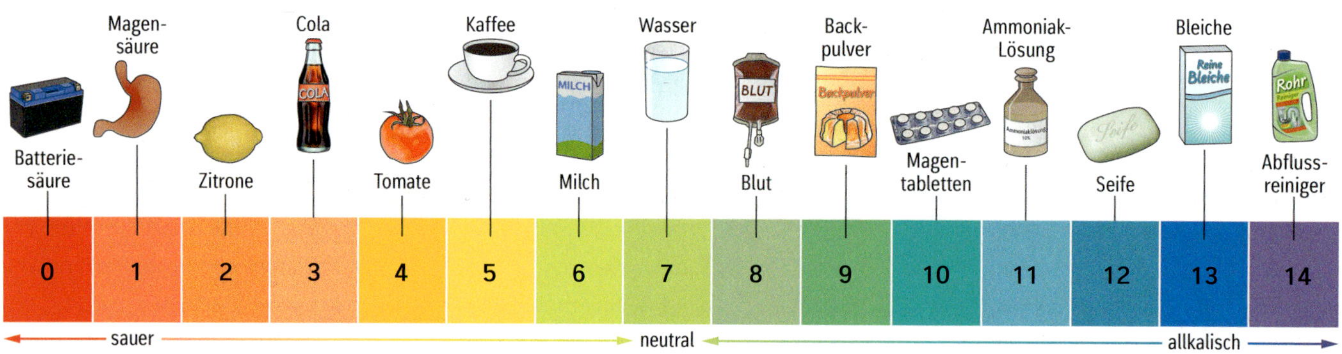

2 pH-Skala des Universalindikators

Der pH-Wert

Nicht alle Säuren und Laugen sind gleich stark. Je stärker eine Säure mit Wasser verdünnt wird, desto schwächer wird ihre ätzende Wirkung. Speisessig enthält überwiegend Wasser und nur etwa 5 Prozent Essigsäure. Essigessenz enthält mit 35 Prozent mehr Essigsäure, muss vor dem Verzehr verdünnt werden und kann zum Putzen verwendet werden. Schwache alkalische und saure Stoffe sind oft in Lebensmitteln enthalten. Viele Früchte enthalten Fruchtsäuren und sind daher leicht sauer. Damit man besser einschätzen kann, wie sauer oder alkalisch eine Flüssigkeit ist, hat man eine Skala entwickelt, die **pH-Skala**. Sie geht von 0 bis 14. Werte unter 7 zeigen eine Säure an. Sehr starke Säuren haben den **pH-Wert** 0. Werte über 7 zeigen eine Lauge an. Eine Flüssigkeit mit dem pH-Wert von 7 ist weder sauer noch alkalisch. Sie ist **neutral**.

Indikatoren

Manche Stoffe ändern ihre Farbe, wenn sie mit Säuren oder Laugen zusammenkommen. Gibt man diese Stoffe zu unbekannten Flüssigkeiten, kann man ohne Geschmacksproben erkennen, ob es sich um eine Lauge oder eine Säure handelt. Diese Stoffe bezeichnet man als Anzeigerstoffe oder **Indikatoren**. Je nach pH-Wert haben solche Indikatoren unterschiedliche Farben. Der **Universalindikator** zeigt verschiedene Farben bei verschiedenen pH-Werten. Im Haushalt gibt es auch Indikatoren, mit denen der pH-Wert getestet werden kann. Man kann zum Beispiel mit Rotkohlsaft Säuren und Laugen unterscheiden.

Material mit Aufgaben

M1 Indikatoren

1. Vergleiche die Indikatoren A und B miteinander.
2. Beschreibe, welcher Indikator sich gut zum Nachweis von Laugen eignet.
3. Vergleiche die beiden abgebildeten Indikatoren mit dem Universalindikator.

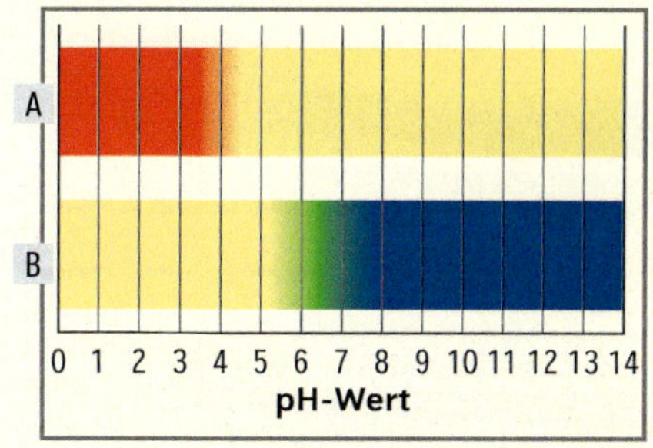

P2 Rotkohlindikator

Material: Heizplatte, Topf, Schneidebrett, Messer, Becherglas, Pipette, Spatel, Rotkohlblätter, Wasser, verschiedene Stoffe wie Apfelsaft, Speisessig, Seifenlösung oder Zitronensaft

Herstellen des Rotkohlindikators: Schneide die Rotkohlblätter in kleine Stücke und gibt sie mit Wasser in einen Topf. Koche die Blätter kurz auf und lasse die Flüssigkeit abkühlen. Gieße die Flüssigkeit vorsichtig ohne Stückchen in das Becherglas.

pH-Wert bestimmen: Befülle deine Reagenzgläser etwa zur Hälfte mit den zu untersuchenden Stoffen. Bei festen Stoffen gibst du eine kleine Spatelspitze des Stoffes ins Reagenzglas und füllst etwa zur Hälfte mit Wasser auf. Am Schluss gibst du mit der Pipette in jedes Reagenzglas etwa 2 cm hoch deinen Rotkohlindikator. Schüttele das Reagenzglas vorsichtig.

1. Bestimme die jeweiligen pH-Werte der Proben mithilfe des Bildes.
2. Ordne deine untersuchten Proben nach dem pH-Wert.
3. Erkläre, welche Proben sauer, alkalisch oder neutral sind.

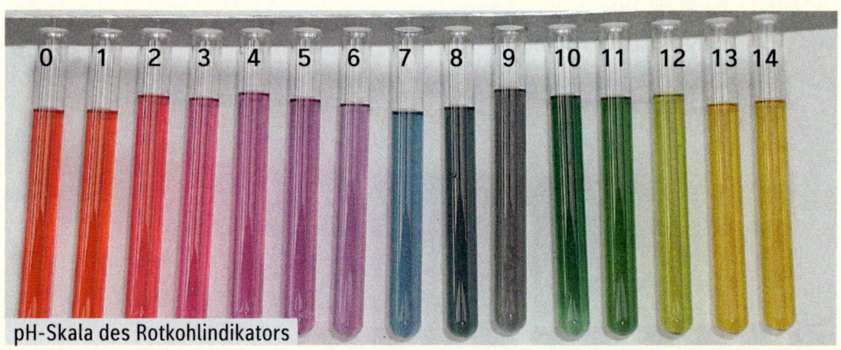

pH-Skala des Rotkohlindikators

1 Wasser mit Kohlensäure

Saure Lösungen

Kohlensäure

Der Begriff Säure begegnet einem oft im Alltag. Zum Beispiel kann man Wasserflaschen mit **Kohlensäure** kaufen. Diese verleiht dem Wasser einen leicht säuerlichen Geschmack. Für der Herstellung von Wasser mit Kohlensäure, wird das Gas **Kohlenstoffdioxid** unter Druck in das Wasser geleitet. Dort reagiert es mit dem Wasser und es entsteht Kohlensäure. Beim Öffnen der Wasserflasche entweicht wieder Kohlenstoffdioxid. Dies verrät das Sprudeln. Kohlenstoffdioxid entsteht aber auch bei Verbrennungen von Kohlenstoff, der zum Beispiel in den Brennstoffen Holz, Kohle oder Erdöl enthalten ist.

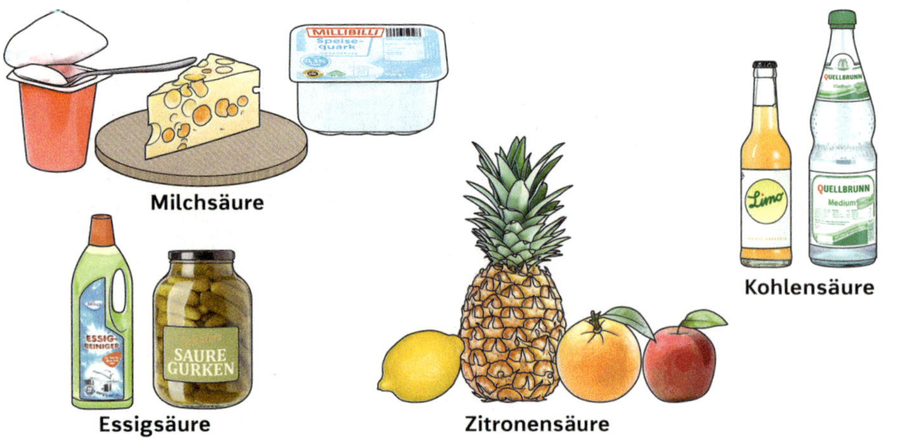

2 Säuren im Alltag

Saure Lösungen

Viele Nahrungsmittel wie zum Beispiel Früchte oder Joghurt enthalten Säure. Der Magensaft im menschlichen Körper ist ebenfalls säurehaltig. Des Weiteren sind Säuren wichtig für die Industrie und Technik. Sie sind zum Beispiel in Autobatterien enthalten. Säuren liegen oft nicht als reine Stoffe vor, sondern als **Lösungen**. Wird eine Säure mit Wasser gemischt, entsteht eine **saure Lösung**.

Eigenschaften saurer Lösungen

Alle sauren Lösungen sind sauer und wirken ätzend. Abhängig von ihrer Konzentration, können sie dadurch auch Stoffe auflösen. Saure Lösungen bilden sich durch die Reaktion von Oxiden, die keine Eigenschaften von Metallen aufweisen und Wasser. Solche Oxide nennt man **Nichtmetalloxide**. So reagiert zum Beispiel Schwefeldioxid mit Wasser zu einer **schwefligen Säure**.

Schwefeldioxid + Wasser → schweflige Säure

$SO_2 + H_2O \rightarrow H_2SO_3$

Hält man Kupfer und Zink in eine saure Lösung wie Salzsäure, dann reagiert nur das Zink mit der Salzsäure. Metalle, die mit sauren Lösungen reagieren, bezeichnet man als **unedle Metalle**. Man kann bei dem Versuch eine Gasentwicklung am Metall beobachten.

Das Zink und die Salzsäure reagieren miteinander. Bei der Reaktion entsteht das Gas **Wasserstoff**, welches sichtbar aufsteigt. Gleichzeitig entsteht bei der Reaktion von Zink und Salzsäure der Stoff Zinkchlorid. Die Wortgleichung dieser Reaktion lautet wie folgt:

Zink + Salzsäure → Wasserstoff + Zinkchlorid

$Zn + 2\ HCl \rightarrow H_2 + ZnCl_2$

Metalle wie Kupfer, die nicht mit sauren Lösungen reagieren, bezeichnet man als **edle Metalle**. ▶

A Beschreibe die Entstehung von sauren Lösungen.

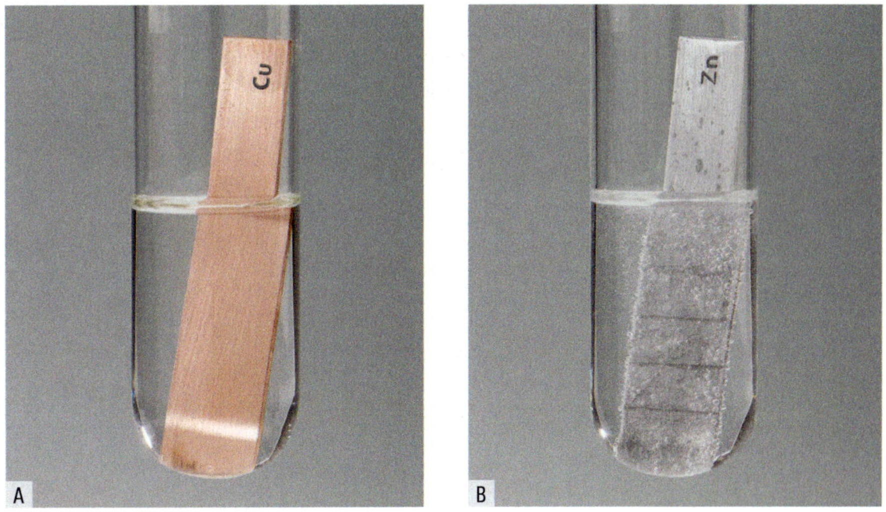

3 Salzsäure: **A** Reaktion mit Kupfer, **B** Reaktion mit Zink

Material mit Aufgaben

M1 Schweflige Säure

1. **III** Beschreibe die Ergebnisse des dargestellten Versuchs.
2. **III** Erkläre, warum sich das Wasser im Versuch rot färbt. ⊞
3. Wähle eine der Aufgaben aus:

a **III** Erstelle mithilfe der Tabelle Wortgleichungen von verschiedenen Säuren.

b **III** Stelle Vermutungen an, warum im abgebildeten Versuch noch nicht die ganze Flüssigkeit rot gefärbt ist.

Nichtmetall	Nichtmetalloxid	Säure
Stickstoff (N)	Stickstoffdioxid (NO_2)	Salpetersäure (HNO_3)
Kohlenstoff (C)	Kohlenstoffdioxid (CO_2)	Kohlensäure (H_2CO_3)
Phosphor (P)	Phosphoroxid (P_4O_{10})	Phosphorsäure (H_3PO_4)

4 Tropfsteinhöhle

Material mit Aufgaben

M2 Tropfsteinhöhle

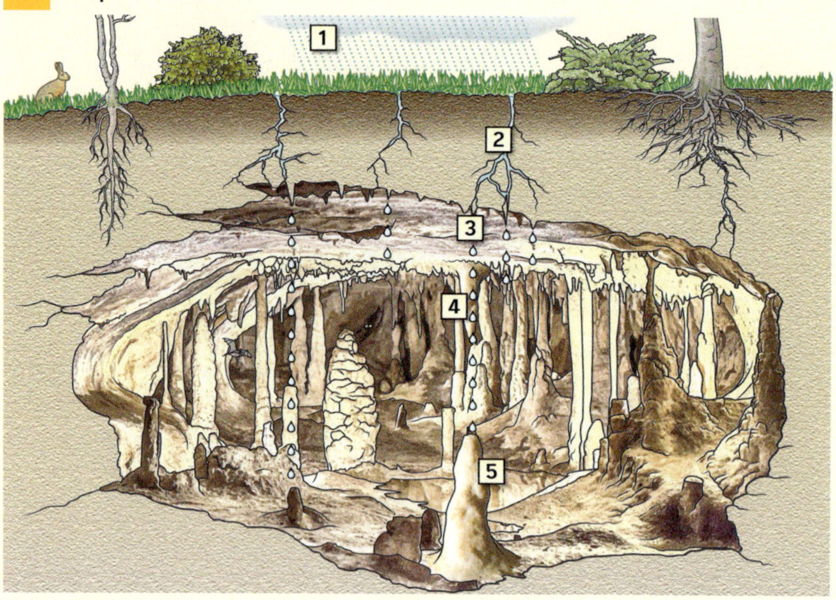

1. Beschreibe die Entstehung von Tropfsteinhöhlen.
2. Erkläre die Entstehung von Stalagmiten und Stalaktiten in den Schritten 1 bis 5.
3. Stelle Vermutungen an, von welchen Faktoren es abhängt, wie schnell die Stalagmiten und Stalaktiten in Tropfsteinhöhlen wachsen.

Kalkstein

Kalkstein ist ein weiches, helles Gestein. Es besteht überwiegend aus dem Stoff **Calciumcarbonat**. Im Süden von Deutschland befinden sich ganze Gebirge aus Kalkstein. Kalkstein ist in reinen Wasser fast nicht löslich.
Wenn Regenwasser viel Kohlenstoffdioxid aus der Luft aufnimmt, dann bildet sich Kohlensäure. Diese saure Lösung fällt dann mit dem Regen zu Boden. Trifft sie auf Kalkstein, dann beginnt sie ihn zu zersetzen. Es entsteht dabei wasserlösliches **Calciumhydrogencarbonat**. Dieses wird mit dem Regen fortgespült. Ein Teil der herabfallenden sauren Lösung versickert im Boden und sammelt sich zu unterirdischen Bächen und Flüssen. Dadurch wird im Laufe der Zeit das Gebirge ausgehöhlt und können große **Höhlen** entstehen.

Tropfsteinhöhle

Das mit dem Regenwasser fortgespülte Calciumhydrogencarbonat versickert irgendwann mit dem Wasser im Boden. Dabei kann es auch in eine Höhle tropfen. Die Wassertropfen mit dem gelösten Calciumhydrogencarbonat hängen dann an der Höhlendecke. Mit der Zeit wird das Kohlenstoffdioxid abgegeben und das Wasser verdunstet. Übrig bleibt das schwer lösliche **Calciumcarbonat**, welches langsam als **Tropfstein** von der Decke herabwächst. Es bilden sich an der Decke **Stalaktiten**. Tropft das versickerte Wasser auf den Boden, bilden sich Tropfsteine, die nach oben wachsen, die **Stalagmiten**. Höhlen mit solchen Tropfsteinen bezeichnet man als **Tropfsteinhöhlen**.

Material mit Aufgaben

P3 Kohlensäure

Material: Erlenmeyerkolben, Verbrennungslöffel, Stopfen, durchbohrter Stopfen, Wasser, flüssiger Universalindikator, Kohlestück, Schutzbrille

Durchführung: Fülle den Kolben mit Wasser und einigen Tropfen des Universalindikators. Stecke den Verbrennungslöffel in den durchbohrten Stopfen. Lege ein Stück Kohle auf ihn, entzünde die Kohle und halte den Löffel in den Kolben. Dieser darf das Wasser nicht berühren. Entferne nach ein paar Minuten den Verbrennungslöffel und verschließe den Kolben mit dem geschlossenen Stopfen.

1. Beschreibe die Beobachtungen des Versuchs.
2. Erkläre die Ergebnisse des Versuchs.
3. Erstelle eine Wortgleichung für die Entstehung von Kohlensäure.

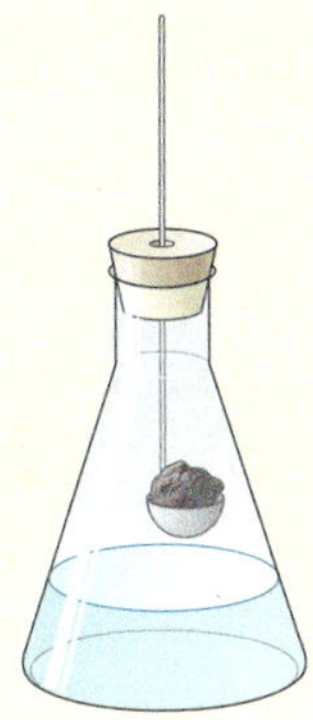

P4 Edle und unedle Metalle

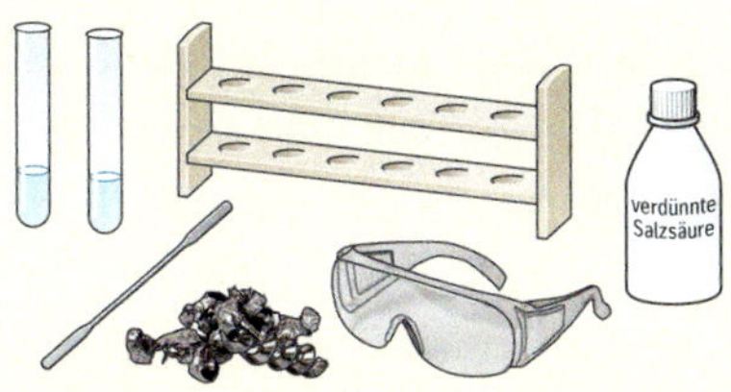

Material: Reagenzgläser, Reagenzglasständer, Spatel, verdünnte Salzsäure, verschiedene Metallspäne, Schutzbrille

Durchführung: Stelle die Reagenzgläser in den Reagenzglasständer und fülle sie zu einem Drittel mit der Salzsäure. Gib einen Spatel der verschiedenen Metallspäne jeweils in ein Reagenzglas.

1. Beschreibe die Beobachtungen des Versuchs.
2. Erkläre die Ergebnisse des Versuchs.

P5 Kalk

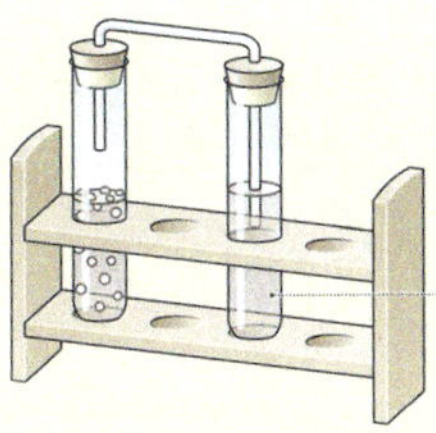

Material: Reagenzglas, Reagenzglasständer, U-Rohr, durchbohrter Stopfen, verdünnte Salzsäure, Calciumcarbonatpulver (Kalk), Kalkwasser, Schutzbrille

Durchführung: Fülle ein Reagenzglas mit verdünnter Salzsäure und das Zweite mit Kalkwasser. Gib in das erste Reagenzglas etwas Calciumcarbonatpulver. Setze den durchbohrten Stopfen mit U-Rohr auf das Reagenzglas und tauche das Ende in das Kalkwasser ein.

1. Beschreibe die Beobachtungen.
2. Erkläre die Ergebnisse des Versuchs.

P6 Knallgasprobe

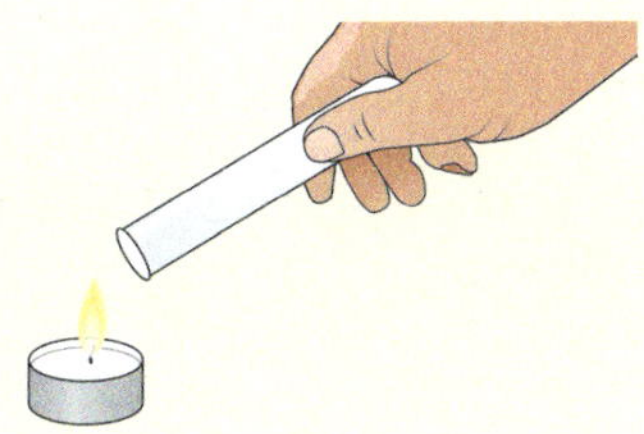

Material: Teelicht, Reagenzgläser, Stopfen, Wasserstoff, Schutzbrille

Durchführung: Zünde das Teelicht an. Hole ein mit Wasserstoff gefülltes Reagenzglas von der Lehrkraft und verschließe es mit dem Stopfen. Halte das geöffnete Reagenzglas über die Flamme. Führe den Versuch mit einem mit Luft gefüllten Reagenzglas durch.

1. Beschreibe die Beobachtungen.
2. Plane einen Versuch, in dem man entstehenden Wasserstoff bei der Reaktion von sauren Lösungen und Metall nachweist.

Schwefelsäure

1 **A - C**: Schwefelsäure reagiert mit Zucker

Eigenschaften von Schwefelsäure

Eine der wichtigsten Chemikalien in der Industrie ist die **Schwefelsäure**. Man benötigt sie zum Beispiel für die Herstellung von Düngemitteln oder Medikamenten. Außerdem wird sie zur Reinigung und Verarbeitung von Stoffen wie Erdöl eingesetzt. Neben einer stark ätzenden Wirkung, hat Schwefelsäure auch eine sehr starke wasserentziehende Wirkung. Man bezeichnet sie als **hygroskopisch**. Daher ist beim Umgang mit Schwefelsäure höchste Vorsicht geboten. Durch ihre wasserentziehende Wirkung wird Schwefelsäure beispielsweise auch für die Trocknung von Gasen verwendet. Kommen Stoffe wie Zucker oder Holz in Kontakt mit Schwefelsäure, dann wird ihnen das Wasser entzogen. Sie werden zersetzt und eine schwarze, kohlenstoffhaltige, zähflüssige Masse bleibt zurück. Gibt man Schwefelsäure in ein Becherglas auf etwas Zucker, dann wird der Zucker nicht nur schwarz, sondern bläht sich auch auf. Die entstehende schwarze Masse kann sogar aus dem Becherglas aufsteigen. Grund für die Ausdehnung ist der Wasserdampf, der durch die Hitze bei der chemischen Reaktion von Schwefelsäure und Zucker entsteht. Dieser bläht den zersetzten Zucker stark auf.

Material mit Aufgaben

M1 Eigenschaften der Schwefelsäure

1. Beschreibe die Versuchergebnisse von Versuch A und B.
2. Erkläre das Versuchsergebnis in Versuch A.
3. Erkläre das Versuchsergebnis in Versuch B.

Herstellung

Schwefelsäure wird für viele Bereiche in der Industrie benötigt. Aus diesem Grund wird sie in Schwefelsäureanlagen in großen Mengen hergestellt. Für die Herstellung von Schwefelsäure benötigt man **Schwefel**. Man kann Schwefel in der Natur finden, oder zum Beispiel bei der Verarbeitung von Erdöl gewinnen. In den Schwefelsäureanlagen wird dem Schwefel mehrfach Sauerstoff übertragen. Er reagiert dann mit dem Sauerstoff. Im ersten Schritt wird der Schwefel verflüssigt und in einen **Verbrennungsofen** geleitet. Dort entsteht zunächst Schwefeldioxid. Das Schwefeldioxid wird danach in einen **Kontaktofen** geleitet. Dort reagiert es wieder mit Sauerstoff und es entsteht das Gas **Schwefeltrioxid**.

Schwefeldioxid + Sauerstoff → Schwefeltrioxid
$2\ SO_2 + O_2 \rightarrow 2\ SO_3$

Das Schwefeltrioxid wird im anschließenden Absorber mit Schwefelsäure vermischt. Die Schwefelsäure wurde vorher mit Wasser gemischt. Sie ist verdünnt. Das Schwefeltrioxid reagiert mit dem Wasser in der verdünnten Schwefelsäure zu reiner **Schwefelsäure**.

Schwefeltrioxid + Wasser → Schwefelsäure
$SO_3 + H_2O \rightarrow H_2SO_4$

Die entstandene Schwefelsäure wird aus dem Absorber abgeleitet. Hinter dem Absorber befinden sich ein weiterer Kontaktofen und Absorber. Da im ersten Kontaktofen nicht das komplette Schwefeldioxid mit dem Sauerstoff reagiert ist, wird es noch einmal durch einen Kontaktofen und Absorber geleitet. Im Kontaktofen entsteht wieder Schwefeltrioxid, welches dann im Absorber mit Wasser zu Schwefelsäure reagiert.

2 Schwefelsäureanlage

Material mit Aufgaben

M2 Doppelkontaktverfahren

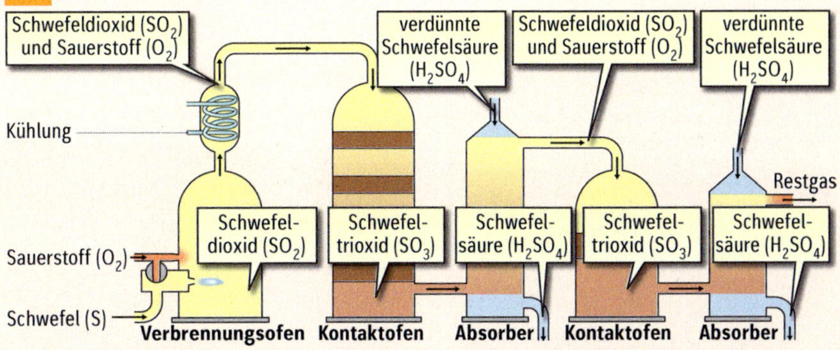

1. Beschreibe den abgebildeten Aufbau einer Schwefelsäuranlage.
2. Beschreibe die Herstellung von Schwefelsäure.
3. Gib die Reaktionsgleichungen für die einzelnen Schritte an.
4. Erkläre, warum das abgebildete Verfahren auch Doppelkontaktverfahren genannt wird.

1 Wald mit toten Bäumen

Säuren verändern die Umwelt

2 Entstehung von saurem Regen

Saurer Regen

Bei der Verbrennung von Kohle in Kohlekraftwerken, Erdölprodukten in der Industrie oder Benzin in Automotoren entstehen Schwefeldioxide und Stickstoffoxide. Diese Abgase reagieren mit Regenwasser und dem Sauerstoff der Luft. Durch die Reaktion entstehen die sauren Lösungen. Diese sauren Lösungen verringern den pH-Wert des Regens, wodurch dieser sauer wird. Wenn Niederschlag einen pH-Wert von 4 oder weniger hat, bezeichnet man ihn auch als **sauren Regen**.

Eine Folge vom sauren Regen, kann zum Beispiel eine **Versauerung** der Böden und Gewässer sein. Eine Versauerung der Böden schädigt die Pflanzen, da die natürliche Bodenzusammensetzung durch den sauren Regen verändert wird. Dadurch können Bäume zum Beispiel ihre Blätter und verlieren sterben.

Um eine Versauerung des Bodens zu verhindern, bestreut man ihn mit Kalk. Der Kalk ist alkalisch und sorgt für eine **Neutralisierung** des sauren Bodens. Damit auch große Flächen neutralisiert werden können, setzt man Hubschrauber für die Verteilung ein. Saurer Regen kann auch Schäden an Bauwerken aus Kalkstein und Marmor verursachen.

Schutz vor saurem Regen

Mittlerweile gibt es in vielen Regionen Deutschlands kaum noch sauren Regen, da viele Gegenmaßnahmen getroffen wurden. So wurden in der Industrie Filteranlagen eingebaut, damit die entstehenden Abgase nicht mehr in großen Mengen in die Umwelt entweichen. Außerdem sind in Autos schon seit vielen Jahren Autokatalysatoren eingebaut, welche die Luftschadstoffe reduzieren.

Versauerung der Ozeane

Das Wasser der Ozeane ist normalerweise schwach alkalisch. In den letzten 200 Jahren hat sich der durchschnittliche pH-Wert des Wassers verändert. Er ist von 8,2 auf 8,1 gesunken. Die Ursache für die Versauerung der Ozeane ist der steigende Anteil von Kohlenstoffdioxid in der Luft. Das Kohlenstoffdioxid reagiert mit dem Wasser der Ozeane zu Kohlensäure. Durch die Kohlensäure sinkt der pH-Wert des Wassers und es wird mit der Zeit langsam saurer.

3 Korallenbleiche

Folgen der Ozeanversauerung

Eine Veränderung des durchschnittlichen pH-Wertes der Meere um 0,1 erscheint erst einmal wenig bedeutsam. Allerdings hat diese leichte Veränderung zusammen mit einem Temperaturanstieg des Wassers große Auswirkungen auf Meereslebewesen. Seesterne, Korallen, Krebse oder Muscheln haben Skelette oder Schalen aus Kalk. Diese werden durch saure Lösungen angegriffen. Besonders deutlich werden die Folgen der Versauerung an den Korallenriffen. Durch die Versauerung und die erhöhte Wassertemperatur verlieren Korallen ihre Farbe und sterben ab. Man spricht dann von einer **Korallenbleiche**. Das vermehrte Absterben von Tieren mit Kalkschale oder Kalkskelett hat auch Auswirkungen auf die Nahrungsnetze, da Konsumenten die Nahrungsquellen fehlen.

A Beschreibe Folgen des vermehrten Ausstoßes von Luftschadstoffen.

B Erkläre was mit der Koralle in Bild 3 passiert ist.

Material mit Aufgaben

M1 Kalkfiguren

A

B

1. Beschreibe die Veränderung der Kalkfigur.
2. Erkläre die Veränderung der Kalkfigur.
3. Wähle eine der Aufgaben aus:

a Erkläre, wie Wissenschaftler einfach herausfinden können, ob eine Statue aus Kalk besteht.

b Plane einen Versuchsaufbau, mit dem man herausfinden kann, ob eine Statue oder ein Gebäude aus Kalk besteht.

4. Erkläre, warum Arbeitsplatten aus kalkhaltigem Marmor nur mit alkalischen Reinigungsmitteln gesäubert werden sollten.

1 Brezeln in einer Natronlauge.

Alkalische Lösungen

Natronlauge

Laugenbrezeln beim Bäcker haben eine besondere Farbe. Vor dem Backen werden die rohen, geformten Teiglinge in verdünnte **Natronlauge** getaucht. Natronlauge ist **alkalisch** und damit ätzend. Beim Backen geht die schädliche Wirkung der Lauge verloren und sie sorgt für die typische Farbe des Gebäcks.

Alkalische Lösungen

Im Alltag findet man alkalische Lösungen nicht nur beim Bäcker. Sie lösen Fette und Öle und werden daher in Wasch- und Reinigungsmitteln verwendet. Des Weiteren können sie Krankheitserreger abtöten und wirken dadurch desinfizierend. Aus diesen Gründen werden alkalische Lösungen nicht nur für die Reinigung zu Hause verwendet. In der Industrie werden sie beispielsweise für die Reinigung von großen Anlagen und Rohren genutzt.
Alkalische Lösungen fühlen sich seifig an und sind in hoher Konzentration stark ätzend. Sie leiten außerdem den elektrischen Strom und können die Wirkung von sauren Lösungen schwächen oder aufheben. Mischt man in einem bestimmten Verhältnis saure Lösungen mit alkalischen Lösungen, ist die entstehende Lösung **neutral**. Alkalische und saure Lösungen müssen vor der Entsorgung immer neutralisiert werden.

Material mit Aufgaben

M1 Neutralisationsanlage

1. Beschreibe den Aufbau der Neutralisationsanlage.
2. Erkläre die Funktionsweise einer Neutralisationsanlage.
3. Erkläre, was für eine Lösung für die Neutralisation zum Wasser mit pH 10,6 gegeben wird.
4. Stelle Vermutungen über Folgen an, wenn das Abwasser nicht neutralisiert wird.

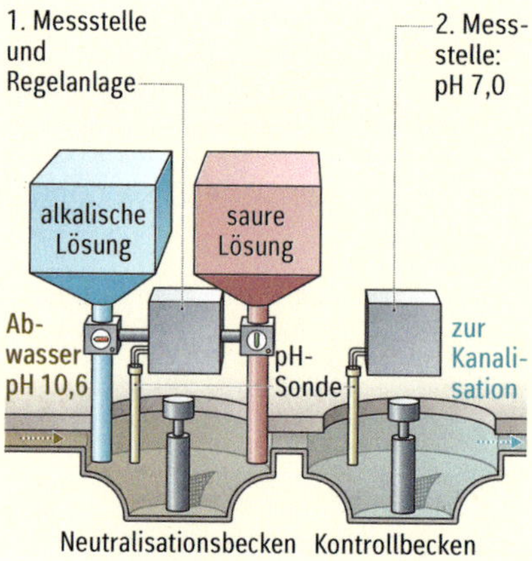

Herstellung alkalischer Lösungen

Alkalische Lösungen kann man aus verschiedenen Edukten herstellen. Bei der chemischen Reaktion reagieren die Edukte mit Wasser zu einer alkalischen Lösung. Einige unedle Metalle zeigen eine heftige Reaktion mit Wasser. Reagiert beispielsweise Natrium mit Wasser, entsteht alkalische Natronlauge und gasförmiger **Wasserstoff**.

Natrium + Wasser → Natronlauge + Wasserstoff

$2\,Na + 2\,H_2O \rightarrow 2\,NaOH + H_2$

Ähnliche chemische Reaktionen mit Wasser haben auch die Metalle Kalium oder Calcium. Allgemein kann man die chemische Reaktion zur Herstellung von alkalischen Lösungen mit Metallen folgendermaßen darstellen:

Metall + Wasser → Lauge + Wasserstoff

Neben Metallen reagieren auch Metalloxide mit Wasser. Mithilfe dieser chemischen Reaktion können ebenfalls alkalische Lösungen hergestellt werden. Beispielsweise reagieren Metalloxide wie Magnesiumoxid oder Calciumoxid mit Wasser zu einer Lauge.

Magnesiumoxid + Wasser → Magnesiumlauge

$MgO + H_2O \rightarrow Mg(OH)_2$

Allgemein kann man die Reaktion zur Herstellung von alkalischen Lösungen mit Metalloxiden so darstellen:

Metalloxid + Wasser → Lauge

2 Chemische Reaktion von Natrium und Wasser

Material mit Aufgaben

P2 Metalloxide

0 1 2 3 4 5 6 7 8 9 10 11 12 13 14
sauer Universalindikator alkalisch

Material: 2 Reagenzgläser, Reagenzglasständer, Spatel, Calciumoxid (CaO), Magnesiumoxid (MgO), destilliertes Wasser, flüssiger Universalindikator, Schutzbrille

Durchführung: Gib in das eine Reagenzglas einen Spatel Calciumoxid und in das andere Magnesiumoxid. Fülle beide Proben zu einem Drittel mit destilliertem Wasser. Gib danach einige Tropfen des Universalindikators in die Reagenzgläser.

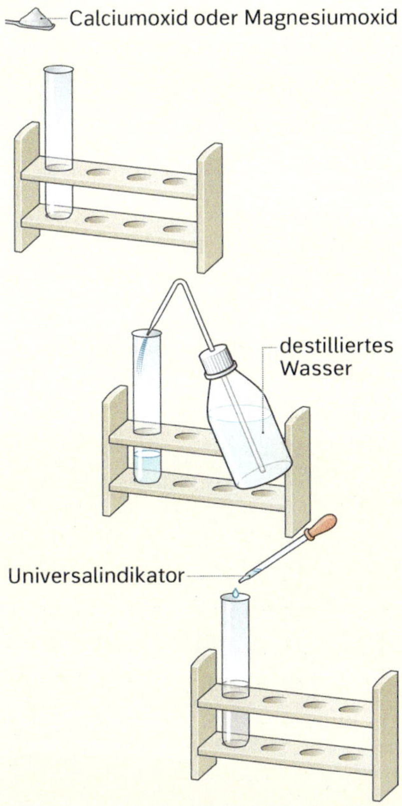

1. Beschreibe deine Beobachtungen.
2. Erkläre die Färbung der Lösungen nach der Reaktion.
3. Erstelle für den Versuch die Reaktionsgleichungen.
4. Erkläre, warum die Färbungen unterschiedlich sind.

1 Autos werden gebaut

Metalle

Metalle im Alltag

Der Mensch nutzt schon sehr lange Metalle. In der Kupferzeit wurde Kupfer für die Herstellung von Werkzeugen genutzt. In der anschließenden Bronzezeit ersetzte Bronze nach und nach das Kupfer. In der Eisenzeit löste das Eisen die Nutzung von Bronze ab. Metalle gehören zu den **Bodenschätzen**, da sie auf der ganzen Welt vorkommen.

Heute sind Metalle nicht mehr aus dem Alltag wegzudenken. In allen elektrischen Geräten sind Metalle verbaut. Besteck, Töpfe oder Pfannen können ebenfalls verschiedene Metalle enthalten. Auch Autos bestehen zu einem Großteil aus Metallen und auch für die Roboter, die sie teilweise zusammen bauen, werden Metalle benötigt.

2 Gegenstände die Metalle erhalten

Eigenschaften von Metallen

Metalle sind Feststoffe mit spezifischen Eigenschaften. Sie haben hohe **Schmelztemperaturen**, weshalb sie bei Raumtemperatur in der Regel fest sind. Die Ausnahme ist das Metall Quecksilber, welches bei Raumtemperatur flüssig ist. Metalle sind auch gute **Wärmeleiter** und dehnen sich bei Erwärmung aus. Des Weiteren sind Metalle **elektrische Leiter**. Sie werden für elektrische Leitungen genutzt. Außerdem sind sie verformbar.

Leicht- und Schwermetalle

Abhängig von der Dichte der Metalle, können sie in **Leichtmetalle** und **Schwermetalle** unterteilt werden. Metalle wie Aluminium, Titan oder Calcium zählen mit einer Dichte von unter 5 g/cm³ zu den Leichtmetallen. Liegt die Dichte über 5 g/cm³ zählen die Metalle zu den Schwermetallen. Gold, Silber, Kupfer oder Zinn sind zum Beispiel Schwermetalle.

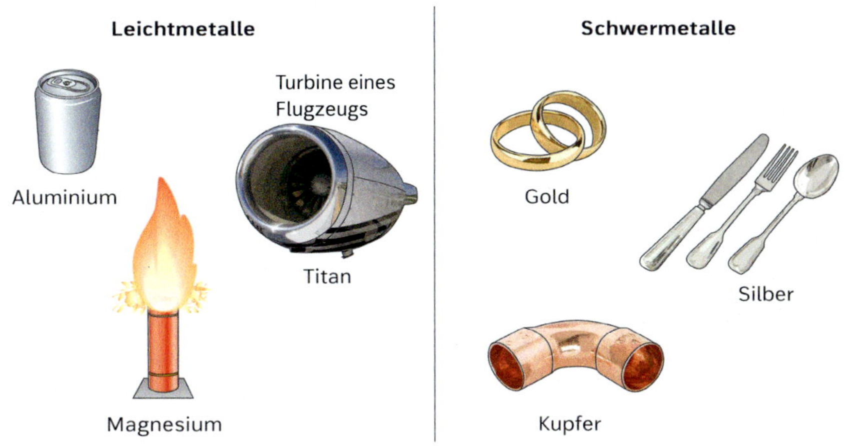

3 Leichtmetalle und Schwermetalle

Metallgruppen

Alle Elemente, die charakteristische Eigenschaften von Metallen zeigen, gehören zu der **Gruppe der Metalle**. Elemente die keine Eigenschaften von Metallen aufweisen, wie zum Beispiel eine gute Wärmeleitfähigkeit oder elektrische Leitfähigkeit, gehören zu der **Gruppe der Nichtmetalle**. In der Gruppe der Nichtmetalle sind beispielsweise die Elemente Schwefel oder Sauerstoff. Einige Elemente wie Bor oder Selen besitzen nur teilweise metallische Eigenschaften. Sie gehören zur der **Gruppe der Halbmetalle**.

Legierungen

Metalle werden oft als **Legierung** verwendet. Bei einer Legierung handelt es sich um ein Gemisch aus einem Metall und einem oder mehreren anderen Elementen. Bronze ist ein Gemisch aus Kupfer und Zinn und damit eine Legierung. Stahl ist eine Legierung in der Eisen und Kohlenstoff vermischt sind. Sie findet sehr oft in der Industrie Anwendung. Die Legierung zeigt andere physikalische und chemische Eigenschaften als das reine Metall.

Material mit Aufgaben

M1 Ausdehnung von Metallen

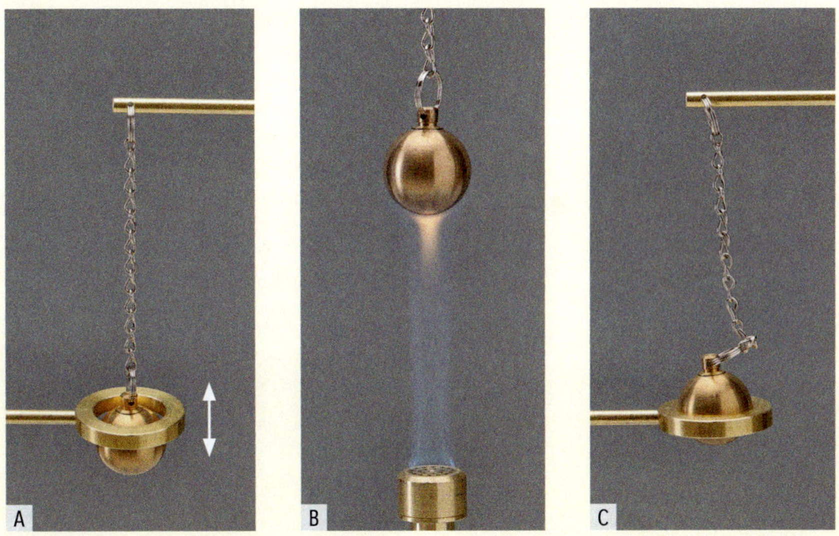

1. Beschreibe den dargestellten Versuch.
2. Erkläre, warum die Kugel nach dem Erhitzen nicht mehr durch den Ring passt. +
3. Ein Marmeladenglas lässt sich manchmal schwer öffnen. Es hilft, den Metalldeckel unter heißes Wasser zu halten. Erkläre diese Vorgehensweise.

1 Verbrennung von Magnesiumpulver

Metalle reagieren mit Sauerstoff

Metalle brennen

Bläst man verschiedene Metallpulver in eine heiße Brennerflamme, erkennt man unterschiedliche Flammenerscheinungen. Neben der Brennerflamme findet man danach jedoch kein glänzendes Metallpulver mehr. Nach dem Einblasen von Magnesium oder Zink findet man weiße Pulver. Es sind neue Stoffe entstanden. Die Metalle haben nicht nur geglüht. Sie sind verbrannt.

2 Verbrennung von Metallpulvern: **A** Eisen, **B** Kupfer

Reaktionsfähigkeit der Metalle

Magnesium verbrennt in der Flamme sehr heftig. Die Flamme ist sehr groß und hell. Bei dieser chemischen Reaktion reagiert Magnesium mit Sauerstoff. Dabei wird viel Energie frei. Magnesium brennt nicht nur als Pulver, sondern auch als Magnesiumsstab. Wird Eisen verbrannt, ist die Reaktion weniger stark. Es wird weniger Energie freigesetzt. Am schwächsten ist die Reaktion von Kupfer. Eisen und Kupfer brennen nur als Pulver. Metalle reagieren unterschiedlich stark mit Sauerstoff. Die Helligkeit und Größe der Flamme ist ein Hinweis für die Energiefreisetzung.

3 Metalloxidbildung durch Verbrennung

4 Oxidbildung von unedlen und edlen Metallen

Oxidbildung

Bei der Verbrennung von Metallen ist eine chemische Reaktion. Bei dieser Reaktion werden **Metalloxide** gebildet. So reagiert beispielsweise Magnesium mit Sauerstoff zu Magnesiumoxid. Man spricht von **Oxidbildung**. Die Metalloxide weisen nach der Reaktion andere Stoffeigenschaften auf.

Magnesium + Sauerstoff → Magnesiumoxid

Bei dieser Reaktion wird sehr viel Energie frei. Die Reaktion ist stark exotherm. Bei der Reaktion von Kupfer mit Sauerstoff wird deutlich weniger Energie frei. Sie ist nur schwach exotherm. Zur Heftigkeit einer ablaufenden Reaktion eines Metalls mit Sauerstoff kann man festhalten: Je unedler das Metall ist, desto heftiger läuft die chemische Reaktion ab. Je edler das Metall, desto weniger Energie wird bei der Reaktion mit Sauerstoff frei. ▶

A Begründe, mithilfe von Abbildung 4, warum Magnesium heftiger mit Sauerstoff reagiert als Kupfer.

Material mit Aufgaben

M1 Metalle verbrennen

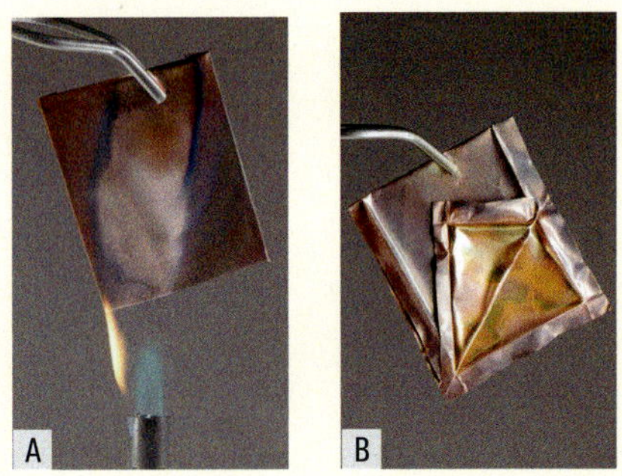

1. Beschreibe die Ergebnisse des dargestellten Versuchs.
2. Erstelle die Wortgleichung für die Verbrennung von Kupfer.

M2 Energiefreisetzung

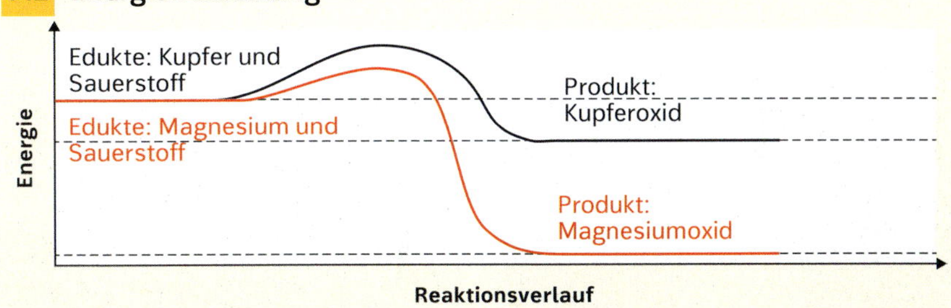

1. Beschreibe die beiden Kurvenverläufe im Diagramm.
2. Begründe, warum die Reaktionen exotherm sind.
3. Erkläre, warum die Reaktion von Kupfer mit Sauerstoff zu Kupferoxid ohne Gasbrenner nicht stattfindet.
4. Wähle eine der Aufgaben aus:
   a Übertrage das Diagramm in dein Heft und ergänze eine Kurve für die Reaktion von Eisen mit Sauerstoff.
   b Stelle Vermutungen über den Kurvenverlauf einer Reaktion von Silber zu Silberoxid an.

5 Magnesiumbrand

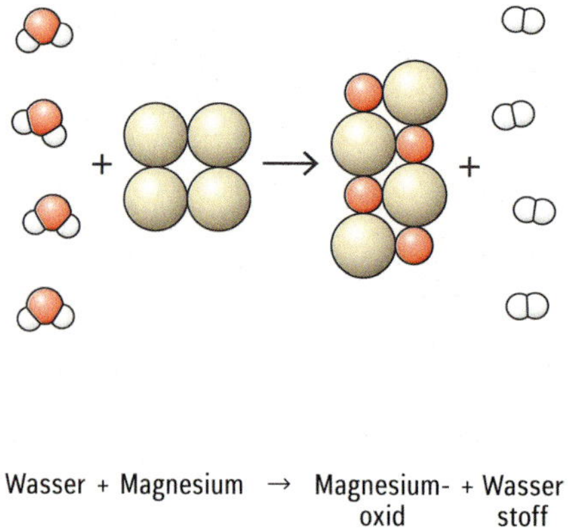

6 Reaktion von Magnesium mit Wasser

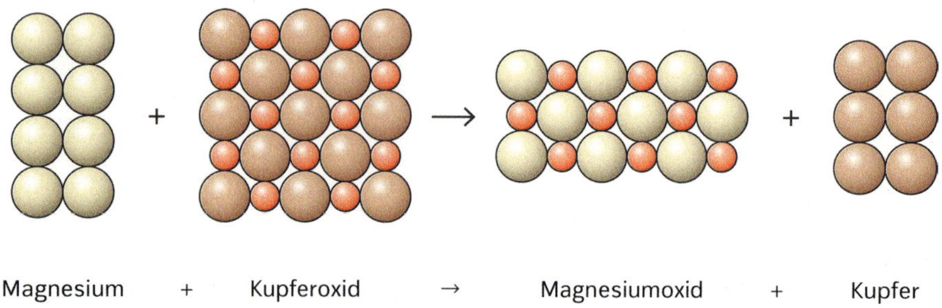

7 Reaktion von Magnesium und Kupferoxid (Sauerstoffübertragungsreaktion)

Metallbrände

Ein Magnesiumbrand ist sehr heftig und sehr heiß. Es entstehen Temperaturen von über 1500 °C. Ein solcher Brand darf nicht mit Wasser gelöscht werden. Wasser wird bei diesen hohen Temperaturen zerlegt. Der Sauerstoff im Wasser wird dann auf das Magnesium übertragen. Es entsteht Magnesiumoxid. Als weiteres Reaktionsprodukt entsteht dann das Gas Wasserstoff. Dieses Gas ist selbst brennbar. Da bei dieser Reaktion viel Energie freigesetzt wird, wäre ein Löschversuch mit Wasser sehr gefährlich. **Metallbrände** unedler Metalle dürfen nur mit Sand oder auch Kochsalz gelöscht werden. Das Löschmittel wird über dem Brand verteilt. Durch die hohe Temperatur schmilzt ein Teil des Löschmittels und deckt so das Feuer ab. Dem Brand wird so die Sauerstoffzufuhr entzogen. Das Feuer wird erstickt.

Sauerstoffübertragungsreaktionen

Das unedle Metall Magnesium kann **Metalloxiden** wie Kupferoxid den Sauerstoff entreißen. In diesem Fall entstehen Magnesiumoxid und Kupfer. Magnesium hat ein stärkeres Bestreben sich mit Sauerstoff zu verbinden. Umgekehrt kann jedoch Kupfer dem Magnesiumoxid nicht den Sauerstoff entziehen. Unedle Metalle sind Sauerstoff-**Akzeptoren**, edle Metalle Sauerstoff-**Donatoren**. Zwischen einem unedleren Metall und dem Oxid eines edleren Metalls findet eine **Sauerstoffübertragung** statt.

B Erkläre, warum ein Magnesiumbrand nicht mit Wasser gelöscht werden darf.

Material mit Aufgaben

M3 Magnesium verbrennen

Während der Verbrennung

1. Beschreibe die Ergebnisse des dargestellten Versuchs. Nenne Edukte und Produkte.
2. Erkläre die chemische Reaktion mit den beiden Begriffen Sauerstoff-Akzeptor und Sauerstoff-Donator.

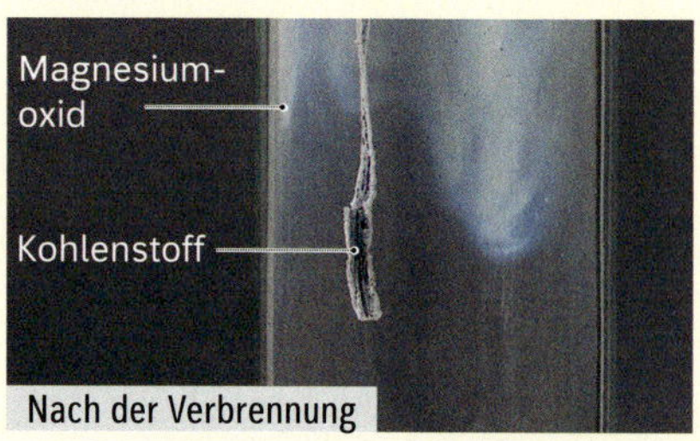

Nach der Verbrennung

Schienenschweißen mit Thermit

Auf viel befahrenen Bahnstrecken müssen wegen Verschleißerscheinungen manchmal Schienenstücke ausgewechselt werden. Das schadhafte Schienenstück wird zunächst herausgeschnitten. Das neue Schienenstück wird so angepasst, dass es in die Lücke passt. An jeder Seite bleibt aber ein Spalt von etwa 2,5 Zentimeter frei. Um eine feste Verbindung herzustellen, wird diese Lücke mit flüssigen Eisen verschweißt. Das **flüssige Eisen** wird an Ort und Stelle aus einem besonderen Gemisch gewonnen. Dieses Gemisch heißt **Thermit**. Es besteht aus einer Mischung von grobkörnigem Eisenoxid und Aluminium.

Thermitreaktion

Zum Schließen der Schienen, wird am Spalt eine Gießform angebracht, die mit einem feuerfesten Reaktionsofen verbunden ist. Im Reaktionsofen zündet zum Beispiel ein Eisenoxid-Aluminium-Gemisch. Während der Reaktion entzieht das Aluminium dem Eisenoxid den Sauerstoff. Es wird sehr viel Energie frei, die das Reaktionsprodukt Eisen zum Schmelzen bringt. Es können Temperaturen von bis zu 2500 °C entstehen. Das flüssige Eisen fließt in die Gießform zwischen die Schienenenden. Man bezeichnet diese chemische Reaktion auch als **Thermitreaktion**. Da bei dieser Reaktion viel Energie frei wird, ist die Thermitreaktion stark exotherm. Nach dem Abkühlen wird die Gießform zerschlagen. Anschließend wird nun geschlossene Schienenoberfläche glattgeschliffen. Die Reparatur der Bahnschiene ist damit beendet.

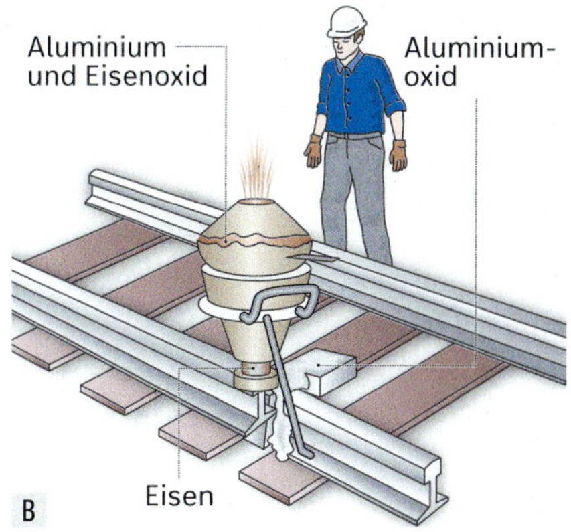

8 Thermitschweißen: **A** Foto, **B** Schema

Material mit Aufgaben

M4 Thermitreaktion

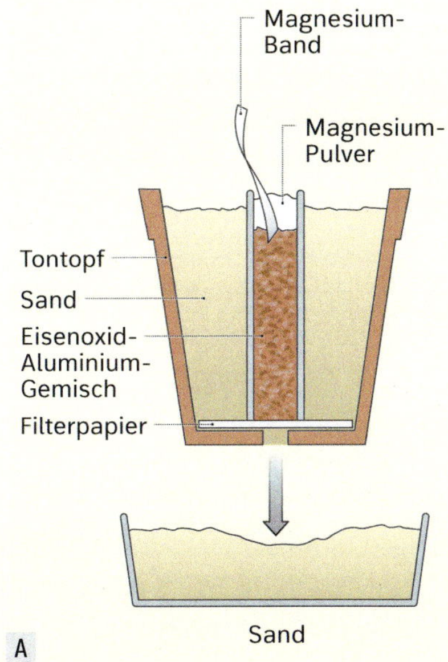

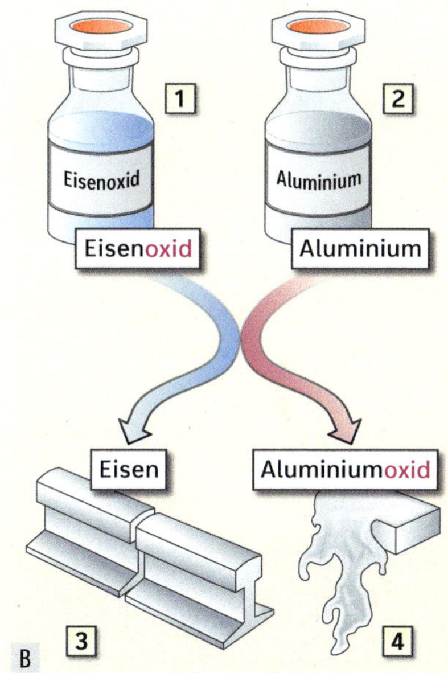

1. Beschreibe den Versuchsaufbau in Bild A. Beschreibe das zu erwartende Ergebnis.
2. Nenne die Bestandteile des Thermit-Gemisches.
3. Erstelle die Wortgleichung für die Thermitreaktion.
4. Erkläre, warum man die Thermitreaktion als Sauerstoffübertragungsreaktion bezeichnet. Nimm Bild B zu Hilfe.
5. Erkläre die Funktion des Magnesiumpulvers im Versuch.

1 Malachit

Metalle gewinnen

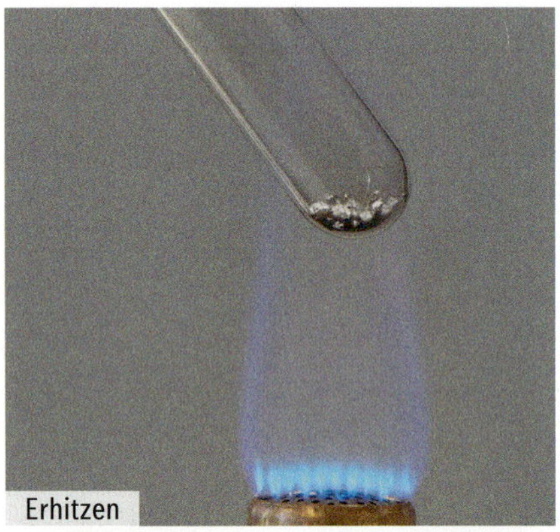

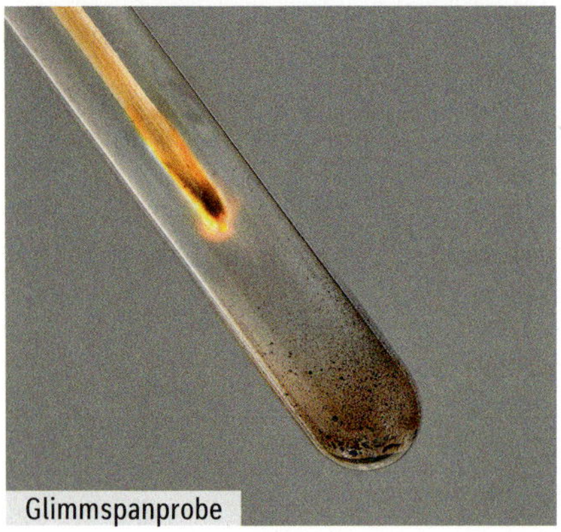

2 Zerlegung von Silberoxid

Metalle in der Natur

Die Edelmetalle Gold und Silber kann man als Elemente in Gesteinen finden. Meist sind die Stücke aber nur sehr klein und müssen vom Gestein abgetrennt werden. Die meisten Metalle wie Eisen, Aluminium und Kupfer kommen in der Natur als **Verbindungen** vor. Die meisten Metallverbindungen sind **Oxide** oder auch **Sulfide**. Oft sind die Metallverbindungen im Gestein mit weiteren Verbindungen vermischt. Solche Gemenge werden **Erze** genannt. Das Gestein Malachit enthält zum Beispiel viel Kupferoxid, ist aber kein reines Kupferoxid.

Möchte man die reinen Metalle gewinnen, muss man zunächst die Metallverbindungen vom restlichen Gestein abtrennen. Aus den abgetrennten Metalloxiden werden dann in einer chemischen Reaktion die Metalle gewonnen. Dazu wird den Metalloxiden der Sauerstoff entzogen.

Silber aus Silberoxid im Labor

Erhitzt man in einem Reagenzglas Silberoxid, verschwindet das Silberoxid und ein silbrig glänzender Stoff bleibt zurück. Es entsteht **elementares Silber**. Bei der **Zerlegung** von Silberoxid bildet sich auch ein Gas, das aufgefangen werden kann. Es lässt einen glimmenden Holzspan aufflammen. Bei dem Gas handelt es sich um Sauerstoff. Bei der Zerlegung eines Oxids wird Sauerstoff frei.

Silberoxid → Silber + Sauerstoff

Damit die Reaktion abläuft, muss das Silberoxid dauerhaft erhitzt werden. Es lässt sich einfach trennen, da Silber als Edelmetall im Gegensatz zu unedlen Metallen mehr das Bestreben hat, nicht als Verbindung vorzuliegen. Daher findet man manchmal elementares Silber oder Gold in Gesteinen.

Erste Kupfergewinnung

Schon in der "Steinzeit wurde Kupfer von Menschen verarbeitet. Jedoch war damals die Herstellung von Kupfer eher zufällig. Die Menschen verzierten damals ihre Tongefäße mit grüner Farbe. Diese stellten sie aus Malachit her. Die mit einer Farbschicht versehen Tongefäße wurden in einem Ofen mit Holzkohle gebrannt, damit sie stabil werden. Beim Brennen verschwand die Farbschicht und es entstand ein rot glänzender neuer Stoff. Es handelte sich um Kupfer. Erhitzt man also das grüne Kupfererz Malachit mithilfe von Holzkohle, entsteht reines Kupfer und Schlacke bleibt im Ofen zurück.

Kupfer aus Kupferoxid

Wird Malachit erhitzt, entsteht schwarzes Kupferoxid. Aus dem Kupferoxid lässt sich durch weiteres Erhitzen aber kein Kupfer gewinnen. Die Hitze reicht nicht aus, um elementares Kupfer zu gewinnen. Kupferoxid muss mit kohlenstoffhaltiger Holzkohle vermischt werden. Erhitzt man Kupferoxid mit Holzkohle, glüht das Gemisch hell auf. Bei der Reaktion bildet sich rötliches Kupfer. Es entsteht auch ein Gas, das Kalkwasser trübt. Es handelt sich daher um das Gas Kohlenstoffdioxid.
Bei dieser Reaktion entzieht der Kohlenstoff dem Kupferoxid den Sauerstoff. Der Sauerstoff bildet dann mit dem Kohlenstoff ein neues Oxid. Man spricht von einer **Sauerstoffübertragung**. Die Wortgleichung lautet:

Kupferoxid + Kohlenstoff → Kupfer + Kohlenstoffdioxid

Sauerstoffübertragungsreaktion

Kupferoxid lässt sich nicht so einfach zerlegen wie Silberoxid. Kupfer hat mehr das Bestreben als Verbindung vorzuliegen. Der Sauerstoff muss dem Kupferoxid daher entzogen werden. Dazu wird der Kohlenstoff benötigt. Die Reaktion zwischen Kupferoxid und Kohlenstoff läuft ab, weil der Kohlenstoff den Sauerstoff stärker bindet als Kupfer. Bei der **Sauerstoffübertragungsreaktion** findet die Zerlegung eines Oxids und die Bildung eines anderen Oxids statt.

A Erkläre, warum man für die Zerlegung einiger Oxide Kohlenstoff benötigt.

3 Kupfer aus Malachit

Material mit Aufgaben

P1 Kupfer gewinnen

Material: Gasbrenner, Stativ, dickwandiges Reagenzglas, Reagenzglasstopfen mit Loch, Winkelrohr, Becherglas, Spatel, Holzkohlepulver, schwarzes Kupferoxidpulver, Kalkwasser, Schutzbrille

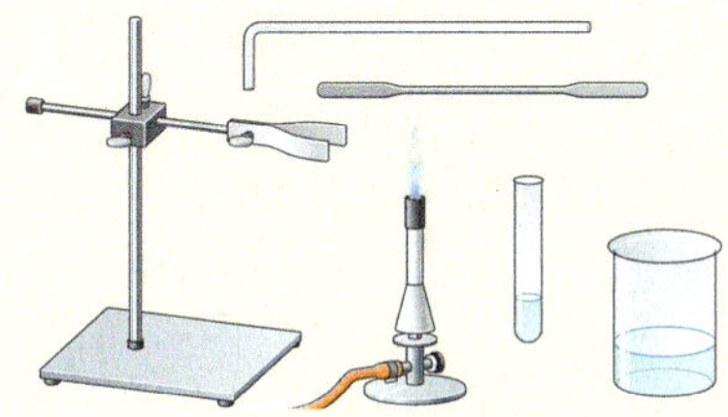

Durchführung: Mische 0,5 g Holzkohlepulver mit 3 g schwarzem Kupferoxidpulver und fülle das Gemisch in das Reagenzglas. Stecke den Stopfen mit dem Winkelrohr auf das Reagenzglas und befeste es schräg am Stativ. Befülle das Becherglas mit Kalkwasser. Setze das Becherglas unter das gewinkelte Rohr, so dass die Öffnung des Rohres im Kalkwasser ist. Erhitze das Gemisch, bis du eine Reaktion im Reagenzglas beobachten kannst.

1. Nenne die Edukte und Produkte des Versuchs.
2. Beschreibe die Ergebnisse der Versuchs.
3. Erkläre die Ergebnisse des Versuchs.
4. Wähle eine der Aufgaben aus:
   a Erkläre, warum es wichtig ist, die Kalkwasserprobe mitzuberücksichtigen.
   b Erläutere den Begriff der Sauerstoffübertragungsreaktion.

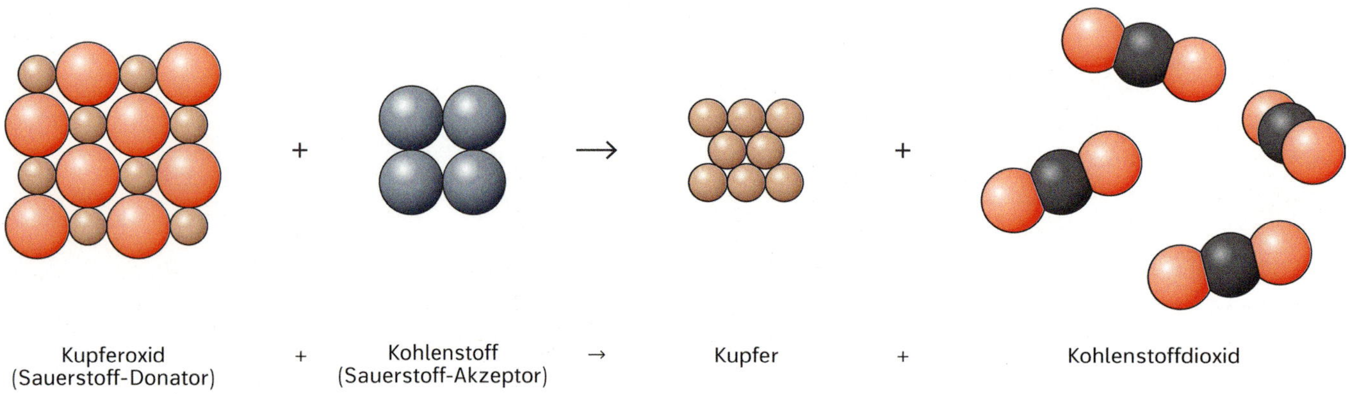

4 Reaktion von Kupferoxid und Kohlenstoff im Atommodell

Kupfergewinnung im Atommodell

Kupferoxid besteht aus einem Gitter von Kupferatomen und Sauerstoffatomen. Die Atome im Gitter sind regelmäßig angeordnet. Holzkohle besteht fast ausschließlich aus Kohlenstoff. Auch die Kohlenstoffatome sind regelmäßig angeordnet. Bei der chemischen Reaktion werden die Kupferatome und Sauerstoffatome getrennt. Auf der Produktseite bilden die Kupferatome jetzt ein regelmäßiges Gitter. Die Sauerstoffatome verbinden sich mit den Kohlenstoffatomen. Dabei bilden zwei Sauerstoffatome und ein Kohlenstoffatom ein Kohlenstoffdioxidmolekül.

Donator-Akzeptor-Reaktion

Bei der Reaktion von Kupferoxid und Kohlenstoff, wird der Sauerstoff vom Kupferoxid auf die Kohlenstoffatome übertragen. Das Kupferoxid gibt den Sauerstoff ab und der Kohlenstoff nimmt den Sauerstoff auf. Solche Reaktionen, bei denen der Sauerstoff von einem Reaktionspartner auf einen anderen übertragen wird, bezeichnet man in der Chemie als **Donator-Akzeptor-Reaktionen**. Kupferoxid ist in diesem Fall der Sauerstoff-Donator und Kohlenstoff der Sauerstoff-Akzeptor. Die Abgabe und Aufnahme von Sauerstoff laufen bei der chemischen Reaktion gleichzeitig ab.

Donator kommt vom lateinischen Wort donare und bedeutet „schenken".

Akzeptor kommt vom lateinischen Wort accepto und bedeutet „empfangen".

Material mit Aufgaben

M2 Gewinnung von Eisen aus Eisenoxid

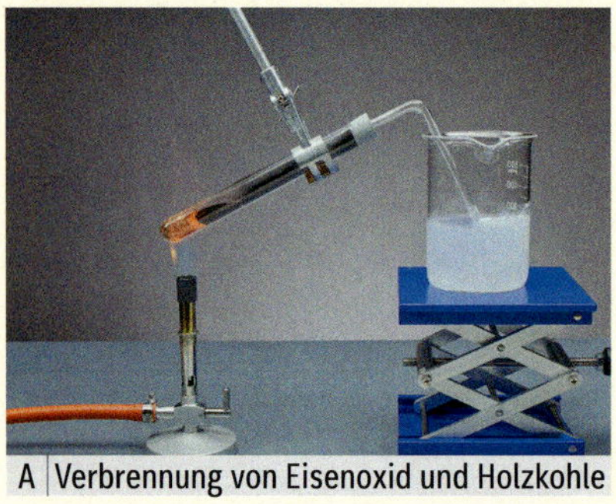

A Verbrennung von Eisenoxid und Holzkohle

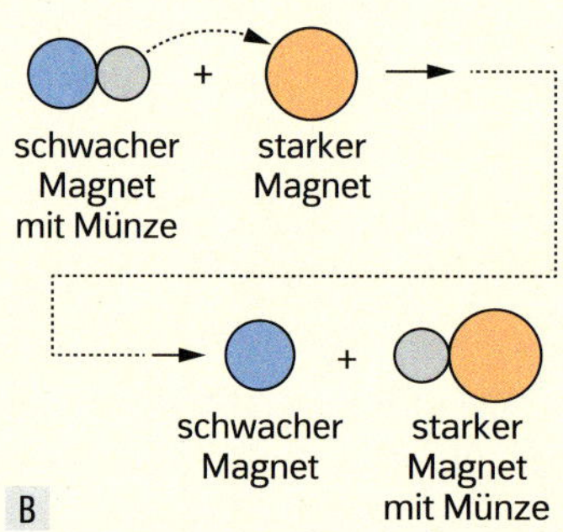

B

1. Beschreibe die chemische Reaktion in Bild A.
2. Erkläre mithilfe des Modells in Bild B, was mit den Atomen während der Reaktion passiert.
3. Erkläre, warum man bei diesem Beispiel von einer Donator-Akzeptor-Reaktion spricht.

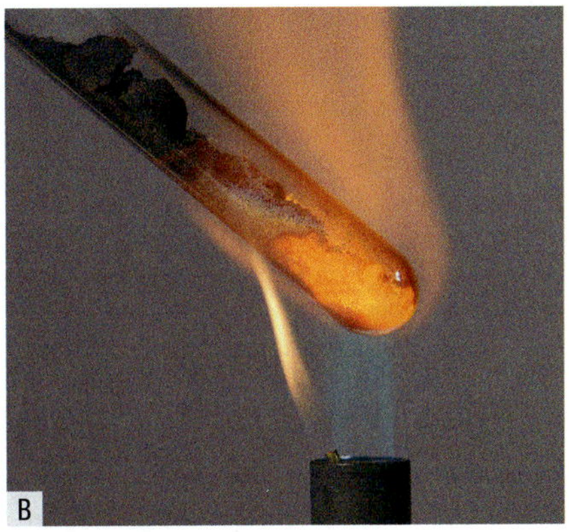

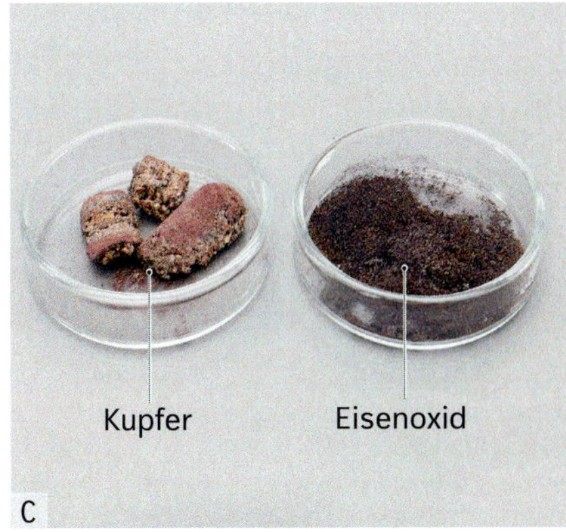

5 Reaktion von Eisen und Kupferoxid: **A** Ausgangsstoffe, **B** Reaktion im Reagenzglas, **C** Reaktionsprodukte

Kupferoxid und Eisen

Wird ein Gemisch aus schwarzem Kupferoxid und Eisen erhitzt, glüht es hell auf. Nach der chemischen Reaktion liegt ein Gemisch aus einem grauen Feststoff und einem rötlichen, glänzenden Metall vor. Es ist Eisenoxid und Kupfer entstanden. Eisen reagiert mit Kupferoxid exotherm zu Eisenoxid und Kupfer:

Eisen + Kupferoxid → Eisenoxid + Kupfer

Nicht nur Kohlenstoff, sondern auch Eisen kann den Sauerstoff vom Kupferoxid aufnehmen. Umgekehrt kann aber Kupfer Eisenoxid nicht den Sauerstoff entziehen. Eisen hat ein größeres Bestreben sich mit dem Sauerstoff zu verbinden als mit dem Kupfer. Auch andere Metalle wie Aluminium, Magnesium oder Zink können Kupferoxid den Sauerstoff entziehen. Sie wirken als Sauerstoff-Akzeptoren. Zwischen dem Kupferoxid und dem Sauerstoff-Akzeptor findet eine Sauerstoffübertragungsreaktion statt. Die Edelmetalle Gold, Silber und Platin können Kupferoxid nicht den Sauerstoff entziehen. Ihr Bestreben sich mit Sauerstoff zu verbinden ist viel schwächer als bei Kupfer.

Material mit Aufgaben

M3 Sauerstoffübertragung

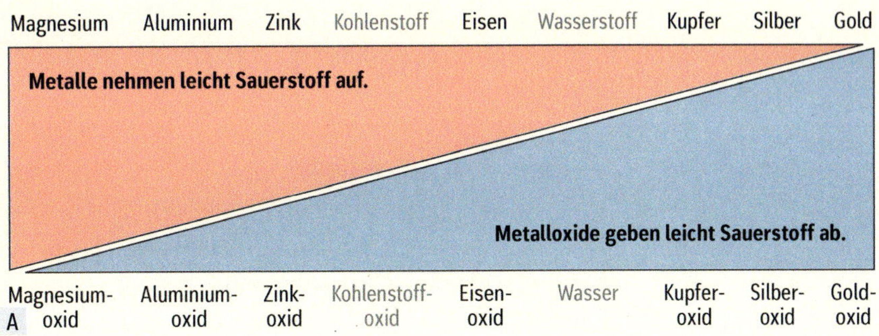

1. Beschreibe, was die Abbildungen A zeigt.
2. Nenne mithilfe von Abbildung A Metalle, die Kupferoxid Sauerstoff entziehen können.
3. Erkläre, warum man aus Aluminiumoxid und Eisen kein Aluminium gewinnen kann.
4. Auf dem Zettel sind verschiedene Metalle und ihre Oxide dargestellt. Begründe, bei welchen Kombinationen eines Metalls und eines Oxids eine Sauerstoffübertragung stattfindet und bei welchen nicht.

1 Abstich am Hochofen

Der Hochofen

Eisenerz

Das Element Eisen kommt in der Natur oft nur in Verbindungen vor. Eisen muss daher wie Kupfer aus **Erzen** gewonnen werden. Die für die Eisengewinnung verwendeten Eisenerze sind eisenoxidhaltige Gesteine mit einem Eisengehalt von 40 bis 70 %. Zu den bekanntesten Eisenerzen zählt Magneteisenstein, auch **Magnetit** genannt.

Hochofen

Für die Gewinnung von **Roheisen** aus Eisenerzen benötigt man hohe Temperaturen. Ein zylinderförmiger **Hochofen** besteht aus einem festen Mauerwerk und einem hitzefesten Stahlmantel. Er kann bis zu 75 Meter hoch sein. Über einen Ringheizkörper wird heiße Luft in den Schacht geleitet. Im Stahlmantel verlaufen Rohre, durch die Wasser zur Kühlung geleitet wird. Das obere Ende des Hochofens ist verschlossen, damit kein Gas entweichen kann. Diesen Verschluss nennt man **Gicht**. Die im Hochofen entstehenden Gase werden abgeleitet. Der Hochofen wird abwechselnd mit Koks, Eisenerzen und Zuschlägen gefüllt. **Koks** ist ein guter Brennstoff, der fast aus reinem Kohlenstoff besteht und aus Steinkohle gewonnen wird. Zuschläge sind kalkhaltige Gesteine. Der Kalk bildet mit dem Restgestein eine Schlacke, die leicht abzutrennen ist.

Material mit Aufgaben

M1 Rennofen

1. Beschreibe den Aufbau und den Betrieb des Rennofens.
2. Vergleiche die Vorgänge im Rennofen und im Hochofen. +
3. Stelle Vermutungen an, warum das im Rennofen entstandene Roheisen nur etwa 2 % Kohlenstoff enthält.

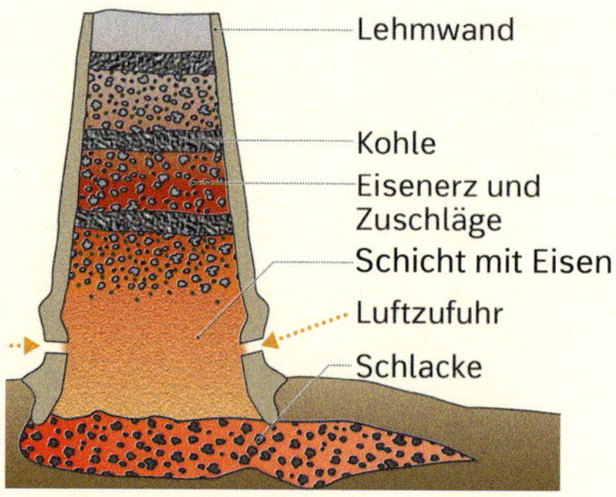

Betrieb eines Hochofens

Die für den Betrieb des Ofens nötige Reaktionswärme entsteht durch die Verbrennung von Koks durch eingeblasene Heißluft. Zunächst entsteht bei hohen Temperaturen in mehreren Schritten das Gas Kohlenstoffmonoxid. Im Mittelteil des Hochofens, der **Reduktionszone**, reagiert das Eisenoxid mit Kohlenstoffmonoxid zu Roheisen. Dabei wird auch Kohlenstoffdioxid frei.

Eisenoxid + Kohlenstoffmonoxid → Eisen + Kohlenstoffdioxid

$FeO + CO \rightarrow Fe + CO_2$

Das flüssige Roheisen tropft durch den glühenden Koks. Dabei nimmt es Kohlenstoff auf und sammelt sich am Boden des Hochofens. Das Roheisen enthält noch 4 bis 6 % Kohlenstoff. Die anderen flüssigen Bestandteile sammeln sich als Schlacke auf dem flüssigen Eisen. Sie verhindert, dass das Eisen mit Sauerstoff reagiert und Eisenoxid bildet. Etwa alle sechs Stunden wird das Roheisen abgegossen. Es fließt durch Rinnen in Transportbehälter. Man nennt diesen Vorgang **Abstich**. Die enstehende Schlacke wird im Straßenbau und in der Zementherstellung genutzt.

Gegenstromprinzip

Im Hochofen sinken die festen Ausgangsstoffe nach unten, die unten entstehenden gasförmigen Stoffe steigen auf. Mit diesem Gegenstromprinzip wird der Hochofen betrieben.

A Beschreibe den Aufbau eines Hochofens.

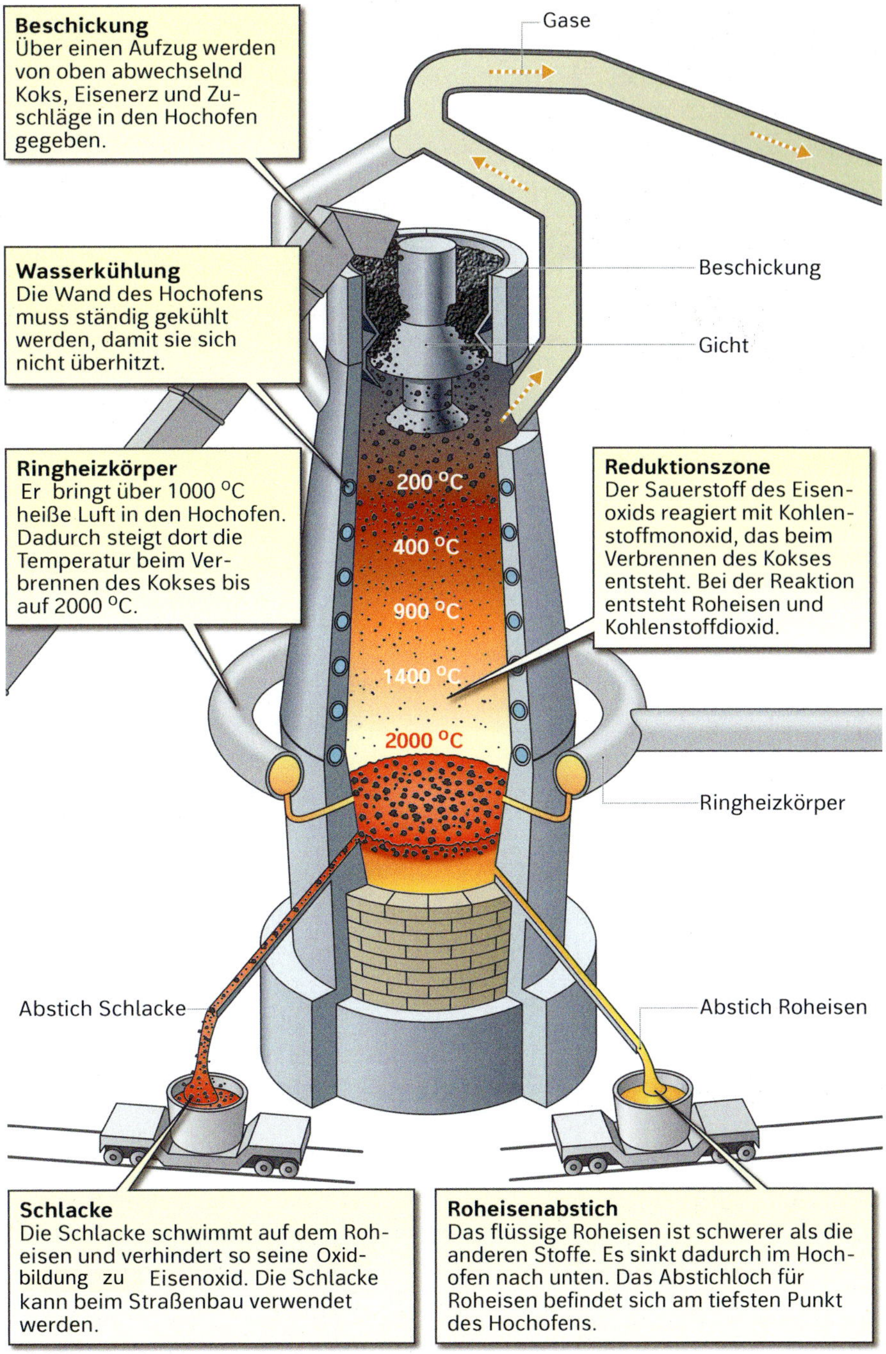

Größe und Betriebsdauer
Ein typischer Hochofen ist bis zu 75 m hoch und hat einen Durchmesser von 10 m bis 12 m.
Er ist etwa 10 Jahre lang Tag und Nacht ununterbrochen in Betrieb.

2 Aufbau und Betrieb eines Hochofens

F

1 Stahl gewinnen

Projekt

Stahl gewinnen

Klassische Stahlherstellung

Ein Großteil des Roheisens wird zu Stahl weiterverarbeitet. Dazu wird flüssiges Roheisen in einen ausgemauerten Behälter gefüllt. Auch bis zu 30 % Eisenschrott kann zugegeben werden. In diesem **Konverter** wird mit einem wassergekühltem Rohr unter hohem Druck Sauerstoff in die flüssige Eisenschmelze geblasen. Es findet eine heftige Reaktion statt. Der Sauerstoff reagiert mit den in der Eisenschmelze gelösten Verunreinigungen wie Kohlenstoff, Silizium, Phosphor, Mangan oder auch Schwefel. Die Eisenschmelze erhitzt sich dabei auf über 3000 °C. Unerwünschte Bestandteile werden fast vollständig verbrannt. Silicium, Phosphor oder Mangan verbinden sich mit zugegebenem Kalk zu Schlacke. Entstehende Gase wie Kohlenstoffdioxid und Schwefeldioxid entweichen. Mithilfe dieses Sauerstoff-Aufblasverfahrens ist aus dem Roheisen **Stahl** geworden. Der Konverter wird im Abschluss geschwenkt und der Stahl fließt in eine Gießpfanne. Er wird dann in ein Walzwerk gebracht und dort auf Walzstraßen gewalzt.

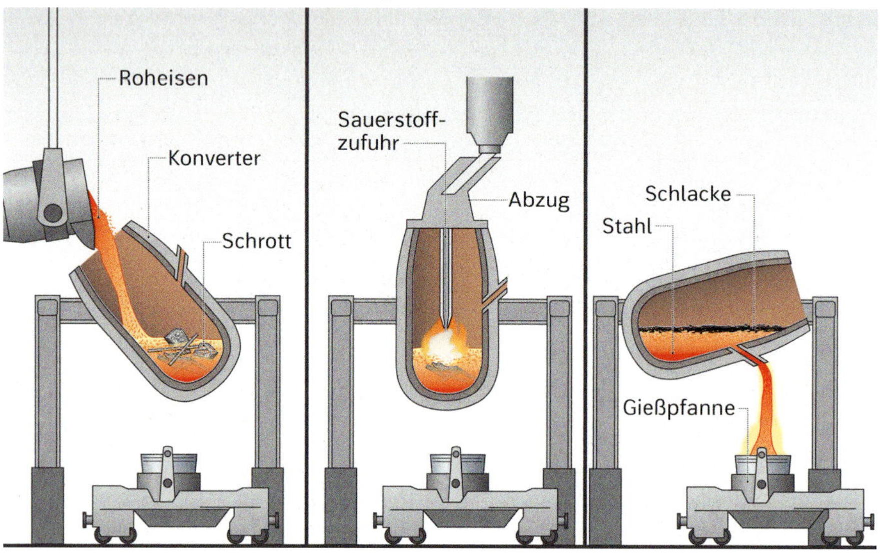

2 Sauerstoff-Aufblasverfahren (Schema)

Elektrostahlverfahren

Hochwertige Stahlsorten werden oft im **Elektrostahlverfahren** hergestellt. Beim Elektrostahlverfahren wird das Roheisen auch in einem Konverter erhitzt. Dazu werden mithilfe von elektrischem Strom zwischen elektrischen Leitern sehr hohe Temperaturen von bis zu 3500 °C erzeugt.

Durch die hohen Temperaturen können Verunreinigungen besser entfernt und auch schwer schmelzbare Legierungsbestandteile wie Wolfram oder Molybdän eingeschmolzen werden. Bei diesem Verfahren kann bis zu 25 % Eisen- und Stahlschrott mitverwendet werden. ▶

3 Elektrostahlverfahern

Material mit Aufgaben

M1 Elektrostahlverfahren

1. Beschreibe den Aufbau des Konverters beim Elektrostahlverfahren.
2. Beschreibe mithilfe des Bildes die Herstellung von Stahl im Elektrostahlverfahren. ⊞
3. Begründe, warum in der Stahlherstellung auch Schrott eingesetzt wird. ⊞
4. Wähle eine der Aufgaben aus:

a Erkläre, warum in die Schmelze nach Bedarf auch andere Metalle zugegeben werden.

b Begründe, warum es sinnvoll ist, dass die automatische Walzstraße meistens in unmittelbarer Nähe zum Konverter angelegt ist.

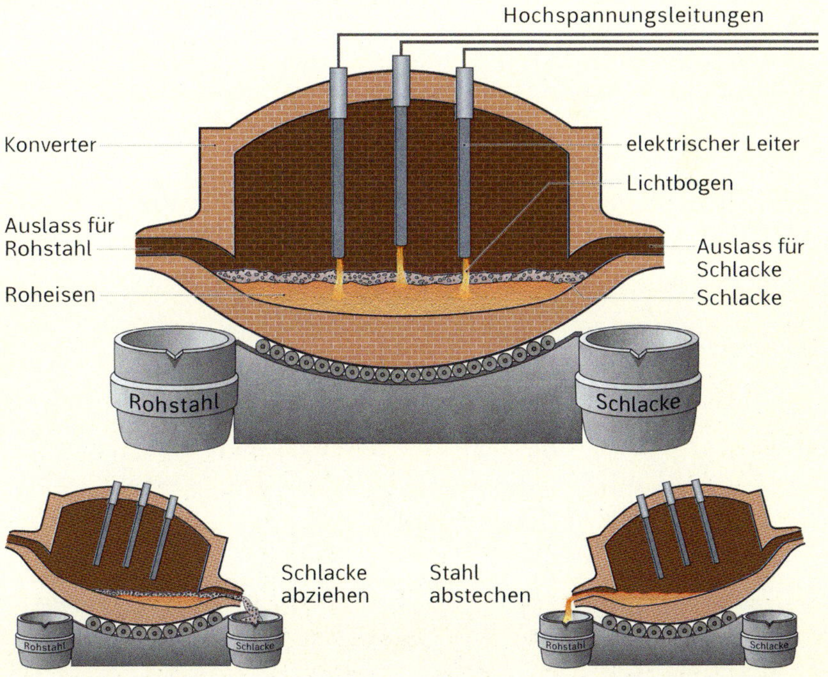

4 Glühender Stahl in der Walzstraße

Eigenschaften von Stahl

Der Großteil des Roheisens gelangt in Stahlwerke. Durch die Umwandlung der Roheisens zu Stahl, erhält das Eisen erwünschte Eigenschaften wie Schmiedbarkeit und Elastizität. Um die gewünschten Eigenschaften zu erreichen, müssen unerwünschte Bestandteile entfernt und auch der Kohlenstoffanteil reduziert werden.

Es gibt heute über tausend verschiedene Stahlsorten. Wenn Stahl keine fremden Metalle zugesetzt werden, spricht man vom **unlegiertem** Stahl. Hat der Stahl einen Kohlenstoffanteil von unter 0,25 % lässt er sich gut verformen und wird vor allem für biegsame Drähte verwendet. Unlegierter Stahl mit einem Kohlenstofffanteil zwischen 0,25 und 0,7 % ist etwas härter und wird vor allem für Bahnschienen genutzt. Stahl mit einem Kohlenstoffanteil zwischen 0,7 und 1,5 % lässt sich gut härten und wird vor allem für die Produktion von Werkzeugen genutzt.

Material mit Aufgaben

M2 Vom Erz zum Stahl

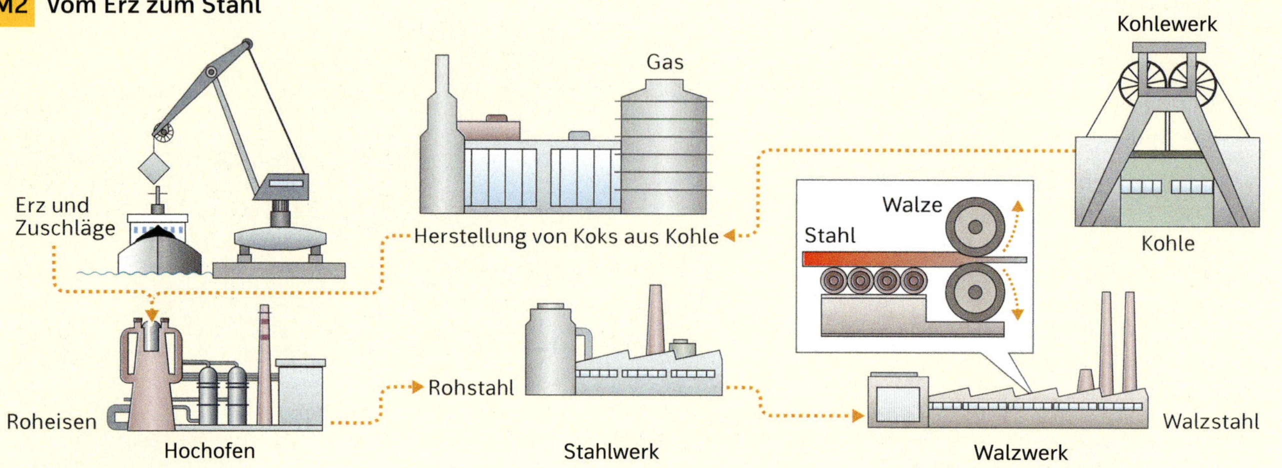

1. Erläutere mithilfe der Abbildung den Weg vom Erz zum Stahl.
2. Erkläre, warum der Stahl gewalzt werden kann und das Roheisen nicht.
3. Erkläre die Bedeutung von Koks, Erz und den Zuschlägen für die Stahlherstellung.

Stahllegierungen

Werden dem Stahl weitere Metalle zugesetzt, entstehen **Stahllegierungen**. Durch die Zugabe verschiedenster Metalle als Legierungsbestandteile, können die Eigenschaften des Stahls gezielt verändert werden. Beim Elektrostahlverfahren werden die zustätzlichen Bestandteile schon meist mit in den Konverter gegeben. Beim Sauerstoff-Aufblasverfahren werden die Bestandteile nach dem Abgießen aus dem Konverter hinzugefügt.

Beim **Edelstahl** sind Chrom und Nickel Bestandteile der Legierung. Der Edelstahl wird dadurch formbar und auch schweißbar. Außerdem rostet er nicht und ist beständig gegen saure und alkalische Lösungen. Die verschiedenen Stahllegierungen können je nach Eigenschaften vielfältig genutzt werden. Aus den verschiedenen Legierungen werden zum Beispiel Schrauben, Besteck, Werkzeuge oder Teile von Fahrzeugen hergestellt.

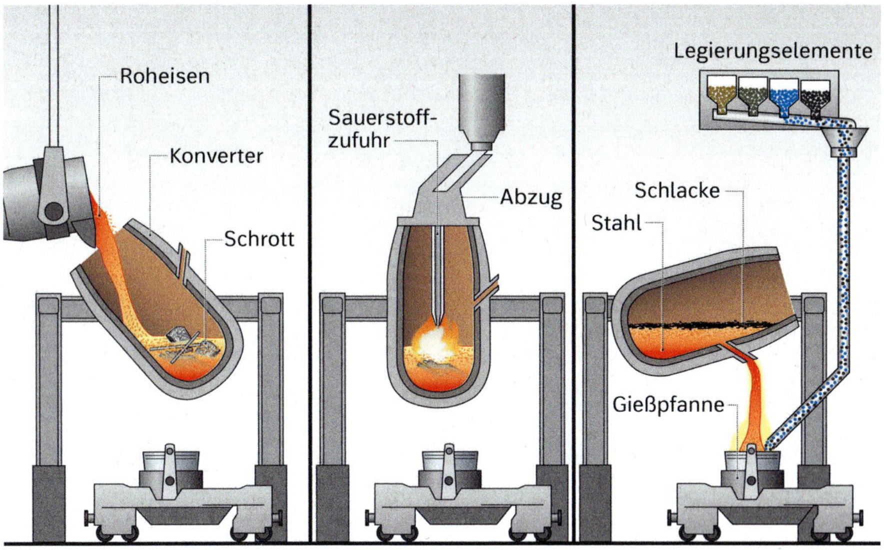

5 Herstellung von Legierungen im Sauerstoff-Aufblasverfahren

Material mit Aufgaben

M3 Stahllegierungen

	Zusammensetzung	Eigenschaften
Chrom-Nickel-Stahl (Edelstahl)	Eisen Chrom: 18 % Nickel: 8 %	- rostet nicht - säurebeständig
Schnellarbeitsstahl (Highspeed-Stahl)	Eisen bis 9 % Molybdän bis 18 % Wolfram	- hoch belastbar - auch bei hohen Temperaturen sehr hart
Molybdänstahl	Eisen bis 5 % Molybdän	- höhere Elastizität - geringe Abnutzung

1. Erkläre, warum alle in der Tabelle genannten Stahlsorten zu den Stahllegierungen zählen.
2. Beschreibe Vorteile von Stahllegierungen gegenüber Gusseisen.
3. Erkläre, welche der drei Stahllegierungen in der Tabelle sich als Werkstoffe für die abgebildeten Gegenstände A bis C eignen.

1 Altmetalle

Projekt

Metalle recyceln

Recycling

In unserem Müll stecken viele wertvolle Metalle wie Eisen oder Kupfer. Damit die Rohstoffreserven nicht unnötig verbraucht werden, ist es wichtig, die wertvollen Stoffe in unserem Müll zurückzugewinnen. Aus diesen Stoffen können wieder neue Gegenstände hergestellt werden. Diese **Wiederverwendung** bezeichnet man als **Recycling**.

Recycling ist ein englisches Wort. „Re" bedeutet „zurück" und „cycle" heißt „Kreislauf"

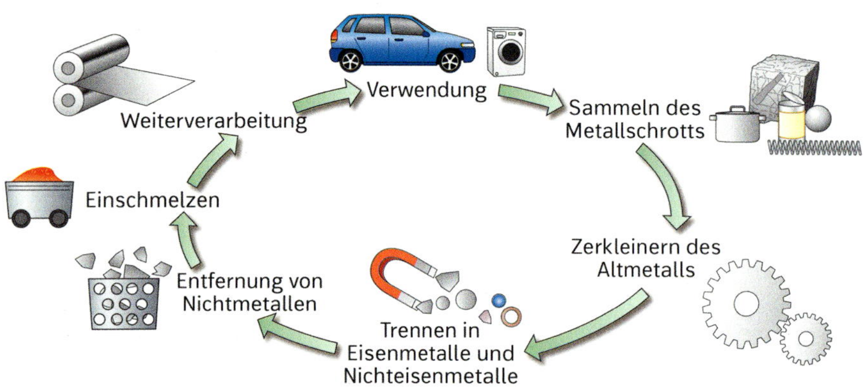

2 Recycling von Altmetall

Recycling von Altmetall

Metalle befinden sich in vielen Verpackungen. Zum Beispiel bestehen Getränkedosen zu einem großen Teil aus Aluminium. Diese können über den Hausmüll für Leichtverpackungen entsorgt werden.

Größere Mengen an nicht mehr verwendeten Metallschrott werden zum Beispiel auf Wertstoffhöfen gesammelt. Dieses **Altmetall** wird dann abgeholt und zu Recyclinganlagen transportiert. Dort wird es im ersten Schritt zerkleinert. Nach dem Zerkleinern werden mithilfe von Magneten eisenhaltige und nicht eisenhaltige Metallstücke voneinander getrennt. Aus den Nichteisenmetallen werden anschließend noch andere Stoffe wie Plastik aussortiert. Die verschiedenen Metallstücke werden nach dem Sortieren zum erneuten Einschmelzen in Werke gebracht und dort zu neuen Produkten verarbeitet.

Metalle in Smartphones

Ein Smartphone besteht aus vielen verschiedenen Stoffen. Neben Kunststoff, Glas und Keramik kommen zu großen Teilen auch Metalle vor. Dabei werden Metalle wie Kupfer, Eisen und Aluminium verarbeitet, aber auch sehr seltene Metalle wie Lanthan. Einige sehr seltene Metalle bezeichnet man auch als Metalle der **seltenen Erden**. Sie kommen teilweise nur in geringen Mengen vor. Zur Herstellung eines Smartphones werden aber auch nur geringe Mengen benötigt.

Seltene Erden kommen immer in Verbindungen vor und müssen erst in aufwändigen Verfahren voneinander getrennt werden. Bei der Gewinnung entstehen allerdings giftige Nebenprodukte wie Abgase, Staub und Schwefelsäure. Diese Abfallprodukte müssen aufwändig entsorgt werden.

Seltene Erden werden auch für die Herstellung von Akkus, Displays, Solarzellen, Dauermagneten und Lasern benötigt. Sie kommen hauptsächlich in China vor, werden dort abgebaut und werden nach der Reinigung in andere Länder transportiert. Da seltene Erden zu den endlichen Rohstoffen gehören, sollte man sein Smartphone möglichst lange nutzen und es anschließend recyceln. Oftmals ist das Recycling deutlich einfacher als die Erstgewinnung der Rohstoffe. Darüber hinaus fallen beim Recycling auch die giftigen Nebenprodukte weg, da diese bereits bei der Erstgewinnung entfernt wurden.

A Erkläre, warum es sinnvoll ist Metalle zu recyceln.

3 Metalle im Smartphone

Material mit Aufgaben

M1 Aluminium recyceln

Aluminium wird aus dem Gestein Bauxit gewonnen. Die Tabelle zeigt die Produktion von Aluminium in 1000 t in Deutschland.

Jahr	aus Bauxit	aus Recycling
1999	520	561
2011	433	634
2013	492	597
2015	541	620
2017	550	763

1. Beschreibe den dargstellten Kreislauf zum Recycling von Aluminium.
2. Vergleiche das Recycling von Aluminium mit dem Recycling von Altmetall in Abbildung 2.
3. Wähle eine der Aufgaben aus:
   a Beschreibe die Veränderung der Produktion von Aluminium in Deutschland mithilfe der Tabelle.
   b Erkläre, warum immer mehr Aluminium aus Recycling hergestellt wird.

Zusammenfassung Ressourcen über und unter der Erde

Elemente und Verbindungen

Chemische Elemente bestehen nur aus einer Sorte von Atomen und können nicht weiter aufgetrennt werden. Sie reagieren aber in chemischen Reaktionen mit anderen Elementen. Die dabei entstehenden Stoffe werden als chemische Verbindungen bezeichnet. Chemische Reaktionen kann man mithilfe von Reaktionsgleichungen darstellen.

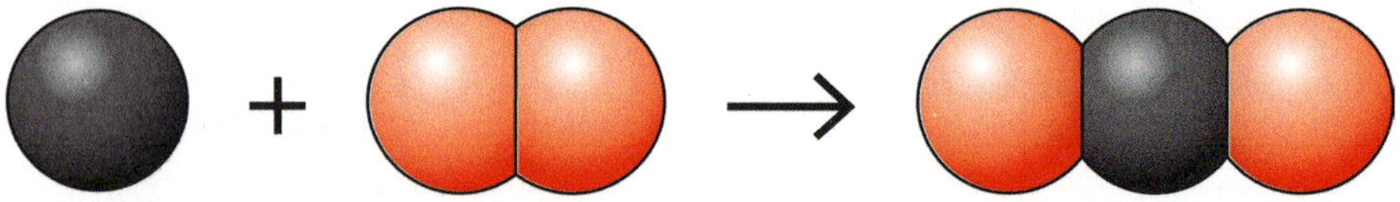

$$C + O_2 \longrightarrow CO_2$$

Saure und alkalische Lösungen

Alle sauren Lösungen sind sauer und wirken ätzend. Saure Lösungen bilden sich durch die Reaktion von Oxiden, die keine Eigenschaften von Metallen aufweisen und Wasser. Säuren findet man überall im Alltag. Im Wasser kann beispielsweise Kohlensäure gelöst sein. Durch saure Lösungen kann auch die Umwelt verändert werden. Bildet sich saurer Regen, kann das schwere Folgen für Böden und Pflanzen haben.
Alkalische Lösungen fühlen sich seifig an und sind in hoher Konzentration stark ätzend. Sie können die Wirkung von sauren Lösungen schwächen oder aufheben. Alkalische Lösungen entstehen bei chemischen Reaktionen von Metallen und Nichtmetallen mit Wasser.
Saure und alkalische Lösungen kann man mit Indikatoren nachweisen.

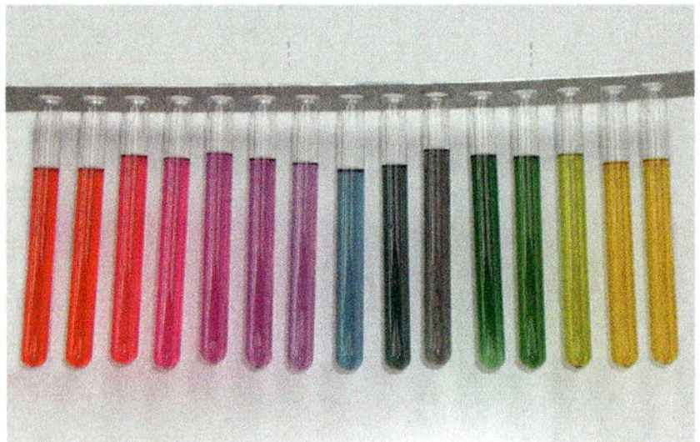

Metalle

Menschen nutzen verschiedene Metalle schon seit sehr langer Zeit. Metalle kommen in der Natur fast nur in Verbindungen vor. Diese Verbindungen sind im Gestein mit anderen Verbindungen vermischt. Das Gestein Malachit enthält zum Beispiel viel Kupferoxid, ist aber kein reines Kupferoxid.
Möchte man die reinen Metalle gewinnen, muss man die Metallverbindungen vom restlichen Gestein abtrennen und den Metalloxiden dann den Sauerstoff entziehen.

Der Hochofen

Für die Gewinnung von Eisen wird ein Hochofen genutzt. Der Hochofen ist ein hoher hitzebeständiger Turm, der abwechselnd mit Koks, Eisenerzen und Zuschlägen gefüllt wird. Im Hochofen reagiert das Eisenoxid mit Kohlenstoffmonoxid zu Roheisen. Das flüssige Roheisen sammelt sich unten im Ofen und wird regelmäßig abgestochen.
Das Roheisen kann nach dem Abstechen zu Gusseisen oder Stahl weiter verarbeitet werden.

1 Saure Lösungen

Drei Metalle liegen in Salzsäure.

A Beschreibe die abgebildeten Versuchsbeobachtungen.

B Erkläre, in welchen der Reagenzgläser A bis C sich edle und in welchen sich unedle Metalle befinden.

C Erläutere, warum sich das Metall in Reagenzglas A irgendwann auflösen wird.

2 Metalle reagieren mit Sauerstoff

A Beschreibe die in den Bildern A bis C abgebildeten Versuchsbeobachtungen.

B Erkläre, warum die Metalle unterschiedlich heftig reagieren.

C Erkläre, warum man Sauerstoffübertragungsreaktionen auch als Donator-Akzeptor-Reaktionen bezeichnen kann.

3 Der Hochofen

A Beschreibe den Aufbau eines Hochofens.

B Nenne die verschiedenen Bestandteile, die in den Hochofen gegeben werden.

C Erkläre die Funktion vom Koks im Hochofen.

D Erläutere, was in der Reduktionszone des Hochofens geschieht.

E Erstelle die Reaktionsgleichung für die Entstehung von Eisen aus Eisenoxid in einem Hochofen.

F Erkläre, warum sich das flüssige Roheisen am Boden des Hochofens sammelt.

G Erkläre am Beispiel des Hochofens, was man unter dem Gegenstromprinzip versteht.

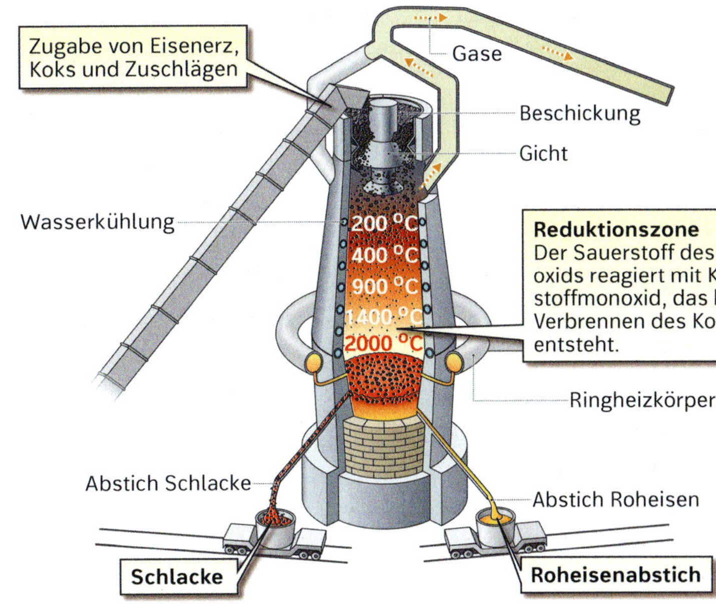

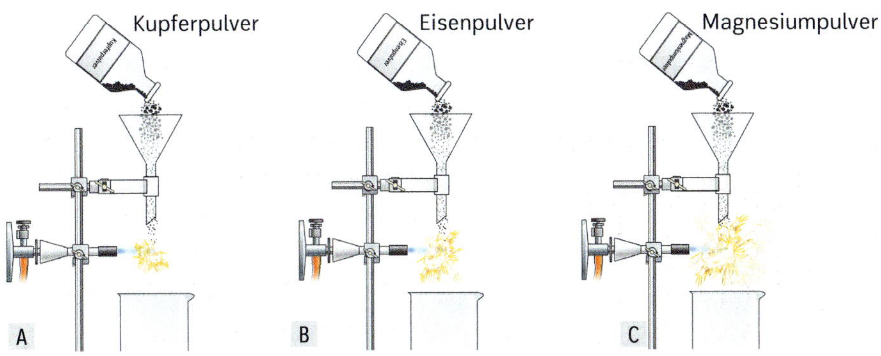

+ Hilfen

Seite 13

M1 Aufgabe 2

Ordne folgende Energieformen zu:

Strahlungsenergie - Thermische Energie - Elektrische Energie - Bewegungsenergie - Höhenenergie - Spannenergie

Seite 14

M1 Aufgabe 2

Nutze folgenden Satzanfang:

- *Die Bewegungsenergie vom Rennen wird in ... .*

M1 Aufgabe 3

Tipp: Je höher man springen will, desto mehr Energie muss in Höhenenergie umgewandelt werden.

Seite 15

M2 Aufgabe 2

Tipp: Ein Ventilator muss in der Steckdose stecken, damit er sich dreht.

M2 Aufgabe 3

Nutze folgenden Satzanfang:

- *Bei der Verbrennung wird die chemische Energie der Kohle ... .*

Seite 17

M1 Aufgabe 2

Nutze folgenden Anfang:

Elektrische Energie -> Lampe -> ...

Seite 19

M1 Aufgabe 2

Ordne den Zeitpunkten folgende Energieformen zu: Spannenergie, Bewegungsenergie, Höhenenergie.

M1 Aufgabe 3

Beachte, dass beim Hochspringen keine thermische Energie an die Umgebung abgegeben wird.

Seite 21

M1 Aufgabe 2

Tipp: Pflanzen produzieren ein Gas, bei dessen Anwesenheit ein Glimmspan entzündet wird.

M2 Aufgabe 2

Tipp: Je mehr Fotosynthese die Pflanzen betreiben, desto mehr Gasbläschen steigen von den Blättern auf.

Seite 22

P3 Aufgabe 1

Frage: ?

Vermutung: ?

Material: panaschiertes Blatt, 2 Bechergläser, kochenden Wasser, heißer Brennspiritus, Petrischale, Pipette, Iod-Kalium-Iodid-Lösung

Ergebnis: Das Blatt verfärbt sich nach Zugabe der Iod-Kaliumiodid-Lösung an den zuvor hellen Bereichen ...

Auswertung: ?

P3 Aufgabe 2

Tipp: Bei der Fotosynthese wird Glukose gebildet, die auch in Stärke umgewandelt wird.

Seite 23

M4 Aufgabe 2

Wähle die richtige Fragestellung aus:

- Wird bei der Fotosynthese Stärke gebildet?

- Wird beim Wachstum der Pflanze Sauerstoff fei?

- Wovon hängt das Wachstum einer Pflanze ab?

Seite 25

M1 Aufgabe 2

Beachte, dass grüne Pflanzen Sauerstoff produzieren und Tiere sowie Kerzen diesen verbrauchen.

M1 Aufgabe 3a

Tipp: Zwei Mäuse verbrauchen etwa doppelt so viel Sauerstoff wie eine.

Seite 26

M2 Aufgabe 2

Nutze folgenden Anfang:

- *Bei der Einleitung von Stickstoff bleibt das Kalkwasser klar. Bei der Einleitung von Luft ...*

Seite 27

M3 Aufgabe 2

Tipp: In 3 Gefäßen bleibt der Sauerstoffgehalt etwa gleich groß, in einem nimmt er zu, in einem nimmt er leicht ab, in 3 nimmt er stark ab.

M3 Aufgabe 3

Tipp: In 3 Gefäßen bleibt der Kohlenstoffdioxidgehalt etwa gleich groß, in einem nimmt er ab, in einem nimmt er leicht zu, in 3 nimmt er stark zu.

M4 Aufgabe 3

Nutze die Begriffe: Energieumwandlung, Energie, Wärme.

Seite 29

M1 Aufgabe 2

Beachte, ob Kennzeichen eines Ökosystems wie biotische und abiotische Umweltfaktoren vorhanden sind.

Seite 31

M1 Aufgabe 2

Nutze folgenden Satzanfang:
- *Im Mischwald dringt weniger Licht in die unteren Schichten als im Forst, weil …*

M1 Aufgabe 3

Tipp: Manche Schichten sind im Forst stärker oder schwächer als im Mischwald ausgeprägt.

M1 Aufgabe 4

Beachte bei deiner Antwort, dass im Forst vor allem Nadelbäume stehen.

Seite 32

M1 Aufgabe 2

Nutze folgende Begriffe: konkurrenzstark, konkurrenzschwach, Verdrängung

Seite 33

M2 Aufgabe 2

Beachte die Ausprägung folgender Umweltfaktoren: Gelände, Temperatur, Wind, Untergrund.

M2 Aufgabe 3

Beachte, dass sich die Ausprägung der Umweltfaktoren mit zunehmender Höhe verstärkt.

Seite 35

M1 Aufgabe 2

Nutze folgenden Satzanfang:
- *Bei einem dicht bewachsenen Hang nimmt der Boden viel Wasser auf. Der Oberflächenabfluss von Wasser ist …*

M1 Aufgabe 3

Nutze folgende Begriffe: Versickerung, Filter, Schadstoffe

M2 Aufgabe 2

Beachte, dass beim Verbrennen von Holz Kohlenstoffdioxid freigesetzt wird.

Seite 37

M1 Aufgabe 3

Tipp: Grüne Pflanzen sind Produzenten und stellen Nährstoffe her.

M2 Aufgabe 1

Beispiel:

Buche → Buchfink → Siebenschläfer → …

Seite 38

M3 Aufgabe 2

Tipp: Eine immer größere Population Elche frisst immer mehr Pflanzen. Das Nahrungsangebot wird so geringer.

M3 Aufgabe 3

Tipp: Die Populationsgröße der Elche wird vor allem durch Fressfeinde und Nahrungsangebot bestimmt.

Seite 41

M1 Aufgabe 2

Tipp: Die Produzenten produzieren Sauerstoff und Nährstoffe.

M1 Aufgabe 3

Nutze folgenden Satzanfang:

Die Anzahl der Lebewesen nimmt von unten nach oben ab, weil …

Seite 42

M2 Aufgabe 2

Lochfraß – Fensterfraß – …

Seite 43

M3 Aufgabe 2

Nutze folgenden Satzanfang:
- *Die von den Destruenten freigesetzten Mineralstoffe werden von den Produzenten …*

Seite 45

M1 Aufgabe 2

Nutze folgenden Satzanfang:
- *Die Käfer fressen sich unter die Rinde …*

M1 Aufgabe 3

Tipp: Ein Forst besteht meist aus nur einer Baumart.

M2 Aufgabe 3

Nutze folgenden Satzanfang:
- *Der Anteil der Baumarten mit deutlicher Kronenverlichtung hat deutlich*

Seite 47

M1 Aufgabe 3

Beachte, dass das dichte Kronendach nur wenig Wasser aus den darunterliegenden Schichten durchlässt.

M1 Aufgabe 4

Nutze folgenden Satzanfang:
- *In der Krautschicht leben viele größere Tiere, die nicht klettern. Die Artenvielfalt ist daher …*

Seite 48

M2 Aufgabe 2

Beachte, wo bei beiden Wäldern der Großteil der Mineralstoffe zu finden ist.

M2 Aufgabe 3

Nutze folgende Begriffe: tote Biomasse, Destruenten, Abbau

Seite 49

M3 Aufgabe 1

Nutze folgenden Satzanfang:
- *Der tropische Regenwald bindet riesige Mengen Kohlenstoffdioxid ...*

M3 Aufgabe 2

Wähle aus den folgenden Begriffe die richtigen für deine Antwort aus: Brandrodung, Düngung, Kahlschlag, Mahd

M3 Aufgabe 3

Nutze folgenden Satzanfang:
- *Durch die Zerstörung des Regenwaldes werden große Mengen an Kohlenstoffdioxid ...*

Seite 56

M1 Aufgabe 2

natürliche Binnengewässer: See, ...

künstliche Binnengewässer: ...

Seite 57

M2 Aufgabe 2

Beachte bei deiner Antwort, dass der Aralsee ein Lebensraum für viele Tiere und Pflanzen ist.

Seite 59

M1 Aufgabe 2

Tipp: Denke daran, dass sie Spaltöffnungen dem Gasaustausch von Sauerstoff und Kohlenstoffdioxid dienen.

Seite 61

M1 Aufgabe 3

Nutze folgende Begriffe: Stockente, Nahrung, flaches Wasser, Haubentaucher, tiefes Wasser.

Seite 64

M1 Aufgabe 2

Tipp: Pflanzen benötigen für ihr Wachstum Mineralstoffe.

Seite 65

M2 Aufgabe 2

Tipp: Fleischfresser nehmen, wenn sie sich von Pflanzenfressern ernähren, auch die in ihrer Biomasse enthaltenen Schadstoffe auf.

Seite 66

M3 Aufgabe 3

Nutze folgenden Satzanfang:
- *Es werden immer nur 10 Prozent der in er Biomasse ...*

Seite 69

M1 Aufgabe 2

Tipp: Es sind Winterschichtung und Sommerschichtung abgebildet.

Seite 71

M1 Aufgabe 2

Tipp: Gefahren des Moores sind Abbau des Torfs und Entwässerung.

Seite 74

M1 Aufgabe 2

Tipp: Beachte die Gefahren, die durch Begradigungen entstanden sind.

Seite 77

M1 Aufgabe 3

Nutze folgenden Satzanfang:
- *Biolumineszenz wird in der Tiefsee von Raubfischen und von ...*

Seite 79

M1 Aufgabe 2

Nutze folgenden Satzanfang:
- *Vögel wie die Haustaube und die Mehlschwalbe brüteten ursprünglich in und an Felsen. Sie ...*

M1 Aufgabe 3

Wähle aus den Umweltfaktoren die richtigen aus und nutze sie für deine Antwort:

mehr Wind, höhere Temperaturen, weniger Regen, mehr Licht, Lärm

Seite 80

M2 Aufgabe 2

Beachte die Unterschiede bei der Bebauung in der Grafik.

Seite 81

M3 Aufgabe 2

Beachte, dass Pflanzen Fotosynthese betreiben.

M3 Aufgabe 3

Nutze folgende Begriffe: Nistmöglichkeiten, Lebensraum, Insekten

Seite 83

M1 Aufgabe 2

Nutze folgende Begriffe: Population nimmt zu, nimmt ab, bleibt gleich groß

M1 **Aufgabe 3**

Nutze folgende Satzanfänge:

- *Nach dem Aussetzen der Grünen Bahama-Anolis bleibt die Population der einheimischen Art gleich groß, weil ...*
- *Nach dem Aussetzen der Glattkopfleguane verändert sich das Verhalten der heimischen Art. Sie ...*

Seite 85

M1 **Aufgabe 2**

Tipp: Nutze die Tabelle auf der gegenüberliegenden Seite.

M1 **Aufgabe 3**

Beachte, dass viele Jungtiere früh sterben.

Seite 86

M1 **Aufgabe 2**

Tipp: Die Haselmaus benötigt Wälder, Waldränder und Hecken um zu Leben.

M1 **Aufgabe 3**

Beachte, dass Haselmäuse zur Paarungszeit ihre Reviere verlassen.

Seite 87

M2 **Aufgabe 2**

Beachte, dass die Straße ein gefährliches Hindernis für Haselmäuse ist.

Seite 89

M1 **Aufgabe 2**

Nutze folgenden Satzanfang:

- *Das T-Shirt selbst enthält kein Wasser. Für seine Herstellung ...*

M1 **Aufgabe 3**

Nutze folgende Begriffe: Ressource, Wirtschaft, Umwelt, Soziales

Seite 90

M2 **Aufgabe 2**

Nutze folgende Begriffe: Ressourcen, Herstellung, Verbrauch

M2 **Aufgabe 3**

Tipp: Suche nach Produkten, die häufig im Alltag genutzt werden.

Seite 91

M3 **Aufgabe 2**

Nutze folgenden Satzanfang:

- *Ein großer ökologischer Fußabdruck bedeutet, dass viele Ressourcen ...*

Seite 93

M1 **Aufgabe 2**

Nutze folgenden Satzanfang:

- *Große Raubfische ernähren sich von kleineren Fischen. Ist in ihnen ...*

M2 **Aufgabe 2**

Tipp: Plastik ist kein natürlich vorkommender Stoff und somit auch kein Bestandteile von natürlichen Stoffkreisläufen.

Seite 101

M1 **Aufgabe 3**

Beachte, dass sich der Balken Gesamtenergie aus allen anderen Balken zusammensetzt.

Seite 103

M1 **Aufgabe 3**

Nutze folgenden Satzanfang:

- *Unter welchen Bedingungen ... ?*

M1 **Aufgabe 4**

Tipp: Ohne Luftzufuhr geht eine Kerze schnell aus.

Seite 106

M1 **Aufgabe 2**

Beachte bei deiner Erklärung die Oberflächenvergrößerung.

M1 **Aufgabe 3**

Nutze folgenden Satzanfang:

- *Um das Benzin zu entflammen, ist eine ... .*

Seite 107

M2 **Aufgabe 2**

Tipp: Gas ist der Brennstoff für einen Gasbrenner.

Seite 111

M1 **Aufgabe 2**

Nutze folgende Begriffe bei deiner Erklärung: erhöhter Energiebedarf, steigender Wohlstand, Fabriken.

M1 **Aufgabe 3**

Beachte bei deiner Antwort, dass Regenwälder Kohlenstoff binden.

Seite 113

M1 **Aufgabe 2**

Beachte, dass sich bei physikalischen Vorgängen nicht der Stoff ändert.

M2 **Aufgabe 1**

Tipp: Bei einer chemischen Reaktion entstehen neue Stoffe mit neuen Stoffeigenschaften.

M3 **Aufgabe 1**

Nutze folgenden Satzanfang:

- *Brennt die Kerze, dann schmilzt das Wachs. Diese Änderung des Aggregatzustands ist ein ... .*

Hilfen

Seite 114

P4 Aufgabe 2

Beachte bei deiner Erklärung, dass die Masse bei chemischen Reaktionen immer erhalten bleibt.

Seite 115

M5 Aufgabe 2

Kupferiodid: Kupfer und Iod

Eisenchlorid: Eisen und ...

Magnesiumoxid: ...

M6 Aufgabe 3

Ordne folgende Produkte zu: Wasser und Kohlenstoffdioxid.

Seite 117

M1 Aufgabe 3

Beachte, dass beim Teilchenmodell jede Teilchensorte seine eigene Farbe hat.

Seite 119

M1 Aufgabe 3

Nutze folgende Satzbausteine: Sauerstoff - chemische Reaktion - Eisen in Eisenwolle.

M1 Aufgabe 4

Nutze folgenden Satzanfang:

Bei der Reaktion von Sauerstoff und Eisen entsteht ... .

Seite 121

M1 Aufgabe 3

Beachte bei deiner Antwort, dass zum Start von einigen chemischen Reaktionen genug Energie zugeführt werden muss.

M1 Aufgabe 4

Nutze folgenden Satzanfang:

- *Die benötigte Energie zum Start einer chemischen Reaktion nennt man ... .*

Seite 123

M2 Aufgabe 2

Beachte bei deiner Antwort, dass ein Katalysator die benötigte Aktivierungsenergie senkt.

M3 Aufgabe 3

Tipp: Bei einer endothermen Reaktion sind die Edukte energiearm und die Produkte energiereich.

Seite 131

M1 Aufgabe 2

Beachte bei deiner Antwort, dass der Mond von der Sonne angestrahlt wird.

M2 Aufgabe 1

Tipp: Streuung bezeichnet man auch als ungerichtete Reflexion.

Seite 132

M3 Aufgabe 2

Nutze folgende Begriffe bei deiner Erklärung:

Lichtbündel - Lichtquelle - Loch - Sieb

Seite 135

M1 Aufgabe 2

Tipp: Einfallswinkel und Reflexionswinkel sind immer gleich groß.

Seite 137

M1 Aufgabe 2

Tipp: Ein ebener Spiegel verzerrt das Spiegelbild nicht. Ein Wölbspiegel hat ein schmales, in die Höhe gezogenes Spiegelbild. Ein Hohlspiegel vergrößert das Spiegelbild sehr stark.

M1 Aufgabe 3

Beachte, dass Wölbspiegel das Spiegelbild auch verkleinern und mehr von der Umgebung zu sehen ist.

Seite 141

M1 Aufgabe 2

Nutze folgende Begriffe:

einfallender Lichtstrahl - zum Lot hin gebrochen - gebrochener Lichtstrahl - vom Lot weg gebrochen - Grenzfläche

M1 Aufgabe 3

Beachte bei deiner Erklärung, dass Luft, Öl und Wasser unterschiedliche optische Dichten haben.

Seite 142

M2 Aufgabe 2

Beachte, dass das Licht vom Lot weggebrochen wird, wenn es von einem optisch dichten Medium in ein optisch dünneres Medium übertritt.

Seite 143

M3 Aufgabe 2

Tipp: Das Licht wird an der Wassergrenzfläche gebrochen.

M4 Aufgabe 2

Nutze folgende Satzbausteine:

Licht - Ausbreitung - vom optisch dünneren Medium zum optisch dichteren Medium - nach oben zielen - nach unten zielen - vom optisch dichteren Medium zum optisch dünnerem Medium.

P5 **Aufgabe 2**

Beachte bei deiner Erklärung, dass der Brechungswinkel vom Medium abhängig ist.

Seite 145

M1 **Aufgabe 2**

Übertrage den Text in dein Heft und ergänze die Lücken:

Kühlere Luft ist optisch ... als heiße Luft. Dadurch entsteht eine ... zwischen den beiden Luftschichten.

M2 **Aufgabe 3**

Tipp: Eine Totalreflexion findet an der Grenzfläche von optisch dichten und optisch dünnen Stoffen statt.

M2 **Aufgabe 4**

Nutze folgenden Satzanfang:

- *Mithilfe eines Lichtleiters kann Licht von einem Ort ... .*

Seite 147

P1 **Aufgabe 1**

Beschreibe den Verlauf der einzelnen Fäden. Achte darauf, wo auf den Schirm Fäden vom unteren und oberen Teil des Gegenstandes auftreffen.

M2 **Aufgabe 2**

Tipp: Lochblenden erzeugen Bilder, die auf den Kopf stehen.

M2 **Aufgabe 3**

Je kleiner die Lochblende, desto schärfer und dunkler ist das Bild.

Seite 149

M1 **Aufgabe 2**

Tipp: Je stärker eine Sammellinse gekrümmt ist, desto kleiner ist ihre Brennweite.

Seite 150

P2 **Aufgabe 1**

Nutze folgenden Satzanfang:

- *Je näher die Linse am Schirm ist, desto ... .*

Seite 151

M3 **Aufgabe 3**

Nutze folgende Satzbausteine für deine Erklärung:

Linse nah am Schirm - kleines Bild - Linse nah am Gegenstand - großes Bild

M3 **Aufgabe 4**

Beachte, dass das Bild nur in bestimmten Positionen scharf abgebildet werden kann.

Seite 155

M1 **Aufgabe 2**

Vervollständige die Tabelle:

Auge	Kamera
Linse	Linsensystem
...	Blende
Netzhaut	...

M2 **Aufgabe 2**

Beachte bei deiner Beschreibung, wo genau das Licht im Auge überall gebrochen wird.

M2 **Aufgabe 3**

Nutze folgenden Satzanfang:

- *Je dicker die Linse ist, desto ... .*

Seite 156

M4 **Aufgabe 2**

Beachte die Veränderung der Position der Linse im Fischauge.

Seite 157

M5 **Aufgabe 2**

Übertrage den Text in dein Heft und ergänze die Lücken:

Je mehr Licht ins Auge fällt, desto ... ist die Pupille. So wird eine Schädigung der ... verhindert. Zu viel ... kann Schäden im Auge verursachen.

Seite 159

M1 **Aufgabe 3**

Tipp: Für ein scharfes Bild muss das Bild auf der Netzhaut abgebildet werden.

Seite 161

P1 **Aufgabe 2**

Finde heraus, welche Farben im Spektrum der LED fehlen.

Seite 161

M2 **Aufgabe 2**

Nutze folgenden Satzanfang:

- *Beim Eintritt des weißen Lichts in den Regentropfen, wird es ... .*

Hilfen

Seite 165

M1 Aufgabe 2

Beachte im Bild die Verteilung der Stäbchen und Zapfen auf der Netzhaut.

M1 Aufgabe 3

Beachte im Bild die Verteilung der Stäbchen und Zapfen auf der Netzhaut.

M2 Aufgabe 2

Nutze folgenden Satzanfang:
- *Bei einer Rot-Grün-Sehschwäche können Betroffene rot und grün nicht richtig auseinanderhalten.*

Seite 173

M1 Aufgabe 2

Tipp: Bereiche mit einer hohen Wärmeabgabe erscheinen weiß, gelb, rot oder orange.

M1 Aufgabe 3

Elektrische Energie -> Herdplatte -> ...

Seite 175

M1 Aufgabe 1

Tipp: Je wärmer das Essen ist, desto mehr Energie musste umgewandelt werden.

M2 Aufgabe 2

Übertrage den Text in dein Heft und ergänze die Lücken:

Die Spitzenleistung ist der ... Leistung die ein Sportler erbringen kann. Für Person A sind das .... Watt und für Person B .... Watt.

M2 Aufgabe 3

Beachte, dass trainiertere Personen mehr Leistung erbringen können.

Seite 179

M1 Aufgabe 2

Tipp: Überlege für jeden Pfeil, ob er sich im Winter oder Sommer ändert.

Seite 181

M1 Aufgabe 2

Nutze folgenden Anfang:
- *Die Strahlungsenergie der Sonne trifft auf die Solarzelle. Dort wird sie umgewandelt ... .*

M1 Aufgabe 3

Beachte bei deiner Antwort, ob der Vorrat an Strahlungsenergie begrenzt ist.

Seite 183

M1 Aufgabe 2

Beachte bei deiner Antwort, dass das Temperaturempfinden abhängig davon ist, ob man vorher in einer wärmeren oder kälteren Umgebung war.

M2 Aufgabe 2

Nutze folgende Begriffe:

Teilchen des Körpers - Bewegung schneller - Temperatur erhöht sich

M2 Aufgabe 3

Nutze bei deiner Antwort den Fachbegriff Wärmeübertragung.

Seite 185

M1 Aufgabe 1

Tipp: Warmes Wasser steigt nach oben.

M1 Aufgabe 2

Versuche folgende Bestandteile einer Heizung dem Modell zuzuordnen: Rohre, Heizkessel, Heizung.

M2 Aufgabe 1

Beachte, dass die Wärme von einem Ort hoher Temperatur zu einem Ort niedriger Temperatur transportiert wird.

Seite 186

M3 Aufgabe 2

Nutze folgenden Satzanfang:
- *Die Kerzen erwärmen die ... .*

Seite 187

Aufgabe 2

Nutze folgende Formulierungen bei deiner Erklärung:

Konvektion - Wärme wird mit dem Stoff Wasser transportiert - Wärmeleitung - Wärme breitet sich in einem Stoff aus ohne Stofftransport - Wärmestrahlung - Wärme breitet sich ohne einen Stoff aus

Seite 188

M1 Aufgabe 2

Tipp: Dünne Luftschichten sind wärmedämmend.

M1 Aufgabe 3

Beachte, dass dünne Luftschichten in beide Richtungen wärmedämmend sind.

Seite 189

M2 Aufgabe 2

Nutze folgenden Anfang:
- *Beim Zweischeibenglas sind zwei Luftschichten zwischen den Scheiben. Aus diesem Grund ... .*

P3 Aufgabe 2

Tipp: Verschiedene Stoffe dämmen unterschiedlich gut.

Seite 191

M1 Aufgabe 2

Beachte bei deiner Beurteilung die drei Aspekte der Nachhaltigkeit: Ökologische Aspekte (Auswirkungen auf die Umwelt), ökonomische Aspekte (Anschaffungskosten) und soziale Aspekte (Arbeitsbedingungen bei der Herstellung des Produktes).

Seite 197

M1 Aufgabe 2

Nutze folgende Begriffe:

elektrische Energie - Bewegungsenergie - umgewandelt

M1 Aufgabe 3

Batterie -> elektrische Energie ->

M2 Aufgabe 2

Nutze folgenden Satzanfang:

- *Das Wasser im Stausee liegt sehr hoch. Es hat also viel ... .*

M2 Aufgabe 3

Tipp: Je höher sich ein Körper oder Stoff befindet, desto mehr Höhenenergie hat er.

Seite 199

P1 Aufgabe 2

Beachte, dass sich gleiche Ladungen abstoßen und ungleiche Ladungen anziehen.

Seite 200

M2 Aufgabe 2

Tipp: Bei einem negativ geladenen Körper, glüht die Glimmlampe an der Berührungsstelle auf.

Seite 203

M1 Aufgabe 2

Beachte bei deiner Erklärung die Bewegung der Elektronen.

M1 Aufgabe 3

Nutze folgenden Anfang:

- *Wenn der Junge an der Tür ankommt, ist es negativ ... .*

Seite 205

Aufgabe 3

Beginne mit der Spannungsquelle und zeichne dann nacheinander alle Bauteile ein.

Seite 207

M1 Aufgabe 2

Tipp: Bei einer Reihenschaltung sind alle Bauteile in einer Reihe verbaut.

M1 Aufgabe 3

Übertrage den Text in dein Heft und ergänze die Lücken:

Wenn die Kugeln nach oben ... werden, haben sie mehr ...energie. Je ... sie gehoben werden, desto ... Höhenenergie besitzen sie.

P2 Aufgabe 2

Beachte, dass nicht nur das Drehkreuz im Modell entfernt wird, sondern auch ein Stück Weg.

Seite 208

M1 Aufgabe 2

0,03 A = 30 mA

0,3 A = ...

Seite 209

M2 Aufgabe 2

Beachte, wie sich die Gefahr von 100 mA mit der Zeit ändert.

Seite 210

M3 Aufgabe 2

Ordne folgende Begriffe dem Model zu: Stromzweige - Hauptleitung - Knotenpunkt

Seite 213

M1 Aufgabe 3

Tipp: Jede Lampe hat eine eigene Nennspannung, bei der sie am hellsten leuchtet.

M1 Aufgabe 4

Untersuche, wie sich die eingestellte Spannung mit jeder Lampe verändert hat.

P2 Aufgabe 1

Tipp: Die Lampen haben eine Nennspannung, bei der sie am besten funktionieren.

Seite 214

M3 Aufgabe 2

Beachte, dass Start der Strecke 1 höher liegt als der Start der Strecke 2.

Seite 217

M1 Aufgabe 2

Bei einem hohen Widerstand können die Elektronen sich schwerer bewegen.

Seite 218

M2 Aufgabe 2

Nimm für die Berechnung die Formeln in Bild 5 zu Hilfe.

+ Hilfen

Seite 219

M3 Aufgabe 2

Tipp: Bei einem ohmschen Widerstand zeigt die Kennlinie eine Gerade.

Seite 223

M1 Aufgabe 1

Die obere Schaltung ist eine Reihenschaltung. Nimm dazu die Formeln auf Seite 222 zu Hilfe. Die Werte der unteren Schaltung berechnet man mit den Formeln auf Seite 223.

Seite 225

M1 Aufgabe 2

Lampe A:

P = 230 V · 0,1 A = 23 W

Lampe B:

P = 230 V · 0,25 A = ...

Seite 227

M1 Aufgabe 2

Beachte, wie in den Bildern der elektrische Strom genutzt wird.

Seite 233

M1 Aufgabe 2

Ordne die richtigen Bewegungen zu: Kreisbewegung und geradlinige Bewegung.

Seite 235

M1 Aufgabe 1

Trage die Zeit auf der x-Achse auf und den Weg auf der y-Achse.

M1 Aufgabe 2

Je steiler die Gerade ansteigt, desto schneller ist die Bewegung. Nimm Bild 3A zu Hilfe.

M1 Aufgabe 3

Nimm dir ein Wertepaar und teile den zurückgelegten Weg durch die benötigte Zeit.

Seite 237

M1 Aufgabe 2

Tipp: Je steiler die Kurve ansteigt, desto größer ist die Beschleunigung.

M1 Aufgabe 3

Tipp: Bei einer konstanten Geschwindigkeit verändert sich die Kurve nicht.

M2 Aufgabe 3

Setze für die Geschwindigkeit bei beiden Autos 100 km/h ein.

Seite 238

M3 Aufgabe 2

Teile für die Berechnung Δs durch Δt.

M4 Aufgabe 1

Trage die Zeit auf der x-Achse auf und die Geschwindigkeit auf der y-Achse.

Seite 241

Aufgabe 3

Tipp: Bei konstanten Verläufen ändert sich die Kurve nicht.

Seite 242

M1 Aufgabe 2

Tipp: Elastische Verformungen nehmen ihre ursprüngliche Form wieder an.

Seite 243

M2 Aufgabe 2

Ordne den Bildern A-C folgende Begriffe zu: beschleunigen, bremsen und Richtung ändern

Seite 245

M1 Aufgabe 2

Beachte die Richtung und die Länge der einzelnen Pfeile.

M2 Aufgabe 2

Nutze folgenden Anfang:

- *Die Richtung der Gesamtkraft ... .*

Seite 246

M3 Aufgabe 2

Nutze folgende Formulierungen:

Gewichtskraft wirkt nach unten - Wind übt Kraft von der Seite aus - Mithilfe von einem Kräfteparallelogramm - resultierende Gesamtkraft

Seite 249

M1 Aufgabe 2

Tipp: Je größer die abgebildeten Planeten sind, desto höher ist in der Regel ihre Masse.

Seite 251

M1 Aufgabe 3

Beachte bei deiner Erklärung wann Kräfte auf das Holzstück wirken.

M2 Aufgabe 2

Tipp: Je unebener der Untergrund ist, desto größer ist die Reibungskraft.

M2 **Aufgabe 3**

Übertrage den Text in dein Heft und ergänze die Lücken:

Die Wachsschicht gleicht die ... auf der Skioberfläche aus. Dadurch wird die ... verkleinert. Man fährt schneller.

Seite 253

M1 **Aufgabe 2**

Multipliziere für die Berechnung die angegebene Kraft mit dem zurückgelegten Weg.

Seite 259

M1 **Aufgabe 3**

Nutze folgende Begriffe: vielfältige Landschaft, Wald, Felder, Gewässer, Artenvielfalt

Seite 261

M1 **Aufgabe 2**

Beachte, dass die Tiere Pflanzen als Nahrung und als Lebensraum nutzen.

M2 **Aufgabe 2**

Nutze folgenden Anfang:

- *Durch die immer moderneren Anbaumethoden ... .*

Seite 263

M1 **Aufgabe 2**

Vervollständige die Tabelle.

Kohlsorte	genutzter Teil
Rosenkohl	Knospen (dicht geschlossen)
...	verdickte Blütenstände
Kohlrübe	...
...	Blätter
Kohlrabi	...

Seite 264

M2 **Aufgabe 2**

Beachte bei deinem Vergleich die Vielfalt der angebauten Pflanzen, die Düngung und die Erträge.

Seite 267

M1 **Aufgabe 2**

Tipp: Damit Milchkühe immer Milch geben, müssen sie ein Kalb bekommen haben.

M1 **Aufgabe 3**

Beachte, dass Geburten viel Kraft kosten und auch das Melken anstrengend für die Tiere ist.

M2 **Aufgabe 2**

Gib bei deiner Beschreibung die Menge der gegebenen Milch über die verschiedenen Jahre an.

M2 **Aufgabe 3**

Nutze folgenden Anfang:

- *Sehr viele Menschen trinken und kochen mit Milch im Alltag. Aus diesem Grund ... .*

Seite 269

M3 **Aufgabe 1**

Tipp: Die Freilandhaltung ist die artgerechteste der drei Haltungsform.

M3 **Aufgabe 2**

Beachte bei deinem Vergleich, wie gut die Hühner ihre natürlichen Verhaltensweisen ausleben können.

Seite 271

M1 **Aufgabe 2**

Nutze folgende Formulierungen:

Nach dem Bruchschneiden - Bruchstücke erwärmt für anschließendes Formen - Hartkäse muss am Ende reifen

M1 **Aufgabe 3**

Tipp: Beim Bruchschneiden kann die Bruchstückgröße eingestellt werden.

Seite 272

M2 **Aufgabe 2**

Beachte bei deiner Erklärung, was alles aus Getreide hergestellt werden kann.

Seite 275

M1 **Aufgabe 2**

Nutze folgenden Anfang:

- *Für eine ausgewogene Ernährung muss man Kohlenhydrate, Eiweißstoffe und Fette aufnehmen. Nur Äpfel zu essen ist nicht gesund, weil... .*

M1 **Aufgabe 3**

Tipp: Man sollte Nährstoffe zu sich nehmen, die schnell vom Körper aufgenommen werden können.

Seite 276

M2 **Aufgabe 2**

Tipp: Wasser transportiert Stoffe im Körper.

Hilfen

Seite 279

M1 Aufgabe 2

Tipp: 1 Liter sind 1000 Milliliter.

M1 Aufgabe 3

Beachte, dass Schorlen mit Mineralwasser gemischt werden.

M2 Aufgabe 1

Beachte bei deiner Beschreibung die Anordnung der Eiweißstoffe.

M2 Aufgabe 2

Nutze folgende Satzbausteine:

Eiweißstoffe zerlegt - Aufnahme ins Blut - neu zusammengefügt

Seite 281

P1 Aufgabe 2

Tipp: Je breiter die Stufe der Pyramide, desto höher soll der Anteil an der täglichen Ernährung sein.

M2 Aufgabe 2

Vergleiche folgende Punkte:

Darstellung der Anteile an der Ernährung, Darstellung der Getränke, Aufteilung der Lebensmittel

M2 Aufgabe 3

Beachte bei deinem Vergleich, welche Lebensmittel im klassischen Ernährungskreis nicht im veganen Ernährungskreis auftauchen.

M2 Aufgabe 4

Tipp: Gemüse wie Bohnen oder auch Nüsse haben einen hohen Proteingehalt.

Seite 282

M1 Aufgabe 2

Nutze folgenden Anfang:

- *Die Nährstoffe werden mithilfe von Enzymen in ihre kleinsten ... .*

Seite 284

M2 Aufgabe 3

Vervollständige die Tabelle.

Station	Aufgabe
Speiseröhre	Transport des Nahrungsbreis in den Magen
Magen	...
Mund	Zerkleinern der Nahrung, ...
Dünndarm	...
Dickdarm	...
Zwölffingerdarm	...

M3 Aufgabe 2

Beachte, dass der Nahrungsbrei gut durchmischt werden muss.

M3 Aufgabe 3

Tipp: Achte auf den Fett- und Eiweißgehalt der Lebensmittel.

Seite 285

M4 Aufgabe 2

Nutze folgenden Anfang:

- *Durch die Wellenform des Papiers entsteht ... .*

M4 Aufgabe 3

Beachte bei deinem Vergleich die Form und Größe der Dünndarmzotten und Mikrofaserzotten.

Seite 287

M1 Aufgabe 1

Übertrage den Text in dein Heft und ergänze die Lücken:

Das ... nährt sich dem ... und verbindet sich mit ihm. Das Enzym zerlegt den ... . Dabei entstehen zwei ... Stoffe.

M1 Aufgabe 2

Nutze für deine Erläuterung den Begriff Schlüssel-Schloss-Prinzip.

M2 Aufgabe 2

Nutze folgenden Anfang:

- *Welches Enzym ... .*

Seite 288

M3 Aufgabe 2

Tipp: Enzyme arbeiten nur in bestimmten Temperaturbereichen optimal.

Seite 293

M1 Aufgabe 2

Stelle bei deiner Erklärung heraus, was bei Probe 4 besonders ist.

Seite 295

M1 Aufgabe 2

Tipp: Bei stark vergrößerten Oberflächen können Enzyme die Fette leichter und schneller zerlegen.

M2 Aufgabe 2

Beachte bei deiner Erklärung, dass Lipasen Fette in ihre Bestandteile zerlegen.

Seite 297

Aufgabe 2

Nutze folgenden Anfang:
- *Die Aufnahme von ... .*

Aufgabe 3

Beachte bei deiner Beschreibung, wo die Zerlegung der Nährstoffe jeweils stattfindet.

Aufgabe 4

Beachte die Schritte vom Protein zu den Aminosäuren.

Seite 301

M1 Aufgabe 2

Tipp: Myriams Essstörung hat extremes Untergewicht zur Folge.

Seite 307

M1 Aufgabe 2

A: Schwefeldioxid. Es besteht aus einem Schwefelatom und zwei Sauerstoffatomen.

B: Wasser .... .

C: ...

D: ...

Seite 311

M1 Aufgabe 2

Beachte, dass Laugen eine pH-Wert von über 7 haben.

P2 Aufgabe 2

Nimm die Abbildung zu Hilfe.

Seite 313

M1 Aufgabe 2

Nimm für die Erklärung die oben abgebildete Universalindikatorskala zu Hilfe.

Seite 314

M2 Aufgabe 2

1: Wenn Regenwasser viel Kohlenstoffdioxid aus der Luft aufnimmt, dann bildet sich Kohlensäure. Diese saure Lösung fällt dann mit dem Regen zu Boden.

2: Trifft die entstandene saure Lösung auf Kalkstein, dann beginnt sie ... .

Seite 315

P3 Aufgabe 2

Nimm für die Erklärung die oben abgebildete Universalindikatorskala zu Hilfe.

P4 Aufgabe 2

Beachte, dass nur unedle Metalle mit sauren Lösungen reagieren.

P5 Aufgabe 2

Tipp: Kalkwasser trübt sich bei Anwesenheit von Kohlenstoffdioxid.

Seite 319

M1 Aufgabe 2

Beachte, dass saure Lösungen Kalk zersetzen können.

Seite 320

M1 Aufgabe 2

Nutze folgenden Anfang:
- *Abwasser mit einem hohen pH-Wert wird in ein .... .*

M1 Aufgabe 3

Tipp: Ist eine Lösung zu sauer, muss sie für eine Neutralisation mit alkalischer Lösung vermischt werden.

Seite 321

P2 Aufgabe 2

Nimm für die Erklärung die oben abgebildete Universalindikatorskala zu Hilfe.

P2 Aufgabe 3

$MgO + H_2O \rightarrow ...$

Seite 323

M1 Aufgabe 2

Beachte, dass sich Feststoffe beim Erhitzen ausdehnen können.

Seite 325

M1 Aufgabe 2

Kupfer + Sauerstoff → ...

M2 Aufgabe 2

Beachte, dass exothermen Reaktionen nicht dauerhaft Energie zugeführt werden muss.

M2 Aufgabe 3

Tipp: Kupfer reagiert nur sehr schwach exotherm mit Sauerstoff.

Seite 326

M3 Aufgabe 2

Tipp: Das Magnesium hat am Anfang der Reaktion noch keinen Sauerstoff. Erst nach der Reaktion, wenn es zu Magnesiumoxid reagiert ist.

Seite 327

M4 Aufgabe 4

Beachte, dass Stoffe mit einem -oxid im Namen Sauerstoffatome in ihrer Verbindung haben.

Seite 329

P1 Aufgabe 3

Beachte, dass sich Kalkwasser bei Anwesenheit von Kohlenstoffdioxid trübt.

Seite 330

M2 Aufgabe 2

Beachte, wie sich die Kugeln im Modell neu anordnen.

M2 Aufgabe 3

Nutze folgenden Anfang:

- *Der starke Magnet steht im Modell für den Sauerstoff-Akzeptor und der schwach Magnet für ... .*

Seite 331

M3 Aufgabe 3

Nutze folgende Formulierungen:

gibt nur schwer Sauerstoff ab - nimmt nur schwer Sauerstoff auf

Seite 332

M1 Aufgabe 2

Vergleiche neben den Aufbau der beiden Öfen auch die Schichtung der verschiedenen Erze in den Öfen.

Seite 335

M1 Aufgabe 2

Nutze folgende Begriffe:

Konverter - elektrischer Strom - elektrischer Leiter - Entfernung von Verunreinigungen - Abstich

M1 Aufgabe 3

Tipp: Es müssen hohe Temperaturen erzeugt werden, damit Verunreinigungen entfernt werden können.

Seite 336

M2 Aufgabe 1

Nutze folgenden Anfang:

- *Für das Walzen benötigt das Eisen eine hohe ... .*

Seite 337

M3 Aufgabe 3

A: Für den Topf eignet sich Edelstahl, da er nicht rostet und säurebeständig ist.

B: Für den Bohrer eignet sich ... .

C: ...

Seite 339

M1 Aufgabe 2

Vergleiche jeden Schritt der einzelnen Prozesse. Nenne Gemeinsamkeiten und Unterschiede.

Stoffliste und GHS-Gefahrenhinweise

Stoff Gefahrenpiktogramm, Sicherheits- und Entsorgungssymbole	Signalwort Hinweise
Iod-Kaliumiodid-Lösung GHS08 2	Gefahr H373 P260, P314
Methylenblau-Lösung GHS07	Achtung H302, H412 P270, P273
Brennspiritus (Ethanol) GHS02 GHS07	Gefahr H225, H319 P210, P233, P241, P243, P280
Salzsäure (5 %) GHS05 GHS07	Achtung H290, H315, H319, H335 P302+P352, P305+P351+ P338
Wasserstoff GHS02 GHS04	Gefahr H220, H280 P210, P337, P381, P410+P403
Magnesiumoxid	P260
Calciumoxid GHS05 GHS07	Gefahr H315, H318, H335 P261, P280, P305+P351+ P338
Calciumhydroxidlösung (Kalkwasser) GHS05 GHS07	Gefahr H315, H318, H335 P261, P280, P305+P351+ P338
Sauerstoff GHS02 GHS04	Gefahr H270, H280 P220, P410+P403
Kupfersulfat GHS07 GHS09	Achtung H302, H315, H319, H410 P273, P302+P352, P305+P351+ P338

Beim Experimentieren im Fachraum ist immer eine Schutzbrille zu tragen.

GHS02: entzündlich

GHS04: reizend

GHS05: ätzend

GHS07: reizend

GHS08: gesundheitsschädlich

GHS09: umweltschädlich

2 Behälter für anorganische Stoffe

Gefahren- und Sicherheitshinweise (H- und P-Sätze)

H220: Extrem entzündliches Gas.
H225: Flüssigkeit und Dampf leicht entzündbar.
H270: Kann Brand verursachen oder verstärken; Oxidationsmittel.
H280: Enthält Gas unter Druck; kann bei Erwärmung explodieren.
H290: Kann gegenüber Metallen korrosiv sein.
H302: Gesundheitsschädlich bei Verschlucken.
H315: Verursacht Hautreizungen.
H318: Verursacht schwere Augenschäden.
H319: Verursacht schwere Augenreizung.
H335: Kann die Atemwege reizen.
H373: Kann die Organe schädigen bei längerer oder wiederholter Exposition.
H410: Sehr giftig für Wasserorganismen mit langfristiger Wirkung.
H412: Schädlich für Wasserorganismen, mit langfristiger Wirkung.
P210: Von Hitze, heißen Oberflächen, Funken, offenen Flammen sowie andere Zündquellenarten fernhalten. Nicht rauchen.
P220: Von Kleidung/ brennbaren Materialien fernhalten/ entfernt aufbewahren.
P233: Behälter dicht verschlossen halten.
P241: Explosionsgeschützte Geräte verwenden.
P243: Maßnahmen gegen elektrostatische Entladungen treffen.
P260: Staub / Rauch / Gas / Nebel / Dampf / Aerosol nicht einatmen.
P261: Einatmen von Staub vermeiden.
P270: Bei Gebrauch nicht essen, trinken oder rauchen.
P273: Freisetzung in die Umwelt vermeiden.
P280: Schutzhandschuhe / Schutzkleidung / Augenschutz / Gesichtsschutz tragen.
P302+P352: Bei Berührung mit der Haut: Mit viel Wasser und Seife waschen.
P305+P351+ P338: Bei Kontakt mit den Augen: Einige Minuten lang behutsam mit Wasser spülen. Eventuell vorhandene Kontaktlinsen nach Möglichkeit entfernen. Weiter spülen.
P314: Bei Unwohlsein ärztlichen Rat einholen / ärztliche Hilfe hinzuziehen.
P337: Brand von ausströmendem Gas: Nicht löschen, bis Undichtigkeit gefahrlos beseitigt werden kann.
P381: Alle Zündquellen entfernen, wenn gefahrlos möglich.
P410+P403: Vor Sonnenbestrahlung geschützt an einem gut belüfteten Ort aufbewahren.

Register

f. = die folgende Seite, ff. = die folgenden Seiten

A

B

C

C

Register

Register

Reagenzglasgestell
Reagenzglas
Reagenzglas-halter
Reagenzglas-bürste
Spatellöffel
Tiegelzange
Becherglas
Rundkolben
Stehkolben
100 ml
Messkolben
Erlenmeyerkolben
Standzylinder
Messzylinder
Liebigkühler
Drahtnetz
Dreibein
Gasbrenner
Thermometer
Abdampfschale
Trichter
Glasstab
Glasrohr
Gaswaschflasche
Uhrglas
Gummistopfen
Durchbohrter Gummistopfen
Tropfpipette

Periodensystem

Legende

Atommasse in u (Eine eingeklammerte Atommasse gibt die Masse des wichtigsten Isotops des Elements an.)	26,98	
	Al	Elementsymbol
Ordnungszahl (Protonenzahl)	13	
	Aluminium	Elementname

schwarz = feste Elemente
rot = gasförmige Elemente
blau = flüssige Elemente
weiß = künstliche Elemente
* = radioaktive Elemente

Perioden	Hauptgruppen I	Hauptgruppen II	Nebengruppen III	IV	V	VI	VII	VIII	VIII
1 K-Schale	1,01 H 1 Wasserstoff								
2 L-Schale	6,94 Li 3 Lithium	9,01 Be 4 Beryllium							
3 M-Schale	22,99 Na 11 Natrium	24,31 Mg 12 Magnesium							
4 N-Schale	39,10 K 19 Kalium	40,08 Ca 20 Calcium	44,96 Sc 21 Scandium	47,88 Ti 22 Titan	50,94 V 23 Vanadium	52,00 Cr 24 Chrom	54,94 Mn 25 Mangan	55,85 Fe 26 Eisen	58,93 Co 27 Cobalt
5 O-Schale	85,47 Rb 37 Rubidium	87,62 Sr 38 Strontium	88,91 Y 39 Yttrium	91,22 Zr 40 Zirconium	92,91 Nb 41 Niob	95,94 Mo 42 Molybdän	(99) Tc* 43 Technetium	101,07 Ru 44 Ruthenium	102,91 Rh 45 Rhodium
6 P-Schale	132,91 Cs 55 Caesium	137,33 Ba 56 Barium	Lanthanoide 57-71	178,49 Hf 72 Hafnium	180,95 Ta 73 Tantal	183,84 W 74 Wolfram	186,21 Re 75 Rhenium	190,23 Os 76 Osmium	192,22 Ir 77 Iridium
7 Q-Schale	(223) Fr* 87 Francium	(226) Ra* 88 Radium	Actinoide 89-103	(261) Rf* 104 Rutherfordium	(268) Db* 105 Dubnium	(271) Sg* 106 Seaborgium	(264) Bh* 107 Bohrium	(271) Hs* 108 Hassium	(278) Mt* 109 Meitnerium

Lanthanoide	138,91 La 57 Lanthan	140,12 Ce 58 Cer	140,91 Pr 59 Praseodym	144,24 Nd 60 Neodym	(147) Pm 61 Promethium	150,36 Sm 62 Samarium	151,96 Eu 63 Europium
Actinoide	(227) Ac* 89 Actinium	(232) Th* 90 Thorium	(231) Pa* 91 Protactinium	(238) U* 92 Uran	(237) Np* 93 Neptunium	(244) Pu* 94 Plutonium	(243) Am* 95 Americium

Metalle
Nebengruppen-Metalle
Halbmetalle
Nichtmetalle

VIII	I	II	III	IV	V	VI	VII	VIII
			Hauptgruppen					
								4,00 He 2 Helium
			10,81 B 5 Bor	12,01 C 6 Kohlenstoff	14,01 N 7 Stickstoff	16,00 O 8 Sauerstoff	19,00 F 9 Fluor	20,18 Ne 10 Neon
			26,98 Al 13 Aluminium	28,09 Si 14 Silicium	30,97 P 15 Phosphor	32,06 S 16 Schwefel	35,45 Cl 17 Chlor	39,95 Ar 18 Argon
8,69 Ni 8 Nickel	63,55 Cu 29 Kupfer	65,38 Zn 30 Zink	69,72 Ga 31 Gallium	72,63 Ge 32 Germanium	74,92 As 33 Arsen	78,97 Se 34 Selen	79,90 Br 35 Brom	83,80 Kr 36 Krypton
06,42 Pd 6 Palladium	107,87 Ag 47 Silber	112,41 Cd 48 Cadmium	114,82 In 49 Indium	118,71 Sn 50 Zinn	121,75 Sb 51 Antimon	127,60 Te 52 Tellur	126,90 I 53 Iod	131,29 Xe 54 Xenon
95,08 Pt 8 Platin	196,97 Au 79 Gold	200,59 Hg 80 Quecksilber	204,38 Tl 81 Thallium	207,20 Pb 82 Blei	208,98 Bi 83 Bismut	(209) Po* 84 Polonium	(210) At* 85 Astat	(222) Rn* 86 Radon
282) Ds* 10 Darmstadtium	(282) Rg* 111 Roentgenium	(285) Cn* 112 Copernicium	(287) Nh* 113 Nihonium	(285) Fl* 114 Flerovium	(289) Mc* 115 Moscovium	(293) Lv* 116 Livermorium	(294) Ts* 117 Tennessin	(294) Og* 118 Oganesson

57,25 Gd 4 adolinium	158,93 Tb 65 Terbium	162,50 Dy 66 Dysprosium	164,93 Ho 67 Holmium	167,26 Er 68 Erbium	168,93 Tm 69 Thulium	173,04 Yb 70 Ytterbium	174.97 Lu 71 Lutetium
247) Cm* 6 Curium	(247) Bk* 97 Berkelium	(251) Cf* 98 Californium	(252) Es* 99 Einsteinium	(257) Fm* 100 Fermium	(258) Md* 101 Mendelevium	(259) No* 102 Nobelium	(266) Lr* 103 Lawrencium

Periodensystem

Legende

Elementname	Kohlenstoff
Dichte	3,51 g/cm³ (Diamant)
Schmelztemperatur	3547 °C
Siedetemperatur	4826 °C

- Nichtmetalle
- Metalle
- Halbmetalle
- Edelgase

kein Bild vorhanden (z. B. zu geringe Lebensdauer, zu kleine Menge)

Perioden	Hauptgruppen I	Hauptgruppen II	Nebengruppen III	Nebengruppen IV	Nebengruppen V	Nebengruppen VI	Nebengruppen VII	Nebengruppen VIII	Nebengruppen VIII
1	**Wasserstoff** 0,0899 g/dm³ −259 °C −253 °C								
2	**Lithium** 0,534 g/cm³ 181 °C 1342 °C	**Beryllium** 1,848 g/cm³ 1285 °C 2970 °C							
3	**Natrium** 0,968 g/cm³ 98 °C 883 °C	**Magnesium** 1,738 g/cm³ 650 °C 1107 °C							
4	**Kalium** 0,862 g/cm³ 64 °C 774 °C	**Calcium** 1,53 g/cm³ 851 °C 1482 °C	**Scandium** 2,989 g/cm³ 1541 °C 2836 °C	**Titan** 4,51 g/cm³ 1668 °C 3278 °C	**Vanadium** 6,092 g/cm³ 1929 °C 3400 °C	**Chrom** 7,20 g/cm³ 1890 °C 2670 °C	**Mangan** 7,20 g/cm³ 1244 °C 2060 °C	**Eisen** 7,874 g/cm³ (α) 1539 °C 2880 °C	**Cobalt** 8,90 g/cm³ 1495 °C 3100
5	**Rubidium** 1,522 g/cm³ 39 °C 689 °C	**Strontium** 2,67 g/cm³ 769 °C 1384 °C	**Yttrium** 4,47 g/cm³ 1526 °C 3338 °C	**Zirkonium** 6,50 g/cm³ 2125 °C 4577 °C	**Niob** 8,66 g/cm³ 2468 °C 5127 °C	**Molybdän** 10,28 g/cm³ 2620 °C 4685 °C	**Technetium** 11,5 g/cm³ 2172 °C 4877 °C	**Ruthenium** 12,45 g/cm³ 2310 °C 4150 °C	**Rhodium** 12,41 g/cm³ 1966 °C 3730
6	**Caesium** 1,90 g/cm³ 29 °C 705 °C	**Barium** 3,5 g/cm³ 725 °C 1640 °C	**Lutetium** 9,842 g/cm³ 1652 °C 3327 °C	**Hafnium** 13,31 g/cm³ 2227 °C 4602 °C	**Tantal** 16,6 g/cm³ 3020 °C 5534 °C	**Wolfram** 19,25 g/cm³ 3415 °C 5936 °C	**Rhenium** 21,03 g/cm³ 3186 °C 5900 °C	**Osmium** 22,59 g/cm³ 3045 °C 5500 °C	**Iridium** 22,56 g/cm³ 2443 °C 4527 °
7	**Francium** 1,87 g/cm³ 20 °C 660 °C	**Radium** 5,5 g/cm³ 700 °C 1140 °C	**Lawrencium** 9,84 g/cm³ 1627 °C ---	**Rutherfordium** 18,1 g/cm³ --- ---	**Dubnium** ~39 g/cm³ --- ---	**Seaborgium** ~35 g/cm³ --- ---	**Bohrium** ~37 g/cm³ --- ---	**Hassium** ~41 g/cm³ --- ---	**Meitnerium** ~35 g/cm³ --- --

Lanthan 6,145 g/cm³ 920 °C 3469 °C	**Cer** 6,78 g/cm³ 795 °C 3468 °C	**Praseodyum** 6,77 g/cm³ 931 °C 3250 °C	**Neodym** 7,004 g/cm³ 1024 °C 3027 °C	**Promethium** 7,22 g/cm³ 1042 °C ~3000 °C	**Samarium** 7,536 g/cm³ 1074 °C 1804 °C	**Europium** 5,26 g/cm³ 826 °C 1439 °
Actinium 10,07 g/cm³ ~1100 °C ~3000 °C	**Thorium** 11,724 g/cm³ 1842 °C 4820 °C	**Protactinium** 15,37 g/cm³ 1597 °C 4027 °C	**Uran** 19,16 g/cm³ 1132 °C 3930 °C	**Neptunium** 20,45 g/cm³ 637 °C 3902 °C	**Plutonium** 19,814 g/cm³ 640 °C 3232 °C	**Americium** 13,67 g/cm³ 1173 °C 2607 °

VIII	I	II	III	IV	V	VI	VII	VIII
			Hauptgruppen					
								Helium 0,1785 g/dm³ −271 °C −269 °C
			Bor 2,34 g/cm³ 2300 °C 2550 °C	**Kohlenstoff** 3,51 g/cm³ (Diamant) 3547 °C 4826 °C	**Stickstoff** 1,251 g/dm³ −210 °C −196 °C	**Sauerstoff** 1,429 g/dm³ (O_2) −219 °C −183 °C	**Fluor** 1,696 g/dm³ −220 °C −188 °C	**Neon** 0,900 g/dm³ −249 °C −246 °C
			Aluminium 2,702 g/cm³ 660 °C 2467 °C	**Silicium** 2,328 g/cm³ 1414 °C 2477 °C	**Phosphor** 1,83 g/cm³ (weiß) 44 °C 281 °C	**Schwefel** 2,07 g/cm³ (α) 113 °C 445 °C	**Chlor** 3,214 g/dm³ −101 °C −34 °C	**Argon** 1,664 g/dm³ −189 °C −186 °C
Nickel ,908 g/cm³ 2732 °C	**Kupfer** 8,933 g/cm³ 1083 °C 2595 °C	**Zink** 7,13 g/cm³ 419 °C 907 °C	**Gallium** 5,904 g/cm³ 30 °C 2403 °C	**Germanium** 5,323 g/cm³ 937 °C 2830 °C	**Arsen** 5,72 g/cm³ (grau) 613 °C (sublimiert)	**Selen** 4,48 g/cm³ (rot) 217 °C 685 °C	**Brom** 3,12 g/cm³ −7 °C 59 °C	**Krypton** 3,733 g/dm³ −157 °C −153 °C
alladium 2,02 g/cm³ 3125 °C	**Silber** 10,50 g/cm³ 962 °C 2187 °C	**Cadmium** 8,65 g/cm³ 321 °C 767 °C	**Indium** 7,31 g/cm³ 157 °C 2080 °C	**Zinn** 7,29 g/cm³ (β) 232 °C 2625 °C	**Antimon** 6,688 g/cm³ 631 °C 1753 °C	**Tellur** 6,25 g/cm³ 449 °C 1390 °C	**Iod** 4,93 g/cm³ 114 °C 185 °C	**Xenon** 5,52 g/dm³ −112 °C −108 °C
Platin 1,45 g/cm³ 3830 °C	**Gold** 19,32 g/cm³ 1064 °C 3080 °C	**Quecksilber** 13,546 g/cm³ −39 °C 357 °C	**Thallium** 11,85 g/cm³ 304 °C 1457 °C	**Blei** 11,34 g/cm³ 328 °C 1744 °C	**Bismut** 9,79 g/cm³ 271 °C 1560 °C	**Polonium** 9,196 g/cm³ 254 °C 962 °C	**Astat** 8,75 g/cm³ 302 °C 337 °C	**Radon** 9,73 g/dm³ −71 °C −62 °C
rmstadtium 1,46 g/cm³ ---	**Roentgenium** 19,282 g/cm³ --- ---	**Copernicium** 13,534 g/cm³ --- ---	**Nihonium** 11,85 g/cm³ --- ---	**Flerovium** 11,342 g/cm³ --- ---	**Moscovium** 9,807 g/cm³ --- ---	**Livermorium** 9,32 g/cm³ --- ---	**Tenness** --- --- ---	**Oganesson** --- --- 23 °C

olinium 5 g/cm³ 3273 °C	**Terbium** 8,219 g/cm³ 1356 °C 3230 °C	**Dysprosium** 8,559 g/cm³ 1407 °C 2600 °C	**Holmium** 8,795 g/cm³ 1474 °C 2700 °C	**Erbium** 9,062 g/cm³ 1497 °C 2900 °C	**Thulium** 9,321 g/cm³ 1545 °C 1725 °C	**Ytterbium** 6,966 g/cm³ 824 °C 1196 °C
urium ,51 g/cm³ 3110 °C	**Berkelium** 14,8 g/cm³ 986 °C ---	**Californium** 15,1 g/cm³ 900 °C ---	**Einsteinium** ~13,5 g/cm³ 860 °C 996 °C	**Fermium** ~13,6 g/cm³ --- ---	**Mendelevium** --- --- ---	**Nobelium** --- --- ---

Bildquellen

|akg-images GmbH, Berlin: 147.3. |Alamy Stock Photo, Abingdon/Oxfordshire: a-ts 93.1; agefotostock/Georgiev, Deyan Ivanov 7.1, 256.1; Bashyrova, Roksana 258.3; Bicking, Judith 320.1; Boiko, Mariia 188.1; Chapman, Martin 85.1; Cribb, Andrew 206.1; Cultura Creative RF/Giacomin, Joseph 173.3; Cultura RM/Giacomin, Joseph 186.1; Damke, Henner 46.1; Design Pics/ Radius Images 265.3; fStop Images GmbH/Benson, Caspar 250.1, 254.4, 272.1; Hecker, Frank 82.1; Heinz, Frank 28.1; HERRAEZ, DAVID 212.1; imageBROKER/KFS 340.3; imageBROKER/Siepmann, Martin 271.1; imageBROKER/Wolf, Moritz 208.1; Kasle, Niteen 336.1; Lacheev, Roman 182.1; Landscape/McGouey, Robert 258.2; Larey, Tommy 112.1; MagicSea.com/Villoch, Carlos 76.1; Marcutti, Nino 118.1; Mimadeo 107.2; MPSPhotography 224.1, 228.3; Norwood, Susan 24.1; Palamarchuk, Sergiy 6.1, 194.1; Photology1971 253.2; Pixel-shot/Iastremskyi, Leonid 292.1; PJF Military Collection 107.1; robertharding/Schlenker, Jochen 30.1; Routh, Michael 102.1; Science History Images 143.6; Simon, Olaf 260.1; sportpoint 236.1; Stack, Tom 318.1; Wavebreak Media ltd 244.1; Wild Places Photography/Howes, Chris 119.1; Zoonar GmbH 79.1; Zoonar GmbH/Richter, Harald 176.1; Zoonar GmbH/zhang zhiwei 317.1. |Alamy Stock Photo (RMB), Abingdon/Oxfordshire: Berkut, Anna 278.1; Black, Jude 243.3; Cultura RM 193.4, 193.5; EThamPhoto 14.1; Fälchle, Jürgen 269.2; Florin, Oprea 263.6; imageBROKER 33.3; imageBROKER/Blossey, Hans 74.1; imageBROKER/Weber, Michael 243.4; Ivanko, Lubo 186.4; Kashakhi, David 332.1; Koserowsky, Carola 95.3; Kuhne, Daniel 33.1; McCormack, Gareth 160.1, 169.3; Seward, Adam 134.1. |Atelier tigercolor Tom Menzel, Klingberg: 9.1, 9.2, 9.3, 9.7, 13.1, 13.2, 13.4, 14.2, 17.1, 17.2, 18.2, 19.1, 19.2, 19.3, 20.2, 21.1, 21.2, 22.2, 22.3, 22.6, 22.7, 24.2, 25.1, 26.1, 26.2, 27.1, 27.2, 29.1, 29.2, 31.1, 33.4, 34.2, 36.2, 37.1, 37.2, 38.1, 38.2, 38.3, 39.3, 47.1, 47.2, 48.1, 48.2, 49.3, 50.1, 50.2, 50.3, 51.1, 51.2, 52.1, 52.3, 53.1, 59.1, 59.2, 60.2, 60.3, 61.1, 61.2, 62.2, 63.1, 63.2, 68.2, 70.2, 73.1, 74.3, 75.1, 75.2, 83.2, 83.3, 89.1, 90.1, 91.1, 94.1, 96.3, 97.1, 100.2, 101.2, 102.2, 103.1, 103.2, 106.2, 107.3, 107.4, 107.5, 107.6, 108.2, 109.1, 113.1, 113.2, 115.1, 115.2, 125.1, 126.1, 130.2, 136.2, 137.3, 143.4, 143.5, 145.1, 150.1, 151.3, 154.2, 156.3, 161.1, 161.2, 166.1, 167.1, 172.2, 172.3, 176.2, 177.1, 179.1, 179.2, 180.2, 181.1, 183.2, 184.2, 185.2, 185.3, 187.1, 188.2, 189.2, 192.4, 192.6, 197.1, 197.2, 204.1, 206.2, 207.1, 207.2, 207.3, 207.4, 209.1, 211.2, 212.2, 213.1, 213.2, 213.3, 214.1, 214.2, 214.3, 217.1, 217.2, 220.1, 221.2, 224.2, 225.1, 225.2, 229.6, 233.1, 234.2, 235.3, 240.1, 243.1, 244.2, 245.1, 245.2, 245.3, 246.1, 247.1, 247.2, 248.2, 249.2, 252.2, 253.3, 253.4, 253.5, 254.1, 254.2, 255.2, 255.3, 259.1, 261.1, 262.2, 263.1, 263.7, 264.1, 265.1, 270.2, 271.2, 272.2, 273.1, 274.2, 274.3, 274.4, 275.1, 276.1, 277.3, 277.4, 277.5, 279.1, 280.2, 281.1, 281.2, 282.2, 283.1, 283.2, 284.1, 285.1, 285.2, 286.2, 286.3, 287.1, 287.2, 287.3, 288.1, 288.2, 289.1, 289.2, 290.4, 291.2, 292.2, 293.1, 293.2, 294.2, 295.1, 295.2, 295.3, 295.4, 295.5, 296.1, 298.2, 299.1, 299.2, 302.1, 302.2, 302.3, 302.4, 303.1, 303.2, 303.3, 303.5, 304.2, 304.3, 305.1, 307.1, 307.2, 308.1, 308.2, 308.3, 309.1, 309.2, 312.2, 314.2, 315.2, 315.9, 316.4, 317.2, 318.2, 320.2, 321.3, 321.7, 326.2, 326.3, 329.4, 330.1, 337.2, 340.1, 355.1, 355.3, 355.19, 363.1. |Biermann-Schickling, Birgitt, Hannover: 160.2, 162.2, 163.1, 163.2, 163.3, 239.1, 322.2, 325.1, 327.2, 327.3, 327.4. |fotolia.com, New York: Karin Jhne 176.3; RioPatuca Images 300.2; Wylezich, B. 263.2, 263.3, 263.4, 263.5. |Gall, Eike, Enkirch: 32.2, 35.1, 35.2, 41.1, 42.1, 42.2, 43.1, 43.2, 53.2, 53.3, 64.2, 65.1, 65.2, 66.1, 66.2, 67.2, 77.2, 94.2, 94.3, 96.1, 96.2, 101.1, 249.1. |Getty Images, München: Hinterhaus Productions 306.1. |Getty Images (RF), München: 500px Plus 62.1; ArtMarie 130.1; EyeEm/Trauss, Maarja 166.3; simonlong 49.2; Talia Ali/EyeEm 154.1. |Hardel, Thorsten/www.39punkt.de (RV), Flensburg: 168.6, 203.2, 227.1. |Institut für Bildungsanalysen Baden-Württemberg (IBBW), Stuttgart: Ausgangsmaterialien des Landesbildungsservers Baden-Württemberg (www.schule-bw.de) am Institut für Bildungsanalysen Baden-Württemberg (IBBW) (https://ibbw.kultus-bw.de); Lizenz CC BY 4.0 International 295.6. |iStockphoto.com, Calgary: Augustavo, Phil 71.3; Ben-Schonewille 71.2; Bighian, Radu 157.2, 157.3; bymuratdeniz 280.1; Devenorr 190.1, 192.3; fizkes 184.1; gabort71 266.2; geogif 57.3; georgeclerk 174.1, 192.1; Imgorthand 137.1; JacobH 314.1; Kanawa_Studio 286.1; kasjato Titel; Lanski 56.1; Marccophoto 173.1; Matthew H Irvin 266.3; mdesigner125 202.1; mediaphotos 253.1; Oeschger, Petri 338.1; Philiphotographer 186.2, 193.1; pixinoo 266.1; Richardwlh 198.1; Santje09 262.1; sarayuth3390 285.3; shironosov 232.3; Solovyova 100.1; TeodoraDjordjevic Titel; ThamKC 216.1; TT Titel; unkas_photo 252.1; vadimguzhva 300.1; wernerimages 258.1; xieyuliang 322.1. |juniors@wildlife Bildagentur GmbH, Hamburg: Biosphoto 92.1, 95.2; J.-L. Klein & M.-L. Hubert 5.1, 128.1; Klein, J.-L. & Hubert, M.-L. 84.1; Minden Pictures 40.1, 80.1. |Kramer, Angelika, Stuttgart: 284.2, 291.3, 291.4, 305.2. |Landschaftsverband Westfalen-Lippe (LWL) LWL-Denkmalpflege, Landschafts- und Baukultur in Westfalen Referat Restaurierung und Dokumentation, Münster: 1) Albert Ludorff (1908), 2) Arnulf Brückner (1969)/© LWL-DLBW 319.2. |Luftbild Hans Blossey, Hamm: 74.2. |mauritius images GmbH, Mittenwald: Blossey, Hans 87.3; Feustel, Martha 57.1; Mehlig, Manfred 58.1; Pitopia/gabelka 33.2. |Mettin, Markus, Offenbach: 132.2, 133.1, 135.3, 139.3, 145.3, 152.1, 201.2, 251.1, 251.2, 255.4, 255.5. |Minkus Images Fotodesignagentur, Isernhagen: 34.1, 44.2, 44.3, 44.4, 44.5, 51.3, 51.4, 51.5, 104.1, 104.2, 104.3, 104.4, 114.1, 114.3, 114.4, 119.3, 119.4, 122.1, 122.2, 126.2, 126.3, 127.1, 127.3, 131.1, 133.3, 134.2, 134.3, 139.1, 139.2, 140.1, 141.3, 142.1, 143.1, 143.2, 143.3, 146.1, 151.1, 151.2, 159.1, 166.2, 167.2, 168.1, 176.5, 222.1, 313.1, 313.2, 313.4, 323.2, 323.3, 323.4, 324.1, 325.3, 325.4, 326.4, 326.5, 328.2, 328.3, 330.2, 331.1, 331.2, 331.3. |newVISION! GmbH, Pattensen OT Reden: 135.1, 162.1. |OKAPIA KG - Michael Grzimek & Co., Frankfurt/M.: ARDEA/Watson, M. 85.2; BIOS/Foulquié, Mathieu 23.2; de Oliveira, Paulo 60.1; FLPA/Eveson, John 269.1; imageBROKER/Probst, Norbert 64.1; McPhoto/Schreiter, Ottfried 86.1; Oliveira, Paulo de 68.1. |PantherMedia GmbH (panthermedia.net), München: Ickler, Jens 5.2, 9.6, 170.1, 180.1; shorst 189.1, 192.5. |Physikunterricht-Online, Bremen: 144.1. |Pniok, Heinrich, Moorrege: 366.1, 366.2, 366.3, 366.4, 366.5, 366.7, 366.8, 366.9, 366.10, 366.11, 366.12, 366.13, 366.14, 366.15, 366.16, 366.17, 366.18, 366.19, 366.20, 366.21, 366.22, 366.23, 366.24, 366.25, 366.26, 366.27, 366.28, 366.29, 366.30, 366.31, 366.32, 366.33, 366.34, 366.35, 366.37, 366.45, 366.46, 366.47, 366.48, 366.50, 366.51, 366.53, 366.55, 367.1, 367.2, 367.3, 367.4, 367.5, 367.6, 367.7, 367.8, 367.9, 367.10, 367.11, 367.12, 367.13, 367.14, 367.15, 367.16, 367.17, 367.18, 367.19, 367.20, 367.21, 367.22, 367.23, 367.24, 367.25, 367.26, 367.27, 367.28, 367.29, 367.30, 367.31, 367.32, 367.33, 367.34, 367.35, 367.36, 367.40, 367.41, 367.42, 367.52, 367.53, 367.54, 367.55, 367.56, 367.57, 367.58. |Ratermann, Martin, Vechta: 311.2, 340.4. |Rössler, Michal, Tübingen: 9.4, 23.1, 40.2, 41.2, 53.4, 69.1, 69.2, 71.1, 80.3, 81.2, 89.2, 93.2, 105.8, 105.9, 105.10, 111.1, 111.2, 111.3, 131.4, 131.5, 132.1, 133.2, 142.2, 149.2, 149.3, 149.4, 149.5, 164.2, 167.3, 167.4, 168.3, 168.4, 168.5, 169.5, 175.2, 185.1, 190.2, 191.2, 209.2, 210.1, 210.2, 211.3, 215.2, 226.2, 290.1, 290.2, 311.1. |Schlierf, Birgit und Olaf, Lachendorf: 22.4, 22.5, 104.5, 105.2, 105.3, 105.4, 105.5, 105.6, 105.7, 139.4, 218.3, 277.2, 290.3, 291.1, 315.3, 315.4, 315.6, 315.7, 321.4, 321.5, 329.5, 355.2, 355.4, 355.5, 355.6, 355.7, 355.8, 355.9, 355.10, 355.11, 355.12, 355.13, 355.14, 355.15, 355.16, 355.17, 355.18, 355.20, 355.21, 355.22, 355.23, 355.24, 355.25. |Science Photo Library, München: 165.3, 277.1; Brook, Robert 164.1; Bulgar, Wladimir 218.1; Chillmaid, Martyn F. 326.1; Gastrolab 284.3; Giphotostock 116.1, 116.2, 148.2, 148.3, 169.2, 172.1, 316.1, 316.2, 316.3, 341.1; Hart-Davis, Adam 161.3, 169.4; NASA 57.4; NASA Earth Observatory/Allen, Jesse 57.5; Philippon, Pierre / Look At Sciences 211.1, 215.1; Science Source/Kinsman, Ted 242.2, 242.3, 242.4; Telser, Alvin 285.4; Winters, Charles D. 321.1, 321.2. |Shutterstock.com, New York: Aleksandr, Efisko 137.2; Alones 52.4; Benoist 242.1; BLUR LIFE 1975 20.1; Bradford, John 9.8, 112.2; Canadapanda 72.1; Cardozo, Madeleine 310.1; CK Travels 270.1; Dragon Images 120.1; Erasmus, Elana 232.1; FamVeld 232.2; fizkes 294.1; Flystock 183.1; Giraldo, Jesus 39.1; gopixa 226.1; Gorodenkoff 176.4; Grindstone Media Group 6.2, 230.1; Grubis, Kara 110.1; Hall, Jamie 78.1, 95.1; Hipp, Taras 16.1; Imagenet 88.1; Julio F 268.1; Koldunov 148.1; Kraichana, Pitsanu 327.1; Kucera, Martin 108.1; l i g h t p o e t 12.1; LesPalenik 39.2; maradon 333 328.1, 340.2; Mark, Oleksiy 3.2, 54.1, 335.1; McAulay, Antony 234.1; Merlin74 248.1, 254.5; Monkey Business Images 178.1; muph 265.2; MZPHOTO.CZ 36.1; NadyGinzburg 124.1; naruedech nunta 112.3; Ogrodowski, Julija 4.1, 98.1; Panksvatouny 8.1, 304.1; Perugini, William 274.1; Pollard, Ash 312.1; Principe, Fabio 158.1; Quality Stock Arts 12.2; Smilek, Karel 3.1, 10.1; Smileus 32.1; Tomas Hulik ARTpoint 85.3; WIRACHAIPHOTO 182.2; yanik88 18.1; Yermolov 334.1. |Spangenberg, Frithjof, Konstanz: 77.1. |stock.adobe.com, Dublin: AntonioDiaz 298.1; aquapix 319.1; benjaminnolte 106.1; Costina, Mircea 52.2; countrypixel 268.2; Dziurek 243.2; Erickson Stock 168.2; Fälchle, Jürgen 186.3, 193.2; kdshutterman 131.2; maho 44.1; Mediteraneo 282.1; mivod 67.1; pedarilhos 49.1; rcfotostock 9.5, 70.1, 94.4; sonne_fleckl 57.2; TTstudio 269.3; Vasyl 196.1; Victoria 136.1; Yeti Studio 131.3. |Tegen, Hans, Hambühren: 114.2, 118.2, 118.3, 123.1, 127.2, 200.1, 229.3, 229.4, 324.2, 324.3, 329.1, 329.2, 329.3. |Thermal Guys: 173.2. |von Goessel, Hannes, Erding: 9.9, 13.3, 15.1, 15.2, 16.2, 17.3, 17.4, 21.3, 22.1, 25.2, 26.3, 28.2, 31.2, 35.3, 43.3, 45.1, 45.2, 46.2, 56.2, 58.2, 70.3, 76.2, 78.2, 79.2, 80.2, 81.1, 82.2, 83.1, 86.2, 87.1, 87.2, 88.2, 90.2, 91.2, 92.2, 93.3, 97.2, 97.3, 105.1, 116.3, 117.1, 117.2, 119.2, 119.5, 119.6, 119.7, 119.8, 120.2, 121.1, 121.2, 121.3, 122.3, 123.2, 123.3, 123.4, 123.5, 123.6, 124.2, 124.3, 126.4, 126.5, 127.4, 127.5, 140.2, 141.1, 141.2, 141.4, 143.7, 144.2, 145.2, 146.2, 147.1, 147.2, 149.1, 150.2, 155.1, 155.2, 155.3, 156.1, 156.2, 156.4, 157.1, 157.4, 158.2, 159.2, 165.1, 165.2, 169.1, 174.2, 175.1, 178.2, 181.2, 183.3, 191.1, 192.2, 193.3, 196.2, 198.2, 199.1, 199.2, 199.3, 199.4, 200.2, 200.3, 200.4, 201.1, 201.3, 201.4, 202.2, 203.1, 216.2, 218.2, 218.4, 218.5, 218.6, 219.1, 219.2, 219.3, 219.4, 221.1, 222.2, 223.1, 223.2, 228.1, 228.2, 229.1, 229.2, 229.5, 233.2, 235.1, 235.2, 236.2, 237.1, 237.2, 237.3, 237.4, 238.1, 238.2, 238.3, 246.2, 250.2, 251.3, 254.3, 255.1, 260.2, 261.2, 267.1, 267.2, 273.2, 276.2, 277.6, 278.2, 303.4, 306.2, 310.2, 315.5, 315.8, 315.10, 323.1, 325.2, 325.5, 329.6, 331.4, 332.2, 333.1, 334.2, 335.2, 336.2, 337.1, 338.2, 339.1, 339.2, 341.2, 341.3. |Wildermuth, Werner, Würzburg: 135.2, 135.4, 138.1, 138.2, 138.3, 138.4, 138.5, 142.3, 142.4, 152.2, 153.1, 313.3, 315.1, 321.6, 330.3. |Wojczak, Michael, Braunschweig: 366.6, 366.36, 366.38, 366.39, 366.40, 366.41, 366.42, 366.43, 366.44, 366.49, 366.52, 366.54, 366.56, 366.57, 366.58, 367.37, 367.38, 367.39, 367.43, 367.44, 367.45, 367.46, 367.47, 367.48, 367.49, 367.50, 367.51, 367.59, 367.60, 367.61, 367.62, 367.63, 367.64, 367.65.

Wir arbeiten sehr sorgfältig daran, für alle verwendeten Abbildungen die Rechteinhaberinnen und Rechteinhaber zu ermitteln. Sollte uns dies im Einzelfall nicht vollständig gelungen sein, werden berechtigte Ansprüche selbstverständlich im Rahmen der üblichen Vereinbarungen abgegolten.

Aufgaben richtig bearbeiten

Im Unterricht und bei Klassenarbeiten musst du Aufgaben lösen. Dazu ist es wichtig, genau zu verstehen, was mit dem jeweiligen Arbeitsauftrag gemeint ist. Dafür musst du wissen, was die Verben in den Aufgaben bedeuten.

Nennen

Beim Nennen listest du Daten, Fakten, Personen oder Begriffe ohne weitere Erklärung auf.

1. Nenne die drei Gruppen von Nährstoffen.

Aufgabenlösung:
Kohlenhydrate, Eiweißstoffe und Fette.

Beschreiben

Beim Beschreiben gibst du Sachverhalte, den Aufbau oder Zusammenhänge wieder. Die Antwort soll in ganzen Sätzen und in eigenen Worten formuliert sein. Es sind keine weiteren Informationen oder Erklärungen nötig.

2. Beschreibe mithilfe des Bildes die Wirkung von Enzymen.

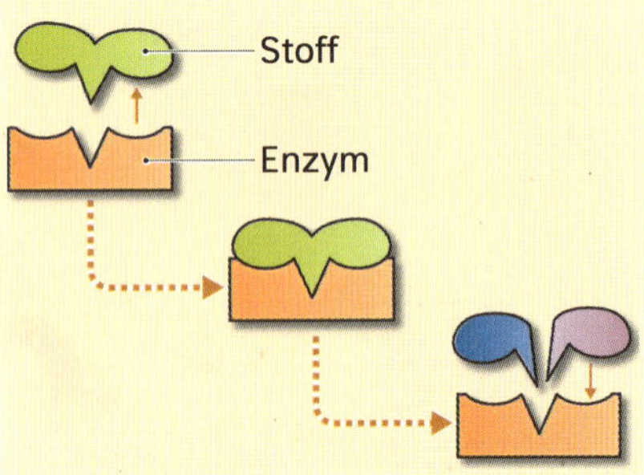

Aufgabenlösung:
Das Enzym heftet sich bei der Verdauung an einen Stoff. Nachdem das Enzym mit dem Stoff verbunden ist, trennt das Enzym den Stoff auf. Es entstehen nach der Trennung neue Stoffe, die vorher noch nicht vorlagen. An der Form des Enzyms erkennt man, dass jedes Enzym nur einen bestimmten Stoff zerlegen kann.

Vergleichen

Beim Vergleichen stellst du Gemeinsamkeiten und Unterschiede gegenüber.

3. Vergleiche die Verdauung der Nährstoffe mithilfe einer Tabelle.

Aufgabenlösung:

Nährstoffe	*Kleinste Bausteine*	*Enzyme*	*Wirkort*
Kohlenhydrate	*Glukose*	*Amylase: Stärke → Maltose Maltase: Maltose → Glukose*	*Amylase: Mund, Dünndarm Maltase: Dünndarm*
Fette	*Glycerin, Fettsäuren*	*Lipasen: Fette → Glycerin und Fettsäuren*	*Dünndarm*
Proteine	*Aminosöuren*	*Pepsin: Protein → Aminosäurekette Trypsin: Aminosäurekette → Aminosäuren*	*Pepsin: Magen Trypsin: Dünndarm*

Erklären

Beim Erklären machst du Ursachen oder Zusammenhänge deutlich.

4. Erkläre die Bedeutung des Gallensaftes für die Fettverdauung.

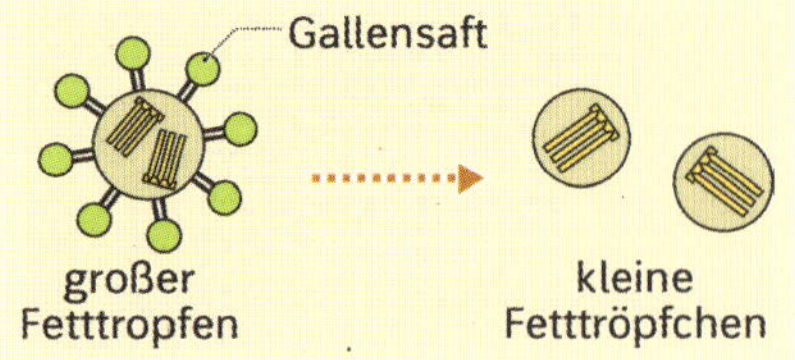

Aufgabenlösung:
Der Gallensaft zerteilt die großen Fetttropfen in kleine Fetttröpfchen. So wird die Oberfläche vergrößert und die Fette können besser zerlegt werden.